함께 읽는
동아시아
근현대사

개정판
함께 읽는 동아시아 근현대사

초판 1쇄 발행 / 2010년 12월 20일
개정판 1쇄 발행 / 2016년 2월 26일
개정판 5쇄 발행 / 2022년 4월 15일

지은이 / 유용태·박진우·박태균
펴낸이 / 강일우
책임편집 / 김유경·정편집실
조판 / 박아경
펴낸곳 / (주)창비
등록 / 1986년 8월 5일 제85호
주소 / 10881 경기도 파주시 회동길 184
전화 / 031-955-3333
팩시밀리 / 영업 031-955-3399 편집 031-955-3400
홈페이지 / www.changbi.com
전자우편 / human@changbi.com

＊ 이 책에 수록된 사진은 대부분 저작권자의 사용 허가를 받았으나,
　일부 저작권자를 찾지 못한 경우는 확인되는 대로 허가 절차를 밟겠습니다.
＊ 책값은 뒤표지에 표시되어 있습니다.

개정판

함께 읽는

동아시아
근현대사

유용태·박진우·박태균 지음

창비

초판이 나온 지 5년 만에 개정판을 내게 되었다. 학계와 독자의 관심 덕분이다. 학술지의 서평이 여섯차례고 쇄를 거듭한 것이 일곱차례다. 초판 서문에서 우리는 우리의 첫 작업을 안내판 삼아 좀더 역량 있는 필자들의 도전이 나오기를 고대하였다. 그러나 불행하게도 이는 여전히 기대로만 남아 있다. 초판의 불비함에도 불구하고 쇄를 거듭해온 까닭의 하나는 이런 사정에도 있을 것이다.

그런 만큼 초판 원고를 서둘러 마감하면서 미처 담아내지 못한 점들이 마음에 걸려 좀더 일찍 보충할 기회를 갖고 싶었는데 이제 이렇게 1차 개정작업이 진행된 것이다. 개정판이라 하지만 개별 사실의 서술에 있어서 부정확한 표기를 바로잡은 것 외에는 대부분 보충한 것이어서 증보판이라 해도 좋다. 그 주요 내용은 다음 몇가지다.

첫째, 4~7장에서 일본과 미국에 비해 중국 관련 내용이 소략하다는 지적을 수용하여 이를 보충하였다. 둘째, 국가·민족 간의 상호 연관성

4

이 좀더 드러나도록 관련 내용을 추가하거나 재구성하였다. 베트남·미얀마·필리핀을 비롯한 동남아 관련 내용과 국제적 연대와 교류활동을 부분적으로 보충한 것이 그런 예다. 셋째, 8장 2절에서 원래 하나의 항목으로 설정되었음에도 집필하지 못했던 냉전시기 자본주의 진영의 여성문제를 새로 써넣었다. 이로써 9장에서 다룬 사회주의 진영의 여성문제와 서로 비교해볼 수 있게 되었다. 그밖에 일부 목차를 고쳐 서술내용이 좀더 잘 드러나도록 하였고, 2장과 종장에서 지도와 사진을 보충하였다.

이렇게 몇가지를 보충했음에도 우리가 추구하는 '연관과 비교'는 여전히 기대에 못 미치며, 이 점에서 우리의 지역사는 아직도 갈 길이 멀다. 오랜 세월 많은 사람들의 발자국이 찍혀야 하나의 길이 만들어지듯이 새로운 시도인 동아시아사는 집단지성의 협력에 의해 점차 실사구시의 정도를 높여갈 것으로 본다.

개정판을 내면서 지난 5년간 동아시아 역사인식의 궤적을 새삼 돌아보게 된다. 한일 양국 모두 자만의 역사인식을 가진 정권이 국정을 이끌면서 자국사에 대한 자성의 역사인식은 현저히 후퇴하고 있다. 아베 총리의 '전후 70주년 담화'(2015.8.15.)와 박근혜정부의 역사교과서 국정화 정책은 그 대표적인 예인데, 오바마정부를 매개로 한 이 두 정부의 담합이 참담한 '위안부 합의'(2015.12.28.)를 낳았다. 이는 언론에서 '외교참사'로 일컬어졌으나 실은 자만의 역사인식에서 나온 '역사참사'가 아닐 수 없다. 이 졸속 합의에 나타난 발상, 곧 특정 정치권력이 역사문제를 "최종적 불가역적으로" 매듭짓겠다는 발상이야말로 자만사관의 역사수정주의를 추동하는 양국 지배세력의 인식의 도달점을 보여준다.

이처럼 최근 들어 학계의 역사인식이 정치권력에 의해 더욱 노골적으로 왜곡되는 현실은 초판 집필 당시의 기대로부터 더욱 멀어진 듯하여 안타깝다. 그래도 우리는 긴 호흡으로 초심을 잃지 않고 이런 안타까움을 에너지 삼아 한 길을 가려 한다. 독자의 관심과 질정이 이어지는 한 적어도 민간 차원에서는 정치권의 그것과 달리 한걸음씩 앞으로 나아갈 것으로 믿는다. 역사교과서 국정화 정책과 '위안부 합의'에 대해 보여준 여론조사 결과는 이를 확인해주고 있다. 더구나 이 개정판이 베트남어로 번역될 예정이어서 우리의 시각과 스토리가 국경을 넘어 '함께' 읽힐 수 있게 되었으면 했던 바람이 조금씩 이루어지는 듯싶어 다행스럽다.

개정작업에서 지도 작성을 도와준 대학원생 조강희·박정민과 편집 전문가의 교열이 무엇인지를 새삼 느끼게 해준 편집진에 감사한다. 개정판에 대해서도 독자의 질정을 고대한다.

2016년 2월
공저자를 대표하여
유용태 씀

6

다섯번의 가을이 지나갔다. 이 책의 집필작업이 5년 전 어느 가을날 시작되어 올 가을에 끝났으니 이 계절을 기준으로 시간을 헤아려도 좋을 듯하다. 더구나 가을은 사람이든 산천이든 제자리로 돌아가 차분히 스스로를 갈무리하면서 이듬해의 희망을 안으로 저장해가는 계절이지 않은가. 지금은 기분 좋게 회고하지만, 사실 지난 5년간 우리 저자 세 사람은 왜 이 어려운 작업에 손을 댔는가 하고 후회한 적이 한두번이 아니었다. 그럼에도 우리가 이 책을 쓰지 않을 수 없었던 데는 그만한 이유가 있다.

창비로부터 동아시아 근현대사를 써보라는 권유를 받은 것은 6년 전인 2004년 11월이었다. 사실 탈냉전시대가 열린 1990년대 이래 학계 안팎에서 동아시아 논의가 무성했지만 담론에 그칠 뿐 역사서술로 나아가려는 시도는 거의 없었다. 게다가 그해 여름부터 중국의 '동북공정(東北工程)'이 국내에 알려지면서 한중 간의 역사분쟁이 뜨겁게 일어났고, 이는 반복적으로 되풀이되던 한일 간의 역사분쟁과 겹쳐져 한중일 역사분쟁의 양상을 보이고 있었다. 이 두가지 면에서만 보아도 동아시아사의 집필은 필요한 작업이고 누군가는 해야 할 일이라고 생각되었다.

그러나, '필요는 발명의 어머니'라지만 우리 학계의 연구현황으로 보건대 그 일은 아직 무모한 도전이 될 가능성이 커서 선뜻 나서지 못하였다. 주변의 몇몇 학인들과 상의해보았지만 마찬가지였다. 그렇게 여러 날을 보내다가 마침내 의기투합할 수 있는 공동저자를 만나 세명의 필자를 확정하고 2005년 11월 1일 첫 집필자 회의를 열었으니, 그때부터 우리의 작업이 시작된 것이다.

그후 우리는 매월 한차례씩 만나 회의를 거듭하였고 우선 2006년 7월 집필 대강과 목차를 확정할 수 있었다. 동아시아 지역 안에서 국가 및 민간사회 상호간의 의존·연관과 대립·갈등을 아울러 파악하되, 연대와 협력을 통해 자유와 평등을 추구해가는 노력을 부각하기로 하였다. 지역의 범위도 한중일을 넘어 필요에 따라 베트남을 비롯한 동남아시아로 확대하였다. 이를 위해 10개의 주제를 선정했고 각 주제는 다시 3개 절로 나누었다. 그것을 바탕으로 회의를 거듭하여 2007년 3월 내용 서술에 필요한 항목들의 집필요목을 확정하였다. 이 과정에서 개인사정에 의해 일부 필진이 교체되는 우여곡절을 겪기도 했지만 집필모임은 계속되었고, 요목에 따라 본격적인 원고 쓰기 작업을 해서 2010년 4월 제1권의 초고, 2010년 8월 제2권의 초고가 작성되었다. 초고를 돌려 읽고 다듬는 데 다시 몇달이 걸렸다.

우리들 저자 세 사람은 각기 한국사, 중국사, 일본사를 전공으로 공부하였기에 일국사에는 비교적 밝았으나 국경을 넘는 내용을 다루려면 막히기 일쑤였다. 그때마다 서로 상의하고 참고도서를 소개하거나

8

찾아주는 등 도움을 주고받았지만 결국 자기가 맡은 주제는 각자의 책임하에 써나갈 수밖에 없었다. 유용태가 서장, 1~3장, 9장 및 종장을, 박진우가 4~6장과 종장을, 박태균이 7~8장과 10장을 집필하였다. 대체로 세 사람의 전공분야를 고려해 차례로 중국사, 일본사, 한국사가 상대적으로 큰 비중을 차지하는 주제에 배치한 결과다. 책을 구성하는 각각의 항목은 최종적으로 원고지 25매 내외의 분량으로 다듬어 단숨에 읽어내릴 수 있게 정리했다. 따라서 독자들은 그런 독립된 소항목들을 순서대로 읽어도 좋고 어느 것이든 편하게 택해서 읽어도 좋을 것이다.

우리의 작업이 늦어지는 바람에 집필기간이 길어진 만큼 그사이에 동아시아 논의는 어느새 담론에서 역사로 나아가기 시작했다. 일본과 중국에서는 각기 1국 필자의 동아시아사가 출간되기도 하였고 한중일 3국 필자의 공동작업으로 근현대 동아시아사 부교재가 간행되기도 하였다. 급기야 한국정부는 2006년 11월 고등학교 선택과목에 '동아시아사'를 신설하기로 결정하고 이듬해 초 그 교육과정을 공포하였다. 나라 안팎의 이런 노력들은 우리의 더딘 작업을 재촉하는 자극제가 되었다.

그럴수록 한편에서는 우려의 목소리도 들려왔다. 그중에는 지금 동아시아사를 쓰고 가르칠 준비가 되어 있는가 하는 시기상조론도 있고, 한국사와 세계사가 있으면 충분하지 무슨 동아시아사가 더 필요한가라는 근본적인 의문도 있다. 우리 학계의 연구현황으로 보거나 교육과정 운영의 현실로 보거나 일리 있는 지적이라고 생각된다.

하지만 다 아는 대로 우리에게 익숙한 국사/세계사의 이분체제는 사실상 메이지유신 이래 제국일본에 의해 구축된 사관과 역사상을 바탕에 깔고 있다. 자국중심주의와 유럽중심주의가 그것이다. 그러나 자유로운 사고를 억압하면서 동아시아 지역을 두 진영으로 갈라놓은 냉전시대가 끝나고 거대한 전환기에 들어선 이후, 바로 동아시아가 하나의 지역사로 파악될 조건이 형성되고 있다. 그런 만큼 제국의 유산으로 인해 그동안 우리 스스로 소외시킨 동아시아 이웃들의 역사적 경험을 지역사의 관점에서 되돌아볼 필요가 절실해졌다.

그것은 한국사, 중국사, 일본사를 각기 따로 깊이있게 배운다고 해서 해결될 문제가 아니다. 그런 각국사는 국경을 넘는 순간 이웃나라의 독자들과는 소통할 수 없는 내용들로 가득 차게 된다. 기존의 동아시아 역사서들이 각국사의 병렬적 서술에서 크게 벗어나지 못한 것과 달리, 이 책은 하나하나의 사건들이 국가간에 서로 어떻게 영향을 주고받으면서 상호작용했는지를 드러내는 데 초점을 맞추고자 했는데, 그래야 비로소 지역사로서의 동아시아사가 될 수 있다고 믿었기 때문이다.

이러한 필요와 기대를 담아 우리는 책의 제목을 '함께 읽는 동아시아 근현대사'라고 정했다. 거기에는 두가지 의미가 담겨 있다. 우선 하나의 주제에 관한 여러 나라의 스토리를 각 항목 안에서 함께 읽을 수 있고, 각 장의 주제를 지역·국가·민중의 세 차원에서 함께 읽을 수 있다는 이 책만의 특징을 드러내려는 뜻이요, 또 한국인이 쓴 동아시아사가 국경을 넘어서도 함께 읽힐 수 있도록 배려하기 위해 노력했다는 뜻이다.

우리 선인들은 추운 겨울날 아침 눈 덮인 길을 처음 가는 사람은 발걸음을 조심스럽게 옮겨야 한다고 가르쳐왔다. 잘못 디딘 발자국이 뒤에 오는 사람을 힘들게 만들 수 있음을 염려한 때문이다. '구슬이 서 말이라도 꿰어야 보배'라는 속담으로 그간 우리의 힘겨운 작업을 스스로 위로해왔으나, 이제 책이 나오게 되자 불현듯 걱정이 앞선다. 독자들의 관심 속에, 우리의 발자국을 밟고 더 나은 동아시아사가 뒤따르기를 고대한다. 우리 스스로도 이 책의 부족한 점들에 대해서는 계속 고쳐갈 것이다.

어려운 작업이었던 만큼 이 책은 많은 분들의 도움을 받았기에 세상에 나올 수 있었다. 우선 동아시아 논의를 이끄는 백영서 선생님은 창비 주간으로서 이 책의 기획과 출간을 고무해주셨다. 정연태, 임성모 교수는 집필의 대강을 짜는 데 조언을 아끼지 않았다. 정연태, 박훈 교수는 최종원고를 검토해주었다. 박수철, 김태웅 교수는 귀한 사진자료를 구하는 데 도움을 주었다. 홍상혁 군은 각종 자료를 대출하고 스캔하는 작업을 도와주었다. 이병한 군은 집필모임의 진행을 챙기면서 이 책의 부속자료 작성에 도움을 주었다. 초기 작업을 함께 한 창비의 신채용 부장과 이 책의 기획을 발의한 염종선 부장은 지지부진한 집필작업을 인내심 있게 지켜보면서 힘을 북돋아주었고, 박대우 씨는 빠듯한 일정 속에 편집실무를 맵시 있게 잘 마무리해주었다. 이 모든 분들께 감사한다.

2010년 12월
공저자를 대표하여
유용태 씀

| 차례 |

서장 동아시아 지역사를 위하여

제1장 해금시기의 국가와 사회

1. 동아시아 지역질서와 200년간의 평화

2. 문인사대부의 국가와 무사의 국가

3. 농민사회와 민란

제10장 탈냉전시대의 갈등과 시민운동

종장 평화와 민주주의 연대를 향하여

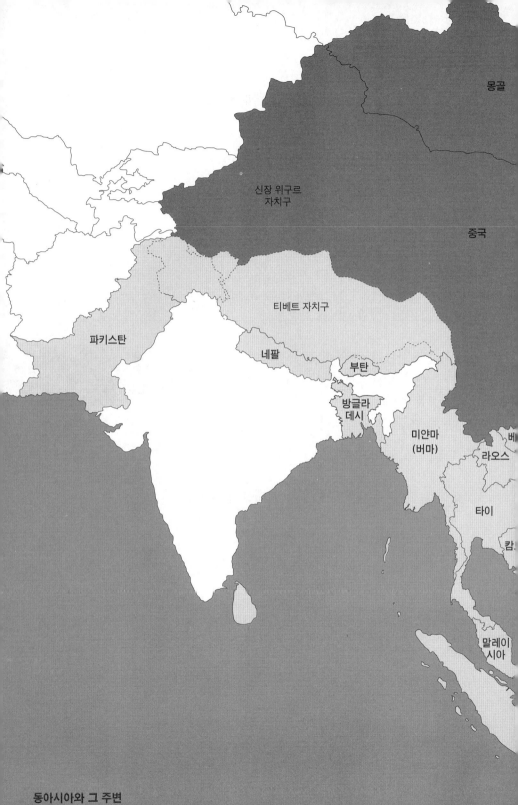

몽골

신장 위구르
자치구

중국

티베트 자치구

파키스탄

네팔

부탄

방글라
데시

미얀마
(버마)

베

라오스

타이

캄

말레이
시아

동아시아와 그 주변

몽골 울란바토르 부근을 지나는 겨울의 시베리아 횡단열차 ©AP

동아시아 지역사를 위하여

자기성찰의 시각에서 동아시아를 하나의 사유단위로 삼아 자국중심주의를 상대화하려는 노력은 1980년대 이후 제기되어 점차 정착되어가고 있다. 이에 따라 동아시아사를 각국사의 합이 아니라 하나의 지역사로 서술할 필요성이 제기되었다. 지역사의 지향점은 일국의 역사와 현실에 발을 딛고서 세계사와 소통하되 단지 자국사의 확장만이 되지 않도록 스스로를 성찰하는 것이다. 연관과 비교의 시각으로 개별 사건들을 파악하면 침략과 상호의존의 역사를 직시하여 동아시아 역내의 평화와 번영을 추구하는 역사인식에 이를 수 있을 것으로 기대한다.

동아시아에 왜 '지역사'가 필요한가

근래 동아시아는 여러 맥락에서 논의되어왔으나 무엇보다 자기성찰의 시각에서 접근한 경우를 주목할 필요가 있다. 한국에서 동아시아를 하나의 단위로 삼아 자국중심주의를 상대화하자는 시각은 문학과 역사 방면에서 먼저 제기되었다. 냉전시기에 남북한의 재통일을 꿈꾸면서 민족문학을 추구해온 문인들은 그 속에 내장된 민족주의를 상대화하는 한편 세계문학으로 통하는 길로서 제3세계론과 결합하였다. 그런데 그것이 먼 타자인 남미 위주로 기우는 것에 대한 반성으로 1980년대 초부터는 이웃 동아시아에 관심을 갖게 되었다. 그 무렵 역사학계 안에서도 이 시각을 공유하는 사람들이 이를 역사인식에 적용하기 위해 모색하였다. 이를 바탕으로 1990년대에는 동아시아론이 조직적으로 전개되고 각 분야로 확대됨에 따라 점차 동아시아를 하나의 단위로 하는 지역사의 필요성이 제기되었다. 이는 '동아시아의 기적'으로 일컬어진 한국과 이웃나라들의 산업화의 성공, 그리고 동아시아를 두 진영으로 갈라놓은 냉전체제가 소련의 해체와 함께 붕괴된 변화로 인해 더욱 촉진되었다.

이로써 동아시아사가 지역사로서 추구하는 지향점은 이미 어느정도 드러난 셈이다. 그것은 한국이라는 일국의 역사와 현실에 발을 딛고서 세계사와 소통하되 단지 자국사의 확장이 되지 않도록 스스로를 성찰하는 것이다. 여기서 출발하면 침략과 수탈, 협력과 상호의존의 역사를 직시하여 동아시아 역내의 평화와 번영을 추구하는 역사인식에 이를 수 있을 것으로 기대한다. 물론 이를 가로막는 요인은 역내에만 있지 않고 세계체제에서도 유래하지만, 그것을 주도하는 서구중심주의에 대한 타자 비판에만 그쳐서는 우리의 기대에 부응할 수 없다.

그렇다면 지역사의 매개작용을 거치지 않은 채 국가사가 세계사와 직접 소통하면서 자국사를 상대화하기는 어렵다는 것인가? 동아시아 각국은 자국사와 세계사의 이분법 속에서 역사교육을 통해 국민의 역사기억을 재생산해왔다. 그런데 세계사의 유럽중심주의도, 자국사의 자국중심주의도 유럽 모델의 국민국가 수립을 역사의 도달점으로 삼고 있다는 점에서 동일하다. 유럽과 일본의 국민국가는 밖으로 팽창하여 제국화되었고 그 지배하에 들어간 민족들은 그에 맞서 자신의 국민국가를 수립하려 한 차이가 있지만, 양쪽 모두 역사를 구성하는 원리는 진화론에 입각한 문명사관이다. 이 원리에 따르는 한 근대문명이라는 하나의 표준에 의거해 다원성을 부인하면서 타자를 억압하는 역사기억을 무의식 중에 정당화하여 내면화하게 된다. 그 결과 우리 동아시아인은 스스로 동아시아 이웃을 무시하고 깔보는 자기소외 현상에 빠지게 되었다. 따라서 자국사와 세계사를 종래와는 다른 원리에 의거해 다시 씀

24

으로써 이 함정에서 벗어나는 것이 정공법이겠지만, 우리는 지역사를 새롭게 하나 더 도입함으로써 그것을 촉진하는 동시에 역사인식의 균형을 더욱 효과적으로 이끌어낼 수 있다고 본다.

그러나 다름 아닌 동아시아이기 때문에 지역사가 꼭 필요하다고 믿는 이유는 따로 있다. 앞에서 말한 자기소외의 역사인식은 유럽 근대의 산물인 국민국가 사관에서만 연유한 것이 아니라 동아시아 특유의 전통에서 유래하는 바가 크다고 보기 때문이다. 그 근거로는 첫째, 세계의 다른 어느 지역보다 일찍부터 국가가 성립되어 발달하였으며 그 지속성이 강하다는 점이다. 이는 자국중심주의의 근간인 국가정체성의 견고한 토대가 되었다. 다른 하나는 그로 인해 특유의 세계관과 역사관이 형성되어 공유되었다는 점이다. 일찍이 당(唐)제국의 제국시스템을 수용하여 자신의 국가 모델로 삼는 과정에서 각국은 자연스럽게 그 제도를 뒷받침하는 이념인 화이사상(華夷思想)을 공유하게 되었다. 이는 각국이 스스로를 중화(中華)로 여기고 이웃나라를 이적(夷狄)으로 간주해 멸시하는 관념을 내면화시켰다. 그 결과 중국뿐만 아니라 한국, 일본, 베트남도 모두 조공국을 거느린 제국으로 발전하고픈 강렬한 욕망을 갖게 되었다. 천하를 제패하여 제국을 재건하려는 영웅호걸들의 스토리인 『삼국지(三國志)』가 국경을 넘어 장기 베스트셀러로 자리 잡은 연유도 다른 데 있지 않다.

물론 그 안에서도 차이는 분명히 있었다. 근대사와 직결되는 17~18세기를 보면 중화제국이 최대 판도로 확장되고 일본과 베트남도 실제로 조공국을 거느리면서 제국의식을 굳혀갔다. 이는 역사편찬에도 반영되었으며 특히 『대일본사』(18~19세기)에서 이 점이 유달리 강렬하였다. 그것은 중국 정사의 사이열전(四夷列傳)을 모방하여 제번열전(諸蕃列傳)을 두었는데, 고구려·백제·신라는 물론이고 수(隋)·당·송(宋)·원(元)·명(明)까지 그 안에 포함시켜 이들을 번, 즉 이적으로 간주하였다. 여기에 에조찌(蝦夷地, 홋까이도오)와 여진(女眞), 류우뀨우(琉球, 오끼나와)가 포함된 것은 당연한 일이다. 이는 일본을 신의 아들인 천황이 다스리며 신이 보살피는 나라로 여기는 신국(神國) 관념의 강화를 반영한다. 베트남의 역사서도 화이사상에 의거해 주변국을 인식했지만 이 정도는 아니었다. 그런 면에서 보면 근대일본이 제국주의화한 것도 근대적인 현상만은 아니다. 한편 조선왕조는 제국의식을 갖고 여진족 수장이나 대마도(對馬島, 쯔시마) 도주에게 관직을 내리기도 했지만 실제로 제국화의 길로 나아가지는 않았다.

이처럼 장기간 공유된 전통 위에서 각국이 팽창지향의 속성을 내장한 자본주의와 국민국가 모델을 수용하여 상호 상승작용을 불러일으킨 결과, 오늘날 동아시아의 자국중심주의와 이웃 멸시 현상은 다른 어느 지역보다 심각하다. 최근 불거지는 한중일 간의 역사인식 갈등은 경제와 문화 방면의 상호교류가 급증하는 가운데 일어나는 일이어서 더욱 주의를 요한다. 이것은 근대의 내셔널리즘 비판만으로 풀릴 수 있는 문제가 아니며, 동아시아의 내면을 자기성찰의 시각에서 따로 재조명해 보아야 할 이유를 일깨워주고 있다. 동아시아 지역사가 필요한 까닭이 여기에 있다.

그렇다고 해서 동아시아를 예외적인 지역으로 특수화해서는 안된다. 전지구화의 추세는 물류·자본·노동력의 이동과 연결망을 급속히 증대시켜 시장의 세계화를 완성해가는 한편 개별 국민국가들의 위기감을 자극해 지역화의 대응을 유발하고 있다. 유럽연합(EU)은 이를 선취한 예다. 이 지역화의 추세는 동아시아라고 해서 예외일 수 없다. 동아시아

인도 이미 '아세안+3'이라는 과도기적인 틀을 통해 이를 준비해가고 있지 않은가? 자국사의 자국중심주의를 비판하는 사람들 중에는 국사를 아예 해체해버리자고 주장하는 이들도 있다. 그들은 유럽연합의 출범과 함께 유럽 공동의 역사로 편찬된 『유럽의 역사』(1992)를 근거로 국민국가의 시대가 끝나간다고 보아 그렇게 주장하였다. 하지만 그것은 국가사를 대신하기 위해 씌어진 것이 아니라 그 옆에 지역사를 하나 더 도입함으로써 이중의 정체성을 형성하는 데 도움을 주려는 것이라고 볼 수 있다. 국가정체성과 더불어 지역정체성을 바탕에 두고 사고하며 행동하는 인간을 필요로 하는 지구화 시대의 발상이다. 동아시아 지역사는 이런 면에서도 필요하다.

지역화의 추세에 의해 환기될 지역사는 국가사뿐 아니라 세계사를 다시 쓰기 위해서도 절실하다. 19세기에 유럽중심주의에 의거한 만국사나 세계사가 처음 씌어졌을 때, 그것은 오로지 유럽문명사였다. 1880년대 일본인에 의해 동아시아에서 처음 번역된 스윈턴(W. Swinton)의 『만국사』와 같은 세계사는 모두 "역사는 문명국민의 사적만을 기록하는 것이어서 오직 코카서스 백인종의 사적만이 역사로 서술할 가치가 있는 것"이며, "코카서스인이 아닌 자에게는 진정한 역사가 없다"고 단언하였다. 이러한 세계사는 그후 여러 단계를 거치면서 비판되고 수정, 보완되었지만 진화론적 문명사관은 기본적으로 견지되었다. 그로 인해 애초에 부정되었던 각 지역문명의 독자성은 2차대전 이후 점차 주목받기 시작하였다. 이제야말로 지역화의 추세를 타고 유럽 표준의 일원적 세계사가 아닌 다원적 세계사가 씌어질 수 있는 가능성이 열리고 있다. 동아시아 지역사는 이 점에서 유럽 지역사와 다른 또 하나의 의미를 지닐 수 있을 것이다.

앞에서 제국의식을 상대화하기 위해 지역사가 필요하다고 말했지만, 거꾸로 보면 지역사가 대결하지 않으면 안되는 상대가 바로 제국의식이다. 탈냉전기에 부쩍 늘어난 한중일 3국 간의 역사인식 갈등도 실은 제어되지 않은 제국의식의 표출로 인해 야기되었다. 그런 점에서 2009년 10월 베이징에서 열린 한중일 3국 정상회의를 계기로, 3국이 공유할 수 있는 역사교과서를 만들어 동아시아 공동체 형성을 돕자는 정부 차원의 논의가 이루어진 것은 주목할 만하다. 그에 앞서 3국 민간인들끼리 공동으로 『미래를 여는 역사』(2005)를 펴낸 경험은 이를 위한 밑거름이 될 것이다. 특히 제국화한 중국·일본 및 베트남과 달리 한국은 실제 제국화로 나아가지 않았으니 동아시아 공동의 지역사 프로젝트를 방해하는 역사적 요인이 가장 적다. 2006년 11월 한국정부가 처음으로 고교 교육과정에 '동아시아사' 과목을 설치하기로 결정한 것(2012년부터 시행)은 우연이 아니라고 본다.

한국은 동아시아 공동의 지역사 프로젝트를 방해하는 역사적 요인이 가장 적다는 주장에 대해, 한국인 중심의 시각이라는 비판이 나올지도 모르지만 그렇지는 않다. 동아시아 역외의 사람들이 보기에도 중국·일본 두 대국의 자세가 관건이기 때문이다. 어느 미국인 학자가 동아시아 역사인식의 공유를 위협하는 가장 큰 장애물은 아직도 이를 인정하지 않으려는 제국시기 일본의 식민지주의와 최근 점차 부활 조짐을 보이는 중화주의라고 지적한 것이 그런 예다. 일본은 동아시아사에 관한 논의를 한국보다 일찍부터 많이 해왔다는 강점이 있지만, 제국 경험의 전통을 넘어야 하는 부담도 동시에 안고 있다. 중국은 규모 자체가 동아시아 범위를 넘는데다가 일본 이상으로 크고 긴 제국 경험이 있다. 그들에게 지역사란 제국의 논리에 의거해 과장된 자국사의 '영광스런 과거'를 스스로 깎아내야 하는 자기와의 싸움이기에 그만큼 힘겨울 수밖에 없다. 하지만 그런 의미에서라도 중·일 양국이 자신의 제국의 전통과 격투를 벌여 일본판, 중국판 동아시아사가 나온다면 더욱 남다른 의미를 지닐 것이다.

자국의 영광과 승리에만 도취되어 자기성찰과 자기학대도 구분하지 못하는 사람들이 각국 안에서 그럴듯한 간판을 내걸고 목소리를 높이고 있지만, 그들은 21세기의 돈끼호떼들일 뿐이다. 최소한 자기성찰적인 시각을 출발점으로 삼는다면 국경을 넘어서도 소통되는 동아시아 지역사에 다가갈 수 있지 않을까 한다. 물론 이는 한걸음에 도달할 수 있는 목표가 아니다. 우리는 많은 사람들의 공동노력으로 마침내 공유될 그 미래의 옥을 구하기 위해 지금 하나의 돌을 던지고 있다.

동아시아의 지역, 국가, 민중

사람들이 역사적으로 맺어온 연관성과 문화적 유사성을 고려해볼 때 아시아는 동아시아, 이슬람과 아랍의 서아시아, 인도의 남아시아, 유목세계의 내륙아시아로 나뉜다. 이 네 지역 사이에는 사막과 높은 산맥이 자리 잡고 있어 상호 왕래와 교류가 어려웠지만 그래도 사람들은 필요에 따라 위험을 무릅쓰고 그 경계를 넘나들면서 오랜 세월 동안 영향을 주고받았다. 이 가운데 동아시아의 범위는 광의로 보면 아시아의 동부, 즉 벵골만 이동(以東)을 가리키며 동북아와 동남아를 포함하지만, 협의로 보면 동북아에 한정된다.

여기서 우리가 말하는 동아시아는 이와 같은 문화권적 지역 구분을 반영하면서도 인식주체의 처지와 필요에 따라 다르게 파악되는 유동적 개념이다. 역사적으로 보아도 광의의 동아시아가 하나의 단위로 파악된 예는 극히 드물다. 명제국이 먼저 시작한 바다 출입 금지정책, 곧 해금(海禁)정책이 17세기 이래 동북아 국가들에 공유되면서 상호 교류와 교역이 극도로 제한되었기에 더욱 그러하였다. 그 직전에 이미 동남아 국가들은 유럽의 식민지로 전락해 기독교세력의 지배하에 들어갔으니 두 지역 간의 이질감은 더욱 커졌다. 아편전쟁(1840~42)은 동남아에 기반을 닦은 유럽세력이 동북으로 북상하여 식민화 압력을 동북아 국가들에까지 확대한 결정적 계기였다. 그사이 러시아는 육로로 동진을 계속해 결국 청, 조선, 일본 사이에서 북방의 위기를 촉발했다.

이러한 역외 식민세력에 의한 제국화는 동아시아 국가들의 상호관계와 상호인식에 중대한 영향을 미쳤다. 가령 1880~90년대 러시아의 남하에 위협을 느끼고 대응하던 한중일 3국은 동아시아를 아직 서구열강의 식민지로 전락하지 않고 남아 있던 한중일 3국연대의 주체로 파악했고, 이들을 묶어서 '동아3국' '동양3국'으로 부를 정도였다. 하지만 이윽고 역내의 식민세력에 의한 제국화, 곧 일본의 한국병합(1910) 이후 그런 의미의 동아시아는 사라지고, 일본을 포함하는 제국주의와 그에 저항하는 반제의 동아시아로 양분되었다. 당시 일본의 제국화를 돕거나 그에 부화하여 이득을 챙기는 개인과 세력은 류우뀨우, 조선, 타이완, 중국 안에도 있었다. 그러므로 이 안팎의 위계가 해소되어야 비로소 지금 우리가 말하는 성찰적 시각의 동아시아가 등장할 수 있다.

그러나 2차대전 이후 제국화로 인한 위계가 붕괴되면서 새로 등장한 냉전체제는 그것과는 다른 원리를 바탕으로 다시 국가의 안팎을 가로지르는 분단선을 그었다. 더구나 그것은 한국전쟁과 베트남전쟁의 열전으로 인해 극단적으로 첨예화됨으로써 동아시아 단위의 사고를 지연시켰다. 이는 근대의 제국화가 역내가 아닌 역외의 국가를 향해 진행되었기에 냉전시기에도 지역통합 논의를 진전시킬 수 있었던 유럽과 다른 점이다. 결국 동아시아 냉전체제의 한쪽 근간을 담당해온 미일동맹이 중국과 수교하고 중국도 개혁개방으로 전환한 1978~79년 이후 점차 냉전완화의 기운이 형성되다가, 1991년 소련의 해체로 냉전체제의 한 축이 붕괴한 뒤에야 비로소 동아시아가 하나의 인식단위로 파악될 수 있는 객관적 조건이 갖춰졌다. 이제는 동아시아의 북단에 위치한 한국인에게도 동남아가 상품·노동력·자본뿐만 아니라 유학생·국제결혼·드라마로 연결되는 가까운 이웃이 되었다.

동아시아가 지역사의 단위로서 모습을 드러낸 것은 이처럼 최근 20년 동안의 일이다. 탈냉전이 동아시아 역내의 평화와 공존을 위한 중대한 진전을 가져온 것이다. 물론 아직 북한이 사람도 물자도 자유로이 오갈 수 없는 금단의 땅으로 남아 있으니, 진정한 평화·공존의 동아시아는 제국들의 경쟁과정에서 일본을 대신하여 분단된 한반도의 긴장과 대립이 해소되고 재통일이 이루어지는 날 비로소 온전한 모습으로 우리 앞에 다가올 것이다.

각 시기의 동아시아를 구성하는 주체는 각기 독자성을 지니고 서로 영향을 주고받아온 국가와 민족이다. 시기마다 그 국가들의 흥망도 부침했으니, 어느 특정 강국이 제국화하면 그 주변의 소국들이 정복, 합병되어 사라졌다가 이윽고 그 제국이 약해져 분열하면 다시 여러 왕조가 분리, 독립하곤 하였다. 이 과정에서 국가를 형성하지 못했거나 빼앗긴 민족들도 국가를 가진 민족들과 마찬가지로 동아시아 지역의 한 구성원으로 활동하였다. 현재 동아시아 안의 국가는 동북아 6국(남북한·중국·

일본·몽골·타이완), 동남아 11국(베트남·라오스·캄보디아·타이·미얀마·필리핀·인도네시아·말레이시아·싱가포르·부르나이·동티모르)이다. 타이완은 중국으로부터 자국의 한 성(省)으로 간주될 뿐이지만 여전히 세계 20여개국으로부터 승인받은 국가로서 기능하고 있다. 역내의 국가 수가 1880년대에는 한중일 3국으로 줄어들었다가 이윽고 중·일 양국으로 더욱 좁혀졌는데 21세기 오늘에는 17개국으로 늘어난 것이다. 이는 제국의 시대가 종결되고 각 국가와 민족이 제국주의 억압으로부터 해방되어 그 독자성·자율성이 현저히 높아진 것을 의미한다.

그런데 이같은 탈제국화 과정을 들여다보면 유럽세력에 의한 '역외의 제국화'와 달리 '역내의 제국화'로 인해 흡수, 병합된 일부 국가와 민족은 여전히 억압된 상태를 벗어나지 못한다는 차이를 발견할 수 있다. 이 점에 유의할 때 우리는 동아시아 지역사 구성을 방해하는 내면화된 제국의식을 온전히 직시할 수 있을 것이다. 이런 차이를 환기하기 위해 해금시기부터 공유된 제국의식을 바탕으로 진행된 역내의 제국화 과정을 간략히 더듬어보자.

한국에서는 조선 초 랴오둥수복운동이 좌절된 후 15세기에 4군(郡)과 6진(鎭) 개척을 통해 압록강과 두만강을 경계로 하는, 현재의 남북한 영토와 일치하는 판도가 형성되었다. 이를 고조선·고구려·발해의 고토를 상실한 '축소'과정으로 이해하는 것이 일반적이지만, 한반도 남부에 기반을 둔 삼한의 북진에 의한 '확장'과정으로 보는 소수 견해도 있다. 그러나 설사 확장이라 하더라도 그로 인해 이역과 이민족을 강제로 정복, 병합하는 제국화 현상은 수반되지 않았다.

이와 달리 청, 베트남, 일본에서는 이역과 이민족을 지배하는 명백한 제국화가 추진되었다. 중국에서는 만주족이 중원을 정복한 후 18세기에 위구르·몽골·티베트·타이완을 정복함으로써 청제국을 형성했는데, 이 판도가 중화민국과 중화인민공화국에 거의 그대로 계승되었다. 단지 외몽골이 독립하고 연해주가 러시아에 할양되었을 뿐이다. 베트남에서는 지금의 북부 통킹지역을 기반으로 성립된 레조(Lê, 黎朝)가 15세기 후반 지금의 중부 안남지역에 있던 참파(Champa, 占城)왕국을 정복하여 남진을 개시한 이래, 남북분열기의 항쟁에 의해 남진이 촉진된 결과 1757년 메콩삼각주를 점령함으로써 남부 코친차이나까지 아우르게 되었다. 이로써 비엣족(Viêt, 越族. 낀족)의 남진이 완료되었고 그 결과 1802년 응우엔조(Nguyên, 阮朝)가 성립되어 현재의 판도를 가진 베트남이 출현하였다. 일본의 판도는 19세기 중엽까지도 혼슈우, 큐우슈우, 시꼬꾸의 3개 섬에 한정되어 있었고, 막부(幕府) 말기부터 부분적으로 직할하에 들어간 에조는 류우뀨우와 함께 메이지유신 이후 흡수, 병합되었다.

이처럼 역내의 제국화로 흡수, 병합된 국가와 민족이 여전히 억압된 상태인 것은, 16세기에 유럽제국의 식민지가 되었던 동남아 국가들이 400년 뒤에 해방되어 독립을 되찾은 것과 대비된다. 이 대비는 역내의 제국화가 역외의 제국화보다 국가와 민족의 독자성을 더 쉽게 억압할 수 있음을 보여준다. 그중에는 이미 동화되어 스스로 하나가 된 경우도 있지만, 여전히 자신을 독자적인 역사·문화와 정치의 주체로 자각하며 자립화를 요구하는 예도 있다. 위구르와 티베트는 그 대표다. 중국, 일본, 베트남이 남북한과 달리 이른바 소수민족 문제를 안고 있는 것은 역내의 제국화를 어떻게 성찰할 것인가 하는 심각한 문제를 던져준다.

최근에는 이런 소수자 문제가 제국화의 억압에서 벗어난 국민국가와 그 안의 민중들 사이에서도 나타나고 있다. 가령 한국 남성에게 시집 온

베트남 신부가 학대받는 문제가 그런 예인데, 특히 언어와 문화의 차이가 갈등을 더욱 증폭시키는 것으로 드러났다. 이와 유사한 차별대우로 인한 갈등은 그보다 더 많은 수의 이주노동자들에게도 일어나고 있다. 시장은 그들에게 자유로운 이동의 기회를 주지만 그 이면에서 자본과 기업은 그들에게 차별과 억압을 가하고 있는 것이다. 이런 사례들은 정도의 차이는 있지만 동남아 신부와 노동자를 맞아들이는 타이완과 일본에서도 일어난다. 소수의 외래자가 다수의 주류민족에 동화되는 과정에는 늘 이런 고통이 뒤따랐을 것이다. 근대 이전의 전제군주제와 신분제 국가에서는, 그리고 이역과 이민족에 대한 차별과 착취를 당연시하던 제국의 시대에는 그럴 수밖에 없었다 치더라도, 개인의 자유와 권리의 평등이라는 보편적 가치를 인정하고 존중하는 국민국가에서도 그런 현상이 지속되는 것은 부끄러운 일이 아닐 수 없다.

연관과 비교의 지역사

동아시아의 범위와 의미가 시기에 따라 다르게 파악되어왔던 만큼, 우리는 이 책을 기본적으로는 협의의 동아시아인 동북아를 중시하되 주제에 따라 신축성 있게 넓혀서 동남아까지 아우르는 방식으로 서술하고자 한다. 예컨대 개항 이전 화이사상의 지역질서를 다룰 때는 한중일을 중심으로 한 동북아 국가들에 초점을 맞추지만, 탈냉전기 지역협력과 산업화를 다룰 때는 베트남은 물론 필리핀과 인도네시아까지 포함하는 동남아 국가들을 함께 언급하는 식이다.

그 국가들은 현재의 국민국가에 한정하지 않고 국민국가 형성에 도달하지 못한 근대 이전의 구성원들까지 포함하여 역내 위계를 드러낼 필요가 있다. 이를 위해 민두기(閔斗基)의 '중심-소중심-주변'의 세 위계론을 적용하고자 한다. 동아시아 유일절대의 '중심'(중국), 그리고 그 법제를 모델로 삼아 소중화의식을 공유한 '소중심'(조선·일본·베트남), 이들 중심국가들의 제국화 과정에서 정복, 통합된 '주변'(에조·류우뀨우·참파·타이완·내몽골·티베트)이라는 세 위계가 그것이다. 여기서는 소중심도 중심에 대해서는 주변이지만 주변에 대해서는 중심이기 때문에 은연중에 내면화된 중심의 시각을 성찰하도록 자극할 수 있다는 장점이 있다.

이 세 위계론은 전근대의 동아시아 역내 위계구도를 이해하기 위한 틀이지만 근대시기에 미국과 러시아 등 서구열강이 개입한 달라진 조건 속에서도 변형된 채 지속되었다. 근대에는 중심국이 중국에서 일본으로 바뀌었고 그에 따라 주변과 소중심, 그리고 중심(중국)까지 제국일본의 식민지나 점령지로 되었다. 이윽고 냉전시기에는 그 중심이 미국으로 바뀌었다. 그런 면에서 세 위계론은 근대를 성취한 국가·민족과 함께 그들의 근대를 위해 소외된 주체들까지 시야에 넣도록 우리를 이끌어줄 것이다.

지역사의 내용을 조직하는 시각과 방법은 여러가지일 수 있겠으나 이 책은 연관과 비교의 방법을 취하고자 한다. 비교사가 지역사 구성의 필요조건에 해당한다면 교류사와 관계사까지 포함하는 연관사는 그 충분조건에 해당한다. 흔히 동아시아사의 성립기반을 따질 때 주로 한자, 유교, 율령, 불교 등 중국문화의 공유를 중시하는 견해가 일반적이다. 그러나 그것들은 분명 동아시아 역내의 교류와 왕래를 통해 축적된 중요한 공동유산이지만 농경문화를 바탕으로 한 이른바 (소)중심국가에만 한정된 유산들이다. 그보다는 농경세력, 유목세력, 해양세력이 서로 교류, 연대, 경쟁하면서 전개된 내적 연관성에 유의하는 것이 바람직하다. 티베트와 몽골은 그 공유권 바깥의 주변에 위치하지만 실제로는 중심국들의 역사와 빈번히, 그리고 관건적으로 연관되었다.

몽골제국은 동아시아사의 범위를 훌쩍 넘어서지만, 송대의 분열을 배경으로 성립된 동아시아의 다원적 지역질서를 일거에 종식하고 원·명·청 제국으로 이어지는 일원적 중화질서의 토대를 구축한 점이 특히 주목된다. 한편 아시아대륙의 동단에 위치한 조선의 사대부들이 1402년에 아프리카·유럽까지 포함한 세계지도인「혼일강리역대국도지도(混一疆理歷代國都之圖)」를 제작할 수 있었던 것도 몽골제국과 교류한 덕분이다. 그에 앞서 7세기 고구려 침략계획을 세운 당 태종은 당시 서남 변경을 위협하는 강국 티베트의 왕에게 자기 딸 문성공주를 시집 보내 후방을 안정시키고서야 비로소 고구려에 대한 전면전에 나설 수 있었다.『구당서(舊唐書)』와『자치통감(資治通鑑)』에 따르면 당제국은 나당전쟁에서 패해 한반도에서 퇴각한 후 신라 정벌을 단행하려다가 티베트 전선의 부담 때문에 단념하였다. 동북아 안정의 균형추를 담당하던 고구려가 이렇게 붕괴함으로써 거란, 몽골, 여진 등 북방민족의 흥기와 침략을 초래하여 중국, 한반도, 일본, 베트남까지 그 전화에 휘말리게 되었다. 이런 예를 통해 일찍이 안재홍(安在鴻)은 역외의 대국이든 역내의 대국이든, 근대 이전 시기에도 근현대에도 자신의 제국화 욕망을 채우기 위해 만주와 한반도의 평화를 위협할 경우 결국 자기 자신까지 위태로워졌다는 연관성에 주목하였다. 이런 상호연관성은 근현대에 이를수록, 그리고 중심국가들 간에 더 자주 중요하게 작용하였다.

비교사의 경우 비교의 대상은 서로 무관한 것일 수도 있고, 상호 관련된 것일 수도 있다. 가령 한·중 및 베트남의 문인사대부 사회와 일본의

36

무사사회가 어떤 원리와 구조에 의거해 작동했는지를 따지는 비교가 전자의 예라면, 입헌정치제도가 각국에 전파되어 수용되는 과정의 비교는 후자의 예다. 특히 후자의 경우 그 주요한 콘텐츠를 공유하면서도 토착문화와의 상호작용 속에 독자적 전개를 드러내는데, 이때 그 양면을 균형 있게 파악하는 것이 중요하다.

이러한 연관과 비교의 시각은 일국사를 넘어 지역사를 추구하는 우리에게 제국의식과 자국중심주의를 상대화하는 효과를 가져다줄 것이다. 동아시아 지역사의 내용이 국가 영역 외에 사회 영역까지 아우르는 연관과 비교로 구성될 때 이 효과는 배가될 수 있다.

이에 우리는 이 책을 크게 10개 주제로 나누어 각 주제를 지역, 국가, 민중의 세 차원에서 서술하였다. 이를 위해 각 주제마다 3개의 절을 설정하고 각 절은 다시 3개의 항목으로 나누어 서술하였다. 3개의 절은 약간의 예외도 있기는 하지만 대체로 국가 범위를 넘는 지역 차원의 상호연관된 내용, 연관성으로 파악되기 어려운 국가 차원의 비교 가능한 내용, 국가 주도세력이 아닌 민중과 국가를 형성하지 못했거나 빼앗긴 민중들에 관한 내용을 차례로 다루어서 어느 한쪽으로 치우치지 않도록 하였다. 10개의 주제는 해금시기의 국가와 사회, 세계시장의 확대와 지역질서의 변화, 국민국가를 향한 개혁, 제국주의 침략과 반제 민족운동, 사회주의와 민중운동, 총력전의 충격과 대중동원, 냉전체제의 형성과 탈식민의 지연, 자본주의 진영의 산업화와 민주화, 사회주의 진영의 실험과 궤도 수정, 탈냉전시대의 갈등과 시민운동 등을 시기 순으로 배열하였다. 시기는 명확히 구분하지 않았으나 대체로 해금시기, 제국주의 시기, 냉전시기, 탈냉전시기의 넷으로 나눌 수 있다. 10개의 주제를 네 시기에 걸쳐 살펴봄으로써 상호 연관된 하나의 동아시아사를 향해 나아가는 과정이 드러나기를 기대한다.

동아시아 근현대사의 시간범위, 특히 그 시작점을 정하는 문제는 하나의 논쟁거리일 수 있다. 종래의 지배적인 견해는 근대 국민국가체제와 전면적으로 접촉하고 그로 인해 그것을 모델로 하는 체제개혁의 동인이 마련된 19세기 중엽의 개항을 근대의 기점으로 삼아왔다. 그러나 20세기 후반 동아시아 각국이 산업화에 성공함에 따라 그 내적 동인을 찾으려는 의도에서 근대의 기점을 좀더 소급하여 잡으려는 경향이 강해지는 추세다.

꼭 그런 의도에서는 아니지만 이 책은 17세기 초부터 다루기로 한다. 그럼으로써 한국의 임진·병자전란 이후, 일본의 에도 막부 성립 이후 분명해진 근대지향의 변화와 전통의 지속을 함께 드러내어 개항 이후의 국민국가 형성과정에 작용한 긍정·부정의 양의적인 '과거의 힘'을 온전히 파악할 수 있다고 보기 때문이다. 국가간 교역을 극도로 제한한 해금의 국제적 조건 속에서 근대지향의 변화가 일어난 것은 유럽의 그것과 비교되는 특기할 만한 일이다. 따라서 동아시아의 내적 활력은 그 해금의 제한이 풀리게 될 경우 급속한 발전의 동력으로 작용할 수 있을 것이었다. 문제는 제국주의의 정치적·군사적 침략과 지배를 어떻게 극복하느냐에 달려 있었으니, 이를 위한 개혁과 혁명 과정에서 자본주의형 국민국가가 모색되었으나 이윽고 사회주의형 국민국가 모델을 추구하는 세력이 나타나 서로 경쟁하게 되었다. 여기까지의 내용이 제1~5장에서 다루어진다.

그 과정에서 상호 학습과 갈등이 교차하고 그 갈등의 연장선에서 총력전체제와 냉전체제가 형성되었다. 제국주의 시대 청·일·러 3제국의 동아시아 시장 쟁탈이 일본제국의 패권 장악으로 매듭지어진 후, 일본

제국은 본국과 식민지 조선, 타이완 및 괴뢰 만주국까지 아우르는 범위에 걸쳐 총동원체제를 구축했고 그것은 마침내 유럽 식민지였던 동남아에까지 확대되었다. 그에 대응하여 민족해방을 쟁취하려는 식민지·반(半)식민지의 국가와 민족도 각계각층의 대동단결을 외치면서 연합전선을 형성하여 그와 유사한 동원체제를 갖추려고 노력하였다. 그런 바탕 위에서 2차대전 이후 냉전체제는 동아시아의 국가와 민중을 두 진영으로 양분하면서 각국의 내적 필요나 사회·경제의 발전정도와 상관없이 서로 대립하는 두 체제 중 하나를 받아들이도록 강요했다. 한쪽 진영에서는 한국·타이완·홍콩·싱가포르가 냉전기 조건을 활용해, 다른 한쪽 진영에서는 중국과 베트남이 탈냉전기 조건을 활용해 각각 급속한 산업화를 추진하여 눈부신 성과를 거두었다. 둘 다 개발독재형 산업화에 속하는데, 제국일본의 그것처럼 다른 나라를 식민지화하지 않고 이룩한 성과라는 점에서 주목된다. 그에 상응하는 민주화는 일부 국가들에서 진전되고 있으나 다른 대다수 국가들에서는 여전히 당면한 과제로 남아 있다. 이상의 내용은 제6~10장에서 다루어진다.

10개의 주제는 주로 정치·경제 분야를 위주로 선정하되 사회·문화 분야도 어느정도 포함시킴으로써 지역, 국가, 민중 세 차원에서 스토리가 전개되도록 하였다. 해금시기 역내의 제국화로 인해 발생한 소수민족 문제, 제국주의 시기 역내 및 역외의 제국화로 인해 생겨난 식민지 민족문제, 군사화된 동원체제와 그 연장선에서 차별과 억압을 당해야 했던 여성들의 일상에 특별한 관심을 기울였다. 이는 모두 제국화에 의해 강요된 위계와 억압을 상대화하는 시각을 북돋아줄 뿐 아니라 그로부터의 해방을 꿈꾼 국민국가화가 강제한 또다른 위계와 억압을 직시하도록 이끌어줄 것이다.

요컨대 우리는 이러한 시각과 주안 점을 가지고 17세기부터 1990년 이래 냉전체제가 붕괴한 이후 최근의 시점까지를 시간적 범위로 하여 연관과 비교의 동아시아 지역사를 구성하고자 노력하였다. 꼭 의도한 대로 된 것 같지는 않지만, 이를 통해 유럽 일변도의 국제이해가 아니라 역내의 이웃에 대한 국제이해를 증진하는 한편 문제의 발견을 자극하는 계기가 마련되기를 기대해본다.

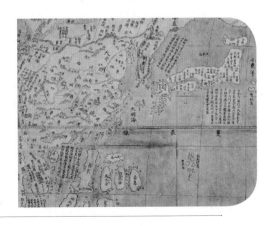

「곤여만국전도」의 동아시아 부분

중국 명대 베이징에서 조선 사신을 송별하는 장면을 그린 「송조천객귀국시장(送朝天客歸國詩章)」 ⓒ국립중앙박물관

제1장

해금시기의
국가와 사회

임진·병자전란 이래 서구열강의 침략이 있기 전까지 동아시아는 약 200년간 평화적 관계를 유지했다. 이는 바다 출입을 제한한 해금정책과 중국을 중심으로 한 조공책봉체제가 안정적으로 자리 잡았기 때문이다. 그런 지역질서 속의 동아시아 각국은 농업과 상공업의 발달을 이룩하면서 사회·경제의 다양성과 문화적 독자성을 증대해갔다. 한편 정도의 차이는 있을지언정 빈농들의 주기적 봉기가 각국에서 공히 빈발했는데, 그것이 국가체제를 위협하는 정도로까지 발전했는가 여부는 결국 국가 운영의 원리, 권력구조의 차이, 문인사대부와 무사라는 지배층의 차이를 반영하였다.

동아시아 지역질서와
200년간의 평화

조공 – 책봉의 이념과 현실

한중일 3국의 전쟁으로 비화된 임진조일전쟁(壬辰朝日戰爭, 임진왜란)
과 그 여파로 일어난 병자조청전쟁(丙子朝淸戰爭, 병자호란) 이후 서구열
강의 침략이 있기까지 대략 200년간 동아시아는 해금정책(海禁政策)하
에서 기본적으로 평화적 관계를 유지했다. 외국 학계는 이 시기를 '초
기 근대'라고 부르는데 여기서는 '해금시기'라 부르고자 한다. 이 시기
지역질서는 바다 출입을 엄격히 제한한 해금상태에서 중국을 '중심'으
로 하고 조선, 일본, 베트남을 '소중심'으로 하며 류우뀨우, 몽골, 티베
트 등을 '주변'으로 하는 위계화된 형태를 취했다. 이들 사이의 관계는
조공(朝貢), 통신(通信)과 호시(互市)*를 통해 유지되었다.

원래 조공이란 천자(天子)를 자처한 중국 황제에게 주변국 수장이 정
기적으로 사신을 보내 문안인사를 드리고 공물을 바치는 의례다. 황제

는 조공국 군왕을 자신의 외신(外臣)으로 여겨 그에게 왕·제후·장군 등의 작위를 하사하고 그 지배영역을 인정하는 책봉의례를 행하기도 했다. 이에 더해 황제는 천자로서 하늘의 운행을 측정하여 제작한 역법을 반포하고 연호를 제정하여 조공국도 이를 사용하게 함으로써 천하의 시간을 규율하는 상징권력을 행사하고자 했다.

이 의례의 원리는 화이사상 혹은 중화사상으로 일컬어지는 중국인의 문화적 우월주의로부터 나왔다. 원래 '중국(中國)'이란 동서남북의 4토(四土, 4방四方)와 대비하여 그 가운데의 중토(中土)라는 방위 개념에서 유래한 말이다. 따라서 '중국'은 단지 방위상 중앙에 있는 나라(中央之國)를 의미하는 보통명사에 불과했다. 그런데 중토에 근거를 둔 농경민인 화하족(華夏族)이 보기에 그 주변인 4토(4방)에 거주하며 수렵이나 어로에 의존하던 비농경민은 자기들보다 문화수준이 낮았기에 이들을 네 오랑캐라는 뜻의 '사이(四夷)'로 지칭하여 깔보면서 스스로 점차 문화적 우월감도 갖게 되었다. 문화의 높고 낮음을 기준으로 화(華)와 이(夷)를 대비시키는 이분법적 세계관은 이로써 성립하였다. 방위적 중국 개념이 문화적 중국 개념으로 전화된 것이다. 이제 문화적 우월의식은 중국이란 용어 자체에도 담기게 되었는데, 이는 '중국'이 '화하'와 결합해 만들어진 용어 '중화(中華)'에서 더욱 강렬하게 표현되었다.

이러한 화이사상은 일차적으로 중국인의 사고일 뿐 한국, 일본, 베트

통신 믿음으로 통한다는 뜻이며 대등한 국가들 간의 외교관계의 한 형태로 해금시기 조선이 일본에 통신사를 파견한 것이 그 대표적인 예다.

호시 서로의 필요에 따른 국가간 변경무역으로 본래 중원왕조와 유목국가 간에 한정된 의미로 쓰였으나 나중에는 그밖의 나라들 간에도 적용되는 의미로 확대되었다.

남처럼 중국의 사방에 거주하는 사람들이 스스로를 오랑캐로 여길 이
유는 없었다. 오히려 이 국가들은 중국문화의 우수성을 인정하되 그로
부터 배우면서 점차 자기 자신을 '(소)중화'로 여기고 자기보다 못한
사방의 이웃나라를 '사이'로 간주하는 화이사상을 나름의 방식으로 변
형하여 공유하게 되었다. 조선중화주의, 일본중화주의, 베트남중화주
의라 부를 만한 이런 소중화의식은 특히 '사이'의 하나인 만주족의 청
에 의해 중화왕조가 정복된 이후에 더욱 뚜렷해졌다. 그럼에도 에도 막
부(江戸幕府)* 시기 일본을 제외한 동아시아 각국은 중국과의 조공책봉
관계를 유지했다. 중원을 장악한 청조 역시 중국의 영토적·문화적 유산
위에서 절대강자의 우월한 지위를 유지했기 때문이다.

　그 결과 유일한 중심인 중국과 그 이웃나라들이 조공의례를 매개로
외교관계를 맺고 평화를 유지하는 지역질서가 형성되었다. 중국 황제
는 조공국이 정해진 외교의례를 행하고 그 역법을 사용하는 한 그의 내
정과 외교에 간섭하지 않았다. 따라서 조공은 초월적 지위의 대국인 중
국으로부터 그에 인접한 소국들이 자신의 자주와 독자성을 지키기 위
한 외교전략이었다. 이러한 의례 수행과정에서 양국 권력자는 직접 대
면이 아니라 그의 사자(使者)가 전달하는 서면으로 의사를 교환했다. 따
라서 서면에서도 의례적인 문구의 표현이 극도로 중시되었다.

　한편 화이사상을 공유한 소중심국들도 중국을 제외한 다른 이웃나
라들을 마찬가지 원리에 의거해 상국과 하국의 관계로 여겼다. 조선, 일

에도 막부　토꾸가와 이에야스(德川家康)가 세이이타이쇼오군(征夷大將軍)으로 임명
된 1603년부터 메이지유신으로 왕정복고를 선언한 1867년까지 에도에 본거지를 두고
15대 265년간 일본을 통치한 무가정권(武家政權).

본, 베트남은 이런 방식으로 자국 중심의 소규모 조공관계, 즉 소중화 질서를 형성하고 이웃나라에서 사신이 오면 흔히 그를 조공사절로 간주해 기록에 남겼다. 청조의 공식 조공국이 8개국이었으나 40여개국으로 부풀려졌듯이 베트남 응우옌조*의 조공국은 3개였으나 13개로 기록되었다. 자국을 상국으로 받드는 하국이 많을수록 자국의 지위가 격상된다는 생각에서, 현실이 아니라 관념의 차원에서라도 자국의 위상을 높이려는 전략이라 할 수 있다. 소중화질서가 중국 중심의 대중화질서에 도전하지 않는 한 평화적 외교관계와 상호교류가 유지되었다. 이것이 해금시기 동아시아의 평화를 가능케 한 국제질서의 기본원리다. 비록 외교와 교역 면에서 대등한 관계는 아니었지만 초월적 강자인 중국을 비롯한 각국이 서로의 국력의 크기를 바탕으로 문화와 도덕의 명분을 빌려 의례화한 국제질서라 할 수 있다.

결국 이처럼 불평등 속의 평화란 강자의 논리에 의해 쉽게 위협받기 일쑤였다. 화이사상에 의거한 국제질서는 조공의례를 행하지 않는 하국을 상국이 군사적 수단으로 응징해 바로잡는 정벌(征伐)의 정당화 논리를 부여했다. 일본의 토요또미 히데요시(豊臣秀吉)와 청 태조 누르하치(努爾哈赤)가 각기 조선을 침략할 때 내세운 논리가 바로 그것이었다. 누가 상국이고 누가 하국인지는 이념상으로는 문화를 바탕으로 한 도덕정치(德治)를 기준으로 규정되는 것이었으나 현실에서는 국력의 크기에 의해 규정되곤 했다. 숭화왕소인 북송과 남송노 이석왕소인 요(遼)와 금(金)에 조공을 바치지 않을 수 없었던 예를 보면 알 수 있다. 이

응우옌조 베트남 최후의 왕조로 1802년에 개창하여 1945년 베트남독립동맹(비엣민)의 8월혁명 때까지 존속했다.

처럼 상국과 하국의 지위가 국력의 성쇠에 따라 변화했기 때문에, 그에 자발적으로 순응하면 평화가 유지되지만 그렇지 않으면 갈등과 충돌을 피하기 어려웠다.

조공의례는 종주국의 힘에 의해 충분히 뒷받침될 때만 제대로 작동할 수 있었으니, 의례와 힘은 긴밀하게 상호 연동돼 있었다. 특히 18세기 청조가 몽골·동투르키스탄·티베트·타이완 등을 정복한 이른바 '건륭제의 10대 전역(戰役)'은 덕치와 조공의 이념이 현실과 얼마만큼 다른지 보여주는 예다. 이 '전역'은 곧 중토의 중화국가가 사이국가나 지역을 정복하는 역내의 제국화를 위한 전쟁이기도 했다. 이런 사정을 감안하면 임진·병자전란 이후 서구열강의 침략을 받기까지 지속된 동아시아의 이른바 '200년간의 평화'란 제한된 의미의 평화라고 할 수 있다.

한편 화이사상을 기초로 한 국제질서에서는 원칙적으로 명확한 독립국가 개념도 국경 개념도 존재하지 않는다. 중화국가는 사이국가를 외부의 침입으로부터 자신을 보호하는 울타리(藩)로 간주했기에 후자는 전자의 변경에 부속된 존재로 파악될 뿐이다. 주변국을 '번속(藩屬)'으로 지칭한 까닭이 여기에 있다. 이 개념에 따르면 사이국가(조공국)는 자국의 내정과 외교를 스스로 주관하는 자주국이지만 중화국가(종주국)로부터 분리된 독립국일 수 없다. 현실에서는 국경이 존재했지만, 관념적으로는 이렇게 양자의 관계는 상국과 하국의 불평등한 관계일 뿐만 아니라 미분리된 연속체로 파악되었다. 그렇기 때문에 중화국가는 사이국가를 언제든 병합, 동화시킬 수 있는 대상으로 간주하는 논리까지 당연시한다. 이 개념에 따르면 국가간의 모든 침략전쟁은 조공의례를 수행하지 않은 무례함에 대한 처벌로 간주되어 정당화될 수 있다. 고대 일본의 동진과 베트남의 남진, 고구려-당의 전쟁이 그랬던 것처럼 해금시기의 임진조일전쟁과 병자조청전쟁도 그랬다. 그런 점에서 18세기 청조가 동진하는 러시아에 위협을 느끼고 한족들이 만주에 들어가 살 수 있도록 허용하는 한편 러시아, 조선, 베트남과 국경을 획정한 것은 청조의 의도와 상관없이 근대적 국경 개념을 향한 획기적인 진전이라 할 만하다.

한편 동아시아 각국들 간에는 이같은 조공의례에 의해서도, 군사적 힘에 의해서도 해결되지 않는 각종 현실적 수요가 있었다. 이를 충족하기 위해 평화적인 조공 외적 관계가 불가결했고, 실제로 통신과 호시가 형성되어 작동했다. 조선은 공식적으로 일본에 대해 대등한 이웃나라와의 외교관계를 뜻하는 교린(交隣)의 의례로 대했다. 통신사의 파견이 이를 말해준다. 에도 막부의 일본도 조선을 통신국(通信國)으로, 류우뀨우를 조공국으로, 네덜란드와 중국을 통상국(通商國)으로 규정해 교류를 지속했다. 그러니까 당시 중·일 양국은 외교관계 없는 교역관계만 맺고 있었다. 그리고 바다 출입을 통제한 명·청제국의 해금정책이 지속됨에 따라 늘어나는 동아시아 역내 교역의 수요를 충족해야 했기에 중국 사방의 변경지대에 설치된 호시를 통한 육로교역, 해안을 통한 밀무역이나 해적 형태를 띤 무역 등이 일시적 부침을 거듭하면서도 지속적으로 번성했다. 이런 수요는 이미 대량의 쌀을 동남아로부터 수입하던 청조 중국에도 불가결했지만 그보다 경제적·문화적 하위의 처지에 있던 이웃나라들에게 더욱 절실했다. 이와 같은 호시의 교역관계와 교역 루트도 고대 이래의 조공관계를 바탕으로 형성되고 유지될 수 있었다.

국가간의 불평등한 관계를 전제한 조공의례가 장기 지속된 까닭은 무엇일까? 종주국과 조공국 쌍방 모두에게 여러 이득을 가져다주었기

50

일본으로 간 조선통신사 행렬 조선은 일본을 대등한 이웃나라로서 대했고 일본도 조선을 통신국으로 대하였다.

때문이다. 우선 종주국은 조공국이 많을수록 황제의 덕치가 잘 실현된 것으로 선전할 수 있었으므로 황제권을 공고히 하고 그 권위를 드높이는 효과를 거둘 수 있었다. 그뿐만 아니라 자국의 사방에 조공국을 확보하는 것은 국방전략상의 이득을 가져다주었다. 조공국을 번속이라고 부른 데서 잘 드러나듯이 외침으로부터 자국을 지켜내는 울타리로 삼는다는 계산이 그것이다. 이러한 통치자의 권위보증 효과와 자국방위 효과는 조공국 수장과 그 왕조에도 마찬가지로 또는 더 분명하게 작동했다. 중국의 책봉을 받은 조공국 수장의 왕위를 찬탈하는 것은 황제의 권위에 대한 도전으로 간주되었으므로 조공국의 왕권을 강화하고 유지하는 데 유익했다. 내정과 외교의 자주를 천하질서의 주재자인 중국으로부터 보장받음으로써 왕조의 안전을 지켜낼 수 있었고, 외침을 받을 때 이를 막아줄 군사적 지역안보 기능을 기대할 수 있었기 때문이다. 만일 외침을 받은 조공국이 멸망한다면 천자의 덕과 덕치가 손상을 입은 것으로 되기 때문에 출병해서라도 이를 보호하는 것은 종주국의 의무였다.

이처럼 동아시아 지역질서는 조공을 중심으로 하되 통신과 호시가 결합된 복합적 관계로 짜여 있었다. 그중 조공관계도 해금시기에는 중국 중심의 일원적 구조로 짜여 있었으나 늘 그랬던 것은 아니다. 가령 3~6세기와 10~13세기에는 중국의 세력이 약화되거나 분열된 조건에서 국제적 세력균형이 상당한 정도로 이루어져 다원적 국제질서가 작동했다. 엇비슷한 나라들 간의 대등한 국제질서가 원·명·청 제국의 등장으로 다시 일원적 구조로 돌아간 것이다. 그렇더라도, 그 안에는 소중심국들에 의해 또다른 복수의 조공관계가 형성되어 있어 중국 중심의 상위 조공관계의 하위 구성요소를 이루었다. 중국의 세력이 다시 약화된 제국주의 시기에는 지역질서가 새로운 초월적 대국인 제국일본과 구미열강의 경쟁에 의해 좌우되었다.

명청교체의 충격과 중화질서의 이완

만주에서 흥기한 청이 1644년 명을 멸망시킨 것은 중화질서의 중심축이 이른바 중화왕조에서 이적왕조로 바뀐 일대 사건이다. 1674년 에도 막부의 학자 하야시 슌사이(林春齋)는 이를 "화가 이에 의해 대체되는 사태"로 간주하고 만약 이 사태가 그대로 굳어진다 한들 "어찌 상쾌

한 일이 아니겠는가?"라며 기꺼이 받아들였다. 이는 명을 화로 보고 청을 이로 간주하는 화이의식이 일본에도 퍼져 있었음을 말해준다. 동시에 이런 사태 변화를 마치 기다리기라도 했던 것처럼 반기는 자세가 조선에서는 찾아보기 어려운 것이어서 주목된다. 왜 이런 차이가 생겼을까? 그 중심에 임진조일전쟁의 여파가 자리 잡고 있다.

한중일 3국의 동아시아전쟁으로 확대된 이 전쟁의 여파는 명이 쇠약해지는 대신 후금이 급성장하여 청의 건국으로 발전하는 결과를 낳았다. 청에 의한 명의 멸망이 조선에는 일본의 침략에 의해 멸망 직전에 처해 있던 왕조를 구원해준 종주국의 멸망이었으니, 그 충격이 얼마나 컸을지 짐작할 만하다. 더구나 이는 청이 명을 멸망시키기에 앞서 중원 장악의 후환을 없애려고 조선을 침략하여 1637년 삼전도(三田渡)*의 치욕을 안겨준 상태에서 벌어진 일이었기에 더욱 그랬다. 그것은 조야에 넘쳐나던 '재조지은'(再造之恩, 무너지는 나라를 다시 일으켜 세워준 은혜)의 사회심리, 그리고 김훈(金薰)의 소설 『남한산성』(2007)에 잘 묘사되었듯이 얼어붙은 산성에 갇혀 굶주린 채 안으로만 타들어가던 반청의식으로 표출되었다.

그 밑바닥에서는 고구려 이래의 소천하의식과 고려 이래의 소중화의식이 반작용을 일으켰다. 가령 조선 세조대에는 명조 중심의 조공책봉체제에 순응하면서도 여진, 일본, 쓰시마, 류우뀨우 등을 아울러 '사이'로 불렀다. 이는 과거 송이 고려를 문물과 예악이 발달한 나라라고 해서 고려 사신의 숙소를 '소중화지관(小中華之館)'이라 했을 뿐만 아니라 고

삼전도 조선시대 서울의 한강변에 있던 나루터로 1637년 1월 30일 조선의 인조가 이곳에서 청나라와 군신관계를 맺는 굴욕적인 강화에 응했다.

려인들 스스로도 자신의 문물이 중국과 견줄 만하다고 하여 소중화를 자부한 문화적 우월감의 표현이었다. 실제로 세조는 만주에 살던 건주 여진(建州女眞)을 복속시켜 관직을 수여한 바 있다. 그 야인이 급성장하여 조선을 침략하고 명까지 멸망시켰으니, 조선에는 이 사태가 도저히 일어나서는 안되는 변국이었던 것이다.

이와 달리 일본에서는 우선 토요또미 히데요시가 조선 침략을 '무력강국' 일본과 '문인대국' 명제국 간의 대결로 간주하고 동아시아 차원의 천하평정을 시도했다가 실패한 직후 명청이 교체되었으니, 정명가도(征明假道)의 논리에서 보면 명청교체는 충격이라기보다 반가운 일일 수 있었다. 전국시대를 무사의 힘으로 종식시킨 일본의 국내 통합과정에서 잉태된 대외팽창의 충동이 중화질서에 대한 도전으로 작동한 결과다. 그후 에도 막부가 통상의 필요를 느껴 명조와 조공관계를 회복하려 시도했다가 거부당한 처지였으니 이 점도 명청교체를 반기게 만든 외적 요인으로서 작용했을 것이다.

베트남 레왕조의 경우도 명청교체를 보는 시각이 조선과 다를 수밖에 없었다. 양국 간 국경분쟁으로 명조 군대의 침략을 받아 20여년간 그 지배하에 있다가 반명투쟁의 지도자 레 러이(黎利)에 의해 레왕조가 수립된 사정이 있었기 때문이다. 이때 명 영락제는 베트남에 명의 지방관제를 시행하고 동화정책을 추진하여 베트남을 중국화하려 기도한 바 있다. 그러니 정치적으로는 조선의 '재조지은' 같은 관념이 있을 수 없었다. 응우옌조의 정사인 『대남식록』(大南寔錄, 1844~1909)은 명청교체를 "청이 이(夷)로서 중국에 들어가 화(華)를 변화시킨 것"이라 하면서 자신들이 청조 중국보다 한대의 중화문화를 더 순수하게 계승하고 있는 "남의 중화제국"이라고 자처했다.

명청교체를 우려하는 입장도 반기는 입장도 모두 그것을 화와 이의 역전으로 인식했던 만큼 조선, 일본, 베트남에서는 각기 그때부터 자국이 바로 중화라고 자처했다. 조선의 국왕과 관료들은 마치 조공국의 왕위 찬탈을 종주국 황제가 응징하여 광정(匡正, 바로잡아 고침)하려 한 논리를 뒤집은 듯 중화의 황위를 유린한 이적왕조를 정벌하여 도통(道統)을 광정하려는 자세까지 보였다. 북벌론이 바로 그 예로, 청국의 발전과 더불어 그 주장은 잦아들었으나 그후에도 "오랑캐나라(胡國)의 운명은 100년을 못 간다"는 유가(儒家)의 격언을 신봉하면서, 지진과 혜성 등 자연재해와 이상기후 현상을 청조의 멸망 징후로 받아들였다. 명조를 중국이라 하고 그 사람을 중국인 혹은 화인(華人)이라 부른 데 비해, 청조를 북국(北國) 혹은 청국(淸國)이라 하고 그 사람을 북인(北人) 혹은 청인(淸人)이라 했으며, 명조에의 사행록을 조천록(朝天錄)이라 한 것과 달리 청조에의 그것을 연행록(燕行錄, 단지 옌징燕京에 다녀온 기록을 뜻함)이라 불렀다. 이는 청조를 중화의 천조대국(天朝大國)으로 인정하지 않으려는 소중화의식의 표현이었다. 그러나 조선의 중화주의는 점차 적극성과 외향성을 상실하고 내향적 관념론으로 머물게 되었다. 청조가 중원의 주인이 되어 조선의 북방고토를 통제했고, 일본도 전쟁을 일으켜 명과 겨룰 만큼 성장하고 곧이어 에도 막부가 안정되어 남북 어디로도 나아갈 여지가 차단되었기 때문이다. 그것은 국학과 실학의 자주적 문화의식으로 이어졌다. 다만 쓰시마의 사신을 조공사로 간주해 도주에게 관직을 내렸으니 쓰시마는 일본과 조선 양쪽에 조공하는 처지에 놓였다.

일본에서는 에도 막부가 17세기 초 류우뀨우왕국*을 침공하여 조공국으로 삼은 데서 보이듯 임진조일전쟁에 패한 후에도 중화주의가 외향적으로 나타났다. 중국의 조공국이던 류우뀨우는 이제 일본에도 조공하는 처지가 되었다. 토요또미의 조선 침략을 조공하지 않은 무례함에 대한 응징으로 간주하는 정벌론은 17세기 중엽 저술된 『조선정벌기』나 『정한록』 같은 기록물에 매개되어 에도시기 내내 지속되었다. 막부가 네덜란드 사절과 조선통신사를 조공사절로 간주해 쇼오군(將軍)*의 권위를 선양하려 했던 것도 그런 의식의 표현이다. 이 시기에 명의 멸망과정에서 다수의 관료들이 일본에 망명하기도 했는데, 특히 주 슌슈이(朱舜水) 등의 망명 유학자들은 일본중화주의를 주도한 미또학(水戶學)*의 발전에 큰 영향을 끼쳤다. 그리하여 야마가 소꼬오(山鹿素行)처럼 일본이 바로 '중국'이라고 부르짖는 지식인이 나왔다. 청에 대한 저항의 영웅인 정 청궁(鄭成功)을 모델로 삼은 희곡 「코꾸센야깟센(國姓爺合戰)」이 당시에 누린 폭발적 인기는 일본중화주의가 대중적으로 확산되었음을 보여준다.

베트남 응우옌조의 개창자인 잘롱(Gia Long, 嘉隆) 황제는 '대남국대황제(大南國大皇帝)'를 자처하고 자국을 13개 조공국을 거느린 '중국', 자기 백성을 '화민(華民)'이라 불렀다. 10세기 이래 베트남 역대 왕조는 중국의 조공국으로서 책봉을 받고 그 연호를 사용했지만 동시에 중국

류우뀨우왕국 일본 오끼나와(沖繩)현에 있던 왕국. 15세기부터 동북·동남아시아를 잇는 해상로에 위치하여 무역으로 발전했다. 1879년 일본의 강제병합으로 450년간의 왕조가 멸망하고 오끼나와현이 되었다.

쇼오군 정식 명칭은 '세이이타이쇼오군'으로 고대에는 에조 정벌을 위해 임명된 임시 관직을 가리켰다. 1192년 미나모또노 요리또모(源賴朝)가 쇼오군으로 임명되어 카마꾸라 막부(鎌倉幕府)를 세운 이래, 역대 막부의 수장을 의미하는 용어로 사용되었다.

미또학 에도시대 미또(水戶)번에서 『대일본사』 편찬사업을 중심으로 발흥한 학문. 대의명분과 황실존숭을 표방하여 19세기에 대외적인 위기가 심화되자 존왕양이(尊王壤夷)운동의 이념적 지주가 되었다.

을 '북국', 자신을 '남국'으로 대비하는 대등의식을 견지했다. 레왕조 이래 중국과의 관계를 대등한 국가들 간의 친교, 곧 방교(邦交)라 한 것도 그렇다. 이런 눈으로 베트남은 주변 소국을 속국으로 간주하고 그들에게 조공을 요구했다. 그 13개국 중에는 청조의 조공국인 미얀마(버마), 타이, 라오스는 물론 영국과 프랑스, 심지어 국가가 아닌 부족집단까지 있었다. 이렇게 조공국 숫자를 늘려 과장함으로써 응우엔조 황제의 덕을 흠모하는 속국들이 많음을 선전하여 권위를 높이려 했던 것이다.

이처럼 조선, 일본, 베트남의 소중화주의는 그 국가의 힘의 크기에 따라 국제관계에서 부분적으로 현실화되기도 했다. 그럼에도 그들의 소중화주의는 이른바 사이의 수장에게 달력과 인장을 수여하고 그들을 국왕으로 책봉한 적이 없다는 점에서 중국의 천하질서와 다르다. 중국은 이런 소천하질서를 알면서도 그것이 중국 중심의 질서에 적대하지 않는 한 묵인했으니, 복수의 소천하질서가 중국 중심의 대중화질서 속에 그 하위 시스템으로서 참여하고 있었던 셈이다. 이것은 장기적으로 대중화질서를 안으로부터 동요시키는 힘으로 성장할 터였다.

주변 국가들의 소천하의식이 성장하는 가운데 청조는 러시아의 동남진에 대응해 변경의 지배범위를 명확히 하게 되었다. 이때는 대내적으로도 반청세력을 완전히 진압해 왕조의 안정이 확고해짐에 따라 『대청일통지』(大淸一統志, 1743~1842)의 편찬을 준비하는 상황이기도 했다. 이런 현실적 필요가 국경 획정작업으로 나타났다. 청조는 우선 팽창하는 러시아와 1689년 네르친스끄(Nerchinsk)조약을 맺은 후, 1727년 꺄흐따(Kyakhta)조약으로 북방 국경을 획정했다. 청조는 1708~18년 사이 천주교 선교사의 도움을 받아 변경지대에 대한 대대적인 측량과 지도 제작을 진행하여 과학적 지리학의 흥기를 북돋았다.

청조는 러시아를 상대로 조공관계와 충돌하는 대등한 조약관계를 맺고서도 이것이 자국민과 조공국들에 알려지지 않도록 유의했다. 가령 만주어로 된 조약 원문을 한문으로 옮기면서 상하관계를 분명히 하는 표현을 집어넣은 것이 그런 예다. 거의 같은 시기에 청조가 조선 및 베트남과 국경을 획정하면서 조약이 아닌 비문으로 표시한 것은 러시아와의 관계와 대비된다. 청조는 우선『대청일통지』편찬을 준비하며 그동안 불분명하다고 판단되어온 백두산 부근의 조·청 간 국경을 확인하고자 사람을 보내 몇차례 답사했다. 한편 산삼을 캐던 청국인이 조선인에게 피살되는 사건이 발생하자 청의 강희제는 이를 국경이 불분명한 결과라고 보아 국경 획정을 서두르게 했다. 이에 양측 대표의 수차례 현지조사를 거쳐 1712년 5월 "무 커덩(穆克登)은 칙령에 따라 변계(邊界)를 조사하고 이 지점에 이르러 서쪽은 압록강, 동쪽은 토문강(土門江)으로 경계를 삼아 그 분수령 위에 돌을 세워 기록한다"고 명기된 백두산정계비를 세웠다. 이 정계비는 비문에 보이듯 양국 대표가 대등한 위치에서 세운 것이 아니라 청국 고관 무 커덩이 세운 것이며, 조선 군관 이의복(李義復)과 조대상(趙臺相)은 양국 통역관들과 함께 수행원 명단에 기재되었을 뿐이다.

청은 베트남과의 사이에도 1728년 정계비를 세워 동남방 국경을 획정했다. 양국 변경지대에 위치한 동광(銅鑛) 개발의 이득을 둘러싸고 청조 지방관과 레조 간의 영유권 분쟁이 발생했는데, '천하의 모든 땅은 황제의 땅이다'라는 논리를 바탕으로 동광지대를 점령하려는 윈구이 총독(윈난雲南, 구이저우貴州 두 성을 관할하는 지방장관)에게 청의 옹정제가 성은을 내리는 형식을 취해 분쟁지역을 베트남 측에 하사토록 지시함으로써 천자로서의 덕을 과시했다. 이는 조선 초 두만강 동남쪽 연안 철령 이북 땅의 귀속을 놓고 여진, 조선, 명이 대립할 때에도 명 성조 영락제가 "조선 땅도 다 짐의 땅인데 구태여 그것을 쟁취할 까닭이 어디 있겠는가?"라며 조선에 귀속시킨 것과 똑같은 논리다. 이에 따라 청조와 레조 간에 경계를 확인하는 절차를 거쳐 1728년 9월, 청조 측은 비문으로 국경을 명시했다. 비문에는 "바이마쉰(白馬迅)의 작은 하천을 경계로 한다. 이는 바로 그곳 국왕이 상주문에서 말한 두저우허(賭呪河)다"라고 씌어 있다. 여기서도 비문의 설립 주체는 청국이지만, 강 양안에 각기 따로 세운 점이 백두산정계비와 다르다.

청조가 이와 같이 거의 같은 시기에 러시아, 조선, 베트남과의 국경을 획정한 것은 중화질서 이완의 한 증거로서 주목된다. 원래 이념의 천하는 중화와 이적 사이의 경계가 없이 중화가 끊임없이 이들을 교화하고 정복하며 팽창하는 연속체였다. 이제 중국은 스스로 자신의 국경을 정하지 않을 수 없게 되었으니 중국이 곧 천하인 세계관이 논리적으로 부정될 소지가 발생한 것이다. 중국인의 관념 속에 국경 개념이 명확히 등장한 것은 북송대였는데, 이제야 그것이 현실화된 것이다. 다만 국경 획정 형식이 러시아에 대해서는 근대적인 조약으로, 조선과 베트남에 대해서는 전통적인 비문으로 되어 있어서 그 차이가 판이했다. 이는 단순한 형식상의 차이를 넘어 전통적 천하 관념의 선별적 적용이라는 논리상의 차이를 낳았으니, 아편전쟁 이후 서구열강과 동아시아 이웃나라들에게 각각 조약체제와 조공체제를 이중적으로 적용한 청조 '이중외교'의 선구가 여기에서 이미 드러난 셈이다.

미얀마 같은 동남아 불교국가들은 청조에 대하여 유교국가들과 사뭇 다른 태도를 보였다. 미얀마의 군주들은 우주의 절대자 전륜성왕(轉

輪聖王)으로서 만다라를 통치한다는 관념을 갖고 있었기 때문에 청조에 대해 상하 위계관계를 인정하지 않았다. 1752년 성립된 미얀마의 꽁바웅(Konbaung) 왕조는 청조에 조공하지 않고 국경지대에 대한 직접 지배를 강화했다. 이에 현지 추장들이 청국의 윈난성으로 피신해 구원을 요청하자 건륭제는 이를 구실로 미얀마 정벌에 나섰다. 그것은 1765~69년까지 네차례나 진행되었지만 모두 풍토병과 미얀마의 게릴라전술로 인해 연패했다. 마지막 침공은 3만 1000명 중 1만 8000명이 전사할 정도로 충격적인 패배로 끝났다. 이에 청조는 부득이 휴전협상에 나섰고, 양국은 1769년 12월 대등한 입장에서 평화협정을 맺고 피신한 추장들을 6개월 이내에 돌려보낼 것과 10년마다 외교사절을 교환할 것을 합의했다. 그후에도 미얀마가 사절을 보내지 않자 청조는 먼저 가짜 칙사를 파견해 미얀마의 사절 파견을 유인하는 술책을 구사하기까지 했다. 미얀마는 이에 따른 사절 교환을 서로 다른 만다라를 통치하는 대등한 군주들 간의 외교행위로 여겼으나 청조 측 자료에는 조공사절로 기록돼 있다. 청조는 미얀마 정벌의 참패에 관한 기록을 남기지 않은 것은 물론, 이를 승리한 것으로 바꾸어 건륭제의 '10대 전역'에 포함시켰다.

해금 속의 대외인식

동아시아 국제질서의 중심이던 명조가 바다 출입을 금하는 해금정책을 실시한 이래 조선, 일본, 베트남도 해금정책을 시행했다. 자국의 집권국가체제를 위협하는 요인의 성장을 원천적으로 차단하겠다는 의도에서였다. 요즘에는 '해금'이 '쇄국'이란 말로 바뀌어 쓰이지만 원래 '쇄국'은 나가사끼(長崎) 네덜란드 상관(商館)의 독일인 의사가 남긴 기록을 19세기 초 일본인이 한자로 옮기면서 만들어진 말이다. 해금은 자국민의 해외 출입과 이주, 외국인의 도래에 대한 통제로 나타났고 그로 인해 상호 왕래와 교류도 전에 비해 현저히 감소했다.

가령 조선은 임진전쟁 이전에 류우뀨우왕국과 사절을 교환하면서 그 나라를 조선술과 항해술이 뛰어난 무역국가로 인정한 바 있다. 세종대에는 그 기술을 도입하여 전함을 건조하고 1년에 두번 수확할 수 있는 벼 품종과 후추 종자를 들여와 직접 재배하려는 시도도 이루어졌다. 그러나 1609년 일본이 류우뀨우를 침공하여 조공관계를 수립하자 조선과 류우뀨우 간의 사절 교환이 단절되었다. 이 단절은 동남아에 나타난 유럽세력과 직접 접촉할 수 있는 기회의 상실을 의미하기도 했다. 이미 1402년 권근(權近), 김사형(金士衡) 등에 의해 작성된 「혼일강리역대국도지도」가 동남아와 인도를 포함하는 아시아대륙 전체와 아프리카, 유럽까지 시야에 넣었던 예에서 보듯 한때 외향적이었던 조선의 대외인식은 임진·병자전란을 거치면서 급속히 내향적으로 변모했다. 바다 출입의 통로는 단지 일본을 상대하는 삼포(三浦, 동래의 부산포, 웅천의 내이포, 울산의 염포)로 제한되었다.

조선과 달리 육로의 대외루트가 없던 섬나라 일본은 해금정책하에서도 해로를 통한 '네개의 창구'로 외향적인 대외관계를 형성했다. 쯔시마와 류우뀨우를 통해 조선 및 중국과 교통할 뿐만 아니라 나가사끼를 통해 네덜란드와, 그리고 마쯔마에(松前)번을 통해 에조찌와 통상했다. 또 일본인이 점차 동남아로 이주하면서 베트남 중부의 호이안 같은 주요 항구에 중국인 거리와 함께 일본인 거리가 조성될 정도였다. 총포를 비롯한 유럽 물산이 수입되고 기독교가 유입되어 1614년에는 일본 내 신도 수가 37만명에 달했다. 이에 막부는 포교금지령을 내리고 외국인 선교사와 개종을 거부하는 일본인 신자를 해외로 추방했다. 이 와중에 발생한 '시마바라(島原)의 난'(1637)은 4개월간 12만의 병력을 투입해야 할 정도로 치열했고, 해금정책을 확고히 하는 결정적 계기가 되었다. 당시 막부 당국은 기독교세력이 내국인과 결탁하여 반란을 도모할까 염려했다. 이는 신도에 대한 대규모 집단처형으로 나타났고, 그후 포교 금지는 해금의 초점이 되었다.

16세기 말 이래 유럽 선교사들은 중국 마카오에 거점을 둔 예수회를 통해 중국과 베트남에도 파견되었다. 베트남에서는 남북 분열기를 틈타 그 신도가 급증했고, 1660년 다수의 선교사와 신도를 처형하는 박해가 일어났다. 조선에도 베이징을 오가는 사신을 통해 천주교 서적이 전래되었으나 중국에서처럼 그것을 '서방의 새로운 학문'이라는 뜻의 '서학(西學)'으로 받아들였을 뿐 신도가 급증하지는 않았다. 따라서 1801년 첫 탄압이 일어나기까지 기독교는 종교세력으로서 문제시되지 않았고 르네상스 이후 유럽의 신문물을 전파하는 역할을 담당했다.

18세기 조선의 북학파 실학자들은 청국에 소개된 서구문물인 청구문화(淸歐文化)를 적극 수용하여 부국강병과 이용후생을 꾀하자고 주장했다. 조선 조정도 이에 관심을 기울여 청조로부터 각종 서적을 구입했으니, 이는 정조대에 특히 활발했다. 방대한 청의 귀중도서는 물론이고 천주교 서적과 세계지도 등 금서도 수입되었다. 1773년 예수회가 해산되기 전까지 청국에서 발간된 인문·자연과학 서적 186종 가운데 100여종이 조선에 유입되었다.

이같은 서적 수입을 가능케 한 것은 정기적인 조공사절 덕분이었다.

예를 들면 홍대용(洪大容)은 1765년 숙부가 포함된 연행사절을 수행하여 두달간 베이징에 머물면서 천주교당, 서점거리인 류리창(琉璃廠), 천문대, 태학(太學), 몽골관 등의 여러 명소를 견학했으며, 그중 천주교당과 류리창에서 유럽인 선교사와 학자들과 교류하는 데 많은 시간을 보냈다. 홍대용은 이때의 견문과 체험을 통해 '화와 이는 하나'라는 인식에 도달했고 북학(北學)의 기치를 내걸 수 있었다. 그들의 연행록은 실학자는 물론이고 조야의 위정자와 지식인에게도 청조와 청구문화를 재인식하는 데 커다란 영향을 미쳤다.

이런 분위기를 타고 18세기 후반 실학자들 가운데 일본문화를 연구하는 이들이 늘어났고, 그에 따라 일본에 대한 객관적이고 우호적인 인식이 나타났다. 이익(李瀷)과 정약용(丁若鏞)이 그 대표로 이들은 일본을 이적시하는 관점을 비판하고 일본의 기술과 문화를 배워야 한다고 주장했다. 특히 정약용은 『일본고(日本考)』를 비롯한 일본에 관한 연구를 통해 일본의 유학, 문화, 기술, 제도를 소개하고 높이 평가했다. 그러면서도 그는 일본의 재침 가능성에 대해 위기의식을 느끼고 『민보의(民堡議)』를 저술하여 침략방어책을 제시하는 두개의 시각을 견지했다. 또한 이수광(李睟光) 이래 조선의 여러 연행사들이 베이징에 갔다가 만난 베트남 사절들을 통해 베트남 사정을 파악하고 이를 국내에 소개하였다.

이와 함께 세계지도와 지리서를 읽은 선각적 지식인들은 다시 동아시아 바깥의 아시아 전체를 시야에 넣고 사유할 정도로 대외인식을 확대하기 시작했다. 특히 마떼오 리치(Matteo Ricci)와 줄리오 알레니(Giulio Aleni)가 소개한 세계지도와 지리서는 화이사상에 의거한 전통적 대외인식과 대립되어 갈등을 수반하면서도 한편으로 소수의 진보적 지식인에게 신선한 자극을 주었다.

동아시아인들은 고대부터 경험적으로 아시아대륙을 알고 있었으나 아직 그 명칭도 공간범위도 정하지 않은 상태였다. 원래 '아시아'(Asia)는 그리스어로 해뜨는 곳, 즉 동방을 의미하는 '아수(Asu)'에서 유래한 말로 터키의 아나톨리아 지방을 지칭하다가 점차 동쪽의 드넓은 지역을 포함하는 의미로 확대되었다. 17세기 초 중국에 와 있던 유럽 선교사들에 의해 5대주의 하나를 지칭하는 Asia가 중국어 발음에 따라 '야시야(亞細亞)'로(이때 Europe은 '어우뤄바歐羅巴'로) 음역 표기되어 한자 문화권에 처음 등장했다. 마떼오 리치의 「곤여만국전도」(坤輿萬國全圖, 1602)와 알레니의 『직방외기』(職方外紀, 1623)가 그것이다.

「만국전도」는 중국 전통의 방위 관념과 지리지식을 상당 부분 반영하는 타협 위에 제작되었다. 예컨대 중국이 지도 전체의 중앙부에 위치하도록 하기 위해, 원래 유럽인의 지도에서는 맨 서쪽에 위치하던 아메리카대륙을 동쪽 끝에 배치한 것이 그렇다. 그로 인해 유럽인의 지도에서는 중앙부에 놓인 애틀랜틱 오션(Atlantic Ocean, 바다 밑으로 가라앉은 이상향의 섬 아틀란티스에서 유래)이 본의와 상관없이 중국의 태서(泰西)에 있는 바다로 보였기에 '대서양'이라 번역된 것이다. 인도양과 태평양 대신 '소서양' '대동양' 등의 중국식 명칭으로 표기한 것도 마찬가지 의미에서였다. '소서양'과 '대동양'이 오늘날처럼 각각 '인도양'과 '태평양'으로 바뀐 것은 19세기 말 근대 지리학이 동아시아에 수용된 이후의 일이다.

그럼에도 리 즈짜오(李之藻) 같은 당대의 극소수 학자를 제외하고는 거의 그것을 수용하지 않았으며, 이윽고 조선과 일본에도 전해졌지만 마찬가지였다. "아시아에는 100여개가 넘는 국가가 있고 중국은 그 동남쪽에 있다"고 했기 때문에, '아시아'를 인정하는 순간 '중국' 개념이 부정될 수밖에 없었다. 차이나(China)는 이제 하나의 '대국(大國)'일 뿐 더이상 '중국'이 아니게 된 것이다. 천하의 중심을 자처한 중국은 물론 중화사상을 공유하고 있던 조선과 일본도 이를 수용하기 어려웠던 까닭이 바로 여기에 있다. 이는 단순한 명칭의 문제를 넘어 아시아 자체에 대한 사유가 진전되기 어려웠음을 의미한다.

그런데 18세기 들어서 만주족의 청조를 이적으로 간주하는 관념이 조선, 일본, 베트남에 공유되면서 동아시아의 소수 지식인들 사이에 탈중국적 사유가 전개됨에 따라 조금씩 아시아 인식이 진전되어갔다. 이익의 『성호사설』(星湖僿說, 1761)이 유럽의 지리지식을 중국 것보다 정확하다고 인정해 수용하기 시작한 것은 그 선구적인 예이며, 니시까와 조껜(西川如見)의 『증보 화이통상고』(增補華夷通商考, 1708)도 마찬가지예다.

문인사대부의 국가와
무사의 국가

문인사대부와 무사의 권력기반

해금시기의 수백년간 동아시아 각국은 똑같이 소농 중심의 농민사회를 바탕으로 했음에도 국가의 권력구조와 지배엘리트는 두 유형으로 나누어볼 수 있다. 문인사대부를 지배층으로 하는 왕조국가와, 무사를 지배층으로 하는 막번(幕藩)*국가가 그것이다.

19세기 중엽의 개항 무렵까지 동아시아 4국은 모두 근대국가체제를 향한 적극적인 모색의 움직임을 보이지 않았다. 이는 재정 운용을 통해 비교해볼 수 있다. 각국의 경제정책은 농업을 중시하여 개간을 장려하

막부와 막번 막부는 쇼오군이 지배하는 정부로서 중앙집권적인 성격을 지니며, 한(藩, 원래는 영령이라 했고 19세기부터 번이라 불렀다)은 다이묘오(지방영주)가 지배하는 영지로서 분권적인 성격을 띤다. 에도시대는 이렇게 모순된 두 성격이 공존하는 이원적 지배체제를 이루고 있었으며 이를 막번체제라고 부른다.

고 수리시설을 확충하고 농업세를 징수해 재정을 충당하는 것을 기본으로 삼았다. 그러나 그 안에서도 차이는 있었다. 18세기 청조의 재정수입은 농업세(토지세)가 60~88%에 달했고 나머지가 염세(鹽稅)와 관세 등 상공업세였는데, 농업세율은 보통 총생산의 3% 내외였다. 18세기 조선에서도 재정수입의 대부분이 농업세였고 상세를 포함한 잡세는 2%였으며 농업세율은 총생산의 5% 내외였다. 이에 비해 같은 시기 일본의 막번 재정은 직할령의 농업세가 60~70%이고 나머지가 상공업세였는데 농업세율은 총생산의 25~35%에 달했다. 번의 재정도 이와 비슷한 구조였다. 중국·조선의 토지세율은 각각 일본의 1/10과 1/6에 불과했을 정도로 현저한 차이를 보인 것이다. 명대 중국의 일인당 납세액은 은 7.2그램으로, 영국의 1/8, 베네찌아의 1/200이었으며 일본의 그것은 영국과 엇비슷했다.

이런 차이는 국가가 동원할 수 있는 자원의 크기를 반영하는데, 무엇보다 청과 조선이 유교정치 이념에 입각한 재정관리체제를 견지했기 때문이다. 그 예는 1745년 청조 건륭제의 상유(上諭, 임금의 말씀)에 잘 드러나 있다. "각지에서 호부(戶部)로 보내지는 모든 농업세는 원래 팔기병(八旗兵)과 중앙관료의 봉급을 충당하기 위한 것인데, 그 지출액은 송대 양병(養兵) 비용의 1/5~1/10에 못 미친다. 짐이 보건대 국가의 안정과 백성의 평안을 유지하는 데에는 백성을 풍족하게 하는 것보다 앞서는 것이 없다. 천하의 재물은 위로 모이게 하지 말고 아래로 흩어지게 해야 한다." 이는 국가가 부를 추구하면 반드시 백성이 곤궁해지므로 국가는 마땅히 국부를 억제해야 민부(民富)가 생긴다는 신념에서 조세수입을 최소화하면서 이를 자랑스럽게 여긴 유교적 왕조국가의 재정원리를 잘 보여준다. 그것이 바로 '어진 정치', 인정(仁政)이다. 그래서 토지세를 정액화하여 고정시켰고 상공업 방면에서도 국가가 백성과 이익을 놓고 다투어서는 안된다는 것을 당연시했다. 하지만 그렇다고 민부가 축적된 것은 아니었다. 관료기구도 이와 동일한 논리로 최소화되었기에 민간의 보조를 받아야만 징세행정이 집행될 수 있는 구조여서 징세청부가 관행으로 굳어졌다. 이 틈을 타고 관리와 청부업자가 농민으로부터 국가 공인의 세금보다 많은 액수를 징수하여 착복한 결과 국고도 농민의 곳간도 빈궁하게 되었다.

이에 비해 일본의 막부와 번은 징세청부를 시행하지 않고 농민이 직접 지방관인 다이깐(代官)에게 납부토록 했다. 그만큼 번 권력의 지배력이 촌락의 농민에게 강하게 미쳤음을 의미한다. 그리고 세율도 앞에서 본 것처럼 매우 높았다. 더구나 17세기 후반부터 산낀꼬오따이제(參勤交代制, 각 번의 다이묘오大名*들을 1년마다 번과 에도에 번갈아 거주하게 하는 제도)와 관료기구의 비대화로 인해 이미 재정적자가 심각해져 이를 보전하기 위해 각 번은 세율을 인상하고 직접 상공업 경영에도 가담하기 시작했다. 그래도 메이지유신을 단행할 때까지 재정적자를 벗어난 번은 거의 없었다. 이같은 권력의 상업화는 국가가 백성과 이익을 놓고 다투는 것을 금기시하지 않는 사회였기에 가능했을 것이다.

중국, 조선, 베트남의 지배엘리트는 '인정'을 이상으로 여기는 유학에 대한 이해 정도를 시험하는 과거제도를 통해 형성된 문인사대부다. 명·청의 신사(紳士), 조선의 양반(兩班), 레조와 응우옌조의 문신(文紳)

다이묘오 12세기 말 카마꾸라시대에 등장하여 19세기 말까지 각 지방의 영토를 다스리고 권력을 행사했던 유력자를 가리킨다. 초기엔 무사계급의 우두머리였을 뿐이나 점차 그 권한이 확대되어 해당 지역의 군사·사법·행정·경제권을 행사하기에 이르렀다.

이 그들이다. 일본의 무사 사무라이(侍)는 본래 지방의 군인귀족층에서 유래한 세습지위다. 19세기 전반 청대에 신사의 수는 550만명으로 인구의 1.3%를 차지했다. 이에 비해 에도시기 무사는 그 가족을 포함해 인구의 6~8%를 차지했는데, 무사세력이 큰 사쯔마번의 경우 인구의 25%나 되었다. 신사, 양반, 무사 신분은 각국의 상업화 추세를 타고 매매되었다.

이들 지배엘리트의 권력기반을 비교해보면 몇가지 대비되는 특징을 발견할 수 있다. 우선 문인사대부는 자율적 지방정치 영역을 확보하고 있었다. 신사, 양반, 문신은 국가 주도의 시험제도에 의해 선발되어 형성되었고, 요역 면제와 형벌 감면 등 국가의 특혜를 받는 대신 민간 신분으로 지방행정을 보좌 혹은 대행하는 역할을 담당했다. 이는 관료기구가 최소한으로 유지된 조건을 반영한 결과였다. 임기제에 따라 "지방관은 강물처럼 흘러가지만 신사는 바위처럼 거기 서 있었"으니 조선과 베트남에서도 이 신사에 해당하는 지배엘리트가 '향리왕(鄕里王)'으로 군림할 수 있었던 까닭이다.

문인사대부는 토지를 소유하거나 약간의 상업적 기반을 가졌고, 이에 더해 유교지식을 습득해 관직을 획득함으로써 정치·경제·문화적 자원을 독점했다. 이는 이들 세가지 자원이 각기 다른 계층에 의해 분리, 점유된 경우에 비해 훨씬 권력기반을 강고하게 만들어 지배체제를 장기 지속시키는 요인이 된다. 게다가 이들은 국가 중앙은 물론 지방의 출신지역 양쪽에 이중의 생활기반이 있었다. 그로 인해 향촌의 토지 경영, 종족(宗族) 및 서원(書院), 자위무력을 권력기반으로 삼을 수 있었기에 정치적 풍랑에도 쉽게 몰락하지 않고 재기할 수 있는 강한 내구력이 있었다. 따라서 그들의 정신적 귀속도 자연스레 향촌과 농본(農本)에 기울어 있었으니 바깥세상의 변화에 무감하거나 그 충격을 회피할 수 있었다. 그들이 독점한 문자지식과 유학은 곧 권력을 재생산하는 기제였고 더불어 윤리도덕의 기준이었기에 그들은 사회규범의 해석자라는 지위까지 얻게 되었다.

물론 그 안에서도 차이가 있어서 신사는 자신의 노력에 의해 성취하는 비세습 지위였으나 양반은 성취지위이면서 동시에 세습되는 지위였다. 특히 양반 안에서도 고급문관이 되는 시험에는 4대조 이내의 조상 중에 실제 관직의 관료를 지낸 사람이 있는 자만 응시할 수 있도록 해 세습 현상을 강화했다. 그러나 중국의 경우 농민과 상인도 과거시험에 합격하면 신사가 될 수 있었고, 신사의 자제도 시험을 통과하지 못하면 신사가 아니었다. 신사는 관학의 학생인 생원(生員)과 성(省) 및 전국 단위 합격자인 거인(擧人), 진사(進士)로 구성되었고 그 대다수는 생원이었다. 생원의 활동범위는 현 이하 향촌이었고 거인, 진사의 그것은 성을 넘는 전국이었다. 그러나 문인계층 사이에는 어떤 지배종속관계도 없었으며 이들은 다만 농민과 상인 등 일반인에 대해 우위를 가질 뿐이었다.

반면 무사는 세습지위였음에도 불구하고 쇼오군과 다이묘오가 지배하는 막번제 사회에서 그들에게 관료업무를 수행해준 댓가로 녹봉을 받아 생활했다. 그들은 토지 기반의 항산(恒産)이 없었고 더구나 병농분리 조치로 향촌을 떠나 도시에 거주하면서 소비계층화했다. 그로 인해 농민에 대한 지배의 권한도 책임도 없었다. 항산과 농본을 유지해야 할 절실함이 없었기에 그들의 존재가 상인층의 성장을 가로막지도 않았다. 이런 이유로 문인사대부에 비해 정치적·경제적 기반이 불안정하고 취약했는데, 그런 만큼 바깥세상의 변화에 곧바로 영향을 받고 그에 민

구미에 파견된 일본(1860, 위)과 중국(1868, 아래)의 첫 외교사절
칼을 찬 무사와 부채를 든 문인사대부의 차이가 국가 운영의 각 방면에서 어떻게 다르게 나타났을지를 시사한다.

감할 수밖에 없었다. 일반 서민에 대해 칼을 차고 무위를 뽐낼 수는 있어도 과거제도가 실시되지 않는 상황이었으므로 그들만의 문화적 권위가 미약했다. 문자지식과 학문은 권력을 생산하는 기제가 아니었고 윤리도덕의 원천도 아니었으며 그나마도 상인들과 공유하거나 주로 상인들의 영역으로 맡겨져 있었다. 그 대신 무사층 내부에는 사대부와 달리 주군과 신하 사이의 보호-충성의 분명한 상하 지배종속관계가 형성되어 있었으며, 무사의 자식은 곧 무사였고 농민이나 상인 등 일반 평민이 무사로 진입할 수 있는 제도적 개방성은 없었기에 계층적 응집력은 상대적으로 강했다.

국가체제를 사상적으로 뒷받침하는 지배이념 면에서도 문인사회와 무사사회는 달랐다. 문인사회가 성리학 일변도의 지배이념을 확고히 일원화한 데 비해 무사사회는 여러 성향의 학문이 다양하게 추구될 수 있는 조건이어서 확고한 지배이념이 취약했다. 중국, 조선, 베트남에서는 농민가정의 자제도 신분에 구애받지 않고 열심히 공부하여 과거에 급제하면 지배엘리트로 상승할 수 있었으며, 이런 원리를 주자학이 체계적으로 뒷받침해주었다. 이런 가능성을 열어둔 것은 지배체제를 유지하는 데 좋은 효과를 발휘했다. 반면 일본은 무사사회였기 때문에 주자학을 국가와 사회체제의 원리로까지 수용할 수 없었고, 이는 체제 유지를 여전히 무력에 의존해야 함을 의미했다. 최근 들어 무사사회에도 18세기 이래 주자학이 널리 보급되었음을 강조하는 견해가 대두하고 있지만, 이런 지배이념의 취약성은 훗날 유럽세력과의 대면에서 이내 드러났다.

문인사대부의 일반적인 대외인식이 대체로 중국 일변도로 기울어 있던 것과 달리 무사는 일찍부터 유럽의 존재를 의식하고 이를 권력 유지에 활용했다. 가령 16세기 이래 예수회 선교사를 통해 전래된 서구문물이 문인사회에서 의미있는 역할을 담당하지 못하는 동안, 무사사회에서는 16세기에 이미 유럽의 총포를 수용해 자체 제작하여 전국시대의 통일, 조선 침략, 에도 막부의 성립에 결정적인 무력으로 활용한 것이 그 예다. 영화 「카게무샤」(影武者, 쿠로사와 아끼라 감독, 1980)는 당시 최강을 자랑하던 타께다(武田) 가문의 기병대가, 이제까지 약세였던 오다 노부나가(織田信長) 측이 그를 깨기 위해 적극 도입한 총포의 위력 앞에 쉽게 무너지는 장면을 보여준다. 훗날 구미세력의 위협으로 조성된 대외위기 앞에 막부의 무능이 드러났을 때 곧바로 기존 질서를 뒤엎으려는 하급무사들의 급진적 행동이 일어나고 폐번치현(廢藩置縣)*이 신속히 이루어진 것은 일본 지배층의 이런 특질과 관련되어 있다.

류우뀨우왕국 역시 문인사대부가 국왕을 보좌하는 왕조국가에 속한다. 하지만 자체의 과거제도가 실시되지 않았고, 농업을 위주로 하는 농민사회라기보다 무역에 의존하는 상업국가였다. 류우뀨우는 명조와 청조에 줄곧 관비유학생을 파견하여 최고 학부 국자감에 관인의 자제를 유학시켰다. 이를 위해 강희제는 류우뀨우 국왕의 요청에 따라 국자감(國子監)에 류우뀨우관학(琉球官學)을 설치하고 관련 경비 일체를 청조정부가 부담하도록 했다. 현재의 베이징 안정문(安定門) 내 국자감가에 있던 류우뀨우관학의 학사에는 "보고 듣는 것은 다르되 그 마음과 의리는 하나다"라는 대련(對聯)이 걸려 있었다. 당시 국자감의 외국유학생

폐번치현 메이지유신 이후 1871년 전국의 번을 폐지하고 현을 설치하여 중앙집권정부의 권력강화를 꾀한 조치. 이로써 전국의 행정구역은 토오꾜오, 오오사까, 쿄오또의 3부와 302현으로 재편되었다.

특별반은 이것이 유일했다. 그들은 귀국하여 왕사가 되거나 고관 또는 통역관이 되어 양국 관계를 돈독히 하는 데 핵심적인 역할을 담당했다. 그런 와중에 18세기 중엽 편찬된 류우뀨우 국사인『중산세감(中山世鑑)』은 류우뀨우인이 일본에서 도래했다는 일류동조론(日琉同祖論)을 기술하여 일본인과의 인종적·문화적 일체성을 강조했다. 국자감의 류우뀨우관학과『중산세감』은 이중조공 시대 류우뀨우의 양면성을 잘 보여준다. 그 속에서도 류우뀨우의 지배엘리트는 여전히 중국 유학을 통해 양성되었다.

국가의 권력구조

동아시아의 지배엘리트들은 당제국에서 형성된 국가제도를 수용하여 나름대로의 변형을 거쳐 국가 경영에 활용했다. 그 변형의 내용과 범위는 원래 각지에 있었던 토착적 전통에 의거해 형성된 관행들과 긴밀히 연관돼 있다. 그렇더라도 중국의 국가제도란 것이 화이통합의 천하사상에 의거한 대일통(大一統)의 제국 경영을 위해 마련된 것이었기에 그러한 제국의식과 제국지향도 각국 지배엘리트에게 자연스레 수용되어 공유되었다. 조선, 일본, 베트남이 모두 소천하의식을 품고 자신의 힘의 크기에 따라 실제로 소천하질서를 구축하기도 한 것은 그 때문이었다. 이러한 공통의 지향이 있었음을 염두에 두면서 왕조국가와 막번국가의 권력구조를 비교해보자.

송대 귀족제가 붕괴하고 사대부가 성장함에 따라 황제독재체제가 확립되자 조선과 베트남도 각각 10세기와 11세기에 과거제도를 도입하여 이 흐름을 타기 시작했다. 그러나 군주권을 견제하고 중앙집권을 제한하는 기제들은 많이 남아 있었다. 우선 앞에서 언급한 대로 국가권력의 행사를 최소화해야 한다는 유교적 인정의 원리가 법제에 반영된 때문이다. 왕조국가에서 국가권력의 행사는 군현제를 통해 이루어졌고, 과거제는 이를 시행하는 데 필요한 관료를 충원해주었다. 인정의 원리는 군현조직과 관료의 수를 현저히 제한하는 결과를 초래했다. 가령 인구가 7천만명이던 한대에 최하급 행정기관인 현 수가 1180개였는데, 인구가 4억 2천만으로 증가한 청대에도 그 수는 1360개로 머물러 있었던 것이 이를 말해준다. 인민이 생각하는 군주란 바로 목민관(牧民官)이었는데, 그 수가 이렇게 제한되어 있었으니 인민에 대한 군주권의 행사 정도역시 그만큼 제한받을 수밖에 없었다.

더구나 향촌질서를 중시하는 봉건제의 토착적 원리가 군현제를 견제한 결과 왕조국가의 권력침투 범위는 더욱 제한되었다. 수령과 극소수의 관료만 파견되었기에 지방관서의 각종 행정실무를 담당할 요원은 수령이 현지인 중에서 고용한 이역(吏役, 문서행정을 담당하는 서리書吏와 노역 및 기술지원을 담당하는 아역衙役)들로 충당되었다. 조선의 중인(中人)에 상당하는 이역은 대체로 세습되었는데, 정규 관원이 아닌 민간인 행정보조원이어서 봉급이 없었고 따라서 그들과 수령의 결탁에 의한 부패와 부정은 피할 수 없었다. 청대에는 이역의 폐해를 줄이려고 하층 신사에 속하는 생원을 개인 비서인 막우(幕友)로 고용하여 활용하기도 했다. 그러나 그들은 유학을 공부했다 해서 더 도덕적이고 공정한 자세로 일하지도 않았으며, 민간 보조원에 의존하는 행정의 기본구조는 여전했다. 그 결과 문인사대부가 '행정의 위임'을 받아 향촌에 자신의 권력기반을 갖고 군림하면서 지방행정에 간여하여 징세와 치안 업무를 대행했다. 군현지배의 이념과 실제는 이렇게 달랐다.

이같은 군현지배의 한계는 주기적 농민항쟁의 급성장에 좋은 여건을 제공해주는 구조적 배경이 되었다. 군주와 지방장관, 관료와 문인사대부의 권력관계가 정상적으로 작동할 때에는 군주 중심으로 유지되지만 조정과 관료가 부패하고 무능해지면 곧바로 원심력이 커지게 된다. 청조 중국의 경우, 18세기 말 백련교도(白蓮敎徒)의 봉기를 계기로 한족 지방장관과 신사의 세력이 커져 지방주의가 대두하더니 19세기 중엽 태평천국운동을 거치면서 이런 원심력은 더욱 현저해졌다.

조선의 권력구조도 기본적으로 이와 크게 다르지 않았다. 따라서 왕권과 문인사대부가 서로 적절히 조화를 이룰 때에는 중앙집권적 왕조국가의 모습을 유지할 수 있으나 그런 시기는 길지 않았다. 임진·병자 전란의 위기를 겪고도 붕당정치의 폐해는 시정되지 아니한 채, 집권 당파가 상대 당파를 거세하는 수차례의 환국(換局)이 17세기 내내 거듭되는 동안 왕권은 약해질 대로 약해졌다. 18세기 영조와 정조가 정파를 고루 등용하는 탕평정치를 실시해 왕권이 상당히 안정되었으며, 이를 바탕으로 중흥의 기틀이 만들어지는 듯했다. 그러나 정조가 요절한 1800년을 지나면서 나이 어린 왕이 잇따라 즉위하자 왕실의 외척을 중심으로 형성된 소수의 벌열(閥閱)가문이 권력을 세습적으로 독점하고 이들 극소수의 가문이 연합하여 권력을 분점하는 세도정치가 전개되었다. 이는 매관매직을 낳고 매관매직은 삼정(三政)의 문란*을 초래하여, 가족의 생계도 꾸릴 수 없는 빈농은 물론 이제 갓 성장하기 시작한 부농

삼정의 문란 조선 재정의 주류를 이루던 전정(田政)·군정(軍政)·환정(還政) 세가지 수취체제가 변질되어 부정부패로 나타난 현상.

과 상공업자를 막다른 골목으로 내몰았다. 토지세만 보아도 정세는 결(結)당 20두(斗)였으나 각종 명목의 부가세가 붙어서 자작농이나 권세 없는 부농 및 서민지주가 내는 납세액은 100두를 넘었다. 마치 청조 전성기를 구가한 건륭치세가 1800년 전후 백련교도의 봉기를 계기로 끝나고 침체의 늪에 빠지면서 민인의 조세부담이 급증한 것과 유사하다.

중국에서도 조선에서도 이같은 정치의 문란은 육로와 수로의 운송시스템, 상거래와 시장질서, 화폐와 금융시스템의 관리를 방치하여 교란함으로써 전반적인 경제침체를 야기했다. 한편 일본에서는 막부와 번의 재정적자가 18세기 후반에 이미 나타나고 인구증가율도 현저히 둔화되는 등 경제침체가 좀더 일찍 찾아왔다. 이 재정적자는 막번체제의 과잉비대화된 관료제의 소산인데, 이 관료제는 그 대신 국가권력의 침투범위를 현저히 증대시켰다.

에도 막부의 일본은 군현제가 아니라 봉건제에 의거한 막번제 국가였다. 전국을 에도 중심의 막부 직할지와 260여개의 번으로 나누고 각 번은 다이묘오가 영주로서 세습적으로 통치하는 지방분권제였다. 다이묘오들은 막부와의 친소관계에 따라 신빤(新藩), 후다이(譜代), 토자마(外樣)의 세 그룹으로 나뉘어 동심원적으로 배치되었고, 막부의 행정과 군사 업무는 후다이 다이묘오와 쇼오군의 가신인 하따모또(旗本)에 의해 수행되었다. 토자마는 토꾸가와 가문의 집권에 적대했던 그룹이어서 에도로부터 가장 먼 변방에 위치했는데, 후일 막부 타도의 선봉장이 거기서 나온 것은 우연이 아니다.

그러나 쇼오군은 직할지의 막대한 경제력을 배경으로 다이묘오에 대한 강력한 통제력을 행사할 수 있어서 중앙집권적 효과를 거둘 수 있었다. 쇼오군은 다이묘오에게 수여한 영지를 회수하거나 교체할 수 있는 반면, 다이묘오는 쇼오군에게 공납과 군역의 의무를 져야 하는 것은 물론 쇼오군의 허가 없이 군대를 증강하거나 다이묘오들 간에 통혼할 수 없었다. 또 다이묘오는 산낀꼬오따이제에 의거해 격년제로 에도에 가서 1년씩 기거해야 했으며 후에 자기 영지로 돌아갈 때도 그의 가족은 에도의 저택에 남겨두어 사실상 쇼오군의 인질이 되었다. 에도 거주와 왕래를 위해 다이묘오들은 연간 세수입의 2/3를 소비해야 했을 정도로 이 제도는 다이묘오에게 끊임없는 경제적 부담을 가중시킴으로써 번세력의 성장 여력을 고갈시켰다.

막부와 번은 세습되는 무사들이 행정관료 업무를 수행함으로써 다스려졌다. 에도시대의 평화가 지속되는 가운데 무사는 행정관료로서 통치의 담당자가 되었다. 그런데 당시 인구의 6~8%를 차지했던 그들의 수는 정부의 수요를 훨씬 상회하는 것이었다. 그들이 본래 전쟁시대의 산물이었음에도 이제 평화 속에 모두 농촌을 떠나 막부와 번의 수도에 집중한 상태에서 행정관료화했기 때문이다. 이에 따라 거의 모든 번에서 관료인원의 과잉이라는 문제가 생겨났다. 각 번은 산낀꼬따이제에 의해 세입의 대부분을 낭비한데다가 과잉비대해진 관료제도와 불필요한 병력의 유지를 위해 또다른 재정을 필요로 했다. 이것은 막부와 번의 재정적자를 초래하여 상인에게 막대한 부채를 지게 만들었다.

그런데 다른 한편으로 보면 이는 번의 행정력이 각 농촌의 산골 마을에까지 깊숙이 미치게 만드는 효과를 초래했다. 번 행정의 기본단위인 무라(村, 촌락)는 모두 2,3일 내에 도달할 수 있는 거리였으니 막번제 국가권력으로부터 상대적으로 자율적인 지방정치의 영역이란 왕조국가의 그것만큼 클 수가 없었다. 에도시기 일본의 관료제적 전통을 강조하는 것은 이 때문이다. 메이지 초기에 번을 폐지하고 군현제로 전환하는 개혁이 단기간에 집권효과를 거둔 것은 이처럼 봉건요소가 미약했기 때문이기도 하다. 이와 달리 중국, 조선, 베트남의 최하급 국가기구인 군현은 앞서 든 몇가지 이유로 인해 관할 범위 안의 향촌을 이처럼 장악하지 못했다.

왕조국가의 군주든 막번국가의 쇼오군이든 최고 실권자로서의 그의 능력은 국가의 성쇠를 좌우할 만큼 컸다. 그러나 둘 다 그 창업자와 동일한 혈통의 일족에 의해 세습됨으로써 유능한 통치자가 이어질 가능성은 희박했다. 다만 군주의 경우 세습주의 외에 도덕과 능력을 구비한 일족이라야 천명을 받을 수 있다는 현능주의(賢能主義) 원칙이 전제되었다는 점에서 쇼오군과 다르다. 그렇더라도 이 전제는 당위일 뿐 실제의 군주는 대부분 도덕도 능력도 없는 폭군 혹은 우군이었다. 그래서 경연(經筵), 간관(諫官), 사관(史官) 등의 제도로써 군주의 지식을 증진하고 덕성을 함양하려 했던 것이다. 이는 인정의 원리와 긴밀히 연계돼 있다. 형식상 쇼오군 직위를 하사한 천황은 신의 후예를 자처하면서 실제 통치에서 벗어나 있었기에 현능주의 요구로부터 제약을 받지 아니했다. 일본에 수용된 유교는 천명론(天命論)이 거세된 채로였다. 그렇지만 강고한 신분제의 일본에서도 주자학의 이념은 사회가 개인의 능력을 인정하는 쪽으로 서서히 나아가는 것을 도왔다. 후일 에도시대 일본이 남겼다는 관료제의 유산이라는 것은 이것과도 관련되어 있다.

일본에서 지배엘리트인 무사층이 최하층 신분인 상인들에게 거액의 빚을 지게 되었다는 사실은 막번체제의 구조적 취약성을 잘 보여준다. 토지매매가 법적으로 금지된 조건에서 사실상 부농과 부상에 의한 토지집적이 진행된 것도 이런 괴리를 더욱 조장했다. 당시 연평균 23만석의 쌀 수입을 기록했던 오와리(尾張)번은 1849~53년 사이 번의 연공미를 저당으로 상인에게서 180만석을 빌렸고, 무사 수가 특히 많았던 사쓰마번은 77만석의 수입이 있었으나 1807년 130만석, 1830년 500만석의 부채를 지게 되었다. 1840년 각 번의 다이묘오들은 상인들에게 합계 6천만냥(1냥은 대략 쌀 1석에 해당)의 빚을 지고 있었다. 이는 당시 막부의 1년 세입 규모 150만냥의 40배에 해당한다. 각 번의 재정적자 타개 욕구는 그만큼 절박했다. 서남부의 사쓰마번이 막부의 통제로부터 가장 멀리 떨어져 있되 해외무역에는 유리한 입지를 활용해 류우뀨우에서 들여온 사탕수수로 설탕을 생산하여 번 직영의 독점사업으로 발전시켜 부를 축적할 수 있었던 것은 그런 예를 잘 보여준다. 이런 성공사례는 물론 예외적인 경우에 해당하는데, 이 예외적인 번이 후에 막번체제를 타도하는 선봉장이 된다.

사회적·경제적 발전과 문화다원성

동아시아 4국의 개항은 중국이 가장 빨랐지만 근대국가체제를 세우려는 정치적 변혁의 시도는 일본이 제일 빨랐다. 그 빠른 속도에서 근대일본의 성공요인을 찾는 사람들은 일본이 주변의 다른 나라에 비해 사회적·경제적으로 앞선 발전단계에 놓여 있었다면서, 봉건제 경험과 공장제 수공업(매뉴팩처)의 발달을 강조해왔다. 그러나 공장제 수공업과 연관된 농민층의 분화, 임노동의 출현, 상품화폐 유통의 증대 등을 실제로 비교해보면 일본에서만 이 요소들이 특별히 앞서 있었던 것은 아니다.

상공업의 토대가 되는 농업경제의 기반은 오히려 일본이 상대적으로 더 늦게 확충되었다. 이앙법(移秧法)에 의한 집약적 벼농사의 보급이 중국에서는 15~17세기에 완료되고 조선과 일본에서는 16~18세기에 진행되었는데, 일본이 조선보다 약간 늦었다. 북부에서 시작된 베트남의 벼농사도 17세기 중엽 이후 남부에까지 보급되었다. 그에 앞서 10세기 중국에서 시작된 시비법(施肥法)이 14세기까지는 조선과 일본에도 보급되어 지력을 유지하기 위한 정기적 휴경을 극복하고 매년 연속경작이 가능해졌다. 그 위에서 집약농법이 보급되자 동아시아는 이 시점에 이르러 인구조밀 지역으로 바뀌게 되었다. 해금시기 중국, 조선, 일본의 상공업 발달은 모두 기본적으로 집약적 벼농사의 발달로 축적된 농업의 잉여를 토대로 그 위에 해외교역이 결부됨으로써 이루어진 것이었다. 그에 따라 농촌시장이 발달하고 양질의 동전이 주조되어 전국적으로 유통되었다. 중국에서는 10세기, 베트남에서는 15세기, 조선과 일본에서는 16~17세기 이래 나타난 현상이다. 조선에서는 이미 고려 숙종 때 동전이 주조되었지만 유통상황을 보여주는 자료는 남아 있지 않다.

200년간 지속된 동아시아의 평화 속에 인구가 급증하는 동안 식량증산을 보증한 농업 발달은 대체로 세 방향으로 전개되었다.

첫째, 개간과 수리조절을 통해 경지를 확대했다. 개간의 주요 무대는 큰 하천의 중하류 부근 충적평야 지대와 해안 간척지다. 그 결과 중국의 경우 창강(양쯔강) 하류 평원지대인 강남지방은 물론 창강 상류와 주강 상류 산간지대까지 개간되었다. 해안 간척과 산간지대 개간은 조선과 일본에서 특히 중요했다. 조선의 국토면적은 홋까이도오와 오끼나와를 제외한 일본의 3/4에 불과했지만 19세기 후반 그 경지면적은 450만 정보로 일본의 447만 정보에 비해 적지 않다. 이는 조선이 얼마나 경지 확대에 주력했는지를 말해준다.

둘째, 노동력과 비료의 투입을 늘려 단위면적당 생산량을 증대했다. 가족 노동력에 의존하는 소농경영에서는 가족의 노임을 따로 계상하지 않기 때문에 조금이라도 소득이 발생하기만 하면 그 크기가 노임 이하로 떨어져도 노동력을 추가 투입하는 것이 일반적이다. 노동효율을 높이기 위한 기술혁신의 필요성이 절실하지 않았던 까닭 가운데 하나도 여기에 있다.

셋째, 감자·옥수수·땅콩 등 신작물의 도입과 품종 개량으로 소출을 늘렸다. 아메리카가 원산지인 신작물의 도입은 유럽세력의 도래에 따라 전래되어 빈농의 대체식량으로 큰 역할을 담당했다. 인도차이나 반도에서 중국에 도입된 참파벼나 인디카(indica) 계통으로 일본에 도입된 적미(赤米) 품종이 그런 예로서, 생장기간을 단축시켜 1년에 두번 수확할 수 있게 돕거나 개간 초기에 수리조건의 열악함을 견뎌내는 효과가 있었다.

근래 캘리포니아 학파로 불리는 일군의 학자들은 18세기까지 청조 중국의 상공업은 세계 최고 수준으로 산업혁명 전야의 영국에 비해서도 결코 뒤지지 않을 정도였다고 한다. 이는 정도의 차이가 있을지언정 당시의 조선과 일본 역시 세계의 다른 지역에 비해 상대적으로 뒤지지 않았음을 시사한다. 당시 세계 최고 수준이었던 중국 강남지역을 중심으로 살펴보자.

명청시대 강남 수공업 발달의 주요 동력은 분업과 전문화였다. 농업과 수공업이 분화하여 전문화되고 이것이 각 지역의 전문화로 이어졌다. 이는 수백 수천의 임노동자를 고용한 공장제 수공업 형태로 발전하여 각 공정이 전문화되기도 했다. 징더전(景德鎭)의 도자기 공장, 광둥의 제당공장, 쑤저우·항저우의 비단공장 및 면포 염색공장이 이런 예에 속한다. 이들에서는 도매상이 수공업 업주에게 자금과 원료를 선대(先貸)하고 업주가 임노동자를 고용해 생산하는 분업과 협업으로 이루어졌다. 17세기 후반 쑤저우에는 1만여명의 업주, 400개소의 면포 염색 공장, 1만명 이상의 직공이 있었고, 난징에는 3만대의 민영 비단직조기가 있었다. 그때 징더전에는 200~300개의 민영 도요가 설립되어 관영의 3~4배에 달했다. 눈에 띄는 점은 가장 대중적이고 광범한 시장을 가진 면방직 부문이 농가의 가내수공업에 맡겨져 수공업 공장이 출현하지 않았다는 사실이다. 강남에서는 손발로 작동하는 가정용 씨앗이, 솜틀, 베틀이 개량되었을 뿐이다. 공장제 수공업은 이런 방식의 농가 부업으로 생산된 면포를 수집하여 염색하고 광내는 공정에서만 발달했다.

조선과 일본에서도 농가 부업으로 하던 수공업이 전문적 자영 수공업으로 발전했고, 나아가 상인에 의한 선대제(先貸制) 수공업이 나타났다. 조선의 유기점·철기점·자기점 등이 그런 예인데, 자영 수공업자가 모인 점촌(店村), 곧 수공업지역이 형성되었다. 16~18세기 중국산 수출품의 제조기술이 주변국에 이전되었고, 왜관(倭館)-쓰시마와 류우뀨우-나가사끼를 통한 수입에 의존하던 일본은 면포, 비단, 도자기의 수입대체를 이룩했다. 일본에서도 면포는 중국, 조선과 마찬가지로 거의 가내수공업 형태로 생산되었지만, 견직물업의 경우 미쯔이가(三井家)에 의한 선대제 생산이 이루어졌다. 막부는 임진조일전쟁 때 잡아간 조선 도공을 관영 도요에 배치해 한중일 3국의 기술을 융합시킴으로써 이마리야끼(伊万里燒, 현재의 아리따야끼有田燒)라는 자기를 생산했는데, 명청교체의 혼란기에 중국산 도자기 수출이 곤란한 틈을 타고 네덜란드 상인을 통해 유럽으로 수출했다. 동아시아 공동의 기술력으로 만들어진 제품인 셈이다. 이때 베트남과 타이도 도자기 생산기술을 확보하여 자국산 도자기를 동남아 국가는 물론 이집트와 터키에도 수출했다.

이에 따라 미곡 생산지와 수공업제품 생산지 간에 농·공산품의 국내 교역이 더욱 활성화되었다. 면포와 비단은 각국의 원거리상인을 통해 전국적으로 판매되었고, 특히 중국산 비단·도자기·차는 세계 각지로 수출되는 고부가 상품이 되었다. 그로 인해 일본에서 생산된 은의 거의 전량과 아메리카 은의 거의 절반이 중국에 유입되어 화폐경제와 상공업의 발달을 촉진했다. 화폐 사용이 증대하자 중국, 조선, 베트남에서는 조세가 화폐로 납부되었다. 일본에서도 화폐 유통이 크게 늘었으나 조세는 여전히 쌀로 납부되고 그 쌀이 시장에서 화폐로 바뀌었다. 그 이유는 알 수 없으나 이는 흥미로운 차이라 할 수 있다. 상공업 중심지에는 도시가 발달하여 19세기 초 세계의 인구 50만명 이상 도시 10개 중 6개가 중국에 있었는데 베이징, 광저우, 장닝, 양저우, 쑤저우, 항저우가 그곳이다. 나머지 네 도시는 런던, 빠리, 암스테르담, 에도였으니 동아시아 벼농사지대에 세계적 대도시의 70%가 집중돼 있었던 셈이다. 18세기 중국과 일본의 도시인구는 대략 각국 전체 인구의 6% 내외로 엇비슷했다.

이렇게 민영 수공업이 발달하려면 관영 수공업의 독점과 수공업자에 대한 국가의 신분적 인신예속이 풀려야 한다. 관영 수공업을 위해 수공업자를 장인(匠人) 명부에 등록시켜 부역과 관수품 조달의 의무를 부과하던 종래의 방식이 폐지되고 납세를 조건으로 한 민영 수공업으로 전환되어갔다. 조선과 청에서는 16~17세기를 지나면서 이런 변화가 가속화되었다. 강남에서는 직공들이 수천 수만명씩 몰리다보니 직장을 구하는 직공과 직공을 구하는 업주를 중개하는 생산청부업자(包頭)가 생겨났고, 이들은 직공들의 노동과정을 감시하고 노임의 일부와 숙소 임

84

대료를 챙기기도 했다. 17~18세기 강남에서는 임금 인상과 노동조건의 개선을 요구하는 파업과 싸보따주가 일반화되었다. 수공업의 수익이 커지자 남성노동자들이 상업적 이득의 극대화를 노려 수공업에 종사하고 여성이 농업노동에 종사하는 남직여경(男織女耕)의 분업도 나타났다.

상공업과 도시의 발달은 인구의 이동을 촉진하고 업종별·출신지별 경제조직을 활성화했다. 이 과정에서 상인의 사회적 역할이 증대하여 문인사대부와 무사 같은 지배층과의 신분적 차이가 완화되고 상호결합이 촉진되었다. 조선의 실학이 신분 철폐와 상공업 진흥을 권장한 것, 정조가 실제로 양반 중심 신분질서에서 소외되어 있던 박제가(朴齊家), 이덕무(李德懋), 유득공(柳得恭) 등 서얼 출신 중인을 조정의 요직에 등용한 것은 눈에 띄는 사회적 변화다. 17세기 말 겐로꾸(元綠)시대 일본 상인이 출판문화와 대중연예를 주도한 것처럼 18세기 휘주상인〔徽商〕*은 중국의 저명한 장서가이자 학술과 출판, 시인단체와 연극 공연의 후원자였다. 도시를 중심으로 소비문화가 발달하면서 '인간의 욕망〔人慾〕을 버리고 하늘의 도리〔天理〕를 보존해야 한다'는 성리학의 도덕주의가 현저히 퇴화하고 '인간의 욕망은 억누를 것이 아니라 채워야 한다'는 근대적 사유, 경전의 도덕적 권위에 기대기보다 실증의 경험에 의해 검증된 지식을 추구하는 고증학의 과학적 학문방법이 뒤따랐다. 18세기 조선과 베트남에서 한글과 쯔놈(chữnôm, 字喃)문자의 서적 간행이 급증한 것도 이런 추세에서 나온 현상에 속한다.

이상과 같은 집약농법과 공장제 수공업에 의거한 사회적·경제적 변화는 산업혁명 이전 유럽에 못지않은 '초기 산업화' 현상이라 할 만하

휘주상인 중국 안후이성에 속하는 후이저우부에 적을 두고 활약한 상인집단.

다. 이것이 공장제 기계공업에 의한 '근대 산업화'로 이어지려면 소비재 경공업 중심의 구조를 생산재 중공업 중심의 구조로 전환시킬 기술혁신, 그리고 노동생산성을 획기적으로 향상시킬 동력의 혁신이 필요했다. 그러나 앞에서 말했듯이 집약적 벼농사지대에서는 그 필요성이 그다지 절실하지 않았다. 또 석탄과 철이 저렴한 비용으로 공급되어야 하는데, 중국 강남의 경제선진지대는 석탄과 철의 생산지에서 너무 멀리 떨어져 있었다. 영국에서도 초기 산업화가 근대 산업화로 이어질 필연성이 있었는가를 둘러싸고 논쟁이 벌어질 정도로 영국의 근대 산업화에 작용한 우연적 요인은 컸다. 그렇다면 상품 생산, 고용노동, 공장제 수공업 그 어느 것도 근대산업화와 상관없이 발달할 수 있다고 보아야 한다.

이처럼 초기 산업화의 최선진에서 달리던 중국과 그 주변 각국이 19세기에 접어들면서 급속히 쇠퇴하게 된 원인은 무엇일까? 그 무렵 유럽은 엇비슷한 국가들이 서로 대립하고 경쟁하는 '다국체제'여서 국가권력에 의한 자원의 효율적 동원과 생산성 증대, 그리고 군사기술혁명이 국운을 좌우하는 긴급한 과제였다. 이에 비해 타의 추종을 불허하는 청제국이 초월적 지위를 확보한 채 여타의 국가들 위에 군림하는 '제국체제'에서 중국은 그런 긴급한 필요성을 느끼지 못했다. 조선, 베트남, 일본도 중화제국을 모델로 삼아 부분적으로 소중화질서를 형성하면서 대중화질서 속에 직간접적으로 묶여 있었다. 따라서 제국체제의 함정은 이들 나라에도 상당히 큰 힘을 미쳤다. 동아시아에서 가장 군사적인 사회였던 일본조차 조선 침략에 사용했던 총포를 스스로 버리고 다시 칼로 되돌아간 것은 바로 평화 속의 (소)중화질서가 작동하는 한 군사기술혁명의 필요가 크지 않았기 때문이다.

그럼에도 그들 중 일본이 근대 산업화에 유리한 조건을 갖고 있었던 까닭은 무엇일까? 일본도 개항 전까지 다국체제의 단위인 국민국가의 형성을 위한 개혁에 착수하지 못했으며, 결국 개항 이후를 기다려야 했다. 상인층의 활약이 타국에 비해 상대적으로 두드러졌다고 하지만 막부와 번에 막대한 돈을 바친 댓가로 인정받은 독점상인조합 카부나까마(株仲間)의 특권에 안주하여 안전한 독점이득 추구에 몰두할 뿐, 산업화에 필요한 개혁적 기업가정신은 준비되지 못했다. 카부나까마의 해산령이 처음 내려진 것은 아편전쟁의 충격이 전해진 1841년의 일이었고, 그나마 업자의 반발로 부활했다가 메이지유신 후인 1872년에 비로소 폐지되었다. 따라서 사회·경제의 내재적 발전이라기보다는 일본이 제국체제의 가장 바깥에 위치해 있었던 조건으로 인해 대외위기와 함께 도래한 다국체제의 위협에 가장 적나라하게 노출되었고, 그만큼 기민하게 반응할 수 있었던 점이 주목된다. 이런 조건이 막번체제하의 취약한 권력구조, 그 속에 있던 지배엘리트 무사의 불안정한 권력기반과 상호작용하여 무사들로 하여금 군사기술혁명의 필요성을 절감하게 만들었다. 그리고 이런 권력구조하에서 이미 진행된 권력의 상업화가 체제개혁과 국가 주도의 산업화 추진을 용이하게 만들었다.

3

농민사회와 민란

농민사회의 재생산구조

17세기 전후 동아시아는 집약적 벼농사 위주의 농민사회로 자리 잡게 되었다. 이는 밭농사에 비해 단위면적당 생산성이 높아 많은 인구를 부양할 수 있고 따라서 풍부한 노동력을 낳을 수 있었다. 18세기 영국 농민의 일인당 평균 경지면적이 10무(畝)일 때 중국 농민의 그것은 3.5무였다. 집약농법의 벼농사는 세계에서 가장 높은 토지생산성과 인구밀도를 가진 사회를 동아시아에 출현시켰다.

대다수의 농민은 가족의 노동력으로 농사짓는 소농이었다. 소농경영은 자연재해를 당하거나 가족구성원의 인구 순환주기로 인해 파산에 직면하게 되는 불안정성을 지닌다. 균분상속이 이루어지는 유교사회에서는 더욱 그러했다. 이를 최소화하고 보완함으로써 농업재생산의 주체를 유지하기 위한 친족제도, 그와 결부된 공유재산과 재분배경제가 발달한 까닭이 여기에 있다.

　중국에서 종족조직이 발달한 것은 벼농사지대이며, 그곳에는 종족 혹은 향촌 소유의 공유재산과 각종 사당, 사원을 비롯한 공공건물이 광범하게 존재했다. 공산(公産)의 규모는 지역차가 커서 화북에 적고 화남에 많았다. 20세기 초 광둥성의 경우 전체 경지의 30~40%가 공전(公田)이었다. 이는 분할상속으로 인한 가산의 영세화를 막고 족인(族人)의 과거시험 준비를 지원하는 동시에, 기아에 허덕이는 빈농을 구제하여 농업재생산 기반을 유지하는 기능을 담당했다. 조선 전기까지만 해도 등장하지 않았던 부계혈통 위주의 종족조직이 조선 후기에 일반화되어 사당 건립, 문중재산 관리, 족보 편찬, 장자 상속 등의 현상들이 나타났다. 일제시기 총독부에 의해 면유지(面有地)로 편입된 땅이 대부분 촌락 공유지였으니, 이는 그 이전에 형성되었을 것이다. 베트남에서도 대략 전체 경지의 25% 정도가 공전이었는데, 촌락 주민에게 이것이 정기적으로 재분배되었다는 점에서 중국, 조선의 공전과 다르다.

　공산 관리자는 공전 소작권의 분배와 공산 수익금의 재분배, 재해시 염가미의 방출과 대여를 통해 농민에 대한 권위와 지배를 정당화할 수 있었다. 공유토지의 증대는 유력자의 사적인 토지겸병과 더불어 토지 소유의 집중과 경영의 분산, 지주-소작관계를 오히려 확대하는 요인이 되었다. 이러한 구조적 한계가 이른바 도덕경제(재분배경제)를 출현시켰으니, 혈연 및 지연으로 짜인 공동체가 빈농의 생계를 보조함으로써 생존의 위기를 넘길 수 있었던 온정주의적 보호-의존관계는 정도의 차이가 있을 뿐 농민사회의 공통된 현상이었다.

　공산의 형성과 관리는 종족 및 향촌의 제사와 밀접히 연관되어 있었다. 공산 수익금으로 거행되는 조상신과 토지신, 수호신에 대한 제사의례는 족인과 향민의 심리적 안정감과 일체감을 조성했다. 동시에 그것은 제사를 주관하는 유력자들에게 신성한 의례 주관자로서의 지위를 부여함으로써 그들의 상징적 권위를 보증해주었다. 일본의 농민들이 마을마다 설립된 불교 사원이나 신사에 호구를 등록하고 거기서 행해지는 종교의례를 통해 심리적 일체감을 얻을 수 있었던 것도 비슷한 이치다.

벼농사의 보급에 따라 동아시아 각국 농촌에서 중요해진 재생산시설 중의 하나가 수리시설이다. 이는 임진·병자전란의 전장이었던 조선에서 특히 긴요한 문제였다. 전란으로 파괴되고 못쓰게 된 수리시설을 복구, 확충하기 위해 1662년 제언사(堤堰司)가 설치되고 국가의 지원하에 제언(댐의 일종), 저수지, 보 등이 보수되거나 축조되었다. 이 복구사업에는 지주로서 직접적 이해관계를 가진 지방양반들도 자발적으로 나섰다. 중국에서도 신사들이 이해 당사자인 지주이자 지역사회의 유지로서 도로, 교량, 수리시설의 보수와 유지를 자신의 책무로 여겼다. 공산수익금은 이런 데에도 지출되었다. 농민들은 그에 필요한 노동력을 제공할 수 있을 뿐 자금을 댈 여력은 없었다.

인구의 절대다수를 차지하는 농민은 소농으로서 생활수준의 차이가 거의 없었기에 그 안에서 부자가 나오거나 부자가 되려고 노력하면 곧 질시의 대상이 되었다. 그리하여 선공후사(先公後私)와 평등이 농민사회의 지배적 가치관이 되었고, 공동체 수장이든 농민이든 사적인 이득이나 자유의 추구는 공동체의 근간을 흔드는 금기로 간주되었다. 공산을 관리하고 제사의례를 주관하는 공동체의 수장들도 겉으로는 이 명분을 강조하고 수시로 공공건물에 모인 농민들에게 훈화하는 것을 게을리하지 않았지만 공산 유용의 유혹에 늘 노출되어 있었다. 더욱이 상업화의 진전은 이런 유혹을 더욱 부추겼다. 이에 그들은 공도(公道)의

도리를 잃고 사익을 추구하여 공산 수익금을 유용하는 사례가 적지 않아 공도를 중시하는 문인사대부와 곤궁한 농민들로부터 비난과 분노의 대상이 되곤 했다.

이런 추세 속에서 농민사회의 농업 생산자는 각기 자연경제와 상품경제를 추구하는 두 유형으로 대별되는 모습을 보였다. 자연경제를 추구하는 유형은 자영농 위주의 소농경영을 지향했으니, 청 전기 양선(楊屾)의 『지본제강(地本提綱)』에 묘사된 대로 "경작으로 식량을 얻고 양잠으로 옷을 얻으며 나무를 키워 재목을 얻고 가축을 길러 고기와 가죽을 얻는" 4농(四農)에 힘써 시장에 의존하지 않고서도 적절히 자족하는 것이 영농의 목표였다. 그리고 효율을 고려하지 않은 노동집약 정도도 매우 컸다. 예를 들면 밀을 수확할 때 큰 벌낫이 작은 손낫보다 노동효과가 훨씬 컸지만, 소농은 흘리는 낟알이 생기고 베어낸 자리의 그루터기가 높아 밀짚이 낭비된다는 이유로 손낫을 선호했다. 즉 일손을 과다하게 많이 투입해서라도 한톨의 낟알까지 남김없이 거둬들이는 것이 중요했다.

이에 비해 상품경제를 추구하는 유형이 많은 지역에서는 토지생산성이 상대적으로 높아 토지가 지주에게 집중된 결과 소작농이 인구의 대다수를 차지했다. 더구나 18세기 인구가 폭증한 만큼 경지가 확대되지 않아 일인당 평균 경지면적이 현저히 감소했다. 다른 한편으로는 상공업과 도시가 발달함에 따라 상업화와 전문화 추세는 농촌지역에까지 영향을 미쳤고, 정기시장이 그 연결고리 구실을 했다. 변화하는 이 두가지 조건 속에서 각국에는 면화·뽕·차·담배·채소 등 상업적 농업을 시도하는 소수의 경영부농이 나타나기 시작했고, 이들 작물을 원료로 삼아 가공하는 수공업도 성장했다. 조선에서는 이들 작물 외에도 특산품으로 인삼이 재배되어 동아시아 차원의 가장 인기있는 수출상품의 하나로 팔려나갔다. 다수의 소농들도 이런 조류에 부분적으로 동참했으나 그것은 생계를 보충하고 납세용 화폐를 획득하기 위한 부업으로서의 가내수공업에 그쳤다.

중국의 소작료는 유달리 높아 지조율(地租率)은 송대에 지가의 63% 였고, 청대에도 30~50% 이상이었다. 이는 고대 로마의 그것이 지가의 6%였고 근대 자본주의 농업의 지조율이 일반적으로 은행의 대부이자율을 넘지 않는 것과 비교하면 엄청나게 높은 것이다. 청대의 소작료는 수확량의 50% 내외였다. 이른바 "말업으로 치부하여 본업으로 지킨다"는 말로 상징되듯이, 상인과 고리대업자가 상업으로 돈을 벌어도 상공업에 투자하기보다 토지를 구매하여 안전을 추구하는 까닭이 거기에 있다. 조선의 소작료도 이와 비슷해서 수확량의 50%를 내는 타조법(打租法)이 지배적인 가운데 상업적 농업이 전개되는 일부 지역에서는 수확량의 1/3을 기준으로 고정된 소작료를 내는 도조법(賭租法)이 등장했다.

이앙법과 이모작으로 인해 농업경제의 생산성이 증대됨에 따라 국가 조세의 지세화(地稅化) 경향은 뚜렷했고, 토지세가 소작료를 따라잡는 추세를 보였다. 청대 지정은(地丁銀)*과 조선 후기 대동법(大同法)·균역법(均役法)*은 지세화를 보여주는 예들이다. 세도정권하에서 삼정이 문

지정은 18세기에 장정에게 부과하는 정세(丁稅)의 총액을 고정시킨 뒤 이를 토지에 할당해 지세와 함께 은으로 바치게 한 납세제도.
대동법 조선시대에 공물(貢物)을 쌀로 통일해 바치게 한 납세제도.
균역법 1750년(영조 26) 군역(軍役)의 부담을 경감하기 위해 만든 세법. 농민이 부담하던 군포를 2필에서 1필로 감하는 한편, 이에 따라 부족한 재원을 보충하기 위해 어전세(漁箭稅)·염세(鹽稅)·선세(船稅) 등을 신설했다.

란해지자 심지어 환곡(還穀)도 지세화했다. 지방관과 서리층에 의해 유용된 환곡의 원곡을 보충하기 위해 토지 소유자에게 토지면적에 비례해 쌀이나 돈을 징수했던 것이다. 앞서 본 대로 원래 유교적 왕조국가가 공식 부과하는 지세의 세율은 극히 낮았지만 징세행정이 조금만 문란해지면 이처럼 부가잡세가 급증하여 실제 납부세율도 급증했다. 이를 피하는 방법은 특권과 편법으로 과세를 피할 수 있는 관료와 신사, 양반 같은 권세 있는 자에게 토지를 맡기고 소작료를 챙겨 나눠갖는 것이었다. 그리하여 토지부가세를 피할 길이 없는 자영농은 소작농보다 더 곤란한 지경에 처할 수도 있었다. 중국에서 소작농이 많은 지역과 공전이 많은 지역이 겹치는 까닭도 공전의 명분과 그 관리자의 권세를 활용하여 쉽게 잡세를 피할 수 있었기 때문이다. 광둥지역에서는 공전 관리자가 공전 수익금으로 유지되는 자체 무장력까지 보유했다.

자영농 위주의 자연경제 유형이든 소작농 위주의 상품경제 유형이든 대다수의 농민은 경영형태상 소농으로서 투자를 위한 잉여의 축적이 거의 없었으므로 시장을 향한 확대재생산을 꾀하기 어려웠다. 그렇더라도 상공업 도시와 가까운 입지조건의 상품경제 유형에서는 농민이 경영부농이나 경영지주, 또는 상공업자로 변신하는 데 성공할 수 있는 가능성이 열려 있었다. 이 두 유형은 해금시기의 중국, 조선, 일본에서 마찬가지로 나타났다. 상품경제 유형은 특히 중국 강남과 조선 경기, 일본 킨끼(近畿)지역에서 집약적으로 발달했다.

그로 인해 농민 내부에 계급분화가 일어나 소수의 부농과 임노동자, 다수의 소작농과 자영농 간에 이해관계가 복잡하게 얽히게 되었다. 더구나 상업화의 진전은 농촌 내부의 공산의 매각과 공산 수익금의 도시 유출을 촉진했고, 이로써 빈농의 생계를 보조하던 재분배경제는 갈수

록 쇠퇴했다. 청조 중국과 에도 일본의 농촌에 관습화된 익녀(溺女)와 마비끼(聞引き) 등 영아살해, 그리고 차마 죽이지 못하고 버리는 영아 유기 풍조는 생존의 한계에 내몰린 빈농의 극단적 대응을 보여준다. 중국에서는 19세기 말까지도 익녀 풍습이 남아 있어서 당시 출생한 여아의 최소 30% 이상이 부모 손에 의해 대야 물에 얼굴이 처박힌 채 죽어 갔다. 그로 인해 남녀 성비의 균형이 깨어져 결혼 적령기 남자의 20%가 장가를 갈 수 없었다. 일본 농촌에서는 병약한 노인을 내다버리는 일도 흔했다.

공동체 질서의 붕괴와 생존의 한계

이와 같은 조건에서 생존의 위기에 내몰린 농민들은 여러 형태의 집단행동으로 생존을 위한 항쟁을 벌였다. 식량을 자급하기 어려운 빈농들이 지주와 국가로부터 소작료와 각종 세금을 과중하게 요구받을 경우 크고 작은 농민항쟁이 일어날 가능성은 늘 존재했으며, 실제로 발생했다. 자연재해는 이를 더욱 촉진했다. 그것이 국가질서에 도전하는 정도로 발전할 경우 당시 지배층은 흔히 이를 '민란'이라 불렀다.

특히 18,19세기 중국, 조선, 베트남의 농민항쟁은 대규모화, 정치화하는 특징을 보였다. 지역정권을 세워 힘을 키운 뒤 기존 왕조를 붕괴시키거나 심지어 새 왕조를 건립하는 데까지 이른 경우도 있다. 명왕조를 멸망시켜 명청교체를 앞당긴 리 쯔청(李自成)의 봉기(1628~45), 레왕조시대 270여년간 지속된 베트남의 남북분열을 종식하고 통일왕조의 기틀을 닦은 떠이선당(Tây Sơn黨, 西山黨)의 봉기(1771~1801)가 그 대표적인 예다. 청대 백련교도의 봉기(1796~1805)는 그에 못 미치지만 군사조직을 갖추어 5개성을 장악함으로써 당시의 국가권력이 진압하기 어려울 정도였다. 조선에서도 홍경래(洪景來)가 이끈 평안도 민중항쟁(1811)이나 삼남 일대를 석권한 임술농민항쟁(1862) 등은 지방관서를 습격해 장악하고 수개월간 정부군과 조직적인 전투를 치를 정도로 큰 규모였다. 이에 비해 에도시대의 일본에서는 비슷한 움직임이 일어났지만 이렇게 대규모의 '민란'으로 발전하기도 전에 진압되었다. 왜 이런 차이가 나왔을까? 앞서 강조한 문인사대부 사회와 무사사회의 차이를 염두에 두고 사례를 통해 그 경과를 살펴보자.

떠이선당의 봉기는 정치화된 농민항쟁의 전형을 보여준다. 통킹지역을 기반으로 성립된 레조의 남진과정에서 북부 기반의 찐(鄭)씨와 남부 기반의 응우옌씨 세력 간의 대립으로 인해 남북분열이 270여년간 지속되었다. 그 과정에서 중앙권력이 무력화됨에 따라 지방 세력가들에게 토지가 집중되고 징세행정이 문란해져 농민수탈이 가중되었다. 이 와중에 남부 꾸이년 부근 떠이선 촌락의 하급관리 응우옌씨 삼형제가 1771년 과거시험에서 소외된 신개척지 독서인(讀書人)들의 반감을 배경으로 봉기하여 급속히 성장했다. 떠이선당으로 일컬어진 이들은 "부자 재산을 빼앗아 빈민에게 나누어준다"는 구호를 내세우고 호적과 토지 대장을 불살라, 빈농대중과 소수민족의 폭넓은 참여를 이끌어냈다. 그들은 남부의 응우옌씨 정권을 멸한 다음 북진하여 1786년 찐씨 정권을 타도하고 오랜 남북분열을 종식시켰다. 떠이선당의 지도자 응우옌반후에(Nguyên Văn Huê, 阮文惠)는 그 직후 침입해온 청조의 20만 대군을 물리치고 떠이선왕조를 개창했다. 그러나 그가 요절함에 따라 떠이선왕조는 전복되었고, 수년 전 그에 의해 멸망한 응우옌씨 정권의 일족인 응우옌푹아인(Nguyên Phuc Anh, 阮福暎, 쟈롱 황제)에 의해 1802년 첫 통일왕조 응우옌조가 수립되었다. 떠이선당이 통일왕조 수립의 기초를 닦은 덕분이었다.

리 쯔청의 봉기도 이와 마찬가지로 "토지를 균등하게 하고 토지세와 요역을 면제한다" "현자를 존중하고 사대부를 예로써 대한다"는 구호 아래 농민을 규합하여 시안에서 대순정권(大順政權)을 세우고 명 왕조를 붕괴시키는 정치세력으로 급성장할 수 있었다. 한편, 백련교 봉기는 산간 내륙에 이주해 새롭게 경지를 개간한 이주민들에게 지방관이 자의적으로 각종 부가세를 과도하게 부과하고 고리대로 착취한 데 대한 분노가 교도 탄압을 계기로 폭발하여 발생했다. 백련교는 미륵이 구세주로 와서 도탄에 빠진 중생을 구제해줄 것으로 믿는 민중불교의 한 종파인데, 특히 당시에 의지할 곳 없었던 하층대중에게 호소력이 컸다. 그들은 '관핍민반'(官逼民反, 관이 핍박하니 백성은 항거할 수밖에 없다)이라는 구호를 앞세우고 지방관서를 습격하여 점령했다. 화북지역 5개 성을 석권한 이들의 세력은 천하의 청조 군대가 10년 동안의 고전 끝에 겨우 진압할 정도로 위력적이었다. 그로 인해 국가재정이 고갈되어 청조는 쇠락의 길로 접어들게 되었다.

홍경래의 평안도 민중항쟁은 당시 상업화와 도시화에 따라 진전된 농민층 분화를 배경으로 발생했다. 그들은 파산한 빈농 출신의 농업노동자와 광산노동자 계층을 주력군으로 삼고, 청국과의 무역 및 국내 원거리무역으로 부를 축적했으나 권력을 독점한 특권 양반사족들에 수탈당하던 송상(松商)을 비롯한 상인층의 자금지원으로 급속히 세를 불려나갔다. 홍경래를 비롯한 그 지도부는 대부분 관직에 나가지 못한 불우한 하층 독서인 출신으로 향촌에서 덕망을 인정받는 이들이었다. 벌열

사족(閥閱士族)이 관직을 독점하고 매관매직을 일삼던 상황에서 서북차별로 인해 평안도 출신은 과거에 합격해도 관직에 나갈 수 없었기에 이들은 10여년의 준비를 거쳐 거사를 일으켰고, 평안도 일대의 각 지방관서를 습격해 점령하고 관군과 대치했다. 다만 앞의 떠이선당이나 후의 동학농민군처럼 농민대중의 자발적 참여를 이끌 토지강령을 준비하지 못해 평안도의 지역적 이해관계를 넘는 범위로 뻗어나가지 못했다. 한편 임술년에 삼남 일대에서 벌어진 농민항쟁은 당시 급속히 발전하던 장시(場市)를 집회장소로 삼아 농민에 대한 선전과 조직활동을 펼친 다음 지방관서를 습격, 점령했다. 이를 지도한 유계춘(柳繼春)을 비롯한 지도부도 모두 하층 독서인 출신이었다. 이들은 삼정의 문란을 해결하려 봉기한 만큼 운동의 정치화는 필연적이었다.

개항 이전 발생한 이들 3국의 농민항쟁은 모두 조직적인 농민전쟁으로 발전했는데, 여기에는 문인사대부 사회의 특징이 여러 차원에서 작용했다. 첫째, 그들의 지배이념이자 윤리도덕의 근간인 유교가 대동이념을 전제로 '빈부를 고르게 하는 것'(均貧富)을 정치의 이상목표로 설정하고 있어 봉기의 명분을 제공했다. 둘째, 이러한 이상의 실현을 명분으로 관직에 나가고자 했던 독서인층이 있었으므로 봉기의 지도부를 형성할 수 있었다. 그들은 매관매직이 횡행하고 부세제도가 문란해져 백성이 도탄에 빠질 경우 이를 바로잡을 책무가 자기에게 있다고 믿고, 과거제도와 연관된 좀더 광범한 인맥과 네트워크를 배경으로 세력을 규합해 일어섰다. 더구나 과거제는 농민에게도 열려 있었기에 자제의 관직 진출을 희망하는 농민들과 문인사대부를 연결해주는 좋은 매개체가 되었다. 셋째, 이들 독서인이 농민과 함께 농촌에 거주하면서 토지를 소유하고 있었기 때문에 토지세를 비롯한 징세행정의 문란에 대해 농민과 함께 행동하기 용이했다. 농민항쟁이 시작된 초기에 흔히 인근의 지방관서를 점령하여 기세를 올렸던 것도 이런 조건과 관련이 있으며 이 시도의 성공은 세력기반을 확보하는 결정적인 계기가 되었다. 넷째, 문인사대부에게 징세와 치안 등 지방행정의 상당 부분이 위임되어 있었던 터라 특히 봉기 초기에 세력을 키울 시·공간적 여유가 주어졌다.

같은 시기 일본에서도 농민의 처지는 크게 다르지 않아 농민의 저항이 빈발했으나 이처럼 정치화, 대규모화하지 않았다. 통계에 따르면 연간 평균 '농민잇끼(一揆)'* 건수가 17세기 4.2회, 18세기 10.9회, 19세기 전반 16.2회, 그 후반에는 21.9회로 급증했다. '민란'이 아니라 '농민잇끼'라 표기한 것은 그것이 분산적·일시적 소동에 그쳤기 때문이다. 17세기에는 과중한 세금을 피해 도망하는 소극적 저항이 소요의 절반가량을 차지했고, 18세기에는 관리나 부자들에 대한 공격, 집단청원과 시위 등 적극적 저항이 절반가량을 차지했다. 이들은 주로 시기적으로는 춘궁기인 5~6월, 지역적으로는 상업화된 킨끼지역에 집중돼 있었다. 우찌꼬와시(打毀)라 불린 부자에 대한 직접적인 약탈과 파괴 행위는 주로 농촌 내부의 부유한 이웃에 대한 빈농의 공격이었다. 그들은 상업과 상업적 농업 및 수공업의 발달에 편승하여 부를 축적한 상인, 고리대업자, 부농, 수공업자의 집을 파괴하고 창고를 털었다. 자연재해가 덮쳐 기근이 확산되면 소요가 커지게 마련이었는데, 1830년대가 특히 그러했다. 토지를 떠나 각 지방을 유랑하는 농민, 도시로 몰려들어 막일을

농민잇끼 '잇끼'란 마음을 하나로 뭉친다는 뜻이며, 농민잇끼는 세금 감면, 탐관오리의 교체, 전매제도 반대 등을 요구하는 집단행동이다. 메이지유신 이후에는 근대화 정책에 반대하다가 점차 소작쟁의로 그 형태와 지향이 바뀌었다.

98

1830년대 일본의 기근
일본에서는 기근의 확산으로 유랑농민이 늘고 도시로 몰려든 농민의 폭동과 쌀창고 습격이 빈발했다.

구하는 농민이 거리를 메웠고 이들에 의한 폭동과 쌀창고 습격이 빈발했다.

1764년의 텐마소동(傳馬騷動)은 조선통신사와 관련되어 있어 눈길을 끈다. 당시 쿄오또에서 에도로 이어지는 간선도로인 나까센도(中山道)에서의 운송은 인근 촌락 농민들의 노역부담으로 이루어졌는데, 에도 중기 이후 상업의 발달로 운송량이 증가함에 따라 그 부담도 급증했다. 그해 말 도매상인들의 요구에 따라 막부는 텐마를 비롯한 도로 인근 촌락에 노역부담을 3배 이상 늘렸고 부과대상 지역을 도로에서 먼 촌락으로까지 확대했다. 그런데 마침 그 직전 도래한 조선통신사의 접대비용으로 거액의 국역 부담금이 촌락 단위로 징수된 직후여서 농민의 반감은 더욱 증폭되었다. 이에 나까센도 인근의 농민 20여만명이 새로운 부담의 취소를 요구하는 도로점거 시위를 벌였는데, 농민들은 부담을 자신들에게 전가했다고 여겨지는 부상(富商)의 가게들을 습격한 뒤 곧바로 해산했다. 막부가 농민의 요구를 수용했기 때문이다. 일본에서 극히 드물게 민란으로 불리는 1837년 오오시오 헤이하찌로오(大鹽平八郎)의 난은 "횡포한 관리와 사치한 부상을 죽이자"는 구호 아래 굶주린 빈민을 이끌고 오오사까성을 점령하려 시도했으나 불과 하루 만에 진압되고 말았다.

이처럼 일본의 농민투쟁이 미약했던 사정에 대하여 미국의 존 W. 홀(John W. Hall)은 "뚜렷한 경제적 고난과 불만에도 불구하고 좀더 효과적인 저항이 이루어지지 않은 것은 기이한 느낌을 준다"고 의문을 표했다. 이는 무사사회가 앞서 말한 문인사대부 사회와는 다른 특징을 갖고 있었기 때문으로 보인다. 인구의 6~8%를 차지하는 무사들이 모두 농촌을 떠나 막부와 번의 수도에 집중된 상태에서 행정관료화했으니 그 수는 정부의 수요를 훨씬 상회하는 것이었다. 그로 인한 행정조직의 팽창과 비대화는 막번체제의 지배력으로부터 상대적으로 자율적인 농민사회의 공간을 협소하게 만들었다. 게다가 농촌 내부에는 나름대로 세상을 꿰뚫어보는 안목, 넓은 인맥과 네트워크를 갖고 농민을 지도할 인물이 없었다. 봉기를 일으킬 지도자도, 봉기가 초기에 세력을 키울 시·공간적 여유도 없었던 셈이다. 반대로 농민들이 세력확장을 위해 반드시 점령해야 할 공격목표인 인근의 지방관서는 곧 번의 수도였고 더군다나 그 안은 칼을 든 관료들로 넘쳐났으니 지도자도 없이 일어선 분산적 농민항쟁의 힘보다 그것을 분쇄할 힘이 오히려 더욱 컸다.

주기적 민란의 원인

해금시기의 농민항쟁은 분산적 농민소요와, 지휘계통을 갖춰 기존 국가권력과 전투를 벌이는 농민전쟁으로 나누어 이해할 수 있다. 에도시대 일본 농민의 잇끼는 주로 기존 질서를 자명한 것으로 전제하고 부담의 경감을 요구한 것으로서 농민소요에 속한다. 이에 반해 떠이선당의 봉기, 백련교 봉기, 평안도 민중항쟁과 임술년 농민항쟁은 모두 농민전쟁에 속한다. 이런 전통을 이어받은 개항 후의 태평천국운동과 동학농민운동은 혁명적 색채를 띠기도 했다. 청, 조선, 베트남의 농민항쟁은 흔히 분산적 소동을 넘어 지방관서를 공격하고 관료와 토착지배세력을 처단하는 단계로까지 나아갔기에 당시의 국가권력은 이를 질서를 어지럽힌 '난(亂)'으로 간주했다. 일본의 경우 난으로 간주된 예가 극히 드문 것은 봉기가 그럴 만큼 위협적인 세력으로 성장하지 못했기 때문이다.

그렇더라도 농민의 처지는 크게 다르지 않았으니 동아시아 농민이 비슷한 조건에서 각종 형태의 집단행동에 나선 원인과 계기, 그 결과에 대해서는 비교해볼 가치가 있다. 농민 연구의 전성기였던 1960,70년대에는 무엇보다 토지문제와 그와 직결된 과중한 소작료를 가장 중요한 원인으로 꼽았다. 그것도 중요한 원인의 하나임은 분명하지만, 실제로 여러 사례를 비교 검토해보면 이 문제로만 환원할 수 없는 다양한 원인과 계기들이 작용했다는 것을 알 수 있다. 특히 농민 자신이 더이상 참을 수 없다고 판단하여 봉기하는 직접적인 계기는 구조적인 모순 자체라기보다 그것의 악화인 경우가 대부분이다. 가령 향촌 공산의 외부 유출이 늘어나 재분배 기능이 축소되거나 자연재해가 있을 때 세금과 소작료가 감면되지 않고 춘궁기에 저리의 쌀을 대부하지 않을 경우 저항은 더욱 고조되었다. 토니(R. H. Tawney)는 『중국의 토지와 노동』(*Land and Labor in China*, 1931)에서 농민의 열악한 생존조건에 대하여, "일부 지역에서 농촌 주민들은 마치 물속에서 물이 턱밑까지 찬 상태로 서 있는 것과 같아서 물결이 조금만 일어도 익사할 지경에 놓여 있다"고 묘사한 바 있다. 그랬기에 농민은 '턱밑까지 찬 물'보다 그 위에 추가되는 '조그만 물결'에 더욱 참을 수 없어 분노하고 일어섰던 것이다.

이 시기 대규모 농민항쟁은 몇가지 새로운 사회적·경제적 변화를 배경에 두고 있었다. 첫째, 파산농민의 유랑이다. 조선 후기 사례연구에 따르면 이앙법의 보급으로 단위면적당 노동력이 80%나 감소되어 농민 일인당 경작능력이 4~5배 늘어났다. 그 결과 농촌에서 불필요한 노동력이 다량으로 발생하여 유랑민이 되거나 도시로 몰려들어 임노동자가 되었다. 이들은 기회가 주어지면 민란의 주력군으로 활약했다. 둘째, 상업화의 진전과 전국적 시장망의 발달이다. 시장은 봉기세력들이 서로 연락하고 세를 불리는 선전과 집회 및 시위의 장소를 제공했다. 셋째, 권세가의 토지집중과 매관매직 및 자의적 조세징수로 상징되는 정치의 문란이다. 이는 신흥 부상과 부농의 신분상승 욕구, 사회 전반의 상업화 경향과도 상응한다.

그에 비해 소작료 착취와의 직접적인 인과관계는 크지 않다. 송대 이후 명청대에 걸쳐 중국에서 발생한 대규모 농민전쟁은 태평천국운동을 빼고는 모두 자작농 위주의 화북(華北)에서 일어났다. 화북지역 5개 성을 석권한 17세기 리 쯔청의 봉기와 18세기 백련교도의 봉기가 그런 예다. 떠이선당의 봉기도 통킹의 홍강(紅江)삼각주나 코친차이나(Cochinchina)*의 메콩삼각주 같은 데가 아니라 농경지가 적은 안남의 꾸이년 산간 내륙에서 발생했다. 이들 대규모화한 농민항쟁의 원인은 주로 앞에 든 몇가지 원인들의 결과다. 조선에서도 평안도 민중항쟁과 임술년 농민항쟁이 그런 예에 속한다. 이에 비해 고율 소작료에 저항하는 항조(抗租)투쟁은 대부분 분산적·일시적 저항에 머물렀던 탓에 대규모 농민항쟁으로 발전하지 못했다. 소작농 자신의 역량이 너무 제한돼 있었기 때문이다.

농민항쟁이 질적으로나 양적으로 발전하려면 농촌 내부의 다양한 계층이 연대하여 동참하지 않으면 안되었다. 소작료는 소작농이라는 특정 계층에 한정된 문제인 데 비해 세금은 거의 모든 계층에 직접 관련되

코친차이나 19세기 초 유럽인들이 사이공을 중심도시로 하는 베트남의 남부 메콩강 일대를 가리킨 지역 이름이다. 한편 하노이를 중심도시로 하는 북부의 홍강 일대를 통킹, 그 사이의 중부지대를 안남이라 부른다.

는 문제이므로 전자보다 후자가 그러한 연대투쟁을 유발하기에 유리했다. 가령 토지세는 자소작농·자작농·부농·지주 등 토지를 소유한 여러 계층에 부과되었는데, 지주는 자기 몫을 소작농에게 전가하였다. 징세 행정이 문란해지면 흔히 권세 있는 대토지 소유자는 감면특혜를 받거나 편법으로 과세를 회피하기 일쑤였다. 그 결과 토지세와 특히 그 부가세는 토지면적이 아니라 권세의 크기에 따라 차등 부과되곤 했다. 요역과 군역, 공납은 더욱 그러했다. 권세 없는 일반 농민과 서민지주가 다투어 자기 토지를 권세가에게 맡기는 투헌(投獻) 현상이 속출한 것, 농민이든 지주든 자제의 과거공부에 가족의 명운을 건 것은 그 때문이다. 부유한 자들은 돈으로 신사 학위나 양반 신분 혹은 관직을 구매하는 방법을 취하기도 했다. 따라서 권세와 특권에 의해 수탈당하고 소외된 중소지주, 몰락양반과 유생, 하층신사인 생원, 그리고 일부 상인은 농민항쟁을 지도하거나 직접 가담하여 물심양면으로 지원했다. 독서인 출신 홍 슈취안(洪秀全), 홍경래·유계춘·전봉준, 응우옌씨 삼형제가 각기 자기 사회의 빈농대중을 규합하여 농민전쟁의 지도자가 된 것은 우연이 아니다.

농민항쟁을 지도한 독서인들에 대하여 조정과 지방관서는 '열신(劣紳)', 곧 교활하고 저열한 신사라고 비난했으나, 권세 없는 농민과 서민지주들은 이들을 '정신(正紳)', 곧 공도를 지키는 정의로운 신사라고 불렀다. 오히려 이들은 지방관서의 세리들과 결탁해 부가세를 전가하면서 공산을 횡령하고 고율 소작료를 징수하며 횡포를 부리는 향촌 유력자를 열신 혹은 토호로 지목해 공격했다. 여기에는 소작농도 동참했으니, '토지세는 소작료에서 나온다'는 지주의 논리에 따라 토지세가 증가하면 곧 소작료도 증가할 것을 알고 있었기 때문이다. 그러므로 항세

투쟁은 국가권력 및 그와 결탁한 고관·부상·대지주에 대한 불우한 하층 사대부, 소작농·자작농·부농, 중소지주로 구성되는 향촌 내 여러 세력의 연합투쟁으로 발전하기 용이했다.

이러한 농민항쟁은 농민의 사회의식의 증대를 반영한다. 특히 권세에 의한 불평등에 항거하는 평등의식이 그 핵심인데, 이는 해금시기의 경제적 변화와 발전에 따라 신분제가 이완되고 여러 계층 간, 지역 간의 상호 유동과 소통이 증대된 결과였다. 조선의 경우 관직에 따라 소작료를 징수할 수 있는 토지를 지급하던 과전법(科田法)이 폐지됨으로써 양반-상민의 신분적 예속관계를 지주-소작농의 경제적 관계로 바꾸어내면서 이런 추세를 밑바닥에서부터 떠받쳤다. 신분상으로는 상민인데 경제적으로는 중소지주에 해당하는 자가 늘어나는 한편 신분상 양반이라 하더라도 경제적 형편상 일반 농민과 다를 바 없는 자가 늘고 있던 당시의 변화는 평등의식을 촉진한 동인으로서 특히 주목해야 한다.

크든 작든 농민의 집단행동은 불법행위로 간주되어 주모자의 처형으로 귀결되기 일쑤였으므로 농민이 이에 참여하려면 희생을 각오하지 않으면 안되었다. 저장성 슈수이현 신텅진 부근에서는 1841년 1000여 명의 소작농에 의한 항조운동이 진압되어 주모자가 처형된 후에도 1849년과 1853년에 집요하게 투쟁이 일어났다. 이 과정에서 농민들은 어떻게 두려움을 극복하고 다시 결집했던 것일까? 제사의례가 담당한 역할이 우리의 눈길을 끈다.

가령 일본의 잇끼가 빈발한 지역에서는 농민들이 잇끼를 당연한 일로 여겼고 심지어 자랑스러워하는 기풍까지 있었다. 사형에 처해진 잇끼 지도자를 '덕왕대신(德王大神)' 등 각종 명칭의 신으로 떠받드는 제사가 은밀하게, 때로는 공공연히 거행된 사실이 이를 뒷받침한다.

1711년 만고꾸(萬石)소요*의 희생자에 대해서는 7주기, 33주기, 100주기, 150주기마다 제사가 치러졌다. 그런 지도자의 행적은 코오단(講談)이나 카부끼(歌舞伎) 형태로 널리 유포되기도 했다. 희생자를 의민으로 기려 기억하려고 의민비(義民碑)를 세우려다가 이에 앞장선 사람들이 처형된 경우도 있다.

중국의 경우에도 각종 제사의례가 활용되었다. 전통적 농민항쟁의 주동자들은 흔히 지역의 관료와 유력자 들이 마을 수호신 사당에서 제사를 주관해온 것을 전복하여, 그들을 배제한 채 독자적으로 제사를 거행함으로써 투쟁에 앞서 자신들의 행동을 정당화하는 한편 의지와 자신감을 획득하고 강화했다. 군현 소재지의 성황묘에서 정기적으로 행해진 묘회(廟會)의식도 활용되었다. 원래 지방관은 중대한 일이 있을 때 성황묘나 문묘(文廟, 공자 사당)에서 현지 사대부와 부로(父老)들을 초청해 의견을 취합하곤 했는데, 그곳은 지방관이 주도하는 사민공의(士民公議)에 의거한 심의와 판결의 장소이자 처형의 장소였다. 일반인에게 교훈을 주기 위해 심의와 처형도 공개리에 진행되었다. 이를 경험한 일반인들도 항세나 항조 투쟁시에 이를 역이용하여 여기서 향을 피우고 신에게 맹서함으로써 결의를 다졌으며, 후에 출정해서는 악덕관리와 열신(劣紳)을 붙잡아 그곳으로 끌고 가 '신의 심판(神判)'의 형식을 빌려 처형하곤 했다. 신의 이름으로 자신의 항쟁을 정당화하려 한 것이다.

만고꾸소요 1711년, 현재 치바(千葉)현 남단의 호오조오(北條)번에서 번주의 학정에 저항하여 발생한 농민봉기. 봉기 지도자 3명이 처형되었는데, 지역민들 사이에서 이들은 의민으로 칭송되었다. 막부는 번주의 책임을 물어 그 영지를 몰수했다.

청나라 황제를 알현하러 온
외국 사절단 ⓒ베이징 고궁박물원

大敗鬼子真着

逆夷真可惡
擾亂民為土
天降紅雨到
即人之省大知

1858년경 제2차 아편전쟁 시기 광저우 공격을 묘사한 목판화

제2장

세계시장의 확대와
지역질서의 변화

해금정책 속에서도 동아시아 안팎을 오가는 제한된 교역은 농업과 수공업의 발달을 배경으로 꾸준히 증대하였다. 이 교역은 조공책봉체제와 연동된 채 진행되었는데 영국이 중국과의 무역적자를 해소하기 위해 중독성 마약인 아편을 밀매하면서 혼란과 교란을 일으킨다. 그것은 결국 아편전쟁으로 귀착되었고 유럽의 자유무역 요구를 관철하는 계기가 되었다. '자유로운 마약 거래'가 동아시아에 근대경제체제 수립을 강제하는 유력한 무기로 기능한 셈이다. 그후 불평등조약이 연이어 각국에 강요됨에 따라 동아시아 지역질서는 조공체제에서 조약체제로 바뀌어갔으나, 거의 반세기 동안 양자가 병존하는 이중체제 속에 놓여 있었다.

유라시아 무역과 동아시아

동아시아 역내무역

14~19세기 중국, 한국, 일본, 베트남의 해금정책하에서도 동아시아 역내의 제한무역은 꽤 번성했다. 그 배경으로 아메리카산 은을 매개로 한 유라시아 무역을 강조하는 견해가 있으나 그 규모는 아시아 역내무역에 미치지 못했다. 여기서 우리는 해금정책 이전의 아시아 무역망을 간단히 더듬어볼 필요가 있다.

아시아 역내무역은 13세기 몽골제국 출현 이전에 인도양을 무대로 서아시아와 동아시아 사이에 활성화되었다. 이슬람 세계의 통일과 이슬람 상인의 활약, 송대의 산업 발달과 중국 상인의 정크선(junk ship) 무역이 그 주요 동인이었다. 중국 상인의 주요 무역상대는 수마트라섬 동부의 스리비자야에서 인도 서남해안의 말라바르, 카이로, 바그다드에 걸친 여러 도시들이었다. 중국의 비단·도자기 외에 페르시아만의 진주, 아덴의 아이보리, 소말리아의 럼주, 자바와 수마트라의 후추, 인도 여러 왕국의 면화 등이 거래되었다. 이 무역망 내에서는 아랍어가 공용어였고 교신수단이었으며 그 교역루트를 따라 이슬람교가 전파되었다. 통일신라와 고려에 드나들던 이슬람 상인도 바로 이 무역망의 동쪽 끝을 구성한 일원이었다. 원대의 세계제국은 육상의 유라시아 무역망을 형성함으로써 아시아 무역을 더욱 활성화했다. 15세기 정 허(鄭和)의 남해원정(南海遠征)*은 이렇게 하여 이미 형성되어 있던 해상 무역루트를 따라 조공국을 확보하려고 나섰던 것이다.

이 무역망은 그 역사가 오래된 만큼 동아시아의 해금정책으로 간단히 억압될 수 없었다. 더구나 해금시기 동아시아 내부에서도 역내무역을 활성화하는 경제적 요인이 생성되었다. 그 무렵 아시아 동부 연안지대에서 벼농사의 이모작이 보급되어 증대된 농업생산력이 그것이다. 농업생산력의 증대가 상품화폐경제의 수요를 창출하고 촉진하여 대외무역의 활성화를 야기하게 되면서 은의 유입과 상호 상승작용을 일으킨 것이다. 그로 인한 무역수요는 동아시아 공통의 해금정책하에서도 조공무역의 틀을 넘는 광범한 무역망을 유지하게 만들었다. 이를 더욱 조장한 요인의 하나는 일본이 그 무렵 조선의 회취법(灰吹法)*에 의거한 은광 개발에 성공하여 대량으로 생산한 은을 이 교역망에 공급했다는

정 허의 남해원정 명나라 초기 영락제의 명에 따라 정 허는 1405~33년 총 7차에 걸쳐 대함대를 이끌고 동남아를 거쳐 서남아의 인도양 너머를 항해하였다. 함대는 페르시아만과 아프리카 동쪽 해안까지 돌아왔다. 이로 인해 조공국 수가 늘어나고 '바다의 실크로드'로도 불리는 남해 항로가 더욱 활성화되었다.

회취법(cupellation) 15세기 중국에서 시작되어 조선에 전래된 은 제련법. 은이 혼합된 광석을 납과 함께 태우고 그 합금에서 다시 은만 추출해내는 방식으로, 16세기 일본에 도입되었다. 이로써 일본은 세계적인 은 생산국으로 발돋움하였다.

112

점이다. 그 결과 동아시아 각국의 무역은 해금정책의 제한 속에서도 꾸준히 발전했다.

1785년 청조에서 편찬된 『황조문헌통고(皇朝文獻通考)』에 따르면 "서북 방면의 여러 외국은 (중국에) 와서 교역하고 남양 각국은 (중국인이) 가서 교역한다"고 했다. 전자의 대표적인 예가 러시아인데, 청조는 네르친스끄조약과 꺄흐따조약에 의해 호시와 그리스정교 포교의 자유를 허용했다. 이에 반해 남양에 출입한 중국 상인은 본국 상선을 타고 음력 10월~이듬해 2월 사이 계절풍을 이용해 나갔다가 6~8월경에 돌아왔다. 남양 방면에서는 타이완의 반청세력을 제압하여 전중국을 통일한 1688년 전후에 장쑤·저장·푸젠·광둥 네곳에 해관을 설치하여 중국인의 해외 상업활동을 허용하고 출입 선박으로부터 세금을 징수했다. 그들은 일본·베트남·타이·여송(呂宋, 필리핀)·말레이반도 등에 드나들며 무역했다. 대외무역항은 1757년 광둥(광저우) 한곳으로 제한되었는데, 이런 상황에서도 19세기 초까지 매년 150척의 영국·미국 상선들이 광둥에 도래했다. 동남아 각지에 나간 중국 무역선은 1750년대 푸젠·광둥에서만 80~100여척이었고, 1830년경에는 220척으로 2배 이상 증가했다. 이같은 동남아 무역의 번성은 광둥·푸젠지역 산업을 활성화해 포산진(佛山鎭) 같은 산업도시의 발달을 가져왔다. 광둥의 무역선은 동남아에서 유럽선과 교역하여 얻은 은을 갖고 돌아와 중국사회에 큰 영향을 미쳤다. 베트남 중부의 호이안은 동남아와 중국 간 무역을 중계하는 곳으로 번성했다. 이곳은 참파왕국이 무역국가로 번창하던 시절에 찌엠이라는 항구였는데, 15세기 중엽 남진하는 베트남에 점령되었다.

에도 막부의 일본은 청조보다 대외무역을 더욱 엄격히 통제했다. 나가사끼 출입이 허용된 외국인은 기독교 포교를 하지 않겠다고 약속한 네덜란드 상인과 이웃 중국 상인뿐이었다. 에도 막부는 네덜란드 선박의 출입을 매년 2척으로 제한했다. 중국에 대해서도 선박 수와 무역액을 제한하여, 1689년에는 중국 선박이 80척이었으나 1717년 절반으로 급감하더니 1742년에는 10척으로 떨어졌다. 일본이 중국에서 수입한 것은 비단과 도자기였고 수출한 것은 해삼·전복·상어지느러미 등 해물요리 재료와 동·은이었다. 이런 감소 추이는 은 유출의 원천이던 도자기와 비단의 수입대체 및 자급화를 위한 막부의 보호주의 정책과 궤를 같이한다. 그 때문에 중국과의 직교역이 줄어든 대신 사쯔마-류우뀨우 선과 쯔시마-조선 선을 거치는 중국과의 간접교역이 지속되는 한편 은 유출 요인이 적은 동남아 및 네덜란드와의 무역이 번성했다. 그러나 이 때에도 일본-동남아 무역의 대부분은 바타비아(자카르타)에 거점을 둔 중국 선박들에 의해 이루어졌으며, 그곳의 네덜란드 동인도회사도 중국 상인이 없으면 무역업을 진행할 수 없을 정도였다.

쑤저우·항저우 등 강남지방에서 생산되는 비단의 최상품은 조선, 일본, 유럽으로 수출되었다. 이 비단은 베이징으로 운송된 후 조공사절의 사행로를 따라 조선에 수입되었으며, 왜관-쯔시마를 거쳐 일본에 재수출되기도 했다. 조선의 비단 수입량은 상당히 많았으니, 그로 인해 조선 은이 대량 유출되는 것을 우려해 1746년 영조가 무늬비단(紋緞)을 사치품으로 규정해 수입을 금하는 금문령을 내릴 정도였다. 급속히 성장하던 조선·중국 상인의 저항으로 이 금령이 철저히 시행되지는 못했으나 조선정부는 금지방침을 철회하지 않았다. 따라서 청·일 양국 사이의 중계무역으로 조선의 왜관에 대량으로 유입되던 일본 은은 줄어들 수밖에 없었다. 그래도 그밖의 품목에서는, 가령 "백사 100근을 60금에 사서 160금을 받고 왜관에 넘기는데, 1만근이 넘더라도 다 팔 수 있다"고 할 만큼 번성했다. 그와 반대로 조선은 일본의 홍동(紅銅)을 수입해 청에 판매하여 이득을 남기기도 했다. 청과 일본에 수출된 조선의 최대 상품은 인삼이었고, 이는 농산품이어서 공산품만큼 공급을 늘리기 어려웠다. 원래 면포도 중요한 대일 수출품이었으나 17세기 일본이 면포의 자급화에 성공함으로써 수출량은 감소했다. 각종 유럽 물건들도 청을 통해 조선에 유입되었다.

조청무역은 청조와 일본·베트남·류우뀨우 간의 교역보다 활발했고 무역량도 훨씬 많았다. 조청무역은 중강·회령·경원에 양국 정부가 공동으로 개설한 시장에서 이루어졌다. 관의 공인을 받은 상인과 그렇지 않은 잠상(潛商)이 각기 변경무역에 종사하여 큰 이득을 남겼는데, 공무역에서는 조선정부가 손해를 보는 부등가교환이었다. 그밖에도 적지 않은 조선 상인들이 보부상 형식으로 해마다 가을이면 만주의 마을을 누비며 고려종이를 팔고 다녔다. 그곳 주민들은 고려종이로 창문을 봉해 겨울의 혹한을 넘기고 있었다. 통제되거나 금지된 품목들이 있어서 밀수가 불가피한 경우도 있었는데, 화약·초석·유황 등 군수물자와 그 원료 등은 금지된 품목이고 곡식과 철·말·도서는 금지 또는 제한된 품목이었다. 가령 활을 만드는 데 쓰이는 물소뿔이 그런 예로, 조선은 국방력의 증강을 위해 세관원을 매수해서라도 이를 밀수하지 않으면 안 되었다. 1715년 동지(冬至)사절단의 역관이 이를 밀수하다가 발각되자 조선은 관련자 3명을 파면하지 않을 수 없었다. 지도 또한 그런 품목이었으니, 1677년 조선 동지사가 천하지도 1부를 몰래 사갖고 산해관을 통과하다가 발각되어 관련 사신 3명이 파직되고 이를 휴대한 군관은 변경에 유배되었다. 심지어 금지품목에 들어 있지 않았던 『대명일통지(大明一統志)』 같은 지리서적을 구입하던 조선 사절단이 체포되어 책은 압수되고 휴대한 사람은 종군형에 처해지기도 했다. 유황을 밀수하던 조선 사신이 잡혀 참수된 사례도 있다.

베트남 중부의 호이안은 중국-동남아 무역의 중계창구로 번성했다. 그곳은 원래 무역국가 참파왕국의 찌엠항이었는데 15세기 중엽 남진하는 베트남에 점령되었다. 베트남 『대남식록』에도 1755년 순화(후에)와 광남(호이안) 등 항구에 상하이·광둥·푸젠의 상선이 내항하여 이들에게 선박세를 부과했다고 기록되어 있다. 중국 선박의 베트남 무역은 푸젠과 광둥 지역의 부족한 미곡을 보충하기 위한 쌀의 수입이 주목적이었다. 베트남 응우옌왕조가 쌀의 수출을 엄금하고 있었지만, 원래 드나들던 상선들에 의해 밀수출이 이루어졌던 것이다. 류우뀨우는 자체 생산품이 별로 없었지만 청-일본-조선 3국 간, 그리고 청·일과 동남아 간의 중계교역을 통해 번성했다. 그러나 일본이 자체 생산한 은을 가지고 동남아 무역에 뛰어들고 유럽세력의 역할이 커지면서 이 중계무역은 침체되기 시작했다.

흥미로운 점은 이와 같은 해외무역 과정에서 기업조직 '회사(會社)'의 의미로 중국인이 사용하는 용어 '공사(公司)'가 청초부터 사용되기 시작했다는 사실이다. 청대 문헌사료에서는 선주의 업무를 담당하는 상선의 승무원을 '관공사(管公司)'라 했고 그 화물을 '공사화물'이라고 했다. 상선의 적재물 중에 '안리공사(安利公司)'나 '자난공사'(乍南公司, 저장성 자푸항乍浦港과 관련이 있는 듯하다) 등의 이름이 새겨진 물병도 남아 있는데, 문헌자료의 '영국공사선(英吉利公司船)'이란 표현과 연관지어 보면 이때의 '공사'는 해외무역에 종사하는 상선의 기업조직이란 의미가 분명하다. 당시 이 용어가 국내 상공업 조직에서는 사용되지 아니하고 선박의 해외무역업에서만 사용된 것은 장거리를 운행하는 범선의

116

경우 짧은 시간 안에 화물을 적재하고 대형 돛을 게양하는 등 많은 인력과 협력이 필수적이었던 사정과 관련이 있는 것으로 보인다.

일본에서 '회사'란 용어가 등장한 것은 그보다 훨씬 뒤의 일이다. 막부 말기에 유럽의 'Company'나 'Corporation'이 상인회사(商人會社), 상사(商社) 등으로 번역되었다. 메이지 초기에는 입회결사(立會結社)나 회동결사(會同結社)의 축약어로서 회사라는 말이 사용되기 시작했는데, 이때는 상업과 금융에 한해 제한적으로 쓰였다. 그러다가 1871년 정치평론가 후꾸찌 겐이찌로오(福地源一郞)가 『회사변(會社辯)』이라는 책에서 '회사'를 상공업 일반의 조직으로 규정한 이래 현재의 용법으로 굳어지게 되었다.

해외무역 과정에서 또 한가지 눈에 띠는 것은 은의 유출입에 대한 국가의 통제다. 조선, 일본, 베트남이 모두 해금시기 중국과의 교역에서 그러했는데, 이는 경제규모의 비대칭을 고려한 일종의 보호무역 조치라 할 수 있다. 그것은 동남아시아의 여타 국가에서는 볼 수 없는 현상이기에 이를 소중화체제와 관련해 설명하는 견해도 있다. 특이한 것은 17,18세기 베트남이 남북으로 분열된 채 싸우고 있었음에도 그러했다는 점이다. 그런 만큼 해금정책을 공유한 집권국가 혹은 집권지향의 성향이 강한 이들 4국의 특징에서 연유한 결과라 할 수 있다. 중국의 경우 1825년 이전까지는 은화가 지속적으로 유입되는 흑자상태였으므로 굳이 국가의 개입이 필요하지 않았으나 그후 적자로 돌아서자 곧바로 전면 개입했다. 은의 대량 유출을 초래한 아편 밀수입에 대한 강경대응이 바로 그것이다.

유라시아 무역과 동인도회사

유럽세력은 앞에서 본 바와 같은 거대한 아시아 무역망에 뒤늦게 아메리카산 은을 가지고 뛰어들었다. 그전부터도 유럽 각국은 향료를 비롯한 인도산·중국산 고부가 상품을 얻기 위해 서아시아 이슬람국가의 중계를 거치지 않고 직접 도달할 수 있는 인도항로를 줄기차게 열망해왔다. 16세기 신항로 개척은 그런 열망의 소산인데, 지금은 아메리카라고 부르는 신대륙은 바로 그 인도로 가는 길을 찾아 서쪽으로 처음 도달한 육지였다. 오늘날에도 미국 남부 해안에 흩어진 섬들을 '서인도제도'라 하고 그 대륙의 원주민을 '인디언'이라 부르는 것은 모두 인도로 대표되는 아시아 무역에 대한 유럽인의 열망, 곧 아시안 드림이 파생시킨 웃지 못할 부산물들이다. 그런 만큼 이 북아메리카는 유럽인이 아시아 시장에 도달하기 위한 중계기지로서 매력적인 곳이었다. 캐나다 또한 중국에 도달하는 서북항로를 뚫기 위한 노력의 소산으로 개척되었다.

그렇게 하여 만들어진 북아메리카의 '서인도'에 대응하여 진짜 인도는 '동인도'로 불리게 되었다. 유럽 각국의 상인들은 앞다투어 동인도회사를 설립하여 유라시아 무역에 직접 뛰어들었고 동남아 각지에 그 거점을 확보하기 시작했다. 그 직전 성립된 에스빠냐, 뽀르뚜갈, 네덜란드, 프랑스, 영국 등 중앙집권국가들도 중상주의 정책을 취하여 유라시아 무역을 적극 보호하고 지원하면서, 이들 동인도회사에 자체 군대를 운용할 수 있도록 하는 등 아시아 무역의 독점권을 부여했다.

그런데 정작 유럽의 동인도회사들은 유라시아 무역에서 구조적인 무역적자를 면치 못했다. 그들의 수출품 중 금은이 늘 2/3를 넘었다는 사실이 이를 말해준다. 예컨대 1660~1720년 사이 네덜란드 동인도회사가 아시아에 수출한 상품의 87%가 귀금속이었다. 영국정부는 자국 공산품의 수출을 촉진하기 위해 총수출액 가운데 자국 제품을 최소 10% 이상 포함시키는 조건으로 무역독점권을 허가했다. 그러나 영국산 공산품의 판로는 서아시아의 울타리를 넘기 어려웠고, 따라서 영국 동인도회사는 이 정도의 배당량마저도 해결하지 못하고 고전하다가 어느덧 아시아 역내무역에 가담하는 편이 유라시아 무역보다 수익성이 좋다는 것을 알아차렸다. 이 과정에서 맘루크, 오스만, 페르시아, 인도 등 무슬림 세력들은 자기들끼리 다투면서 유럽의 기독교 국가들과 번갈아 동맹을 맺고 서로의 이득을 추구하기도 했다.

인도는 16세기 무굴(Mughul)에 정복되기 전에 이미 세계 섬유·제철산업의 실력자로 군림하고 있었다. 무굴제국은 인도의 도시화와 산업화를 촉진하여 아그라, 델리, 라호르 같은 주요 도시의 인구는 17세기에 이미 50만명에 가까웠다. 무굴제국의 전인구 중 도시인구는 15%를 차지했다. 인도의 면직·제철산업은 적어도 18세기까지 영국을 앞질렀다. 유럽 십자군 전사의 칼은 인도산 강철로 만들어졌고, 영국의 근대 금속학은 인도의 제철기술을 따라잡기 위한 연구에서 비롯되었다. 인도산 면직물과 후추는 아프리카, 서아시아, 유럽에까지 팔려나갔고 거기서 다시 대서양을 건너 서인도제도로 불리는 카리브해와 아메리카까지 흘러들었다. 그 댓가로 인도에는 막대한 양의 금은이 유입되었다. 인도는 또 동남아시아로 면직물을 수출하고 그곳으로부터 향신료를 수입했다. 이 무역로는 중국에 면직물을 수출하고 중국산 비단과 도자기를 수입하는 통로로도 이용되었다. 이 엄청난 규모의 무역을 주도한 세력은 인도의 무슬림이었고 상선들은 대부분 인도에서 건조된 배였다. 반면 유럽국가의 무역선은 18세기에도 극소수에 불과했고 그 선장과 선원, 상인 등은 모두 아시아인이었다.

이것이 유라시아 무역로의 서부벨트 상황이라면, 그 동부벨트가 되는 동남아시아에서 중국, 조선, 일본 등지와 연계되는 통로는 주로 중국 상선과 중국인 및 화교에 의해 주도되었다. 동남아 시장의 최대 고객은 중국이었다. 동남아 각지에 번성한 항구도시들을 거점으로 동남아산 후추·주석·면화, 중국산 비단·도자기·차, 17세기 후반 수입대체산업화에 성공한 베트남의 통킹산 도자기 등이 거래되어 그 역내에서 소비되거나 인도와 서아시아를 거쳐 유럽으로까지 중계되었다. 동남아는 인도·서아시아·유럽과의 무역에서는 흑자를 보고 중국과의 무역에서는 적자를 보았다. 물론 이 동남아 시장은 동쪽으로도 중국에 후추를 비롯한 향신료를 공급했고, 나가사끼를 출입하던 중국 상선의 입항이 감소함에 따라 일본에 필요한 중국산 제품을 공급하는 중계지 역할을 담당했다. 동남아의 말라카와 바타비아는 이처럼 동서로 연계되는 무역망의 중요한 연결고리였고, 베트남의 호이안도 꽤 중요한 관문이었다. 그러나 당시 10만명을 넘었던 말라카의 인구는 뽀르뚜갈인이 도래한 뒤로는 오히려 2만~3만명으로 크게 줄었다. 앞에 말한 인도의 대도시들도 영국의 식민지로 전락한 뒤 급속히 퇴조했다.

유라시아 무역루트를 동서로 연결하던 동남아의 대유럽 수출은 대중국 수출의 1/8에 불과했다. 유럽인들은 18세기 말까지도 아시아 무역의 미미한 주변부 세력으로 남아 있었다. 그중 산업혁명을 선도하면서 가장 앞서가던 영국도 인도 및 중국과의 무역에서는 적자를 기록하고 있었다. 18세기 후반 인도를 정복하여 인도산 제품과의 경쟁관계를 무력으로 해소함으로써 영국-인도-중국의 삼각무역 구조를 형성한 다음에도 중국과의 무역에서 발생하는 적자는 해소할 길이 없었다.

18세기 이래 영국이 중국으로부터 수입하던 최대 품목은 차였다. 차는 17세기 영국에 처음 수입된 이후 1세기 만에 영국인의 국민음료가 되었다. 그리하여 1718년부터 생사(生絲)를 능가하여 중국산 수입품의 최대 품목이 되더니 1785~1833년에는 총수입의 90% 내외를 차지했다. 그렇게 수입된 차는 북미대륙의 식민지에까지 공급되어 미국 독립혁명의 도화선이 되는 '보스턴 차 사건'을 야기했으니, 유라시아 무역은 이미 이렇게 아메리카대륙에도 연계돼 있었다. 18세기 말 매년 평균 차 수입액은 은 400만냥 내외로, 이 한 품목만으로도 당시 영국 상인이 중국에 수출한 3대 상품인 모직물·금속·면화의 수출액을 상쇄할 정도였다.

영국 동인도회사가 차 수입을 포기할 수 없었던 원인은 이미 차가 국민음료가 되어 있었던 것 말고도 자신이 인도 정복과정에서 영국 왕실에 진 빚을 갚기 위해 삼각무역에 의존해야 했기 때문이다. 회사는 인도산 면화를 중국에 팔고 그 대신 받은 현금을 중국산 차의 구입대금으로 충당했다. 그러나 인도산 면화의 교역량은 차 교역량을 따라가지 못했고 영국의 중국무역 적자는 지속되었다. 그 결과 다량의 은이 영국에서 중국으로 흘러들어갔다. 이 시기 중국은 세계 유일의 차 생산국이었고 더구나 중국인은 영국의 공업제품에 관심이 없었기 때문에, 중국과의 교역에서 영국인은 어떻게 해서라도 무엇인가를 팔아 교역의 균형을 맞추어야 했다. 이에 동인도회사는 20년간이나 손실을 감수하면서도 모직물을 덤핑했고, 또한 인도 면화를 중국으로 수출하여 부족한 차 구입자금을 조달했다. 그러나 동인도회사 무역뿐만 아니라 그것을 보조하는 지방 상인의 무역까지 포함해도 중·영 무역수지는 1800~06년을 제외하고 항상 영국의 적자로 나타났다. 따라서 영국은 차를 손에 넣기 위해 대량의 은을 지불해야만 했다. 에스빠냐나 일본과 달리 은 자원을 갖고 있지 못한 영국이 중국에 대량의 은을 지불하는 것은 고통이었다.

이런 곤경으로부터 탈출하기 위한 비상수단으로 동인도회사는 인도산 아편의 밀수출을 적극 추진했다. 다만 그들은 자기 선박으로 아편을 밀수하는 것을 금지하여 표면상으로 아편 밀수와 무관한 것처럼 보이도록 했다. 그러나 실상은 인도 농민에게 반강제적으로 양귀비를 재배하게 했으며, 이렇게 생산된 아편을 독점적으로 집하하고 정제하여 경매에 붙이고 지방 무역상인의 손을 거쳐 중국에 밀수출했다. 이런 지방무역에는 영국인과 스코틀랜드인의 사기업이 다수 가담했다. 동인도회사는 1773년 영국정부로부터 아편 전매권을 부여받고, 1797년에는 아편 제조특권까지 부여받았다. 따라서 그 밑에서 지방무역에 종사하는 사기업들은 동인도회사의 지배를 피하면서 이득을 극대화하기 위해 위험한 경쟁과 모험도 서슴지 않았다. 당시 중국에서 외국 아편의 유입은 금지돼 있었고 아편 자체도 비합법적인 것이었지만, 완비된 밀수조직의 존재와 뇌물을 받은 청조 측 관리의 묵인과 비호 아래 아편 유입량은 점점 늘어났다. 이렇게 아편이 중국으로 수출됨에 따라 과거와는 달리 중국에서 대량의 은이 빠져나가기 시작했고, 마침내 1826년을 고비로 영국 무역수지는 흑자로 돌아섰다. 이제 중국의 은이 동인도회사로 다량 유출되기 시작한 것이다.

자유무역과 아편

동아시아 공통의 해금 현상을 타파하고 전면개항을 강제한 아편전쟁은 흔히 유럽의 자유무역과 중국의 제한무역(공행公行무역) 간의 대결이라고 일컬어진다. 그런데 이 자유무역이 중독성 마약인 아편의 밀거래와 분리될 수 없도록 연동되어 있었으니 말하자면 '자유로운 마약 거래'가 동아시아에 근대경제체제 수립을 강제하는 유력한 무기로 기능했다고 볼 수 있다.

영국을 필두로 한 유럽은 근대경제체제를 수립하는 과정에서 처음부터 자유무역을 실행해온 것처럼 알려져 있다. 그러나 사실은 보호무역을 통해 선진국의 기술력을 따라잡은 다음 내적 필요의 변화에 따라 자유무역으로 전환했고, 그 기간도 영속했던 것이 아니라 특정 기간에만 한정되었다. 아편도 근대 유럽인이 유라시아 무역의 적자를 보전하기 위해 적극 판매하기 전에는 대체로 설사를 멎게 하거나 진정과 진통 효과를 위한 약용으로만 쓰였다. 아편은 메소포타미아가 원산지로, 중국에서는 아랍어 '아프염'(af-yum)이나 '아푸용'(a-fu-yong)을 음역하여 '아편(阿片)' '아부용(阿芙蓉)'이라 표기했다. 메스포타미아에서부터 아편은 교역로를 따라 동서로 퍼져나갔고, 중국에 전래된 것은 기원 전후 1세기였다. 이제 이 무역로에서 영국의 자유무역과 아편무역이 서로 어떻게 연관되어 있었는지 살펴보자.

18세기 영국에서 산업혁명의 토대를 마련함으로써 수출소득의 절반을 차지한 모직물 공업은 헨리 7세와 그 후계자들의 보호무역주의의 소산이다. 그들은 벨기에 플랑드르 지방의 선진 모직산업을 따라잡기 위한 수입대체산업화 전략을 추진하는 동시에 해군력을 강화하여 개척한 시장을 식민지화했다. 그리고 1700년 전후 식민지화된 아일랜드 등의 모직제품이나 식민지화되기 전의 인도산 면제품 등 고부가 산품의 수입을 아예 금지했다. 그후 각종 기계의 발명이 이어지자 자국산 기계류의 수출을 금지하여 타국이 영국을 따라잡지 못하게 통제했다. 기계류 수출금지법은 아편전쟁 직후인 1843년에야 폐지되었다. 1721년에는 상법 개정을 통해 제조업을 장려하기 위한 강력한 보호관세 정책을 추진했다. 그 원칙은 국내시장에서 수입상품들과 경쟁하는 자국 산품이 보호되어야 하고 자국산 완제품의 자유로운 수출이 보장되어야 한다는 것이었다. 1820년 영국의 관세는 45~55%로 미국 35~45%, 덴마크 25~35%를 제치고 가장 높았다.

영국의 기술력이 다른 국가들을 앞지르고 나뽈레옹전쟁이 막을 내린 1815년 이후, 그동안 보호막 속에서 몸집을 불려온 영국 상공업자들은 이제 자유무역을 위해 정부에 압력을 행사하기 시작했다. 1832년 선거법 개정으로 도시 신흥 상공업자에게 선거권이 부여되어 그들의 의회 진출이 개시되자 자유무역론은 더욱 힘을 얻었다. 그 힘에 의해 동인도회사의 중국무역 독점권이 1834년 폐지되고, 지주계급의 이해를 대변해온 곡물 수입규제법이 1846년 폐지되었다. 곡물법 폐지 이후 1860년 영·프 자유무역협정 체결까지가 영국에서 자유무역주의가 확립된 시기다. 그러는 동안 보호관세 장벽도 꾸준히 낮아져 영국의 관세는 1840년 30.9%, 1850년 25%, 1860년 15%를 기록했다. 미국의 관세는 1820년 35~45%에서 점차 인상되어 1875년에는 40~50%까지 치솟았다. 프랑스의 관세는 1821년 20.3%였다가 점차 낮아져 1860년 10%로 떨어졌다. 이에 비해 난징조약에서 영국과 청조는 겨우 5%의 관세를 부과하기로 명시했으니, 자유무역이란 어느 한쪽에만 일방적으로 적용되는 원칙일 뿐이었다. 영국의 관세가 5%대로 떨어진 것은 그로부터 반세기 이상 지난 1차대전 개시 무렵이었다. 그러나 이렇게 확립된 자유무역주의도 얼마 뒤인 1880년대부터 영국 제조업을 따라잡은 미국과 독일의 추격에 직면한 상공업자들의 보호 요구에 따라 흔들리기 시작했다. 그 후 점차 보호관세가 부분적으로 부활하다가 대공황이 도래하자 자유무역 시대도 일제히 막을 내렸다.

이런 맥락에서 보면 1840년의 제1차 아편전쟁과 1857년의 제2차 아편전쟁은 영국의 보호무역주의가 자유무역주의로 이행해가던 과도기에 발생한 사건임을 알 수 있다. 이때 영국이 자국 산품의 자유로운 수출을 보장하기 위해 전쟁을 불사한 상대는 오직 중국뿐이다. 그에 앞서 영국이 무역수지 적자를 보전하기 위해 아편을 밀수출해야 했던 유일한 상대도 마찬가지로 중국뿐이었다. 이는 17세기부터 뽀르뚜갈과 네덜란드 상인들이 인도의 고아나 마라타에서 아편을 중국에 수출하던 관행을 이어받았다는 것을 뜻하기도 하지만, 다른 한편 그토록 강력한 보호무역정책을 통해 자국 산업을 육성하고 산업혁명을 완수했음에도 불구하고 중국 소비자의 눈길을 끌어당겨 영국의 대중국 무역적자를 보전할 공산품이 없었음을 뜻한다.

흔히 영국의 무역적자는 무역확대 요구를 청조가 거부했기 때문이라고 하지만, 앞서 살펴본 대로 이는 사실이 아니다. 18세기 말 이래 빠른 속도로 중국에 수입되던 아편이 수입 금지품목이었음에도 수요가 늘면서 밀수입된 것처럼, 중국인의 수요가 컸다면 영국제 공산품도 당연히 밀수입되었을 것이다. 당시 영국 상인들은 이익을 위해서라면 뇌물을 바쳐서라도 금지령을 넘어설 자세가 갖춰져 있었고 중국 관리들도 그것을 받아들이기에 충분할 정도로 부패해 있었다. 1757년 교역항이 광둥 한곳으로 제한된 조건에서도 중영무역이 계속 증가한 까닭은 제한조치들이 이렇게 무력화된 결과였다. 『아편의 역사』(*Opium: A History*, 1996)를 쓴 영국 작가 마틴 부스(Martin Booth)도 인정했듯이 "중국인이 서양의 물품을 선호한 것은 사실이지만 그들이 진정으로 원했던 유일한 것은 아편이었다. 이들은 자국산 아편보다 품질이 우수한 인도산 아편을 선호했다".

산업혁명기 영국에서 아편은 일반인에게 판매와 복용이 금지된 마약이었지만, 제약회사에는 없어서는 안되는 약재였다. 새로 개발된 특허약품에는 예외 없이 소량의 아편이 들어갈 정도로 널리 쓰였기 때문이다. 아편은 육체노동자들이 고통과 생활고로부터 벗어나기 위한 환각제로 사용되었다. 그뿐 아니라 그들은 퇴근 후에 휴식시간을 빼앗기지 않으려고 자신의 유아들에게 아편제 진정시럽을 먹이는 일도 흔했다. 그로 인한 유아 사망률이 높아지자 19세기 영국 여성위생협회는 『유아 대학살』이라는 끔찍한 이름의 소책자를 발간하여 이에 항의하기도 했다. 반면 영국 의회는 유라시아 교역의 확장에 따라 아편 공급량을 증대하기 위해 1830년 인도에서의 아편 증산을 승인했고 그 결과 생산량이 급증했다.

영국의 이러한 아편정책은 중국의 아편 수입량에 고스란히 반영되어, 먼저 1720년 200개 상자에서 1770년대 연평균 1000개로 증가했고, 1811년 5000개를 넘어 1824년 1만 2000여개에 이르더니 1832년부터 2만 1000여개, 1835년 3만여개, 1838년 4만여개로 급증했다. 아편의 밀수입으로 인해 중국의 은 보유액은 1793년 7천만냥에서 1820년 약 1천만냥으로 급속히 감소했다. 1820년대는 중·영 간의 무역수지가 역전되는 전환점이다. 물론 아편교역에는 미국, 프랑스, 네덜란드, 에스빠냐, 스웨덴, 덴마크, 그리스 등 여러 나라가 참여했다. 그들은 광둥에 아편 제조 공장까지 설립해 운영했는데, 그 수익의 80% 이상을 영국인이 차지했다. 영국의 세입에 크게 기여한 아편 수출액은 당시 영국령 인도의 국민

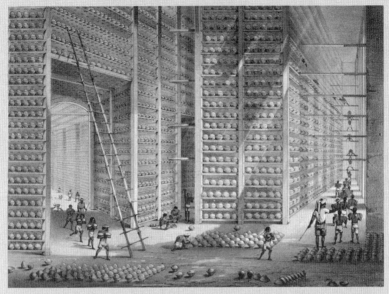

인도의 영국인 아편 제조공장 창고(위) 아편을 피우는 중국인들(아래)
영국은 금지된 아편을 중국에 대량으로 밀수출해 엄청난 수의 중독자를 낳았고 이는 커다란
사회문제가 되었다.

총생산 중 1/6을 차지할 정도였다.

그렇다면 영국정부가 동인도회사에 독점권을 부여해 이처럼 아편의 생산과 교역을 지원하고 보호한 것은 앞서 말한 보호무역주의의 일환이 아닐 수 없다. 당시 런던의 신문들은 동인도회사의 아편 밀수출이 영국의 품위를 떨어뜨리는 행위이며 중국인이 아무리 아편을 필요로 한다 해도 동인도회사가 부정한 거래에 관여한 사실은 지울 수 없는 치욕이라고 보도했다. 이런 상황에서 정부의 아편정책은 수지맞는 아편산업 자체를 보호하는 동시에 공산품 교역의 무역적자를 보전함으로써 판매 부진으로 고전하던 본국 산업에 대한 보호효과를 가져다주기도 했다. 이렇게 보호무역정책의 비상수단으로 등장하여 그 임무를 확실히 완수한 아편무역이 마침내, 자유무역정책을 내세운 영국에 의해 중국의 제한무역을 돌파하는 무기로 활용된 것은 아이러니의 극치가 아닐 수 없다.

물론 영국정부는 자유무역정책을 표방하기 이전에도 중영무역에서 적자를 해소하기 위해 별도의 노력을 기울였다. 동인도회사가 중영무역을 주도할 때에는 영국 상인들도 조공무역을 모범으로 하는 중국의 각종 의례와 제한조치에 적절히 적응하면서 지내왔다. 그러나 영국정부가 직접 나서기 시작하면서 국가 대 국가의 접촉이 이루어짐에 따라 중국의 조공체제와 그 의례는 그들에게 타파해야 할 대상으로 새롭게 간주되었다. 당시 청조가 영국 무역사절의 자유무역 요구를 거절한 것은 영국처럼 무역을 확대해야 할 이유가 없었기 때문이다. 오히려 청조로서는 1820년대부터 아편 수입으로 인해 대외무역이 적자로 돌아서면서 은이 대거 유출되었기 때문에 무역 확대를 반길 이유가 없었다. 국가재정이 고갈되고 은값의 상승으로 납세부담이 가중되었으며, 각계각층이 아편 중독에 노출되어 건강이 파괴되고 기형아 출산, 관리와 군대의 기강 해이 등 각종 사회문제를 야기하고 있었던 사정이 그러한 판단의 배경을 이루었다.

앞서 살펴본 영국을 비롯한 구미국가들의 높은 보호관세 장벽을 유라시아 무역의 구조와 결부하여 생각해보면, 아편전쟁 당시 영국의 이른바 자유무역론은 유럽 국가들에는 거의 적용되지 않았고 아직 그들의 식민지로 전락하지 않은 중국 같은 동아시아 국가들에만 집중적으로 적용되는 결과를 낳았다. 중독성 마약인 아편이 가령 일본이 아니라 중국에만 집중적으로 밀수출된 까닭은 당시 중국시장에서만 두드러졌던 무역적자를 공략하기 위한 수단으로 아편이 선택되었기 때문이다. 이렇게 자유무역은 아편무역과 긴밀히 연동돼 있었고, 전쟁은 그것의 실현을 위한 최후의 수단으로 동원되었다. 미국의 역사가 페어뱅크(J. K. Fairbank)가 냉정하게 지적한 대로 당시 영국정부는 소수의 부르주아를 교묘히 끌어들인 귀족가문에 의해 지배되는 "미개상태"에 처해 있었고, 그리하여 "복지와 안정이라는 인도주의적 관점에서 볼 때 영국은 중국에 비해 나을 것이 없었다." 그럼에도 영국은 자유의 사도로, 자유무역은 근대세계의 거부할 수 없는 보편적 원리로 포장되기 시작했다.

2

불평등조약과
국가의 위기

동아시아의 개항: 조공체제에서 조약체제로

제1차 아편전쟁(1840~42)은 동아시아 지역질서의 개편을 촉진하는 계기가 되었다. 질서 운영의 원리가 조공에서 조약으로 바뀌고, 해금정책을 폐지하여 극도로 제한됐던 국교와 교역 및 인적 왕래를 개방하게 된 것이다. 조공체제는 앞서 본 대로 상·하국 간의 의례를 기반으로 성립되고 유지되는 데 비해 조약체제는 국제법상 대등한 국가들 간의 조약에 의거해 성립되고 유지된다. 이를 대외교역 면에서 보면 전자는 극히 제한된 무역만을 전제하는 데 비해 후자는 자유무역을 전제한다. 그러니까 조약체제는 자유무역을 뒷받침하기 위한 체제인 셈이다.

아편 밀수입으로 인해 심각한 문제가 발생했음에도 청조는 무능과 졸속의 대책으로 일관하면서 도덕주의적인 금지론(嚴禁論)과 시장주의적인 허용론(弛禁論) 사이를 오갔다. 세 아들을 아편 중독으로 잃게 된 청의 도광제는 대다수 고관들의 허용론을 물리치고 1839년 엄금론자 린 쩌쉬(林則徐)를 광둥에 특사로 파견했다. 먼저 그는 외국 상품 금지에 관한 처리방식을 파악하기 위해 스위스의 법학자 바뗄(E. de Vattel)의 국제법 서적을 번역하였는데, 거기에는 특정 상품을 금지하고 고발할 수 있는 국가의 권리가 명시돼 있었다. 이에 의거해 그는 아편 판매 조직망을 소탕하고 아편을 몰수하는 과정에서 350명의 외국인을 감금했다. 그의 이런 조처는 국제법상의 정당방위라는 판단 외에도 도덕적 정당성에 대한 확신에서 나온 것이었다. 이는 그가 1839년 영국 빅토리아 여왕에게 보냈지만 전달되지 않은 편지에 잘 드러나 있다. "아편을 밀수해 중국을 타락시키면서, 오직 자신의 이익에만 몰두하고 타인에 대한 해악에는 무관심한 이런 사람들은 하늘의 법과 인류의 이름으로 증오되어야 합니다. (…) 그들이 얻은 막대한 이익은 모두 중국의 정당한 몫에서 가져간 것입니다. 그럼에도 그들은 무슨 도리로 독극물을 사용해서 중국인을 해치며 이를 상관하지 않는 것입니까? (…) 질문을 허락한다면, 당신의 양심은 어디에 있습니까?"

이러한 확신에 차 있던 도광제와 린 쩌쉬는 아편 엄금책을 시행하면서도 전쟁에 대처할 준비는 하지 않았다. 아편전쟁 당시 청조 조야에는 영국이 1804년 베트남과의 전쟁에서 크게 패했다는 소문이 떠돌았기 때문이다. 린 쩌쉬는 1839년 11월의 초전* 경험을 통해 자국 군대의 약점과 영국군의 장점을 알고 있었기에 해전을 피하려 했다. 아니나 다를

1839년 11월의 초전 영국 측이 중국 해군함대에 함포 1발을 발사하여 중국 측 함선 3척이 침몰하고 1척이 파괴되었다. 제1차 아편전쟁의 선전포고는 이듬해 1월에 공식 발표되었다.

까, 본격적인 해전이 발발하자 청조 군대는 속수무책이었다. 근대화된 영국 해군의 함포공격을 막지 못하고 연전연패하는 와중에 다급해진 청조 관리들은 베트남에서 영국군을 대파한 군선을 도입해야 한다고 상주했고, 황제의 명으로 이를 추진했으나 허사였다. 실은 베트남에서의 영국의 패전이란 영국이 베트남에 통상을 요구했다가 거절당한 일이 와전된 것일 뿐이었다.

청조는 영국과 1842년 난징조약을 맺고 이듬해 부속조약을 체결했다. 그 내용은 상호 모순되는 두 부류로 나뉜다. 하나는 이른바 자유무역에 관한 조항으로, 5개 항구를 개방하고 청조의 특허상인을 통해서만 대외무역을 허용하던 공행제도를 폐지한 것이다. 다른 하나는 중국의 국제적 지위를 서구열강에 종속시키는 불평등 조항으로, 관세자주권을 침해한 협정관세, 법률주권을 침해한 영사재판권, 각종 특권을 조약 상대국에게 똑같이 부여하는 최혜국대우 등을 인정하고 홍콩을 떼어준 것이다. 아편무역에 관한 조항은 없었으니 기존의 은밀한 거래는 그대로 묵인된 셈이다. 그러니까 조약상으로 보면, 영국은 아편도 팔고 공산품도 파는 '꿩 먹고 알 먹는' 자유무역을 얻어낸 것이다. 청조는 아편을 막기 위해 전쟁을 불사했으니 다른 것을 내주는 대신 아편만이라도 막았어야 했지만 결국 꿩도 알도 다 내준 꼴이 되었다. 그후 각국과 맺은 조약도 마찬가지였다.

그런데 청조는 이 조약을 전통적 제국체제 속에서 이해했기에 영국의 기대대로 조약을 이행할 의사가 거의 없었다. 최혜국대우를 '일시동인'(一視同仁, 천자는 천하의 모든 이를 똑같이 보살핀다)과 같은 의미로 오해했고, 영사재판권과 외국인 전용구역인 조계(租界) 설치 등을 전통적 기미정책(羈縻政策, 말고삐를 쥐고 말을 이끌듯 종주국이 조공국을 통제하는 것)으로 이해했다. 따라서 청조는 패전했다는 의식을 거의 갖고 있지 않았다. 아편전쟁 경과를 기록한 『도광양소정무기(道光洋艘征撫記)』에 보이는 전통적인 '정무'(征은 아랫사람의 무도함을 군대로 응징하는 것이고 撫는 반란세력을 다독거려 포용하는 것이다)의 정세인식을 보라. 이는 '제국체제의 함정'을 보여주는 상징적인 예로서 주목된다.

따라서 구미 각국과 맺은 조약을 청조는 조공체제를 대신할 새로운 국제질서로 여전히 받아들이지 않았다. 게다가 영국의 군대와 상인은 광둥 각지 신사와 민중의 저항에 부딪혀 조약상의 교역 확대를 실현하는 데조차 큰 어려움을 겪고 있었다. 특히 청조에는 아직 조약 이행을 비롯한 구미 각국과의 외교업무를 주관할 부서도 없었다. 중국이 조약체제에 진입하는 것은 1860년 베이징조약 때까지 기다려야 했다.

영국은 공산품 수출이 기대에 못 미치자 이를 북방으로 확대하기 위한 조약 개정을 시도했고, 이것이 거부되자 새로운 구실을 찾아 제2차 아편전쟁(1857~60)을 일으켰다. 1860년 영프연합군이 베이징을 점령한 상황에서 청조는 베이징조약을 체결해 외국 공사의 베이징 주재, 기독교 포교의 공인, 아편무역의 합법화, 선교사의 토지매매와 임차권 인정, 해관 세무에 대한 외국인 참여 등 천조대국으로서는 도저히 용인할 수 없다고 거부해온 열강의 요구들을 수용했다. 이들은 대부분 1858년 톈진조약에 명시된 내용이지만 청조가 무시하였기에 전쟁이 확대되었다. 그 결과 청조는 1861년 1월 열강의 요구에 따라 아편을 '양약(洋藥)'이라 부른 것과 짝을 이루어 서양 관련 사무를 '이무(夷務)' 대신 '양무(洋務)'로 표기하고, 양무를 주관하면서 조약 내용을 이행할 정부기구를 설치했다. 서양과의 외교 등 각종 관련 사무를 처리하기 위한 총리각국사무아문(總理各國事務衙門, 약칭 총리아문), 통역인재 양성을 위한 동문관(同

文館), 관세행정을 총괄하며 배상금을 먼저 공제하고 나머지(關餘)만 건네주는 외국인 총세무사(總稅務司), 외교권과 군사권까지 행사하는 남북양대신(南北洋大臣) 등이 그것이다. 이로써 향후 1세기 동안 지속된 불평등한 조약체제가 성립되었고, 이는 청조 국가의 존망을 끊임없이 위협하는 근원이 되었다.

그후 베이징에 외국 공사관이 설치되고 공사관구역이 형성되었다. 여기에는 구미 각국의 공사들이 상주했지만, 청조의 상주 외교사절 파견은 그보다 늦어져 영국, 프랑스를 비롯한 주요 열강에의 파견도 1877~80년에야 이루어졌다. 이때는 이미 남북양대신의 주도하에 양무운동이 개시된 지 20년, 아편전쟁으로부터는 무려 40년이 지난 시점이다. 청조는 베이징조약 체결 당시 외국 공사의 베이징 주재 요구를 자국 정세를 정탐하기 위한 불온한 의도에서 나온 것으로 간주하여 완강히 거부해온 터였다. 그렇다면 이 요구를 수락함과 동시에 자국 공사도 상대국 수도에 파견해 현지 정세를 파악함이 당연했을 터이나 준비된 외교인재가 없었기 때문에 이 또한 쉽지 않은 일이었다.

조약체제, 곧 근대 국제체제 진입의 기준을 '상주 외교사절의 교환'으로 잡는 연구자들은 결국 1880년에 비로소 중국의 조약체제 진입이 완료되었다고 본다. 그렇지만 청조는 동아시아 이웃나라들에는 이와 다른 태도를 취했다. 1881년 조선정부로부터 상주 외교사절의 교환을 요구받은 청조는 이를 거부하고 그 대신 군대를 파견하여 임오군란을 진압한 후 조선 내정에 간섭하는 속방화(屬邦化)정책을 강행했다. 그 직후 일본이 인천에 조계지를 설정하고 최혜국대우를 얻는 등 세력을 키운 뒤에도 조·청 양국은 서로 상무대표부만을 파견하는 데 그쳤다.

이는 청조가 과도기의 이중적 국제체제를 작동시키고 있었음을 보여

1858년 텐진조약(위) 1883년 조일통상조약 축하연(아래)
영프연합군에 의한 제2차 아편전쟁으로 텐진과 베이징이 공격, 점령당하자 조선과 일본 등
이웃나라는 큰 충격과 영향을 받았다.

준다. 이중체제란 일본을 포함한 구미열강에 대해서는 조약체제를 적용하되 동아시아의 전통적 조공국들에 대해서는 기존의 조공체제를 적용하는 것을 말한다. 앞서 본 대로 청조는 조약체제를 함포의 힘에 의해 강요받고 마지못해 수용했을 뿐인데, 그것도 조공체제의 바깥에 있던 국가들의 요구였으니 기존의 조공국들과의 사이에서는 기존 체제를 스스로 버릴 이유가 없었다. 당시엔 일본의 미일화친조약과 수호통상조약(1854, 1858), 류우뀨우왕국과 미·프·네 간의 통상조약(1854, 1855, 1859), 베트남의 1·2차 사이공조약(1862, 1874), 조선의 조일수호조규(강화도조약, 1876) 등이 체결되면서 이들도 조약체제 속에 편입되기 시작했다. 그러나 오히려 내우외환에 직면한 류우뀨우, 베트남, 조선은 조공체제의 폐기가 아니라 조공체제의 지역안보망을 가동하여 구원해줄 것을 청조에 요청하는 상황이었다. 이웃 각국은 이중체제에 의거한 이중외교를 적극 활용하여 난국을 헤쳐나가려고 했던 것이다. 그러나 조공체제가 기능을 제대로 발휘하지 못하고 조약체제의 힘이 점점 커지자 불가피하게 청조와 조공국 간의 관계도 조약에 의해 규정되는 상황으로 기울어 갔다.

청조는 1882년 맺은 조청상민수륙무역장정(朝淸商民水陸貿易章程)에 조선을 번속국으로 명시했고 1899년 한청통상조약 체결에 이르러서야 비로소 조선(당시 대한제국)을 대등한 '조약' 상대국으로 인정했으니, 이때까지 이중체제는 지속된 셈이다. 1899년 한성에 청국공사관이 설치되고 쉬 서우펑(徐壽朋)이 초대 공사로 부임하자 그후 박제순(朴齊純)이 조선의 첫 청국 주재 공사로 파견되었다. 조선이 이미 1880년대에 각국과 상주 외교사절을 교환했음을 감안하면 가장 가까운 이웃인 중국과의 근대적 국제관계 수립이 이처럼 험난했던 것은 특기할 일이다. 이에 비해 청조는 당시 조공관계가 없었던 일본에 대해서는 이보다 한참 앞선 1871년에 청일수호조규를 맺어 조약체제를 적용하는 차이를 보였다.

조공체제는 서로의 필요에 따라 오랫동안 유지돼온 과거의 무게가 컸던 만큼 쉽게 무너지지 않고 변형되는 와중에도 반세기 동안이나 조약체제와 병존하면서 존속하였다. 그러나 결국 제국주의 시대의 조약체제는 조공체제의 중요한 구성원이었던 류우뀨우, 베트남, 미얀마, 조선이 타국에 합병되거나 식민지로 전락하도록 조장하여 동아시아의 국가가 중국과 일본 두 나라로 단순화되도록 만들었다. 국가의 위기는 이렇게 조약체제에 의해 조성되고 증폭되었던 것이다.

조약체제의 도래와 류우뀨우, 일본, 베트남, 조선의 대응

동아시아 각국은 아편전쟁에서 청조가 패하자 조약체제를 수용하는 과정을 여러 경로로 파악하고 대응책을 모색했다. 전쟁의 여파는 제일 먼저 류우뀨우왕국에 미쳤다. 류우뀨우는 영국의 통상 요구를 거절하고 청조와 일본에 도움을 요청했으나, 청조가 무대책으로 일관한 것과 달리 일본은 곧바로 조사단을 급파하고 류우뀨우 비책(秘策)을 수립했다. 그것은 절교, 화친, 전쟁의 세 경우의 수를 가정하고 부득이한 상황이 오면 류우뀨우의 개항을 종용하여 이윽고 일본에도 미치게 될 통상과 개항 요구를 류우뀨우에서 저지한다는 내용이었다. 마치 2차대전 말기의 오끼나와전투*를 연상시키는 전략적 사고였지만, 결국 뜻대로 되지는 않았다.

아편전쟁 소식이 전해지기 전까지 막부와 번은 이국선에 대해 무조건 격퇴하고 불응하면 체포, 처형하라는 명령을 내렸다. 그러나 청조의 패전과 조약 체결 소식이 전해지자 서양의 요구를 힘으로 물리칠 수 있다고 믿었던 막부의 양이론(攘夷論)은 흔들리기 시작했다. 이로 인해 대외위기감이 커지면서 내정개혁의 필요성과 그 방향이 제기되었다. 사또오 노부히로(佐藤信淵)는 현재의 군비로는 일본도 인도나 청국 신세가 될 것이니 영국의 포술을 배워 크고 견고한 군함과 대포를 주조하고 군대를 정비해서 중국과 동아시아를 집어삼켜야 한다며 개혁과 침략을 연동시켰다. 막부와 서남해안의 사쯔마, 초오슈우 번은 즉시 군비강화에 나섰다.

당시 일본 조야에서는 우호적인 무역이라면 허용하자는 의견도 나왔지만 그후 10년이 지나도록 개항반대론이 여전히 우세했다. 그러다가 1851년 태평천국 농민봉기 소식이 전해지자 그와 같은 민란 풍조가 일본에 미칠 수 있다는 위기감이 고조되었다. 특히 태평천국은 기독교와 관련돼 있다고 파악되었기 때문에 이국선의 도래가 이를 부추길까봐 더욱 염려했다.

태평천국 봉기와 제2차 아편전쟁은 일본의 지배엘리트에게 내우외환의 위기감을 증폭시켜 개항 결정을 급속히 앞당기게 했다. 쌘프란시스코-상하이 항로를 확보하려는 미국의 페리(M. C. Perry)는 1853년 홍콩으로부터 군함 4척을 이끌고 에도만에 나타나 조약 체결을 요구했다. 그는 부드럽게 접근하여, 생각할 시간을 1년이나 주었다. 막부는 항

오끼나와전투 2차대전 말기 1945년 4~6월 오끼나와섬에서 벌어진 미군과 일본군 간의 전투. 당시 일본은 미군의 본토 상륙을 저지하기 위해 오끼나와를 대리 결전장으로 삼았고, 그 결과 이 전투에서 숨진 오끼나와 출신 병사와 주민은 12만여명으로 본토 출신 일본군 사망자의 2배에 이른다.

전을 벌였다가 패하면 민란이 발생할 것을 우려하여 1854년 화친조약을 맺었으나 이때 통상 확대의 의지를 갖고 임한 것은 아니었다. 대다수의 다이묘오와 천황은 전쟁도 피해야 하지만 기독교와 통상을 수반할 개항도 원치 않는다는 입장을 견지했다. 그럼에도 결국 막부가 1858년 통상조약을 체결하지 않을 수 없었던 것은 영프연합군의 제2차 아편전쟁 소식 탓이었다. 미국 측 협상대표는 이 사실을 강조하며 막부 관리들을 위협하면서 영국 군함이 도래하기 전에 미국과 합의하는 것이 최상책이라고 협박했다. 일본은 그 직후 1858년 한해에만 네덜란드·영국·프랑스·러시아 등 구미열강과 잇따라 조약을 맺으며 조약체제 속에 편입되었다.

이들 조약은 청국이 맺은 조약과 마찬가지로 불평등조약이었지만, 그 조항 안에 아편무역, 영토 할양, 거류 외국인의 자치권, 외국군의 내정간섭과 외국인에 의한 관세행정 개입 등은 빠져 있었다. 협정관세는 20%로 난징조약의 5%보다 훨씬 높았다. 이때 아편금수가 명기된 것은 일본의 요구도 있었지만 미국이 영국의 아편 밀수에 반대했기 때문이다. 막부는 1858년 독립된 외교기관으로 가이꼬꾸부교오(外國奉行)를 설치하고 1860년 미국에 외교사절단을 파견했다. 이와 같이 일본은 청국보다 앞서 근대 조약체제에 진입했다고 볼 수 있다. 그러나 그후 서남지역 번들의 양이운동이 고조되는 가운데, 초오슈우번이 영·미·프·네 4국 함대를 포격하여 1864년 일어난 전쟁에서 패함에 따라 관세는 5%로 인하되었고 일본은 배상금을 지불하게 되었다. 천황도 이제까지 거부해온 통상조약을 승인하지 않을 수 없었다. 이 시점에서 보면 일본의 개항도 부전(不戰)개항에서 패전개항으로 바뀐 셈이다.

개항에 의해 촉발된 내정개혁은 처음부터 해외침략 의지와 연계되었다. 막부 말기의 사상가 요시다 쇼오인(吉田松陰)은 열강에 빼앗긴 것을 상쇄하려면 조선을 비롯한 동아시아를 침략해야 한다고 주장했고, 이런 의지는 유신 주도세력에게 계승되었다. 가령 메이지정부 외무성의 사다 하꾸보오(佐田白茅)가 1870년 에조찌, 루손(Luzon), 류우뀨우, 청, 조선을 모두 일본의 울타리(藩)로 삼아야 한다고 주장한 것이 그런 예다. 일본의 지배엘리트에게 개항, 개혁, 해외침략은 불가분의 관계로 연계돼 있었고, 그 침략의 공격선은 먼저 거의 동시에 류우뀨우, 조선, 타이완으로 향했다.

조선 조정은 일본의 개항과 유신에 대해 의미있는 정보를 보유하지 못한 반면 아편전쟁에 관해서는 연행사절과 의주부(義州府)를 통해 비교적 제때에 파악하고 있었다. 그럼에도 이양선이 빈번히 출몰하여 통상을 요구하는 상황에서 이를 모두 거부하고 해금정책을 유지했다. 다른 무엇보다 개항으로 인해 천주교도가 증가하면 국내 세력과 결탁하여 민란을 일으키리라는 점을 가장 우려했기 때문이다. 김대건(金大建) 같은 천주교도 처형을 속행한 것도 그 때문이었다. 곧이어 발생한 태평천국 농민봉기는 민란 파급의 위기감을 더욱 자극했다. 외교보다는 내정의 단속에 정부 정책의 초점을 맞추게 된 까닭이 여기에 있다.

그런데 청조의 수도가 점령된 제2차 아편전쟁 소식이 더해지자 스스로 순망치한(脣亡齒寒)이라고 말할 정도로 조선 국왕의 위기감은 심각해졌다. 그럼에도 조정의 중신회의에서 내려진 대책은 사교(기독교)와 양약(아편)의 유입을 차단하고 지방관의 임명을 엄격하게 하라는 도덕적 내부수양론에 머물렀다. 양반관료는 군사적 위협의 성질과 형태와 크기에 관심을 보이기보다 청조가 양이(洋夷)에 무릎을 꿇고 조약을 체결한 것을 탄식했다. 제2차 아편전쟁 이후 조선사회 일각에서 개항 불가피론도 서서히 등장하고 있었지만 프랑스와 미국의 통상 요구와 병인(丙寅)·신미양요(辛未洋擾)*의 무력시위를 일시적으로 물리친 대원군의 척화항전 정책이 이어지고 양반유생들의 척사위정론이 지배적인 상황에서 조정의 정책으로 수용되지는 못했다.

그런 상황에서 일본 메이지정부와의 국교재개 문제가 조선 조정의 외무현안으로 급부상했다. 1811년 통신사 파견을 거부했던 일본은 1868년 왕정복고의 메이지유신을 단행하자마자 조선 침략계획을 세웠다. 그러고 나서 국서에 천황국의 지위를 부각하여 조선 국왕을 하대하는 형식으로 국교 재개를 요청했다. 조선이 이를 무시하자 일본은 1871년 만국공법(국제법)에 입각한 청일수호조규를 맺어 청조와 대등한 조약체제를 수립한 다음, 이를 근거로 이제 천황은 황제와 대등해졌음을 국제적으로 인정받았다면서 조선을 압박했다. 1872년 일본 외상은 공법의 논리를 이용하려는 의도를 품고 청조에 조선이 속국인지를 물었다. 청의 외국교섭을 담당한 총리아문(總理衙門)은 "조선은 비록 번속이기는 하지만 내정과 외교는 자주(自主)하여 우리 조정이 간여하지 않는다"고 답변했다. 이에 일본은 1875년, 4년 전의 신미양요를 본떠 무력으로 강화도를 침공해 조선인 병사를 살해한 뒤 이듬해 청조와의 조공관계를 부정하는 의미에서 "조선은 자주국[自主之邦]"이라고 명시한 조일수호조규를 체결했다. 일본의 선박과 화물에 대해서는 면세의 자

병인양요 1866년(고종 3) 프랑스가 조선 흥선대원군의 프랑스인 신부를 포함한 천주교도 학살·탄압을 빌미로 함대를 파견해 강화도에서 약탈과 방화를 저지른 사건.
신미양요 1871년(고종 8) 미국이 1866년의 제너럴 셔먼호 사건을 빌미로 조선을 개항시키려고 무력으로 강화도를 침범한 사건.

유무역을 보장하고 영사재판권을 허용한 불평등한 내용이었지만 조선은 이를 전통적 교린정책의 연장선에서 수용했다.

조선은 1880년 국내외 군국기무(軍國機務)를 총괄하는 통리기무아문(統理機務衙門)을 설치해 양무운동과 유사한 개혁에 착수하면서 1886년까지 미·영·독·러·프 등 서구열강과 최혜국대우 조항을 추가한 조약을 잇따라 체결했다. 이때 조선은 조약체제 진입을 완료한 셈이다. 그러나 조선은 그후에도 갑오개혁 당시까지 청국과의 조공체제를 유지하는 양면성을 보였다. 이는 전통적 조공체제의 번속관계를 이용하여 안보책을 확보해두려는 의도에서였다.

여기서 우리는 일본의 강화도 침공에 동원된 군함과 병사는 1874년 타이완 침공을 계기로 수입되고 징발된 것이었으며, 이는 류우뀨우합병(일본에서는 '류우뀨우처분'이라 하지만 이는 단순한 국내 사무의 처리를 의미한다)으로 이어졌다는 상호연관성에 주목하게 된다. 류우뀨우인이 타이완에 표착했다가 현지인에 의해 살해되자 일본은 류우뀨우를 자국의 일부로 합병할 요량으로 군사행동을 벌여 수백년간 청일 양속관계에 있던 류우뀨우에 대한 일본의 우위를 확보했다. 일본은 타이완 침공을 발판으로 조선을 개항시킨 데 이어 1879년 류우뀨우를 합병했으니, 이 세 사건은 서로 긴밀히 연관돼 있다. 타이완 침공에서 보여준 메이지정부의 대외적 무위(武威)는 자국 내에서 사족들의 반란인 세이난전쟁(西南戰爭)*을 진압하고 불안정한 정권기반을 공고히 하는 정치적 효과를 가져다

세이난전쟁 1877년 일본 사쯔마의 사족 사이고오 타까모리(西鄕隆盛)가 중심이 되어 불평사족(不平士族)들이 일으킨 반정부 내란. 메이지유신을 주도하고 신정부의 지도자가 된 그는 1873년 '정한론'을 주장했다가 반대파에 밀려 하야했었는데, 이후 불평사족들의 정부에 대한 반감을 등에 업고 거병했다가 정부군에 의해 진압되었다.

주었다. 대외적 군사행동이 국내 정권을 강화하는 근대 일본정치의 특징은 이렇게 하여 모습을 드러냈다.

베트남 역시 두차례의 아편전쟁을 가까이서 지켜보았지만 위기감을 느끼기는커녕 영국과 프랑스를 조공국으로 간주할 뿐이었다. 그보다는 천주교도의 증가가 외세와 결탁하여 민란으로 비화할 것을 더 경계했다. 아편전쟁에서 영국이 승리하자 프랑스는 즉시 베트남에 군함을 보내 함포 사격을 벌이면서 연금되어 있던 선교사의 석방을 요구했다. 그보다 앞선 1853년 베트남에서는 천주교도와 연관된 역모사건이 발생하자 박해를 강화하여 1860년까지 프랑스인 신부를 포함한 300여명의 사제와 2만명의 평신도를 처형했다. 이런 와중에 프랑스가 1858년부터 천주교 포교와 통상을 요구하며 침략하자 베트남은 척화항전을 벌였다. 결국 여기서 패하여 1862년 제1차 사이공조약을 맺고 천주교 포교권 허용, 코친차이나 동부3성과 꼰손섬 할양, 배상금 지불, 항구 개방 등을 명시했다.

이 조약에서 프랑스가 영사재판권·협정관세·최혜국대우 등을 요구하지 않은 것은 처음부터 베트남을 단계적으로 점령하여 식민지화하려는 의도를 품고 있었기 때문이 아닌가 한다. 그후 곧바로 코친차이나 전토가 점령되었고 안남과 통킹 지역에까지 군사점령이 확대되자 베트남은 이에 항전했고, 그 결과 1874년 제2차 사이공조약이 체결되었다. 이때 프랑스는 베트남의 독립을 인정하는 대신 코친차이나 6성에 대한 주권을 인정받았다. 베트남은 이렇게 무력침공에 의한 조약체제를 어쩔 수 없이 수용하는 한편 1876년과 1880년에 조공사절을 파견하여 처음으로 청조에 도움을 요청하고 번속관계를 유지했다.

청조는 베트남의 독립을 규정한 조약은 승인할 수 없다면서 '베트남은 예로부터 중국의 번속'이라는 논리를 폈으나 통하지 않았다. 프랑스 군이 응우옌조의 수도 후에를 함락하기 직전이 되어서야 청조는 베트남의 구원요청에 따라 군대를 파견해 1884년 청프전쟁이 발발했다. 이처럼 베트남도 조약체제 속에 편입되었음에도 여전히 조공체제를 최후의 안보카드로 활용하려 했다. 그러나 베트남은 청조의 패배로 인해 프랑스의 식민지가 되었으니, 조공체제로도 조약체제로도 국가주권을 지켜낼 수 없었던 것이다. 조선의 박규수(朴珪壽)는 1874년에 이미 베트남이 병탄되어가는 사정을 파악해 고종에게 보고하였으며 갑신정변(1884) 직전부터 조야의 개혁상소에는 베트남 사태가 언급되기 시작하였다. 특히 김윤식(金允植)은 프랑스가 베트남을 보호국화한 것과 똑같은 방법으로 일본이 조선을 대하고 있음을 간파하고 이를 우려하였다. 이미 류우큐우왕국이 그랬고 이윽고 조선도 그렇게 될 터였다. 그렇다면 동아시아에서 조약체제란 조공체제와 비교하여 어떤 의미를 지니는 것이었는지 묻지 않을 수 없다. 그 둘의 차이점을 간추려보자면, 동아시아에서 조공체제는 그 의례를 수용하는 조공국의 자주를 인정했으나 조약체제는 그 조문을 이행하는 조약국을 합병하거나 식민지화했다는 것이다.

심화되는 재정난과 국가시스템의 난맥

개항으로 인해 시작된 이른바 자유무역은 각국에서 물가의 앙등을 초래하여 사람들의 생활을 어렵게 하고 국가의 재정난을 더욱 부추겼다. 특히 개항 전후 각국이 겪은 재정난이 어떻게 국가의 위기로 구체화되었는지 살펴보자.

144

1858년 개항한 일본의 대외무역에서 수출과 수입은 6년 만에 각각 21배와 25배로 급증했다. 수출품은 생사·누에 종자·차가 90% 이상을 차지했고, 수입품은 모직물·면직물·면사·금속이 대부분이었는데 점차 군함과 무기 수입이 급증하여 유신 전에는 2위 품목에까지 올랐다. 특히 총의 수입량이 가장 급속도로 증가하여 1863년을 100으로 할 경우 1865년에 977, 1867년에는 1759에 이르렀다. 이 사실은 하급 사무라이의 행동과 관련하여 특히 주목된다. 쿄오또, 오오사까, 에도의 물가는 개항 9년 만에 품목에 따라 2배 내지 10배로 폭등했고 그 영향은 지방에까지 미쳤다.

물가고에 시달리게 된 하급무사와 농민들의 불만은 증폭되었고, 이는 농민잇끼와 도시빈민 소동의 빈발로 나타났다. 당시 하급무사들 사이에서 생활고의 원인은 개항으로 인한 통상 확대에 있으며 이를 결정한 막부에 그 책임을 물어야 한다는 주장이 제기되었다. 그들의 불만은 우선 서양인에 대한 테러와 배척운동으로 나타났다. 자체 무력을 가진 무사들은 점차 각 번의 통제에서 벗어나거나 번 권력 자체를 장악하여 막부 타도를 도모하기 시작했다. 막번제 국가체제의 위기가 도래한 것이다.

막부와 각 번은 이런 위기상황에 대처하기 위해 각기 부국강병을 목표로 군사조직을 개편하고 기계, 기술, 기술자를 도입하여 군수공업을 직영하기 시작했다. 고질적인 재정적자를 타개하기 위해 막부도 번을 따라 전매제를 실시하는 등 권력의 상업화 경향을 가속화했다. 그 결과 막부와 번의 군수기업과 상회사가 설립되었지만, 이런 시도들은 예외적으로만 성공했을 뿐이어서 재정적자를 해결해주지 못했다. 막부와 번은 여전히 국내의 대상인과 프랑스를 비롯한 서구의 차관에 의존할 수밖에 없었다. 막번체제의 구조적 취약성을 목도한 무사들은 더욱 절박한 위기감을 느꼈고 결국 메이지유신의 정치변혁을 통해 이 위기를 돌파하려고 했다. 유신 당시 지조를 개정하여 지가의 3%를 토지세로 징수해 세입의 80%를 확보하였으나 고질적인 재정적자가 해소될 수는 없었다. 해외무역이 급증한 만큼 관세수입이 재정난을 해소하는 데 도움을 주긴 했지만, 여전히 농업세 중심의 전통적 재정구조가 지속되었다. 그러다가 1890년대 메이지정부의 식산흥업(殖産興業) 효과가 나타나면서 비로소 점차 상공업세 비중이 늘어났다. 그때부터는 그동안 구축해온 군사력으로 이웃나라를 침략하는 군사적 방법으로 배상금을 받아내 재정을 보충했다.

1842년 개항한 중국에서는 자유무역의 영향이 일본만큼 급속하지도 전국적이지도 않았다. 무역 신장이 완만했던 이유는 두가지로 나누어 볼 수 있다. 첫째, 중국의 전통적 생산품이 동아시아 시장에서 여전히 상당한 경쟁력을 유지하고 있었던 데 비해 영국 제품은 문화적 이질감에 더해 그 수준이 중국의 수공업제품을 제압할 만큼 뛰어나지 못했기 때문이다. 둘째, 아편이 수입품의 대종이어서 추가수요를 창출할 국내산업의 연관효과를 초래할 수 없었기 때문이다. 상하이 주재 영국 영사 올코크(R. Alcock)도 자국 상사가 아편 밀수를 하지 않으면 상거래를 할 수 없다고 털어놓을 정도였다.

실제로 수입품의 대종은 여전히 아편으로 40%대를 차지했고 면포는 20%대로 그 절반에 불과했다. 1890년대 초가 되어서야 비로소 아편이 20% 이하로 떨어지고 면사·면포 수입이 1위로 올라섰다. 영국은 중국산 아편이 증가하여 그 수입수요가 미미해진 1917년에 가서야 아편 수출을 포기했다. 아편전쟁은 사실상 청일전쟁 때까지 지속된 셈이다. 그러니 아편을 어찌 전쟁 발발의 단순한 계기에 불과했다고 하겠는가? 그

146

1850년대 태평천국 농민전쟁 개항 후에 일어난 중국의 태평천국운동은 근대적인 면모와 함께 전통적 농민봉기의 전형을 보여준다.

사이 중국의 전통적 수출품인 비단, 차, 도자기의 해외수요는 급속히 감소했다. 관세수입의 대부분은 연속된 외국 침략군과의 전쟁에 따른 배상금으로 지출되었다.

　개항장 주변 농촌지역에 대한 자유무역의 여파는 작지 않았다. 광저우 부근 화현(花縣)의 홍 슈취안이 세차례 과거시험에 낙방한 뒤 이민족 왕조인 청조를 전복하려는 태평천국운동을 일으킨 것은 청조의 개항 이후 외부로부터 조성된 국가의 위기를 내부로부터 증폭시키는 계기였다. 여기에는 인근의 빈농대중과 실직한 운수노동자, 파산한 농민으로서 각종 품팔이나 유랑민이 된 사람들, 그리고 관직 진출의 꿈을 이루지 못한 불우한 독서인들이 대거 참여했다. 기독교 평등사상과 유교 대동사상을 결합해 만든 배상제교(拜上帝敎)라는 종교적 비밀결사가 이들을 결집시키는 이념과 조직을 제공했다. 1851년 광둥성 인근의 광시성 진톈(金田)에서 봉기한 태평군은 농민의 오랜 염원인 토지균분 강령을 내걸고 모두가 평등한 지상천국을 건설한다는 구호 아래 급속히 세력을 불려 후난, 장시, 장쑤, 저장 등 중남부 여러 성을 석권하고 난징에 도읍을 정해 태평천국왕조의 성립을 선포했다. 고전하던 청조는 신사층이 조직한 민간 자위군과 서양 군대의 도움을 받아, 그리고 태평군의 내분을 틈타 1864년에야 가까스로 이들을 진압할 수 있었다. 이때 청조가 농민대중의 개혁 의지와 역량을 잘 파악하여 어느정도 수용하든지 혹은 최소한 문제의 심각성을 깨닫고 스스로 점진적인 개혁이라도 추진했더라면 국가의 위기는 상당히 해소되는 길로 접어들 수 있었을 것이다. 그러나 청조가 이를 진압하는 데 매진하면서 재정난은 더욱 악화되었고 국가의 위기도 지속되었다.

1876년 개항한 조선의 대외무역은 일본보다는 느렸지만 중국에 비하면 빠른 속도로 증가했다. 1876~83년 사이 일본과의 무역에서는 무관세 조건을 타고 수출액이 17.9배, 수입액이 11.6배나 급증했다. 수출품의 대종은 쌀이었고 콩과 소가죽이 뒤를 이었다. 수입품은 평균 88%가 유럽산 면제품이었는데, 그 대부분은 상하이나 코오베에서 매입된 뒤에 재수출된 것이었다. 일본 상인은 이 면제품 판매대금으로 부족한 쌀을 조선에서 수입해 갔는데, 이러한 일종의 삼각 중계무역은 청일전쟁 때까지 지속되었다. 조선에서 일본으로 소가죽이 많이 수출된 것은 군수물자 생산에 필요한 원료였기 때문이다. 규모 면에서 그만 못했던 중국과의 무역에서는 수입품의 대종은 강남의 수공 견직품이었고 영국산 면제품이 그다음이었다. 중국에의 수출품의 90% 이상은 사금(砂金)을 비롯한 귀금속이었고 양국 간 직접적인 은행 송금이 불가능한 조건에서 그것은 사실상 수입대금의 결제를 대신했다.

더구나 일본 상인의 입도선매와 고리대업으로 인해 물가가 급등하고 특히 해외로 쌀이 대량 유출되면서 쌀값이 크게 올라 하층 대중의 생활고가 가중되었다. 또한 갑신정변 직후 청국 군대의 진주와 내정간섭이 국가의 위기를 외부로부터 가중시킨 요인이었다면, 동학농민군의 봉기는 내부로부터의 요인이 되었다. 보국안민(輔國安民)의 기치하에 동학군이 마련한 폐정개혁안은 실패한 갑신정변의 연장선에서 삼정의 문란과 신분제의 질곡을 해소하고 한걸음 더 나아가 토지소유의 불평등을 타파하여 근대국가를 향해 나아가는 개혁역량으로 작용할 가능성이 컸다. 그렇기 때문에 이는 양반 중심 국가체제의 위기이기도 했다. 이 체제를 수호하기 위해 조정이 불러들인 청조 군대와 그에 맞서 파병된 일본군은 조선 내부의 힘에 의한 체제개혁을 한편으론 억압하고 다른 한편으론 미봉함으로써 국가의 위기를 지속시켰다.

청조와 조선의 재정구조는 일본처럼 유신개혁에 의해 부국강병에 유리한 쪽으로 전환되지 못하고 전통적 구조에 머물렀다. 농업세가 세입의 대종을 차지한 것은 개항 이후에도 3국이 지닌 공통점이었다. 다만 조약체제에 진입한 이후 폭증한 재정수요를 반영해, 비상수단을 써서라도 이를 적극적으로 해결하려는 의지와 시도는 3국에서 각각 다르게 나타났다. 청조의 1880~90년대 세입은 1850년대에 비해 2배 증가했으나 그 대부분은 해관세(海關稅)와 이금세(釐金稅, 상품이 중국 내지의 각 지방을 통과할 때 부과되는 요금) 덕분이었다. 1890년대 초 중앙정부의 수입은 토지세 28%, 해관세 24.7%, 염세 15.4%, 이금세 14.6%였다. 이중 해관세만 중앙정부 수입으로 계상되었고 나머지는 모두 지방정부가 징수하여 그 일부를 중앙에 납부했는데, 신정개혁(1901~11)을 추진하던 시기에도 실제로는 징수액의 약 절반만이 국고로 들어갔다. 추산에 따르면 1880년 대 정부의 세입은 국민총생산의 3%를 차지했는데 농민이 납부한 세액은 그것의 약 2배인 7.5%였다. 개항 이전의 인정원리에 입각한 '작은 정부'의 재정운용 기조를 벗어나지 못한 것이다.

중앙정부가 국민총생산의 겨우 3%를 운용할 수 있었던 재정구조에서 지출은 거의 대부분 내란 진압 및 대외전쟁의 군사비와 열강에 대한 전쟁배상금으로 채워졌다. 따라서 국가재정은 상공업에 대한 직접투자는커녕 간접효과를 유발할 부분에도 투입되지 못했다. 주요 세원인 지세가 제자리걸음을 하는 동안, 늘어난 지출을 감당할 재원은 차관으로 충당되었다. 이처럼 청조 국가의 위기는 제때에 해소되지 못한 채 개혁과 혁명을 불러일으키면서 지속되었다.

개항 후 조선의 재정운용은 마찬가지로 여전히 인정의 '작은 정부' 원리에 입각해 있었다. 더구나 정상적 세입이 아니라 삼정의 문란으로 악명 높던 환곡 수입과 군포 수입이 세입의 50%를 넘었다. 이는 1862년 임술농민항쟁, 1894년 동학농민운동 같은 민란을 야기하고 민란 진압 탓에 국가재정은 더욱 고갈되는 악순환의 구조를 초래했다. 당시 조선 정부는 매관매직과 주화 남발, 각종 명목의 잡세와 부가세 추가징수로 대응했을 뿐이어서, 한때 수년간 관료의 봉급 지불이 중지될 정도로 재정난이 심각해졌다. 똑같은 농업국가에서 세입 중 토지세 비중이 청조 28%, 조선 46%일 때 일본은 유신 직후 세입의 80%를 정규 토지세로 확보했으니(1882년 64%) 그 차이는 현격하다. 이는 해금시기 왕조국가와 막번국가의 재정운용 차이가 상당히 반영된 결과로 보인다.

게다가 조일수호조규는 조선의 수출입 관세를 무관세로 규정한 탓에 초기에는 관세수입이 아예 없었다. 1882~84년 조선은 미국·청국·일본·영국 등과 통상 관련 조약을 체결함에 따라 이듬해부터 일반 상품에는 5~7.5%, 사치품에는 10~20%의 관세를 부과할 수 있게 되었다. 그러나 청·일은 군사력을 앞세워 경쟁적으로 해관 관리권을 침해하면서 조선정부의 재정난을 틈타 차관 공여를 강제하는 방법으로 경제적 예속화를 기도했다. 그에 따라 1885~1909년 관세율은 5~6%를 넘지 못했다. 징수된 관세액 중 국고 납입액은 1896년 71.4%에서 점차 감소하여 1901년 이후 10% 이하로 떨어지다가 을사보호조약이 체결된 1905년 이후에는 아예 사라져버렸다.

3

개항장의 민중과
그 주변

개항장의 발전과 운송망

제1차 아편전쟁 후 중국에서는 광저우, 샤먼(廈門), 푸저우, 상하이, 닝보 등 5개 항이 개방되었고 이같은 개항장은 곧이어 문을 연 톈진과 우한을 포함하여 10여개로 늘어났다. 그 무렵 미일수호통상조약에 따라 요꼬하마, 하꼬다떼, 니이가따, 효오고(코오베), 나가사끼가 개항되었고, 그로부터 20여년 뒤 조일수호조규에 따라 부산, 인천, 원산이 개항되었다. 그사이에 베트남의 다낭, 티나이(꾸이년), 하이퐁 등이 개항되었다. 이들 개항장은 기선을 이용한 정기항로로 연결되어 물적·인적 교류의 창구와 거점 역할을 담당했는데, 이 네트워크의 중심은 상하이였다. 이 네트워크는 개항의 시차로 인해 중·일 간에 먼저 형성된 다음 뒤늦게 조선으로 확장되었다.

중·일 간의 정기항로는 1859년 영국과 미국의 기선에 의해 상하이-

1820년경 광저우의 유럽 각국 상관 아편전쟁 이전에도 광저우에는 유럽 각국의 깃발과 함께 무역의 전진기지인 상관(商館)이 설치돼 있었다.

나가사끼선에 개설되었다. 상하이-요꼬하마선은 1864년과 66년 각각 영국의 대영기선회사와 미국의 아메리카태평양 우선회사(郵船會社)에 의해 개설되었다. 그 무렵 구미 상인은 아직 쇄국에서 벗어나지 못한 일본과 중국 간의 교역에 뛰어들어 보통 100~200%의 막대한 이익을 거두었다. 그로 인해 금화가 많이 유출되어 막부의 재정난이 가속화되었다. 동아시아 4국 중 일본이 이 네트워크에 가장 먼저 편승하여 해외무역에 적극 나선 까닭도 이 무역이익에 의한 자극과 재정난 타개의 필요 때문이었다.

이미 권력의 상업화 현상을 보이던 막부는 이 네트워크를 따라 1862년 상무시찰단을 상하이에 파견하여 서양의 미수교 소국들처럼 일본도 미수교 상태에서 교역을 허가받고자 시도했다. 그리하여 당시 통상대신 역할을 하던 장쑤성 순무(巡撫)의 허가를 받아 상하이로 한정된 중일무역이 공식 개시되었다. 새로 출범한 메이지정부는 지체 없이 무역 확대를 위한 중·일 수교교섭에 적극 나섰고, 이는 1871년 청일수호조규로 마무리되었다. 이로써 중·일 간의 개항장 네트워크는 더욱 활기를 띠었고 관료는 물론 민간상인들의 왕래와 이주 및 해외거주도 급속히 증가했다. 상하이 개항이 일본의 개항을 촉진했다는 말이 가능한 이유가 바로 여기에 있다.

구미 자본의 무역회사 '양행(洋行)'들이 상하이에 다수 설립되었고, 그 양행들이 일본 및 동남아 각 지역과 무역을 진행할 때엔 화교와 중국인 매판(買辦)이 중요한 매개자 역할을 담당했다. 일본의 서양인 회사들도 개항 초기에 중국인을 500~600명이나 고용하고 있었다. 중·일 국교 수립 후 이들 중국인 매판과 독립상인은 당시 일본 최대의 무역항 요꼬하마의 수출입 무역을 거의 독점하다시피 했다. 이런 추세 속에서 중국인 자신도 기선회사 설립에 나섰으니 윤선초상국(輪船招商局)이 그 첫 사례다. 1872년 상하이에서 설립된 이 기선회사는 국내 각 도시는 물론 루손과 싱가포르 등 동남아 도시를 포함하는 19곳에 지점을 넓혀나갔다. 1873년 상하이-나가사끼-코오베 노선, 1888년 상하이-인천 노선에 취항한 데 이어 미국 노선에도 뛰어들었다.

일본의 미쯔비시양행(三菱洋行)이 상하이에 설립되어 요꼬하마-상하이 간 주1회 기선해운 업무를 개시한 것도 이 무렵인 1875년이다. 이 회사는 기선 8척을 가지고 출발했으나 메이지정부의 타이완 침공 때 군사 수송을 담당해준 댓가로 매년 거액의 재정보조금과 정부 소유 선박 13척의 운항을 위탁받아 발전의 기틀을 잡았다. 이후 세이난전쟁 때에도 미쯔비시양행은 군사 수송을 담당하여 더 큰 지원을 받았고, 그 직후 미쯔이양행과 요시다(吉田)양행은 중국의 각 개항장에 분점을 내고 무역을 개시했다. 이로써 중·일 간에 여객과 화물의 운송 및 교류가 더욱 빨라지고 빈번해졌다.

개항장 네트워크의 조선 항로는 청·일·러 해운회사의 경쟁 속에 개설되었다. 일본우선주식회사는 나가사끼를 거점으로 상하이선, 톈진선, 부산선, 블라지보스또끄선 등을 포함하는 국제항로망을 구축하고 있었다. 이에 힘입어 일본 상인은 기선을 이용해 부산·원산·인천 사이의 화물을 단기간에 이동시켜 운송료 차액을 자기 이득으로 만들어낼 수 있었다. 한편 조·청 간에 무역장정이 체결되어 해로를 통한 자유무역이 허용됨에 따라 1883년 11월 조선정부가 비용을 부담하는 방식으로 윤선초상국의 기선 푸유호(富有號)가 상하이-옌타이-인천 항로에 취항했다. 이로써 조·청 간의 첫 정기항로가 개통되어 청국 상인도 인천과 서울에 진출하기 시작했다. 사실 조선의 중국 항로는 그보다 앞서 영국 이화양행(怡和洋行)이 상하이-인천-부산-나가사끼 노선을 운행하고 있었고, 뒤이어 1886년 일본우선주식회사는 나가사끼-인천-옌타이-톈진 노선을 운행하고 있었다. 이윽고 러시아의 기선회사까지 동아시아 항운업에 뛰어들어 블라지보스또끄-나가사끼-인천-뤼순-상하이, 블라지보스또끄-원산-부산-나가사끼-뤼순-상하이를 연결하는 항로에 취항했다.

한편 프랑스는 1880년대 베트남 하이퐁 항구를 집중 개발하고 중국 광저우만을 조차함에 따라 두곳을 연결하는 기선항로를 계획하였다. 이에 프랑스 선박회사 마르띠(Compagnie Marty)가 1891년 하이퐁-홍콩 노선을 운항하기 시작하였다. 사이공(호찌민)에 있던 총독부가 1901년 하노이로 옮겨오자 그 출입문에 해당하는 하이퐁의 중요성은 더욱 커졌고

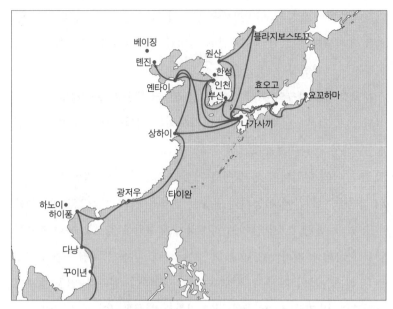

동아시아 개항장을 잇는 기선항로, 1886~1904

이윽고 하이퐁에서 중국의 쿤밍에 이르는 철로가 건설되었다.

조선에 수입된 상품의 가격은 중국 상인에 의해 공급되는 것이 일본 상인에 의한 것보다 저렴했다. 그때까지 일본 상인이 조선에 들여오던 무역품은 주로 중국에 수입된 유럽산 제품을 상하이에서 구입하여 재수출한 것이어서 가격경쟁력이 취약할 수밖에 없었다. 이에 따라 상하이-나가사끼-인천 항로가 쇠퇴하고 상하이-인천 항로가 번성하게 되었다. 일본 상인이 이 취약점을 극복하려면 일본산 제품을 주로 취급하는 수밖에 없었으나 실제로 일본제 공산품은 1890년대가 지나서야 비로소 조선시장에 본격 출하될 수 있었다.

상하이-인천 항로는 산둥반도의 개항장인 즈푸(옌타이)를 경유했기에 자연스럽게 산둥 상인이 조선에 많이 유입되었다. 윤선초상국의 상하이-인천 노선 취항도 당시 즈푸에 거점을 두고 인천에 진출한 산둥 상인들의 요구에 따른 결과였다. 쌍성태(雙盛泰) 등의 무역업체를 비롯한 즈푸 상인들은 조선, 일본, 블라지보스또끄에 지점을 두고 동아시아 전역에 걸쳐 활동했다. 광둥 출신으로 인천과 서울에서 자리 잡은 탄 제성(潭傑生) 소유의 무역업체 동순태(同順泰, 퉁순타이)는 상하이를 중심으로 일본의 화교 거점인 요꼬하마와 조선의 거점인 인천을 연결하면서 조선의 대표적인 화상(華商)으로 성장했다. 당초 조선 항로를 선점하고 있던 일본 측은 중국의 윤선초상국이 인천 항로를 개설하자 관민이 함께 경계하면서 그 대책을 강구하기 시작했다.

이와 같은 화교 연결망에 대한 경쟁의식은 일본과 조선 상인의 무역 활동에 중요한 자극제가 되었다. 일본 상인은 초기부터 정부의 막대한 자금지원을 받으면서 국내외를 연결하는 상회나 무역연구장려협회 지부 등의 조직망을 형성해 시장정보를 조사하고 공유했다. 조선의 상인들 중에도 기선을 도입하고 회사(명칭은 중국식 '공사'와 일본식 '회사' '상회' '상사' 등을 혼용했다)를 조직하여 청·일 양국 상인들과 경쟁하면서 상권을 지키고 부를 축적하는 자들이 나타났다. 이는 1883년 11월 『한성순보(漢城旬報)』가 「회사설(會社說)」을 발표하여 회사 설립의 필요성과 방법, 그에 대한 정부의 보호와 지원이 불가결함을 주창한 이래 더욱 촉진되었다. 평양 상인들이 기선을 도입하고 곡물 수출의 중심지 인천에서 1883년 합자회사 형태의 대동회사(大同會社)를 설치하여 이를 기반으로 전국적 조직망을 형성하려 한 것, 개항장 객주들이 상회사와 상의소 등의 객주조합을 결성하여 특권상인으로 성장한 것은 그 대표적인 예다. 그후 10년 만에 20여개의 상회사가 건립되었으나 이들 관허회사들은 대부분 갑오개혁 당시 문을 닫았다.

정부도 1893년 윤선초상국을 모방한 정부 직영의 기선회사인 이운사(利運社)를 세워 연안 운송업무를 개시했다. 그러나 각종 특혜 속에 공과 사의 구분도 없이 운행하고 수익이 있어도 투자하지 않고 이를 관료들이 나눠가짐으로써 외국 기선회사와 경쟁할 만한 확장경영에 실패했다. 1900년에 설립된 민영회사 대한협동우선회사(大韓協同郵船會社)는 처음으로 외국인이 아닌 유학생 출신 조선인 항해사를 고용하여 연안 운송업을 행하는 한편 옌타이·상하이·오오사까·나가사끼·코오베 등지에도 취항했다. 그러나 정부의 지원도 받지 못한 상태에서 부정기 운항 등 경영상의 미숙으로 일본 회사와의 경쟁에서 밀리다가 결국 러일전쟁 때 일본 군수품 수송을 위해 징발되었다.

동아시아 개항장 네트워크 안에서 중국 상인의 우위는 일본과 서양 국가 양측의 협공을 당하며 점차 무너져갔다. 그들의 상공업 활동에 대한 청조 정부의 보호와 지원은 없었다. 이에 비해 상하이의 일본 상인은 대부분 동시에 관리이기도 한 관상일체의 존재였다(그보다 앞서 상하이에서 활동하던 구미 상인들도 동시에 외교관 역할을 겸하고 있었다). 청일수교 이후에는 일본정부가 직접 설립한 상사의 지점이 상하이에 진출했다. 가장 전형적인 예는 1890년 일본군 참모본부가 육군성의 자금으로 일청무역연구소를 설립하여 상하이와 중국 각지에서 상업활동과 정보공작을 병행할 인재를 양성한 것이다. 대부분의 민간상사 지점도 동시에 일본정부와 군부의 지원하에 정보수집 활동에 종사했다. 일본정부가 그에 앞선 1873년 상하이의 초대 총영사에 현역 육군소장을 임명한 것도 이와 같은 맥락에서 이해할 수 있다.

그보다는 좀 늦은 시기이지만 조선의 중국 상인들도 이미 작동하고

158

있던 화교의 연결망 위에서 일본처럼 군관과 상인의 협조방식을 취하기 시작했다. 가령 동순태 같은 무역업체가 당시 조선 주재 상무위원이었던 위안 스카이(袁世凱)와 공동출자로 경인항운회사를 설립하여 청조정부의 재정지원 속에 제물포–마포 간 항로에 취항하여 수출입 화물의 운송을 거의 독점한 것이 한 예다. 중국 상인들은 일상적인 상거래에서도 청국 영사관의 직인이 찍힌 서류를 들고 조선 상인에게 압력을 행사했다.

청일전쟁의 승리를 바탕으로 일본정부가 1899년 일본 본토의 치외법권을 철폐함에 따라 일본 내의 화교들이 그나마 누리던 권리가 사라져버렸다. 그 대신 상하이에 진출한 일본인의 경제활동은 공장 설립을 비롯해 더욱 탄력을 받으면서 급속히 성장했다. 같은 해 일본에 의해 경인철도가 부설됨으로써 조선에서 청국 상인의 우위도 사라졌다. 그때까지 개항장 네트워크 안에서 단연 우위를 점하고 있던 화교와 중국인의 경제활동은 이제 급속히 침체하고 그 자리를 일본인이 차지하게 되었다.

신문물과 외국인

해금시대에는 외국인의 왕래와 거주가 특정 지역으로 엄격히 제한되어 있었다. 조선의 왜관, 중국 마카오, 일본 나가사끼 등이 그런 예다. 이후 개항으로 인해 외국인은 각국 개항장에 이주하여 집단 거주했고 그로 인해 외래 문물의 유입도 더욱 용이해졌다.

상하이에는 1848년 이래 구미열강의 국가별 단독거류지와 각국 공동거류지가 형성되었고, 이를 모델로 한 거류지가 1859년 이래 요꼬하마와 1883년 이래 인천에도 형성되었다. 흔히 그것을 중국과 조선에서는

'조계(租界)'로 일본에서는 '거류지(居留地)'로 부르지만 둘 다 조약상의 영문 'rented ground'의 번역어이다. 이는 모두 치외법권에 의거해 일정한 지역을 외국인에게 임차하고 그들만의 거주와 자치를 허용하는 것이어서 해당 국가의 법률주권을 침해하는 제도이다.

상하이와 요꼬하마의 거류지는 영미를 비롯한 구미열강의 요구에 따라 설치되었다. 청·일은 조계나 거류지를 '국가 안의 외국'이라 할 만큼 굴욕적인 제도라고 여기면서도 그 제도를 조선에 강요했다. 자국의 굴욕을 이웃나라에 전가하고 그 이웃나라를 지배하려는 연쇄반응이 일어난 셈이다. 인천의 조계는 1880년대에 일본에서 불평등조약 폐지운동이 고양되고 있을 때 일본정부의 요구로 설치되기 시작했고 청국과 구미 각국도 그 뒤를 따랐다.

동아시아 각국 사람들은 구미인들의 뒤를 이어 이웃나라 개항장에 집단 거주하면서 교민사회를 형성했다. 개항 순으로 먼저 상하이의 경우를 보자. 일본인과 조선인이 상하이에 거주하게 된 것은 대체로 각각 1871년과 1883년부터라고 할 수 있다. 그 증가속도와 직업구성 면에서 몇가지 특징이 보인다.

청일전쟁, 러일전쟁, 만주사변*, 아시아태평양전쟁* 등 연속된 전쟁으

만주사변 1931년 9월 10일 일본이 만주를 침략해 점령한 사건. 일본 관동군은 류탸오후사건(柳條湖事件, 만주철도 폭파사건)을 조작해 이를 구실로 만주를 침공했고, 당시 국제법 위반 혐의를 피하기 위해 전쟁이 아니라 '사변'이라는 말을 택했다. 중국에서는 '9·18사변'이라 한다.

아시아태평양전쟁 2차대전 중인 1941년 12월 8일 일본의 진주만 공격으로 태평양을 무대로 미 동맹국들과 일본 간의 전쟁인 태평양전쟁이 시작되었으나 중국의 국민정부군과 공산당군, 그리고 한국광복군과 베트남독립동맹을 비롯한 식민지 독립군이 참전하면서 아시아태평양전쟁으로 확대되었다.

로 일본인의 조선·중국 이주는 급속히 증가한 반면 중국인의 일본 이주는 급감했다. 러일전쟁 및 한국병합 이후에는 조선인의 일본 이주와 중국 이주가 급증했다. 전쟁의 승패에 따라 국가의 국제적 지위가 달라진 결과, 중국과 조선의 일본인 조계는 확대되었지만 일본의 중국인 거류지는 일본이 외국에 허용했던 치외법권이 1894년 영일통상조약에 의해 폐지되고 5년 뒤 발효됨에 따라 사라졌다. 물론 조선인은 1910년 이전에도 일본 안에 자신의 거류지를 형성하기는커녕 여기저기 흩어져 살던 교민들의 교민단체조차 결성할 수 없었다.

배타적 집단거주지는 물론 교민을 보호하고 관리하는 단체에도 국가의 처지가 그대로 반영되었다. 상하이의 일본거류민단은 민단법에 따라 1907년 자치정부 성격을 띠는 반관반민의 단체로 조직되었다. 러일전쟁의 승리가 일본인사회 형성의 기점이 된 것이다. 거류민단은 자국 정부로부터 징세권을 인정받아 자체 경비를 확보하고 일본인을 위한 각급 학교를 세워 그 경상경비를 적극 지원했는데, 1927년에는 학생 수만 1800명에 달했다. 반면 요꼬하마의 화교단체인 중화회관은 러일전쟁 전에 자율적 민간자치조직으로 성립되었지만 청조 당국으로부터 어떤 인가도 권한도 부여받은 바가 없어 법적 구속력을 갖지 못했다. 중화회관은 1897년 최초의 화교학교인 대동학교(大同學校)를 설립했지만, 자체의 재원이 없었기에 모금에 의존한 결과 재정난이 불가피했다. 설상가상으로 그나마 남아 있던 몇개 학교조차 1923년 관동대지진 당시 모두 파괴되었다.

상하이의 고려친목회는 1919년 전후 진링대학(金陵大學, 현 난징대학) 영문과를 졸업한 여운형(呂運亨)에 의해 조직되었다. 이는 상하이 대한민국임시정부에 의해 이듬해 대한교민단이라는 이름의 산하단체로 개편되었다. 조선인의 해외 이주가 급증하는 와중에도 상하이 교민 수는 1936년까지 1800명에 불과했다. 상하이의 한인학교로는 1916년 여운형이 설립한 인성학교(仁成學校)가 있었고 학생 수 50명 내외를 유지했다. 이는 임시정부 산하단체인 대한교민단에 의해 운영됨에 따라 그 성격도 공립학교로 바뀌었다. 조선의 보통학교 교과과정에 준하되 민족의식을 고취하기 위해 초기에는 박은식(朴殷植)이 한국사와 광복투쟁사, 김두봉(金枓奉)이 한글 창제의 유래와 문법을 가르쳤다. 1935년 일본 총영사관이 일본의 국정교과서를 채택하여 일본어로 가르치도록 압력을 가하자 전교직원이 총사직하여 문을 닫게 되었다.

인천의 화교 수가 정체되는 대신 러일전쟁 이후 일본 교민 수가 급증하여 조선인 수를 능가하게 되자 조선인은 인천 외곽으로 밀려나거나 또다른 터전을 찾아 하와이 등지로 이민을 떠나게 되었다. 인천의 화교 중 대다수는 부두노동 같은 막노동에 종사했으나 공화춘(共和春)이라는 음식점을 차려 조선인의 입맛에 맞게 자장면을 만들어 인기를 끈 경우도 있다. 원래 자장면은 인천의 부두에서 일하던 중국인 노동자를 위한 값싼 식사로 노점상들에 의해 개발된 것이다. 인천의 차이나타운은 이때 생겨났다. 일본 교민의 대부분은 토목공이나 어민 출신으로 빈손으로 와서 우여곡절 끝에 점포를 마련해 상인이 되었다.

이렇게 외국인이 집단적으로 장기 거주하게 됨에 따라 생활의 편의와 교통·통신을 위한 근대적 편의시설이 갖춰지기 시작했다. 이른바 문명의 이기로 불린 전신·전화·우편·신문·전차·기차 등이 그것이다. 구미에서 전래된 이들 신문물은 메이지유신 전에는 주로 상하이를 창구로 하여 일본과 조선으로 전파되었고 메이지유신 이후엔 점차 토오꾜오가 그 중심창구로 부상하기 시작했는데, 이는 청일전쟁을 거치면서

요꼬하마의 외국인 거류지(위)
대한제국의 우표(아래)
개항장에는 외국인 거류지가 생기고 전신·
우편·신문 등 신문물이 등장하였다.

비로소 굳어졌다.

전신을 이용한 전보는 비교적 적은 자본으로 각국의 개항장을 연결하는 가장 빠른 통신수단이었다. 전신의 편리함이 중국에 처음 소개된 때는 1851년이었으나 당시엔 외국의 침략에 이용될 수 있다는 이유로 거의 무시되었다. 그러는 사이 일본은 1872년부터 국방 강화 차원에서 각 개항장은 물론 각 군사요충지까지 연결하는 전신을 가설했다. 이전신망은 국내의 사족반란을 진압하고 조선과 대륙을 침략하는 데에도 적극 활용되었다. 중국은 1874년 일본의 타이완 침공을 계기로 타이완-푸저우 간 전신망을 설치하는 데 그쳤다가 1879~90년에 각 개항장과 전국 주요 도시에 전신을 설치하여 전국적 연결망을 형성했다. 이는 1882년 조선의 임오군란을 신속히 진압하는 데에도 활용되었다. 청일 양국은 자국의 전신망을 조선에 연결해 조선전신망을 장악하려고 경쟁했다. 이에 대응해 조선정부는 1888년 조선전보총국을 설립하고 독일 차관을 얻어 서울-부산 간, 1891년 서울-원산 간의 전신을 건설했다.

이리하여 1880년대 말 동아시아는 개항장을 거점으로 한 전신망에 의해 하루 만에 서로 통신할 수 있도록 연결되었고, 이 통신망은 구미 각국과도 연계되었다. 이는 국가간 상호통신 혹은 국가간 침략에 이용되는 한편 국내 각 지역 간의 연결을 강화하여 내셔널리즘의 홍기를 촉진하는 구실도 담당하게 되었다.

전신보다 일국 내의 더 많은 일반 민간인에게까지 새로운 정보를 전달해주면서 내셔널리즘을 강화해준 신문물은 바로 신문이다. 그전에도 각국에는 정부 차원에서 관료들에게 소식을 전하는 관보가 있었지만, 민간인을 독자로 하는 상업화된 신문은 개항 이후 나타난 신문물에 속한다. '신문(新聞)' 혹은 '일보(日報)'란 이름부터가 그렇다.

1828년 서양 선교사가 창간한 *The Universal Gazette*의 한자 이름이 '천하신문'인 데서 알 수 있듯이 선교사들은 '가제트'를 '신문' 혹은 '신보(新報)'로 번역했다. 그후 신문이란 말은 "마카오의 신문지를 참조하라"(『해국도지海國圖志』 1844)라거나 "신문관을 설립하자"(『자정신편資政新編』 1859)라는 식으로 중국인 자신에 의해 사용되기 시작했다. 오늘날 우리가 사용하는 '○○신문'이란 용어는 여기서 유래한 것으로 보인다. 상하이와 요꼬하마에서는 각각 1851년과 1861년 영국인에 의해 영자신문이 창간되어 구미 회사들에 필요한 정보를 제공했고, 이윽고 이를 모델로 하는 중국어, 일본어 신문이 창간되었다. 상하이 최초의 중국어 신문은 영국 회사 자림양행(字林洋行)이 1861년 창간한 『상하이신보』다. 거기에는 선박의 출입일정, 물가정보, 각종 광고 등이 게재되어 중국인의 필요에 부응했다. 1872년 영국인이 창간한 『신보(申報)』는 상하이를 대표하는 일간지로 자리 잡아갔다. 이 신문은 일본의 타이완 침공과 청프전쟁에 특파원을 파견하는 등 보도의 현장성을 살리는 획기적인 취재를 개시했다.

그러나 중국인 자신에 의한 신문은 1874년 왕 타오(王韜)가 홍콩에서 창간한 『순환일보(循環日報)』가 처음이다. 이 신문은 1941년 일본군의 침공으로 정간될 때까지 발행되었다. 오늘날 우리가 사용하는 '○○일보'란 이름의 유래는 여기서 찾을 수 있다.

한편 요꼬하마에서는 1864년 미국 영사관 통역관이 최초의 일본어 신문 『해외신문(海外新聞)』을 창간하면서 일본 국내외 뉴스와 광고를 게재했다. 일본인에 의한 신문으로는 1868년 에도에서 창간된 『중외신문(中外新聞)』이 있으나 3개월 만에 발행 금지되었다. 막부 지지세력의 언론이었기 때문이다. 1871년 『요꼬하마매일신문(橫濱每日新聞)』이 창간된 후 일본어 신문 창간의 붐이 일었다. 물론 일본에서도 후꾸자와 유끼찌(福澤諭吉)의『시사신보(時事新報)』처럼 신보란 이름이 사용되었다. 개항 자체가 늦었던 조선에서는 1883년 정부 당국이 최초의 근대적 신문『한성순보』를 창간했다. 그러나 이 신문은 여전히 한문으로 씌어졌으며, 한글 신문으로는 1886년 국한문 혼용의『한성주보』를 거쳐 1896년 독립협회가 창간한『독립신문』이 처음이다. 그밖에『대한매일신보』가 1904년 영국인 베델(E. T. Bethel)과 양기탁(梁起鐸) 등에 의해 창간되어 영문판 외에 국한문 혼용판과 한글 전용판을 발간했다. 박은식과 신채호(申采浩)의 애국계몽적 논설로 유명했던 이 신문은 한말 최대의 발행부수를 자랑했으나 한일합병 직후 총독부에 의해 폐간됐다.

자국인에 의한 자국어 신문은 일본, 중국, 조선 순으로 발전했다. 그 발전의 정도는 국내외 뉴스를 얻고자 하는 독자가 얼마나 많은가에 의해 일차적으로 규정될 것이다. 그런데 상하이의 상공업이 요꼬하마의 그것보다 먼저 더 크게 융성했음을 감안하면 중국인 독자가 훨씬 많았을 터인데도 일본만 못했던 까닭은 무엇일까? 어느 중국인 학자의 연구에 따르면 당시 능력이 뛰어난 사람들은 대부분 과거제도와 일체화되어 있었고 그들이 보기에 신문과 잡지는 한낱 낙오한 문인이 울분을 토로하는 수단에 불과해서, 신문업에 종사하는 일 자체를 존경스럽지 못한 것으로 여겼다고 한다. 실제로 상하이의 중국인은 서양의 지식과 정보에 무관심하지 않았으며, 다만 지식 전달매체의 형식에 대한 선호가 달랐던 것으로 보인다. 이는 상하이의 중국인이 일찍부터 구미의 서적을 번역하는 출판업을 일으킨 것을 보면 알 수 있다. 1843년 모하이서관(墨海書館)을 필두로 1860년 메이화서관(美華書館) 등이 줄줄이 설립되어 각종 서학서적을 번역 출간했고, 이들의 상당수는 일본과 조선에 유입되어 널리 읽혔다. 신문업에 대한 일반인의 부정적 인식이 불식되는 것은 따라서 과거제도의 폐지를 기다려야 했을 것이다.

개항장의 확대에 따른 사회적 반응의 양극화

개항으로 외국 거주와 자유통상이 허용된 것을 국가 차원이 아니라 일반 민중의 차원에서 보면 어떤 의미가 있을까? 어떤 소수에게 이는 동아시아 무역망의 확장에 편승하여 일확천금을 움켜쥘 기회가 되었고 나머지 대다수에게는 무엇인가의 상실을 의미했다. 이 양면의 파도는 개항 순서에 따라 상하이에서 요꼬하마로, 요꼬하마에서 인천으로 이어지며 연쇄반응을 일으켰다.

상하이에는 개항 전부터 각종 수공업제품을 전문으로 판매하는 상점이 있었다. 베이징 물산을 취급하는 경화점(京貨店)이나 광둥 물산을 취급하는 광화점(廣貨店)이 그 예다. 개항 후 그들은 수입 물품도 함께 취급하다가 1850년대 후반부터 전문점으로 전환했고 그 이름은 주로 '○○양화포(洋貨鋪)'라 했다. 수입 면포를 전문으로 판매하는 곳은 양포장(洋布庄)이나 청양포점(淸洋布店)이라 했는데 그 수는 1858년 15,16개, 1884년 62개, 1890년에는 130개를 넘었다. 서양인이 설립한 양행은 그보다 훨씬 많았다. 이들 양행은 대부분 상하이에 거점을 두고 요꼬하마와 인천에도 지점을 내어 진출했다. 이 추세를 타고 설립된 중국인과 일본인의 상사도 그 뒤를 이었다.

이로 인한 개항장의 급속한 상공업도시화는 민중들에게 기회와 위기를 동시에 가져다주었다. 상업적 성공의 사례가 가장 눈에 띈다. 상하이의 예 징총(葉澄衷)은 전통적인 금속물을 취급하는 동석점(銅錫店)을 운영하고 있었다. 그는 수입 금속 기자재가 각종 건설경기를 타고 잘 팔리자 이를 취급하기 시작했다. 이때 많은 돈을 벌어 2년 만인 1862년 상하이 최초로 금속물 기자재를 전문으로 취급하는 잡화상점을 설립했고, 그로부터 10년이 채 안되는 사이 수만금의 부를 축적한 대상인이 되었다.

한편 외국인 양행의 매판이 되어 부를 축적한 사람도 등장했다. 외국인은 언어장벽이 있는데다가 행동범위에 여러 제한을 받았다. 그래서 외국 상인에게는 농촌 각지를 돌아다니면서 상품을 수집하고 중국인과의 매매교섭을 중개해줄 사람이 필요했다. 이를 위해 고용된 사람이 '매판'인데, 상하이 사람들은 그들을 '캉바이두'(康白度, comprador의 음역 표기)라고 불렀다. 장쑤성 후저우의 비단상인 황 쭤칭(黃佐卿)은 공화양행(公和洋行)의 매판으로, 고향 후저우를 비롯한 장쑤성과 저장성의 산지를 오가면서 누에고치를 수집하여 양행에 넘겨 수출하는 업무를 담당했다. 이 과정에서 자본을 축적하여 상하이 최초로 중국인에 의한 제사공장 공화영사창(公和永絲廠)을 설립했다.

일본에서도 외국인의 활동범위는 명확히 제한돼 있었으니 마찬가지로 매매 중개자가 필요했다. 그러나 요꼬하마의 양행들은 대부분 상하이에 거점을 둔 상사의 지점이었으므로 국제교역에서는 중국에서 데려온 중국인 매판을 활용했고 일본 농촌지역을 대상으로 한 상품 수집활동에서는 주로 일본인 현지 상인의 도움을 받았기 때문에 일본인 매판이 출현하지는 않았다. 현지 상인은 외국 상인으로부터 미리 상업자금을 대부받아 그들이 원하는 물산을 수집해 전해주는 역할을 담당했다. 따라서 외국 상인에게 종속되는 경우가 많았지만 그 와중에 큰 기회를 잡는 사람들도 적지 않았다. 농촌을 떠나 요꼬하마에 와서 상점을 임대하여 도시상인으로 성장해간 경우가 그런 예다. 코오슈우야 추우에몬 (甲州屋忠右衛門)은 카이(야마나시현)에 살던 부농인데, 요꼬하마가 개항되자 인근 마을의 친구와 함께 와서 코오슈우야 상점을 개설하고 고향 카이에서 생사와 차 등을 가져다 외국 상사에 30~40%의 이익을 남기며 넘겨주었고 그들로부터 구입한 수입품 잡화를 일본 현지에서 팔았다. 코오슈우야는 불과 몇년 만에 대규모 상점으로 성장했다.

조선의 상인 출신 서상집(徐相濈)은 1883년 인천에서 정부 고관이 설립한 순신창상회(順信昌商會)의 사원이 되었는데, 후에 실질적으로 회사의 경영을 책임지고 수출입무역과 연안무역에 종사하다가 1895년 공동회사(公同會社) 사장에 취임했다. 공동회사는 갑오개혁으로 조세가 금납화됨에 따라 공전(公錢)의 수납과 미곡 운송을 위해 개항장 세곳에 설립된 회사다. 그는 곡물 상납의 이권보다 외국 회사들과 경쟁하여 상권을 확장하는 데 큰 관심을 두고, 이를 위해서는 창고업과 연안무역을 확대하여 그 기반을 다져야 한다고 보고 이에 주력했다. 그후 사업을 외국무역으로 확장하여 중국의 옌타이로 막대한 양의 인삼을 수출했다. 그의 경영능력에 힘입어 발전 가능성이 높았던 이 회사는 갑오개혁정권이 무너지자 이내 쇠락하였다. 그는 2년 뒤 인천항 객주들과 함께 인천신상회사(仁川紳商會社)를 설립했다. 그의 사례는 유능한 경영능력을 갖춘 상인이라도 정치적 안정과 법제의 지원이 없으면 근대적 상회사를 발전시키기가 쉽지 않았음을 잘 보여준다.

그러나 이런 기회를 잡는 사람은 극소수에 불과했고 개항장의 주민들은 더욱 큰 곤경에 처하기도 했다. 외국인 거류지가 확대됨에 따라 개항장 주민의 집 자체가 강제 철거되는 경우는 최악에 속한다. 그들은 자국 안의 외곽으로 밀려나거나 아예 해외이민의 대열에 끼게 되었다.

특히 인천의 조선인은 먼저 개항된 청·일 양국에서 온 이민자들이 많았기 때문에 그들에게 떠밀려 삶의 터전을 빼앗기고 쫓겨나는 경우가 많았다. 1899년 3월의 『독립신문』은 청국 조계 안에 거주하던 조선인이 정부로부터 헐값의 보상을 받고 쫓겨나는 사정을 이렇게 보도했다. "본국 땅에 타국 사람 살리려고 본국 백성들은 다 내보내고 그 집값을 국고 돈으로 주려 할진대, 본국 백성들은 또 어데 가서나 집을 지니고 살며 국고 돈으로 그 집값을 주게 되면 그 돈은 또 어데서 환충을 할는지"라고 꼬집었다.

이렇게 떠밀려난 조선인들 중 일부는 마침내 미국으로 이민하여 살길을 찾기도 했다. 마침 1868년 미국의 노예무역이 사실상 폐지되고 그 직전에 태평양 횡단 기선항로가 개통되자 중·일 양국인의 미국 이민은 지속적으로 증가했다. 조선인도 이 행렬에 참가한 셈인데, 특히 하와이 사탕수수농장 이민은 조선정부의 승인 아래 적극 추진되었다. 극심한 기근으로 고심하던 대한제국정부는 일본의 이민보호법을 참고하여 관계 법령을 마련하고 여권 발급기관인 수민원(綏民院)을 신설한 다음 이민자 모집과 운송 등의 업무를 미국인 이민회사에 위임했다. 그 결과 1902년 102명이 하와이로 이주한 이래 1905년까지 그 수가 7200여명에 이르렀는데, 그들 중 대다수가 인천 사람이었다.

특별한 지식도 기술도 밑천도 없는 사람들은 개항장에서 외국인이 세운 방직공장, 전차·버스·철도 회사의 노동자가 되었다. 어느 나라에서나 매뉴팩처 형태든 기계제 형태든 방직공장의 노동자는 빈농가정 출신의 미혼여성이 거의 대부분이었다. 서양산 면제품의 수입으로 농촌 가내수공업이 타격을 받아 빈농의 생계가 곤란해지자 단신으로 관련 일자리를 찾아 떠나거나 혹은 온가족이 도시로 이주한 탓에 도시빈민층이 급속히 증가했다. 그들 중 일부가 각 직종의 노동자로 변신했고 주로 일손이 많이 필요한 면방직공장에 취업했다. 특히 면방직 업종에는 여성노동자들이 많았는데, 그들의 임금은 남성의 절반에도 못 미쳤다. 자본의 원시적 축적은 이렇게 빈농 출신 저임금 노동자의 희생 위에서 진행되었다.

전차나 철도 회사도 새로운 일자리가 되었다. 특히 운수회사가 발달하고 화물 운송이 증가함에 따라 각 개항장 부두의 하역노동은 큰 일자리였다. 그러나 여기에도 국가권력이 개입하여 노동시장을 좌우했다. 조선 개항장의 부두 하역업은 대부분 일찍이 해운권을 장악한 일본인에 의해 독점되었다. 이런 상태에서 조선인 하역회사가 설립되어 조선인 선박의 하역을 담당하기로 하고, 외국 기선의 하역은 일본인 하역업자가 담당하기로 했다. 그러나 조선 선적의 기선은 극히 적었기에 조선인 하역노동자가 고용될 여지는 적을 수밖에 없었다. 게다가 그것마저도 내주지 않으려는 일본인 하역회사는 조·일 양국 간의 통상조약에 의거하거나 일본공사관의 도움을 받아 조선인 노동자의 부두노동 참여를 여러가지 방법으로 방해했다. 물론 조선인도 일본인 하역업자가 고용하고 관리하는 일꾼에 끼어들어가곤 했지만 차별대우를 감수하지 않으면 안되었다. 이런 와중에 의화단(義和團)운동과 그 진압전쟁의 혼란을 피해 산둥반도를 건너 인천으로 대거 유입된 중국인 노동자가 부두의 하역노동에 뛰어들어 저임금을 무기로 조선인 노동자와 일자리 다툼을 벌이게 되었다. 이런 상태는 일본 지배하의 식민지 시기 인천에서 지속되었다.

일본의 식민지 타이완에서 먼저 그랬듯이 이후의 식민지 조선에서도 현지인 노동자의 임금은 일본인 노동자의 절반밖에 되지 않았다. 이런

차별은 이윽고 만주국에서도 똑같이 적용되었고, 점차 제국일본의 전
영역으로 확대되었다. 오족협화(五族協和)의 낙토 건설이 소리높이 외
쳐지던 만주에서도 노동자의 임금수준과 지위는 일본인, 조선인, 중국
인 순으로 명확히 차별화되었다.

제2차 아편전쟁시 청나라 병사의 모습

1881년 제2회 일본 내국권업박람회의 기계관 ©일본 국립국회도서관

제3장

국민국가를 향한 개혁과 혁명

동아시아 각국은 근대 국민국가체제의 도전을 받은 후 그 제도를 수용하는 개혁을 단행하였다. 그것은 상비군과 군주입헌제를 바탕으로 통일된 중앙집권체제를 근간으로 하여, 능력을 중시하는 학교제도와 정부의 보호하에 상공업을 육성하는 자본주의 경제제도를 추구하였다. 개혁의 필요성과 방향은 중국에서 먼저 제기되었음에도 실제 개혁은 일본이 먼저 이룩함으로써 이웃나라에 개혁모델로 받아들여졌다. 그러나 이는 처음부터 해외침략과 연동돼 있었기 때문에 이윽고 동아시아 각국이 따를 수 없는 모델로 판명되었고 그 대안으로 급진적인 민주공화혁명이 추구되었다.

개혁구상의
지역연쇄

근대지식의 유통과 연쇄

근대지식은 그 기준에 따라 다양하지만 여기서는 국민국가인 서양 각국에 대한 지리정보, 그들의 국가체제와 그 원리, 국가간 관계를 규율하는 국제법 등으로 좁혀서 보기로 한다. 개항기에 이에 관한 정보를 제공한 선구는 『해국도지』(海國圖志, 초판 1844)와 『만국공법』(萬國公法, 초판 1864)이며, 이 두 책은 개항기 동아시아 각국의 지식인이 근대지식을 얻기 위해 함께 읽은 필독서다. 그들은 이 책을 통해 서양의 사정을 파악하고 근대국가 건설의 개혁으로 나아갔다.

진사 출신의 학자관료 웨이 위안(魏源)과 린 쩌쉬는 청대 중기에 대두한 경세실학 전통을 이어받아 근대 서양지식을 소개하고 수용하는 데 앞장섰다. 먼저 린 쩌쉬는 아편문제를 처리하고 서양 사정을 파악하기 위해 국제법 서적과 백과사전을 번역하여 출간하고, 국제법 규정에 의거해 아편금지 정책을 취하면서 전쟁에 임했다. 그의 친구로 패전과정을 지켜본 웨이 위안은 린 쩌쉬의 번역서를 기초로 삼아 보완한『해국도지』를 1844년 50권으로 간행하고 이어 1847년 60권, 1852년 100권으로 증보했다. 증보판에는 린 쩌쉬가 번역한 바뗄의『국제법』*도 수록되었다.

이 책은 동양·서양·남양·북양 등 바다를 기준으로 각국을 분류해 그 사정을 지도와 함께 소개한 만국지리서다. 하지만 그 내용은 실로 광범하여 각 분야의 근대지식을 풍부히 담고 있다. 저자는「해안 관리 편」을 맨 앞에 두어 서양의 침략과 충격에 대한 대처방안을 방어, 전쟁, 외교(조약 체결)의 경우로 나누어 서술했다. 이를 위해 서양의 장기를 배워서 중국의 장기로 만듦으로써 그들을 제압해야 한다는 '사이제이(師夷制夷)'의 전략적 사고를 제시했다.

첫째, 서양의 기술적 장기인 선박과 총포를 포함한 각종 근대기기의 제조법과 작동법을 설명하고, 단순한 기술을 넘어 군대의 조직과 병사에 대한 적절한 훈련 및 봉급체계까지 포함하는 혁신이 뒷받침되어야 군사력의 증강을 이룩할 수 있음을 강조했다. 특히 이를 촉진하기 위해서는 과거시험에서 수군과(水軍科, 水師科)를 증설하여 기선과 총포를 다룰 줄 아는 사람에게 과거합격자 지위를 부여해야 한다며 과거제 개혁 방향까지 제시하였다.

둘째, 이러한 군사적 장기도 실은 산업화와 국제통상이라는 경제적

바뗄의『국제법』 바뗄은 18세기 스위스의 법학자로, 독일의 철학자 볼프(C. Wolff)의 『국제법』(1749)을 일반인이 알기 쉽게 번안하여 『국제법』(1758)을 저술하였다. 이 책에서 그는 국가의 고유 권리로서의 국가주권을 제시하며 동시에 이를 구속하는 국제법의 효력의 근거를 도출해냈다.

장기에서 나오는 것임을 분명히 했다. 먼저 군수 분야에서 외국인의 기술적 도움을 받아 기계제 공장을 설립하면 필연적으로 민수 분야로 확대된다고 보고, 거기서 선박과 무기는 물론 각종 민수용 기계를 제조하고 이를 국내외에 판매하는 원리를 정확히 파악하고 실천해야 서양을 이길 수 있다고 역설했다.

셋째, 이런 장기들이 국가체제를 비롯한 정치제도와 필연적으로 관련돼 있다고 명기하지는 않았지만 각국의 인문정보를 소개하는 부분에서 이에 관해 설명했다. 특히 미국의 대통령제와 선거법, 상하 양원의회제, 미합중국 헌법 등에 관해 설명하거나 번역, 게재한 것이 그 예다. 여기서 그는 당시의 조건으로 인해 이러한 제도의 수용을 적극 주장할 수 없었지만, 미국을 부강하고 지혜로우며 우의가 있는 나라라고 평가한 사실로 미루어보아 근대 정치제도에 대한 그의 관심은 상당했던 것으로 보인다.

요컨대 이와 같은 내용은 군사기술 수용에 치중한 양무론(洋務論)에 그치지 않고 그것을 포함하되 산업화와 국제통상으로 부국강병을 추구한 점에서 제도개혁을 뜻하는 변법론(變法論)에 가깝다. 그러나 이는 1860년 베이징이 영프연합군에 의해 점령될 때까지 중국 내에서는 거의 무관심이나 조소의 대상이었고, 그후 양무운동에 의해 비로소 부분적으로 실행에 옮겨지기 시작했지만 적극적인 동맹외교론이나 변법론적 내용 탓에 양무파 고관들로부터 비판받았다. 변법론에 대한 온전한 진가의 인정과 실천은 반세기가 지난 뒤 청일전쟁을 거쳐서야 개시되었다.

그에 비해 조선과 일본에 전래된 『해국도지』는 각기 경세실학의 전통 위에서 각국의 필요에 따라 중국에서보다 빨리 수용되었다. 조선

『해국도지』(초판 1844, 위) 『만국공법』(초판 1864, 아래)의 일본 복각본
개혁적 지식의 보고로, 출간 당시 동아시아 지식인의 필독서였다.

에는 1845년 연행사절에 의해 50권본이 전래되었고, 60권본과 100권본도 각각 1847년과 1852년에 간행 즉시 같은 경로를 통해 유입되었다. 청구문화와 서학의 전통을 이어받은 조선 지식인의 학문적 관심은 지대해서 이내 그 요약본이 간행되었고, 최한기(崔漢綺)는 『해국도지』를 정보원으로 삼아 『지구전요』(地球典要, 1857)라는 세계지리서를 저술했다. 그보다 앞서서는 제주도에 유배돼 있던 추사(秋史) 김정희(金正喜)가 1845년 『해국도지』의 전래 사실을 알고 서울의 가족을 통해 그 책을 빌려 읽고서 친구에게 보낸 편지에서 "필독의 책"이라며 그 가치를 인정한 바 있다. 그는 우선 선박 제조기술부터 습득해야 함을 역설하였다. 프랑스와 미국 선박의 침입으로 위기감이 고조되자 1867년 대원군의 지지하에 평양감사 박규수와 훈련대장 신헌(申櫶)이 전함 3척과 수뢰포(수중 시한폭탄)를 제작하여 대동강과 한강 하구 강안에 배치했는데, 이는 모두 『해국도지』의 제조기술에 의거한 것이었다. 박규수는 이 무렵 『해국도지』를 통해 미국 사정을 파악하고 미국에 대해 높은 평가를 내렸다. 그는 미국을 이적시하던 기존의 관점을 버리고 개국론으로 선회하기 시작했고, 제자들에게 『해국도지』를 읽으라고 적극 권유하고 나섰다. 그 문하에서 김옥균(金玉均)·박영효(朴泳孝)·김윤식·유길준(兪吉濬) 등 급진·온건 개화파가 점차 형성되어갔다.

한편 일본에는 조선보다 늦게 『해국도지』가 전래되었으나 무사층의 반응은 조선의 사대부보다 더 빠르고 강하게 나타났다. 『해국도지』는 나가사끼를 드나들던 중국 상선을 통해 1851년과 1853년 처음으로 수입되었으나 기독교 관련 내용을 담고 있다는 이유로 막부에 의해 몰수되었다. 이후 페리 함대가 나타나 개항을 요구했을 때 미국과 국제법에 대해 아는 것이 거의 없던 막부는 이 책에 의거해 사정을 파악했고, 나중에는 미국 부분만을 따로 떼어 간행하기도 했다.『해국도지』에 대한 수요가 단기간에 늘어남에 따라 1858년 통상조약 체결 전에 이미 22종의 이본(異本)이 재간행되었다. 이는 서양과의 충돌 및 접촉에서 일본 무사가 느낀 위기의식이 그만큼 컸음을 말해준다. '동양도덕 서양예술론'을 제창한 사꾸마 쇼오잔(佐久間象山), 막부 말기 유신지사의 스승 요시다 쇼오인, 메이지정부의 개혁 브레인 요꼬이 쇼오난(橫井小楠) 등이 모두『해국도지』를 읽고 당대 서양의 사정을 파악하면서 개혁구상을 선도한 대표적인 인물들이다. 특히 요꼬이 쇼오난은 미국의 자본주의적 면방직공업과 선거에 의한 의회제 입헌정치를 부국강병의 지름길로 파악하고 1868년 유신개혁에 몸을 던졌다.

막부는 1860년부터 구미 각국에 사절단을 직접 파견하여 서양 사정을 파악하기 시작했다. 후꾸자와 유끼찌의『서양사정』(西洋事情, 1867)은『해국도지』에서 얻은 지식을 바탕으로 일본인 자신의 서양견문을 더하여 간행된 책이다. 메이지유신 후 이 책은『해국도지』가 담당했던 역할을 빠르게 대신했다.『해국도지』를 읽고 유학을 결심한 유길준의『서유견문』(西遊見聞, 1895)은 조선에서 그와 동등한 역할을 담당했다. 그렇다고 중국이 더이상 근대지식의 공급원이 아니었던 것은 아니다. 총리아문은 선교사 마틴(W. Martin)으로 하여금 휘튼(H. Wheaton)의 국제법 저서를 번역시켜『만국공법』이란 한문본으로 출간했다. 이 책은 바로 이듬해 막부에 의해 수입되어 재간행되었고, 1868년부터 번역본이 출간되기 시작하여 1882년까지 모두 6종이 나왔다. 이 책은『서양사정』과 함께 메이지 초기 일본의 최대 베스트셀러가 되었다.

이에 비해 정작 중국에서는『만국공법』에 대한 관료와 사대부들의

182

저항적 태도로 인해 초판 300부조차 제대로 배포되지 못했다. 그들의 반감은 '주권'(sovereignty)을 설명한 부분을 보면 쉽게 알 수 있다.

국가를 다스리는 최고권을 일러 주권이라 하는데, 이 주권은 안에서 행해지기도 하고 밖에서 행해지기도 한다. 주권이 안에서 행해지는 것은 각국의 법도에 의거하며 타국의 승인이 필요하지 않다. (…) 주권이 밖에서 행해지는 것은 본국이 자주(independence)하여 타국의 명령을 듣지 않는 것이다. (…) 주권이 바깥에서 행해지는 데는 반드시 타국의 승인을 필요로 하며 그래야 비로소 완전해질 수 있다. 새로 건립된 국가가 만약 국제사회의 일원으로 가입하고자 한다면 각국은 서로 행할 권리와 의무를 승인하며, 타국이 그것을 승인하지 않으면 이러한 권리들을 함께 누릴 수 없다. 각국은 그 승인 여부를 모두 자주적으로 결정하며 그 책임을 감당한다.

요컨대 대등한 주권국가들의 상호승인으로 형성된 국제사회에서 국가의 위상과 권리, 의무는 평등하다는 것이 그 핵심논리다. 이는 자신을 천하유일의 종주국으로 자처하고 나머지 국가를 모두 그 번속국이나 외이(外夷)로 간주하던 중국인의 위계화된 천하관에서는 수용하기 어려울 수밖에 없었다. independence를 '독립'이 아닌 '자주'로 번역한 것도 그 때문이다. 이와 달리 일본이 이를 즉각 수입하여 번역한 것은 이 국제법의 논리가 중국 중심의 질서를 깨뜨리는 무기로 활용될 수 있었기 때문이다. 일본은 이를 활용해 청일수호조규(1871)를 맺고 자국이 이미 청조 중국과 대등한 국제법상의 지위를 확인받았음을 전제로 조선과 류우뀨우를 중화질서에서 분리시키려는 공작에 착수했다. 그럴수록 중화질서 속에 가장 깊숙이 편입돼 있던 조선으로서는 공법의 논리를 적극 수용하기가 어려웠다.『만국공법』이 조선에 유입된 경위는 불분명한데 단지 조일수호조규(1876) 이전에 이미 수입되었다는 사실만 알려져 있다. 베트남에서도 이 책이 수입되어 재간행되었는데, 아마 프랑스의 침략에 저항하면서 외교적 대처방안을 찾으려 했기 때문이었을 것이다.

이윽고 동아시아 각국은 근대지식을 담은 책을 '신서(新書)'라 불렀다. 후꾸자와 유끼찌의『문명론의 개략』(文明論之槪略, 1875) 같은 일본의 신서를 중국과 조선의 사대부들이 읽은 것은 시간이 좀더 흐른 뒤였다. 이는 그들이 일본식 개혁의 필요성을 덜 느낀데다 중국 중심으로 형성된 한자문화권의 오랜 지식 유통구조에 익숙해 있었기 때문일 것이다. 한편으로는 1881년 토오꾜오대학에 국제법학과가 설치되면서 '국제법'이 '만국공법'을 점차 대신하는 용어로 자리 잡아갔고, 이런 추세는 청일전쟁을 거치면서 점차 굳어졌다. 특히 1898년 메이지유신을 모델로 삼은 변법개혁운동이 실패한 뒤, 량 치차오(梁啓超) 등 중국 지식인은 서양 신서를 직접 읽기보다 이미 한자용어로 번역된 일본 신서를 더욱 적극적으로 찾아 읽고 근대지식을 습득했다. 이렇게 하여 그들에 의해 씌어진 중국판 신서는 다시 조선과 베트남의 개명 지식인들에게 널리 읽히며 개혁적 근대지식의 연쇄를 이루어갔다. 량 치차오의『음빙실문집』(飮氷室文集, 1902)은 그 대표적인 예다.

개혁주체의 형성과 개혁정당화론

동아시아 각국에서는 개항 전에 이미 경세치용 성향의 실학파 인사들이 조세제도·운송제도·관료선발제도·교육제도 등 국정 전반에 대한 개혁 필요성을 제기했다. 그 바탕 위에서 개항 후 근대지식을 습득하면서 국민국가체제의 특징과 운영원리를 점차 이해하고 수용하려는 개혁 주체와 개혁정당화론이 형성되었다. 그런데 제도개혁의 주체는 일찍이 근대지식을 자신의 언어로 재구성하여 생산해낸 중국보다 일본에서 먼저 형성되었고, 중국은 조선보다도 약간 늦었다.

일본의 막부는 무사정부로서 서양세력에 의해 조성된 군사적 대외위기를 특별히 강하게 느껴 개항과 거의 동시에 스스로 부국강병을 위한 개혁에 나섰다. 그렇지 않을 경우 존왕양이를 명분으로 서양을 배척하던 양이파에게 권력과 권위가 급속히 쏠릴 가능성이 컸다. 초오슈우번과 사쯔마번을 중심으로 한 양이파는 막번체제의 구조적 특성상 단순한 재야세력이 아니라 자체 재정과 군사력을 보유하고 있었기 때문이다. 더구나 이 두 번은 자체의 재정개혁으로 확보한 기금이 있었기에 개항 직후 나가사끼를 통해 서양의 군함과 무기를 사들일 수 있었다. 이와 같이 양이파도 실제로는 서구문물 수용에 적극적이었고 이들 중에서 이윽고 유신개혁파가 대두하게 되었다는 사실은 다른 이웃나라에서는 볼 수 없는 특징이다. 초오슈우번은 1863년 신식 상비군을 창건하여 무사의 특권을 폐지했는데, 이 군대가 불과 5년 만에 막부 타도의 주력군으로 성장했다. 이는 막부가 먼저 해군사관양성소를 세우고 신식 군함을 수입해 해군력을 강화하면서 1860년 태평양 횡단에 성공한 데 대한 경쟁적 대응이었다. 막부는 1866년 프랑스의 차관과 기술지원으로 재정 및 제도 개혁에 착수하여 막부군을 직업적 상비군으로 개편하고 내각제와 상공업 진흥까지 포함하는 개혁을 추진하기 시작했다.

반면 양이파는 그간의 폭력적 양이운동, 예컨대 개항 교섭에 앞장선 막부 관리와 외국인에 대한 암살, 영국 공사관 및 선박에 대한 습격 등이 서양 연합함대의 반격으로 참패하자 한동안 갈피를 잡지 못하고 분열되었다. 이윽고 각지에서 농민소요가 폭증하자 그들은 위기감 속에 전열을 다시 가다듬고 막부 타도를 공동목표로 삼아 결집하기 시작했다. 타까스기 신사꾸(高杉晋作), 이또오 히로부미(伊藤博文), 사이고오 타까모리(西鄉隆盛) 등을 비롯한 초오슈우와 사쯔마의 하급무사들은 각각 무력대결도 불사하는 자세로 다이묘오를 압박하여 번 권력을 장악함으로써 막부 타도의 내전 진지를 구축했다. 이즈음 비로소 이들도 막부를 돕는 프랑스 같은 외부로부터의 지원이 절실해졌고, 그에 따라 프랑스와 경쟁관계에 있던 영국의 차관과 기술지원하에 서구식 근대국가체제를 향한 개혁을 추구했다. 이로써 막부는 쇼오군 중심으로, 서남의 유력 번들(雄藩)은 천황 중심으로 중앙집권국가를 수립하는 개혁을 추진하는 경쟁구도가 확립되었다. 결국 천황파는 1868년 내전을 통해 막부를 타도하고 유신개혁의 길을 갔다.

조선의 개화파는 실학의 이용후생론을 이어받으면서 양무운동의 영향 속에서 점차 형성되었다. 중국 양무운동의 추진 상황은 정기적인 조공사절에 의해 제때 파악되었으나 정부 차원에서는 대원군정권(1864~73)이 무기제조 방면의 양무 서적을 구입해 훈련도감과 삼군부에 배포할 뿐 통상거부 정책을 견지했다. 그러나 바로 그때 물밑에서는 박지원(朴趾源)의 실학사상을 계승한 고위관료 박규수, 이미『해국도지』초판본을 탐독한 김정희 문하에 있던 중인 오경석(吳慶錫), 그리고 역시 중인으로 그의 친구인 유대치(劉大致) 등을 중심으로 통상과 기술혁신을 추구하는 온건개화파가 대두했다. 고종의 친정(親政) 이후 일본과의 수호통상조약 체결, 일본의 유신개혁과 청국의 양무개혁 상황을 시찰하기 위한 사절단 파견, 1880년 개혁 추진기구인 통리기무아문 설치 등 정부 주도의 점진적 개화정책이 시행된 것은 바로 이들의 뒷받침이 있었기에 가능했다. 이렇게 온건한 개혁정책이었음에도 이에 맞서 구속 수감도 불사하는 재야 양반사대부의 위정척사운동이 거세게 일어났다.

한편 바로 그런 반동의 물결을 단숨에 뛰어넘으려는 청년사대부 중심의 급진개혁파가 고개를 들었다. 입헌군주제와 자본주의적 상공업을 토대로 한 국민국가체제의 수립을 추구한 김옥균·박영효 등은 메이지 유신의 영향을 크게 받고 있었다. 그들은 돈도 군대도 없이 1884년 갑신정변을 시도했다가 실패했다. 다소 성급했던 그들과 달리 쿠데타에 조급히 나서지 않으면서도 변법개혁을 암중모색한 인사들도 있었으니, 이들은 1880년 전래된 정 관잉(鄭觀應)의 『이언』(易言, 1880)의 영향을 받았다. 1882년 고종이 개화정책 추진에 도움이 될 만한 조야의 의견을 널리 구하는 조서를 내리자 100여명이 의견을 제출했는데 그중 17명이 이 책에 의거해 부국강병책을 진언했다. 정부는 이듬해 이 책을 번역 출간함으로써 일본식 개화정책에 저항하던 양반사대부들의 반감을 중국발 개혁론으로 우회하고자 했다.

웨이 위안의 『해국도지』는 '서양의 장기를 배워 서양을 제압하자'는 사이장기(師夷長技)론을 바탕으로 기술도입의 양무론과 제도수용의 변법론을 모두 제시했지만, 청조는 그 어느 쪽으로의 변화도 무시한 채 결국 태평천국 봉기조차 진압하지 못하고 1860년 수도 베이징이 '외국 오랑캐'에게 점령당하는 변국을 맞이했다. 이런 내우외환의 급박한 상황에서 궁정 내 권력다툼인 신유정변이 일어나 동치제가 즉위함에 따라 서구와의 협조를 전제로 서구의 기술수용, 즉 양무운동을 추진하기 시작했다. 이러한 온건개혁의 주체는 태평천국 진압에 앞장선 쩡 궈판(曾

國藩), 쬐 쫑탕(左宗棠), 리 훙장(李鴻章)을 비롯한 동남 각 성의 고관들이었고 이를 펑 구이펀(馮桂芬) 같은 개혁적 하층신사들이 보좌했다. 따라서 그 일차적인 목표는 태평천국 봉기를 진압하는 데 필요한 군사력을 배양하는 데 있었다. 다만 그들은 뚜렷한 정치이념을 공유한 것은 아니었고, 태평천국을 체제에 대한 도전으로 간주한 한족 고관들이 개별적으로 양무사업에 참여하는 정도였다. 중앙정부에서는 공친왕을 비롯한 극소수만이 이와 보조를 함께할 뿐 대다수는 개혁에 반대입장을 고수했다.

이때 리 훙장은 기계의 제조야말로 외압을 물리치고 자강을 이룩하는 밑거름이니 이를 군수 분야에서 민수 분야로 확대하면 민간의 상인들도 스스로의 이익을 구해 근대적 상공업에 적극 나설 것으로 보았다. 이는 1865년 황제에게 올린 상주문에 제시된 내용인데, 그 내용이 마치 『해국도지』의 일부를 옮겨놓은 것 같다. 이런 전망을 품은 양무파 고관들이 기술수용을 위해 서구인과 접촉하는 동안, 그들을 보좌하던 젊은 사대부들 사이에서는 서양의 국민국가체제를 파악하고 점차 그 체제 수용에 의한 개혁의 필요성을 인식하는 개혁파가 형성되어갔다. 20년 간의 양무운동에도 불구하고 1884년 청프전쟁에서 패한 것이 그 계기로 작용했다. 이 무렵 개혁론의 대표적인 예는 정 관잉의 『이언』에서 볼 수 있다. 이 책의 골자는 만국공법, 자본주의적 상공업 경제, 의회제 입헌정치를 수용해 중국을 개혁하자는 것이다. 나아가 변방업무와 관련하여, 중국의 번병(藩屛, 울타리)인 조선과 베트남도 통상·광산개발 등으로 부강하게 만들어야 한다는 내용을 담았다.

청프전쟁에서 청이 패배한 뒤 이러한 제도개혁론은 개혁적 사대부들 사이에서 공감대를 넓혀가기 시작했다. 그들은 이전의 양무파 고관들과 달리 불평등조약의 폐지와 의회정치 도입이라는 제도개혁의 방향을 분명히 하기에 이르렀다. 그러나 아직 그들은 극소수였고 청조의 전제정치하에서 언론·집회·결사가 금지된 탓에 서로를 연결할 네트워크조차 갖고 있지 못했다. 정부의 처벌을 각오한 채 그 족쇄를 스스로 넘어설 용기는 "한때 조공국이었던 총알만 한 일본"에 패배한 청일전쟁의 충격과 굴욕감으로부터 나왔다. 거인(擧人)으로서 수도에서의 전국단위 시험〔會試〕을 위해 베이징에 당도한 캉 유웨이(康有爲)가 동료 거인들과 함께 연명(連名)으로 절박한 내용의 개혁상소를 올림으로써 그 실천의 물꼬를 텄다. 그후 그들은 비로소 학회라는 이름으로 결사를 이루고, 신문·잡지를 간행하여 개혁론을 공유하면서 여론을 조성하고 이를 바탕으로 세력을 결집하기 시작했다. 제도혁신의 급진개혁파는 이렇게 하여 형성되었다. 그는 량 치차오와 함께 후난성에서 먼저 개혁을 시도함으로써 중국판 사쯔마나 초오슈우를 만든 다음 이를 바탕으로 중앙정부 차원의 전국적 개혁(무술변법, 1898)으로 확산시키려 했다. 『해국도지』가 출간된 지 50여년 만의 일이다.

근대국가 수립을 목표로 한 제도개혁은 이처럼 메이지유신(1868), 갑신정변(1884), 무술변법(1898) 순으로 시도되었다. 베트남도 양무운동식 온건개혁을 시도하던 중 프랑스의 침략을 받아 보호국으로 전락했다. 자국과 외국이 서로 영향을 주고받는 사이에 메이지유신이 그 목표를 달성한 것에 비해, 갑신정변과 무술변법은 개혁파가 미처 성숙하지 못한 조건에서 외세에 의존하면서 조급하게 시도되었다가 일을 그르쳤다는 비난도 받고 있다. 물론 그런 면이 없진 않지만, 일본의 유신개혁파 역시 자신의 기반을 충분히 다진 뒤에 실천에 나선 것은 아니었다.

동아시아에서는 물론 러시아 같은 그밖의 지역에서도 이질적인 근대

문명과 접했을 때 수용세력보다 거부세력이 더 컸는데, 그러다보니 그들의 저항을 완화하면서 선택적으로 수용하기 위한 정당화 논리가 등장했다. 그것은 양측을 절충한 논리구조를 취했다. 중국의 '중체서용(中體西用)', 조선의 '동도서기(東道西器)', 일본의 '동도서예(東道西藝)' 혹은 '화혼양재(和魂洋才)'가 모두 그런 예다. 모두 자신의 문화전통을 기본으로 삼고 이를 토대로 제한적으로 수용된 서구문물로써 보완한다는 공통점을 지닌다. 그러나 일단 그런 제한적 절충론에 의해 수용의 돌파구가 열리면 수용의 범위가 갈수록 확대되는 것은 시간문제다. 정 관잉은 중체서용론을 바탕으로 점차 제도개혁을 주장했고, 김윤식 같은 동도서기론자들도 1890년대로 접어들면서 제도개혁론으로 나아갔다. 변하지 않으면 쇠약해지고 쇠약해지면 잡아먹힌다는 사회진화론이 제도개혁론을 사상적으로 뒷받침해주었다.

각국의 개혁파가 등장하는 과정을 비교해보면 특이하게도 일본의 개혁파는 기존의 중앙권력인 막부와 이를 타도하려는 반막부세력인 서남 유력 번 양측에서 거의 동시에 나타났다. 즉 메이지유신은 두 개혁세력의 주도권 다툼인 데 반해 갑신정변과 무술변법은 개혁과 수구의 대결이었다. 일본에서는 개혁성향 또한 기술수용의 온건개혁에서 제도혁신의 급진개혁으로 단기간에 극적으로 변모했다. 이처럼 개혁의 폭과 속도에서 차이가 나는 까닭은 개혁이 현실사회의 구조와 역학관계에 의해 규정된 결과다. 일본의 경우 무사사회답게 무력대결의 내전으로 그 한계를 단번에 돌파해버렸다. 같은 문인사대부 사회이면서도 중국과 베트남의 개혁이 조선의 그것보다 늦었던 까닭은 과거의 힘, 곧 전통 속에서 형성된 제국체제가 관성으로 작용한 때문일 것이다. 중화제국은 자타가 공인하는 문명의 중심이었고, 그 중화제국 모델을 수용하여 가장 성공적으로 자신의 제국질서를 구축한 예가 17세기 이래의 베트남이었으니, 경쟁을 허용하지 않는 제국체제는 결국 두 나라가 외래의 새로운 문명을 수용하는 데 걸림돌이 될 수밖에 없었다.

동아시아 국민국가 모델

근대 이전 동아시아의 왕조국가나 막번국가와 비교되는 국민국가란 어떤 체제인가? 국민국가는 'nation-state'의 번역어로서 민족국가라고 번역되기도 한다. 그런데 근대 한중일 3국에서 '민족'과 '국민'은 서로 다른 의미로 받아들여졌다. 폴크(Volk)와 나치온(Nation)을 구별한 독일의 국가학설에 따른 결과, 민족은 혈통·거주지·언어(문자)·풍속(습관) 등 문화적 동질집단을 지칭하는 인류학적 개념이고 국민은 국가의 구성원을 지칭하는 법률적 개념이 되었다. 흔히 전자를 문화적 동질성을 바탕으로 일체감을 형성한다는 의미에서 '문화민족'이라 하고, 후자를 국가의 민주적 정치제도에 의거해 일체감을 형성한다는 의미에서 '국가민족' 혹은 '정치민족'이라 부른다.

먼저 제국일본이 새로 합병한 류우뀨우, 아이누를 통틀어 하나의 '일본민족'이라 부르고 이웃나라들에 대해 제국주의적 팽창정책을 취하게 되자, 중국은 이에 맞서 한족 외에 만주족·몽골족·티베트족·위구르족까지를 아울러 하나의 '중화민족'이라 부르기 시작했다. 현실의 국가 경계에 의해 획정된 국가민족, 가령 일본민족이나 중화민족(나중에 성립된 '베트남민족'도 마찬가지다)에는 문화적 독자성을 갖춘 다수의 문화민족이 포함돼 있다. 이것이 '조선민족'과 다른 점이다.

국민국가 수립은 중앙집권적 통일국가체제를 확립하는 국가기구 확립과정과 전(前)근대의 문화민족을 바탕으로 국가민족을 창출하는 국민 형성과정으로 나누어볼 수 있다. 동아시아의 경우 그것은 대체로 ①상비군과 관료제에 의거해 국가의 일원적 지배를 관철시키는 행정체계와 법제, ②통일된 시장을 형성하는 상공업 중심의 산업화된 경제, ③인민주권을 보장하는 입헌정치, ④하나의 언어로 의사소통을 가능케 하는 국어와 과거의 기억을 공유케 해주는 국사, ⑤주류민족의 문화적 동질성을 바탕으로 제국주의의 침략에 맞서 국가주권을 확립하려는 반제투쟁 등으로 나타났다.

동아시아의 왕조국가와 막번국가는 이들 요소 중 대부분을 이미 갖추고 있었으나 결함도 여전히 많았는데, 특히 ①~③의 국민국가 시스템은 자신의 전통 위에서 서구 모델로부터 배워오지 않을 수 없었다. 그것은 앞서 본 대로 『해국도지』와 『이언』 같은 서적에 의해 초보적으로 파악되기 시작한 후 구미나 이웃나라에 시찰단을 보내 직접 보고 배우는 단계로 진전하였다. 그러나 결국 동아시아에서 국민국가체제를 수립해 이웃나라가 본받으려 한 모델이 된 것은 일본이었다.

일본에서 국민국가체제는 갓 출범한 메이지정부에 의해 1871년 파견된 이와꾸라사절단(岩倉使節團)을 통해서 온전히 수용되었다. 그러나 이전의 막부가 1860~67년 여섯차례에 걸쳐 미국과 유럽에 사절단을 파견하여 조약 관련 업무를 처리하고 각국의 사정을 직접 살핀 것은 그 전사로서 중시되어야 한다. 그중 다섯차례가 1862년 이후에 집중되어 있는데, 이는 아마도 그해 막부의 상무시찰단이 상하이를 방문하고 받은 충격의 여파와도 무관하지 않은 것으로 보인다.

그들은 상하이에 머무는 두달간 중국의 양면을 목격했다. 우선 상하이항에 정박하고 있는 서양 상선과 군함의 규모, 새로 조성된 황푸강 주변의 조계를 중심으로 한 근대도시의 번영에 놀랐고, 태평천국의 상하이 진공에 무기력한 청국군을 대신하여 영·프 등 외국군이 나서서 상하이를 방어하는 모습에 충격을 받았다. 그때 외국군은 상하이의 성문을 지키면서 공자 사당인 문묘를 주둔지로 사용하고 있었다. 식민지처럼 쇠락한 청조와 강성한 서양이라는 이 대비 속에서 시찰단은 자국과 서양의 격차를 보여주는 축소판을 보았음이 분명하다. 이때 외국군의 위용을 직접 목격한 무사 출신 타까스기 신사꾸는 귀국하자마자 그것을 모델로 삼아 초오슈우번의 신식 상비군 쇼따이(諸隊)를 창건하고 막부 타도의 선봉장이 되었다. 그리고 그들의 마음속에는 무기력한 청국에 대한 멸시감이 분명하게 뿌리내리기 시작했다.

이처럼 강성한 서양세력과 허약한 '지나'(그들은 견문록에서 이렇게 호칭했다)가 대비될수록 일본의 양이파가 느끼는 위기감은 더욱 커졌고, 그들이 막부를 타도한 뒤 추구할 부국강병의 방안은 결국 서구 국민국가 모델의 신속한 수용이었다. 이를 최종적으로 확인시켜준 계기가 이와꾸라사절단의 서구 체험이었다. 그들은 불평등조약을 개정하려던 교섭이 실패하자, 1871년을 전후하여 소국에서 대국으로 급속히 발돋움한 독일의 근대국가체제를 학습하는 데 주력했다. 당시 독일은 장기간 분열해온 지방분권체제를 무력으로 막 통일해나가던 상황이어서 유신 직후 일본의 정치상황에 가장 부합하는 모델로 간주되었다.

독일 모델을 따라 메이지정부의 국민국가체제도 천황을 정점으로 하는 상비군 건설과 식산흥업에 의한 상공업제도의 이식에 힘썼으나 입헌정치제도의 도입은 미루어진 채였다. 그것은 정부가 군수기업을 창설하고 육성하여 산업의 중추로 키우고 거기서 민수품 생산도 담당하는 형태로 나타났다. 이렇게 군사력 강화와 상공업 진흥에 집중하는 전략은 일본 특유의 것이라기보다, 『해국도지』에도 제시되어 있듯이 외침의 위협에 노출된 동아시아 국가들이 취할 수 있는 가장 효율적인 부국강병 방안이었다.

메이지정부는 먼저 제철소와 조선소 및 제조창을 비롯한 군수공업을 일으켜 이를 직영했다. 그중에는 막부가 설립한 것들도 포함되었다. 점차 제사·직물·제당을 비롯한 민수공업도 육성했으나, 기술도 자금도 군수기업에만 집중된 상태여서 오오사까방적 등 소수를 제외하면 근대기업에 미치지 못했다. 그 결과 대부분의 민수품은 여전히 전통적 수공업 방식으로 생산되었다. 민수기업들은 대부분 적자를 면치 못한 채 군수기업과 마찬가지로 국가재정을 압박했다. 이에 1884~96년 사이 관영기업을 불하하는 정책이 단행되었다. 헐값의 장기분할이라는 유리한 불하조건으로 새롭게 출범한 민영기업들은 섬유공업을 중심으로 한 경공업에 집중적으로 투자했고, 그 결과 1886~90년 사이 수입한 서양 기계를 바탕으로 대규모 방적공업 시설들이 설립되었다. 그밖에도 정부는 은행과 신용제도 확립, 회사설립 장려, 외국인 기술자 초빙과 기술이전, 자금의 저리융자 등의 인프라 확충과 직접적 지원을 아끼지 않았다. 상공업을 직영하고 이를 지원한 이 정책들은 보호관세제도가 없는 악조건을 돌파하는 유력한 힘이 되었다. 그 결과 방적공업은 1890년에 이미 과잉생산을 기록할 정도로 급속히 성장했고 영국산 면제품의 중계무역을 벗어나 자국산 면제품의 수출시대를 열게 되었다.

군수기업은 본래 시장생산을 전제로 한 것이 아니었기에 이 기업이 잘 돌아가려면 전쟁이 필수적이었다. 정부는 관영 민수기업으로 인한 재정압박에서 벗어나 재원을 군수기업에 집중 투입하면서 1883년부터 군비확장에 주력했다. 그 목표는 이미 조선을 넘어 중국을 향하고 있었으니, 여기서 '정토청국책(征討淸國策, 1887)'이 눈길을 끈다. 이는 임오군란 직후 조선을 둘러싸고 경쟁하던 청국이 프랑스와의 전쟁에서 패하자 아예 청국을 가상적국으로 설정한 침략전쟁의 계획이다.

이렇게 군수기업 중심의 식산흥업으로 부국강병을 추구하면서 동시에 추진하지 않으면 안되었던 국민국가 건설 프로젝트의 하나는 국민적(민족적) 일체감 형성이었다. 세이난전쟁에서 '불평사족'을 최종적으로 제압했다고 하더라도, 에도시대 260여개의 번이 각기 하나의 쿠니(國)로 불렸음을 감안하면 대다수 인민이 하나의 일본국민이라는 일체감을 갖도록 하는 것은 새로운 과제였다. 이를 위해 정부는 입헌정치에 의해 부여되는 기본적 자유와 권리의 평등이라는 정치적 기제를 내세우기보다, 모든 인민은 황실을 본가로 하여 피를 나눈 분가라는 의사(擬似)혈연관계를 설정하였다. 그리고 그 위에서 천황을 최고신으로 하는 신또오(神道)신앙의 전국적 신사(神社) 조직망 속에 전인민을 편제하는 문화적 기제를 활용한 것이다. 제도와 법률이라는 근대적 형식은 이를 보좌하는 장치로 쓰였다. 천황에 대한 불경죄를 규정한 법령(1880), 충군애국의 명분 아래 모든 학생과 군인을 천황의 수족으로 여기도록 만드는 학교제와 징병제, 천황을 신으로 국민을 그 신민으로 규정한 제국헌법(1889) 등이 모두 그러하다.

이리하여 1880년대에 독일의 문화민족에 가까운 민족 개념이 일본에 등장했다. 그러나 '일본국민'이나 '일본민족'이라는 일체감이 실제로 형성된 것은 청일·러일전쟁의 승리를 통해 천황제가 군사적 영광을 대내외적으로 확인함으로써 일반 인민의 심리를 장악하고서부터다. 물론 1945년까지 주권은 천황에게 있었으므로 국민주권은 결여된 채였다.

따라서 근대일본은 기형의 국민국가였다.

후대 학자들은 이를 성공한 근대국가 모델로 일컫지만 동시에 그것은 당대 일본 민중에게는 물론 동아시아 이웃나라에 이윽고 대재앙으로 다가올 터였다. 그럼에도 역설적으로 조선과 중국 등 동아시아 이웃나라는 이를 자국의 모델로 설정하고 학습하게 되었다. 1880년대 조선의 김옥균과 박영효, 중국의 황 쭌셴(黃遵憲)과 캉 유웨이 등이 앞장서서 이를 자국의 개혁모델로 간주하기 시작했다. 양국은 모두 오래전부터 일본을 문화적 후진국으로 간주해온 만큼, 이는 유례없는 일이었다. 청일전쟁 전에 씌어진 황 쭌셴의 『일본국지』(日本國志, 초판 1895)는 메이지유신에 대한 중국 최초의 방대한 연구서로서 중국 조야에 일본형 국민국가 모델을 알리는 데 지대한 구실을 했다. 청일전쟁 직후에는 마침내 "강적 일본을 스승으로 삼자"는 주장이 터져나왔다. 량 치차오는 『변법통의』(變法通議, 1896)에서 이렇게 외쳤다. "일본 같은 소국도 변화하여 저렇게 강력해졌으니 변법의 효험은 분명하지 않은가? 중국을 구하려면 변법유신뿐이고 유신하려면 서양을 배워야 하는데, 이미 일본이 그리했으니 중국이 일본으로부터 배우지 못할 이유가 있겠는가?"

조선의 갑신정변-갑오개혁-광무개혁,* 중국의 무술변법-청말 신정개혁(新政改革)*은 모두 이렇게 파악된 메이지유신을 모델로 한 개혁시

광무개혁 1897~1904년 대한제국이 단행한 내정개혁. 주요 개혁조치는 토지측량 등의 농업 안정, 각종 학교의 설립, 군의 근대식 혁신 등이었는데, 대한제국이 열강의 간섭과 내부의 분열로 무너지면서 그 조치들도 유명무실해졌다.

신정개혁 1901~11년 청 광서제 집권기에 정부가 주도했던 청의 마지막 개혁. 주로 교육·군사·실업 진흥에 목표를 두는 등 자본주의적 요소의 도입을 확대하였고, 러일전쟁 후 여론에 밀려 입헌제 도입도 추진했다.

도들이다. 그런데 이를 통해 일본 모델이 부분적으로는 수용되고 이식되었지만 결국 성공에 이르진 못했다. 그 원인은 다양하지만 여기서는 일본형 국민국가 모델의 핵심인 천황제와 해외침략, 그리고 국가 주도 세력의 폭력적 교체까지 배워올 수는 없었다는 점을 강조해두고 싶다.

2

국가체제의 전환,
개혁과 혁명

개혁 추진과 국제관계

국가체제의 근대적 전환은 그 방법에 따라 개혁과 혁명의 두 유형으로 나누어진다. 개혁은 기존 지배질서 안에서 평화적 수단에 의해 수행되는 것이고, 혁명은 그 범위를 넘어서 폭력적 수단에 의해 수행되는 것이다. 각국은 우선 개혁의 방법을 취했고, 그것이 실패하는 경우 혁명으로 나아갔다. 조선, 중국, 베트남이 그에 해당한다. 일본의 메이지유신은 이들 3국에 개혁의 모델로 인식되었으나 거기에는 개혁과 혁명의 양면이 내포되어 있다. 막부 자신에 의한 개혁이 추진되는 속에 불만무사들이 막번체제를 무력으로 타도하고 사회·경제구조까지 혁신했기 때문이다. 다만 천황중심사관에 의해 이런 혁명적 측면이 과소평가되고 있을 뿐이다. 개혁 추진과정에서 여러가지 촉진요인과 방해요인이 작용하였는데, 여기서는 군사력과 재원의 확보를 국제적 조건 속에서 비교해보고자 한다.

메이지유신에서 막부 타도의 군사력은 사쯔마와 초오슈우 등 서남 유력 번의 하급무사들이 번 권력을 장악함으로써 조성되었다. 사쯔마는 인구의 1/4이 무사여서 생계의 불안을 느끼는 하급무사가 특히 많았고 초오슈우는 태평천국운동을 진압한 신식 군대에 자극받아 가장 먼저 농민병을 주축으로 하는 쇼따이를 창설했다. 바로 이 두 번과 토사·히젠 번의 하급무사들이, 기존의 존왕양이(尊王攘夷)운동*으로 강화된 군사력을 다이묘오와의 대결을 통해 장악하고 상호 연합하여 막부군을 상대로 내전을 벌였다. 대다수의 번들은 이를 관망했기에 막부 측은 3개월 만에 에도성을 내놓을 수밖에 없었고, 그후 동북의 몇개 번이 저항했으나 이미 대세는 기운 뒤였다. 이윽고 각 번이 폐지되고 새로 현이 설치되는 폐번치현도 큰 저항 없이 진행되었다. 대외위기 속에서 각 번들이 재정적자에 허덕이고 있었기 때문이다. 상황이 이러했음에도 내전과정에서 희생된 인명은 3만명에 달했다. 이로써 260여년간 존속한 막번체제와 쇼오군 및 다이묘오 권력이 타도되었다. 메이지유신을 갑신정변-갑오·광무개혁, 무술변법-신정개혁과 동일선상에 놓고 보아서는 안되는 까닭이 여기에 있다.

메이지정부는 곧바로 무사의 특권을 폐지하고 징병제·식산흥업·의무교육 등 개혁과제를 추진하였다. 여기에 필요한 새로운 재원은 어떻게 마련했을까? 우선 총생산고의 1/4에 해당하는 700만석의 막부 직영

존왕양이운동 개항 이후 후기 국학과 미또학의 영향 속에 일어난 일본의 외세배격운동. 존왕론은 천황의 고대적 권위를 복원하려던 천황숭배 사상이며, 양이론은 이를 바탕으로 외세를 배격하고자 했던 사상이다. 이 두 조류가 서로 결합되어 막부 타도의 메이지유신으로 발전하였다.

지를 70만석만 남겨준 채 몰수하여 새 정부의 재원으로 삼았다. 이어서 지조개정(1873)으로 전국의 토지세를 지가에 근거해 일률적으로 징수함으로써 세입의 80%를 확보했다. 그리고 관세를 담보로 영국에서 철도차관을 도입했다.

차관을 제공하는 등 개혁을 지원할 외국이 있었던 것은 일본에 행운이었다. 영국은 유신 전부터 막부를 지원하던 프랑스와 달리 반(反)막부파를 지원해왔던 만큼 메이지정부의 개혁을 방해할 이유가 없었다. 미국도 조약상의 특권을 향유하는 선에 그칠 뿐 그 이상으로 일본의 내정에 간섭하거나 식민지화하려는 시도는 하지 않았다. 그 이유에 대해서는 당시 서양이 자유방임주의 단계에 있었기 때문이라고 보는 견해가 지배적이지만, 이는 일본에만 적용되는 말이기에 설득력이 약하다. 바로 그 자유방임주의 단계의 영국과 프랑스가 인도차이나반도에서 식민지 건설에 열중하여 각각 싱가포르와 코친차이나를 점령한 것을 보라. 그런 서구로부터 지원을 받고 있던 일본도 1874년 타이완 침공 때 이미 서구를 모방하여 식민지 건설을 위한 극비계획을 수립하고 곧이어 류우뀨우왕국을 합병했다. 이런 대외 군사행동이 있어야만 개혁 추진의 장애물로 작용할 위험이 있던 도태된 무사들의 불만을 해소할 수 있었기 때문이다.

그러므로 일본의 개혁 추진은 곧 이웃나라의 개혁에는 자극제인 동시에 장애물로 작용했다. 일본은 청국과 동등한 국제지위를 규정한 청일수호조규를 비준도 하기 전인 1872년부터 개정하여 구미열강과 동등한 특권을 누리는 지위를 확보하려 기도함으로써 탈아(脫亞)노선을 분명히 했다. 이 탈아노선은 후에 청국에 의해 거부되었지만, 조일수호조규를 통해 조선을 상대로 관철되었다. 당대 일본 최고의 계몽사상가로 추앙받던 후꾸자와 유끼찌도 1884년 청프전쟁에서 청국이 패하자 열강에 의한 중국의 분할을 예상하고 푸젠과 타이완을 일본이 영유해야 한다고 주장할 정도였다. 그후 자유민권운동 좌파들조차 청일전쟁을 향한 여론 조성에 앞장서기 시작했다.

따라서 조선의 개혁파가 군사력도 재원도 갖추지 못한 상태에서 갑신정변(1884)으로 근대국가체제를 수립하기 위한 급진개혁을 단행하려 했을 때 일본이 자국의 이득을 넘어서 이를 도울 이유는 없었다. 임오군란 이후 청조의 내정간섭을 개혁의 걸림돌로 인식한 김옥균·박영효 등은 일본의 메이지정부로부터 군사·재정 지원을 얻어 국내 수구파의 반발을 돌파하려 했다. 일본이 처음에는 도와줄 것처럼 행동했기에 이들은 마침 청프전쟁으로 인해 청국군의 간섭이 약화되는 것을 호기로 파악하고 거사를 결행했으나, 막상 정변이 일어나자 일본은 발을 뺌으로써 결과적으로 급진개혁파가 일거에 거세되도록 만드는 데 일조했다. 문인사대부 출신의 하급관리들로 구성된 그들은 처음부터 자체 군사력을 갖추지 못했고 정부군을 장악하거나 무기를 탈취하려는 전략도 없었다. 단지 국왕의 명령에 기대어 수구파를 제압하려 했던 그들의 기도는 통할 수 없었다. 그러니 개혁대상을 제압하고 그 물적 기반을 몰수하여 개혁의 재원으로 삼아야 할 이후의 과업은 시작도 할 수 없었다. 이 결함은 온건개화파가 주도한 갑오개혁(1894~96)에서도 그대로 되풀이되었다.

다만 갑오개혁으로 과거제와 신분제를 폐지한 것은 더이상 문인사대부 위주의 사회가 존속할 수 없음을 제도적으로 확인했다는 의의가 있다. 이는 농민전쟁과 청일전쟁의 충격으로 문인사대부들이 개혁의 불가피함을 인정했기 때문이다. 1880,90년대 조선은 면세지가 전경지의 47%를 넘는 재정구조여서 관료의 봉록도 수십개월씩 못주는 적자 상태였다. 이를 일신하여 개혁재원을 확보하려는 시도가 광무개혁에서 처음으로 이루어진 것은 앞서 갑오개혁의 성과가 있었기 때문이다. 1898~1904년 사이에는 모든 토지를 측량하고 토지등기인 지계(地契)를 발급하여 근대적 소유권을 보장함으로써 토지세원을 확대하고 징세율을 높여나갈 수 있었다. 백동화(白銅貨)의 남발이 화폐가치를 하락시킴으로써 그 효과를 갉아먹었지만, 이를 기반으로 정부는 식산흥업과 근대적 군대 양성을 본격 추진했다. 갑오개혁기의 신식 군대는 재원도 부족한데다가 일본의 간섭하에서 최소한으로 억제되었으나(중앙군 800명, 지방군 2300명), 광무개혁 후엔 중앙군 8000명, 지방군 2만명의 위용을 갖출 수 있게 되었다.

일본은 갑오개혁 초기에 청조와 경쟁하기 위해 개혁정권의 출범을 지원했으나 청일전쟁에 승리하고 나자 태도를 바꿔 조선의 주도적인 개혁을 방해했다. 삼국간섭 이후 조선 내정에 대한 간섭에서 일시 후퇴했으나 중국 민중의 배외운동인 의화단운동 진압전쟁에 참여하면서 러시아의 남하를 저지한다는 국제적 명분을 앞세워 다시 조선의 개혁에 적극 개입했다. 특히 군사·재정 방면에서 조선을 종속시키려는 정책은 집요했고 이는 러일전쟁을 계기로 절정에 달했다. 일본의 상업자본은 이런 정치적·군사적 보호를 바탕으로 조선의 내지와 개항장을 가리지 않고 드나들면서 고리대 형태로 상업이윤을 독점해 가져감으로써 조선 상공업자의 성장을 가로막았다.

중국에서는 청일전쟁 패배 이후 비로소 갑신정변 방식의 개혁인 무술변법이 시도되었다. 서태후(西太后)·리 홍장 등 수구파가 권력을 장악한 상황에서, 캉 유웨이·량 치차오 등 문인사대부 출신 하급관리로 구성된 신흥개혁파는 군사력도 재원도 없이 개혁을 시도했다. 그들은 자신의 결함을 황제의 칙령과 영·일의 지원을 얻어 극복하려 했다. 이 때 권력 핵심의 수구파는 삼국간섭의 효과(청일전쟁 직후 러·프·독이 일본에 압력을 가해 랴오둥반도를 반환하게 했다)를 안겨준 러시아와 연대하고 있었으니, 영·일은 이에 맞서 개혁파를 지원할 법도 했으나 실제로는 냉담했다. 당시 구미열강은 중국시장을 자신의 세력범위로 분할하기에 여념이 없었고 일본도 그에 편승하고 있었다. 캉 유웨이의 간절한 지원요청을 외면한 일본은 개혁작업이 동력을 잃어갈 무렵 이또오 히로부미를 중국에 파견했다. 개혁파는 그를 개혁전도사로 활용하려 했으나 그는 개혁과 수구 양측 인사들에게 각각 립서비스를 하고 다녀 오히려 수구파의 결집을 재촉하는 결과를 초래했다. 결국 무술변법은 100일 만에 좌절하고 그 주도자는 조선의 급진개화파처럼 거세되거나 일본에 망명하는 신세가 되었다. 이또오는 1904년에도 조선에서 의회를 설립하여 국민동원체제를 수립하자는 움직임이 일어나자 급파되어 고종에게 군주권을 잃지 말라고 권고함으로써 이를 저지하는 데 일조했다.

청조 스스로 갑오·광무개혁 수준의 근대개혁을 추진한 것은 청일전쟁의 패배에 이어 의화단운동 진압전쟁의 참화를 겪은 이후였다. 이제 비로소 청조와 문인사대부들도 개혁의 대세를 거스를 수 없음을 인정하고 신정개혁에 나섰다. 과거제를 폐지하고 재정의 통일과 징세 확대로 재원을 확보하여 신식 군대 및 학교 건립과 식산흥업을 추진한 것이다. 1903~04년 상부(商部) 설립과 공사법(公司法) 반포는 그 신호탄이었다. 지역마다 달랐던 여러 종류의 화폐를 통일하려는 노력과 국가 예산제도 채택이 이어졌다. 그러나 재정권과 군사권이 각 성 지방장관에게 주어져 있는 상황에서 국가의 세입은 여전히 중앙집중화되지 않아서 재정운용을 통일하기가 쉽지 않았다. 이는 태평천국운동 이래 점차 지방 신사들에 의해 강화된 성(省)중심주의가 제국주의 국가의 세력범위 획정과 맞물려 조성된 분열적 경향을 배경으로 한 것이었는데, 그후 군벌이 난립하면서 상황은 더욱 악화되었다. 베트남은 이 정도의 개혁도 시도하기 전에 프랑스의 보호국으로 전락했다.

개혁의 국제적 조건이 1860,70년대에 비해 1890,1900년대에 더욱 악화된 것은 사실이다. 일본의 무사와 달리 조선과 중국은 문인사대부의 권력기반이 안정적이었기 때문에 내외의 압력에도 불구하고 개혁하지 않으면 생존할 수 없다는 위기를 느끼는 데 그만큼 시간이 더 걸렸다. 한 세대 늦게 개혁의 발동이 걸린 셈인데, 결국 그로 인해 더욱 나쁜 국제적 조건을 선택한 꼴이 되었다. 마루야마 마사오(丸山眞男)의 지적대로 일본이 그토록 신속하게 개혁을 완수한 것은 전통이 튼실하지 못했기 때문이라면, 조선은 일본보다, 중국은 조선보다 전통의 무게, 곧 과거의 힘이 더 컸다는 말이 된다. 조선과 중국의 개혁은 그만큼 늦을 수밖에 없는 이유가 있었던 것이므로 개혁속도의 차이를 일본을 기준으로 일도양단해서는 곤란하다. 일본이 이웃의 개혁을 돕기는커녕 방해하고 침략했으니 더욱 그러하다. 청조도 일본과 경쟁적으로 조선에 대해 임오군란 직후부터 청일전쟁까지 고문정치를 강요하면서 개혁을 방해했다.

조선의 개혁이 비록 내인으로 인해 늦게 시도되었지만 결국 좌절할 수밖에 없었던 또 하나의 원인은 이처럼 두 제국 사이에서 이중의 간섭을 받아야 했던 국제적 조건에 있으며, 그러므로 이 상호연관성은 따로 주목되어야 한다. 1885년부터 유길준을 비롯한 개혁파 내부에서 조선의 중립화 방안이 꾸준히 제기된 것은 바로 이런 사정 때문이었다. 해양세력 일본에 의한 조선의 멸망은 21개조 요구-만주사변-중일전쟁으로 이어졌다. 이는 고구려가 멸망함으로써 한반도가 담당해온 동아시아 균형추가 무너져 중·일 양국도 유목세력 몽골의 침략이라는 화를 입지 않을 수 없었던 전례를 상기시킨다.

근대 학제, 신분에서 능력으로

동아시아 각국은 개항 전에도 공사립의 각종 교육기관을 운영하여 인민의 문자 해득률이 산업혁명 이전의 유럽을 능가할 정도였다. 각국은 근대 학교제도를 부국강병과 문명화의 지름길로 여겨 이를 수용했다. 그 시점은 일본 1873년, 조선 1894년, 중국 1902년 순이다. 과거제 전통이 강한 중국, 조선, 베트남에서는 과거제가 폐지되어야 했고 신분제 전통이 강한 일본에서는 신분제가 폐지되어야 했는데, 각국에서 그 두 시기는 거의 일치한다. 국민국가의 국민도 보통교육으로 비로소 형성될 수 있다고 여겨졌고, 그에 따라 교육은 신분과 계급을 넘어 권리인 동시에 의무로 받아들여지게 되었다. 이를 통해 국가는 고관대작의 아들부터 평민 자제까지 부국강병 실현에 동원하려 했고, 국민은 신분이 아닌 능력에 따라 주어지는 입신출세의 기회를 잡고자 했다.

근대 학제는 일본에서 먼저 수용되어 정착된 다음 조선과 중국에 전파되었다. 메이지유신이 이웃나라의 개혁과 달리 혁명적 성격을 띠었음에도 교육개혁의 기본이념은 중국, 조선의 그것과 크게 다르지 않다. 화혼양재, 중체서용, 동도서기라는 서구문물 수용의 논리는 바로 교육개혁에서 가장 전형적으로 적용되었다.

메이지정부는 처음부터 국학과 유학을 결합한 황학(皇學)을 신교육의 이념으로 삼고자 했다. 정부가 근대 학제를 반포하면서 이와 같은 이념을 제시한 것은 황국의 부국강병을 위해서는 일반 인민이 문명화되어야 한다는 취지에서였다. 국민의 강제취학을 장려하는 지방 당국의 포고령은 '전력을 다해 국위를 해외에서 빛내야 한다'는 팽창지향적 교육관을 드러내기도 했다. 그후 이같은 부국강병 노선과 입신출세주의가 결합하여 국민들 사이에 서구화의 맹종을 낳고 자유민권론이 확산되자, 정부는 1877년 공자의 인의충효를 분명히 하고 이를 바탕으로 지식과 기술을 닦아야 한다는 교학요지(敎學要旨)를 반포했다. 인의충효를 '화혼(和魂)', 곧 일본혼으로 삼겠다는 것이다.

1876년 일본을 방문한 수신사 김기수(金綺秀)에게 일본 문부대신은 조선의 학문이 주자만을 존중하는지 혹은 달리 숭상하는 바가 있는지를 물었다. 이에 그는 "주자를 어기는 자는 난적으로 간주해 처단하며 과거시험에서도 불교나 노장의 말을 사용하면 귀양 보내 용서치 않는다"고 답했다. 이런 전통이 없던 일본조차 공자의 인의충효를 근본으로 삼으려는 마당에 조선의 교육개혁이 동도서기에 의거한 것은 오히려 자연스럽다. 학무아문(學務衙門)은 1894년 신식 학교를 설립해 양반, 상민을 불문하고 준재를 모아 부국강병의 인재를 양성하겠다는 취지를 분명히 하면서도, 신학문과 함께 유교 경전 및 백가의 문장을 함께 익혀야 함을 밝히고 이를 수신(修身) 과목에 반영했다.

1902년 마련된 청조의 근대 학제도 이와 비슷했다. 청조 당국은 "외국의 학당에는 종교 과목이 있는데 중국의 경서는 그에 해당한다. 만일 학당이 경서를 가르치지 않는다면 삼강오륜이 폐절되어 학문도 정치도 근본을 상실해 부국강병을 기대할 수 없다"고 했다. 이에 따라 유교 경전을 가르치는 동시에 군사와 농업·공업·상업 등 실업 방면의 근대지식을 함께 학습하도록 했다.

이렇게 해서 동아시아 각국에 소학–중학–대학이란 근대 학제가 도입되었다. '소학·중학·대학'이란 한자어는 근대일본의 창안으로 알려져 있지만, 실상은 17세기 초 중국에서 활동한 선교사 알레니의 『직방외기』에서 유럽의 학제를 소개하면서 처음 쓰였다. 메이지정부가 1873년 근대 학제를 전면 도입한 것은 내부로부터 준비가 갖추어진 자연스런 결과가 아니라 국가에 의한 인위적 강제의 소산이다. 1878년부터 설립된 대학은 특히 그러했다. 교과서는 구미의 것을 번역, 번안하고 교사와 교수도 구미에서 초빙하는 직수입 단계를 거쳐야 했다. 그래도 1880년대 말에 벌써 교과서와 교사를 자급할 수 있는 단계에 진입했다. 이를 위해 교사 양성의 사범교육이 특별히 중시되었다. 이에 따라 소학교 의무교육에 대한 농민가정의 저항에도 불구하고 취학률은 10년 만에 50%를 넘어섰다. 이는 학업을 통한 지위상승의 길이 막혀 있던 신분사회에서 벗어난 평민들의 입신출세 욕구가 강렬하게 발동한 결과라고 할 수 있다. 여기에 식산흥업과 국가기구의 확충이 그들에게 새로운 일자리를 제공했고, 특히 대학은 고위관료 진출의 코스로 자리 잡아갔다.

그로부터 30여년 뒤에 근대 학제를 도입한 조선과 중국의 경우도 일본의 학제를 모델로 삼아 출발했으나 근대교육의 보급은 일본만큼 빠른 속도를 내지 못했다. 중국의 소학교 취학률은 1919년 무렵에도 20%를 넘지 못했고 조선의 경우도 이와 대동소이했다. 조선과 중국의 국가재정이 이를 뒷받침할 수 없었고, 유학과 과거제의 전통이 주는 무게가 특별히 무거웠던데다가 식산흥업의 부진이 교육과의 선순환을 가로막은 탓이었다.

조선정부는 1894년 소학-중학-대학, 그리고 사범학교 학제를 반포했으나 실제 설립된 학교는 관공립보다 사립이 훨씬 많았다는 점에서 특이하다. 관공립 소학교는 10년이 지난 1905년에도 60여개에 불과해서 일본의 경우 반포 1년 만에 1만 2500여개가 설립된 것과 비교된다. 이는 에도시대 사원 부속학교인 테라꼬야(寺子屋) 1만 3000여개가 정부에 의해 소학교로 전환된 결과였다. 조선에는 19세기 초에 3만개의 서당이 있었지만 소학교로 전환되지 못하고 후에 통감부에 의해 반개화의 온상으로 지목되어 배척당했다. 을사조약 후에는 재정과 행정의 대권을 장악한 일본인이 학제를 개편하고 학교 설립을 제한하여 우민화 정책을 폄으로써 근대교육의 보급을 방해했다. 이런 탓에 사립학교가 발달하여 1908년 평안도에만 2000여개, 전국 5000여개에 달했다. 대부분 을사조약 후 구국운동의 일환으로 민족주의자들에 의해 설립된 학교였다. 이에 비해 관공립학교는 사립학교가 폭발적으로 증가한 1905~10년 사이에도 60여개 설립되는 데 그쳤을 뿐이다.

그런데 일제의 조선통감부는 "유해하다고 인정되는 학교는 폐쇄"한다는 사립학교령을 반포해 5000여개의 사립학교에 대해서도 재인가를 받도록 하여 그 1/4만 허용하고 나머지는 모두 폐쇄했다. 관공립 6년제 소학교를 4년제 보통학교로 개편하고 중학교 고등과를 고등학교로 개편했으나 1910년 고교는 단 3개였다. 갑오개혁 때 소학·중학이 보급되면 점차 설립하겠다고 공표된 대학은 일본인에 의해 의도적으로 외면되었다. 교과서 검정을 통해 "양국의 친교를 저해"하거나 "애국심과 배일사상을 고취"하는 내용을 삭제했으며 소학교의 역사와 지리 과목을 아예 없애버려 민족의식을 말살하려 했다. 그 대신 제국일본의 팽창을 합리화하는 황국사관이 유입되었다. 이같은 우민화 정책은 한일합병 이후 더욱 강화되었다.

　중국은 불평등조약에 의해 주권을 침해받았지만 자신의 국가가 존속했기 때문인지 근대 학제 면에서 조선과 사뭇 다른 면모를 보였다. 우선, 1903년부터 소학-중학-대학, 그리고 사범학교의 학제가 시행되었는데 그 직전에 이미 대학이 설립되었다. 1902년부터 각 성의 성도(省都)에 위치한 서원이 정부에 의해 대학당으로 개편된 결과다. 이는 일국의 고급인재를 양성한다는 면에서 극히 중요한 일이 아닐 수 없다. 둘째, 관공립학교 비중이 조선보다 훨씬 높았다. 1909년 조선에서 사립학교의 비중이 95%를 넘었을 때, 중국은 관립 27.3%, 공립 61.6%, 사립 11.1%였다. 여기에는 지방자치 도입에 따른 지방정부의 학교 신설 노력과 함께 성도보다 하위 위계에 있던 서원을 소학, 중학, 사범학당으로 개편한 조치도 한몫했다.

　조선과 중국의 근대교육에는 유사점도 보인다. 우선, 실업교육의 중시가 그것이다. 양국은 모두 실업교육이 부국의 지름길이라고 여겨 농·공·상업의 실업학교를 설립했다. 특히 대한제국정부는 실업학교 외에 일반 중학교 관제에서도 "이용후생의 실업인재를 양성한다"는 목표를 제시하여 눈길을 끈다. 그러나 관직 진출을 중시해온 전통 탓에 기대만큼의 효과를 거두지는 못했다. 그 무렵 중국에서도 관직 진출에 유리한 법정학교(法政學校)가 가장 인기를 끌었던 것은 그 사회적 단면을 보여준다. 둘째, 학제는 물론 교과서와 교사도 처음에는 양국 모두 일본에 의존한 점이다. 교과서를 자체 제작하고 사범학교를 통해 교사를 양성하려는 노력이 있었지만 여기엔 시간이 필요했다. 특히 문제가 되는 것은 역사와 지리 분야였으니, 당시 각급 학교 교과서에는 제국일본의 식민정책학에 의해 체계화된 내용이 그대로 도입되었다. 이 과정에서, 오래전부터 공유되어온 화이 관념을 바탕으로 황국사관의 논리와 중화사관의 논리가 중·일 양국 간에 중화의 주체만 바뀌면서 호환되었다. 그로 인한 역사왜곡의 최대 피해자는 조선이었다. 이때부터 임나일본부설(任那日本府說)이 기자조선(箕子朝鮮)-한사군(漢四郡)*과 짝을 이루어 중국 교과서에 등장한 것이 그 하나의 예다. 이렇게 제국일본에 의해 형성된 중일병진(中日竝進)의 한국사 인식틀은 근대 역사학과 역사교육의 형식을 빌려 유포되었다. 동양학과 동양사학, 그리고 그 토대인 (황)국사학은 이와 같이 근대 학제를 통해 동아시아에 공유되기 시작했다.

입헌군주제에서 민주공화제로

동아시아 각국은 모두 근대 정치제도로서 의회제(입헌제)의 도입을 추진했다. 그 일차적 목적은 개인의 자유와 권리를 보장하기 위함이라기보다 국력을 결집하여 부국강병을 이룩하기 위함이었다. 이때 군주제 전통이 강한 조건이었던 만큼 군주제를 폐지하는 입헌공화제보다는 그것을 유지하되 입헌제를 도입하는 입헌군주제가 좀더 현실적인 방안이었다.

그러나 각국의 군왕과 대다수 지배엘리트는 입헌군주제의 도입도 군주권의 약화를 초래할 것으로 여겨 회피하려 했고, 부득이한 처지에 몰

임나일본부설 4~6세기 일본의 야마또(大和)정권이 임나(가야)를 거점으로 한반도 남부를 지배하였다는 주장이다.
기자조선-한사군 한국사가 중국인 기자에 의한 건국과 한 무제의 정복으로 시작된 것처럼 보이게 하는 주장이다.

려서야 비로소 어쩔 수 없이 수용하는 모습을 보였다. 다만 일본에서는 사실상 군왕 역할을 담당해왔던 쇼오군 권력이 타도된 직후 내외의 위기 속에서 새로운 권력핵심을 창출해야 할 필요성이 절박했기 때문에 그만큼 이 제도를 빠르게 수용했다.

쇼오군-다이묘오 권력을 타도한 유신개혁파는 "공의(公議)와 여론"에 의거한 정치를 천명했으나 동시에 "모든 사무는 진무천황(神武天皇)의 창업정신"에 의거해 처리한다는 원칙을 병기했다. 따라서 공의는 신성한 천황제의 유지라는 대전제에 의해 한정될 수밖에 없었다. 심지어 재야에서 민선의회 설립을 요구한 세력들조차 국회를 황실의 존엄을 유지하고 천황-관료-인민을 하나로 통하게 함으로써 국가의 붕괴를 막을 장치라고 인식할 정도였다. 국회 설립 요구가 급속히 확산되자 1881년 정부는 이를 진압하고 자신의 주도하에 입헌제 도입을 준비했다. 이를 위해 정부 요인들이 구미 각국을 시찰하고 시안을 마련했는데, 영국식 정당내각제를 선호한 오오꾸마 시게노부(大隈重信)파와 독일식 비정당내각제를 선호한 이또오 히로부미파가 서로 대립했다. 결국 1889년 후자의 주도하에 준비된 대일본제국헌법이 공포되었다. 이에 의거해 이듬해 최초의 중의원 선거를 거쳐 양원제 의회가 개설됨으로써 동아시아 최초의 입헌군주국이 탄생했다.

그러나 제국헌법상 천황은 유일한 주권자이며 신성불가침한 존재로서 입법, 사법, 행정의 전권을 총괄하는 위치에 있었다. 내각은 국회가 아니라 천황에 의해 구성되며 따라서 의회가 아니라 천황에게만 책임을 지도록 함으로써 사실상 정당내각제를 부정했다. 그런데 천황은 어떤 책임도 지지 않는 신의 위치에 있었다. 이와 동시에 군부가 육군성·해군성 장관을 추천토록 하고 의회가 이를 거부할 경우 내각의 성립

자체를 무산시킬 수 있는 특권이 부여되었다. 그 결과 실제 국정은 천황의 이름으로 관료와 군부에 의해 농단되었기에 정당과 의회는 들러리 신세를 면할 수 없었고, 그들에 의해 해외침략은 곧 부국강병책이라는 믿음이 실천되었다. 국민은 주권자가 아니며, 천황에게 절대복종할 의무와 함께 제한된 범위의 자유와 권리만을 부여받았다. 이윽고 도래할 '타이쇼오 데모크라시'(大正 Democracy)*의 씨앗을 뿌린 자유주의자들조차도 '안으로는 입헌주의, 밖으로는 제국주의'를 전국민의 신조로 삼아야 한다고 주장했다. 국민주권설은 부정되었고 '민주(주의)'라는 용어도 천황주권을 부정하는 의미여서 거의 사용되지 않았다.

이렇게 제한된 의미의 입헌제였지만, 일본은 이로써 입헌국이 곧 문명국으로 인정되던 국제질서에 진입할 명분을 만들었고 이를 바탕으로 열강을 상대로 불평등조약 개정작업을 진전시킬 수 있었다. 그리고 소수의 유산계층을 의회제 내로 포섭함으로써 상층 국민의 통합을 이룩하고 정부의 재원확보를 위한 증세(增稅)의 동의를 받아낼 수 있었다.

조선의 경우 『이언』과 『한성순보』를 통해 점차 의회제의 기능이 소개되었으나, 갑신정변에서 김옥균 등은 우선 개혁 추진을 위한 내각제의 강화를 꾀했다. 그후 1894년 동학농민전쟁이 끝나갈 무렵 유생 홍종연(洪鍾淵)이 갑오정권의 총리대신에게 서한을 올려 "모든 것은 언로를 열어놓지 않은 데서 연유하며 이는 인민의 의회를 설치하여 바른 말을 널

타이쇼오 데모크라시 타이쇼오천황 재위기간(1912~26)을 중심으로 그 전후의 몇년까지 포함하는 시기에 일본사회 각 방면에서 일어난 자유주의적이고 민주적인 사상과 운동을 가리킨다. '민주주의'라는 용어는 천황주권과 양립하기 어려웠으므로 '민본주의'라는 용어가 널리 쓰였다. 주로 정당정치·보통선거·군비축소·귀족원 개혁 등이 요구되었다. 만주사변 이후 군부가 정치의 전면에 등장하면서 붕괴되었다.

1873년 일본 징병검사장의 청년들(위) 1890년 개설된 일본 제국의회(아래)
국민국가는 강력한 군사력과 의회제도로 중앙집권체제를 뒷받침한다.

리 채용하지 않은 데서 연유한다"면서 의회 설립을 건의했다. 이는 당시 조야의 주의를 끌지 못했지만, 2년 뒤 독립협회가 의회설립운동을 전개할 씨앗이 이미 어느정도 뿌려져 있었음을 보여준다.

그후 의회 설립을 위한 정치운동은 독립협회의 주도하에 토론회, 대중집회와 시위청원 형태로 진행되었다. 그들은 1898년 4월 『독립신문』 사설을 통해, 의회를 설립하면 정책 결정사항의 이해득실이 토론되고 공개되어 전인민이 알게 되므로 공평하게 결정될 것이고, 이에 사람마다 정부 일을 자기 일처럼 여겨 상하가 소통하여 애국심이 배가될 터이니 외국열강이 감히 능멸하거나 침범하려 들지 못할 것이라 주장했다.

독립협회는 이런 확신에 의거해 시위상소라는 사대부 전통의 방식을 계승 발전시킨 청원으로 정부에 압력을 가하며 중추원을 의회제로 개편하라고 요구했다. 당시 독립협회와 대립하던 황국협회가 민선의원 설립건의안을 제출하자 독립협회는 인민의 참정능력이 부족하다는 이유로 이를 반대했다. 정부는 독립협회의 요구를 참고하여 한국 최초의 의회규칙인 중추원관제를 1898년 공포하고 의원 50명 중 절반은 황제가 임명하되 나머지 절반은 독립협회를 비롯한 인민단체가 선거하도록 했다. 그러나 정부 내의 수구파는 이 관제를 공포를 미룬 채 수정하여 의원 전원을 황제가 임명하는 단순한 자문기관으로 전락시켰다. 1899년 『황성신문』이 민선의 하원 설립을 주장했으나 대한제국 황제와 정부는 전제군주제를 추구하다가, 일제에 의해 국권이 점차 피탈당하고 급기야 국가 전체가 합병됨으로써 입헌운동은 종말을 고했다.

중국의 군주입헌론은 1880년 『이언』에서 구체화되었다. 서양 각국처럼 상하 양원의 의회제를 도입하여 인민의 의견을 널리 모으고 상하 간격을 없애 국정의 효율과 안정을 기해야 한다고 주장한 것이다. 그러나 이런 개혁론이 실제 정치운동으로 발전한 시기는 청일전쟁 직후 열강에 의한 중국분할 위기가 고조되던 때였다. 개혁파 사대부들은 각지에서 학회를 결성하고 신문·잡지를 발행하여 입헌운동을 개시했다. 이때 그들은 구국을 위한 국력결집의 방도로서 의회 개설을 절박하게 요구했다. "총알만큼 작은 옛 조공국 일본이 오늘날 이 제도를 실행하여 갑자기 흥기해서 서양 국가를 따라잡고 중국을 능욕, 침략하여 타이완을 잘라갔다. (…) 이제 우리도 의회를 설립해 상하가 소통하고 군주와 인민이 하나 되면 어느 나라가 우리를 능멸하고 침략하겠는가?" 량 치차오의 외침이다.

이처럼 당시 의회는 전인민을 하나로 단결시켜 대외위기를 극복하고 부국강병을 앞당기는 조직체로 인식되었다. 그러나 조야의 강력한 반발에 직면했고, 개혁파 사대부들은 이를 무마하기 위해 의회제가 요순시대의 합의제 전통에 부합하는 것이라는 부회설, 변화하지 않으면 멸망한다는 사회진화론을 동원했다. 하지만 1898년 4월 광서제의 칙령으로 시도된 변법개혁도 의회제 도입을 유보한 채 신식 친위군을 건립해 황제권을 강화하고 군주권에 의지해 개혁을 밀어붙이는 방침을 택했다.

이를 진압한 서태후 세력은, 러일전쟁 직후 이 전쟁을 전제에 대한 입헌의 승리라고 여기며 입헌제 실행을 촉구하는 여론이 더욱 강렬해지자 더이상 이를 외면할 수 없는 지경에 이르렀다. 그 결과 1906년 황실 주도로 9년 안에 입헌제를 도입하겠다고 공약하며 준비에 들어갔고, 민간의 입헌운동도 더욱 힘을 받았다. 지역별·직업별 단체를 결성하여 종횡으로 연합한 각계연합회가 주축이 되어 국회개설 촉구운동을 이끌었다. 1910년 한일합병은 이를 더욱 촉진하는 자극제가 되었다. 여기에 지방장관들까지 합세하여 당장 입헌제를 실시하지 않으면 조선처럼 멸망에 이르고 말 것이라면서 정부를 압박했다. 그런데 열강의 침략 앞에 무능했던 청조가 일본처럼 황제권을 절대화하는 내용의 흠정헌법대강(欽定憲法大綱)을 마련하자 순식간에 민심이 이반하여 청조 타도의 신해혁명으로 발전했다. 이로써 중국의 입헌군주제 개혁은 종말을 고했다.

베트남은 프랑스의 식민지로 전락했음에도 통킹과 안남 지역에 응우옌왕조와 그 행정기구가 명목상이나마 남아 있었고, 그런 조건에서 입헌군주제 개혁이 모색되었다. 프랑스에 대한 의병운동식 저항운동을 지나 이윽고 판보이쩌우(Phan Bôi Châu, 潘佩珠)와 판쭈찐(Phan Châu Trinh, 潘周楨)을 비롯한 개명적 문인사대부가 입헌군주제 국민국가를 모색한 것이다. 그들은 개혁구상의 사상적 자원을 량 치차오를 비롯한 중국 입헌파의 신서로부터 얻었으나 그 실천은 러일전쟁 직후 일본에 유학하여 일본 모델을 따르고자 한 동유운동(東遊運動)으로 시작했다.

판보이쩌우가 일본에서 량 치차오를 만나 필담을 나눈 내용을 담아 저술한 『베트남망국사』(越南亡國史, 1906)는 조선에도 전해져 널리 읽혔다. 이때 그들은 똑같이 한자를 공용하는 황인종이라는 동문동종(同文同種)의 시각에서 자신의 구국운동에 대한 일본의 지원을 기대했다. 그러나 이 운동은 프랑스의 요청을 받은 일본 당국의 탄압으로 이내 끝나버렸고, 여기에 참여한 세력들은 귀국하여 동킨의숙(Đông Kinh Nghĩa Thuc, 東京義塾)과 학회, 상회를 세워 교육구국과 실업구국을 실천했다. 일종의 애국계몽운동이라 할 수 있다.

조선과 중국에서 입헌군주제 개혁이 실패하자 군주제를 폐지하자는 공화혁명론이 점차 목소리를 내기 시작했다. 조선에서는 독립협회 안의 급진파와 신민회가 이에 앞장섰으나, 한국병합으로 혁명대상이 갑자기 일제로 바뀌게 되었다. 중국에서는 쑨 원(孫文)의 지도하에 3개의 혁명단체가 1905년 토오꾜오에 모여 중국동맹회를 조직하고 혁명운동을 벌였다. 외세의 침략을 막아내지 못하는 무능한 만주왕조를 타도하고 중화의 공화국을 수립하자는 민족·민권주의, 그리고 점진적 방법으로 토지소유를 균등하게 하여 국민의 생계를 고르게 한다는 민생주의가 건국이념으로 제시되었다. 그 영향을 받은 신군의 군대가, 신해년(1911) 10월 10일 우창에서 봉기하여 만주족 통치로부터의 독립을 선언하자 순식간에 이 물결이 전국 각 성으로 확산되었다. 이것이 신해혁명이다. 입헌군주제 개혁을 추구하던 개혁파와 신사들도 혁명의 대세에 편승해 동참했다. 청조의 민간철도 국유화 조치와 황족 위주의 내각을 구성하기로 한 흠정헌법대강이 그들의 청조 이반과 혁명 참여를 촉진했다.

독립을 선언한 각 성의 대표들은 1912년 1월 1일, 중화민국(Republic of China)을 수립하고 쑨 원을 임시대총통으로 추대했다. 2000년간 지속된 군주제를 대신하여 아시아 최초의 민주공화국이 탄생한 것이다. 공화국이란 주권이 국민 전체에게 있는 국가로서, 주권이 세습되는 한 사람에게 있는 군주국과 대비된다. '민국'은 이를 직접 드러내기 위한 용어이다. 이제 국민은 누구나 법 앞에 평등하며 언론·출판·집회·결사의 자유를 누린다고 약법(約法, 일종의 임시헌법)에 명시되었다. 이로써 국가권력의 정당성을 보증하는 근거는 천명(天命)에서 국민의 동의로 바뀌었으며, 국가의 정사가 특정 집단의 사적인 일이 아니라 '리퍼블릭', 즉 공공의 사무를 뜻하게 되었다. 또한 신식 교육을 받은 청년세대가 사회 각 방면에서 약진하여 새로운 사상과 생활양식이 보급되었다. 그러나 이러한 변화는 군주제 전통이라는 너무나 큰 '과거의 힘'과 상대적으로 취약한 혁명세력의 틈을 비집고 대두한 군벌세력의 반동에 직면

공화만세(共和萬歲) 신해혁명으로 중화민국이 성립되자 중국의 민간사회는 '공화만세'를 내
걸고 축하했다.

해야 했다.

우여곡절 속에서도 신해혁명이 동아시아 각국에 미친 영향은 컸다.
우선 식민지 상태의 한국과 베트남의 민족운동세력 사이에 공화제를
당연시하는 분위기를 촉진했다. 마침 그 무렵 일본이 한국을 병합하여
제국주의 본색을 노골화함에 따라 일본 모델의 매력이 사라진 것과 겹
쳐져 더욱 그러했다. 신해혁명 이후 한국, 중국, 베트남의 구국운동이
개혁을 넘어 혁명으로 치닫게 되는 배경이 여기에 있다. 베트남의 독립
운동세력은 신해혁명에 자극받아 베트남광복회를 건립하고서야 비로
소 민주공화정을 모색하기 시작했고, 1차대전을 지나면서 정당 형태를
갖춘 정치세력인 베트남국민당으로 발전했다. 1919년 4월 3·1운동의
민족적 열망을 담아 상하이에서 성립된 대한민국임시정부는 공화제를
채택했고, 연해주의 독립운동세력은 조선공화국이란 국명을 짓기도 했

다. 한편, 우창봉기 직후 중국의 한족들이 청조로부터 독립을 선언하자 18세기 이래 청조에 복속되어 있던 외몽골과 티베트가 독립을 선언했다. 중화민국은 이들도 중화민족에 속한다는 이유를 내세워 독립을 부인했으나 외몽골은 대몽골국이라는 군주국으로 출발했다가 소련의 지원으로 독립을 이룩하여 1924년 몽골인민공화국을 수립했다. 당시 공화혁명 사조의 확산에는 러시아혁명(1917)과 쏘비에뜨공화국의 영향도 작용했음을 보여준다.

티베트, 몽골에 대한 중화민국의 태도는 중화주의가 상대에 따라서는 더욱 강화될 수 있음을 보여준다. 중국인이 전에 없이 '중화'를 국가와 민족의 이름으로 삼은 것부터가 공화국 시대에도 중화주의를 지속시킬 것임을 예고한 싸인이다. '중국'이 공식 국명의 약칭으로 등장한 것도 이 무렵의 일이다.

한편, 중화민국은 이러한 중화주의적 대외인식에도 불구하고 나라를 잃은 조선인, 베트남인의 망명지이자 독립운동의 배후지가 되었다. 중국의 공화혁명으로부터 자국 독립의 가능성을 발견했기 때문이다. 1912년 1월, 신민회 연락책으로 베이징에 있던 조성환(曺成煥)은 안창호(安昌浩)에게 보낸 편지에서 중국의 공화혁명은 "중국의 행복일 뿐 아니라 아시아의 행복이요 우리나라의 행복"이라고 반기면서 그것이 "반도강산에 명멸한 혁명사상을 환기하여" 일제를 몰아낼 날이 올 것으로 기대하였다. 따라서 중국의 혁명운동에 적극 참여하는 것은 당연했고 실제 많은 사람들이 그리하였다. 이런 기대와 참여는 1945년 직후까지 이어졌다.

3

근대화의 물결 앞에
놓인 민중

개혁비용의 부담과 민중생활

능동적으로 변화에 적응하는 자만이 생존하여 부국강병을 이룰 수 있다는 적자생존의 이름으로 추진된 근대적 제도개혁은 민중생활에 고통과 기회를 동시에 가져다주었다. 고통은 무엇보다 개혁비용의 부담이었고 이는 대부분 농민에게 집중되었기에 농민의 저항이 자연스럽게 뒤따랐다. 이 저항을 효과적으로 통제하는 정부만이 개혁에 필요한 재원을 확보하고 성공에 이를 수 있었다.

메이지정부는 소학교 의무교육에 필요한 비용을 국고로 지불하지 못하고 거의 민간에 떠넘겼다. 이에 따라 신식 학교 보급에 대한 농민의 반대운동이 이어졌다. 정부는 무사의 특권을 유지하려는 세력과의 내전인 세이난전쟁 비용으로 재정압박에 처하자 손쉽게 통화를 남발했다. 그로 인한 인플레이션을 잡기 위해 긴축재정을 실시한 결과 1884년에는 생사값이 절반으로 떨어졌다. 생사는 청일전쟁 직전까지 일본 수출 총액의 42%를 차지할 정도로 외화벌이의 효자였는데, 그 생산 농가가 고리대에 무차별적으로 수탈당했음에도 정부는 아랑곳하지 않았다. 치찌부(秩父) 농민의 폭동은 그에 대한 불만의 표출이었고, 군대가 출동해서야 비로소 진압되었다. 지조개정은 정부의 세수를 늘려준 대신 소작농의 증가를 초래했고, 마을의 전통적 공유지를 없애버린 결과 빈농의 생활은 더욱 어려워졌다. 개혁 후유증으로 인한 농민소요는 청일전쟁 직전까지 이어지다가 그 침략전쟁의 승리와 함께 잦아들었다.

조선에서는 사회문화 방면에 치중한 갑오개혁보다는 군대 건설과 식산흥업에 치중한 광무개혁이 세금부담을 초래했다. 토지측량과 인구조사는 이를 은닉해 세금을 포탈해온 농민이나 양반가의 반발을 살 만했으나 항세투쟁이나 개혁반대 폭동을 야기하지는 않았다. 이는 아마도 전국적 농민봉기인 동학농민전쟁이 가혹하게 진압된 직후의 시점에 철도·광산 등 근대적 시설과 개발이 주로 외국자본에 의해 추진된 탓으로 보인다. 을사조약 이후 일본인이 그 개발을 주도한 근대시설에 대한 습격과 파괴행위, 징세 방해행위가 급증했던 것이 이를 말해준다. 일본인이 건설한 철도는 그 건설비용이 당시 세계에서 가장 저렴했는데 이는 철도 부지를 시가의 1/10~1/20밖에 안되는 헐값으로 수용하고 인근 농민을 강제로 동원한 결과였다. 조정래(趙廷來)의 소설 『아리랑』(1990~95)에는 그 과정에서 농민들이 겪어야 했던 고난이 잘 묘사되어 있다. 철도 파괴가 잇따랐고 주로 일본인을 교사로 초빙한 신식 학교가 공격의 대상이 되었다. 이런 저항은 주로 빈농 출신 의병들에 의해 전개되었고 그중에는 '친일 매국노로 가득한 정부는 우리 정부가 아니다'라고 보아 이를 전복하려 기도한 예도 있다. 이들은 결국 조선 주둔 일본군에 의해 진압되었다.

청조는 신정개혁의 조칙을 내릴 때마다 개혁비용을 마련하기 위한 부가세를 부과했고 지방관에게도 임의로 세원을 발굴하여 징수토록 했다. 그 결과 1901~09년 토지세와 그 부가세가 전에 비해 2.3배 증가했다. 정부 수입도 2배로 증가했다. 그럼에도 재정지출은 군비와 행정비에 집중되고 교육경비가 부족하여 마을 수호신 사당과 그에 부속된 공유지가 신식 학교 교사와 그 경비로 편입되었다. 이 무렵 청조는 '서양인의 조정'에 불과하다고 여겨졌던 터라 이런 개혁정책에 반대하는 농민과 신사의 폭동이 잇따랐다. 그것은 세금 거부에서 나아가 신식 학교, 자치공소, 경찰서 등 신정을 추진하거나 그 결과 설립된 기구들을 파괴하는 집단행동으로 나타났다. 이는 결과적으로 청조 타도를 위한 신해혁명의 혁명정세를 조성하는 흐름으로 이어졌다.

일본의 조선 개혁은 조선의 보호국화, 식민지화로 이어졌다. 청일전쟁과 러일전쟁은 조선의 개혁을 방해하는 청조와 러시아를 상대로 일본이 개전하여 동아시아의 안전을 확보하기 위한 전쟁, 곧 '개혁을 위한 전쟁'으로 선전되었다. 연속된 전쟁의 비용을 부담해야 했던 일본 민중은 징병제하에서 자제를 입대시키면서 스스로 황국의 국위 신장을 위해 일조하고 있다고 믿었다. 그렇기에 그들은 재벌·군부·관료들과 마찬가지로 침략전쟁의 전리품을 나누어갖고자 열망했다. 러일전쟁 직후 토오꾜오의 히비야(日比谷)공원 집회에서 시작된 강화반대 폭동은 이같은 대중적 제국주의 심리를 보여준다. 신문과 학교는 이를 대중들 머릿속에 각인하고 확산시키는 근대적 장치였다.

조선과 중국 민중의 근대 시설 및 제도에 대한 파괴행위를 들여다보면, 그것을 사악한 외래문화의 유입으로 간주해 그 자체를 거부한 면도 있지만 개혁과정에서 정부와 지배엘리트가 농간을 피워 민중을 수탈한 데 대한 저항이 더 많았다. 그런 만큼 개혁의 물결 앞에서 민중은 비용부담에 대한 저항만 일삼은 것이 아니라 그 물결을 타고 적극적으로 출세의 기회를 잡기도 했다. 그 지름길은 역시 교육이었다. 신지식을 습득한 사람은 출신성분과 상관없이 정부와 기업, 학교와 군대에서 좋은 자리를 얻을 수 있었기 때문이다.

근대교육을 통한 지위상승은 1880년대 이래 일본에서 특히 빠르고 두드러졌다. 1905년 당시 일본에서는 약 10만명이 중학교에 다니고 있었다. 중학교와 고등학교만 나와도 새로운 직장을 구하기가 어렵지 않았고 대학 졸업자에게는 더 큰 명예와 부가 주어졌다. 특히 7개(조선과 대만의 각 1개는 별도) 제국대학 출신자는 무시험으로 고위관직에 임명되었으니 이 학교에 입학하는 것만으로도 대단한 영광으로 여겨졌다. 청일·러일전쟁을 통해 급속히 진행된 산업혁명의 효과로 인해 급증한 각종 회사는 근대학교 졸업생을 유인하는 새로운 직업세계였다. 그들은 이런 회사에 취직하여 연공승급, 종신고용, 사원복지의 혜택을 받았으며 중역으로 승진하면 고위관료 못지않은 보수를 받았다. 회사들은 서로 유능한 사원을 확보하기 위해 장학금을 제공하고 인재 스카우트경쟁을 벌였다. 하층가정 출신의 학생들도 관직이든 회사든 실력경쟁으로 기회를 잡을 수 있었다. 그러나 메이지시대(1868~1912)의 종결과 함께 사회적 계층이동은 현저히 둔화되고 안정화되어갔다.

과거제 전통이 남아 있던 한국과 중국에서도 근대교육을 통한 입신의 기회는 확대되었다. 여유 있는 집의 자제는 빠른 출세를 위해 외국유학까지 가기도 했지만 대부분의 농민가정에 자녀의 학비는 큰 부담이었다. 이런 조건에서 정부가 주관하는 관비유학, 그리고 학비가 면제되는 사범학교는 하층가정 출신의 총명한 청소년들에게 기회를 제공했다. 중인가정 출신 최남선(崔南善)은 대한제국 국비유학생으로 일본에 유학했고, 농민가정 출신 마오 쩌둥(毛澤東)은 사범학교를 졸업한 후 소학교 교사를 하다 혁명운동에 투신했다. 중국의 교육자와 혁명가 중에는 사범학교 출신이 유달리 많았다. 한국의 가난한 청소년들에게는 국비교육의 기회가 그에 비해 훨씬 적었다. 나라가 식민지로 전락했기 때문이다.

학비를 내야 하는 근대학교에서도 어려운 처지의 청소년들은 학업 기회를 잡을 수 있었다. 이를 통해 세상을 넓고 깊게 보는 안목을 기른 이들은 나라의 동량으로 자라났다. 대동강변의 농민가정에서 태어난 안창호는 서울 구세학당을 거쳐 1902년 미국에 유학했는데, 귀국하여 신민회(新民會)와 흥사단(興士團)을 조직해 독립운동에 앞장섰다. 서울의 어물전 상인의 아들인 방정환(方定煥)은 미동초등학교를 거쳐 선린상업학교에 진학했으나 돈이 없어 중퇴했다. 어렵사리 보성전문학교를 졸업한 그는 모든 사람은 평등하다는 천도교 인내천(人乃天) 사상에 심취해 월간 『어린이』를 창간하고 처음으로 아동문학을 일으켰다. 오늘날 어린이날의 토대는 거기서 마련되었다. 고학으로 학비부담을 돌파한 의지의 젊은이들도 있었다. 중화민국의 저명한 경제학자 무 어우추(穆藕初), 학자이며 중국의 대표적 출판사 상무인서관(商務印書館)의 사장이던 왕 윈우(王雲五)가 그 예다. 그들은 모두 빈농가정 출신으로 낮에는 부모의 일을 돕고 밤에는 독학하여 습득한 영어와 근대지식을 바탕으로 취업해 돈을 모아 외국에 유학하거나 국내의 근대학교에 들어가 입신의 기틀을 마련했다.

근대적 제도와 시설의 도입은 민중의 일상생활을 변화시켰다. 이는 무엇보다 학교에서 잘 드러났다. 이제 일상적인 수업을 하기 위한 방편으로 등하교 시간, 교과목과 시간표, 교과서, 운동회, 방학, 수학여행, 수학연한(학습 지정일 수) 같은 학사운영이 제도화되었다. 기선, 기차와 전차, 자동차 역시 노선에 따른 정기적인 운행 시간표를 바탕으로 가동되었다. 공장도 회사도 그러했다. 이는 모두 명확한 시간 관념을 요구하는 제도로서, 편리함을 가져다주는 대신 개인에 대한 통제도 함께 가져왔다.

어느 나라에서나 산업혁명은 면방직을 비롯한 섬유공업에서 시작되었고 그 노동력은 대부분 젊은 여성들이 담당했다. 일본의 경우 1911년 80만명의 노동자 중 절반 이상이 섬유노동자였는데, 그중 4/5가 여성이었다. 그들은 시간표에 따라 하루 12~14시간 노동했고 동일 업종 남성 노동자의 50~70%에 해당하는 임금을 받았다. 열악한 근로조건에서의 장시간 노동은 결핵을 19세기 말~20세기 초 공장노동자들 사이의 유행병으로 만들었다. 그래도 농가에서의 무임노동이나 가내수공업에 종사하는 것보다 나은 대우를 받았기에 무학의 농민가정 소녀들은 기회만 있으면 도시의 공장으로 나가려 했다. 그들은 여교사를 난초, 자신을 호박에 빗댄 노래를 만들어 부르곤 했다.

제국주의화하여 이웃나라를 침략하고 거기서 초과이윤을 취득해간 일본제국 노동자의 처지가 이러했다면, 이윽고 조선과 중국에서 등장한 공장노동자의 처지가 이보다 나을 리 없었다. 어쨌든 그 와중에도 근대적 직업은 우여곡절 속에 등장했고 무학자든 학교 졸업자든 그 처지에 맞게 근대적 제도와 시간에 적응해갔다. 물론 이는 개항장을 비롯한 도시지역의 생활모습이며, 광대한 농촌지역 농민의 일상은 상품경제의 영향 속에서도 여전히 전통적 제도와 관행에 따라 이어졌다.

근대적 대중운동, 집회와 시위의 탄생

이와 같이 동아시아 민중에게 근대국가체제는 기회와 동시에 고통을 가져다주었다. 그런데 그 고통은 대부분 개인의 힘으로 해결하기 어려운 것이어서 여럿이 함께 돌파하지 않으면 안되었다. 농민봉기나 도시 폭동처럼 일순간에 타오르는 폭력적 대응은 막강해진 정규군대 앞에서 며칠을 버티지 못하고 진압될 수밖에 없었다. 여기서 민중의 의사를 표출하기 위한 집회와 시위는 근대에 대한 민중 자신의 반응으로서 주목할 만하다. 그것은 민중 자신이 만들어간 아래로부터의 근대였기 때문에 더욱 그러하다.

집회와 시위는 입헌정치와 긴밀하게 연관된 채 등장했다. 일본에서는 자유민권운동이 전개된 1874~84년 사이에 집회와 시위가 등장했다. 물론 이는 그때 번역 소개된 서구 계몽사상의 논리에 뒷받침되는 한편, 메이지정부를 주도하는 특정 번 출신 관료집단의 독주에 맞서 민주화를 요구하기 위한 필요에서 일어난 것이었다. 무사 출신의 지사들은 소수의 부농과 함께 입지사(立志社), 애국사 등의 단체를 결성한 뒤 이와 유사한 소규모 단체를 묶어 국회기성동맹을 조직했다. 이 과정에서 그들은 전국의 주요 도시에서 집회를 열고 국회 개설의 필요성에 관해 연설하면서 각 지방에 지부를 조직하여 전국적 조직망을 갖추어나갔다. 각지에서 창간된 신문이 이 열기를 확산시키는 데 중요한 선전기능을 담당했다. 이로써 일본 최초로 전국적 의제를 바탕으로 한 민간단체가 등장했다. 1877년부터 정부가 지방의회를 개설한 것은 이런 활동을 더욱 자극했다. 이어서 각급 학교 졸업생이 배출됨에 따라 집회와 시위는 사족 위주의 틀을 벗어나 각계각층 국민이 참여하는 방향으로 변화해갔다. 심지어 정치집회 참여가 금지된 여성들도 점차 연사로 등단하여 문명과 진보란 여성이 남성과 동등한 정치적·경제적 권리를 누리는 것이라는 요지의 연설을 하기에 이르렀다. 1890년 국회 개설은 이런 활동을 당연시하게 만들었다.

그러나 청일전쟁 후 산업화의 진전과 함께 무정부주의·사회주의 등 급진사상이 유입되고 1897년 전후 노동조합이 결성되자 정부는 1900년 치안경찰법을 반포하여 집회와 시위를 규제하기 시작했다. 그럼에도 산업화가 가져온 사회·경제의 다양화는 공권력의 힘만으로는 억눌리지 않았고 후에 '타이쇼오 데모크라시'의 탄생으로 이어졌다. 1905년 히비야공원의 '시민대회' '국민대회'는 비록 침략전쟁의 전리품을 챙기려는 욕망에서 나온 것이긴 하지만, 하층민중이 정당인, 상공업자 등과 함께 공동의 목표를 위해 집회와 시위에 참여했다는 점에서 눈길을 끈다. 이와 유사한 국민대회 형식의 집회와 시위는 1911년 신해혁명의 영향도 작용한 가운데 발생한 타이쇼오정변(1913)에서 극적으로 재현되어 민중의 힘으로 내각을 교체하는 데까지 이르렀다.

이와 같은 근대일본의 결사, 집회와 시위는 조선과 중국에서도 개혁과정의 내적 필요에 의해, 그리고 일본 유학생들에 의해 점차 학습되어 받아들여졌다. 중국에서는 청일전쟁 패배 직후 애국적 신사들이 부국강병의 방도를 학습하는 모임이라는 의미의 강학회(强學會)를 결성하여 변법개혁을 도모하기 시작한 이래, 이와 같은 각종 결사가 부강과 문명에 이르는 첩경으로 여겨졌다. 청조 당국이 결사와 집회를 법률로 공인한 것은 1910년의 일이었지만 그전에 이미 전통시대부터 정치적 발언권을 갖고 있던 신사들이 앞장서서 단체 결성, 곧 결사(結社, 당시에는 '군중을 끌어모은다'는 의미에서 이를 '합군合群'이라 불렀다)를 잘할수록 진화할 수 있고 그래야 구국할 수 있다고 역설하면서 각종 학회를 결성했다. 서구인과 일본인이 중국은 덩치만 클 뿐 역량을 조직해 국력을 극대화할 줄 모르는 하등사회라고 야유한 것이 이를 더욱 자극했다. 캉 유웨이가 중국인을 "쟁반 위의 흩어진 모래〔一盤散沙〕"라 질타하고 량 치차오가 구국의 힘은 단체를 결성하여 힘을 모을 줄 아는 "새로워진 인민〔新民〕"에게 있다고 호소한 것도 그 때문이다. 신사와 같은 학인의 단체가 학회라면 상인은 상회, 농민은 농회, 학생은 학생회, 공인은 공회를 결성해야할 터였다. 이렇게 등장한 결사운동은 각종 소규모 단체를 전국적으로 연결해야만 외세의 압력을 막아낼 수 있으며 이는 국회가 있어야 비로소 가능하다는 논리의 국회설립운동으로 이어졌다. 중국에서뿐만 아니라 조선과 베트남에서도 널리 읽힌 량 치차오의 『신민설』(新民說, 1902)은 그 결정판이었다.

1903년 러시아의 만주 점령에 항의하는 반러운동의 일환으로 상하이 외곽의 개인 정원인 장원(張園)에서 중국 사민총회(四民總會)가 열린 이래 대중집회는 점차 일반화되어갔다. 이는 대외위기가 고조되는 것과 동시에 근대학교 학생이 등장해 참여와 동원의 기동성을 높여주었기 때문이다. 물론 각종 신문이 기사와 광고를 통해 이를 널리 확산시키는 촉매제 역할을 담당했다. 사민총회란 사농공상의 총회여서 사실상 국민총회, 국민대회를 의미했다. 이런 형태와 방식의 집회는 1905~11년 사이 미국정부의 중국인 이민 규제에 항의하는 미국 상품 배척운동, 열강의 철도이권 침탈에 맞서 이를 회수하고자 한 운동, 국채상환운동과 국회개설촉구운동 등으로 이어졌다.

조선에서는 1898년 독립협회와 만민공동회에서 근대적 결사·집회가 등장했다. 신분제가 폐지된 갑오개혁 이후의 분위기가 반영되어, 주로 종로광장에서 열린 집회에는 유학생을 비롯한 지식인과 신식 학교 학생은 물론 여성, 상인, 승려, 심지어 백정 등 각계각층이 광범하게 참여했다. 이들은 열강의 이권 침탈을 규탄하고 국회 개설을 촉구하는 연설을 했다. 상인과 백정도 연사로 등단하여 국민의 한몫을 담당하겠다면서 만민평등의 대우를 촉구했다. 그후 을사조약에 의한 국권피탈을 계기로 보안회·대한자강회·헌정연구회 등 각종 애국적 계몽단체가 결성되어 결사는 봇물을 이루었다. 1906년 서우학회(西友學會)는 "고립되면 위태롭고 모이면 강하다. (…) 이것이 우승열패의 공례이니 사회의 단체를 이루느냐 못하느냐가 문명과 야만, 존립과 멸망을 구별하는 기준이다"라고 호소했다. 그후 신민회·호남학회·기호학회·관동학회·서북학회 등이 줄지어 탄생했다.

당시 중국과 조선의 선각자들은 인민이 무지하여 가족이 있음을 알뿐 국가가 있음을 모른다고 지적하면서 인민대중에게 국가 관념, 국가를 구하기 위한 단결심과 애국심을 고취했다. 결국 이는 소단체의 결성으로부터 대단체의 결성으로 나아가 전국민이 하나같이 단결하여 입헌정치를 실현하고 이를 바탕으로 외세의 위협을 막아내려는 실천으로 나타났다. 집회와 시위는 이처럼 민족주의가 우선하는 형태로 민주주의를 실현한다는 취지에서 탄생했다. 이는 메이지 초기 일본에서도 마찬가지였다. 자유민권단체들이 집회와 시위를 처음 시작할 때부터 우선한 것이 국권 수호였다는 점만 상기해도 충분할 것이다.

이처럼 일상적 이해관계에 따라 성립된 단체를 바탕으로 전개된 지속 가능한 집회와 시위는 '문명적 배외(排外)'로 일컬어졌다. 이는 이전의 '야만적 배외'와 대비된 개념이다. 구미세력에 의해 개항과 통상, 나아가 근대개혁이 강요되었을 때 그에 대한 각국 지배엘리트와 민중의 반응은 똑같이 양이(攘夷)였다. 외래자와 그 문물을 무조건 이적(夷狄)과 사교(邪敎)로 간주하고 폭력적 수단으로 양이를 실행했으니 이는 야만적 배외라는 것이다. 그러나 일본이 곧바로 양이의 불가함을 인정하고 포기한 데 비해 중국과 조선은 오랫동안 양이를 견지했다. 구미와의 통상이 자국에 이득될 것이 거의 없는 상황에서 각종 양이의 주장과 행동이 나온 것은 자연스럽다.

문제는 중국과 조선의 양이가 별 효과를 거두지 못했고 나아가 결국 더 큰 경제적 손실과 국권의 상실을 초래했음에도 이와는 다른 새로운 방법이 모색되는 데 시간이 많이 걸렸다는 점이다. 양이는 중국과 조선에서 각각 구교운동(仇敎運動, 기독교와 서양 관련 시설들을 공격하고 파괴하는 배외운동)과 척사운동(斥邪運動, 서양문물을 사교로 간주하여 배척하는 운동) 등의 형태로 1900년 전후까지 이어졌다. 이는 자신의 안정된 기반을 갖고 이념을 중시하는 문인사대부 사회의 특질과 연관 있어 보인다. 그후 조선의 의병전쟁은 이 흐름을 이어받은 것으로, 이후 무장독립투쟁으로 발전했다. 이윽고 이들도 자신의 구국역량을 극대화하기 위해서는 결사, 집회와 시위라는 지속 가능한 대중결집의 방법을 수용하지 않을 수 없었다. 아래로부터의 근대성의 확산이라 부를 만하다. 물론 이런 근대적 방법도 서구 근대의 산물인 것만은 아니다. 이는 1장에서 보았듯이 마을, 종족, 종교 단위로 거행된 전통적 축제 형식의 집회와 행진이 정치화되면서 근대적 형식과 결합한 것으로 보인다.

국수주의와 민중종교 현상

서구 근대의 국가체제와 그 문화를 수용하는 개혁이 진행됨에 따라 동아시아 각국은 자국의 전통과 그에 의거한 생활방식이 부정되거나 붕괴되는 위기상황을 맞게 되었다. 개혁속도에 따른 시차가 있었을 뿐 각국은 모두 그로 인해 발생한 정체성의 문제를 해결하지 않으면 안되었다. 이 필요에 부응하여 관료, 지식인에 의해 국수주의(國粹主義)가 제창되었다. '국수'란 말은 메이지일본에서 극단적 서구화 경향에 맞서 자국 전통문화의 진수를 지켜내자는 의도에서 내셔널리티(nationality)의 번역어로 만들어진 다음 조선과 중국에 유포되었다. 국수주의는 서구문화의 수용을 거부한 양이운동과 달리 문명 혹은 부국강병을 위해 그것의 수용이 불가피하다고 인식하면서도 전통에 의거한 자신의 정체성을 지키려 했다. 따라서 그것은 민족주의와 긴밀한 연관을 맺고 전개되었다.

쿠가 카쯔난(陸羯南) 등은 1890년 전후『일본』『일본인』등의 신문과 잡지를 발간하여 민족을 일국의 고유한 역사와 전통을 공유하는 문화공동체로 이해하고, 서구문화의 홍수 속에 자기 문화전통의 정수를 지켜내자고 호소했다. '일본혼' '대화혼(大和魂)'이란 말을 국수의 상징으로 사용했고 천황이야말로 그것을 생성하고 존속시키는 원천이자 일본인의 공동조상이라고 가르쳤다. 그 영향 속에 러일전쟁 전후 일본에 망명 중이던 량 치차오와 상하이의 덩 스(鄧實) 등은『국학보』『국수학보』를 창간하여 '중국혼'을 부르짖고 장 빙린(章炳麟)은 중국인의 공동조상으로 황제(黃帝)를 내세웠다. 거의 같은 시기 조선의 토오꾜오 유학생들이 펴낸『태극학보』『대한흥학보』에서 최석하(崔錫夏)와 최남선 등은

'조선혼'을 외치면서 그 공동조상으로 단군(檀君)을 부각했다. 일본의 국수주의가 유신개혁 20여년 만에 등장한 것에 비하면 조선과 중국에서는 본격적인 근대개혁이 뒤늦게 막 추진되기 시작한 시점에서 조기에 등장한 셈이다. 늦은 만큼 다급하게 개혁이 추구된데다가 국권을 상실하거나 위협받게 된 절박한 사정의 반영일 것이다. 특히 세계가 공인해온 문명대국 중국의 입장에서는 더욱 그러했다. 망국의 위기를 넘어 망종(亡種)과 망교(亡敎)라는 표현까지 등장했듯이 종족과 문화의 멸망까지 걱정해야 하는 처지에 몰렸기 때문이다.

이렇게 서로 영향을 주고받으며 연쇄적으로 등장한 국수주의는 몇가지 공통점을 보인다. 이 사조는 공동조상을 가진 문화공동체를 기반으로 동일한 민족이 형성되었다고 보고, 민족을 단위로 단일한 국가를 형성, 수호해야 하며 이를 위해 애국심과 단결심이 필요하다고 했다. 국사와 국어는 그런 의식을 형성하는 수단으로서 중시되어 연구되고 가르쳐졌다. 더불어 18세기 한일 양국의 국학 전통이 다시 상기되고 계승되었는데, 여기에는 탈중국적 지향도 작용했다. 일본에서 무사도를 강조한 것은 물론이고, 문인사대부 사회의 전통을 가진 조선과 중국에서도 상무정신을 강조하고 과거 외부의 침략으로부터 국가를 지켜내거나 영토를 확장한 장수들을 위인으로 강조했다. 청일·러일전쟁의 영웅을 군신(軍神)으로 추앙한 것, 흉노를 격퇴하고 비단길을 개척한 반 차오(班超)와 만주대륙을 호령한 광개토대왕 등을 국위 선양의 상징으로 내세운 것이 그런 예다. 심지어 최석하는 "영웅이란 사람들에 의해 인정된 것이니 우리에게 영웅이 없다고 냉소하지 말고 성심으로 영웅을 제조하여 인정하자"고 주창하기도 했다.

그런데 이렇게 강조된 국수문화는 자기 국가와 민족의 자주성을 띠

232

받치는 주체화의 근거인 동시에 사회진화론적인 경쟁세계에서 문명화의 근거가 되기도 하는 양면성을 지니고 있었다. 따라서 국가와 민족의 조건과 인식주체의 처지에 따라 어느 한쪽이 특별히 강조될 경우 그 의미와 역할은 달라질 수 있었다. 그 하나는 각자의 고유성에 기반하여 제국주의에 저항하는 독립국가 지향의 문화사상으로 발전하고 약소민족의 평등적 민족주의로 나아가는 것이다. 다른 하나는 근대주의의 보편성이라는 기준에 빗대어 문명화 논리에 압도된 나머지 제국주의 문화를 보편으로 간주하고 자국 문화를 그 하위범주로 파악하는 것이다. 대한자강회가 을사보호조약에 의한 통감(統監) 지배를 인정하고 문명을 흡수하자고 주장한 것이 후자의 대표적 예다.

물론 각국의 국수주의는 차이점도 띠고 있다. 일본은 자국 문화의 고유성을 강조하면서도 이웃 조선과 중국의 고유문화를 진보를 가로막는 낡은 누습으로 깎아내려 폐기처분할 것을 요구했다. 이는 황국사상을 근거로 자국 문화의 고유성을 예외적 우수성으로 간주한 나머지 이웃나라 문화의 독자성을 인정하는 다원주의적 사고를 결여한 탓이었다. 그것은 탈아론(脫亞論)*과 동아시아 침략의 논리로 이어졌다. 사회진화론적 문명화 논리는 바로 이를 합리화하기 위해 동원되었다. 중국에서도 정도의 차이는 있지만 한족과 기타 소수민족 간에 이와 유사한 현상이 나타났다. 한족의 고유문화는 우수하여 문명수준에 도달해 있으나 소수민족의 그것은 열등하고 낙후해 있으므로 한족문화에 동화시켜야

탈아론 1885년 일본의 후꾸자와 유끼찌가 자신이 발행하던 『시사신보』에서 전개한 이론. 개화를 거부하는 조선과 청나라는 "나쁜 친구"일 뿐이니 일본은 이런 아시아 국가들과 결별(脫亞)하고 유럽의 일원이 되어야 한다고 주장했다.

한다는 것이었다. 만주족이 한족을 통치하는 것은 부당하지만 한족이 만주족을 통치하는 것은 당연하다는 논리도 이로써 정당화되었다.

국수주의의 이와 같은 면모가 서구문화 유입에 대한 관료와 지식인들의 반응의 한 유형이라면, 이와 맥을 같이하는 민중들의 반응 중 하나가 민중종교 현상이다. 인구의 대다수를 차지한 빈농의 생존을 약간이나마 지원해오던 종족과 향촌의 공유지를 비롯한 공산과 그에 의거한 공동체 질서가 시장논리의 침투로 인해 붕괴하는 단계에 이르렀기 때문이다.

일본에서는 치찌부 봉기처럼 생사를 생산하는 농민들이 생사값 폭락과 고리대 착취에 저항하는 봉기를 일으키는 한편 각종 민중종교에 의지하여 마음의 평안을 찾으려 했다. 막부 말기에 창시된 텐리교(天理敎)*와 콘꼬오교(金光敎), 메이지시대 창시된 마루야마교(丸山敎)와 오오모또교(大本敎)가 그 예다. 각기 수십만명의 신도를 거느렸다고 알려진 이들 종교는 내세의 구원을 기대하며 현세의 고통을 감내하라고 가르쳤다. 그러나 때때로 요나오시(世直し, 세상을 바로잡기 위한 집단행동)를 통해 어느날 갑자기 부가 평등하게 분배되고 현세에서 해방이 이루어진다는 메시지를 전하기도 했기에 이를 통해 농민봉기세력과 연결되기도 했다. 이는 동학의 경우에 더욱 뚜렷하고 강렬하게 나타났다.

동학은 원래 서학에 맞서 자신의 정체성을 지켜내겠다는 강렬한 의

텐리교 1838년 일본 나라현 텐리시에서 나까야마 미끼(中山みき)라는 여성이 자신에게 천리왕명(天理王命)이 내렸다며 창시한 신흥종교. 메이지유신 당시엔 신도 수가 수백명에 불과했으나 이후 계속된 정부의 탄압에도 불구하고 그 수가 날로 증가하여 독립된 교파로 공인받은 1908년에는 신자 수가 190만명(연구자들은 50만명으로 추산)에 달했다.

식을 반영한 이름으로, 인내천의 사상을 앞세우고 1860년 최제우(崔濟愚)에 의해 창시되었다. 사람이 곧 하늘이라는 평등사상은 당시 신분차별의 조건에서 근대문물의 유입과 외세의 침입으로 고통받던 농민의 불안한 심리를 파고들어, 순식간에 조선 전국에 교단 조직망을 갖추었다. 그 경전의 하나인 『용담유사(龍潭遺詞)』는 한글로 간행되어, 기독교 신약전서(1887년 만주의 선양에서 처음 간행되어 국내로 유입되었다)가 그랬던 것처럼 하층민중과 부녀자들에게 그 교리를 널리 전파할 수 있었다. 그들은 내세의 평안을 구하는 종교로서 동학을 믿기 시작했으나 그 교주가 처형당하는 탄압을 받게 되자 집회를 열고 국가권력을 상대로 신앙의 자유를 요구하면서 충돌했다.

이 종교운동은 이윽고 농민대중이 광범하게 참여하면서 부패하고 무능한 양반관료와 외세 침략자를 몰아내고자 하는 현실개혁운동으로 발전했다. 이렇듯 내세구원과 현세개혁 사이를 오가는 상호전환이야말로 민중종교의 일반적 특징이며 이는 삶의 절박함에서 말미암는다. 심지어 그들은 기관총으로 무장한 일본군과 관군 앞에서 마술적인 힘을 믿기도 했다. 이는 마치 그 직후 의화단운동(1900)에 가담한 중국 민중이 그들 특유의 권법을 익히는 것만으로 외국 군대의 총포를 막아낼 수 있다고 믿었던 것과 흡사하다. 중국 민중불교의 하나인 백련교는 비밀결사 형태로 신봉되어 청일전쟁 이후 급속히 침투한 기독교와 서구세력을 배척하는 의화단운동을 촉발했다. 의화단 역시 동학처럼 외국 군대에 의해 진압되었다.

동학농민운동과 의화단운동이 제국주의세력에 의해 진압된 뒤 조선과 중국에서는 각각 국조가 숭앙되었다. 조선에서는 단군을 숭배하는 대종교(大倧敎)가 창시되어 곳곳에 그 교당인 단군사묘가 건립되고 단군릉이 수축되었으며, 중국에서도 국조 황제를 모시는 사당이 곳곳에 건립되고 제사의례가 행해졌다. 조중 양국의 국조신앙은 제국주의 침략에 저항하는 정신적 근간으로 간주되었다. 중국의 국민당과 공산당이 항일전쟁기에 국조 황제에 대한 제사를 거행한 것이 그 예다. 그러나 일본의 식민지가 된 조선에서는 그럴 만한 틈조차도 주어지지 않았다. 중앙학교 교장 송진우(宋鎭禹)가 1917년 단군, 세종대왕, 이순신을 삼성(三聖)으로 추앙하는 국민운동을 추진하려고 했으나 일제의 조선신궁 건립과 충돌하면서 수포로 돌아간 것이 이를 말해준다. 일본은 조선 곳곳에 신사를 건립하고 이를 숭배하도록 강요했으니, 국조신앙은 억압될 수밖에 없었다. 일본의 신사는 식민지 타이완과 괴뢰국 만주국에도 건립되었으며, 이 모두는 천황가를 정점으로 하는 일본제국의 신사체계 속에 편입되었다.

일본의 메이지정부는 전통적 신또오신앙을 체계화하여 국수주의의 거점으로 삼았다. 원래 천황가의 조상을 모시는 이세신궁(伊勢神宮)과 각 마을공동체의 신들을 숭배하는 각지의 일반 신사는 별개였다. 그런데 이제 전국의 모든 신사는 이세신궁을 정점으로 하여 마을 단위의 말단 신사에 이르기까지 행정급별 위계에 따라 파악되어 국민의례를 거행하는 국가기관으로 공식 지정되었다. 모든 신사가 천황가의 신성성을 인정하고 숭앙하는 의례공간으로 재탄생한 것이다. 그리고 모든 개인을 거주지 신사에 등록하도록 만들어 신사 조직망을 통해 천황을 국조로 모시는 국조신앙을 조직화할 수 있었다. 이렇게 신또오와 신사를 천황가와 일치시키고 모든 국민을 그 체계 속에 편입시키는 움직임은 신사 주지에게 국가면허를 발급한 1900년에 그 절정에 달했다. 이것이 제국의 팽창에 따라 타이완·조선·만주 등지의 해외 신사로 확산되어가면서 현지의 고유 신앙을 압살하는 사태를 초래한 것이다.

베트남에서는 1920년대 코친차이나의 하급관리 응오반찌에우(Ngô Văn Chiêu)가 까오다이교(Đao Cao Đài, 道高臺)를 창시했다. 이 신흥종교는 유교·불교·도교·기독교·민간신앙이 혼합된 교리, 가톨릭과 유사한 계층조직을 갖추었다. 신도가 40만명에 달했고 특이하게도 자체의 군대를 거느렸다. 그들은 프랑스의 식민지 지배에 저항하는 성향이 강했으며, 2차대전 중에는 일본군과 결탁하여 반프랑스 봉기를 일으키기도 했다.

1919년 산둥반도에 대한 권익을 일제에 빼앗긴 데서 촉발된 중국 5·4운동

제4장

제국주의의 침략과
반제 민족운동

메이지유신 초기부터 일본은 타이완 침공과 류우뀨우합병을 비롯한 대외팽창을 추구해 전통적 동아시아 질서를 흔들었다. 이에 청·일·러 세 제국의 경쟁이 가열되더니 마침내 청일전쟁과 러일전쟁으로 이어졌다. 이 두 전쟁은 동아시아를 둘러싼 열강의 대결이자 동아시아를 지배하려는 일본의 야망의 표출이었다. 그것을 숨긴 일본 아시아주의의 실태를 간파하지 못하고 일시적으로 아시아 연대라는 환상에 빠져 있었던 각국의 혁명가, 지식인, 독립운동가 들은 점차 국제연대를 통해 제국주의에 대항하는 민족운동을 전개하였다. 3·1운동과 5·4운동은 이러한 연대를 한 단계 더 고양하는 분수령이 되었다.

1

청·일·러 세 제국의
패권경쟁

침략전쟁, 청일전쟁과 삼국간섭

흔히 근대일본은 청일전쟁으로 제국주의 열강의 대열에 합류했다고 한다. 그것도 당시 국제적 조건에 의해 불가피하게 그렇게 된 것일 뿐 처음부터 의도를 갖고 추진된 결과는 아니라는 것이 일본 근대사의 서사구조다. 그 전쟁의 상대측인 중국은 일본의 침략으로부터 조선을 지키려 한 피해자였다는 것이 중국 근대사의 서사구조다. 그러나 동아시아 지역사의 관점에서 보면 이러한 일국사의 서사구조는 열강과의 관계만을 중시한 자국중심주의의 산물에 불과하다.

서구열강에 의해 강요된 조약질서가 도래한 이후 청국도 그에 대응해 근대적 제국화 정책을 시행했다. 이를 촉발시킨 계기는 러시아의 일리(Ili) 점령, 프랑스의 제2차 사이공조약, 일본의 류우뀨우합병으로, 모두 1870년대의 일이다. 이 연대는 세계사적으로도 제국주의의 패권경쟁이 본격화한 시대다. 동아시아의 그것은 선두주자 영국의 가담 속에 청·일·러 3제국 경쟁으로 좁혀졌고, 조선은 그 사이에서 극심한 곤란을 겪게 되었다.

근대일본의 제국화 욕망은 1874년 타이완 침공과 1884년 청프전쟁을 계기로 분출하였다. 우선 프랑스가 1874년 제2차 사이공조약으로 베트남 남부를 점령하고 청조의 종주권을 부인했다. 바로 그해 일본은 타이완 침공을 발판으로 이듬해 류우뀨우왕국의 청조에 대한 조공을 폐지시키고 강화도조약으로 조선에 대한 청조의 종주권을 부인했다. 이어서 1879년 류우뀨우를 합병해버렸다. 프랑스가 1883년 베트남 전토를 보호국화하자 청조는 베트남의 구원요청에 따라 파병했고, 1884~85년 프랑스와 전쟁을 벌였으나 특히 해전에서 참패했다. 당시 청국 해군은 지휘체계가 통일되지 않아 푸젠함대만 출정한 상태였다. 이 사태를 지켜본 일본은 허약한 청조를 넘보면서 1887년 청국을 가상적국으로 설정한 침략전쟁계획을 수립했다. 사이고오 타까모리의 정한론도 사실은 청국을 목표로 한 것이었다. 이는 메이지유신 주도세력이 1868년 조선에 국서를 보내기도 전에 세워진 침략계획의 연장선에서 이해될 수 있다. 1870년대에 '제국(帝國)'이란 용어가 '황국(皇國)'의 위용을 대외적으로 과시하는 용어로 급속히 일반화된 것은 결코 우연이 아니다. 타이완 침공에서 시작된 일본의 제국화 기도는 류우뀨우합병으로 그 첫걸음을 내딛었다. 1869년 천황의 명으로 설립된 토오꾜오초혼사(東京招魂社)가 1879년 야스꾸니신사(靖國神社)로 개명된 것도 주목된다. 군 당국이 관할하는 야스꾸니신사에는 유신 이래 2차대전 패전까지 내전 및 대외 군사행동의 전사자 위패가 모셔져 있다.

그사이 러시아는 청국의 서북과 동북 변경을, 영국은 청국의 서남 변경을 잠식해들어갔다. 러시아는 1871년 회교도 반란을 진압한다는 명분을 내세워 일리를 점령하여 청조와 분쟁을 야기했다. 이에 맞서 청국은 변경의 소수민족 지역과 조공국을 직접지배하에 두는 근대적 제국화 정책을 취했다. 1881년에는 러시아에 거액의 배상금을 주어 일리분쟁을 마무리 짓고 위구르족이 거주하는 서북영토를 확보한 다음 1884년 거기에 '새로 개척한 강역'이란 뜻의 신장성(新疆省)을 설치했다. 이러한 직할 성의 확대는 이듬해에 타이완성 설치로 이어졌다.

그와 동시에 청국은 류우뀨우왕국에 이어 조선도 일본에 점령될 것을 우려해 조선을 조공국과 다른 근대 국제법상의 종속국으로 만들려 기도했다. 청국은 1882년 조청상민수륙무역장정에 "조선은 청의 속국"임을 명시하고 미국을 비롯한 구미 각국에 이를 회람시킨 데 이어, 군대를 파병하여 임오군란을 진압하고 대원군을 납치한 후 내정과 외교에 직접 개입했다. 이는 정부 각 부문에 청국이 지명하는 고문을 두는 고문정치로 나타났다. 김옥균을 비롯한 급진개화파가 1884년 갑신정변을 일으킨 것은 그에 대한 반발이었다. 그러나 청국은 한성에 주둔하고 있던 군대로 갑신정변을 진압하고 위안 스카이를 사실상의 '감국'(監国, 통감에 해당)으로 임명해 조선을 보호국화하려 기도했다. 조선의 해관을 장악하고 차관 도입을 저지해 재정적으로 종속시킨 외에 친러세력을 숙청하고 고종 폐위를 기도했으며, 구미 각국에의 공사 파견을 저지해 조선을 외교적으로 고립시켰다. 청국의 이같은 정책은 조선의 반발과 열강의 견제로 우여곡절을 겪으면서도 1894년까지 이어졌다.

청프전쟁 이후 조선을 둘러싼 청·일 양국의 패권경쟁은 결국 청일전쟁으로 이어졌다. 그사이 러시아가 1886년 구상한 시베리아 횡단철도(우랄산맥 동남부 첼랴빈스끄-연해주 블라지보스또끄) 부설을 프랑스의 지원으로 1891년 착공함으로써 이 경쟁의 또 한 축으로 급부상했다. 이는 일본의 조바심을 부추겨 청일전쟁 개전을 앞당기게 만들었다. 이로써 청·일·러 3제국의 패권경쟁이 본궤도에 진입했다. 청국과 일본은 청일전쟁까지의 양국 대치를 상대국에 대한 '대응적 방어'였을 뿐이라고 변호하지만, 둘 다 명백히 근대적 제국화이며 '경쟁적 침략'이 아닐 수 없다. 다만 그 성패의 정도 차이가 있을 뿐이다. 청국의 대응 역시 '근대적 식민지주의' 혹은 '(아류)제국주의'로 이해되며, 중국인 학자 중에도 이에 공감하는 예가 나타나기 시작했다. 이를 염두에 두고서 청일전쟁의 경과를 살펴보자.

갑신정변 이후 1885년 리 훙장과 이또오 히로부미는 톈진조약을 체결하여 양국은 자국의 군대를 조선에서 철수하고 후에 파병할 때는 서로에게 사전에 통보한다는 데 합의했다. 이것은 한쪽이 출병하면 반드시 다른 한쪽의 대항출병을 유발하게 되어 충돌의 위험성이 높아진다는 면에서 파병을 억제하는 효과가 있었다. 당시 일본이 청국을 견제하면서도 적극적인 강경책을 취하지 못했던 것은 국가의 자주독립을 실현하기 위해 먼저 근대화 추진의 장애물인 불평등조약을 개정해야 했으며, 이를 위해서는 헌법 제정과 의회 개설로 근대적인 입헌국가를 수립해야 했기 때문이다. 그러나 이 일로 분주한 사이에도 일본은 꾸준히 군비를 증강하고 있었다. 예를 들면 1878년 전체 지출의 15%를 차지하던 군사비가 1892년에는 31%에 이르렀다. 이는 야마가따 아리또모(山縣有明)가 1890년 제국의회에서 이제 일본은 "주권선뿐만 아니라 이익선까지 지켜야 한다"고 호언할 수 있게 만들어주었다.

조약 개정은 난항을 거듭했지만 시베리아철도 부설에 따른 러시아의 남하가 동아시아에서의 권익을 크게 위협한다고 판단한 영국이 일본의 조약개정 요구에 호의를 보이기 시작했다. 몇해 전인 1885년 영국이 거문도(巨文島)를 점령한 것도 동아시아에서 러시아 세력을 견제하기 위해서였다. 더구나 1891년의 러·프동맹, 1892년의 러·프군사협약 이후 영국은 동아시아에서 러시아의 세력 확장을 견제할 필요성이 더욱 절실해졌다. 이를 배경으로 1894년 7월 16일 영국과 일본이 영일통상항해조약에 조인한 것은 청일전쟁이 발발하기 불과 보름 전의 일이었다. 당시 조인에 임한 영국 외상 킴벌리 경(J. Wodehouse, 1st Earl of Kimberley)이 아오끼 슈우조오(靑木周藏) 독일 주재 공사에게 "이 조약의 성질은 일본으로서는 청국의 대군을 패주시킨 것보다도 훨씬 뛰어난 일이다"라고 말한 것은 이 조약 개정이 일본에 주는 의미를 상징적으로 말해준다. 조약개정 조인은 청일전쟁이 한창이던 8월 27일 비준, 공포되었다. 개정 사실을 접한 언론은 이구동성으로 이또오 내각을 칭송하고 자기도취에 빠진 듯 "제국은 동아의 패자(覇者)"라고 하면서 일본이 '주권국가'에 가담하게 된 사실에 환호했다.

한편 조선 조정이 외세에 휘둘려 친청파와 친러파로 분열되어 혼선을 거듭하는 사이, 경제적 곤궁과 외세의 침략에 불만을 품고 있던 농민들의 분노가 폭발하여 마침내 동학농민전쟁으로 발전했다. 1894년 5월 31일 농민군이 전주성에 입성하자 조선정부는 청국에 원군 파견을 요청했다. 청국의 군사적 개입은 기회를 노리던 일본정부에 전쟁을 일으킬 빌미를 제공했다. 당시에 이미 조선 파병을 준비하고 있던 일본은 톈진조약에서의 합의를 바탕으로 일본인 거주자를 보호한다는 명분을 내세워 6월 2일 내각회의에서 혼성 1개 여단 8000명의 '대군'을 출병하기로 결정했다. 이제까지 조선에 배치된 병력이 최대 약 300명의 2개 중대였던 점에 비춰볼 때 8000명의 병력으로 구성된 혼성여단의 출병은 당

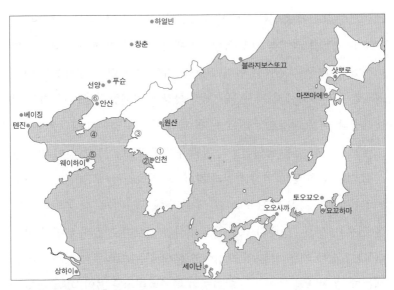

청일전쟁 주요 격전일지
① 1894.7.23 경복궁 점령
② 1894.7.25 풍도 앞바다에서 첫 충돌
③ 1894.9.15~17 평양 교전, 일본 승리
④ 1894.9.17 서해 해전, 일본 승리
⑤ 1895.2.2~16 웨이하이에서 일본 함대가 청국 함대 포위, 종전
⑥ 1895.3.9 청군의 최후 저항

시 일본의 야심을 여실히 드러내고도 남는다. 이에 반해 청의 위안 스카이가 조선의 원병 요청을 정식으로 수령하고 최초에 밝힌 파병 병력은 약 1500명에 불과했다.

1894년 6월 15일 일본 각료회의는 공사관과 거류민 보호라는 당초의 출병 명분을 바꾸어 조선의 내정을 공동으로 개혁하기 위해 양국에서 상설위원을 두고 지도할 것을 청국에 제의하고 이를 거부하면 일본이 단독으로 단행하기로 결정했다. 이는 청국의 거부를 예상하고서의 제안으로, 일본이 조선에 대한 문명적 개혁을 거부당한 피동자의 입장

246

에 서 있다는 정당성을 서구열강에 과시하기 위한 무쯔 무네미쯔(陸奥 宗光) 외상의 책략이었다. 예상대로 청국이 이를 거부하자 일본은 7월 23일 용산에 주둔하던 일본군 2개 대대로 경복궁을 공격하여 33명의 조 선군 사상자를 내면서 궁성을 장악했다. 이와 같이 일본의 무력행사는 사전에 청국과의 개전을 염두에 두고 있었다. 그러므로, 일본이 청국과 최초로 교전한 것은 7월 25일 경기도 풍도 앞바다에서의 해전이며 선전 포고를 한 것은 8월 1일이지만, 실제로 청일전쟁은 7월 23일의 경복궁 공격에서부터 시작되었다고 보아야 한다. 경복궁 점령은 청국의 부당 한 간섭에 맞서 "조선의 독립"을 보전한다는 천황의 선전조칙과 모순 되었기에, 후일 공식 간행된 『일청전사(日淸戰史)』에서 삭제되었다.

청일전쟁이 한창이던 1894년 10월에 열린 일본 제국의회에서 정부는 임시군사비 예산 1억 5천만엔과 임시군사비 특별회계법안 등을 제출했 다. 이에 중의원 예산위원회는 예산안을 불과 2시간 만에 만장일치로 가결했으며, 본회의에서는 전쟁협력을 요청하는 이또오의 연설이 끝난 후 토론회의를 생략하고 단 한명의 반대도 없이 '박수갈채' 속에서 예 산안을 원안 그대로 가결, 확정했다. 1885년 갑신정변 실패 후 중국과 조선을 '악우(惡友)'라 부르며 탈아론을 주창했던 후꾸자와 유끼찌도 국민이 일치하여 정부를 지지하고 전쟁에 진력할 것을 강조하면서 군 자금 헌납을 호소했다. 메이지유신 이래 정한론의 분열, 자유민권운동 과 전제정부의 대립, 제국의회 개설 이후 정부와 야당의 대립 등으로 분 열상을 드러내던 메이지일본은 조약 개정의 성공에 이은 청국과의 전 쟁에서 '거국일치'를 연출해 보였다.

한편 전통적인 중화의식을 배경으로 일본을 대수롭지 않은 상대로 여기던 청국은 정치와 군사도 통일하지 못한 채 전쟁에 돌입했다. 당시 청은 광서제의 친정하에 군무를 관장하는 군기처와 외교업무의 중심인 총리아문이 분리되어 있었으며, 조선의 동향을 장악하던 위안 스카이와 총리아문은 대립관계에 있었다. 또한 파병과 병기의 해외발주에 대한 권한은 북양대신 리 훙장이 가지고 있었다. 리 훙장과 서태후를 비롯한 중앙관료는 전쟁회피 입장에서 조선으로의 증원파병에 대해서도 좀처럼 결단을 내리지 못하다가 7월 19일에야 조선의 아산으로 2300명의 증파를 명령하는 어중간한 결정을 내리면서 전략상으로도 전술상으로도 실패를 자초했다.

청일전쟁에서 승리를 거둔 일본은 1895년 4월 17일 청과 시모노세끼조약을 맺고 조선의 독립 승인, 타이완과 펑후제도 및 랴오둥반도 할양, 배상금 3억 100만엔(당시 일본 국가 세입의 3년치에 해당), 그밖에 중국의 개항과 조계에서의 치외법권 등의 승인을 받아냈다. 청국은 막대한 배상금 지불을 위해 1895년 7월 러시아와 프랑스로부터 36년 상환으로 4억 프랑의 공동차관을 들여왔고 이듬해에는 영국과 독일로부터 1600만 파운드의 공동차관을 들여왔다. 청국은 일본에 대한 배상금 지불로 재정적으로 파탄하면서 그후에도 서구열강의 금융에 의존하지 않을 수 없게 되었다. 열강은 청에 차관을 제공한 담보로 중국 세관의 관세 인하와 내륙의 광산 채굴권을 요구했다. 결국 청의 모든 수출입 관세와 염세, 그리고 국내 통과세 등으로부터의 수입이 외채에 대한 저당물이 되었다.

청일전쟁에서 중국과 조선의 생활문화를 직접 체험한 일본 병사들이 남긴 기록에는 '불결'과 '냄새'라는 인상이 강렬하게 각인되어 있다. 일본정부는 문명화 정책의 일환으로 위생과 청결에 대한 관념을 군인들에게 주입해왔고, 이제 청일전쟁은 문명과 야만의 전쟁, "문명의 의전(義戰)"이라는 이데올로기를 주입해나갔다. 결국 이는 일본군의 잔학한 살육행위를 정당화했다. 일본의 언론은 이를 위한 나팔수가 되어, 전쟁에서 꽁무니 빼는 청나라 병사들을 조롱하면서 청일전쟁을 '문명을 위한 전쟁'으로 미화하고 극찬했다. 1894년 7월 일본군의 조선왕궁 점령에 격분하여 재기한 동학농민군을 무참히 살육한 것, 11월 뤼순을 함락한 일본군이 시가지 소탕작전에서 청군 포로는 물론이고 부녀자와 노인을 포함한 민간인들을 무차별 학살한 뤼순학살사건도 이러한 우월감과 멸시관을 배경으로 발생한 사건이었다. 청일전쟁 이후 일본민족의 우월성을 자화자찬하는 언설이 대거 등장했으며, 이는 이후 대외팽창을 적극적으로 주장하고 신의 자손으로서의 천황을 정점으로 하는 일본민족의 세계지배를 정당화하는 국수주의 사상으로 발전했다.

그러나 일본의 우월감도 실은 서구에 대한 열등감과 동전의 양면을 이루고 있었다. 삼국간섭에 대한 일본의 굴복은 여전히 서구열강에 대한 열등감이 불식되지 않았다는 사실을 스스로 깨닫게 만들었다. 서구열강은 시모노세끼조약 조인 전부터 조약 내용에 지대한 관심을 품고 정보 수집에 민감하게 움직이고 있었다. 특히 일본이 이 조약에서 랴오둥반도 할양을 요구할 것이라는 정보를 입수한 러시아는 프랑스, 독일과 공조하여 그것이 서구 각국의 간섭을 초래할 것이라며 일본에 압력을 넣기 시작했다. 이윽고 조약 조인 직후인 4월 23일 러·프·독의 3국 공사는 일본 외무차관에게 "랴오둥반도를 일본이 영구히 소유하는 것은 청국의 수도를 위협하고 조선의 독립을 유명무실로 하는 까닭"에 영유를 철회하라는 각서를 전달하게 된다. 이튿날 열린 어전회의에서 일본은 ①권고의 거부, ②'열국회의'를 열어 랴오둥반도 문제를 처리, ③삼국간섭을 받아들여 랴오둥반도를 '은혜적으로 환부'한다는 3개 안을 두고 검토에 들어갔다. ①은 일본의 역량 밖이고 ②는 열강의 새로

비고(Georges F. Bigot)의 풍자화 「낚시놀이」 청국과 일본이 조선이라는 물고기를 낚으려 경쟁하는 동안 러시아가 틈을 노리고 있다. 시사잡지 『토바에』 1호(1887.2.25.).

운 간섭을 야기할 수 있다는 판단에 따라 ③을 수용했다. 결국 일본은 삼국간섭에 굴복하여 3천만냥의 추가배상금을 받고 랴오둥반도를 포기하게 되었다.

러시아가 주도한 삼국간섭은 일본인에게 러시아에 대한 적개심을 심어주었다. 더구나 3년 후에 일본이 반환한 랴오둥반도를 러시아가 25년간 조차하는 조건으로 차지했다는 사실이 알려지자 그들은 굴욕적인 모멸감을 느꼈다. 이때 새겨진 러시아에 대한 적개심과 '와신상담'의 구호는 불과 몇년 후 전국민적인 전쟁지지에 중요한 토양이 되었다. 청국으로부터 받은 거액의 배상금을 바탕으로 방대한 경비를 투입하여 군비를 확장하고 산업을 일으킨 것도 가상적국 러시아와의 전쟁을 염두에 둔 것이었다. '민력휴양(民力休養), 지조경감(地租輕減)'을 내세우던 야당도 청일전쟁 후의 첫 제국의회에서 군비확장을 위한 예산안을 거의 원안 그대로 통과시켰다. 청일전쟁의 승리에 도취되어 후꾸자와 유끼찌가 주장하던 불기독립(不羈獨立, 속박되지 않고 독립함)이 완수된 것처럼 보였지만, 일본은 또다시 전쟁준비에 박차를 가하며 '거국일치'를 연출해 보이고 있었다. 이때부터 일본은 1945년 패전에 이르기까지의 50년간 전쟁이 끝난 직후 곧이어 다음 전쟁을 준비하는 패턴을 되풀이하게 된다. 청일전쟁은 바로 그 출발점이었다.

러일전쟁과 일본 민중의 제국의식

청일전쟁 후 러시아의 압력에 굴복하는 일본의 모습은 조선에서 친일적인 개혁방침에 반대하는 보수파의 움직임을 촉진했다. 초조해진 일본은 1895년 미우라 고로오(三浦梧樓) 공사의 주도로 반일친러파의 중심인물인 명성왕후를 왕궁에서 살해하는 전대미문의 사건을 일으킨다. 이 사건을 계기로 조선에서 반일적인 분위기가 고조되어 반일·반개화를 기치로 하는 의병운동이 발생했고, 고종은 러시아 공관으로 피신하여 일본의 입지는 더욱 실추되었다. 이후 일본은 러시아와의 협상방침을 결정하고 1896년 6월 조선에서 러시아와 일본은 대등하다는 내용의 야마가따·로바노프(A. Lobanov-Rostovsky)협정을 체결하여 간신히 조선에서의 세력을 유지했다. 이 협정은 1898년의 니시(西德二郎)·로센(R. R. Rosen)협정에도 그대로 계승되었다. 여기서 두 나라는 상호합의 없이는 조선을 군사적·재정적으로 돕지 않는다는 조건 아래 조선을 공동보호지역으로 설정했다. 일본은 조선을 사이에 두고 러시아와의 외교교섭을 계속했지만 아직 러시아와 전쟁을 하기에는 힘이 부족했다.

일본은 1885년 러시아가 시베리아철도 부설계획을 발표했을 때부터 조선에서의 권익에 대한 위협을 느끼고 있었다. 1890년 야마가따 아리또모가 "시베리아철도는 이미 중앙아시아로 진출했다. 몇년 안에 준공하게 되면 러시아 수도를 출발하여 불과 십수일 만에 흑룡강에서 말에게 물을 먹이게 될 것이다. 우리는 시베리아철도 완성의 날이 곧 조선에 다사다난해지는 때라는 것을 잊어서는 안된다"라고 말한 것은 이미 청일전쟁이 발발하기 전부터 조선을 둘러싸고 러시아와의 충돌을 예견하고 있었음을 말해준다.

당시 일본의 러시아에 대한 열등감과 위기감의 딜레마는 1891년 발생한 오오쯔(大津)사건에서도 잘 나타난다. 이 사건은 1891년 봄 시베리아철도 기공식에 참석하기 위해 블라지보스또끄로 향하던 도중에 일본을 방문한 러시아 황태자 알렉산드로비치(후일 니꼴라이 2세)가 시가현 오오쯔를 지날 때 연도 경비에 임하고 있던 순사 쯔다 산조오(津田三藏)의 습격을 받고 부상을 입은 사건이다. 일본정부는 아연실색하여 메이지 천황이 직접 황태자를 위문했으며 범인에 대해서는 황실에 대한 범죄를 적용해서 사형에 처하도록 사법성에 압력을 넣었다(판결은 무기징역이었다). 쯔다 순사가 러시아 황태자를 습격한 것은 그가 일본을 침략하기 위해 조사차 방문한 것으로 간주했기 때문인데, 이는 그만큼 일본인들이 러시아의 존재를 자신들의 위협세력으로 인식하고 있었다는 것을 말해준다. 또한 정부가 발칵 뒤집힐 정도로 긴장하지 않을 수 없었던 것은 그만큼 일본의 힘이 러시아에 미치지 못한다는 것을 자각하고 있었기 때문이다.

한편 1880년대에 아프리카 분할을 거의 마친 서구열강은 청일전쟁에

252

서 청나라의 약체가 폭로되자 다시 아시아로 눈을 돌리게 된다. 먼저 독일은 1897년 산둥성에서 발생한 독일인 선교사 살해사건을 구실로 자오저우만을 조차하고 철도와 광산의 이권을 획득했다. 같은 시기에 러시아는 뤼순, 다롄의 조차권과 동청(東淸)철도 남부선(하얼빈-다롄)의 부설권을 획득했다. 1898년 4월에는 프랑스가 광저우만 조차와 윈난철도 부설권을 요구하고 곧바로 광저우만을 점령했다. 영국은 6월 주룽반도를 99년간 조차하고 7월에는 러시아의 움직임을 견제하여 웨이하이를 조차했다. 1898년 봄에서 여름 사이에 청나라는 영국·독일·프랑스 등의 군사적 압력에 잇따라 굴복했다. 미국도 1898년 에스빠냐와의 전쟁에서 쿠바와 필리핀을 자신들의 세력권으로 넣는 데 성공하고 본격적으로 동아시아 분할경쟁에 뛰어들었다. 열강은 제각기 조차지를 근거지로 철도 부설권과 광산 채굴권을 획득하고 중국에서의 권익을 확대해갔다.

열강의 중국 침략에 대응하여 청국에서는 캉 유웨이를 중심으로 입헌정치를 도입하고 내정개혁을 꾀하고자 하는 변법운동이 일어났으나 서태후 등의 보수세력에 의해 좌절되었다. 이러한 정세 속에서 열강의 중국 분할과 경제적 침탈은 중국의 민중봉기를 촉발하여 산둥성에서 부청멸양(扶淸滅洋)을 외치는 의화단의 배외운동이 발생, 화북지방 일대로 확산되었다. 이 사건으로 베이징에서는 독일 공사와 일본공사관 서기 등이 살해당하고 각지에서 기독교 교회가 습격을 받아 외국인 선교사들도 피살되었다. 이에 영국·미국·러시아·독일 등과 함께 일본도 군사를 파견하여 의화단을 진압했다.

의화단운동은 한편으로 러시아가 만주를 점령할 수 있는 구실을 제공했다. 러시아는 의화단운동이 진압된 후에도 남만주로 파견한 병력을 철수하지 않고 만주를 러시아의 보호지역으로 할 것을 청국에 강요했다. 일본에서 볼 때 러시아가 만주를 점령하게 되면 조선이 러시아의 직접적인 위협 아래 놓이는 것은 불 보듯 뻔한 일이었다. 일본은 러시아의 위협을 영국과 러시아와의 병행교섭을 통해 해결하려고 했다. 영국과의 교섭은 1901년 11월부터 급속하게 진전되어 1902년 1월 30일 두 나라는 영일동맹을 맺었다. 당시 발칸반도와 동아시아에서 러시아와 대립하던 영국은 일본을 이용해서 러시아의 남하를 견제할 수 있다고 판단하고 일본의 교섭에 응한 것이다. 동맹의 내용은 청국과 한국의 영토 보전을 유지하고, 제3국이 참전한 경우에는 동맹국과의 협동전투 의무를 지닌다고 하는 사실상의 군사동맹이었다. 예컨대 일본과 러시아가 전쟁에 돌입했을 때 영국은 엄정한 중립을 지키지만, 만약 프랑스가 러시아를 지지해서 일본을 공격할 경우엔 영국도 일본 측에서 참전할 수 있다는 것이다.

그러나 1902년까지도 일본은 러시아와 전쟁을 할 수 있는 단계가 아니었다. 1902년 4월 21일 쿄오또의 무린안에서 열린 야마가따·이또오·카쯔라·코무라 회담에서는 조선에서 일본의 우위를 인정받는 대신 만주에서 러시아의 우위를 인정하는 '만한(滿韓)교환론'을 결의하고 러시아와의 협상에 임하기로 했다. 당시까지도 일본 육군은 대륙 공세작전에 관해서는 연구검토하는 단계였고 주전파는 오히려 소수였다. 해군의 한 장관도 "한국 따위는 잃어도 괜찮다. 제국의 고유 영토를 방위하면 충분하다"고 말했을 정도였다. 그러나 1903년부터는 대러강경론이 급속하게 확산되기 시작한다. 이또오를 비롯한 원로들은 여전히 전쟁을 주저하고 있었지만 재야와 언론은 삼국간섭의 기억을 되살리면서 러시아에 대한 적개심을 격렬히 부추겼다. 특히 1900년 재야의 우익인사와 신문기자 등이 중심이 되어 대러강경론을 전개하면서 결성된 국민동맹회가 1903년에는 대외경동지회(對外硬同志會)로 재발족하여 강경한 주전론을 펼치면서 여론을 선동했다. 하루 10만부 이상을 발행하던 『토오꾜오조일신문(東京朝日新聞)』『시사신보』『만조보(万朝報)』 등의 유력 일간지도 정부의 연약외교를 연일 격렬하게 비난했다. 당시 전쟁에 반대한 것은 일본 기독교도 우찌무라 칸조오(內村鑑三)와 사회주의자 코오또꾸 슈우스이(幸德秋水) 같은 소수에 지나지 않았으며 그나마 압도적인 주전론에 가려 전혀 영향력을 가지지 못했다.

일본정부 내에서도 러시아가 제3차 철병기한인 1903년 10월이 지나도 만주에서 철병할 기색을 보이지 않자 주전론이 대세를 이루게 되었다. 더구나 시베리아철도의 완공이 가까워지면서 더이상 개전 시기를 늦출 수 없다는 판단도 깔려 있었다. 1903년 12월의 원훈(元勳)과 각료회의에서는 ①만한문제를 분리하여 한국문제만으로 교섭, ②대등한 만한교환론, ③만주에서 러시아의 이권을 제약하는 만한교환론의 세가지 안을 검토했다. 야마가따는 러시아와의 충돌을 경계하여 ②를 지지했지만 카쯔라와 코무라는 영일동맹을 배경으로 ③을 주장하여 결국 이에 따라 러시아와의 개전을 준비하게 되었다. 일본의 전쟁준비에 관한 정보를 접한 러시아도 황제의 명령으로 1904년 1월부터 전쟁준비에 돌입했다. 러시아군의 극동 배치가 증강되고 협상을 위한 대안이 지연되는 상황에서 일본은 1904년 2월 4일 어전회의를 열고 원훈과 내각이 일치하여 개전을 결정했다. 2월 6일 러시아 주재 일본 공사가 러시아정부에 교섭 중지와 국교 단절에 관한 공문을 제출한 것이 사실상의 선전포고였다. 같은 날 일본 해군은 뤼순과 제물포를 향하여 사세보를 출항, 2월 8일 서해에서의 교전을 시작으로 러일전쟁이 발발했다.

청일전쟁과 달리 러시아와의 전쟁은 커다란 모험이었다. 청일전쟁에서의 전비가 2억엔이었던 데 비해 러일전쟁의 전비는 17억 6천만엔에 달했으며 그것은 당시 일본정부 세입의 7배에 가까운 수치였다. 일본은 처음부터 이 전쟁이 극히 힘들 것을 예측하고 영국과 미국의 외채를 빌리고 그밖의 전비를 미국의 조정에 기대하고 있었다. 일본으로서는 러시아가 유럽 방면에 보유하고 있는 막강한 육군병력이 일본과의 전쟁에 투입되기 전에 지리적인 조건을 최대한 살려 단기간에 결정적인 승리를 거둘 필요가 있었다.

일본은 1905년 1월 뤼순전투에서 엄청난 희생을 치르면서 승리를 거둘 수 있었지만 그 공세는 3월의 펑톈회전(奉天會戰)에서 더이상 나가지 못하고 한계를 드러내기 시작했다. "이미 있는 병력은 모두 썼다"고 할 정도로 전쟁에 동원할 인적자원이 감소하고 있었고 특히 장교와 하사관 전사자가 전체 전사자의 10%를 넘어 지휘관의 수가 압도적으로 부족했다. 또한 병참선이 길어지면서 탄약 보급이 어려웠으며 막대한 전비도 정부재원을 고갈시켜 국민 부담을 더욱 늘려야 할 상황이었다. 이때 위기를 구한 것은 해군이었다. 일본의 연합함대를 이끌던 토오고오 헤이하찌로오(東鄉平八郎)가, 러시아 지상군을 지원하기 위해 아프리카를 회항하여 오랜 항해에 지친 채 대한해협을 통과하는 발트함대를 동해에서 괴멸시킨 것이다(1905. 5. 27~28.). 동해해전에서의 결정적인 승리로 일본은 미국의 중재를 통해 러시아를 협상테이블로 끌어낼 수 있었다.

당시 러시아에서도 짜르의 압정에 저항하는 민중운동이 격렬해지고 있었으며 1905년 1월에는 '피의 일요일' 사건*이 발생하고 각지에서 파업이 빈발하는 등 정세가 더욱 험악해져 전쟁을 계속하기 어려운 상황

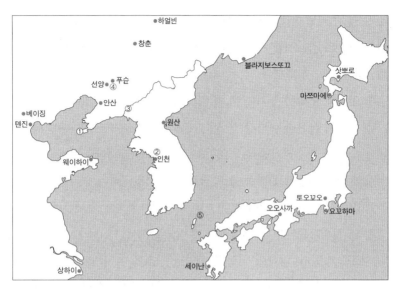

러일전쟁 주요 격전일지
① 1904.2 일본, 뤼순항 공격
② 1904.2 일본, 인천 공격
③ 1904.5 압록강전투, 일본 승리
④ 1905.3 펑톈전투, 일본 승리
⑤ 1905.5 일본, 발트함대 격파

이었다. 때마침 러시아의 만주에 대한 독점적 지배를 우려하던 미국의 루스벨트(T. Roosevelt) 대통령은 일본정부의 의향을 받아 화평을 제안하고 러시아도 이에 응하여 양국은 1905년 9월 미국의 포츠머스에서 강화조약을 맺게 된다. 포츠머스강화조약에서 일본은 한국에 대한 일체의 지도권, 뤼순·다롄의 조차지와 창춘·뤼순 사이의 철도 및 그 부속

피의 일요일 사건 1905년 1월 22일 쌍뜨뻬쩨르부르그의 한 광장에서 경찰과 군대가 노동자들의 평화시위에 발포하여 600여명의 사망자와 수천명의 부상자를 낸 사건. 이로써 당시 러시아 짜르 전제체제에 품고 있던 노동자들의 소박한 기대는 무너졌고 이는 20세기 초 러시아혁명의 단초가 되었다.

권리, 북위 50도 이남의 남사할린·연해주와 깜차까의 어업권 등을 얻게 되고 일본의 조차지를 제외한 만주에서의 양군의 철수, 청국에 대한 기회균등 등에도 서명했다.

이 전쟁에서 일본은 110만의 병력을 동원했으며 20만명이 넘는 사상자를 내면서 간신히 승리를 거두었다(전사자·병사자는 8만 4000명). 그러나 일본의 전쟁지속능력에 대한 진상을 모르는 대다수 민중은 기대 이하의 조약 내용에 불만을 품고 격분했다. 러일전쟁의 승리와 이권 획득에도 불구하고 배상금이 없다는 원칙은 정부와 언론의 선전에 '관민일체'의 협력으로 전쟁을 지지해오던 국민들로서는 납득할 수 없는 연약외교로 비쳤다. 더욱이 일본의 산업화 과정에서 사회로부터 배제된 하층민들은 그 상실감을 국가와의 일체감에서 배상받으려는 욕구가 강했다. 당시 일본 언론이 러시아와의 주전론을 펼친 것도 이러한 충동의 고조와 무관하지 않았다. 반정부계 정치가와 유력 일간지는 '굴욕적 강화조약 반대' '전쟁 계속' 캠페인을 전개하며 군중을 선동했다. 급기야 군중들이 강화를 지지하는 정부 고관의 집과 경찰서, 신문사와 기독교 교회 등을 습격, 파괴한 최초의 대중폭동인 히비야폭동이 발생했다. 강화에 반대하는 언론에서는 카쯔라 타로오(桂太郎) 수상과 코무라 주따로오(小村壽太郎) 외상 등을 '러시아의 스파이'라고 비난하기도 했다.

러일전쟁 이후 일본의 아시아에 대한 멸시관은 한층 증폭되었으며 그 배경에는 자국이 문명국의 일원이 되었다는 자부심이 있었다. 그 '문명'의 논리는 일본국민들에게 러일전쟁은 야만의 전제국가 러시아에 맞서 문명의 입헌국가 일본이 치르는 정의의 전쟁이며, 청국과 조선은 이미 구제할 가치조차 없는 존재로서 일본의 지배에 복종해야 할 대상이라는 우월감을 용이하게 심어주었다. 소설가 타야마 카따이(田山

1905년 토오꾜오의 히비야폭동 조선과 만주를 침략하기 위한 러일전쟁에서 일본이 배상금을 받아내지 못하자 이에 항의한 군중집회로, 일반 민중의 제국주의적 열망과 정치적 등장을 동시에 보여준다.

花袋)는 러일전쟁 종군기에서 "서양인은 중국인을 동물로 취급하는데, 실제로 동물이다! 그들은 생리적으로 인류라는 자격을 상실하고 있다"고 전했으며, 러일전쟁 직후 조선을 방문한 히로시마현 출신의 한 국회의원은 "실로 위생이나 병에 대한 인식이 전혀 없으며 나쁘게 말하자면 인간이라기보다는 짐승에 가깝다고 해도 좋을 듯하다"라며 자신의 극단적인 멸시관을 여과 없이 드러냈다.

전쟁에서의 승리와 동시에 '신천지'에 대한 식민열 또한 고조되었다. 특히 외지에 형성된 일본인 사회에서 그런 현상이 더욱 두드러졌다. 실제로 당시 부산에 거주하던 일본인 수는 청일전쟁기에 4000여명이던 것이 러일전쟁 후에는 3배 이상 증가한 1만 3000명에 달했다. 1905년 부산 초량과 영등포를 잇는 경부철도의 개통과 관부연락선의 취항은 일본의 대륙 진출과 동시에 식민열을 더욱 부추겼다. 중국에서는 1904년 7월 일본군이 잉커우를 점령하자 병참부와 관련 업자를 비롯한 일본인 8000여명이 대거 유입되어 '잉커우의 황금시대'를 구축했다. 그들은 이어서 다롄으로 진출했고, 당시의 인구는 러일전쟁 직전인 1904년 1월에 307호이던 것이 1906년에는 1993호에 8284명으로 증가했으며 1911년에는 거의 3만명에 이르렀다. 외지에서 형성된 일본인 사회는 그 주변부에 중국인과 조선인 사회를 두고 그들을 최하층 노동자로 고용하면서 유지되었다. 아시아의 유일한 제국 일본의 국민은 이처럼 아시아 각지로 퍼져나가 아시아 민중을 멸시하고 차별하면서 그들의 제국의식을 키워갔다.

러일전쟁은 이후 일본의 내셔널리즘에 중요한 영향을 미쳤다. 특히 야스꾸니신사의 역할이 더욱 증대되어 1917년부터 춘계 예대제(例大祭)는 1906년 육군개선관병식이 거행된 4월 30일로 정하고 추계 예대제는 1905년 해군개선관함식이 거행된 10월 23일로 정하여 야스꾸니신사의 제사에서 가장 중요한 날로 삼았다. 또한 러일전쟁의 전리품은 전국 각지의 학교와 사원, 관청 등에 배포하여 전쟁을 기억하고 국가와 군대에 대한 경의와 애국심을 함양하는 장치로 활용했다. 러일전쟁에서의 승리는 침략전쟁을 정당화하고 애국심 함양을 주도하는 오늘날의 네오내셔널리즘에서도 다시 부활하고 있다. 그들은 러일전쟁 승리를 세계사에서 유례를 찾기 어려운 명예로운 승리로 기념하고, 백인종의 아시아 침략에 대항해 승리했다는 자부심으로 '메이지의 영광'을 다시금 거론한다. 그러나 그것도 실은 메이지일본의 서구에 대한 열등감이 여전히 불식되지 않았다는 증거가 아닐까.

한편, 러일전쟁에서 일본의 승리는 당대의 아시아인에게 백인을 이

길 수 있다는 희망을 안겨주었고 이후 아시아 각지의 식민지 독립운동과 열강에 대한 저항운동에도 중요한 영향을 미쳤다. 중국의 쑨 원과 마오 쩌둥, 인도의 네루(J. Nehru), 베트남의 호찌민(Hồ Chi Minh, 胡志明)도 일본의 승리에 감동과 용기를 얻었다고 한다. 그러나 그들의 평가는 러일전쟁의 본질을 제대로 이해한 것이 아니었다. 러일전쟁의 본질은 어디까지나 러시아 세력을 견제하려는 영국과 미국, 그리고 일본의 이해관계를 배경으로 발생한 제국주의전쟁이며, 조선과 만주의 지배권을 놓고 다툰 침략전쟁이었다. 당시 일본이 조선을 지배하기 위해 저지른 불법적인 만행에 대해서는 거의 알려지지 않은 상황이었다. 그러나 그들의 기대와 희망이 배신과 좌절로 바뀌기까지는 그리 오래 걸리지 않았다. 당시 이미 전쟁의 본질을 꿰뚫어본 중국의 『경종일보(警鐘日報)』는 '동양평화'를 지킨다는 일본의 개전 명분이 허구에 불과함을 폭로하고 일본군의 승리에 환호하는 여론에 경종을 울렸다.

일본의 한국병합과 제국주의의 국제협력

1896년 아관파천 후에 경운궁으로 환궁한 고종은 황제에 즉위하고 대한제국을 선포했다. 황제 칭호는 일본이 중국의 간섭으로부터 조선을 독립시킨다는 명분으로 착안한 것이었지만, 조선에 있어 그것은 곧 고종의 환궁 이후 중국과 일본, 그리고 러시아의 간섭에서 벗어나 사대주의를 청산하고 자주독립을 성취하겠다는 의지의 표명이었다. 이후 대한제국은 군주의 전제권을 강화하고 옛 법을 본으로 삼고 새로운 것을 참고한다는 구본신참(舊本新參)의 방침으로 광무개혁을 추진했다.

그러나 자주독립을 위한 대한제국의 노력은 제국주의 열강의 이해관계
가 얽힌 전쟁의 발발로 좌절되고 말았다. 대한제국은 전쟁의 소용돌이
를 피하기 위해 중립국화를 시도했지만 열강에 의해 묵살당했다.

1901년 6월 이또오 내각의 총사직에 이어 제1차 카쯔라 타로오 내각
이 세워지면서 한국을 일본의 보호국으로 할 것을 정강(政綱)에서 이미
명시한 일본은, 1904년 2월 러일전쟁이 발발하자 이를 구실로 1개 사단
의 병력을 한반도에 배치하고 군사력을 배경으로 '한일의정서'를 강요
했다. 한일의정서 제1조에는 대한제국은 일본의 시정 개선에 관하여 충
고를 수용할 것을 정하고, 제4조에는 한국에 정치적 변란이 발생할 경
우 일본이 군대를 출동할 수 있으며 이에 한국정부는 협조해야 한다는
내용이 담겼다. 이와 같이, 한국이 일본의 보호국으로 공표되는 것은
1905년의 제2차 한일협약에 의해서였지만 실질적인 보호국화는 이 의
정서로 성립되었다고 할 수 있다.

이후 러일전쟁이 일본에 유리하게 전개되자 일본은 한국을 침략하기
위한 구체적인 정책을 단계적으로 추진했다. 1904년 5월 31일 원로회의
에서 결정하고 6월 11일 천황의 재가를 받은 '제국의 대한(對韓)방침'에
서는 "한국의 존망은 제국의 안위와 직결되는 것"으로 전제하고 "도저
히 독립을 유지하기 어렵다"는 이유를 들어 "경제적으로 더욱더 우리
의 이권 발전을 꾀할 것"을 명기하여 침략의 야심을 노골적으로 드러냈
다. 같은 날 원로회의와 각의에서 '대한시설(對韓施設) 강령결정의 건'
을 결정하고, 이를 배경으로 1904년 8월에는 대한제국이 일본인 재정고
문 1명과 외국인 외교고문 1명을 채용할 것과 외교안건을 사전에 협의
할 것을 내용으로 하는 제1차 한일협약을 강요하여 한국의 외교권과 재
정권을 박탈하였다. 또한 경찰고문·군부고문·궁내부고문 등을 모두 일

본인으로 갈아치워 한국을 실질적인 속국으로 만들었다. 을사보호조약 이후의 통감정치는 이러한 고문정치를 더욱 발전시킨 것이었다.

약육강식의 제국주의적인 국제협력은 한국의 식민지화가 진행되는 과정에서 유감없이 발휘되었다. 미국은 포츠머스강화조약을 중재하면서 1905년 7월 미국의 육군장관 태프트(W. H. Taft)와 일본 수상 카쯔라 사이에 카쯔라·태프트밀약을 맺어 필리핀과 조선에 대해 양국이 각각 가지는 이익을 상호 존중한다는 각서를 교환했다. 같은 해 8월 일본은 런던에서 제2차 영일동맹을 체결하여 한국에 대한 권리를 인정받았다. 이에 따라 프랑스·독일 등의 다른 열강도 일본의 지위를 인정했다. 9월에는 러시아와의 포츠머스강화조약을 통해 대한제국의 지배권을 인정받았다. 이 강화조약이 미국에서 열렸다는 것은 곧 미국도 일본의 한국에 대한 지배권을 인정했다는 것을 의미한다.

제국주의 열강으로부터 한국의 지배권을 인정받은 일본은 1905년 9월 말 '최적의 시기'가 왔다고 판단하고 한국을 보호국화하기 위한 세 가지 주요 방침을 결정했다. 첫째, 조약 체결의 시점은 11월 초로 한다. 둘째, 조약 체결을 추진할 행정실무는 하야시 곤스께(林權助)가, 군의 지휘는 한국주차군(韓國駐箚軍) 사령관 하세가와 요시미찌(長谷川好道)가, 그리고 정치적 교섭은 이또오가 맡기로 한다. 셋째, 한국이 동의하지 않을 경우 군사력을 동원하여 강제적으로 성사시킨다는 내용이었다. 11월 서울에 도착한 이또오는 11월 17일 한국주차군 사령관이 만일의 사태에 대비하여 궁성을 에워싸고 경계태세를 강화한 가운데, 무장한 헌병을 대동하여 고종과 대신들을 협박하고 '을사 5적'을 앞세워 통감부 설치와 외교권을 일본정부가 접수하는 내용의 제2차 한일협약(한국보호조약, 을사보호조약)을 강행 처리했다.

조약 성립 직후 고종은 수차례에 걸쳐 친서와 문서를 통한 외교적 수단으로 협약의 부당성을 호소하려 했다. 1907년 6월의 헤이그밀사사건도 그 노력의 일환이었다. 당시 밀사들의 목적은 제2회 만국평화회의에 정식으로 참가하여 '국제분쟁의 평화적 처리조약'에 먼저 가맹하고 일본의 부당행위와 제2차 한일협약의 무효를 상설 중재재판소에 호소하려는 것이었다. 그러나 이미 제국주의 열강의 국제적인 협조관계가 성립된 상황에서 고종의 호소는 무시당했다. 일본과 열강의 협력으로 러시아와 네덜란드 대표는 이준(李儁) 등 헤이그 밀사의 면회를 거절했으며 회의에의 정식 참가도 인정되지 않았다. 사건이 알려지자 이또오는 오히려 이를 구실로 "책임은 황제 한 사람에게 있다. 일본과 전쟁을 할 작정이냐"라면서 고종에게 압력을 가하여 강제퇴위로 몰고 갔다(1907. 7. 19.). 이 사건을 구실로 일본은 각료회의에서 "지금의 기회를 놓칠 수 없다"고 하며 한국 내정권 장악을 결정하고, 이또오 통감에게 이를 일임하여 1907년 7월 24일 제3차 한일협약을 체결했다. 그 내용은 외교권과 내정권을 박탈하고 일본인을 중앙과 지방의 요직에 둔다는 것으로 조선에서 일본의 전권장악을 의미하며 사실상 한국의 폐멸과 같은 것이었다.

1905년 을사조약 이후 한국에서는 애국계몽운동과 의병투쟁이 본격적으로 전개되었다. 1906년 4월 장지연, 심의성(沈宜性) 등이 발기하여 대한자강회가 조직되었고 그 연장선상에서 대한협회가 설립되었다. 또한 안창호, 이동휘(李東輝) 등을 중심으로 비밀결사 신민회가 결성되어 애국계몽운동의 중심적인 역할을 했다. 일본의 무력침략에 무력으로 저항하는 의병투쟁은 1895년 명성황후 살해를 계기로 시작되어 1905년 을사조약을 거치면서 더욱 조직화, 대규모화하였다. 그 주력은 동학군을 이은 농민들이었는데, 초기에는 양반유생들의 지도로 전국 각지에서 분산적으로 싸웠으나 1907년 강제로 해산된 한국 군대의 병사들이 주축이 되어 일으킨 의병투쟁은 순식간에 전국적인 규모로 확산되었다. 이들은 이인영(李麟榮)과 허위(許蔿)를 중심으로 결집해 지도부를 구성하고 각국 공사관에 의병을 국제법상의 교전단체로 인정해줄 것을 요청하는 한편, 일제의 조선통감부를 타도하기 위한 서울진공작전을 시도했으나 실패하였다. 1907~10년 의병과 일본군의 교전횟수는 3500여회, 참전 의병은 15만명에 달했고, 그중 전사자는 1만 7000명, 부상자는 3만 6000명에 이르렀다. 의병투쟁이 조직적으로 전투를 행하는 전쟁 수준으로 진화했음을 보여준다.

1907년의 시점에서 일본이 한국이라는 국가를 완전히 폐멸시키지 못한 것은 국제적인 환경, 특히 러시아를 의식했기 때문이다. 러일전쟁 후 러시아는 일본에 대한 복수전을 계획했지만 국내의 혁명열기가 너무 높아 사정이 여의치 않았다. 게다가 1906년 외무대신으로 임명된 이즈볼스끼(A. Izvolsky)는 러시아 극동정책의 초점을 유럽으로 옮기기로 결심하고 영국과 동맹관계로 급선회했다. 이에 더하여 1907년 1월 러시아 주재 일본 공사로부터 러시아가 일본과의 긴장관계를 러일협약으로 풀려고 한다는 정보가 입수되었다. 일본은 2월부터 현지교섭을 시작하여 제3차 한일협약 직후인 1907년 7월 30일 러시아와 제1차 러일협약을 체결했다. 러일협약의 비밀조약 제2조에서 러시아는 "일본국과 한국의 사이에 있어 현행 제반 조약 및 협약 등에 의거하여 존재하는 정치상 공통의 이해관계를 승인하고, 제반 관계에 더욱 발전을 가져오는 데 대하여 이를 방해하거나 또는 이에 간섭하지 않을 것"을 약속했다. 제3차 한일협약은 러일협약이 조인되었을 때 이미 '현행 제반 조약 및 협약'

이 된 셈이므로 러시아는 여기에 일체의 '방해'나 '간섭'을 할 수 없다는 것이다. 그리고 비밀조약 제1조에서는 북만주와 남만주에 대한 특수권익을 러시아와 일본이 각각 나누어가진다는 것을 인정했다. 이 러일협약으로 일본은 러시아의 복수전에서 해방되었을 뿐만 아니라 삼국간섭의 악몽에서도 벗어날 수 있었다. 러시아로서도 국내의 혁명상황을 억제하기 위해서는 극동에서의 우환을 제거할 필요가 있었고, 북만주와 외몽골을 세력범위로 확보함으로써 손해볼 것이 없었다. 또한 일본은 1907년 6월 10일 프랑스와 조약을 체결했으며 러시아는 같은 해 8월 31일 일본과 동맹관계에 있는 영국과 동맹조약을 맺었다. 이로써 일본은 동아시아 문제에 관해 서구열강의 간섭을 배제한 가장 강력한 세력으로 부상할 수 있었다. 하지만 아직 미국문제가 남아 있었다.

미국은 일본의 조선 지배에 관해서는 이미 승인했지만 만주에 관해서는 만주철도를 경제적으로 중립화한다는 강경한 입장을 고수했다. 러일전쟁에서 미국이 일본을 도운 것은 만주에서 러시아의 독점적 지위를 경계했기 때문이다. 미국의 의도는 러시아와 일본이 만주에 미치는 절대적인 권한에 제동을 거는 것이었다. 미국의 개입은 러시아와 일본 양국의 불안을 자극하여 1910년 7월 4일 제2차 러일협약이 체결된다. 여기에는 영국과 프랑스도 지지를 보냈다. 한국병합 1개월 전의 일이다. 이 협약의 체결로 러·일 양국은 서로의 이익을 더욱 확고하게 인정하고 미국에 대응하는 공동전선을 형성하게 되었다.

이처럼 일본은 국제환경의 장애물을 제거하고 협력관계까지 도출해낼 수 있었지만 한국병합을 위해서는 마지막으로 남은 것이 있었다. 바로 한국 민중들의 저항이었다. 무엇보다도 의병운동을 진압하는 과정에서 진통을 겪은 이또오는 자신감을 상실하고 1909년 귀국하여 통감직을 사임했다. 이또오가 귀국한 직후 일본정부는 본격적인 병합계획에 착수하여 카쯔라 수상과 코무라 외상을 중심으로 한국병합에 관한 방침서와 시설대강서를 작성했다. 병합 방침에 반대할 것처럼 보였던 이또오도 '의외'로 동의했으며, 이후 7월 6일 각의에서 이를 승인받고 천황의 재가를 얻었다. 각의에서 결정한 '한국병합에 관한 건'의 전문은 당시 일본이 여전히 한국에 충분히 세력을 뿌리내리지 못하고 있으며 한국 정부와 국민도 일본을 전면적으로 신뢰하지 않고 있다는 것을 스스로 인정하였다. 이러한 인식을 전제로 제1항에서는 한국병합의 단행이 일본의 실력을 확립하는 데 가장 현실적인 방법이며, 이것은 "일본제국 백년의 장계"라고 단언하고 있다. 한국병합이라는 방침이 일본 각의에서 확정된 것은 바로 이날, 1909년 7월 6일의 일이었다. 남은 것은 단지 이를 시행할 시기를 결정하는 일뿐이었다. 1909년 10월 26일 이또오가 하얼빈에서 안중근(安重根)에게 사살당한 사건은 일본정부가 한국 민중의 저항이 확산되는 것을 우려하여 병합을 더욱 서두르게 만들었다.

일본은 한국을 병합하는 과정에서 관료의 매수와 협박, 그리고 친일분자를 적극적으로 활용하는 책동을 일삼았다. 일본이 한국 조정의 일부를 매수한 사실은 제2차 한일협약 당시 서울 주재 하야시 공사가 코무라 외상에게 보낸 '일한밀약체결의 예상 및 한정(韓廷)의 회유 대체로 성공상황 보고에 관한 건'에 상세하게 서술되어 있다. 이에 따르면 한일의정서에 조인한 당시의 외무대신 임시서리 이지용(李地鎔)에게는 1만엔을 주었다고 한다. 매수에 응하지 않는 정부 요인에 대해서는 일본 공사관에 감금하고 직무를 박탈하거나 또는 일본으로 강제로 끌고 가서 한국 조정 내의 반대세력을 일소했다. 또한 병합을 용이하게 추진하기 위해 친일의 앞잡이 단체 일진회(一進會)를 이용하여 조선인으로 부터도 병합을 요구하는 목소리가 높았다고 선전했다. 당시 일진회는 한국의 상당한 유력단체로서, 한일합방을 제창하는 그들의 목소리가 조선의 조야를 움직인 것처럼 선전되자 일반인 중에는 진상을 모른 채 그것을 그대로 받아들인 경우도 적지 않았다. 그러나 일진회는 송병준 (宋秉畯)과 이용구(李容九) 같은 소수의 매국노가 개인적인 야심으로 일본의 막대한 자금과 지원을 받으면서 친일행각을 벌인 단체에 지나지 않았다.

1910년 5월 30일 병합 촉진을 주장하던 테라우찌 마사따께(寺內正毅) 육군대신이 제3대 한국통감의 겸임으로 부임한 것은 한국의 의병투쟁을 탄압하여 조속히 병합을 실현하기 위한 포석이었다. 6월 3일 각의에서 결정된 '병합 후 한국에 대한 시정방침'에 의하면 당분간 한국에서는 타이완 통치와 마찬가지로 헌법을 시행하지 않고 천황에 직속하는 총독이 법률에 관한 법령과 율령을 자유롭게 내릴 수 있도록 정했다. 이로써 조선총독은 육해군의 통솔자임과 동시에 헌병·경찰의 최고 권력자이며 동시에 입법권을 장악하는 독재자로서 군림하게 되었으며, 이는 곧 식민지 조선에 대한 가혹한 무단통치를 예고하는 것이었다.

테라우찌는 8월 22일 한국주차군을 수도 서울에 집중시킨 후 이완용과 한국병합에 조인했다. '일한병합에 관한 조약'의 내용은 8월 29일 양국의 『관보』에 동시 공포되고 신문 각지에 보도되었다. 병합 당시 서울에서는 군대와 경찰의 엄중한 감시와 통제하에 반대의 움직임이 표면적으로 드러나지 않았지만 이후 전국 각지에서는 게릴라식 무장봉기가 발생했다. 한편 청국의 일간지 『신보』는 9월 1일자 논설에 「아아! 한국이 멸망했다」를 게재하여 통감부의 엄격한 감시체제를 보도했다. 그러나 제국주의 열강의 국제적인 협력관계 속에서 러시아는 물론이고 일본과 동맹관계에 있는 영국과 프랑스도 이에 반대하지 않았으며 미국도 한국에 대해서는 관심을 두지 않았다. 이로써 동아시아의 헤게모니를 장악한 제국일본은 한국병합에 만족하지 않고 또다시 팽창을 추구하기 위해 군비를 증강하고 전쟁을 준비하면서 장래에 또다른 갈등을 잉태하고 있었다.

메이지 초기 일본에서는 서구열강에 대항하여 조선, 중국과의 신의를 중시하는 아시아연대의식이 마약하나마 존재하고 있었다. 특히 메이지정부의 전제정치에 저항하던 자유민권운동의 급진적 사상가 우에끼 에모리(植木枝盛)는 조선, 중국과의 전쟁에 반대하고 소국주의적인 아시아연대론을 주장했다. 또한 김옥균과도 친분이 있는 타루이 토오끼찌(樽井藤吉)는 1885년『대동(大東)합방론』을 집필하여 일본과 조선의 대등한 합병에 의한 '대동국'의 건국을 주장했다. 그러나 조선, 중국과 대등한 연대를 지향하는 사상은 더이상 발전하지 못하고 청일전쟁에서 일본이 승리하면서 침략을 정당화하는 대외강경론에 매몰되어갔다.

서구열강의 자본주의 침략에 대항하여 동아시아의 연대를 모색하던 아시아주의는 러일전쟁 이후 동아시아에서의 일본의 우위를 전제로 아시아의 혁명세력을 지원하는 사상으로 변질되었다. 한국병합의 배후에서 암약한 현양사(玄洋社)*와 흑룡회(黑龍會)의 아시아주의 또는 대아시아주의도 그 실태는 대등한 관계에서의 아시아연대 사상이 아니라 일본의 국익을 우선하여 일본을 맹주로 서구열강에 대치하자는 것이었

현양사 1881년 토오야마 미쯔루(頭山滿) 등이 메이지유신으로 몰락한 사족들을 규합하여 아시아주의를 표방하면서 조직한 국가주의 단체.

다. 청일전쟁·러일전쟁에서의 승리와 한국병합의 무대 뒤에는 동아시아의 급변하는 정국 속에서 아시아주의라는 미명 아래 일본의 국권 확립을 위해 암약한 그들의 역할이 있었다.

일본의 신문과 잡지도 하나같이 한국병합을 지지하고 침략을 정당화하면서 일본국민들에게 제국국민으로서의 자부심을 심어주었다. 1909년의 적기사건(赤旗事件)*과 1910년의 대역사건(大逆事件)* 이래 사회주의운동은 철저한 탄압으로 질식상태에 빠진 상황이었으므로 대부분의 사회주의자들도 한국병합을 지지했다. 『사회신문』(1910. 9. 15.)은 한국병합이 자명한 사실이 된 상황이니 이미 그 가부를 물을 때가 아니라면서 "일본인은 특별한 성의를 가지고 조선인을 양성하여 훌륭한 일본제국 신민으로 만들어야 한다"며 병합을 지지하는 논조를 펼쳤다. 그러나 조선인을 '훌륭한 제국신민'으로 만드는 것은 결코 조선인을 일본인과 동등한 관계에서 동화하는 것을 의미하는 것이 아니라 '제국신민'으로서의 의무를 강요하면서 제국일본의 중층적인 차별구조 속에 편입시키는 것을 의미하는 것이었다. 세간에는 "오끼나와는 장남, 타이완은 차남, 한국은 삼남"이라는 말이 유행했는데, 이는 단순히 제국일본의 영토가 확장되어가는 순서만을 의미하는 것은 아니었다. 그것은 곧 제국일본 내에 억압과 수탈, 그리고 중층적인 차별구조가 뿌리내리고 있었음을 의미하는 것이기도 했다.

적기사건 사까이 토시히꼬(堺利彦), 야마까와 히또시 등의 사회주의자 수십명이 노상에서 적기를 흔들면서 무정부주의를 외치다가 검거된 사건.
대역사건 코오또꾸 슈우스이를 비롯한 26명의 사회주의자가 메이지천황 암살을 계획했다는 혐의로 체포된 사건.

반제 민족운동과
국제연대

『베트남망국사』의 반향과 아시아주의

1924년 9월 대구고등보통학교 교내 웅변대회에서 3학년 윤홍기는 다락 속에 깊이 간수해두었던 『베트남망국사』를 미리 암기하여 우렁차게 토해냈다. 놀란 학교 당국이 허겁지겁 그를 제지하려 시도했으나 허사였다. 그는 다음과 같이 열변을 마무리 지었다. "여러분! 오늘날 강대국들이 인도주의라는 가면을 쓰고 이면에서는 모두들 이같이 포학하며 비인도적인 짓을 감행하고 있으니 우리는 마땅히 이에 대해 항거해야 할 것입니다!" 한국병합 전후부터 이미 일제의 요구에 따라 금서로 분류되어 있던 그 책의 유래는 러일전쟁 때로 거슬러 올라간다. 일본이 러일전쟁에서 승리하자 아시아 각지의 혁명가·민족운동가·유학생 들이 일종의 환상과 기대를 품고 일본으로 몰려왔다. 1905년 쑨 원, 천 톈화(陳天華), 장 빙린 등은 토오꾜오에서 중국동맹회를 설립했으며 당시 토오꼬오의 와세다 일대에는 1만명에 가까운 중국인 유학생이 머물고 있었다. 베트남의 독립운동가 판보이쩌우도 러일전쟁을 서양에 대한 아시아의 투쟁으로 보고 일본의 원조에 기대를 품고 건너왔다.

이때 판보이쩌우가 일본에 망명한 량 치차오를 만나 베트남 망국의 사정을 눈물로 호소한 것을 량 치차오가 한문으로 기록한 것이 『베트남망국사』이다. 당시 량 치차오가 저술했던 서적들은 요꼬하마와 상하이, 인천을 잇는 정기선을 통해 조선에도 수시로 보급되어 서양문물에 갈증을 느끼던 조선의 계몽지식인들에게 많은 영향을 미쳤다. 1905년 11월 상하이와 요꼬하마에서 출판된 『베트남망국사』도 이러한 경로를 통해 조선에 전해졌다. 베트남의 망국 지식인 판보이쩌우가 일본에 희망과 기대를 품고 건너와 남긴 기록이 일본제국주의의 야심으로 망국을 눈앞에 둔 조선 지식인들에게 커다란 반향을 불러일으킨 것은 일종의 아이러니였다.

『베트남망국사』는 프랑스의 베트남 침략과 베트남의 망국과정, 베트남의 항불독립투쟁을 전개한 의병장들의 전기, 그리고 망국 후 베트남의 참상과 독립에 대한 전망 등을 담고 있다. 책의 서문에서 량 치차오는 "오늘날 세계에 공도(公道)가 있으리까? 오직 강권이 있을 뿐이다"라고 하면서 약육강식의 제국주의를 비판하고 베트남 사태가 중국의 눈앞에 닥친 현실이기도 하다는 사실을 직시해야 한다고 중국인들의 각성을 촉구했는데, 이것은 한국의 지식인에게도 크게 공감을 불러일으켰다. 그러나 이 책은 한문으로 집필되어 있었기 때문에 독자층에 한계가 있었다. 이에 애국계몽운동을 전개하던 한말의 지식인들은 베트남 망국의 과정과 참상을 국민들에게 인식시키고 한국민의 국권회복의식을 고취하기 위해 『베트남망국사』를 번역 소개했다.

272

먼저 『황성신문』에서는 1906년 5월 3일과 4일에 걸쳐 베트남 망국의 과정을 소개한 「베트남 최근 사태의 개략(述安南近事大略)」이라는 논설을, 5월 5일에는 「베트남을 애도함(哀越南)」이라는 논설을 게재하였다. 그리고 같은 해 8월 28~31일까지와 9월 3~5일까지 일곱차례에 걸쳐 「『베트남망국사』를 읽고(讀越南亡國史)」라는 기사를 실어 『베트남망국사』를 소개하고 그 일부를 번역하여 연재하였다. 이후 『베트남망국사』는 1906년 11월 현채(玄采)의 국한문 혼용 번역본, 1907년 7월의 주시경(周時經)과 12월의 이상익(李相益)에 의한 순국문체 번역본, 그리고 1948년 4월 김진성(金振聲)의 국문체 번역본이 간행되었다. 현채의 국한문 혼용 번역본은 1907년 5월에 재판되면서 대구에 있던 출판사 광문사에서도 동시에 출판되었다. 같은 해 7월에는 그가 편찬한 초등학교 교과서의 교사용 지침서 『유년필독역의(幼年必讀譯義)』(권4, 하)에 그의 번역본이 수록되었으며, 주시경의 번역본은 1908년 3월에 재판, 6월에 3판이 출간되어 당시 사람들의 광범한 수요가 있었다는 것을 미루어 알 수 있다.

『베트남망국사』가 한국에 커다란 반향을 불러일으키자 일본 통감부 치안당국은 1909년 2월 23일자로 출판법을 공포하여 안녕질서와 풍속에 해가 된다고 인정되는 서적에 대한 탄압조항을 만들고, 같은 해 5월 5일 『베트남망국사』에 대해 '치안을 방해한다'는 이유로 금서처분을 소급적용해 발행과 배포를 금하였다. 이로 인해 1909년 5~12월까지 7개월간 800여권이 압수되었고 다음해에는 출판법이 더욱 개악되어 량 치차오의 모든 저서가 금서로 지정되었다. 그러나 『베트남망국사』를 비롯한 량 치차오의 저서는 치안당국의 눈길을 피해 이후에도 오랫동안 한국의 독자들에게 읽혔다.

현채 역『베트남망국사』한글본(1906) 1905년 중문판을 서울 보문관에서 1년 만에 한글본으로 간행하였다.

한편 일본에서는 『베트남망국사』가 그다지 관심을 모으지 못했다. 일본의 대다수 국민들은 러일전쟁 이후 제국주의 열강의 대열에 합류했다는 탈아적 제국의식에 빠져 있어 베트남의 멸망에 공감대를 형성하지 못했다. 아시아의 혁명가들이 일본에 기대를 안고 건너갈 때 일본은 1905년 7월 카쓰라·태프트밀약, 8월에 제2차 영일동맹, 1907년 6월에 프일협약, 7월에 러일협약 등을 체결하여 제국주의 열강과의 협조체제를 공고하게 구축하고 있었다. 이러한 제국주의적 협력과 병행하여 일본은 한국의 식민지화를 단계적으로 진행하고, 1905년 11월에는 '청국유학생 단속규정'을 발령하여 중국인 유학생에 대한 감시를 강화하였으며, 프일협약 체결 이후에는 베트남인 유학생들까지 탄압하여 베트남의 동유운동도 종식을 고했다. 1907년 토오꾜오에서 결성된 아시

274

아 각국인의 연대조직 '아시아화친회(亞洲和親會)'의 활동도 일본정부의 억압과 탄압으로 채 1년도 못되어 막을 내리게 되었다. 아시아의 혁명가, 민족운동가 들이 제국주의의 침략에 저항하기 위해 일본이라는 또다른 제국에 기대를 품었던 것은 그들의 커다란 한계였다.

당시 아시아의 혁명가·지식인·독립운동가 대부분은 제국주의의 침략주의적인 본질을 내포한 일본의 아시아주의의 실태를 간파하지 못하고 일시적으로 아시아 연대라는 환상에 빠져 있었다. 일본정부는 김옥균, 판보이쩌우, 량 치차오, 쑨 원 등 아시아 각국의 혁명가·운동가 들의 기대에 등을 돌렸지만, 막말 유신기의 존왕양이운동과 요시다 쇼오인, 메이지 초기의 정한론과 사이고오 타까모리, 그리고 세이난전쟁과 자유민권운동 등 반정부운동의 계보를 잇는 아시아주의자들은 그들의 기대에 적극적으로 호응하는 것처럼 비쳤다. 아시아주의자들은 메이지정부에 의해 탄압받고 권력의 핵심부에서 소외된 울분을 아시아와의 연대를 통해 서양에 대항하고 국권을 확립하여 해소하려는 경향이 강했다. 그들은 정부의 온건노선을 비난하면서 중국으로부터 조선을 독립시킨다거나 아시아를 서양과 대등하게 만든다는 명분을 앞세워 자신들의 아시아연대론을 미화하고 일본의 팽창주의에 앞장섰다. 일본정부는 그들의 과격한 행동이나 주장을 통제하긴 했지만 그것을 전적으로 부정하지는 않았으며 오히려 조심스럽게 동조하는 방향으로 대처했다.

이러한 일본 아시아주의의 명분은 한마디로 말하자면 '서구열강의 아시아 침략에 저항하기 위해 아시아 제민족은 단결해야 한다'는 것이었다. 그러나 그러한 목적을 실현하기 위해 아시아 제민족이 전적으로 평등한 입장에서 연대해야 한다는 사상은 당시로서는 거의 찾아보기 어려웠다. 오히려 자유민권운동이 쇠퇴하면서 청일전쟁을 전후하여 일본을 아시아의 맹주로 삼아 서구열강의 침략에 대항해야 한다는 군국주의적인 아시아주의가 노골적으로 대두하기 시작했다. 일본 우익의 원류로 알려진 현양사와 대아시아주의를 표방한 흑룡회 같은 단체는 조선의 독립과 서구 침략에 대한 대항을 명분으로 아시아의 혁명가와 운동가 들에게 연대의 환상을 심어주었다. 타루이 토오끼찌(樽井藤吉)는 1893년에 한문으로 출판된 『대동합방론』(일본어로는 1885년에 집필)에서 아시아가 서구열강에 대항하기 위해서는 조선과 일본이 연대해야 한다고 주장했지만, 한편으론 일본이 민주화에 앞서 있기 때문에 조선을 원조해야 한다고 주장한 점에서 일본의 우월감을 불식하기 어려웠음을 알 수 있다.

아시아주의 연구자로도 잘 알려진 루쉰문학 연구자 타께우찌 요시미(竹內好)는 아시아주의를 침략주의나 팽창주의로 단정 짓는 데 의문을 품고 그것이 가지는 진정한 의미에서의 '연대' 가능성을 집요하게 추구하였다. 그러나 당시 일본의 아시아주의자들이 설령 대등한 아시아 연대를 지향했다고 하더라도 그들의 인식 속에서 뒤떨어진 조선과 중국에 대한 차별감, 멸시관이 일본의 민족적 우월감, 사명감과 결부되었다는 사실은 부인하기 어렵다. 당시 일본으로 건너간 중국의 장 빙린, 장 지 등의 혁명가와 교류한 사회주의자 코오토꾸 슈우스이마저도 아시아에 대한 우월감과 차별관을 불식하지 못하고 있었으며, 그것은 진정한 연대에 커다란 걸림돌이 되었다.

일본에 대한 아시아인들의 기대는 일본이 제국주의 국가로서의 성격을 노골적으로 드러내면서 비판적으로 변해갔다. 러일전쟁 이후 일본에 대한 기대와 환상을 품었던 판보이쩌우는 1909년 일본이 "백색인종에게 영합하여 황색인종을 억압하고 있다"고 강력하게 비난했으며 한

일병합과 1차대전이 끝날 무렵에는 "나는 베트남 사람들에게 프랑스인을 적으로 간주하지 말라고 조언하고 싶다. 왜냐하면 다음으로 다가오는 적(일본인)은 프랑스인보다 백배 잔인하기 때문이다"라고까지 말하기에 이르렀다. 또한 인도의 간디(M. K. Gandhi)는 1907년 일본에 대해서 "일본에서 펄럭이는 것은 실은 영국의 깃발이지 일본의 것이 아니다"라고 예리하게 논평했으며, 1916년 처음으로 일본을 방문한 타고르(R. Tagore)는 일본에 위험한 것은 "서양 민족주의의 원동력을 자국의 원동력으로 받아들이는 점"이라고 갈파했다.

한편 중국의 쑨 원은 일본의 제국주의적인 태도를 비판하면서도 아시아의 일원으로서의 일본에 대한 기대를 1차대전이 끝난 후에도 버리지 않았다. 1925년 쑨 원이 코오베 강연에서 "일본은 서방 패도의 앞잡이가 되지 말고 동방 왕도의 간성(干城)이 되어야 한다"고 말한 유명한 '대아시아주의' 연설은 그가 일본제국주의를 강력하게 비판하면서도 여전히 일본과의 연대에 대한 기대를 버리지 않았다는 것을 말해준다. 그러나 1925년 쑨 원이 죽은 뒤 일본은 쇼오와시대로 접어들면서 군부의 대두와 함께 일본파시즘의 서곡을 알리기 시작했다.

민족운동의 조직화와 국제연대의 모색

베트남이 프랑스에 의해, 그리고 조선이 일본에 의해 식민지로 변화하는 과정에서 각국의 민족운동은 조직화되고 점차 국제적인 연대로 발전했다. 불평등조약하에서이긴 하지만 국가를 유지하고 있던 중화민국도 비록 민간사회 차원에서이긴 하지만 1919년을 전후하여 항일운동에 본격적으로 나섰다. 그 과정에서 조선인과 베트남인은 중국을 반제투쟁의 배후지이자 연대의 공간으로 활용하기 시작했다. 먼저 중국의 정치상황을 간략히 살펴보자.

신해혁명으로 성립된 중화민국은 아시아 최초의 민주공화국이었지만 혁명세력이 미약한 틈을 타고 위안 스카이를 비롯한 군벌세력이 약진하는 바람에 우여곡절을 겪게 되었다. 처음으로 선거를 거쳐 국회가 개원했지만 위안정부는 이를 9개월 만에 해산했고, 제1당이던 국민당은 이에 맞서 다시 혁명의 길을 가지 않을 수 없었다. 위안은 대총통이 된 후 아예 황제제도를 부활하고자 시도했다. 이런 움직임은 1917년에 가서야 종식되었고 이로써 공화제는 거역할 수 없는 대세로 굳어졌다. 그러나 국회는 해산과 회복을 거듭했고 헌법도 제정하지 못한 채 임시헌법인 약법이 그것을 대신하고 있었다.

쑨 원은 혁명파를 다시 결집하여 광저우에 약법체제를 수호하기 위한 호법정부(護法政府)를 세웠고, 국회의원들 중 일부가 그를 따라 남행하여 비상국회를 구성했다. 이 호법정부는 1922년까지 이어졌다. 그밖의 지역은 지방군벌들에 의해 분열되어서 베이징 중앙정부의 힘이 미치는 곳은 극히 제한되어 있었다. 제국주의 열강은 이미 청일전쟁 이래 설정된 자신의 세력범위 안의 군벌을 지원하여 이권 침탈을 극대화했다. 그 결과 크고 작은 내전이 잇따라 농민과 상인은 전비 마련을 위한 가혹한 세금수탈에 허덕여야 했다. 공화국의 수립과 더불어 각급 학교가 널리 보급되었으나 교육경비가 군비로 전용되어 기숙사의 학생들은 밥을 먹을 수 없고 교사는 봉급을 받을 수 없었다. 이에 민간사회는 상회·농회·교육회·학생회의 전국적 조직망을 바탕으로 1918년과 다음해에 걸쳐 전국각계연합회를 결성하고 그 힘으로 제국주의와 군벌에 반대하는 5·4운동을 전개했다.

식민지화 초기에 베트남과 조선의 민족운동은 농민을 중심으로 게릴라투쟁과 의병투쟁 형태로 전개되었다. 이윽고 개명한 문신엘리트의 지도하에 근대학교를 중심으로 애국계몽운동이 전개되었다. 베트남의 경우 1905~07년까지 전개된, 일본에 유학해 선진문물을 배우자는 동유운동이 그런 예다. 이는 일본이 프랑스와 협력하여 탄압하자 이내 막을 내렸다. 그사이 판보이쩌우는 일본에서 량 치차오, 쑨 원 등과 폭넓게 접촉했고, 그들 주위의 양국 유학생들은 베트남과 중국 윈난·광시·광둥성 출신 재일유학생들의 연맹체를 결성했다. 베·중연대의 초보적 시도가 나타난 것이다.

이때 판보이쩌우와 일부 학생들은 귀국하지 않고 중국 남부의 광둥으로 건너갔다. 신해혁명으로 중화민국이 수립되자 그들은 쑨 원 세력에게 기대를 걸고 중국동맹회를 본떠 베트남광복회를 조직하고 민주공화제를 추구했다. 그 직전 일본에서 그들은 입헌군주제를 추구했으니 큰 변화가 아닐 수 없다. 광복회는 베·중 국경지대를 기반으로 국내 조직을 확대하면서 요인암살 위주의 활동을 벌였다. 1914년 프랑스의 요청을 받은 중국 위안스카이정부에 의해 판이 체포되자 광복회는 거의 괴멸상태에 빠졌다.

청일전쟁 결과 일본에 할양된 타이완에서는 1895년 하반기 내내 격렬한 무장저항이 일어났으나 중국대륙에서는 호응이 없었다. 일본은 당시 타이완의 거센 저항에 직면하여 6개월간 무려 7만 6000명의 병력을 파견했고, 이 가운데 5000여명의 병사들이 전사 내지는 병사했다. 한편 일본군의 무력진압으로 살해된 중국인 병사와 주민의 수는 무려 1만 4000명에 이른다. 그런 점에서 최근 청일전쟁은 시모노세끼조약에서 끝난 것이 아니라 그 전쟁기간에 '타이완 정복전쟁'까지 포함시켜 보아야 한다는 견해가 제기되고 있다.

일본의 식민지가 된 조선에서는 의병투쟁과 애국계몽운동의 경험을 바탕으로 항일투쟁이 조직화되었다. 을사조약 이후 중국에 망명하여 독립운동을 전개한 사례 중에는 서울 출신의 이회영(李會榮)과 경북 안동 출신의 이상용(李相龍) 등이 고향집 사재를 털어 1912년 만주 서간도의 삼원보에서 설립한 신흥무관학교(新興武官學校)가 대표적이다. 이는 신민회의 독립군기지 건설방침에 따라 실행된 운동으로서, 거기서 1920년까지 양성된 군사간부는 2100명을 넘었다. 신해혁명 이후 망명선은 만주에서 상하이·난징·광저우 등 관내지역으로 확대되었고, 그 결과 한국 독립운동세력과 중국 혁명세력의 연대가 가능해졌다. 그 초석을 닦은 이가 바로 김규흥(金圭興)이다.

김규흥은 충북 옥천 태생으로 대한자강회 회원으로서 애국계몽운동을 펼치다가 1907년 전후 상하이로 망명했고 이윽고 광저우로 갔다. 그는 조국 광복을 시사하는 김복(金復)으로 이름을 바꾸고 천 치메이(陳其美), 쩌우 루(鄒魯) 등 상하이와 광저우의 동맹회 지도자들과 두터운 친분을 맺으면서 동맹회 활동과 신해년의 봉기에 적극 참가했다. 그 공로로 그는 광둥혁명정부의 참의(參議, 육군 소장)에 임명되었다. 판보이 쩌우도 그랬지만 당초 입헌군주제를 추구했던 그가 이 과정에서 민주공화제로 선회한 것은 큰 변화가 아닐 수 없다. 그는 1913년 위안 스카이의 전횡에 맞서 홍콩에 가서 최초의 한중합작 언론 『향강잡지(香江雜誌)』를 창간하고 민주공화제를 적극 선전했다. 이 잡지는 김규흥과 친분을 맺고 있던 중국인 혁명가들의 자금지원으로 창간되었으며, 박은식이 주필로 한인의 기고문을 많이 실었다. 위안정부의 탄압으로 4호를 넘기지 못하고 정간되었으나 한중연대의 기초와 공화제 확산에 깊은 의미를 남겼다.

1912년 동제사와 신아동제사(新亞同濟社)가 결성될 때도 김규흥의 활동과 인맥은 중요한 밑받침이 되었다. 동제사는 조국 광복을 위한 비밀결사로 그해 7월 상하이에서 신규식(申圭植), 박은식, 김규식(金圭植), 신채호, 조소앙(趙素昂) 등에 의해 조직되었다. 이를 바탕으로 그해 말 천치메이와 쩌우 루 외에도 쑹 자오런(宋敎仁), 후 한민(胡漢民), 천 궈푸(陳果夫), 랴오 중카이(廖仲愷), 황 제민(黃介民) 등 다수의 국민당 지도자들이 참여한 가운데 한중연대의 신아동제사가 결성되었다. 새로운 아시아를 위해 '함께 배를 타고 물을 건너자[同舟共濟]'라는 뜻의 단체명이 의미심장한데, 김규흥이 그 연결고리였다. 동제사는 1919년 1월 빠리강화회의가 열리자 조선의 독립의지를 천명하기 위해 김규식·여운형 등을 파견하는 것과 동시에 이 국제적 외교활동의 효과를 극대화하기 위해 국내외 조선민족 전체의 독립만세운동을 일으켜 상호 호응하도록 했다. 이를 위해 회원들을 국내로 잠입시키고 미주 등지의 한인회와도 연락하여 만세시위를 조직화함으로써 3·1운동의 국제화를 촉진했다.

3·1운동은 서울에서 독립선언과 함께 만세시위로 시작되어 삽시간에 전국 각지 그리고 만주·연해주·미주 등지의 해외 한인사회로 확산되었다. 평화적 집회와 시위라는 형태를 취한 이 운동은 도시의 학생과 지식인 들이 앞장서고 농민이 대거 참여하여 광범한 민중운동으로 발전했다. 조선총독부는 이 만세운동이 당시 개회 중이던 빠리강화회의에 불안정요인으로 작용할 것을 우려해 본국 군대를 증파하면서까지 잔혹하게 진압했다. 박은식의 『한국독립운동지혈사』(1920)에 의하면 3·1운동에 대한 무력탄압으로 사망한 사람이 7509명, 부상자가 1만

3·1운동 각성하여 진군하자고 호소하면서도 비폭력 평화행진을 촉구하는 3·1운동 당시 학생 시위대의 모습. ©눈빛출판사

5961명, 체포된 사람이 4만 6303명이며, 민간 가옥 715채와 47개소의 교회가 파괴되었다. 조선총독부는 희생자 수를 축소하여 3·1운동의 의미를 '경미한 사건'으로 치부하려 기도했으나, 최근 일본인 학자 와다 하루끼(和田春樹) 등의 연구에서 밝혀진 희생자 수도 박은식의 기록과 큰 차이가 없다.

　3·1운동은 그때까지 국내외에서 개별적으로 전개된 민족운동이 상호 연대하여 총결집함으로써 한국 민족운동사의 신기원을 연 의미를 갖는다. 우선 민족의 독립열기를 모아 임시정부가 수립되었다. 중국에서는 동제사와 신아동제사 활동에 힘입어 1919년 4월 상하이에서 대한민국임시정부가 수립되었다. 거의 동시에 블라지보스또끄와 서울에도

임시정부가 따로 성립되었다. 이에 상하이 임정의 주도로 통합운동을 전개하여 그해 11월 단일정부가 출범했다. 국내에서는 농민운동·노동운동·청년운동 등 각 분야의 사회운동이 활성화되었다. 나아가 조선의 자주독립 의지와 역량을 세계에 알리는 절호의 기회가 되었으며, 중국인의 반제투쟁에 강한 자신감을 자극했다.

당시 중국의 베이징대학 교수 천 두슈(陳獨秀)는 『매주평론』에서 3·1운동이 "무력이 아닌 민의에 의거함으로써 세계혁명사의 신기원을 열었다"고 찬미하면서, "우리는 무기도 없이 맨손으로 일어선 조선인과 비교하면 부끄러워 몸 둘 바를 모르겠다!"고 하였다. 베이징대학 학생회 간부인 푸 쓰녠(傅斯年)도 베이징대학 학생잡지 『신조(新潮)』에서 거의 같은 취지의 소감과 주장을 표현했다. 얼마 후 그는 5·4톈안먼시위를 주도하는 학생 지도부의 일원이 되었다. 3·1운동은 1차대전 이후 최초이자 최대의 반제국주의 민족해방투쟁으로서, 아시아의 식민지·반식민지 민족운동에 큰 영향을 미친 것이다.

5·4운동은 일본제국주의의 침략으로부터 국가주권을 지키기 위한 애국운동으로, 1915년 시작된 신문화운동의 연장선에서 일어났다. 신문화운동은 천 두슈가 상하이에서 창간한 『청년잡지』(후에 '신청년'으로 개칭)를 기반으로 청년들에게 진취적, 과학적으로 사고하고 행동하는 '공화국민'이 될 것을 호소하는 데서 시작되었다. 마침 그때는 중국에 진출해 있던 열강의 자본이 1차대전의 와중에 일시 후퇴했기에 그 틈을 타고 주요 도시에서 상공업이 발달하고 있었으며, 상공업자, 학생 및 지식인, 노동자가 근대적 교통·통신수단의 매개를 통해 전국적 네트워크를 형성해가던 시기였다. '민주주의와 과학'이란 구호 아래 전국 각지의 학생들은 소규모 단체를 만들고 잡지를 발간하여 신문화를 확산하

는 데 나섰다.

5월 4일 톈안먼광장의 시위에 나선 학생들의 요구는 우선 일본의 '21개조 요구'를 수용하는 데 앞장선 매국장관을 파면하고 빠리강화회의에서 이를 거부하라는 것이었다. 21개조 요구의 핵심은 그동안 독일이 갖고 있던 산둥성 이권을 일본에 넘기고 남만주와 내몽골에서 일본의 우선권을 보장하며, 중앙정부에 일본인 정치·재정·군사 고문을 둘 것 등이다. 이는 사실상 중국을 일본의 보호국으로 만들겠다는 계획이다. 1918년에는 러시아의 사회주의혁명에 공동 대처한다는 명분으로 중일공동군사협정이 체결되기에 이르렀다. 이듬해 빠리강화회의에서 중국대표단이 제출한 21개조 폐기 요구가 묵살되었다는 소식이 중국에 전해지자 바로 그다음 날 5·4톈안먼시위가 일어났다.

5월 4일 톈안먼광장에서 발표된 베이징학생선언은 "산둥은 중국의 남북을 잇는 교통의 요충인 만큼 산둥이 망하면 곧 중국이 망한다"는 위기감 속에 "프랑스는 알자스-로렌을 회복하기 위해 '그것을 얻지 못하면 차라리 죽음을 택하겠다' 하였고, 조선은 독립을 얻기 위해 '독립이 아니면 차라리 죽음을 택하겠다' 하였음"을 환기하면서 전국민의 단결과 투쟁을 호소했다. 그후 5·4운동은 2개월에 걸쳐 22개 성과 200여 개 도시로 파급되었다. 6월 3일 상하이의 삼파투쟁(三罷鬪爭)*은 큰 위력을 발휘하여, 중국정부로 하여금 빠리강화회의 조약 조인을 거부하고 3명의 친일장관을 파면하게 만드는 위력을 보였다. 이는 민중의 조직된 힘으로 정치적 요구를 관철한 중국 역사상 최초의 일이다. 그후에

삼파투쟁 3파란 노동자의 파업, 상인의 파시, 학생의 수업 거부인 파과이며, 따라서 3파투쟁은 세 세력의 연합투쟁을 의미한다.

도 일본 제품 불매운동은 반복해서 발생했고, 결국 일본은 1922년 위싱턴회의에서 산둥성 권익 등을 포기하지 않을 수 없었다.

5·4운동은 국민당이 거듭나고 공산당이 탄생하는 데 중요한 계기로 작용했다. 상하이에 있던 쑨 원은 1919년 9월 청년학생들이 지닌 잠재력을 확인하고 비밀결사식 국민당을 대중정당으로 개조하는 동시에 그들을 신당원으로 흡수하기 시작했다. 1920,21년 각지에서 사회주의청년단과 공산당이 결성된 것도 그러한 급진적 신청년들을 배경으로 한 것이었다. 5·4운동에 참여했던 학생들은 이처럼 혁명정당에 가입하여 직업혁명가의 길을 가는 부류와 다시 학교로 돌아가 학업에 열중하는 부류로 나뉘었다.

한편 일본 정부와 국민은 3·1운동과 5·4운동이 가지는 의미를 이해하지 못하고 있었다. 문명화되지 못한 열등민족의 무지한 폭동이나 소요사건으로 몰아 멸시하는 시각을 보였다. 기껏 요시노 사꾸조오(吉野作造) 같은 지식인이 조선 식민통치의 완화와 중국국민과의 연대를 주장한 것이 당시로서는 가장 양심적인 행동이었다.

다국 간의 국제연대는 아직 미약했지만 그래도 1907년에 초보적으로 나타난 예가 있다. 아시아화친회가 그것이다. 화친회는 러일전쟁 이후 일본에 모여든 아시아 각국인에 의해 1907년 토오꾜오에서 결성되었다. 거기에는 장 빙린을 비롯한 중국의 혁명파 인사와 코오또꾸 슈우스이를 비롯한 일본의 사회주의강습회 회원들, 인도인, 베트남인, 필리핀인, 말레이시아인이 참가했다. 화친회 규약은 "제국주의에 반항하며 아시아의 주권을 잃어버린 민족들이 독립하는 것"을 목표로 하며 "아시아인으로서 침략주의를 주장하는 자를 제외하고는 민족주의·공화주의·사회주의·아나키즘을 막론하고 모두 입회할 수 있다"고 했다. 이 단체는 민족해방을 위한 아시아 최초의 국제연대라 할 수 있다.

아시아화친회는 회장과 간사를 두지 않은 데서 드러나듯 아나키즘적 성격의 단체였다. 일본정부의 간섭과 탄압으로 불과 1년도 못되어 막을 내렸지만 이들의 교류는 이후 국제연대의 씨앗을 뿌린 중요한 의미를 갖는다. 다만 조선인 유학생들은 헤이그밀사사건과 고종의 강제양위, 제3차 한일협약과 군대의 강제해산 등 국가존망의 위기를 인식하여, 일본인이 출석하는 자리에 함께하지 않겠다고 밝히며 이 단체에 참가하지 않았다고 한다. 그러나 판보이쩌우는 조소앙을 비롯한 조선인이 가입했다는 기록을 남겼다.

그다음 예로는 1915년 일본에서 한중 유학생들이 조직한 신아동맹당(新亞同盟黨)을 들 수 있다. 조선의 김철수(金綴洙), 중국인 황 제민, 타이완인 펑 화룽(彭華榮) 등이 결성하였고, 아나키즘의 상호부조론을 바탕으로 일본제국주의 타도를 위해 협력하는 것을 목표로 삼았다. 그들은 이듬해 학교를 졸업하자 근거지를 상하이로 옮겨 대동당으로 이름을 바꾸고 베트남인·필리핀인·미얀마인·인도인 등을 받아들여 연대의 폭을 넓혔다. 신익희(申翼熙), 장덕수(張德秀), 조소앙도 여기에 참가했으며 이 단체는 서울에 지부를 설치했다.

아나키스트들은 상호부조론으로 약육강식의 사회진화론을 대신해가는 한편, 연대와 교류를 촉진하기 위해 국제 공용어 에스페란토를 보급하여 언어장벽을 극복하고자 했다. 그 결과 중국에서는 1921년 전국의 사범학교 교육과정에 에스페란토가 전면 도입되었다.

통일전선과 국제연대의 진전, 그리고 민주주의

1920년대 초 베트남, 조선, 중국의 민족운동은 모두 곤경에 처하게 되었으나, 이는 새로운 도약의 기회이기도 했다. 대한민국임시정부는 외교중시 노선에 대한 비판으로 분열하였고, 만주의 무장투쟁은 일본군의 초토화작전으로 어려움을 겪고 있었다. 중국에서는 군벌들의 내전으로 산업이 피폐되는 속에 쑨 원의 혁명세력은 광둥 근거지를 상실하고 표류했다. 베트남 민족운동도 안남지방 농민의 대규모 항세폭동이 진압되고 판보이쩌우가 체포된 후 침체기를 맞고 있었다. 무엇인가 새로운 활로가 절실한 상황에서, 그래도 자신의 영토를 갖고 있던 중국에서 1923~28년 국민혁명이 개시되어 희망의 빛을 보여주었다.

중국의 국민혁명은 민족해방운동의 승리를 보증하는 핵심열쇠 중 하나인 통일전선의 모범사례를 제공하여 조선과 베트남 등 동아시아 피압박민족의 상호연대를 매개하고 진전시키는 무대를 제공했다.

쑨 원이 이끄는 중국국민당은 소련의 지원을 받아 천 두슈가 이끄는 중국공산당과 합작하여 혁명운동의 새로운 활로를 모색하고자 했다. 두 당은 1923년 1월 반군벌과 반제국주의라는 공동목표를 달성하기 위해 공산당원이 개인 자격으로 국민당에 입당하고, 이를 통일전선조직으로 삼아 국민당원의 이름으로 반제 반군벌의 국민혁명운동을 전개하기로 합의했다.

공산당원을 받아들인 국민당은 1924년 1월 광저우에서 전국대표대회를 열고 "소련과 연대하고 공산당을 용인하며 노농운동을 조직화하는" 것을 정책의 기본방향으로 천명했다. 그것은 국민당을 크게 두 방향으로 개혁하는 것으로 나타났다. 첫째, 대중운동을 조직하기 위해 당

내에 농민부·공인부(工人部)·상민부(商民部) 등의 전담기구를 설치하는 것이다. 이는 주로 공산당원들에 의해 주도되었다. 둘째, 당이 정부와 군대를 지도하는 당치제를 도입하고 당군(黨軍)을 건설하는 것이다. 이를 위해 장 제스(蔣介石)를 모스끄바에 보내 당군제도를 학습해오도록 하고 그를 교장으로 하는 황푸(黃埔)군관학교를 개설했다. 미하일 보로딘(Mikhail M. Borodin)을 비롯한 소련인 고문이 파견되어와서 혁명운동을 도왔다. 쑨 원은 자신의 삼민주의(三民主義)를 전향적으로 해석하여 혁명운동의 이념으로 삼았다. 특히 불평등조약을 폐지해 민족해방을 달성하고 경작자가 토지를 소유하게 하는 경자유전(耕者有田)을 강조했다.

이와 같이 국민당은 조직과 이념을 가다듬어 혁명군에 의한 군벌타도전쟁과 직업별 대중단체에 의한 국민회의운동*을 두 수레바퀴로 삼아 국민혁명을 추진했다. 이렇게 형성된 상층과 하층의 두 통일전선은 상호작용하여 거대한 힘을 불러일으켰다. 1925년 3월 쑨 원이 병사한 후에도 국민회의 촉성운동은 통일전선을 국민 각계각층과 전국 각지로 확산하는 계기가 되었고, 그에 힘입어 1925년 5·30운동*을 전국에 확산시켰다. 국민당은 그 여세를 몰아 이듬해 7월 베이징 군벌정부 타도를 목표로 북벌전쟁을 개시했다. 후난·후베이·장시 등에서는 수백만명의 회원을 가진 농민협회와 노동조합 등이 혁명군을 도와 순식간에 군벌

국민회의운동 각 직업단체의 대표를 그 회원들의 직선으로 선출해 국민회의를 개최하고 국회 대신 이를 정식 민의 대표기관으로 삼자는 운동.
5·30운동 상하이 일본인 소유의 공장에서 쟁의 중이던 노동자가 일본인에 의해 살해된 것을 계기로 학생이 가세하여 확대된 반제투쟁, 수십명의 사상자를 냈다.

세력을 축출했다. 그 결과 1927년 4월 전후 난징과 상하이 등지가 혁명군에 점령되었다.

이 과정에서 대중운동을 과도하게 급진화하려는 국민당 내 좌파와 이에 맞서는 우파의 갈등이 커졌다. 이 틈을 타고 장 제스는 1927년 4월 12일 상하이에서 반공쿠데타인 4·12쿠데타를 일으켜 공산당원을 비롯한 좌파 당원을 숙청했다. 곧바로 장 제스는 난징에 국민정부를 수립하고 이듬해 북벌전쟁을 계속하여 베이징 군벌정권을 붕괴시키는 데 성공했다. 1923년 개시된 국공합작과 국민혁명운동은 이로써 끝나고 난징국민정부 시대가 열린 것이다.

그사이 조선과 베트남의 독립운동가들은 중국혁명이 자국 해방의 지렛대가 될 것이라는 신해혁명 이래의 기대를 갖고 중국을 무대로 각종 활동을 펼쳤다.

대한민국임시정부는 군사투쟁의 중요성을 인정하고 이를 외교활동과 병행해나가기 시작했다. 1919년 11월 만주 지린(吉林)에서 김원봉(金元鳳)과 윤세주(尹世胄) 등은 의열단(義烈團)을 결성해 요인암살 위주의 활동을 벌였다. 한계에 부딪친 의열단은 사회주의를 수용하면서 국민혁명운동에 기대를 걸고 중국 남부지역으로 이동했다. 김원봉과 그 단원들은 1925년 광저우의 황푸군관학교에 입학하여 체계적인 군사간부 훈련을 받았다. 임시정부도 한인청년들을 추천하여 거기에 입학시켰다. 그에 앞서, 평안북도 용천 출신의 김홍일(金弘壹, 후의 한국광복군 참모장)은 구이저우(貴州)군관학교를 졸업하고 만주의 독립군에 투신했다가 1926년 중국 국민혁명군 소령으로 북벌전쟁에 참전했다. 평북 태생으로 윈난군관학교를 나온 양림(楊林, 후의 중국 홍군 75사 참모장)은 황푸군관학교 교관을 거쳐 국민혁명군 간부로 활약했다. 국민혁명을 지지해 광저우에 모여든 한인 청년들은 조선혁명청년동맹을 결성했다. 님 웨일스(Nym Wales)의 『아리랑』(*The Song of Ariran*, 1941)의 주인공 김산(본명 장지락張支樂)도 그 일원인데, 그는 신흥무관학교 출신이다.

한국 내외의 독립운동세력은 중국의 국공합작과 코민테른(Comintern)*의 영향을 받으면서 민족적 역량을 하나로 모으기 위한 통일전선 형성에 나섰다. 1926년에는 조선공산당과 천도교 세력이 순종 승하를 계기로 통일전선을 형성하여 6·10만세운동을 추진했다. 이런 움직임 속에 이듬해 결성된 신간회(新幹會)는 좌우합작의 통일전선 단체로서 국내에 140여개 지회와 4만명에 이르는 회원을 확보하여 당대 최대 규모의 민족운동 단체로 활동했다.

그에 앞서 안창호는 상하이에서 민족유일당 건설을 제창했으며, 임시정부에서도 '전민족적 대당체(大黨體) 조직'을 3대 정강의 하나로 제시하며 이에 호응했다. 이러한 가운데 새로운 정치이념이 제시되기도 했다. 안창호는 민족평등·정치평등·경제평등·교육평등을 골자로 하는 대공주의(大公主義)를 제창했으며, 조소앙은 이를 더욱 체계화하여 정치·경제·교육의 균등을 골자로 하는 삼균주의(三均主義)를 제시하여 조선민족이 모두 평등하고 균등하게 살 수 있는 민주공화국을 지향했다. 1930년 김구(金九)에 의해 창당된 한국독립당이 임시정부 여당으로서 삼균주의를 강령으로 채택한 것은 중국 관내지역 독립운동세력의 통일

코민테른 Communist International의 약칭으로 1919년 레닌(V. I. Lenin)이 발기하여 창설한 공산당의 국제적 조직체. 궁극 목적은 전세계의 공산화였지만, 1921년 '식민지 및 민족문제에 관한 테제'를 계기로 식민지·반식민지의 반제 민족운동을 지원하고 이를 통해 공산혁명에 도달하고자 했다. 좌우합작의 통일전선운동에 이론적 기반을 제공했다.

전선을 가능케 할 사상적 정지작업이 되었다. 실제로 1935년 좌우합작의 민족혁명당이 결성될 때 그 강령에 삼균주의가 수용된 것이 이를 말해준다.

한편, 베트남 민족운동에도 통일전선의 기운이 나타났다. 1924년 광저우에 응우옌아이꾸옥(Nguyên Ái Quôc, 본명은 응우옌신꿍이며, 독립운동을 벌이기 시작한 1919년부터 '애국'을 뜻하는 아이꾸옥을 가명으로 사용하다가 1940년대 초부터 호찌민으로 바꿈)이 나타나 새로운 활동을 벌이기 시작했다. 그는 일찍이 프랑스에 가서 민족해방의 무기로 사회주의를 수용하고 프랑스공산당을 통해 모스끄바의 코민테른 대회에도 참가한 바 있다. 그는 광저우에서 1925년 베트남청년혁명동지회를 결성하고 팜반동(Pham Văn Đông, 范文同, 후의 당서기, 수상)을 비롯한 베트남 청년들을 황푸군관학교에 입학시켜 혁명간부로 양성했다. 이 동지회는 광저우에서 결성된 땀땀싸(Tâm Tâm Xã, 心心社)라는 베트남인 민족주의 단체를 기반으로 사회주의자들을 받아들여 재조직된 좌우합작의 통일전선적 성격을 띠고 있었다. 그러나 장 제스가 4·12쿠데타 이후 공산당원을 숙청함에 따라 황푸군관학교를 매개로 한 베·중연대는 깨어졌다. 그래도 하노이의 민족주의자들은 1927년 12월 중국국민당을 모델로 한 베트남국민당을 결성하여 중국식 혁명의 길을 가고자 했으나, 무장봉기가 실패하자 광둥과 광시로 망명했다. 흩어졌던 베트남청년혁명동지회 회원들은 1929년 홍콩에 다시 모여 인도차이나공산당을 결성했다. 이렇듯 중국 남부는 베트남 독립운동가들의 조직과 활동을 위한 배후지이자 연대의 무대였다.

피압박민족의 국제연대는 앞에서 보았듯이 이미 양국 간에 형성되었을 뿐만 아니라 다국 간에도 모색되고 실천되었다. 그것은 아시아화친회 이래의 경험 위에서 러시아공산당과 코민테른의 지원하에 전개되었다. 제정러시아가 중국에서 획득한 각종 이권을 포기한다는 쏘비에뜨 정부 외무장관 까라한(L. Karakhan)의 선언(1920. 7.)은 제국주의 열강의 빠리강화회의에 실망한 동아시아 지식인에게 새로운 기대와 희망을 불러일으켰다. 그 무렵 러시아혁명을 세계적 범위로 확대하기 위한 조직으로 코민테른이 결성되었다. 이러한 정세를 배경으로 러시아인 요원들이 블라지보스또끄를 본부로 하여 상하이에 거점을 확보한 다음 동아시아 차원의 국제연대를 추동해나갔다. 여운형의 『신한청년』에 "조선, 중국, 쏘비에뜨 러시아 인민들이 긴밀하게 단합하여 제국주의 일본에 대항하자"라는 기사가 실린 후 이윽고 일본인 사회주의자도 포함하는 중·일·아·한 4국연합회(中日俄韓四國聯合會)가 결성된 것은 그 하나의 예다.

이를 바탕으로 코민테른에 의해 1922년 1월 모스끄바에서 극동민족대회가 열렸다. 그것은 동아시아 공산주의자를 비롯한 혁명운동가들의 대회로서 조선·중국·일본·몽골·베트남·인도 등의 대표 140여명이 참가했다. 조선 대표는 여운형·박헌영(朴憲永) 등 52명, 일본 대표는 카따야마 센(片山潛) 등 16명이었다. 베트남의 호찌민을 비롯하여 인도의 로이(M. N. Roy), 인도네시아의 탄 말라카(Tan Malaka) 등도 참석했다.

이 대회는 일본혁명이 동아시아 문제의 해결에 열쇠가 된다고 보고 조선을 비롯한 아시아 피억압민족의 독립운동을 지지했다. 또한 서구 및 일본 제국주의에 대한 대규모 민족주의 봉기는 국제무산계급의 이해와 일치하기 때문에 적극 지원할 것임을 강조했다. 그러나 당시 이 대회에 참가한 조선인 대표들은 소련으로부터 기대했던 경제적 원조를 받지 못한데다가 공산주의 사상을 제대로 이해하는 이가 드물었던 까닭에 코민테른의 주장에 큰 관심을 기울이지 않았다. 다만 이 대회가 같은 해 7월 일본공산당이 정식으로 결성되는 데 직접적인 계기가 된 것을 비롯하여 동아시아 공산주의운동의 발전과 연대에 중요한 영향을 미친 점은 부인하기 어렵다.

그후 코민테른의 지도하에 각국 공산당이 조직됨에 따라 공산당 중심의 국제연대가 모색되었으나, 애초에 민족해방을 위한 국제연대에 불을 지핀 아나키스트의 활동은 여전히 지속되었다. 1927,28년 상하이에서 조선·중국·일본·타이완·베트남·필리핀·인도 각국 사람들의 참가 속에 성립된 동방무정부주의자연맹이 그 대표적인 예다. 이 연맹은 "국가권력이 인간을 정복하는 것을 절대 허락하지 않으며" "위대한 인간의 본질에 근거하여 자유평등의 사회 건설을 목적"으로 했다. 이에 일본의 조선 및 타이완 지배, 프랑스의 베트남 지배, 영국의 인도 지배, 미국의 필리핀 지배, 여러 열강의 중국 침략에 공동 대처하기로 했다. 소련식 공산당조직이 힘을 발휘하기 시작하는 속에서도 아나키즘이 여전히 민족해방운동의 이념으로 작용하고 있었음을 보여준다. 물론 이때에도 일본의 아나키스트들은 삼무주의(무가족·무국가·무종교)라는 이념의 순수성에 집착하는 차이를 보였다.

이 시기에 나타난 주목할 만한 변화 중 하나는 민주주의에 대한 새로운 사고다. 1차대전은 군국주의에 대한 민주주의의 승리로 받아들여져 전후에 민주주의가 세계를 풍미했다. 이는 국가 차원의 제도화를 촉진했을 뿐만 아니라 민족운동 진영에도 통일전선 내부의 민주주의를 촉진했다. 각 계급 인민의 이해를 실현하되 서로 양보하고 타협하여 민족적 단결을 극대화하지 않으면 안되었기 때문이다. 그런데 이때 특히 새롭게 주목된 것이 직업대표제와 보통선거다.

신해혁명 이후 중국의 의회제 실험은 이내 군벌들의 들러리로 전락하여 정당과 의회에 대한 불신을 자초했다. 1차대전 직후 유럽 각국에서는 기존 의회제도가 전쟁의 참화를 막지 못했다는 성찰에서 정당 중심 의회제의 혁신을 요구하는 목소리가 높아졌다. 정당은 지리적 구역을 대표하는 장치로서 다만 상층 엘리트의 이해를 대변할 뿐이라는 것이다. 반면, 인간은 직업과 직능에 따라 자신을 조직하고 사회생활을 영위하므로 직업별 대표라야 진정한 민의를 반영할 수 있다고 대비되었다. 실제로 바이마르공화국을 비롯한 유럽 신생 공화국들이 1920~22년 직업대표제를 제도화했다. 아울러 구미 선진국에서 점차 보통선거가 시행되어 대중민주주의의 문을 열기 시작했다.

민의기관 구성의 원리와 방식이 이렇게 변화함에 따라 구미에서는 직업대표제와 보통선거를 묶어서 '뉴데모크라시'라 불렀고, 이는 당시 중국에서 '신민주주의'로 번역되어 수용되었다. 5·4운동을 사실상 이끌어온 각계연합회는 민의기관이라고 자임하면서 직업단체 대표로 국민회의를 구성하여 국회를 대신함으로써 진정한 공화국을 수립하자고 주장했다. 그 결과 나타난 국민회의 촉성운동은 직업별 국민의 조직화와 권력주체의식을 촉구하면서 국민혁명운동의 통일전선을 떠받쳤다. 이는 또한 여성계를 하나의 직능으로 간주해 의석을 할당하라고 요구하는 여성참정운동을 불러일으켰다.

그 무렵 보통선거 요구는 일본에서도 원로정치를 타파하는 무기로 주목되었다. 1890년 국회가 개설된 뒤에도 내각은 오직 천황에게 책임을 져야 하며 이를 위해 정당 간의 이해다툼에서 초연해야 한다는 원칙을 고수했기에 국회의 다수당이 내각을 구성하는 정당내각은 구성되지 못했다. 그 결과 정치는 초헌법적 존재인 원로(유신을 주도한 원훈)들에 의해 좌우되었다. 세계적 민주주의 사조는 원로정치에 대한 반대와 헌정 옹호운동을 촉발했고, 마침내 1918년 정당내각과 1925년 보통선거법을 탄생시켰다. 이 둘은 이른바 '타이쇼오 데모크라시'의 꽃이라 할 수 있다. 일본에서도 25세 이상 남자의 참정을 보장하는 새 시대가 열리게 된 것이다.

그러나 일본의 타이쇼오 데모크라시도 중국의 신민주주의 열망도 이내 어려움에 직면했다. 일본에서는 세계경제공황을 거쳐 군부가 정치의 전면에 나섬에 따라 정당내각이 이내 종식되었다. 중국에서는 직업대표제를 추구해온 직업단체들이 혁명정당(국민당과 공산당)이 득세하는 가운데 공동의 목표를 위해 그와 연대하지 않을 수 없었고, 이는 일당통치제에 포섭되는 결과를 초래했다. 1928년 난징국민정부의 성립은 일당통치제가 전국적 수준에서 제도화된 기점이다. 이제 직업단체를 포함한 각계 민간단체들은 초월적 지위의 혁명정당을 상대로 하여 직업대표제의 다원주의 원리를 지키면서도 국가주권을 회복하기 위해 힘겨운 경쟁과 타협을 하지 않으면 안되었다.

3

이중의 억압,
소수민족의 운명

소수민족 문제의 연원, 내부식민화

소수민족이라는 개념은 일반적으로 국민국가 속에서 다수를 차지하는 지배적인 민족과 비교하여 상대적으로 그 수가 적은 민족집단을 말한다. 근대 동아시아의 소수민족은 '이중의 억압' 아래 고통받고 있었다. 식민제국의 억압과 반제민족을 내세운 주류민족의 억압이 그것이다. 소수민족 문제가 본격적으로 대두하는 것은 근대 국민국가 형성과정에서 주류민족이 배타적인 국경선을 긋고 그 경계 안의 마이너리티에게 '동화(同化)'라는 이름 아래 주류민족이 정의한 정체성을 강제적으로 부과하면서부터라고 할 수 있다. 이러한 상황에서 중국, 베트남의 소수민족들이 자신들의 독자성과 아이덴티티를 어떻게 유지할 것인가 하는 문제는 오늘날까지도 이어지는 공통적인 과제라 할 수 있다. 일본의 경우는 일본 국민국가 스스로가 식민제국으로 되었기에 사정이 조금 다르지만 국민국가와 식민제국의 억압을 차례로 받은 점에서는 마찬가지다.

일본의 경우 소수민족의 내부식민지화의 주된 대상은 오끼나와와 홋까이도오였다. 19세기 말 서구열강의 식민지 획득 경쟁이 가속화되는 가운데 일본은 서구열강의 식민지주의의 위협을 오끼나와와 아이누의 내부식민지화와 타이완과 조선의 식민지 획득으로 극복했다. 다시 말해 근대일본은 서구 식민지주의의 가치원리를 내면화하여 스스로 아시아의 서양으로 행동하면서, 주변부의 소수민족을 억압하고 근린 아시아를 침략함으로써 비서구 국가 가운데 유일한 식민지제국으로서 서구열강의 대열에 합류한 것이다.

근대 이후 일본의 영토에 편입된 오끼나와와 홋까이도오는 제국헌법이 시행되는 지역에 속했지만 또다른 한편으로는 '일본'이면서 '일본'이 아닌 내부식민지로서 존재하고 있었다. 오늘날도 여전히 오끼나와에서 일본의 혼슈우, 시꼬꾸, 큐우슈우를 '본토'라 부르고 홋까이도오에서는 이를 '내지'라고 부르는 것은 그만큼 자신들을 '본토'인 또는 '내지'인과 구별하는 인식이 남아 있다는 사실을 말해준다. 이처럼 그들의 자의식이 선명해지는 것은 근대 국민국가로의 강제적 편입이 단행되면서부터였다.

오끼나와는 1879년의 류우뀨우합병으로 일본에 강제로 병합되기 전까지 역사적으로 일본과는 별도의 독립왕국이었다. 다만 동아시아의 조공질서 속에서 중국과 일본에 이중으로 조공하는 상태에 처해 있었다. 그 간략한 사정은 이미 앞에서 서술한 대로이다.

류우뀨우합병 이후 일본은 오끼나와인의 저항과 반감을 줄이기 위해 구래의 제도와 관습에 대한 급격한 개혁을 실시하지 않고 신세대를

'일본인'으로 육성한다는 기본방침 아래 학교교육의 도입과 보급에 주력했다. 그것은 일찍이 야마가따 아리또모가 오끼나와를 "제국의 남문"이라고 불렀듯이, '일본인'이라는 자각이 없는 오끼나와인을 정신적인 '일본인'으로 개조하여 충성심을 육성하고 국방의 거점으로 만드는 작업이기도 했다. 뒤에서 서술하겠지만, 근대일본의 제국화 과정에서 병합된 오끼나와는 일본의 아시아 침략전쟁을 위해 인력과 물자를 징발당했고, 2차대전 말기에는 일본 본토 방어를 위한 격전장이 되어야 했다.

근대일본에서 오끼나와가 '제국의 남문'이라면 홋까이도오는 '제국의 북문'이었다. 오끼나와의 경우 서구에 대한 국방의 거점으로서 방위선을 유지하기 위해 선주민들에게 일본어 등을 가르치며 일본인화를 시도했다면, 홋까이도오의 경우 일본인 식민자를 이주시키면서 그 '국민'을 국가를 방위하는 방패로 삼은 셈이었다. 그런 점에서 홋까이도오의 내부식민지화 과정은 선주민족 아이누의 토지를 침탈하고 생활권 박탈과 노동력 착취로 그들의 인구를 격감시키는 약탈식민지로서의 성격과 동시에, 내지의 이주민에 의해 개척이 진행된 개척식민지로서의 성격을 함께 지닌다. 당시 당국은 홋까이도오를 '선주민을 지배하는 토지'가 아니라 '식민에 의해 개발하는 토지'라는 의미에서의 식민지로 인식했다.

아이누는 혼슈우의 동북부에서 홋까이도오, 치시마(쿠릴)열도, 카라후또(사할린)에까지 흩어져 살던 북방의 선주민족으로서, 오끼나와와 마찬가지로 역사적으로 독자적인 언어와 문화를 지키면서 민족의 독자성을 유지해왔다. 그러나 근세에 들어와 에도 막부가 마쯔마에번을 설치하고 에조찌지역을 일본의 전국시장과 동아시아 국제시장 속에 편입하면서 내부식민지로서 아이누의 강제편입 또한 시작되었다.

18세기 후반부터 19세기에 걸쳐 카라후또와 치시마열도를 통해 남하하는 러시아와의 충돌이 빈번하게 발생하면서 아이누는 러시아와 일본의 틈새에서 자신들의 의사와 전혀 무관하게 어느 한쪽에 예속되거나 분할되는 상황이 되풀이되었다. 특히 1875년 러시아와의 카라후또·치시마 교환조약에서 치시마열도를 획득한 일본은 국방 안보와 노동력 확보를 목적으로 남부 카라후또와 북치시마 아이누의 일부를 홋까이도오로 강제연행하는 명백한 조약위반을 범했다. 또한 치시마 최북단 슈무슈섬의 아이누 주민은 깜차까반도로의 이주를 희망했음에도 불구하고 군함을 파견하여 그들을 시꼬딴섬으로 강제연행했다. 근대일본의 강제연행은 이미 이때부터 시작되었던 것이다. 강제 이주된 아이누는 이윽고 빈곤과 전염병에 의해 고난의 운명을 겪게 된다.

메이지유신 이후 일본정부는 경제의 근대화와 국방 강화를 위한 개혁 프로그램에서 근세까지 미개, 야만이라는 의미로 사용되던 '에조(蝦夷)'라는 지명을 1869년 홋까이도오(北海島)로 개칭하고 개척사(開拓使)를 설치하여 사실상 홋까이도오의 영유를 선언했다. 이후 1871년 호적법을 공포하여 아이누를 일본인과 같은 '평민'으로 편입하고 한자명과 일본식 이름을 사용하게 했으며, 1871년과 1876년의 고유(告諭)를 통해 아이누의 문신과 귀고리 습관을 금지하고 일본어 교육을 실시했다.

그러나 그것은 아이누를 일본인과 동등하게 대우하는 것을 의미하는 것이 아니라 아이누 전통사회를 강제로 해체하는 것을 의미했다. 특히 미국의 인디언 정책을 모델로 하여 1899년에 제정된 '홋까이도오 구토인보호법'은 가장 악명 높았다. 아이누를 '구토인(舊土人)'이라는 멸시어로 지칭한 이 법은 홋까이도오 개척의 내부식민지화 과정에서 수렵·어로 같은 아이누의 전통적인 생활양식을 금지하고, 농경화와 동화

를 전제로 아이누의 토지 확보, 농업 장려, 교육 보급 등을 목적으로 제
정되었다. 그리하여 아이누 부락의 재산은 국가의 통제 아래 놓이게 되
었고 내무대신의 허가가 있어야만 '소유자 공동의 이익'을 위해 사용할
수 있었다. 또한 어린이들은 일본어와 일본사회에 관한 학습을 강요하
는 특별학교에서 교육받아야 하는 등 강제적으로 아이덴티티가 부과되
었다. 당국은 아이누의 복지를 위해서라고 선전했지만 실제로 아이누
인들에게 그것은 재앙이었다.

오늘날 일본은 단일민족을 외치면서 홋까이도오를 비롯한 '북방영
토'를 일본의 고유 영토라고 주장하지만, 그것은 아이누 민족에 대한
약탈과 억압의 역사를 은폐하고 망각하는 행위에 다름 아니다. 19세
기에 들어와 일본인의 필요에 따라 시행된 아이누 인구조사에 따르면
1807년에 2만 6256명이던 인구수는 1822년에 2만 3563명, 1854년에 1만
7810명, 1873년에 1만 6272명, 1931년에 1만 5969명으로 계속 감소했다.
홋까이도오의 내부식민지화는 이처럼 아이누 민족의 절멸과 함께 진행
된 것이었다.

중국에서 소수민족이란 명칭은 1905년 왕 징웨이(汪精衛)에 의해 '다
수민족(한족)'의 대응어로 사용되기 시작했다. 그러나 하나의 국가 안에
서 여러 소수민족에 대한 지배와 억압으로 생기는 문제는 중국의 팽창,
곧 중화제국의 역사 내내 지속되어왔다. 중국에는 수많은 소수민족이
있지만 근대민족 형성과정에서는 주로 만(滿)·몽(蒙)·회(回)·장(藏)·묘
(苗) 족이 거론되어왔다. 근대중국의 소수민족 문제는 역시 소수민족의
하나인 만주족에 의해 나머지 민족들이 정복된 데서 유래했다.

만주족은 중국을 정복한 후 팔기병이라는 제도를 통해 전국 각지에
분산 거주하는 동안 여러가지 동화방지책에 힘입어 문화적 독자성을

300

윈난의 회교왕국 대원수인(위) 아이누 문화(아래)
윈난성 다리(大理)에 세워진 회교왕국(1856~72) 지도자 두 원슈(杜文秀)의 총통병마
대원수인(總統兵馬大元帥印)과 아이누의 독특한 문양을 새긴 의복.

유지했다. 그러나 청말에 이르러서는 사정이 달라졌다. 그들의 원거주지였던 만주는 한족의 출입이 금지되어 북방계 여러 족속들이 살면서 점차 농경지로 바뀌어갔다. 몽골족은 중원의 원제국과 서역의 4한국을 포함하는 세계제국을 형성한 바 있지만, 멸망 이후 북방으로 퇴각하여 유목생활을 하다가 청조에 정복되어 내몽골과 외몽골로 분리 통치되었다. 서북의 위구르족(回族, 경우에 따라 이슬람을 믿는 한족도 포함된다)은 유럽 인종으로서 외모부터 한족과 판이하고 이슬람교와 위구르문자, 동서교역을 바탕으로 일찍부터 자신의 국가를 형성했다. 서남의 티베트족(藏族) 역시 라마불교, 티베트문자, 유목을 바탕으로 국가를 형성한 역사를 가지고 있는데 18세기에 만주족에 의해 정복되었다.

이들 비(非)한족지구는 청제국에 복속된 이후에도 문화적 이질성뿐만 아니라 정치적 독자성이 강했기에 유교관료도 파견되지 않은 채 현지 유력자의 자치(토사제土司制)에 맡겨졌다. 청조는 그들 간의 동맹을 염려하여 분리정책을 구사했을 뿐만 아니라 한족과 그들 간의 교류와 동화도 금지하였다. 특히 몽골과 티베트는 만주족의 단순한 지배대상이 아니라 청조와 단월(檀越)관계에 있었다. 단월은 범어 다나파티(dana-pati)를 음역한 것으로 시혜를 베푸는 자(施主)를 뜻한다. 시주가 사찰이나 승려에게 재물을 주면 사찰이나 승려는 그 댓가로 불법을 주듯이 청조와 몽골·티베트의 라마교 사이에도 그런 시혜관계가 있었던 것이다. 그런 만큼 이들은 제국군대의 힘에 일시적으로 억눌린 것일 뿐 그 힘이 약화되면 원래의 상태로 회복하려는 강한 원심력을 갖고 있었다.

그런 상태에서 아편전쟁 이후 서구열강이 변경지역을 넘보기 시작하자 그들에 대한 청조의 격리와 자치 정책은 군현제 방식의 직접지배로 바뀌기 시작하였다. 이 근대적 민족정책은 특히 류우큐우합병 이후 조선을 넘보는 일본의 제국화와 남하하는 러시아, 그리고 인도로부터 북상하려는 영국 등 서구열강의 중국 변경 진출에 대한 대응으로서 등장했다. 이에 따라 비록 정치적·군사적으로 정복되었으나 문화적 독자성과 자치를 누리던 청대의 변경지역 피정복민들은 중화제국의 일원적인 지배하에서 동화를 강요받게 되었다. 1884년 서북·동남 변경에 신장성과 타이완성을 설치한 것이나 1907년 동북 변경에 동북3성을 설치한 것은 이러한 의지의 표현이었다. 이에 따라 먼저 위구르족과 타이완 원주민이 청조 관료의 직접통치하에 들어갔고, 이어서 만주족·몽골족·재만 조선인 등도 그렇게 되었다. 이와 동시에 한족이 이들 소수민족 지구에 이주하여 개간을 진행함으로써 내부식민지화와 한족화가 진행되었다. 이들 소수민족의 거주지는 중국 영토의 60%를 차지할 정도로 광대하다.

베트남에서도 청제국과 유사한 배경에서 소수민족 문제가 등장했다. 원래 1802년 성립된 응우옌왕조는 15세기 이래 계속된 비엣족(낀족 Kinh, 京族)의 남진으로 정복된 피정복민을 내포한 전통적 제국으로서 그 위용이 상당했다. 현재의 베트남 중부에 2세기부터 17세기까지 존속한 참파왕국은 독립왕국으로서 동남아 교역로의 이점을 살려 무역활동을 펼치는 한편 참파벼라는 조생종을 재배하던 부국이었다. 참파족은 섬세한 조각기술을 바탕으로 뛰어난 예술작품을 남겼다. 그후 참파는 15세기에 남하하는 낀족 레왕조와의 전쟁에 패하여 남으로 밀려나다가 결국 완전히 정복되었다. 베트남 남부지역은 당시 캄보디아 앙코르왕조의 영토였으나 그곳의 크메르족은 남하하던 낀족에 의해 18세기 말 정복되었다. 참파족과 크메르족은 중국문화를 수용한 낀족과 달리 인도 계통의 문화를 수용하였고 문화적·인종적으로도 남방계였다. 그밖에 베트남 북부의 서부 산악지대에는 타이족 계통의 소수민족이 자신의 언어와 문화전통을 바탕으로 낀족 왕조 안에서 자치권을 누리고 있었다.

이들을 모두 아우르는 통일왕조 응우옌왕조가 성립되어 현재와 같은 베트남의 영역이 형성된 지 겨우 두 세대가 지날 무렵 프랑스의 침략을 받게 되었다. 프랑스의 식민통치 시기에는 중국인 이주자인 화인이 식민자와 토착인 사이의 중간계층으로서 경제영역을 지배하였다. 베트남 거주 화인의 90% 이상이 남부의 코친차이나에 집중되어 있었다. 1925~33년 60만 명이 이주해왔는데, 그 기반은 17세기 말 명청교체기에 망명해온 3000여 명의 화인에 의해 형성된 것이다. 프랑스의 식민지 지배에 맞서 반제구국운동을 전개하는 과정에서 낀족의 국민국가 프로젝트가 개시되었다. 그들은 중국의 한족이 그랬던 것처럼 다수민족과 모든 소수민족을 동화시켜 하나의 근대민족을 형성하고자 했다. 여기서도 소수민족들은 낀족의 이주와 개간에 의한 내부식민지화가 진행되어 갈수록 낀족 단일문화로의 동화를 강요받게 되었다.

소수민족의 분리독립운동

제국주의 열강의 침략으로 국가의 위기를 맞은 동아시아 각국은 하나의 대민족으로 하나의 국가를 형성한다는 근대민족형성 프로젝트를 진행하였다.

먼저 일본이 1880년대에 오끼나와, 아이누를 포함한 하나의 '일본민족' 개념을 정립하고 소수민족을 이에 동화시키려 했다. 중국에서는

1900년대 일본과 러시아의 만주 침략에 대응하여 청제국 영토 안의 모든 민족을 통합하여 하나의 '중화민족'을 형성하고 이를 주체로 반제투쟁을 벌여야 효과적으로 국권을 회복할 수 있다는 믿음이 량 치차오를 비롯한 한족 지식인에 의해 제기되어 확산되었다. 청제국이 멸망한 후에도 이는 쑨 원, 장 제스, 마오 쩌둥 등 국공 양당 지도자에게 계승되었다.

베트남의 근대 민족 개념인 '베트남민족'은 1930년대 이후 형성되었다. 베트남은 라오스, 캄보디아와 함께 인도차이나연방이라는 형태로 프랑스의 식민지가 되었기 때문에 처음엔 이들 3국의 피압박민족을 하나로 파악하여 반제투쟁의 주체로 삼으려 했다. 여기에는 세계혁명 사조의 국제주의적 영향도 작용하였다. 그러다가 1930년대부터 응우옌왕조 영토 안의 모든 민족을 포괄하는 '베트남민족' 개념을 정립해 주류민족인 비엣족(낀족) 중심으로 44개 소수민족을 동화시키려 하였다(이 수치는 1907년 베트남의 『남국지여南國地輿』에 북부 22종, 중부 15종, 남부 8종 합계 45개 '인종'이 거주하고 있다고 한 데서 나온 것이다). 1941년 베트남독립동맹의 성립은 '베트남민족' 범주를 명확히 정책화한 중대한 계기이다.

한편 조선은 일본제국주의에 의해 국권을 침탈당해가던 1900년대 이후 '조선민족' 개념을 정립하였다. 그러나 그 속에 중국, 일본, 베트남처럼 소수민족이 포함되어 있지 않기 때문에 그 구성원리는 달랐다. 문화적 동질성을 바탕으로 하는 '문화민족'이 곧 '국가민족'과 일치하는 점에서 그렇다.

국가의 경계를 민족의 범주로 하고 국가의 법제에 의거해(입헌제) 일체감을 형성하려는 '국가민족'은 근대 국민국가의 '국민'에 해당한다. 이 '국가민족' 개념이 일본에서는 '제국신민'과 일치되어, 그리고 중국,

베트남, 조선에서는 '반제민족' 형성이란 과제와 일치되어 절대화되었다. 그 결과 하나의 국민(국가민족) 안에 복수의 문화민족(소수민족)을 포함한 일본, 중국, 베트남의 경우 후자의 독자성을 억업하는 결과를 낳게 되어 복잡한 갈등이 야기되었다.

훗까이도오와 아이누의 경우 지리적 분산성과 온순한 민족성, 그리고 전체 인구 2만여명이라는 수적인 열세에서 무력저항은 당초부터 기대하기 어려운 일이었다. 물론 역사적으로 무력봉기가 없었던 것은 아니다. 마쯔마에번의 지배하에 자행된 강제노동과 부녀자 성폭행 등에 대한 아이누의 반발은 1789년 쿠나시리섬의 봉기로 이어졌지만 주모자 37명이 학살당한 후 쿠나시리섬은 사실상 마쯔마에번에 예속되었다. 이 봉기는 아이누 민족 최후의 무력저항으로 기록되어 있다.

근대 이후 아이누의 저항은 주로 법적 차별에 대한 비폭력 저항이었다. 1871년 호적법의 공포로 아이누도 천황의 적자(赤子)로서 '평민'에 편입되었지만 법적으로는 여전히 '구토인'이라는 멸시적 용어가 쓰였다. 훗까이도오에 참정권이 적용되는 것은 1925년부터이며 지방제도가 '내지'와 동일하게 적용되는 것은 1927년부터였다. 아이누 전통사회를 해체한 악명 높은 '훗까이도오 구토인보호법'은 다섯차례의 개정을 거쳐 1997년에야 폐지되었다.

오끼나와의 경우에도 류우뀨우합병 이후 일본의 압도적 군사력에 대항할 만한 무력은 없었다. 따라서 오끼나와의 분리독립운동은 주로 불복종·비협력운동 또는 청원과 청나라로의 망명이라는 비폭력 저항으로 전개되었다. 류우뀨우 국왕은 메이지정부의 주요 인사들에게 진정서를 제출하여 청원운동을 되풀이했으며 류우뀨우의 지배층은 청나라에 메이지정부의 강권적 조치를 호소하고 조력을 구하는 이른바 걸사

(乞師)·구원요청을 전개했다.

당시 구지배층 가운데 일본의 지배에 가장 강하게 저항한 과격파 집단은 '청국파(淸國派)' 완고당이었다. 그들의 목표는 종래의 이중조공이라는 양속체제를 기반으로 현상유지를 지향하는 것이었다. 이를 위해 청나라로 건너가 구국청원 활동을 한 사람들을 '탈청인(脫淸人)'이라고 부른다. 그들의 중국에 대한 구원의 호소는 중화 세계질서의 유지와 종속체제의 복구를 요망하는 것으로 처음부터 한계가 있었다.

오끼나와의 저항운동은 정치적 망명자들의 걸사운동에 그치지 않고 일반 농민층을 포함한 도민 전체의 조직화에 의한 혈판서약(血板書約)이라는 형태로도 나타났다. 이러한 반일저항운동 과정에서 미야꼬지마에서는 혈판서약에 위반하고 메이지정부에 찬성했다는 이유로 친일인사를 처참하게 살해하는 사건이 발생하기도 했다.

혈판서약은 일반 민중이 류우뀨우왕국에 계속해서 복종할 것을 강요하고 그것을 바탕으로 메이지정부에 대한 반항의 조류를 조직화해가는 것이었다. 결국 혈판서약이 발각당해 몰수되어 메이지정부의 탄압이 강화되자 당시 토오꾜오에 유폐되어 있던 류우뀨우 국왕은 자신에게 화가 미칠 것을 우려하여 최종 단계에서 사실상의 패배를 선언했다. 국왕의 변심과 좌절은 류우뀨우인에게 류우뀨우왕국에 대한 복종을 해제하고 메이지정부에 복종하도록 유도하는 것이었다. 물론 그 배후에 강대한 메이지국가의 권력이 있었으며 그 권력의 발동이 특히 급속하고 군사력과 경찰력을 수반한 것이었다는 점을 간과해서는 안된다.

오끼나와의 분리독립운동과 일본에 대한 저항은 류우뀨우왕국의 존속을 목적으로 기존의 양속체제를 유지할 것을 주장한 것이었다. 그것은 시대 변화에 대응하여 근대 국민국가의 비전을 제시한 것이 아니라 오히려 류우뀨우 지배층의 기득권을 유지하려는 성격이 강했다. 이러한 저항운동의 한계는 청일전쟁 이후 오끼나와인의 자발적인 동화로 이어졌으며, 저항운동에서의 정체성은 부정의 대상이 되었다. 일본이 타이완을 영유한 이후 1896년에 간행된 『류우뀨우교육』 제3호에서는 "오끼나와는 새로운 판도가 된 타이완 및 평후도 사이에 끼어 있는 요충항구가 되었다. 이러한 위치에 있는 오끼나와현의 인사, 특히 자제 소년들은 국가의 방어벽이 되어 이를 남에게 맡기지 않고 남문의 빗장으로서 유사시에 임하는 중책을 다해야 할 것"이라며 오끼나와인의 자발적 동화를 유도하였다. 이에 따라 구래의 제도와 관습에 대한 개혁도 서서히 진행되었다. 1899~1903년에 걸쳐 일본 본토의 지조개정에 해당하는 '토지정리'가 실시되었고, 1898년에 징병령이 시행된 이후 오끼나와인은 러일전쟁을 비롯하여 근대일본의 수많은 전쟁에 동원되어 근린 아시아를 억압하는 입장에 서게 되었다.

실제로 청일전쟁 이후 메이지 초기 일본 민중들 사이에 널리 유포되었던 반면교사로서의 '지나와 조선'은 그대로 오끼나와에 이식되어 오끼나와인 스스로가 일본인이 되기 위해 약소민족을 배제하는 중층적인 차별구조가 형성되었다. 그들은 이민족시되는 시선에서 벗어나 일본인이 되기 위해 '미개'한 타이완이라는 또다른 차별의 대상을 제시함으로써 오끼나와가 일본이라는 것을 부각했다. 그런 의미에서 청일전쟁은 오끼나와인이 자발적으로 식민지제국 일본의 구성원으로서 동화정책과 황민화를 수용하고 근린 약소민족을 가해하는 식민자로 전락해가는 출발점이 되었다.

오끼나와의 일본인화를 위한 동화정책은 이후 타이완과 조선 통치에 하나의 모델이 되었다. 타이완총독부의 모찌지 로꾸사부로오(持地六三

郞)가 "우리 일본의 장래는 오로지 타이완인에 그치지 않고 조선인이든 만주인이든 다수의 이인종을 망라, 포함하여 이를 통제, 교화할 각오가 있어야 한다"고 말한 것은 오끼나와를 기점으로 한 동화교육의 성과에 대한 자신감과 남다른 결의의 표명이었다. 오끼나와는 타이완과 조선의 식민지 지배와 제국일본의 팽창을 위한 실험장이자 거점으로서 역할을 한 것이다.

중국에서는 고래로부터 인구의 대다수를 차지하는 한족과 수많은 소수민족이 항쟁과 융합을 되풀이하면서 역사를 형성해왔다. 청대 말기 소수민족 분리독립운동의 대표적인 사례로는 중국 남방민족의 하나인 묘족의 반란을 들 수 있다. 역사적으로 중국 남부에 거주하는 비한족에 대한 토벌과 비한족과 한족의 융합은 명청시대에 와서 구이저우와 윈난 등 중국의 서남지역에까지 미치게 되었다. 그 파도가 묘족에게까지 미치기 시작한 것은 옹정제가 통치하던 18세기 전반부터였다. 이에 묘족은 강하게 반발하였으나 청조는 잔혹한 학살작전으로 이를 제압한 후 무거운 세금을 부과하고 유력자에게만 변발을 허가하는 등 노골적인 분단책을 취했으며, 이미 그곳에 살아온 한족과 묘족을 대립시킴으로써 반청세력의 결집에 대응했다. 이에 묘족은 저항을 계속하여 1855년 이후 18년간에 걸쳐 묘족의 영웅 장 슈메이(張秀眉)의 지도하에 봉기를 이어갔다. 때마침 봉기는 태평천국군과도 연합하여 빼앗긴 토지를 되찾는 데 성공했지만 장 슈메이가 체포되면서 끝내는 실패로 돌아갔다. 이 봉기로 무려 100만명에 달하는 묘족이 사망했으며 살아남은 자는 불과 수만명에 지나지 않았다. 지금도 구이저우의 묘족들 사이에서는 장 슈메이를 칭하는 노래와 설화가 다수 전해오고 있다.

근대 이후 중국 소수민족의 정치적 독자성은 중화민국과 중국국민당에 의해 부정되었다. 만주, 몽골, 위구르, 티베트, 묘족을 비롯한 소수민족은 모두 하나의 중화민족을 구성하는 요소일 뿐이라는 논리에 의거하였다. 중화민국정부는 몽장위원회를 통해 소수민족에 대한 지배와 동화를 도모하였다. 이와 달리 중국공산당은 소수민족의 정치적 독자성을 상당한 정도로 허용하는 입장을 취했다. 중국공산당은 1922년 제2회 당대회에서 몽골, 티베트, 신장에 자치를 인정하고 자치연방제하에 중국본부, 티베트, 신장을 아우르는 중화연방공화국을 건설할 것을 선언했다. 이후 1931년 중화쏘비에뜨 제1회 전국대회에서 채택된 중화쏘비에뜨헌법에서는 중국 내 소수민족의 자결권을 승인하고 각 소수민족이 중국을 이탈하여 독립국가를 형성하는 권리를 승인하기에 이른다. 이러한 움직임은 중국의 소수민족차별 노선을 포기하는 획기적인 것으로 평가할 수 있다. 그러나 1931년 9월 만주사변 이후 일본의 침략이 격화되는 가운데 중국공산당은 민족자결론을 점차 포기하고 자치론으로 후퇴하였다. 그것은 1938년 제6기 중앙위원회의 제6차 확대전체회의에서 마오 쩌둥의 보고로 명확하게 제시되기에 이른다. 그 내용은 첫째로 몽골, 위구르, 티베트를 비롯한 각 민족에게 한족과 평등한 권리를 인정하고 공동으로 제국일본에 저항한다는 전제하에 그들에게 자치권을 부여하며 한족과 연합하여 통일국가를 수립할 것, 둘째, 각 소수민족의 문화를 존중하고 한어를 강제하지 않으며 그들의 언어와 문자에 의한 문화·교육의 향상을 원조할 것, 셋째, 대한족주의(한족제일주의)를 배척하고 평등한 태도로 소수민족을 대우하도록 한족에게 교육할 것 등이 표명되었다. 다만 여기서는 종래의 자결권을 보장하지 않고 자치권을 승인하는 데 그치고 있다는 점에 주목할 필요가 있다. 이러한 입장은 정권 수립 직전인 1949년 9월에 채택된 중국인민협상회의의 공동강령 제

6장 '민족정책'의 단계에서 더욱 명확해졌고, 오늘에 이르기까지 중국의 소수민족 자치에 대한 기본노선이 되었다.

이러한 움직임의 배경에는 신중국 성립 전야에 발생한 내몽골과 신장의 자치운동, 민족운동과 중국혁명의 관계가 얽혀 있었다. 중화민국 정부는 30여년간 부인해오던 외몽골의 독립을 1946년 1월 마침내 승인하였다. 그 무렵 내몽골에서는 일본 패전 직후 내외몽골의 통일운동이 발생하여 1946년 2월에는 민족주의 색채가 강한 동몽골인민자치정부가 수립되었으나 2개월 후인 4월에 중국공산당의 지도하에 해소되었다. 또한 신장에서는 1931년 이슬람교도의 반란이 발생하고 1944년에는 위구르족과 까자흐족이 이닝(伊寧)을 중심으로 동투르키스탄공화국을 수립했으나 1949년 신중국 탄생 직후에 해산되었다. 이후 신중국이 민족정책을 입안하는 과정에서 내몽골과 신장에서의 경험은 전국의 소수민족에게 반영되었다. 이에 따라 중국정부는 소수민족과 그 거주지가 '역사적으로 불가분한 중국의 일부분'이라는 입장을 기본으로 삼아 민족자결권의 주장을 '분열주의'로 간주하고 지금까지 철저하게 탄압하고 있다.

오늘날까지 중국의 소수민족으로서 분리독립운동을 전개하고 있는 티베트의 경우, 1912년 청조 멸망 후부터 본격적인 독립운동을 전개하기 시작했다. 티베트의 달라이라마(Dalai Lama)정권은 완전한 독립을 위해 1913년 몽골과 '티베트·몽골 상호승인조약'을 체결하여 중화민국에 대항하는 자세를 취했다. 항일전쟁기에 중화민국의 국민당은 티베트를 중국의 일부분이라고 주장했지만 이에 맞서 독립을 주장하는 티베트에 본격적인 군사행동을 일으킬 여유가 없었다. 이후 국공내전에서 승리하고 1949년 중화인민공화국을 수립한 중국공산당은 다시 티베트는 중국의 일부분이라고 선언하며 티베트 전토의 '해방'을 명분으로 1950년 중국인민해방군의 군사행동을 발동하여 티베트를 군사적으로 제압하고 17개조 협정을 맺어 티베트의 주권을 박탈했다. 중국정부는 1953~57년 냉전체제 속의 국가 안보위기를 내세워 중화민족은 분리될 수 없는 하나의 전체라고 재확인하면서 민족식별조사를 실시했다. 이때 스스로 자신을 민족이라고 의식하여 정부에 보고한 숫자가 400개를 넘었으나, 당국은 그중 55개만을 민족으로 인정하였다. 한족 외에 54개 소수민족이 공인된 것이다.

1945년 9월 성립된 베트남민주공화국은 베트남을 재식민화하려는 프랑스 및 미국에 맞서는 독립전쟁을 배경으로 '베트남민족' 개념을 더욱 강화할 수 있었다. 베트남은 1960년 민족식별조사를 실시해 54개 민족을 확정했다. 주류민족인 비엣족(인구의 87%) 외에 53개 소수민족을 인정한 것이다. 이들은 비엣족 중심의 언어와 문화에 동화될 것을 강요당하게 되었다. 중부 고원지대의 소수민족은 이를 거부하면서 1990년대 초까지도 게릴라전으로 저항하였다.

소수민족의 포섭과 배제

근대 국민국가 형성과정에서 국민통합을 위한 소수민족의 동화는 일반적으로 포섭과 배제를 동시에 수반하는 것이었다. 즉 동화를 위한 포섭도 하나의 억압이라는 지배형태를 띤다. 일본의 경우 오끼나와, 아이누, 타이완, 조선의 포섭은 이들을 제국일본에 동화시켜 충성과 귀의를 주입하고 국가의 필요에 따른 인적자원으로 개조하는 것을 의미했다.

그러나 동시에 근대일본의 지배층은 소수민족을 일본인으로 포섭하지도 일본인으로부터 배제하지도 못한 채 그들을 항상 '일본인이면서 일본인이 아닌' 애매한 위치에 두었다. 소수민족을 일본인으로 규정할 경우 국민으로서 같은 권리를 주지 않으면 안되며, 그들을 비일본인이라고 확언할 경우 국가자원으로서의 동원이 불가능해지기 때문이다. 실제로 대일본제국의 소수민족에 대한 정책론에서 주류라고 할 수 있는 조류는 존재하지 않았으며, 실행된 정책도 극히 절충적이고 애매한 것이었다.

이런 애매한 상황에서 일본인화를 위한 오끼나와인의 자발적이고 필사적인 노력에도 불구하고 본토인들의 오끼나와인에 대한 차별과 편견은 불식되지 않았다. 그로 인해 출생지를 숨기거나 본적을 옮기고 심지어 성을 바꾸는 오끼나와인도 적지 않았다. 그것은 일본인이면서 일본인이 아니라는 애매한 위치에서 벗어나 적극적으로 완전한 일본인이 되려는 열망의 표현이기도 했다. 여기서 일본인이 된다는 의미는 권리의 획득과 근대화를 말하는 것이었지, 대일본제국 천황에 대한 충성을 의미하는 것은 아니었다. 하지만 오끼나와인들은 최종적으로는 지배층의 '일본인' 정의에 따르는 형태로 천황제 이데올로기에 포섭되어 황국신민이 되지 않을 수 없었다. 그리하여 피지배층의 지식인은 자기 집단에 각성과 분발을 촉구하고 노예근성, 식민지근성을 탈피하는 자조노력을 강조하며 자기책임론으로 전화하는 경향이 강했다. 일례로 오끼나와학(沖繩學)의 아버지로 불리는 이하 후유우(伊波普猷)는 오끼나와와 일본의 일체성을 강조하고 내정개혁을 단행했던 선인들을 류우꾸우 역사상의 위인으로 칭송하면서 일본화와 근대화를 추진한 대표적인 인물이다. 이러한 경향은 일본인으로서의 권리를 주장하는 저항이 언젠가는 지배층이 설정한 일본인의 정의에 빠져버릴 가능성을 안고 있었다.

특히 타이완 식민지 지배 후 오끼나와인은 '제국의 남문'으로서 제국일본의 식민지 지배와 침략전쟁의 이데올로기에 포섭되어갔다. 일본인되기를 열망하는 오끼나와인들은 이후 조선으로, 만주로, 사할린으로, 그리고 남양군도(미크로네시아)까지 흘러갔으며 또한 청일전쟁과 러일전쟁, 1차대전과 시베리아출병, 만주사변과 상하이사변, 그리고 중일전쟁에도 종군했다. 더불어 교원과 관리, 만주·몽골 개척이민자, 회사원 등이 되어 식민지 지배와 침략전쟁의 첨병으로서 역할했다.

타이완의 예를 보면 식민지 지배 50년간 타이완으로 건너간 오끼나와인은 1911년에 약 1000명, 1920년대에는 약 5000명, 그리고 1935년에는 1만명을 돌파했다. 1945년 오끼나와전투를 피해 타이완으로 소개(疏開)한 자는 1만 4000명이었고, 패전 후의 귀환에서는 3만명이 오끼나와로 돌아왔다. 이밖에도 타이완에서 태어나 타이완에서 생을 마감한 오끼나와인 식민자는 2만명에 이른다. 그러나 일본사회 저변에서 약자인 오끼나와인에게 식민지 타이완에서 일본인으로서 살아가는 것은 이중, 삼중의 의미에서 굴절을 강요받는 장이기도 했다.

결국 오끼나와는 2차대전 막바지에 '천황제 수호'와 '본토결전'을 위한 소모전의 대상으로서 '버려진 돌〔捨石〕'이 되어 10만명에 가까운 주민이 인명을 잃었으며, 패전 후에는 미일안보의 요충지가 된 기지가 진주하며 오늘날까지도 오끼나와인의 아이덴티티에 관한 중요한 과제를 남기고 말았다. 오끼나와의 상처는 아직도 치유되지 않은 것이다.

'일본인이면서도 일본인이 아닌' 애매한 위치는 아이누도 마찬가지였다. 일본정부의 아이누 정책은 대외적으로는 국방상의 이유로 일본인으로 편입하지 않을 수 없지만 대내적으로는 일본인과 같은 부류

에 둘 수 없다는 인식을 배경으로, 장기적으로는 동화시키지만 당분간은 분리한다는 매우 애매한 입장에 있었다. 이에 따라 아이누에 대한 교육의 논리도 대외적 측면에서 포섭과 대내적 측면에서 배제를 양립시킨 '점진'이었다. 예를 들면 아이누 남성의 경우 병역의 의무는 내지인과 공유했지만 그들의 생활은 '홋까이도오 구토인보호법'의 관리하에 종속되었다. 그들은 또한 일본인 이주민과 분리되어 교육받았으며, 1901년 이래 설립된 구토인학교에서는 일본식 복장과 생활관습을 교육하고 천황에 대한 숭배와 아마떼라스오오미까미(天照大御神)를 비롯한 신사 창건, 그리고 히노마루(日の丸, 국기)와 키미가요(君が代, 국가)를 강제하여 '황민화'를 추진하였다.

이상과 같은 소수민족의 문제를 생각할 때, '국민국가'와 '국민'은 고정불변의 실체가 아니라는 오구마 에이지(小熊英二)의 주장은 주목할 만하다. 즉, 오끼나와와 홋까이도오는 일본이며 조선과 타이완은 일시적으로 식민지였다는 통념상의 도식적인 구분은 실제와 다르다는 것이다. 이제까지 살펴보았듯이 역사적으로 오끼나와와 홋까이도오는 일본과는 다른 별개의 국가이자 지역이었지만 침략과 동화정책에 의해 일본에 편입되었으며, 또한 패전 전까지 조선인과 타이완인은 오끼나와인이나 아이누인같이 법적으로는 일본국적을 가진 '일본국민'이었다. 그러나 이들이 평등하게 일본인의 대우를 받았던 것은 아니다. 일본국적을 가지면서도 법제적·사회적으로 차별받는 '일본인이면서 일본인이 아닌' 존재, 바로 일본인의 경계에 해당하는 자들이었다. 따라서 일본 또는 일본인이라는 것은 부동의 실체가 아니라 시기와 상황에 의해 변동하는 언설상의 개념에 지나지 않는다. 그것은 일본제국주의 시대에는 다민족국가의 언설이 주류를 이루었지만 패전 후에는 일본이 태초부터 단일민족국가라는 주장이 마치 상식적인 통념처럼 정착하게 된 것을 보더라도 알 수 있다.

중국의 경우 소수민족에 대한 차별은 오늘날의 한족이 형성되기 전부터 존재했다. 그것은 고대 황하 중하류지역을 '화하(華夏)'라 부르고 스스로를 '화인(華人)'이라고 칭하면서 주변 사람들을 만(蠻), 이(夷) 등으로 불러 자신들보다 열등한 금수와 같은 존재로 간주한 중화의식에서 단적으로 드러난다. 이러한 중화사상은 근대에까지 이어져왔으며, 주변 소수민족에 대한 기본정책은, 예를 들면 묘족을 고양이 묘(猫)로 표기하는 것과 같이 짐승의 이름을 붙이듯 이들과는 정치적으로 대등한 교섭을 일절 인정하지 않으며 중국의 하위에 두는 형태를 취해왔다. 소수민족의 한자 명칭에서 짐승을 뜻하는 개사슴록(犭)변을 삭제한 것은 사회주의 평등이념이 강조된 1954년의 일이다.

전통적인 한족제일주의에 의거한 이와 같은 소수민족 차별은 근대 이후의 인종차별과 차이점이 있다. 즉, 과거엔 대부분의 경우 중국의 문화, 생활양식과 다른 타자에 대한 정치적·문화적 차별이 존재했지만 한편으로는 이적 같은 오랑캐도 중국의 문화를 습득하면 중화민이 될 수 있다는 인식이 있었다. 또한 중국의 북방민족이 군사적 역량을 배경으로 중국을 지배하면서 한족을 하위민족으로 역차별하는 현상도 있었다. 원제국과 청제국의 경우가 그것이다.

한족은 중국의 고대부터 현대에 이르기까지 서서히 형성되었으며 소수민족과의 사이에 오랜 항쟁을 되풀이하면서 서로 융합해왔다. 오늘날 중국에 존재하는 56개 민족 가운데 최대 다수를 차지하는 한족의 인구는 11억을 넘으며, 다른 소수민족의 인구는 모두 합해도 전인구의 1할에도 미치지 못한다. 수적으로 최대인 한족은 그 방언과 요리의 다양성, 지역에 따른 체질의 차이 등에서 알 수 있듯이 여러 소수민족과 융합한 결과 형성된 민족이다. 이 점을 인식하는 것이 중요하다. 예를 들면 중국 내지로 이주해온 흉노와 선비는 오늘날 그 후손조차 존재하지 않는다. 원과 청을 건국한 몽골족과 만주족은 중국화가 날로 진행되면서 현재 중국 내에서는 자신들의 언어를 상실한 자가 다수를 차지하게 되었다.

다만 이러한 현상을 소수민족의 한족으로의 동화, 흡수로 인식하는 데는 주의가 필요하다. 엄밀하게 말하면 이런 견해는 한족이라는 존재가 고래로부터 확고부동한 것으로서 존재해왔음을 전제하기 때문이다. 그러나 중국의 영토가 고대부터 고정불변이 아니었다는 사실이나 문화적으로 중국인의 추동복인 파오(袍)와 춘하복인 창산(長衫)이 원래 만주족의 복장이었다는 점에서도 알 수 있듯이, 오늘날 한족의 문화라는 것도 역사적으로 소수민족의 다양한 문화가 혼합하고 융합한 결과 탄생한 것이다.

중화인민공화국 초기에 강조된 소수민족의 독자성은 문화대혁명 때 대중운동에 의해 부정, 훼손되었고, 개혁개방 이후엔 자본과 시장의 힘에 의해 훼손되고 있다. 베트남의 개혁개방인 도이머이(쇄신) 이후 베트남의 소수민족도 이와 거의 비슷한 처지에 놓여 있다. 그중에서도 상공업의 대부분을 장악하고 있던 화인은 그 직전의 공산화 과정에서 재산을 몰수당하고 공민권도 박탈당한 채 국외로 탈출하는 난민, 보트피플(boat people)이 되었다.

따라서 소수민족 문제를 생각할 때에는, 규모가 크고 풍요로운 국민국가만이 역사의 유일한 유산 상속인이자 근대의 유일한 담당자며 그 내부의 차이는 후진성의 산물이자 태고의 낙인이라고만 인식해온 과거의 세계관을 극복하는 작업이 필요하다. 다양성을 수용하기 위해서는 다양한 역사적 보고의 수용이 수반되어야 한다. 예를 들면 아이누 같은 소규모 사회 안에서 선입견이 만들어낸 유사 이전의 모습이 아니라 근대의 미지의 모습을 발견할 수 있을 때, 우리는 20세기 국민국가의 변경에서 창출된 분열된 아이덴티티의 존재양상을 비로소 극복할 수 있을 것이다.

1907년 대한제국 시기 항일의병

1920년 12월 29일 뚜르에서 열린 프랑스 사회당대회에 참석한 호찌민

제5장

사회주의와
민중운동

"처음에 나를 레닌과 코민테른에 대한 신뢰로 이끈 것은 실로 애국주의였지 공산주의는 아니었다." 호찌민의 이 발언은 1차대전을 전후로 하여 사회주의가 왜 동아시아에 수용되어 어떤 영향을 미쳤는가를 단적으로 드러낸다. 사회주의는 레닌에 의해 식민지·반식민지 현실을 이해하고 해결하는 무기로 재구성되어 노동자, 해외 이주민, 유학생들을 통해 이르꾸쯔끄, 토오꾜오, 상하이, 광저우, 빠리 등지로부터 전해졌다. 그것은 반제투쟁의 이론과 조직을 제공해 국경을 넘나드는 연대와 협력, 그리고 각종 민중운동을 활성화시켜 새로운 국가형태를 꿈꿀 수 있게 만들었다.

1

사회주의 수용의
지역연쇄

왜 사회주의였나

사회주의는 산업혁명 이후 확립된 자본주의 사회의 근본모순인 빈부 격차와 인간소외 문제를 해결하기 위해 공장과 토지를 비롯한 생산수 단을 공유화(사회화)함으로써 모든 사람이 평등하고 자유로운 세상을 만들겠다는 사상이다. 'socialism'이란 말은 1840년대 유럽에서 유행하 였고 메이지 초기 일본에서 '사회주의'로 번역되었다. 1905년 쑨 원은 그것을 '민생주의(民生主義)'로 번역하였다.

1907년 일본에서 아나키즘에 경도되어 『천의(天義)』를 창간한 류 스 페이(劉師培)는 당시 동아시아에서 사회주의가 확산되어가는 현상에 대 해 다음과 같이 설명했다.

"근대 아시아 약소국의 모든 재원은 강대국에 흡수되고 이로 인해 민 생은 날로 곤궁에 빠지고 있다. 인민은 살길이 없어 사회주의로 향하지 않을 수 없다. (…) 아시아 전역에서는 오늘날 거의 대부분의 재원이 고갈되어 민중은 궁핍에 허덕이고 있다. 이에 따라 사회주의도 날로 발흥하고 있다. (…) 조선과 베트남의 민중은 학식이 낮다. 그러나 그 토오꾜오 유학생과 사회주의를 논하면 모두 기뻐하며 찬성한다. 사회주의의 진흥은 이미 시작된 것이다. 중국 인민도 토지소유의 평등을 외치는 자가 있으며 토오꾜오에서는 사회주의의 서적과 잡지가 간행되고 있다. 빠리에서 간행되는『신세기』도 그런 취지를 갖고 있다. 또한 페르시아, 중국, 조선에서의 암살사건은 무정부당의 존재를 암시하고 있다. 이로써 수년 이내에 사회주의, 아나키즘은 반드시 아시아 전역에 확산될 것이다. 이것은 실로 아시아의 커다란 행복이며 우리가 기대할 수 있는 바다.”

여기서 류 스페이는 자본주의 열강의 제국주의적 침략으로 아시아 민중의 생활이 날로 곤궁해지는 가운데 필연적으로 사회주의와 아나키즘이 확산되지 않을 수 없다고 내다보고 있다. 신채호를 비롯한 많은 한국의 독립운동가들이 아나키즘을 수용하여 일제의 억압통치에 항거한 것은 그런 추세를 보여주는 좋은 예다. 나중에 신채호가 의열단의 이름으로 작성한 「조선혁명선언」은 그의 아나키즘 사상의 절정을 보여주었다. 조정래의 대하소설『아리랑』에는 동학농민전쟁에 참여했던 유교지식인 송수익이 의병운동을 거쳐 만주로 망명한 후 아나키스트가 되어 독립투쟁을 계속하는 과정이 인상적으로 묘사되어 있다.

1910년대에 동아시아에서 사회주의가 확산될 때 아나키즘은 그 밑거름으로 크나큰 영향을 미쳤다. 아나키즘도 권력과 자본에 의해 자행되는 억압과 착취를 일소하고 무정부 공산사회를 세우겠다는 목표가 있었기 때문이다. 그것을 뒷받침한 세계관은 약육강식의 사회진화론을

324

비판하고 나온 끄로뽀뜨낀(P. A. Kropotkin)의 『상호부조론』(*Mutual Aid*, 1902)이다. 사회주의 안에는 목표를 달성하는 절차와 방법에 따라 다양한 유파가 있었다. 그중에 가장 온건하고 평화적인 것으로는 오랜 세월에 걸쳐 대화와 설득을 통해 자본가와 지주로 하여금 스스로 사유 재산을 사회에 기부하도록 만들자는 자유사회주의가 있다. 가장 급진적이며 혁명적인 것으로는 하나뿐인 공산당의 지도하에 폭력을 수단으로 단기간에 자본가와 지주로부터 공장·토지 등을 몰수하여 국유화하고 이에 저항하는 이들을 처단하면서 불평등을 타파하려는 혁명적 사회주의, 맑스-레닌주의가 있다. 당시 '공산주의'란 이론적으로는 필요에 따라 분배되는 무국가의 이상사회를 지칭했지만 현실적으로는 바로 이 부류의 사회주의를 가리켰다. 아나키즘 안에도 이와 유사한 각종 유파가 있다. 혁명적 사회주의가 일사불란한 당조직에 의거해 중앙집중식으로 활동을 펼치는 데 비해 아나키즘은 자유로운 개인 혹은 그런 개인들로 구성된 소규모 단체의 자율적 활동에 의거해 제각각 활동하는 차이를 보였다. 물론 무정부당이 결성되기도 했지만 상명하복의 공산당과는 그 체계가 달랐다. 그래서 아나키스트들은 맑스-레닌주의자들의 프롤레타리아독재론에 반대하여 격렬한 논쟁을 벌이기도 했지만, 공산당이 조직되어 일사불란한 활동체계가 수립되기 전에는 아나키즘과 사회주의가 서로 구분 없이 뒤섞여 수용되었다.

1920년대 동아시아에서 사회주의운동의 주류가 아나키즘에서 맑스-레닌주의로 옮겨간 가장 큰 계기는 1차대전 이후 제국주의 세계질서의 재편과 러시아혁명이었다. 특히 1917년 레닌의 지도하에 러시아혁명의 성공으로 탄생한 사회주의 국가는 제국주의 열강에 억압받던 세계의 식민지와 종속국에 커다란 희망을 주었다. 신생 사회주의 국가 소련이 식민지 민족의 해방투쟁에 강한 지지를 표명하고 나섰기 때문이다. 그 결과 식민지, 반식민지의 사회주의자와 민족주의자 들은 이제까지 모호하게 뭉뚱그려 파악해온 사회주의의 여러 유파 가운데서도 맑스-레닌주의야말로 민족해방의 염원을 달성하는 가장 효과적인 방법이라는 기대를 품게 되었다. 특히 레닌의 제국주의론은 식민지 민족의 반제투쟁을 이론적으로 뒷받침해주었기에 사실상 이 무렵 많은 민족운동가들이 바로 이 이론을 통해 맑스-레닌주의를 받아들였다. 조선, 중국, 베트남의 민족해방세력이 1920년대 초부터 소련식 사회주의를 받아들이게 되는 중요한 이유의 하나는 바로 여기에 있었다.

그에 앞서 일본은 좀 다른 맥락에서 아나키즘과 사회주의를 먼저 받아들였다. 동아시아에서 자본주의 발달이 가장 빨랐던 제국주의 국가였기 때문이다. 특히 청일전쟁과 러일전쟁을 계기로 급속한 산업화의 진전과 함께 노동자의 저임금과 장시간 노동이라는 심각한 사회문제가 본격적으로 발생하면서 사회주의 사상에 관한 논의가 지식인들 사이에 주목을 끌기 시작했다. 이를 배경으로 기독교의 박애정신과 복지 관념을 바탕으로 한 기독교사회주의·아나키즘·노동조합주의 등의 다양한 유파들이 뒤섞여 활동하였다. 그들은 서로 연대하여 1901년 5월 일본 최초의 사회주의 정당인 사회민주당을 결성했으나, 전년도에 제정된 치안경찰법에 의해 당일 즉시 해산조치가 내려졌다. 그후 1903년에는 코오또꾸 슈우스이 등이 평민사(平民社)를 창립하고 사회주의·평민주의·평화주의를 선전하면서 러일전쟁에 대한 반전운동을 전개했다.

이 가운데 아나키즘의 영향을 받은 코오또꾸는 '직접행동'을 강조하여 "일본에 사회주의를 실현하기 위해서는 폭력혁명밖에 달리 방법이 없다"고 주장했다. 일본정부는 이들의 움직임을 반체제세력으로 간주하여 탄압을 강화했고, 이에 따라 코오또꾸 등은 천황 암살을 꾀했다는 1910년의 대역사건에 연루되어 처형되었다. 이후 일본에서 사회주의운동은 동면기로 접어들었지만, 러시아혁명과 1918년 쌀소동*의 충격은 노동운동의 획기적인 발전을 촉진하여 다시금 사회주의자들에게 용기를 불어주고 더욱 광범위한 대중운동을 불러일으켰다.

이렇게 동아시아 각국에 혁명적 사회주의가 전파되자 소련은 1920년 대 초부터 코민테른을 통해 각국 공산당의 창립을 지원하였다. 그에 힘입어 1921년 몽골인민당과 중국공산당, 1922년 일본공산당, 1925년 조선공산당, 1930년 인도차이나공산당이 창립되었다. 중국에서는 천 두 슈와 리 다자오(李大釗)가 앞장섰고, 창당에 가담한 인물 중에는 마오 쩌둥도 있었다. 천과 리는 베이징대학 교수로서 군벌과 제국주의에 반대하는 5·4운동에 참여해 전국적 명망을 얻고 있었으며 러시아혁명의 영향으로 사회주의를 받아들였다. 중국공산당은 코민테른에서 파견된 보이찐스끼(G. Voitinsky)가 상하이를 거점으로 재정적·이론적 지원을 하면서 천과 리, 마오 등을 포함한 여러개의 지역 소그룹을 결집하여 창당하게 되었다. 조선에서는 김재봉(金在鳳)이 앞장섰다. 안동 출신의 김재봉은 1911년 경성공업강습소 졸업 후 『해주일보』 기자를 하면서 3·1운동에 참가해 옥고를 치른 이래 독립운동을 벌였으며, 1921년에는 소련으로 망명해 이르꾸쯔끄과 고려공산당 활동에 참가하였다. 이윽고 코민테른의 지시를 받고 귀국하여 이미 서울 등지에 성립된 소규모 조

쌀소동 1918년 쌀값이 폭등하자 쌀의 외부 유출에 반대해 일어난 폭동. 노동자를 비롯한 도시빈민 70만명이 참가했고, 러시아혁명을 저지하기 위해 일본이 7만명의 대군을 시베리아에 파병하자 쌀의 매점매석이 이뤄져 사태가 더욱 악화되었다.

직들을 통합해 조선공산당을 창당하였다. 베트남에서는 호찌민이 앞장 섰는데, 농민가정 출신의 그는 자력으로 신학문을 공부하고자 1911년 여객선의 요리사로 취직하여 프랑스로 갔다. 견습공으로 일하면서 1차 대전기 유럽사회의 실상과 식민지 조국의 현실을 대비시키면서 독립운 동의 길을 모색하던 그는 1920년 프랑스공산당에 가입하였다. 그후 모 스끄바에서 열린 코민테른 대회에도 출석하여 조국의 독립을 위해 지 지를 호소했고, 몇년 뒤 코민테른의 지시에 따라 귀국하여 베트남 각지 의 소규모 조직들을 규합해 공산당을 창당하였다. 일본에서는 카따야 마 센, 사까이 토시히꼬(堺利彦) 등이 산업화와 도시화의 진전에 따른 사회모순을 배경으로 노동운동을 벌이면서 앞장섰다.

소련이 코민테른을 통해 이들을 지원한 이유는 제국주의 열강을 타 도하여 세계의 사회주의혁명을 촉진하기 위한 것이었다. 코민테른은 특히 1차대전 이후 만주와 몽골 지역의 이권획득에 발 빠르게 움직이는 일본의 동향에 주목하여 무엇보다도 일본제국주의를 타도해야 한다고 보고 일본을 비롯한 각국 공산당의 결성을 도왔다.

중국공산당과 인도차이나공산당이 민족통일전선과 산악 오지의 게 릴라전술을 통해 세력을 확장하고 유지한 것과 달리, 조선공산당은 식 민지 당국의 가혹한 탄압으로 해산과 재건을 거듭하였다. 일본에서는 신성불가침의 천황제가 특별고등경찰의 물리적 탄압을 바탕으로 사상 의 자유를 옭아매는 족쇄로 작용하고 있던 터라 일본공산당은 각종 곤 란에 직면하면서 당세 확장에 애를 먹었다. 수많은 당원이 탈당해 전향 을 선언한 주요 이유의 하나가 바로 천황제를 부정하는 공산당의 강령 과 심리적 마찰이 있었기 때문이다. 그에 비해 식민지·반식민지 민족운 동세력에게는 공산당이 그런 사상의 장벽이 아니라 민족해방운동의 선도적 조직체로서 기대를 받았다.

사회주의 수용의 여러 경로들

19세기 말에서 20세기 초에 걸쳐 사회주의는 갖가지 경로를 통해서 동아시아로 흘러들어왔다. 이 가운데 가장 큰 흐름은 인간의 이동과 상호교류를 통해서였다. 제국주의 시대의 각종 네트워크와 필요에 따라 '쿠리(苦力)'라 불리는 하층 육체노동자, 해외 이주민, 유학생이 국경을 넘어 활발하게 이동하였고, 이들은 모두 사회주의 수용의 주요한 매개자 역할을 담당하였다. 그 주요 거점은 중국의 상하이와 광저우, 일본의 토오꾜오, 러시아의 이르꾸쯔끄, 프랑스의 빠리 등이었다.

한국인이 사회주의를 가장 일찍 접하고 수용한 경로는 러시아령 한인사회의 도시인 이르꾸쯔끄와 하바롭스끄였다. 그곳에는 일찍이 구한말과 일제 초기에 살길을 찾아 이주하거나 망명한 한인들이 많이 살고 있었다. 러시아혁명이 성공한 후 해당 지역에도 사회주의정권이 수립되자 각종 사회주의가 공개적으로 전파되고 가르쳐졌다. 한인들은 그 영향을 받아 조국 독립의 한 방편으로 소련의 지원을 받으면서 자연스럽게 사회주의에 관심을 기울이게 되었다. 그 결과 1918년 이동휘, 박애(朴愛) 등이 하바롭스끄에서 조직한 한인사회당을 비롯해 각지에서 소규모 단체가 성립되었는데, 1920년 1월 이르꾸쯔끄에서 김철훈(金哲勳), 문창범(文昌範) 등이 이들의 상당 부분을 통합해 고려공산당을 창당했다. 한편 이동휘는 1920년 상하이임시정부 국무총리로 취임하면서 한인사회당을 기반으로 여운형을 비롯한 상하이 한인들과 함께 고려공산당을 결

1918년 한인사회당을 창당한 이동휘(위 사진 오른쪽)
1923년 모스끄바 붉은광장에서 시위하는 호찌민(아래 사진 오른쪽에서 두번째)
한국과 베트남에서 최초의 사회주의 정당을 창당한 이동휘와 호찌민은 소련
혹은 코민테른의 지원으로 민족의 독립을 이룩하려 한 민족주의자였다.

성하고 소련의 자금지원을 받아 독립운동에 종사하였다. 이처럼 두 갈래로 나뉜 고려공산당은 노선이 달라 이후 수차례 통합시도를 벌였지만 여의치 않았다.

조선 국내에서는 소련과 일본에 유학하고 돌아온 지식인들에 의해 사회주의자의 소조직이 만들어졌다. 3·1운동 직후 각지에서는 2000여개의 청년단체가 성립되었는데, 그 대다수가 사회주의 성향의 단체였다. 이들 소규모 단체들은 좌우의 이념 차이를 넘어 연합하여 1924년 조선청년총동맹을 결성하였다. 장덕수, 조봉암(曺奉岩), 박헌영 등이 그 지도자였다.

토오꾜오는 중국과 조선의 지식인이 사회주의를 수용하는 중요한 거점이었다. 5·4운동 직전부터 베이징의 일간지『신보(晨報)』의 문화면에는 카와까미 하지메(河上肇)를 비롯한 일본 맑스주의자들의 문헌이 번역 소개되었다. 역자는 신문의 주필 천 푸셴(陳溥賢)이었는데, 그가 일본 사회주의에 주목한 이유는 중·일 양국이 당시 현안이 되고 있던 산둥성 문제를 해결하고 진정한 교류를 맺기 위해서는 무엇보다도 일본이 군부나 자본가가 아니라 노동자를 주인공으로 하는 사회로 변해야 한다고 생각했기 때문이다. 리 다자오는 1920년 토오꾜오에서 일본사회주의동맹이 결성되자 베이징 주재 일본인 신문기자의 소개를 통해 그 조직의 멤버로 가입했다. 그는 이를 통해 일본의 사회주의 관련 최신 정보를 입수하면서 베이징대학에서 맑스주의 연구회를 설립하고 학생들에게 커다란 영향을 미쳤다. 중국 각 성의 청년학생들은 베이징의 각급 학교에 다니면서 사회주의를 받아들이고 자기 성으로 돌아가 실제 활동에 종사하였다.

토오꾜오의 한국인 유학생들은 빠리강화회의와 러시아혁명 등의 국제정세에 대한 정보를 국내보다 빨리 접할 수 있었고 이러한 세계정세의 변화에 대응해 독립의 길을 모색했다. 2·8독립운동과 3·1운동을 거치고 나자 그들 중에는 상하이로 건너가 임시정부 조직에 가담하는 자도 있었으나, 한편으로는 만세독립운동에 한계를 느끼고 사회문제, 노동문제로 관심을 돌려 일본의 사회주의자들과 교류하면서 사회주의 사상과 아나키즘의 영향을 받은 자들도 적지 않았다.

빠리는 베트남과 중국에 사회주의를 전파하는 거점이었다. 호찌민은 식민 모국 프랑스의 빠리에서 이주노동자로서 사회주의를 수용하고 프랑스 식민지 각국에서 온 노동자들과 함께 선전·조직 활동을 펴다가 귀국하여 사회주의를 전파하였다. 특히 1차대전 중에 일손이 부족한 유럽 각국에 건너가 취업한 중국과 베트남의 노동자들 중에는 현지에서 사회주의의 세례를 받고 귀국한 뒤 자국의 관련 단체에 가입해 활동한 사람들이 적지 않았다. 가정형편이 어려워 상급학교에 진학할 수 없는 중국의 청년학생들은 1차대전 전후 프랑스로 건너가 낮에는 공장에서 일하고 밤에 학교에 다녔다. 이는 근공검학운동(勤工儉學運動)이란 이름의 사회운동으로 전개되었고, 류 사오치(劉少奇), 저우 언라이(周恩來), 덩 샤오핑(鄧小平) 같은 사람들이 이런 경로를 거쳐 프랑스에서 사회주의를 수용하고 귀국하여 혁명운동에 종사하였다.

상하이는 당시 각종 산업이 발달하여 노동자가 많아지고 있었고, 코민테른의 보이찐스끼가 이에 착안해 학생, 지식인의 소조직을 이용하여 잡지 『공산당』을 발간하면서 사회주의 전파의 거점으로 발전했다. 전국 주요 도시의 공산주의 소그룹들이 연합해 중국공산당 결성대회를 연 곳이 상하이였던 것도 우연이 아니다. 그곳에는 여차하면 피신할 수 있는 치외법권 지역인 외국인 조계가 있던 터라 맑스-레닌주의를 비롯한 급진사상의 온상으로 더욱 용이하게 자리 잡을 수 있었다. 광저우가 그랬듯이 상하이도 일본, 프랑스, 러시아에 유학하고 돌아온 중국인 학생들이 일감을 찾아 몰려드는 곳이어서 더욱 그랬다. 한편 많은 조선인들도 임시정부가 있던 상하이를 찾았다. 박헌영은 1919년 상하이로 건너가 이르꾸쯔끄파 고려공산당 상하이 지부에 가입하여 활동하다 귀국하여 신문기자로 일하면서 조선공산당 창립에 가담하였다. 거기에는 상하이파 고려공산당도 이미 성립되어 활동하고 있었다.

광저우는 외국 조계가 있는 개항장인데다가 국공합작 시기 혁명세력의 근거지로서 각종 혁명이념이 전파되는 곳이었다. 빠리에서 돌아온 호찌민은 먼저 1925년 베트남과 가까운 중국 광저우에 거주하던 베트남인 청년학생들의 민족주의 단체인 땀땀싸를 개조하여 베트남혁명청년동지회를 결성하고 이를 맑스-레닌주의의 전파 조직으로 삼았다. 그들은 거기서 『청년』이라는 잡지를 발간해 국내로 반입했다. 광저우 인근 지주집안 출신 펑 파이(彭湃)는 토오꾜오의 와세다대학에 유학하여 사회주의를 수용하고 돌아와 광저우 농민운동강습소 소장으로서 농민협회운동을 지도하였고, 프랑스에서 귀국한 저우 언라이도 먼저 광저우 황푸군관학교 정치주임으로 활약하였다. 한국의 김홍일 같은 민족주의자들과 『아리랑』의 주인공 김산 같은 사회주의자들은 모두 당시 광저우 일대에서 중국혁명에 참가하여 독립운동 역량을 기르고 있었다. 그리하여 1926년 그 일대에 거주하며 활약하던 조선인들에 의해 조선청년혁명동맹이 결성되었다.

동아시아에서 가장 먼저 산업화한 탓에 가장 일찍 사회주의를 수용한 일본의 경우는 그 경로가 매우 달랐다. 가령 카따야마 센은 1884년 미국으로 건너가 10년 이상을 고학으로 사회학과 신학 학위를 취득한 후 일본으로 돌아와 일본 최초의 노동조합 설립과 사회주의 정당인 사회민주당의 결성에 가담하여 일본의 노동운동, 사회주의운동의 선구자가 되었다. 대역사건 이후 1914년 미국으로 망명한 카따야마는 맑스주의에 감명을 받고 북미공산당 활동에 가담했다. 이후 1921년 소련으로 들어가 일본공산당 결성을 지도했으며, 1922년에는 코민테른 집행위원회 간부회원으로 선출되어 국제공산주의운동의 지도에 전념했다. 1905년 『평민신문』의 필화사건으로 투옥된 코오또꾸 슈우스이는 출옥 후 요양을 겸해 미국으로 건너가 미국사회당에 입당했고, 당시 러시아에서 망명해온 아나키스트의 영향을 받았다.

일본의 번역서는 사람이 직접 왕래하지 않고도 사회주의 수용의 길을 열어주는 경로의 하나였다. 타이쇼오시대(1912~26)의 일본에는 서구의 거의 모든 철학·문학 서적이 번역 출판되어 있었다. 중국과 한국의 초기 맑스주의 저작의 대다수는 일본어판을 번역 출판한 것으로, 특히 5·4운동을 전후해서 맑스주의를 중국에 전파하는 데 중요한 역할을 했다. 코오또꾸 슈우스이는 러일전쟁이 발발하기 전에 『공산당선언』을 번역하고 이를 『평민신문』에 소개하여 정치적 부패와 탐욕스러운 자본주의하의 경기침체를 배경으로 새로운 반향을 불러일으켰다. 중국공산당원의 필독서가 되었던 『공산당선언』의 중국어판도 실은 중국국민당의 이론가이자 격렬한 공산당 비판자였던 다이 지타오(戴季陶)가 고생 끝에 입수한 일본어판을 바탕으로 번역한 것이었다.

이렇게 볼 때 일본은 동아시아에서 사회주의가 수용되는 데 매우 중요한 역할을 했다고 할 수 있다. 이는 특히 일본제국 시기 사상의 자유가 가장 많이 허용된 이른바 '타이쇼오 데모크라시'의 영향도 크게 작용한 결과다. 나중에 소련 유학생들이 증가하면서 그 비중은 줄어들었지만 거리가 가깝고 같은 한자문화권이라는 동질감 때문에 여전히 토오꾜오는 당시 사회주의 수용의 중요한 거점으로 남아 있었다. 그것은 동아시아에서 일본이 가장 먼저 근대화를 추진한 것과 관련돼 있다. 그러나 중국공산당이 옌안에서 기반을 다져감에 따라 이제 그곳이 상하이와 토오꾜오를 대신하는 중요한 거점으로 부상하여 동아시아 사회주의의 해방구가 되었다. 중국공산당에 가입한 황해도 태생의 조선인 김찬(金燦)은 베이징대학 출신 중국인 여성 타오 카이쑨(陶凱孫)과 결혼해 베이징, 평양, 상하이를 오가며 혁명운동을 벌이다가 우여곡절 끝에 옌안으로 들어갔으나 둘 다 일제의 간첩으로 몰려 처형되는 비운을 겪었다. 김산 역시 그렇게 되었다. (중국공산당은 1980년대 초 이들이 모두 착오에 의해 처형되었음을 인정하고 복권조치를 내렸다.)

반면 전남 광주 출신의 정율성(鄭律成)은 상하이와 난징 등지에서 독립운동을 하다가 중국공산당에 가입해 1937년 옌안의 루쉰예술학원에서 작곡을 전공하고 그곳 교수로 임용되었다. 그가 작곡한 「옌안송(延安頌)」은 아름답고 서정적인 가락으로 옌안을 찬양하여 전국의 청년들을 불러모았다. 그가 작곡한 「팔로군 행진곡」은 후에 중국인민해방군가가 되었다. 연해주에서 태어나 지린성에서 독립운동을 하던 주덕해(朱德海, 본명 오기섭吳基涉)는 1937년 중국공산당원으로서 모스끄바 동방노동자공산대학에 파견되어 간부교육을 받고 이듬해 옌안으로 돌아왔다. 그는 거기서 조선혁명군정학교 건설에 참여하여 교무장으로 활동하다가 해방 이후 조선의용군과 함께 만주로 가서 활동했고, 옌볜조선족자치주 건설의 주역이 되었다.

사회주의와 민족해방운동

1920년대 이래 동아시아 각국에는 사회주의가 당국의 탄압 속에서도 광범하게 유포되었다. 1922년 한국 최초의 사회주의 잡지『신생활』은 자본주의 사회에 대한 비판과 동시에 러시아혁명 기념 특집을 게재하고 사회주의 사상을 선전하다가 이듬해 총독부에 의해 폐간되었다.『동아일보』는 1925년 레닌 1주기 추도식을 수십차례 보도했으며『조선일보』는 1924~33년까지는 사회주의 신문으로서의 논조를 유지했다. 심지어 기독교 교회 안에도 사회주의가 파급되었다. 가령 1920,30년대에 조선기독교청년회가 발행한 잡지『청년』을 중심으로 한 기독교사회주의자들은 자본주의가 기독교 윤리에 반하는 체제라고 보아 평화적 방법으로 사회주의를 실현하고자 하였다. 특히 이대위(李大偉)가 대표적인데, 그는 사회주의야말로 '최상의 데모크라시'이자 공정한 분배를 통해 개성의 인격존엄을 실현하는 인간성의 회복이며 따라서 기독교 사상과 사회주의는 서로 같다고 보았다. 뒤에서 좀더 다루겠지만 기독교사회주의는 일본에서 더 일찍, 더 널리 유포되었다.

이제 각국에서는 사회주의를 신봉하고 사회혁명을 논하지 않으면 지식인 축에도 들지 못한다는 말이 있을 정도로 사회주의는 젊은 식자층 사이에 급속하게 파급되어갔다. 마치 유행병처럼 확산된 사회주의는 일종의 '처세의 상식'이라는 치장용 지식으로 전락한 부분이 없지 않았다. 그러나 다른 한편으로는 사회주의혁명의 사상과 운동이 식민지 약소민족으로서 독립을 열망하는 조선의 젊은이들에게 하나의 커다란 희망의 등불이었다는 점은 부정할 수 없을 것이다.

동아시아에서 사회주의가 일본을 제외하고는 모두 민족해방의 무기로 수용되었다면, 실제로 민족운동에는 어떤 영향을 미쳤는가? 흔히 사회주의세력의 등장으로 민족운동이 분열되어 내부갈등을 심하게 겪게 되었다는 점이 강조되곤 한다. 우파는 부패로 망하고 좌파는 분열로 망한다는 말이 있듯이, 급진 사조에 의거해 혁명적 수단으로 문제를 해결하려는 세력들에는 늘 당국의 가혹한 탄압이 가해지기 때문에 분열의 소지가 더욱 클 수밖에 없다. 앞서 보았듯이 사회주의 수용의 경로가 극히 다양했던 터라 그 사상에 대한 이해 정도와 방식은 각기 달랐고, 실천의 방식은 더욱 달랐다. 그들이 각기 코민테른의 인정을 받고 재정적 지원을 받고자 경쟁적으로 주도권 쟁탈을 벌인 결과 분파투쟁은 더욱 심해졌다. 게다가 사회주의세력과 반사회주의세력이 서로 내전을 벌이거나 상호 적대하여 민족적 역량을 갉아먹기도 했다.

사실 이러한 분파투쟁은 겉으로는 사상의 갈래를 기준으로 진행되는 것처럼 보였지만 실제로는 조직의 주도권 쟁탈인 경우가 대부분이었다. 광의의 민족운동세력은 제국주의 침략을 민족의 위기로 인식하면서 서구의 다양한 사회사상을 민족의 독립에 희망을 주는 대안으로 받아들였다. 초기의 사회주의 사상을 수용한 이들은 스펜서(H. Spencer)의 사회진화론, 푸리에(C. Fourier)의 공상파 사회주의, 똘스또이(L. N. Tolstoy)의 인도주의, 끄로뽀뜨낀의 아나키즘에서 맑스주의에 이르기까지 서구의 다양한 사회사상이 상호 대립하는 것이 아니라 공통성을 가진 것으로 인식했고, 그에 따라 이 사조들은 내셔널리즘과 결합하여 구국의 방편으로 수용되었다. 리 다자오가 1차대전 중 똘스또이의 인도주의에 공명하고 나아가 아나키즘에 접근했다가 러시아혁명의 충격을 받고 급속하게 맑스주의로 기울어 중국공산당 창립자의 한 사람이 되는 과정은 이런 사정을 상징적으로 보여준다. 그런데 러시아혁명이 성공하고 코민테른이 성립되자 그 지도를 따를 각국 공산당을 결성하는 과정에서 갑자기 코민테른과의 관계를 기준으로 정통이니 이단이니 하는 구분이 생겼고, 그에 의거해 작은 차이를 부풀려 큰 차이를 만들어내는 풍조가 생겨났다. 작은 차이를 끌어안고 크게 단결해야 하는 민족운동의 대의명분 앞에서 그것은 진정 바이러스와도 같은 것이었다. 물론 이런 분파투쟁이 사회주의자에게만 있었던 것은 아니다. 민족주의자들 사이에도 분파와 주도권 쟁탈은 늘 있는 일이었다.

그렇더라도 사회주의세력의 등장은 민족운동 전체의 역량 강화에 크게 기여했다. 첫째, 조직 면에서 당을 중심으로 각종 대중운동 단체들이 연계하여 전국적으로 사회 각 영역의 민중이 상호연계 속에 하나의 목표를 향해 나아갈 수 있도록 북돋웠다. 노동자와 농민대중을 조직하여 이를 민족운동의 주체로 삼으려는 전략은 사회주의세력의 등장으로 인해 비로소 본격화되었다. 중국, 조선, 베트남에서 1920년대 초부터 노동조합과 농민조합이 각기 총연맹을 결성한 것은 바로 그 덕분이었다. 둘째, 당군의 개념을 바탕으로 자체 군대를 양성하여 무장투쟁 역량을 획기적으로 높였다. 소련공산당을 모델로 중국공산당이 홍군을 양성해 자신의 근거지와 지역정권을 확보하자, 중국에서 활약하던 조선과 베트남의 독립운동세력도 그것을 모델로 자체의 독립군을 편성하여 활동하기 시작했다. 물론 민족주의세력은 오래전부터 독립군을 양성해온 경험이 있었지만 전국적 연결망을 가진 당조직에 의해 주도되지 않은 탓에 그 활동은 지극히 분산적이었다. 셋째, 통일전선의 논리와 경험이 좌우 이념을 망라한 대동단결을 촉진하였다. 중국의 1·2차 국공합작, 조선의 신간회와 조선독립동맹, 베트남의 인도차이나 반제민족통일전선과 베트남독립동맹 등이 그런 역할을 담당한 대표적인 예다. 넷째, 소련

338

혹은 코민테른을 중심으로 한 국제적 연결망과 정보망을 갖추게 되면서 제국주의 국가의 사정, 특히 전쟁 중에는 전황을 파악하기가 용이했다.

각기 다른 이념의 기반 위에 자체 무력을 가진 두 세력이 반제통일전선을 형성하면 무장투쟁 역량이 배가될 수 있지만, 거꾸로 대립하고 싸울 경우 투쟁역량은 결정적으로 약화되고 만다. 그래서 통일전선은 민족해방의 승리를 보증하는 최대 관건이며 거기에 참여하는 다양한 세력의 이해와 요구를 타협, 조정하는 민주주의의 원리가 필수적으로 요청된다. 민주주의 없이는 통일전선의 형성도 유지, 강화도 기대하기 어렵다. 1920년대의 각국 공산당은 흔히 당면한 혁명의 목표를 '부르주아민주주의혁명'이라고 규정하곤 했다. 그러나 그들에게는 부르주아민주주의의 경험이라곤 거의 없었고 이제 처음부터 배우면서 시작해야 하는 형편이었다.

그뿐만 아니라 현실적 필요에 따라 많은 세력들이 각종 유파의 사회주의에 공감하여 이를 수용했다 하더라도, 그들은 아직 산업화 정도가 미약했던 식민지 농업국의 해방운동을 직접 지도할 수 있는 충분한 이론도 조직역량도 미약했다. 따라서 맑스-레닌주의가 민족해방운동에 유효한 지도사상으로 작용하기까지는 어떤 형태로든 운동의 경험과 축적이 필요했다. 공산당이 당군의 군사력에 의거해 자신의 지역정권을 장악할 수 있었던 중국에서조차 급진좌경의 계급혁명 노선으로는 인민대중의 폭넓은 지지를 획득하기 어려웠다. 산업노동자가 빈약한 조건에서 농민대중·도시 중산층·지주·상공업자 등을 규합하여 조직한 통일전선은 그런 의미에서 더욱 중요하고 절실했다. 1930년대 후반에 가서야 중국, 베트남, 조선의 사회주의자들이 어느정도 그런 역량을 초보적으로 갖춘 것은 이전의 뼈아픈 실패의 경험을 지혜롭게 성찰한 결과였다.

　이는 쏘비에뜨혁명기 중국공산당의 근거지가 국민정부군의 포위공격으로 붕괴되고 중국공산당이 무작정 탈주를 거쳐 북상항일(北上抗日)의 대장정으로 활동방향을 조정하는 과정에서 잘 드러난다. 대장정에서 1934년 10월 10만명이 루이진(瑞金)을 출발하여 2년 동안 10여개의 산맥과 강을 넘고 건너 1936년 10월까지 최종 목적지 옌안에 도착한 사람은 그 1/10도 채 안되는 8000~9000명 정도였다. 도중에 그들은 국민당군의 추격작전에 걸려들어 거의 전멸할 위기에 직면하기도 했다. 사회주의와 공산당이 프롤레타리아의 이해를 대변하기 때문에 결국 승리한다는 필연적인 이유는 거의 없었다. 한줌밖에 안되는 이들이 다시 살아난 것은 민족해방이라는 당면요구에 부응하는 정책을 펼치면서 민족적 대의에 충실했기 때문이다. 그보다 앞서 일본제국주의가 중국을 전면 침략하여 그런 기사회생의 기회를 부여해준 덕분이기도 했다. 일본제국주의의 침략은 조선에서도 사회주의·공산주의 세력이 분열과 해산을 거듭하면서도 결국 재기하여 존재감을 과시하고 민중의 지지를 얻도록 만들었다. 중국 내에서 활동한 조선독립동맹을 비롯한 여러 세력이 그러했고, 만주지역에서 활동한 김일성(金日成) 일파도 그러했다. 프랑스와 일본 제국주의의 이중지배하에 있던 베트남에서의 호찌민 세력도 마찬가지였다.

　호찌민이 후일 "처음에 나를 레닌과 코민테른에 대한 신뢰로 이끈 것은 실로 애국주의였지 공산주의는 아니었다"고 회상하였듯이 내셔널리즘(민족주의)은 그를 국제공산주의운동으로 이끌었다. 코민테른의 요원이 된 호찌민은 이후에도 일관해서 베트남인의 내셔널리즘과 공산주의를 결합하는 데 노력했다. 그는 내셔널리즘을 기초로 형성된 공산주의운동은 어디까지나 베트남인의 운동이라는 그 민족적 성격을 유지해야 한다고 생각했다.

요컨대 제국주의의 침략과 반제 민족해방운동이야말로 사회주의 실행의 정치적·경제적 조건이 결여된 식민지, 반식민지에서 사회주의세력이 등장하고 그 세력을 넓히는 원천을 제공하였다. 일본의 사회주의자들이 혁명정당과 의회정당 사이를 동요하면서 겨우 명맥을 유지하다 결국 의회정당으로 남게 된 것과 달리, 조선, 중국, 베트남의 사회주의자들은 우여곡절 속에서도 민족해방세력의 일익을 담당하여 정권을 다투는 세력으로 급성장하였다. 이들을 '민족해방 사회주의'라고 불러도 좋은 이유가 여기에 있다.

2

새로운 국민국가를
향한 모색

브나로드, 지식인과 노농대중의 결합

사회주의의 수용과 전파는 각국 지식인의 사회운동과 건국구상에도 영향을 미치게 되었다. 그중에서도 특히 노동자와 농민이 자신의 이해와 요구를 바탕으로 국가의 주권자로서 주체적으로 국정에 참여하는 방향으로 나아가야 한다고 강조된 점이 주목된다. 초기에 사회주의를 수용한 학생과 지식인 들은 실천 면에서 어떻게 노농대중의 실상을 파악하고 그들과 결합하려고 했을까? '브나로드'(vnarod, 인민 속으로)운동은 그것을 위한 하나의 통로를 제공했다.

브나로드운동은 1870년대 초 러시아의 젊은 지식인 남녀들에 의해 시작되었다. 그들은 농촌으로 들어가 농민을 깨우치고 농민공동체를 활용해 자본주의 단계를 뛰어넘어 곧장 사회주의 평등사회를 건설하려고 하였다. 당시 그들은 억압적인 짜르체제*를 타파할 수 있는 혁명의 원동력이 자본주의체제에 오염되지 않은 소박한 농민 속에 내재되어 있다고 믿었다. 말년의 맑스도 이런 운동을 찬양하면서 그 성과를 기대하였다. 끄로뽀뜨낀 같은 아나키스트들은 실제로 이 운동에 참가하여 협동적 공동사회의 실현을 앞당길 수 있을 것으로 여겼다. 그러나 이 운동은 당국의 탄압과 농민의 소극적 반응이 겹쳐 4,5년 만에 실패로 끝나고 말았다.

러시아 지식청년들의 브나로드운동이 거의 반세기를 지나 1차대전 직후 동아시아 지식청년들에 의해 재현된 것은 우연이 아니다. 러시아 문학은 농민사회의 공동체적 질서와 문화가 강하게 남아 있던 공통점을 바탕으로 20세기 초부터 일본의 번역을 통해 동아시아 각국에 소개되었다. 농촌에 들어가 노동과 독서를 일치시키려 했던 똘스또이가 그 징검다리 구실을 했다. 당시 이 운동에 참여한 사람들의 사상 경향은 극히 다양하여 사회주의 하나로 한정할 수 없다. 다만 각종 사회문제를 야기하는 도시화와 산업화에 대한 지식인의 반감이 농촌생활에 대한 막연한 동경을 자극하여 '농민 속으로' 풍조가 조성된 것이다. 이러한 경향은 거의 동시에 일본과 중국에서 나타나더니 이윽고 조선에서도 이어졌다.

일본의 경우 학생운동은 러시아혁명과 1918년 쌀소동 등에 자극을 받아 1918년 쿄오또대학에서 노학회(勞學會)가, 토오꾜오대학에서 신인회(新人會)가 탄생했다. 신인회는 인도주의적 사회주의의 입장에서 계

짜르체제 1721~1917년까지의 제정(帝政)러시아 체제를 통칭. 짜르(tsar)는 본래 슬라브계 민족국가의 황제를 가리키는데, 1721년 뾰뜨르 대제(Pyotr I)가 제정러시아를 세우면서 공식적으론 쓰이지 않았지만 그뒤에도 병용되었다.

몽활동을 중심으로 했고 학생뿐만 아니라 졸업생과 학외의 노동자도 회원으로 참여했다. 그들은 사회주의 사상을 소개하는 강연회와 지방 유세 등의 계몽활동과 함께 전국적 조직활동을 추진하여 학생들을 신사상으로 결집시키고 각지에 지부를 두었다. 실천활동으로는 보통선거운동에 참가하고 브나로드의 기치 아래 공장지대나 농촌에서 생활하면서 노동자와 농민에 대한 계몽활동을 정력적으로 전개했다. 특히 농촌에서 도시로 진학한 청년들은 여름방학과 겨울방학을 이용해서 귀성하여 도시의 새로운 사상과 분위기를 전파하는 데 중요한 역할을 했다. 신인회와 노동운동의 관계가 점차 강화되자 청년들 중에는 자신의 사회적 신분을 버리고 직업적 운동가가 되는 자들이 늘어났다. 이러한 실천파와 달리 다수의 학구파는 사회개조의 이론화에 관심을 기울였다. 신인회 회원 출신으로 합법적인 사회민주주의 무산정당과 노동·농민운동의 지도자로 성장한 사람들도 적지 않다. 일본공산당 중앙위원장으로 옥중에서 '전향' 성명을 발표한 것으로 잘 알려진 사노 마나부(佐野學)가 그 예다.

신인회 이전의 사회주의자는 일반적으로 자유민권운동의 흐름을 잇는 지사적 이미지가 강했던 데 비해, 토오꾜오제국대학 법학부에서 신인회가 탄생했다는 사실은 사회주의자와 사회운동가의 사회적 지위를 일약 향상시키는 데 크게 공헌했다. 한편, 그들은 항상 대중을 계몽의 대상이요 지도받는 존재로 간주하는 엘리트의식이 강했으며 그런 까닭에 전후의 학생운동에 종종 나타나는 엘리트주의 경향의 원류가 되었다는 지적도 있다.

중국의 학생과 교사 들은 1919년 5·4운동 과정에서 평민교육강연단을 만들어 활동한 경험을 바탕으로 브나로드운동을 시작하였다. 당시

정부의 재정지출에서 학교교육 경비는 1~2%에 불과했고 대다수 농민 자녀의 취학이 어려워 소학교 취학률은 전국 평균 11%에 그칠 정도였다. 그만큼 배우고자 하나 배울 형편이 안되는 청소년들이 많았다. 중학생과 대학생 및 교사 들이 이들을 대상으로 야학을 세워 글자를 가르치면서 기초상식과 시사문제 등을 곁들여 설명해주는 형태의 평민교육운동에 참여하였다. 리 다자오는 1920년 2월 「청년과 농촌」을 일간지에 발표해 러시아 지식인을 본받아 중국의 청년학생들도 농촌으로 들어가 "전제의 농촌을 입헌의 농촌으로 개조하라"고 호소하였다. 이런 활동은 마치 '신청년'의 표지라도 되는 양 받아들여져 전국 각지에서 자발적으로 널리 실행되었고, 각계각층의 지지와 지원도 줄을 이었다. 1923년 옌 양추(晏陽初)와 타오 싱즈(陶行知) 등이 결성한 중화평민교육촉진회는 기존의 분산적·자발적 활동을 전국적 사회운동으로 발전하도록 뒷받침해주었다. 5만여명의 회원이 있던 중화기독교청년회도 이에 적극 참여해 큰 몫을 담당하였다.

이 자발적 평민교육운동은 1922년 성립된 중국사회주의청년단에 의해 농민의 조직화를 촉진하는 향촌운동으로 발전했다. 청년단은 잡지 『중국청년』과 각종 형태의 지역 청년단체 및 학생회 활동을 통해 진보적 지식청년들이 평민교육을 바탕으로 농민대중과 결합하여 농민협회를 결성하고 농민운동을 지원하도록 이끌었다. 특히 농민가정 출신의 지식청년들은 이를 자기 자신의 문제로 여기고 적극 참가했으며, 이윽고 국공합작하에 국민당이 설립한 농민운동강습소에 입소하여 간부훈련을 받고 직업적 농민운동가로 성장하기도 했다. 국민혁명 시기 중국에서 조직된 농민협회 회원수가 1천만명 가까이 되었는데, 이는 대부분 이렇게 지식청년과 농민대중이 서로 결합하여 농민 자신의 문제를 해결하려 한 노력의 소산이다. 그들은 대체로 지주, 신사, 부상의 사리사욕을 채우는 향촌 지배질서를 부정하고 자치적 지방정권, 협동조합경제, 평등한 사회문화의 신질서를 건설하고자 노력했다. 그들이 추구한 신질서는 강렬한 비자본주의 성향을 보였다. 이는 지식청년들이 반제 민족운동을 통해 갖게 된 급진성향과 농민사회의 공동체 문화가 상호작용을 일으킨 결과로 보인다.

한국의 브나로드운동은 일제 식민통치에 저항하는 농촌계몽운동의 형태로 전개되었다. 좁은 의미에서는 1931~34년 동아일보사가 전개한 문맹퇴치를 위한 민중계몽운동을 말한다. 운동에 앞장선 동아일보사는 "숨은 일꾼이 많아라! 참으로 민중을 생각하는 마음으로 민중을 대하라. 그리하여 민중의 계몽자가 되고, 민중의 지도자가 되라"라는 구호를 내세웠다. 민중계몽을 통한 민족자강으로 독립의 기반을 다진다는 목적의 이 운동에는 언론계, 조선어학회, 청년학생이 함께 참여했다. 『조선일보』도 여기에 호응하여 문자보급운동을 전개했다. 당시 『동아일보』 편집장이었던 이광수(李光洙)는 소설 『흙』(1932~33)에서 이 운동의 이상을 구체화했으며 심훈(沈熏)은 1935년 브나로드운동을 소재로한 장편소설 공모에서 『상록수』라는 작품으로 당선하였다.

이후 한국의 브나로드운동은 한글과 산술을 가르치는 고등보통학교 4, 5학년 학생으로 조직된 학생계몽대와 전문학교 이상의 학생으로 조직된 학생강연대, 여행일기·고향통신·생활수기 등을 신문사에 보내는 학생기자대 등을 중심으로 전개되었다. 또한 조선어학회의 후원으로 3회에 걸쳐 전국 주요 도시에 조선어강습회를 열었으며, 각 지방에서 야학을 개설한 학생들은 한글 이외에 위생, 음악, 연극을 지도하면서 민족의식을 고취하는 계몽운동과 문화운동을 겸한 민중운동을 전개하

배우자!
가르키자!
다 함께
브나로드!!

第二回
學生브나로드運動
主催 東亞日報社

1919년 베이징대학 학생강연대(위)
1932년『동아일보』가 주관한 브나로드 운동(아래)
도시주민을 대상으로 시작된 학생들의 강연활동은
이윽고 농촌으로 확대되었고 문맹자에게 글자를
가르치는 야학운동으로 발전하였다.
ⓒ눈빛출판사

였다. 조선총독부는 이 운동에 예상을 넘어선 많은 학생들이 참여하자 1935년 이를 탄압하였고 결국 이 운동은 중단되었다.

그러나 한국의 브나로드운동은 일본제국주의의 농촌진흥운동과도 무관하지 않다. 일본은 1918년의 쌀소동에 대응하여 국내의 부족한 식량을 조선에서 수탈했다. 이로 인해 조선의 농촌이 빈사상태에 빠지고 농민들의 저항이 빈발하자 총독부는 농민에 대한 회유정책으로 '농촌진흥운동'을 전개하였다. 농촌의 곤궁은 일제의 수탈 때문이 아니라 조선 농민이 무식하고 게으르기 때문이라는 논리를 바탕으로, 일제에 협력적인 친일지식인을 농촌계몽운동에 투입한 것이다. 『동아일보』의 브나로드운동과 『조선일보』의 귀향학생에 의한 문자보급운동도 여기에 호응한 측면이 없지 않았으며, 총독부의 금지조치로 순식간에 운동이 쇠퇴한 것도 이 때문이었다. 물론 브나로드운동에 참여한 학생과 지식인이 농민들의 민족의식을 깨우치는 데 기여한 것도 사실이지만 그것은 오히려 소수에 지나지 않았다.

새로운 국민국가 건설 구상

사회주의의 폭넓은 유포는 새로운 국민국가 건설의 구상을 촉진하였다. 새로운 국가형태를 모색하게 만든 가장 큰 요인은 최초의 사회주의 국가 소련의 등장이었다. 당시 소련을 직접 가본 사람들은 '사회주의 실행에 필요한 물질적 기반도 없는데 그게 무슨 사회주의냐? 빈민독재에 불과하다'는 요지의 비판을 내놓기도 했다. 그럼에도 다양한 스펙트럼의 건국구상이 소련의 부국강병으로부터 직간접적으로 영향을 받으면서 제기되었다. 그런데 어느 나라에서나 공산당원은 극소수였고, 오히려 그들 이외에 자본주의가 아닌 사회주의 공화국을 건설하되 점진적·평화적 방법으로 목표를 달성하고자 한 사람들이 많았다.

당시 구미형 자본주의 국가와 소련형 사회주의 국가 사이의 대안을 모색한 성향의 사람들을 편의상 중간세력이라 부른다면, 그들은 우선 사회주의공화국을 소련 모델의 쏘비에뜨공화국으로 한정하지 않았다. 그들은 서구의 길드사회주의나 민주사회주의처럼 지루하고 긴 일상적 투쟁과 평화적 타협을 통해 자본주의체제를 넘어서는 사회주의체제를 수립해야 만인이 자유롭고 평등한 대동사회에 이를 수 있다고 주장했다. 이런 건국구상을 견지한 이들은 주로 언론과 학술 및 문화예술계에 종사하는 지식인들이었다.

일본에서도 일본 최초의 사회주의 정당인 사회민주당의 창립자 카따야마 센, 아베 이소오(安部磯雄), 키노시따 나오에(木下尙江) 등은 모두 기독교도였다. 사회민주당은 비록 당국의 금지조치로 곧바로 해산되었지만 그 창당 목표로 인류동포주의, 군비와 계급제도 폐지, 토지·자본 및 교통기관의 공유, 재산의 공평한 분배, 참정권의 평등, 교육의 공비 부담을 실현하는 사회주의 국가를 내세웠다. 그후에도 당의 재건을 위한 시도는 지속되었으나 여의치 않았다. 그럼에도 온건노선 사회주의자들의 새로운 국가 건설을 향한 꿈은 지속되어 패전 후 치러진 총선에서 사회당이 압승하는 결과를 만들어냈다.

식민지, 반식민지에서는 반제투쟁 과정에서 자연스럽게 강화된 비자본주의적 성향이 그와 유사한 건국구상을 떠받쳤다. 신해혁명 전후 입헌군주제에 의거한 자본주의형 국민국가를 추구한 량 치차오도 1차대전 직후 유럽순방을 통해 자본주의의 폐단을 목격하고 길드사회주의를 수용하였다. 그 주변의 많은 지식인들이 1920년 공학사(共學社)라는 단체를 조직하여 길드사회주의에 관한 잡지와 서적을 간행하고 함께 실천방안을 모색하였다. 그중에『시사신보』편집인 장 둥쑨(張東蓀)이 대표적이다. 중국사회당과 국가사회당은 물론이고 항일구국회 지도자로서『남방일보』발행인이었던 왕 짜오스(王造時) 등도 그런 부류에 속한다. 이들보다는 좀더 정치적 활동을 활발히 펼친 중국민주동맹 구성원들, 그와 달리 분산적이었던 아나키스트들 중에도 이와 같은 성향을 가진 인사는 많았다.

그뿐만 아니라 국민당 안에서도 최고지도자인 쑨 원이 평균지권(平均地權)과 절제자본(節制資本)의 국가정책에 따라 토지소유와 자본소유를 균등하게 함으로써 궁극적으로 사회주의 사회에 도달하겠다는 민생주의의 장기목표를 세우고 있었다. 그를 따라 국민당 좌파는 물론 우파도 이에 공감하면서 각기 점진적이고 평화적인 수단에 의한 사회주의 실현을 주장하였다. 우파 원로인 펑 쯔유(馮自由)도 1920년 1월, "중국국민당은 20년래 줄곧 중국의 사회주의 정당이다"라고 주장하는 글을 국민당 기관지『민국일보』에 발표했을 정도다. 국민정부의 산시성 주석 옌 시산(閻錫山)은 실제로 토지공유를 포함하는 민생주의의 실천에 나서기도 하였다.

대한민국임시정부 안에서도 그와 유사한 건국구상이 제기되었다. 국가정책으로 정치·경제·교육의 권리를 균등하게 보장한다는 조소앙의 삼균주의가 그 대표적 예다. 이는 이윽고 한국독립당 강령(1930)으로 채택되었다. 그 강령은 "정치·경제·교육의 균등한 기초 위에 신민주국가를 건설하고, 안으로 국민 각자의 균등한 생활을 확보하고, 밖으로 민족과 민족, 국가와 국가의 평등을 실현하고, 나아가 세계일가(世界一家)의 노선을 추구한다"고 명시하였다. 삼균주의는 좌우합작의 민족혁명당(1935)과 대한민국임시정부 건국강령(1941)에도 수용되어, 주요 산업은 국유화하되 기타 중소기업의 사유를 허용하며 토지는 국유화하되 이를 경작농민이 보유할 수 있게 하였다. 1942년 일부 공산주의자들도 참여해 좌우합작의 민족통일전선 조직으로 결성한 조선독립동맹이 강령에 "독립·자유의 민주공화국 수립"을 명시한 것은 주목할 만하다.

한편 각국 공산당은 1920년대에 모두 노동자·농민의 계급투쟁에 의거한 사회주의혁명이 아니라 광범한 연합전선에 의거한 민족해방·민주주의혁명을 당면과제로 여기고 활동하였다. 자본주의가 발달한 일본의 공산당 안에서도 당면과제가 천황제를 타도하고 구미형 민주주의 국가를 수립하는 민주혁명인가, 아니면 소련형 사회주의 국가를 세우는 혁명인가를 놓고 입장이 갈렸다. 일본의 사회민주주의세력은 의회투쟁을 비롯한 평화적·점진적 방법으로 천황제를 유지한 사회주의 국가를 추구하였다. 반면 일본보다 산업화 정도가 미약했던 그밖의 각국 공산당들은 이윽고 쏘비에뜨권력을 수립해야 한다는 쪽으로 급진화되어갔다. 조선공산당 재건과정에서 한위건(韓偉健)과 이재유(李載裕) 등이 노동자와 농민의 쏘비에뜨를 수립해야 한다고 주장한 것이 그런 예이고, 국공합작이 결렬된 직후 중국공산당도 그러했다. 이런 급진화 경향은 1929년 세계대공황을 계기로 확산되고 강화되었다.

쏘비에뜨란 노동자·농민·병사의 대표로 구성된 회의체를 의미하며, 따라서 쏘비에뜨권력이란 상공업자와 지주·부농, 기타 중간계층을 배제한 채 쏘비에뜨가 입법·행정·사법 각 분야에 걸쳐 미분화된 권력을 행사하는 체제다. 각국 공산당이 이를 모델로 급진화한 데는 중국, 조선, 베트남에서 자본주의형 국민국가 수립을 위한 개혁과 혁명이 잇따라 실패하고 마침 발생한 러시아혁명에 자극받아 소련의 국가모델을 따라 배우려는 강렬한 의지가 작용하였다. 또한 세계열강 중에 소련만이 그들의 국민국가 건설을 위한 반제투쟁을 물심양면으로 지원했고, 대공황에도 불구하고 놀라운 산업발전을 지속했기 때문이기도 하다. 그들은 쏘비에뜨국가만을 이상적 국가모델로 보았고 그것은 자본가·지주 계급에 대한 폭력혁명을 통해서만 건설될 수 있다고 여겼다.

각국 공산당은 노동자·농민의 조직화에 집중하여 파업과 토지분배를 전개하면서 폭력투쟁을 강화하였다. 중국공산당은 1927년 8월부터 광둥, 후난, 후베이, 푸젠, 장시 성의 경계지역 오지에 지역단위 쏘비에뜨권력을 수립하고 토지혁명을 전개하다가 이를 묶어서 중화쏘비에뜨공화국(1931~35)을 세웠다. 베트남의 중부 안남의 척박한 땅이었던 응에안성과 하띤성 경계에서 일어난 응에띤(Nghê Tinh)쏘비에뜨(1930), 조선 함경도에서 '노농쏘비에뜨 건설'을 목표로 내건 적색농민조합운동(1933~37)도 그와 똑같은 예들이다. 이 투쟁들은 모두 급진적인 지식청년들이 빈농대중과 한줌밖에 안되는 노동자를 기반으로 일으킨 사건들로서, 많은 사상자를 내고 진압되거나 패주하였다. 이는 고도로 발전한 산업사회 조건에서나 가능하다던 쏘비에뜨 사회주의 국가를 해당국가에서도 가장 낙후한 오지의 농민사회를 배경으로 수립하려고 시도했다는 점에서 객관조건을 고려하지 않은 무모한 선택이었다.

이와 같은 시도가 모두 참담한 패배로 끝나자, 각국 공산당은 민족해방·민주주의혁명을 통해 건립될 국가는 다름 아닌 '민주공화국'이라는 쪽으로 점차 선회했다. 중국공산당은 1935년 8월 1일의 8·1선언 이래 지주와 자본가도 반제투쟁에 동참하거나 협조하는 한 노동자·농민과 함께 국가의 주체로 참여할 수 있는 민주공화국을 수립하는 것을 새로운 목표로 설정했다. 베트남의 공산당도 1936년부터 이런 방향으로 선회하기 시작했다. 당 재건에 실패한 조선의 공산주의자들은 그런 변화를 곧바로 수용하지 못하는 경직성을 보였다.

민주공화국 건설 구상에서 관건은 민주혁명으로 이것이 수립된 다음에 언제 어떻게 사회주의혁명으로 넘어갈 것인가에 있다. 그것은 민주공화국을 수립한 다음 곧바로 쏘비에뜨 사회주의공화국으로 이행하는 연속혁명을 추구하려는 입장과, 두 단계를 명확히 구분하여 상당히 긴 과도기를 두려는 입장으로 나뉜다. 마오 쩌둥의 「신민주주의론」(1940)은 하나의 주체세력이 두 단계를 일관되게 주도하되 분명한 과도기를 두고 혁명을 완수한다는 전망을 제시했다.

그는 산업화가 진전되지 않은 반식민지 조건에서는 자본가도 노동자도 미숙하기 때문에 중간세력이 대단히 중요한 역할을 수행한다고 보고, 이들을 포용하는 신민주주의 정치·경제질서를 제시하였다. 그 결과 수립될 국가는 부르주아 민주공화국도 노농쏘비에뜨 공화국도 아닌 신민주공화국이다. 신민주공화국은 노동자·농민이 민족부르주아·소부르주아 계급과 연합하여 이들 네 계급이 소수의 대자본가와 대지주를 배제한 연합정부에 의해 주도되며, 이 연합정부는 공산당의 지도하에 장기간에 걸쳐 지속되어야 한다. 그러한 신민주주의 정치하에서 국영·사영·협동조합 경제가 병존하면서 발전하는 신민주주의 경제를 통해 생산력을 획기적으로 끌어올려야 하기 때문이다. 이런 혼합경제와 연합정부의 상승효과 속에 산업화와 민주화가 충분히 진전된 뒤에 사회주의혁명을 단행하여 사회주의공화국을 수립하는 것이 종국적 목표였다. 이 신민주주의 과도단계가 얼마나 오랫동안 지속되어야 하는지에 대해서는 그저 '장기간'이라고만 표현되었을 뿐이다. 으레 그 과도기는 짧을수록 좋은 것으로 믿어졌다.

혁명의 당면목표와 사회성격논쟁

동아시아에서 혁명적 급진주의 사조가 풍미한 1920년대를 지나면서 혁명의 당면목표를 재확인하기 위해 국가와 사회의 성격을 둘러싼 논쟁이 벌어졌다. 일본에서 타이쇼오 데모크라시가 점차 위기국면으로 접어들고 중국에서 국민혁명이 국공합작의 분열로 인해 부분적으로 실패한 것이 논쟁을 촉발한 직접적인 배경이다. 일본과 중국에서는 이 논쟁이 수년간의 학술논쟁으로 발전한 반면, 식민지였던 한국과 베트남에서는 혁명의 목표를 둘러싼 논의가 사회성격논쟁으로 발전하지 못했다. 이는 당시 양국의 사회과학 학술수준을 보여주는 하나의 단면이라 해도 좋다.

일본 자본주의논쟁은 1927년부터 약 10년에 걸쳐서 일본의 혁명전략과 그 객관적 조건으로서 일본 자본주의의 역사를 둘러싸고 '강좌파'와 '노농파' 사이에서 전개되었다. 강좌파는 일본공산당과 그 이론가들이 중심이며 그들의 주장이 『일본 자본주의발달사 강좌』(1932~33)에 망라되어 있어 붙은 이름이다. 한편 노농파는 당초 일본공산당 내의 분파적 존재였지만 후일 당에서 분리하여 별도의 기관지 『노농』을 간행하면서 이런 이름이 붙었다.

논쟁의 발단은 1927년 일본은 제국주의 국가로서는 미숙하며 아시아 각국과 같이 서구제국주의에 착취당하는 위치에 있다고 하는 타까하시 카메끼찌(高橋龜吉)의 '쁘띠제국주의'론에 대한 노로 에이따로오(野呂榮

太郎) 등의 비판에서 비롯되었다. 그러나 이후 논쟁은 당면한 투쟁이 부르주아민주주의혁명인가 프롤레타리아혁명인가라는, 혁명전략을 둘러싼 강좌파와 노농파 간의 전략논쟁으로 진전되었다. 주요 논점은 전략 설정의 주된 근거였던 천황제국가와 그 물질적 기초, 즉 지주적 토지소유를 봉건적 성격으로 볼 것인가 아닌가 하는 문제로 모아졌다.

강좌파의 노로 에이따로오, 히라노 요시따로오(平野義太郎), 야마다 모리따로오(山田盛太郎) 등은 메이지유신 이후 천황제국가의 성격을 절대주의라고 규정하고 그 계급적 기초인 지주적 토지소유의 반봉건적인 성격을 강조했다. 그들에 따르면 메이지유신은 부르주아혁명으로서는 불철저한 것으로, 이 개혁은 이른바 '봉건잔재'로서의 지주-소작관계를 잔존시켰으며 지주계급을 천황제의 계급적 기반으로 삼았다는 것이다. 그들은 이러한 이해에 바탕을 두고 노동자·농민은 반봉건적 수탈관계를 불식하기 위해 먼저 부르주아민주주의혁명을 달성해야 하며 그후에 비로소 사회주의혁명으로 나아갈 수 있다는 '2단계혁명론'을 주장했다. 이것은 당시 코민테른의 지도를 받던 일본공산당의 입장이기도 했다.

이에 대해 노농파의 야마까와 히또시(山川均), 이노마따 쓰나오(猪俣津南雄), 사끼사까 이쯔로오(向坂逸郎) 등은 강좌파의 봉건잔재론을 비판하면서 정치적으로는 부르주아가 이미 권력의 헤게모니를 장악한 것으로 간주하여, 당면한 혁명의 성격을 '부르주아민주주의적인 성질의 광범위한 임무를 수반한 사회주의혁명'으로 규정하는 '1단계혁명론'을 주장했다. 그러나 1930년대에 접어들어 침략전쟁의 본격화와 동시에 사회주의에 대한 탄압이 강화되면서 1936~38년 사이 강좌파와 노농파 모두 일제히 검거됨에 따라 논쟁은 불가피하게 중단되지 않을 수 없었다.

일본 자본주의논쟁은 패전 후에 재연되었지만, 이전의 것에 한정하더라도 경제를 중심으로 정치·사회·문화의 제반 영역을 종합적으로 파악하고 일본 자본주의를 비교사적 방법론으로 분석했다는 점에서 일본 사회과학사에 특기할 만한 유산을 남겼다. 특히 일본 패전 후 강좌파가 제시한 일본근대사에 대한 일관성 있고 설득력 있는 역사상은 적어도 1970년대까지는 일본사 연구의 주류로서 전후 역사학에 지대한 영향을 미쳤다. 일본근대사에 한정해서 볼 때 토오야마 시게끼(遠山茂樹)의 『메이지유신』(1951)과 이노우에 키요시(井上淸)의 『일본현대사 1. 메이지유신』(1951)은 강좌파가 이룩한 연구성과 가운데 가장 양질의 유산으로 평가받는다. 그러나 한편으로는 그들의 일본 자본주의 분석이 지나치게 정치제도와 경제기구에 치우친 나머지 근대일본의 정신구조, 즉 민중의 배외적 제국의식의 문제를 비롯해 군주제 일반과는 성격을 달리하는 천황제 이데올로기의 특수성에 대한 분석이 경시되어 관념적이고 추상적인 이론이 되어버렸다는 비판도 있다. 특히 논쟁기간에 공산당원의 대다수 탈당과 전향사태가 발생한 것은 이런 실천적·이론적 취약성과도 무관하지 않을 것이다. 1933년 6월 공산당 최고중앙위원 사노 마나부와 나베야마 사다찌까(鍋山貞親)가 옥중에서 전향 성명을 발표한 이후 불과 한달 사이에 전향자는 200명을 넘었다. 그 무렵 전국의 공산당계 미결수의 30%와 기결수의 36%가 전향했으며, 1936년에는 수형자 438명 중 75%가 전향했다.

일본 자본주의논쟁과 거의 같은 시기에 중국에서는 '중국사회성 질논전'이 벌어졌다. 이 논쟁은 1927년 제1차 국공합작이 분열된 후 1928년 베이징을 장악한 장 제스가 불안정한 정권을 지탱하기 위해 권위주의적인 물리적 지배를 강화하는 상황 속에서 대두했다. '훈정'(訓

政, 국민의 정치능력이 미흡하므로 이를 훈련한 다음에 민주헌정을 시행한다는 뜻)의 이름으로 감행된 장 제스의 독재정치는 당시 국민혁명의 사회구조적 변혁에 기대를 걸었던 국민당 좌파와 공산당계 지식인에게 좌절을 안겨주었다. 이에 그들은 새로운 변혁의 길을 모색하는 가운데 중국사회의 성질 문제를 깊이 따져보기 시작하였다.

중국사회의 성질 문제를 선구적으로 다룬 것은 월간지 『신생명』을 무대로 한 '신생명파'였다. 국민당 좌파로서 신생명파의 대표적 이론가 타오 시성(陶希聖)이 1928년 발표한 「중국사회는 도대체 어떤 사회인가」라는 글은 당대 지식인들의 논쟁을 불러일으켰다. 신생명파는 주로 사회적·경제적 분석방법을 이용해 국민혁명의 좌절 원인과 혁명의 방향을 모색하기 위한 이론을 탐구하고 민중의 지지를 확보하고자 했다. 그후 1929년 왕 쉐원(王學文)과 판 둥저우(潘東周)가 주축이 되어 『신사조』를 창간했고 이를 중심으로 한 '신사조파'가 등장했다. 이들은 공산당 당권파의 견해를 대변했는데, 그 주요 임무는 국민혁명의 좌절 이후 새로운 지도노선을 옹호하기 위해 국민당 좌파와 공산당 비당권파 간의 이론투쟁을 전개하는 것이었다.

이들의 논쟁의 핵심은 제국주의, 봉건제, (민족)자본주의라는 삼자 관계를 어떻게 이해하는가에 있었다. 즉 제국주의의 침략이 중국의 봉건세력을 파괴했는지 아니면 온존시켰는지, 그리고 민족자본주의에 타격을 주었는지 아니면 촉진했는지를 통해서 중국사회가 반식민지·반봉건사회인지 자본주의 사회인지를 판단하고자 했던 것이다.

일본 자본주의논쟁에서 강좌파의 경우와 마찬가지로 코민테른의 노선에 충실한 공산당 당권파인 신사조파는 제국주의가 중국의 봉건적 생산관계를 온존시켰으며, 중국사회는 제국주의 침략으로 반식민지·반봉건사회로 바뀌었다고 보았다. 이에 대해 비당권파의 옌 링펑(嚴靈峰) 등은 중국이 이미 자본주의 경제가 우세한 자본주의 사회로 진입했다는 반론을 폈다. 이후 비당권파는 자신들이 제국주의의 기능에 대해 지나치게 긍정적으로 보았다는 한계를 인정하고 이를 수정, 보완하려 시도하기도 했다. 중국사회를 '낙후한 자본주의 사회'로 규정하거나 경제적으로는 자본주의가 주도적인 위치를 차지하지만 정치적으로는 봉건세력이 주도적인 지위를 차지한다고 보는 등의 견해가 그런 예다.

이 논쟁은 1931년 『독서잡지』를 통해 중국의 과거사로까지 거슬러 올라가 진(秦)제국 이래 중국이 어떤 역사적 발전단계를 거쳐왔는지를 따지는 논의로 확대되었다. 그래서 이때의 논쟁을 '사회사문제논전'이라고 한다. 여기서는 맑스주의 유물사관에 입각해 시대구분을 시도하면서 논란이 벌어졌는데, 이와 더불어 서구 역사와 대비하여 중국사의 정체성(停滯性)을 강조하기 위해 '아시아적 생산양식'*과 '동양적 전제주의' 같은 개념이 동원되기도 했다.

사회성질 문제와 사회사 문제 논쟁은 『독서잡지』가 1933년 9월 폐간됨에 따라 뚜렷한 결말을 내리지 못한 채 끝났다. 그러나 논쟁에서 다룬 문제들은 새로운 국민국가를 모색할 때 해결하지 않으면 안될 중요한 쟁점들이었다. 이러한 문제를 해결하기 위해 재연된 논쟁이 '농촌사회성질논전'이다. 마침 세계대공황의 여파로 더욱 심화된 농촌경제의 피폐에 대한 관심이 전에 없이 높아졌다는 점이 주요 배경으로 작용하였

아시아적 생산양식 맑스가 말한 생산양식의 하나로, 근대 이전의 아시아에서 토지의 소유주체가 종족이나 마을 등 소공동체이며 개인의 소유가 결여된 것을 주요 특징으로 한다. 그러나 오늘날 이 개념은 근거가 없는 것으로 간주되고 있다.

다. 농촌사회성질논전은 1934~35년 '중국농촌파'와 '중국경제파' 사이에서 전개되었는데, 각기 앞의 논쟁의 신사조파(당권파)와 비당권파의 주장을 거의 되풀이하는 식이었다.

당시 중국 농촌을 자본주의 사회라고 파악한 비당권파는 그에 따라 사회주의혁명을 당면과제로 삼았으나 이는 극히 비현실적인 진단이었다. 한편 당권파는 중국공산당의 공식입장에 따라 '반식민지·반봉건사회'설을 널리 전파하면서도 실제로는 쏘비에뜨혁명을 추구한 공산당의 급진정책과 일당독재를 묵인하는 한계를 보였다. 이런 한계를 초래한 주요 원인은 첫째, 그들의 사회과학 이론의 수준과 학문방법이 일천했고, 둘째, 중국공산당 당권파와 비당권파의 논쟁이 코민테른 내 스딸린(I. V. Stalin)과 뜨로쯔끼(L. Trotsky) 간의 노선 대립을 대행한 면이 컸기 때문이다. 그 결과 만주사변 이래 가속된 일본의 침략과 난징정부의 성장을 직시하지 못하고 공산당의 쏘비에뜨권력이 몰락의 위기에 처하는 데에도 적절히 대처할 수 없었다.

중국공산당은 1935년 8·1선언을 거쳐 반제 민족운동에 적극 나서면서 비로소 현실의 요구를 제대로 파악하고 대처하기 시작했다. 중국사회를 반식민지·반봉건으로 규정했던 중국농촌파의 현실인식은 이제 민족해방·민주주의혁명론과 다시 결합할 수 있었고, 그럼으로써 중국 민족해방운동사에 중요한 영향을 미쳤다. 이 견해는 1940년 마오 쩌둥의 신민주주의론에 계승되어 중화인민공화국의 수립을 이론적으로 뒷받침하기에 이르렀다. 따라서 그후 중국 학계에서도 1979년 개혁개방 정책이 시작될 때까지 이른바 '정통' 학설의 지위를 유지했다.

3

도시화와
대중사회

산업화와 도시화의 진전

근대 동아시아 각국에서는 먼저 개항장 중심의 상업도시가 발달하다가 산업화의 진전에 따라 산업도시가 번성하였다. 1920년대에는 이를 기반으로 도시 중심의 대중사회가 출현했다.

일본은 메이지유신 직후부터 근대산업의 인프라를 구축하기 위해 생산을 늘리고 산업을 일으키는 이른바 식산흥업을 적극적으로 추진했으며, 청일전쟁을 거치면서 제국주의로의 진입과 동시에 산업화가 한층 진전되어 섬유산업 부문을 중심으로 자본주의가 성립하였다. 이후 정부는 군사공업의 기초가 되는 철강산업에 관심을 돌려 1901년 큐우슈우의 후꾸오까에 대규모의 야하따(八幡)제철소를 설립하고 국산 석탄을 이용해 철을 생산하기 시작했다. 청일전쟁 배상금으로 건설된 야하따제철소(현재의 신일본제철)는 러일전쟁 후 본격적인 궤도에 올라 국내 철강의 70~80%를 생산하기에 이르렀다.

러일전쟁 후의 만성적 불경기는 1차대전을 계기로 전에 없던 호경기로 돌아서 일본경제는 이른바 대전경기(大戰景氣)의 붐에 도취하였다. 군수 분야에서는 특히 세계적으로 선박의 수요가 늘면서 해운업과 조선업이 호황을 누려 일약 세계 3위의 해운국으로 성장했다. 방적업은 영국을 제치고 세계 1위 생산국이 되었으며 제철업에서는 야하따제철소를 확장하고 만철(滿鐵, 남만주철도주식회사)이 경영하는 안산(鞍山)제철소를 설립하는 등 이외의 민간회사도 잇따라 창설되었다.

일본 자본주의가 비약적으로 발전하고 공업화가 추진되면서 도시화 또한 급속하게 진행되었다. 1903년 4540만이었던 일본의 인구는 1925년 5974만에 달했는데, 농촌인구는 그다지 증가하지 않고 늘어난 인구는 대부분 도시의 2차, 3차 산업으로 흡수되었다. 그 결과 1900년대에는 노동자 수의 약 2/3를 차지하던 농림업 종사자 비율이 1920년대 중반에는 50% 정도에 그치게 되었다. 반면 도시에서는 특히 사무직에 종사하는 인구의 증가가 두드러졌다. 토오꾜오의 경우 1908년에 취업자의 6%에 불과하던 사무직 노동자들이 1920년에는 21%로 증가했다. 1920년대 후반이 되면서 71개 도시의 인구가 전체 인구의 20%를 차지했으며 이미 토오꾜오와 오오사까는 세계에서도 가장 인구밀도가 높은 지역에 속하게 되었다.

토오꾜오를 비롯한 전국의 도시는 관공서, 공공건축물, 회사를 중심으로 벽돌과 철근콘크리트 빌딩이 들어서고 개인 주택도 서양식의 이른바 문화주택이 유행하였다. 도시와 도시를 연결하는 철도노선이 전국으로 확대되었고, 대도시 근교에 주택지대가 펼쳐지면서 통근용 교외전차가 발달하여 오늘날 교통망의 원형이 형성되었다.

1910년대 상하이의 방직공장 여공(위) 조선방직에서 일하는 여공(아래)
산업화가 진전되면서 농촌의 노동력은 급속히 도시로 빠져나가 공장노동자화했다. 그중 다수가 섬유산업의 젊은 여성들이었다.

도시는 또한 국민통합을 위한 국가의 상징적 조형물이 새롭게 조성되는 장소이기도 했다. 야스꾸니신사는 국가와 천황에 대한 충성을 유도하는 장으로서 점차 더욱 정교하게 정비되었으며, 학생들의 집단참배 등을 통해 국가와 천황에 대한 충성심을 재확인했다. 1920년에 10만명 이상의 근로봉사로 토오꾜오 도심에 건립된 메이지신궁은 메이지천황에 대한 숭배의 상징물로서 자리하면서 국민통합의 장으로 이용되었다.

한편 일본 자본주의의 급속한 발달은 공업과 농업, 그리고 대기업과 중소기업의 격차와 열악한 노동조건 등의 이중구조를 낳았다. 특히 공장제 공업이 발흥하면서 임금노동자 수도 급증하여 가난한 농가의 부녀자와 차남, 삼남 들이 가계를 돕기 위해 도시로 흘러들어왔다. 산업혁명의 중심이 된 섬유산업에서는 공장노동자의 80%가 농촌 출신 젊은 여성들이었다. 그들은 저임금으로 장시간의 가혹한 노동에 혹사당했다. 열악한 작업환경으로 인해 공장은 질병의 온상이 되었고, 결핵에 걸리면 거의 치료가 불가능할 정도로 치사율이 높았다. 노동자들은 저임금과 가혹한 노동에 허덕여야 했지만 일본의 제조업은 그 덕분에 강세를 보일 수 있었다.

도시화의 진전에 따라 도시 주변부에는 사회적 소외계층의 거주집단이 형성되었다. 일본에 거주하는 조선인은 1910년 병합 당시 약 2500명에 지나지 않던 것이 이후 점차 증가하여 1930년에는 41만 9000명에 달했다. 그들은 주로 도시 주변부의 빈민가에 거주하면서 건설현장과 구리광산 등에서 위험하고 보수도 적은 막노동을 하거나 고무, 유리, 염색제품을 생산하는 궂은 노동을 도맡았다. 그들은 근대 일본사회에 뿌리내려온 차별과 멸시의 대상이었다. 1923년 관동대지진에서의 조선인학살은 일본인의 뿌리 깊은 조선인 차별에 바탕을 둔 상징적인 사건이었다. 일반 민간인으로 구성된 자경단과 군경의 학살로 적어도 6000명 이상의 조선인이 희생당했다.

또 하나의 도시 주변부 집단은 부라꾸민(部落民)으로 불리는 피차별민들이었다. 이들은 에도시대부터 가축의 사체를 다루며 에따(穢多)로 불리던 천민집단의 후손들로서, 메이지유신 이후 공식적으로는 신분이 해방되었지만 여전히 사회적 차별에서 벗어나지 못하고 있었다. 약 50만명에 달하는 부라꾸민은 도시와 농촌에 무리 지어 살았으며 특히 오오사까와 쿄오또의 주변지역에 가장 밀집해 있었다. 이들은 사회적 차별에 저항하기 위해 1922년 수평사(水平社)라는 단체를 결성하고 실력행사도 불사하여 정부의 감시와 탄압을 받았다.

한편 일본과 달리 반식민지, 식민지 상태에 빠진 중국과 조선에서는 민족부르주아에 의한 주체적인 자본축적과 산업화가 곤란했으며 그 결과 파행적인 근대화를 경험할 수밖에 없었다. 조선은 개화기에도 산업화의 기반이나 근대공업의 발달이 미약했으며 식민지 지배하에서는 일본의 식민정책으로 인해 공업 발달이 더욱 늦어질 수밖에 없었다. 식민지 조선의 공업 경영은 조선총독부의 통제하에 대부분 일본인이 주도했으며 조선인이 경영하는 공업은 대부분 염직업·제지업·피혁제조업·제분업 등에 한정되어 있었다. 1911년 전체 공장 수의 26%이던 조선인 경영 공장은 1921년에 46%로 증가했지만 생산액은 전체의 15%에 지나지 않아 그 영세성을 엿볼 수 있다.

조선총독부의 정책적 억압에 더해 대외무역은 물론이고 국내 유통과정에서도 일본인이 압도적 우위를 차지하던 열악한 조건이었음에도, 조선인의 민족자본에 의한 직포공장·메리야스공장·고무신공장 등은

1920년대에 접어들면서 어느정도 성장세를 보였다. 그러나 1930년대 후반 중일전쟁이 발발하여 국가총동원체제로 접어들면서 민족자본은 급속하게 몰락해갔고, 일본의 대륙 침략이 본격화함에 따라 조선이 병참기지화되면서 공업구조 전체가 군수공업체제로 바뀌어갔다. 조선총독부는 1938년 '조선공업조합령', 1942년에 '기업정비령'을 내리고 군수산업 우선을 내세워 민수산업은 그 원료에서 생산, 판매까지를 강력하게 통제했다.

신해혁명 이후 중국의 근대산업은 중화민국 초의 정치적 불안정과 군벌들 간의 전쟁에도 불구하고 눈에 띠는 성장세를 보였다. 이는 1차대전으로 인해 중국시장에 진출해 있던 열강의 자본이 일시 퇴조한 틈을 타고 중국인 기업의 활동공간이 확대된 객관적 조건과, 상공업 진흥을 위한 정부의 법제정비와 그에 따른 민간의 투자욕구가 결합된 결과였다. 게다가 21개조 요구를 비롯한 일본의 침략에 맞선 일본 상품 불매운동과 국산품 애용운동의 영향도 작용하였다.

이 시기 중국인 자본에 의해 발달한 근대산업은 대부분 경공업 분야에 편중되는 특징을 보였다. 제분·방직·성냥·담배·인쇄 등이 대표적인 업종이다. 제분업 분야에서는 룽씨(榮氏) 형제의 마오신면분창(茂新麵粉廠), 방직업 분야에서는 과거시험 장원 출신의 신사로 상공업에 투신한 장 젠(張謇)의 다성사창(大生紗廠), 담배 분야에서는 난양형제연초공사(南洋兄弟煙草公司) 등이 1900년 전후에 창업되어 이 무렵 중국인 기업의 선두주자로 성장했으며, 인쇄 분야에서는 1912년 중화서국(中華書局)이 창업되었다. 그중 방직업의 발전 추세는 1914년 21개 기업 50만 방추에서 1921년 51개 기업 123만 방추로 증가했고, 자본금 규모는 6배 증가했다. 이들 기업은 대부분 상하이, 톈진, 우한 등 3대 공업도시에 분포했고, 그 절반 가까운 수가 상하이를 중심으로 한 인근에 집중돼 있었다.

그러나 일시 후퇴했던 구미열강의 자본과 상품이 1922년부터 다시 중국에 대거 몰려옴에 따라 이들 신생 중국인 기업들은 곤란에 직면했다. 가령 방직 분야에서는 일본 기업의 중국 투자가 1차대전 기간부터 급증하여 그 자본총액이 1924년 이미 중국인 기업의 그것을 훨씬 초과하였다. 중국 기업은 자본의 영세함 탓에 생산설비가 상대적으로 취약했으므로 생산성 역시 일본 기업의 60~80%에 그쳤다. 그러나 그런 조건에서 중국에 진출한 외국기업들과 경쟁하면서도 중국인 기업은 지속적으로 증가했다. 1912~36년 중국의 연평균 경제성장률은 9.4%를 기록할 정도였다.

경공업 분야 중국 기업의 확대발전이 지체된 배경에는 불평등조약에 의거해 특권을 누리는 외국기업과의 경쟁 외에 전통적 수공업과의 관계도 작용하였다. 제분과 방직 분야의 경우 기계화를 통해 생산성을 높여도 광대한 국내시장의 수요는 대부분 가내수공업으로 충당되었기 때문이다. 전체 공업생산 중 수공업이 차지하는 비중은 1933년에도 72%나 되었다. 그사이 중공업 분야에서는 자본과 기술이 우세한 외국 기업의 지배가 구조화되어갔다. 철광과 제철 부문은 특히 심해서 거의 전부가 그러했다. 다만 선반·내연기관·방직기계 등의 기계 제작과 수리 분야에서 중국 기업이 성장하여 1914~24년 상하이의 경우 94개에서 284개로 증가했다.

이렇게 내외의 상공업 기업이 증가함에 따라 노동자 수가 증가하고 인구가 급증하여 도시화가 촉진되었다. 상하이 인구는 1910년 118만명에서 1929년 281만명으로 증가했고, 같은 기간 톈진 인구는 60만명에서

112만명으로 늘었다. 반면 근대산업이 덜 발달하고 교통 입지가 나쁜 도시는 급속히 쇠락하였다. 시안의 인구가 청말 100만에서 1920년 20만명으로, 같은 기간 란저우 인구가 65만에서 32만명으로 급감한 것은 대표적인 예다.

일본이 동아시아 지역을 식민지 및 반식민지 세력권에 넣으면서 해당 지역으로 이주하는 일본인들도 늘어났고, 이로 인해 동아시아 각지에는 식민지 도시의 독특한 문화가 창출되었다. 특히 동아시아는 지리적으로 일본과 같은 범주 안에 있으며 자연조건과 문화, 사회구성 등이 서구에 비해 비교적 동질적이라는 특징이 있었다. 따라서 서구의 경우와 달리 일본에서는 관리와 군인뿐만이 아니라 상공업자와 식민지에서 일확천금을 노리는 무직자, 그리고 여성을 포함한 수많은 민간인이 동아시아 각지로 흘러들어갔다. 그 과정에서 도시 중심부에는 일본인이 거주하고 도시 주변부에는 농촌에서 유입된 식민지인들이 거주하는, 즉 일본인 사회와 식민지인들의 사회가 분리된 이중구조 형태의 도시 사회가 형성되었다.

하시야 히로시(橋谷弘)의 식민지 도시 연구에 의하면 식민지 도시에는 크게 세가지 부류가 있다. 첫째는 일본의 식민지 지배와 동시에 전혀 새로운 도시가 형성된 경우로, 조선의 부산, 인천, 원산과 타이완의 가오슝(高雄), 지룽(基隆) 같은 항구도시, 그리고 만주의 푸순(撫順), 안산 같은 광산·공업도시가 그 예다. 이러한 유형의 도시의 경우 그 중심지에 일본인 거리가 형성되어 일본인의 비중이 높았다. 두번째는 종래의 전통적인 도시 위에 식민지 도시가 형성되는 경우로, 조선의 경성(서울), 평양과 타이완의 타이베이(臺北) 같은 전통적인 성곽도시가 여기에 해당한다. 이러한 도시에는 전통적 도시의 경관과 경제활동이 남은 채로 이를 바탕으로 일본인 거리가 병행하여 발달했다. 세번째는 평톈, 신징(현재의 창춘), 하얼빈과 같이 기존의 대도시 근교에 일본이 신시가지를 건설하는 경우다. 여기서는 일본인 거리와 중국인 거리가 전혀 별개로 존재하고 양자 간에는 연대와 대항의 구도를 보이는 특징이 있다.

이밖에도 식민지 도시에서는 관청들 간의 조정이나 의회 차원의 대책, 주민에 대한 대책 등을 고려할 필요가 없었기 때문에 총독부는 비교적 자의적으로 도시계획을 실행할 수 있었다. 경복궁을 가로막고 준공된 조선총독부 청사는 1911년 테라우찌 총독의 독단으로 장소가 결정되었고, 1918년 착공하여 1926년에 준공할 때까지 670여만엔이라는 거액이 소요되었다. 또한 9604평의 면적을 가진 청사는 당시 영국의 인도총독부나 네덜란드의 보르네오총독부보다 더 컸으며 일본에서도 볼 수 없는 동양 최대의 근대식 건물이었다. 이밖에도 식민지 도시와 일본 본토의 도시 사이에 역전 현상이 나타나기도 했다. 예를 들면 타이완총독부 민정장관 고또오 신뻬이(後藤新平)는 철도·도로·항만·전신·수도 등의 공중·위생 시설을 정비하고 건조물의 공동화(空洞化)를 추진하여 식민지 도시의 선진성이라는 모델을 창출했다. 이와 같이 일본이 신속하게 식민지 도시를 건설할 수 있었던 것은 일본에서 근대화와 제국주의로의 전화(轉化)가 동시에 진행되었던 점과도 무관하지 않다. 따라서 때로는 정책이 일본 본토보다 식민지에서 앞서 실시되는 경우도 있었으며, 도시화의 진전에 따른 대중문화의 전파와 보급은 일본 본토와 거의 시차를 두지 않고 진행되었다.

대중사회와 대중문화

이상과 같이 1차대전 이후 급진전된 산업화와 도시화는 지주·기업가 등 명망가 중심의 사회를 임금노동자 중심의 대중사회로 바꾸어놓았다. 인구의 대다수가 사무직을 포함하는 노동자로 되자 일상용품도 상품으로 구매하게 되어 대중소비의 시대가 열렸다. 매스컴과 교통·통신 수단의 발달은 그들 사이의 정보 전달을 더욱 신속화, 광역화하였다. 보통선거의 실시로 참정권의 대중화, 곧 대중민주주의 시대가 열렸다. 이것들이 경제·사회문화·정치 각 방면에서 대중사회를 출현시킨 배경이다.

일본에서는 1920년대 만성불황에도 불구하고 도시화가 진전되면서 도시의 문화생활에는 풍요가 넘쳤으며, 그것이 점차 대중화되면서 이른바 대중문화가 발달하기 시작했다. 도시와 도시를 잇는 철도노선이 확장되었으며 특히 1923년의 대지진 이후에는 일종의 건축 붐이 일어나 주거지역이 교외로까지 확대되었다. 도시의 '밝고 새로운 생활'의 상징으로 백화점이 등장했고, 도심과 근교의 주택가를 잇는 신흥 통근전차 노선은 이러한 백화점을 거점으로 방사선처럼 뻗어나갔다. 1915년 긴자의 미쯔꼬시(三越)백화점이 "오늘은 제국극장 내일은 미쯔꼬시"라는 선전문구를 만들 당시 극장과 백화점은 상류계급의 최첨단 문화와 사치품을 의미하는 것이었다. 그러나 1차대전 이후 백화점은 대량생산에 의한 표준화된 상품의 대량판매로 전환했고, 쌜러리맨을 비롯한 중산층을 상대로 노동의 열매를 만끽하는 새로운 방식을 선전하고 찬양했다. 또한 전국적으로 수백개의 극장에서 할리우드 영화가 관객의 인기를 누렸고 축음기와 재즈음악도 엄청난 인기를 누렸다.

이러한 대중문화의 발달을 촉진한 커다란 전제는 무엇보다도 교육의 보급이었다. 1910년대 후반부터 공사립대학이 인가를 받고 중학교, 고등(여)학교가 증설되는 등 고등교육기관이 확장된 결과 지식층이 대폭 확대되었으며, 이들은 중간층 시민으로서 이 시대의 문화에 중심적인 역할을 담당하게 되었다. 1920년에는 취학률이 90%를 넘고 의무교육도 확충, 보급되어 남녀 간 취학률 격차도 거의 없어졌다. 국민 대부분이 문장을 읽을 수 있게 된 것도 문화의 대중화를 촉진했다.

아울러 저널리즘의 발달은 대중사회를 한층 진전시키는 데 중요한 역할을 했다. 신문은 특히 1차대전과 관동대지진 같은 대사건을 계기로 급속하게 발달하여 1920년대 중반에는 『토오꾜오니찌니찌신문(東京日々新聞)』『토오꾜오아사히신문』『오오사까아사히신문』『오오사까마이니찌신문』 등 4대 일간지의 판매부수가 거의 100만부에 달했다. 이들 유력 신문은 이른바 대중상업지로서 눈부신 발전을 이루어 문화의 보급과 정치 대중화에도 중요한 역할을 했다. 1920년에는 전체 1100종의 신문이 간행되었고 구독자는 600만~700만에 달했다. 이밖에도 『중앙공론』『개조』『문예춘추』 같은 각종 종합잡지와 대중잡지 『킹』이 발행된 것도 1920년대 중반부터였다. 1924년 12월 『킹』의 창간호는 74만부나 팔렸다.

신문과 잡지, 책 등이 대량으로 유통되면서 벼락경기를 탄 출판업계는 중산층 남녀의 현대적인 생활을 찬미했다. 또한 이러한 활자문화뿐만 아니라 새로운 미디어로서 토오꾜오와 오오사까에서 라디오 방송도 1925년부터 시작되었다. 라디오는 정부의 공식 메시지뿐만 아니라 재즈와 드라마 같은 새로운 문화를 전국에 전파했다. 라디오의 보급 대수는 1926년의 36만대에서 1930년에는 140만대로 증가했다.

문학에서도 1920년대부터 대중문학이 신문과 대중잡지를 무대로 발표되기 시작하여 독자층을 획득해갔다. 나까자또 카이잔(中里介山)이 그 선구며 쿠메 마사오(久米正雄)와 키꾸찌 칸(菊地寬)도 뒤를 이어 대중작가로서 이름을 남겼다. 이러한 가운데 프롤레타리아문학운동이 일종의 사상계몽운동으로 등장했다. 1926년에는 '일본프롤레타리아예술동맹'이 성립되었고 그후 수차례의 분열을 거쳐 1928년에는 '전일본무산자예술동맹'으로, 다시 1931년 해산된 후 '일본프롤레타리아문화동맹'으로 재결성되었다.

　여성과 관련한 새로운 문화조류도 등장했다. 잡지와 신문에서는 신여성에 관한 논쟁이 가열되었고 시인, 소설가, 수필가로 이름을 날리는 여성들도 다수 등장했다. 이러한 시대풍조에 대응하여 등장한 '모던걸'을 의미하는 '모가(モガ)'는 1930년대 초까지 대중의 관심을 집중시켰다. '모가'는 단발과 짙은 화장, 양장을 한 여성으로 인식되었고 인습이나 기존의 남녀관계, 생활양식을 단호하게 거부하는 것으로, 또는 유행으로서 찰나의 쾌락을 추구하고 정치와 사회에는 무관심한 존재로 간주되었다. 그러나 설령 사상성을 결여한 유행 현상이라도 '모가'는 여성의 자유와 약진을 상징하고 있었으며 '모가'의 행동주의는 일종의 정신주의에 대한 부정과 개인주의, 현세주의를 표상하는 것이기도 했다. 그것은 예컨대 현인신으로서의 천황이나 멸사봉공의 정신, 야스꾸니신사, 나아가 '일본정신'의 부정으로 이어질 가능성을 품고 있었다. 이에 비해 '모던보이'를 의미하는 '모보(モボ)'는 민주적 개혁을 외치면서 학생운동을 주도하는 새로운 정치적 급진주의로 알려졌다. '모가' '모보'는 1920,30년대 도시의 대중소비사회의 출현을 상징하는 존재로서 동아시아에서는 일본·중국·조선·타이완 등에서 거의 같은 시기에 출현

했으며 패션과 문화뿐만 아니라 정치에도 영향을 미쳤다.

중국의 상하이는 '동양의 런던'이라고 불렸듯이 중국의 근대도시로서 가장 먼저 발달했다. 19세기 중엽에는 중국의 조계 중에서 처음으로 가스등이 등장하면서 야간 생활에 변화를 가져왔으며, 1883년 상하이 영국 조계지에 처음 등장한 상수도 또한 중국인들의 거주지역에서 모방, 수용되면서 생활에 커다란 변화를 불러왔다. 1919년부터 화교들은 홍콩에서 대규모 백화점을 들여와 상하이 난징로에 점포를 개설했으며 황푸강 주변에는 후이펑(匯豊)은행과 이허(怡和)양행 등 거대한 근대식 건물들이 들어섰다. 또한 상하이의 신흥 부르주아들은 1917년『은행주보』를 창간하고 이듬해 상하이은행공회를 설립했다. 이를 계기로 한커우, 쑤저우, 항저우, 베이징, 톈진에도 속속 은행이 설립되었으며 1920년에는 이들을 통합한 중국은행공회가 결성되었다. 다만, 금융제도가 전통적 관행에서 근대식 제도로 이행하는 것은 상당히 오랫동안 완만하게 진행되었다. 또한 1920년대 후반 난징국민정부 시대에는 도로와 각종 교통수단이 발달하면서 상하이인들의 생활에 시·공간적으로 이전과는 비교할 수 없을 만큼 큰 변화가 생겼다. 오늘날 상하이의 중심도로인 중산북로(中山北路)와 쓰핑로(四平路)는 이때 건설되어 도심과 교외를 하나의 도시로 잇는 중추적 역할을 했으며 동시에 상하이의 도시영역을 크게 확장했다.

상하이는 도시화의 진전을 배경으로 1920년대에는 대중문화도 발달하고 있었다. 1925년에 창간된『생활주간』은 상하이의 대표적 대중잡지로 1930년대 최대 발행부수를 기록했으며, 폐간되기 직전인 1933년 후반에는 매주 15만부가 발행되어 중산층을 비롯한 소시민 계층에 폭넓게 보급되었다. 특히『생활주간』은 1926년부터 개설한 독자투고란에서

가정생활·혼인·연애 문제를 비롯해 상하이인들이 가치관이 전환되는 과정에서 겪는 일상생활의 문제들을 게재하고 이에 대한 논평을 실으면서 대중성을 확보할 수 있었다.

상하이에서 자본주의적 물질문명이 확산되면서 중국인들의 직업적 가치관도 크게 바뀌어 부의 축적을 정당화하는 배금주의가 팽배하고 서구 취향의 유행 같은 일종의 서양숭배와 여성에 대한 상업주의적 접근 같은 자본주의의 어두운 측면이 동시에 나타나게 되었다. 한편으로는 일본의 '모던걸'같이 자립적 독신여성으로 상징되는 '신여성'상이 등장하였다.

1920년대에는 영화산업도 빠르게 팽창했다. 상하이에서는 1896년 처음으로 영화가 상영된 이후 20세기 초에는 전문영화관이 등장했고, 1920년대에 이르자 영화가 희극이나 유예(遊藝) 같은 전통적인 놀이문화보다 많은 관객을 모으기 시작했다. 영화 소비시장이 확대되면서 영화를 자체적으로 생산하기 위한 영화사가 설립되어 영화산업이 상업적 투자대상이 되기에 이르렀다. 영화산업의 발달은 중국인들에게 진보적이고 근대적인 인식을 확산하는 데 중요한 역할을 했다.

도시화가 진전하면서 여성의 지위와 사회활동도 변화를 보였다. 일본에서는 1919년 전후 이른바 민력휴양운동의 일환으로 전국 각 현과 그 산하 행정단위별로 부녀회, 처녀회가 조직되었다. 1926년 그 조직 수가 1만개를 넘었고 회원 수는 124만여명에 이르렀다. 근검절약, 건전한 국가 관념, 상호화목 등을 고취하는 활동을 벌이고 메이지신궁을 단체로 참배하기도 했다. 이는 교육받은 여성, 직업여성이 증가하는 속에 여권신장운동이 보통선거 요구운동과 결합하고 사회주의의 영향을 받아 급진화하는 추세에 대한 국가와 지역사회 상층부의 대응이었다. 가령

1921년 일본 최초의 사회주의 여성단체 세끼란까이(赤瀾會)가 성립되었으나 불과 1년 만에 탄압을 받고 해산된 것은 이런 사정을 말해준다. 한편 1921년 중국의 후난·광둥·쓰촨·저장성 각지에서는 여계연합회(女界聯合會)가 성립되어 여성의 5대 권리로 선거·피선거권, 교육동등권, 직업대등권, 결혼자결권, 재산균분권의 법제화를 요구하는 운동을 벌였다. 기독교여청년회는 이와 달리 아편 금지, 전족 금지, 문맹 퇴치, 노동여성의 생활개선 등 비정치적 사회개량운동을 전개하였다. 이러한 사회적 분위기를 배경으로 1923년 상하이 제사공장의 여성노동자들은 노동3권을 인정하라며 파업을 하였다. 1920년대 상하이의 일상생활에서 볼 수 있는 각종 매체와 광고 속에 등장하는 여성은 활동적이며 진취적인데다 과감하고 선정적인 이미지로 묘사되었다. 여성의 상업적 등장은 근대 물질문명의 상징이자 인간에 대한 새로운 발견을 대변하는 문화적 표상이기도 했다.

조선에서는 3·1운동 이후 '문화통치'로 전환되면서 새로운 문화의 형성을 불러왔다. 사이또오 마꼬또(齋藤實) 총독은 회유정책의 일환으로 조선인을 위한 공립학교를 늘리고 조선인을 식민행정에 참여시켰다. 또한 신문과 잡지의 발행을 허락하였으며 교육기관과 종교단체, 청년단체, 농민과 노동자 조직을 허용했다. 물론 감옥과 경찰서, 재판소 등의 탄압기관은 더욱 강화되었다. 검열과 사찰은 엄격했으며 일본의 식민지 지배에 대한 저항에는 투옥과 고문이라는 가차없는 탄압이 이루어졌다.

조선총독부의 탄압하에서도 '문화정책'이라는 미명을 배경으로 대중문화 현상은 일본과 거의 동시대에 출현하였다. 1920년대 중반 이후 축음기가 일반 가정에도 널리 보급되어서 1926년 발매된 윤심덕(尹心

惠)의 「사의 찬미」는 당시로서는 천문학적인 숫자인 10만장의 레코드 판매량을 기록했다. 같은 해 10월 1일, 조선총독부 신청사 준공식과 축하연이 열린 그날 종로3가 단성사에서는 나운규(羅雲奎)의 영화 「아리랑」이 개봉되어 사람들이 구름같이 몰려들었다. 이후 조선 영화계는 매년 제작 편수가 증가하면서 영화관도 우후죽순처럼 생겨나 전국적으로 50여곳, 경성에만 10곳이 넘었다. 조선총독부가 라디오 방송을 위한 송신 시험방송을 처음으로 시작한 것은 1924년 11월 29일이었고 1926년 11월에는 조선총독부 산하에 '사단법인 경성방송국'이 설립되었다.

1920년 천도교의 재정지원으로 창간된 『개벽』은 1926년 8월 발행이 금지되기까지 통권 72권을 내놓은 종합잡지로서 당시의 대중이 가야할 길을 제시하는 데 중요한 역할을 했다. 김소월(金素月)의 「진달래꽃」이 발표된 것도 『개벽』 1922년 7월호였다. 이때를 전후해 『서광』 『신천지』 『조선지광』 『현대평론』 『동명』 등이 간행되었다. 이광수도 1924년 본격적인 문학지로 『조선문단』을 창간했다.

경성에서 전차와 버스가 대중교통수단으로서 서민의 생활의 일부로 자리 잡기 시작한 것도 1920년대의 일이었다. 1920년대 말 경성 시내에서 운행한 전차의 수는 120대였다. 경성에 처음으로 개점한 백화점은 1921년의 조지야백화점(초오지야丁子屋백화점, 미도파백화점의 전신)이었고 미쯔꼬시백화점은 1930년 지금의 신세계백화점 자리에 지하 1층, 지상 4층의 대규모 신관을 건립했다. '모가' '모보'에 대한 논의는 조선에서도 일어나서 당시 '모던걸'은 '못된 걸', '모던보이'는 '못된 보이'로 비판적으로 불리기도 했다.

이러한 대중문화 현상에 대해 이를 비판하고 국가권력의 풍속 규제를 요구하는 기운은 대중들 사이에서도 싹트고 있었다. 특히 일본의 경

대한제국 시기 서울의 전차 공장과 회사가 생겨나고 일자리가 생겨 도시의 인구가 증가하자 전차가 개통되어 새로운 교통수단을 제공하였다.

우 도시화의 진전은 대중사회와 대중문화의 발전을 보여준 반면 갖가지 사회문제를 야기하면서 전통회귀적인 욕구를 더욱 부채질했다. 그 배경의 한편에는 중산층과 문화주택, 백화점, 영화와 재즈, '모가'와 '모보'에 대한 동경이 있었고, 또다른 한편에는 빈곤과 투쟁, 사회적 무질서에 대한 불안이 있었다. 고등교육을 받은 중산층들은 주기적으로 찾아오는 불황 때마다 대량해고되었고 활황기에도 박봉에 시달리며 여유롭지 못한 생활을 했다. '양복 입은 빈민'으로 불린 이들은 자칫하면 사회주의로 경도될 가능성을 안고 있었으며, 정치지도자들도 바로 이점을 우려했다. 도시 번화가와 오락가의 댄스홀, 까페, 현대병에 걸린 '모가' '모보'의 어지러운 생활에 기성세대는 불만과 우려를 표명했고, 고난에 시달리는 농촌과의 격차는 농민들에게 충격과 좌절을 안겼다. 도시의 물질주의, 개인주의, 퇴폐문화는 농촌에서 전통적으로 중시해오던 근검, 절약, 예절에 대한 위협으로 비쳤다.

1920년대의 신흥종교에 대한 폭발적인 관심도 이러한 사회적 불안감이 문화적으로 표출된 사례라 할 수 있다. 신흥종교는 1930년대까지 주로 도시와 산업화가 진전된 농촌지역 주민들의 지지를 받았고, 그중에는 수백만의 신도를 가진 단체도 있었다. 반면 도시 지식인과 개혁파들 사이에서 유행했던 계급투쟁이라는 말은 그다지 영향을 미치지 못했다. 변화에 대한 대중의 불만과 위협은 저항이나 투쟁으로 이어지지 않고, '일본정신'의 부활에서 분출구를 찾는 경향이 강했다. 결국 1920년 이후 경제위기가 심각해지자 이러한 불만은 저항이나 투쟁이 아니라 '신꼬꾸(神國)' 일본의 세계지배라는 이데올로기적인 선전구호에 열광적으로 호응하는 방향으로 분출하여 일본파시즘의 대두를 촉진했다.

이러한 현상은 대중사회와 대중문화에 대한 사전적 정의를 통해 쉽게 이해할 수 있다. 대중사회는 한편으로는 기성 질서에서 벗어나려는 행동주의, 개인주의, 현세주의적인 욕구가 강하게 표출되는 장이지만, 또다른 한편으로는 관료화의 침투, 사회의 기능적 분업의 진전에 의해 극히 긴밀하게 조직화된 상호의존체제로 묘사되기도 한다. 즉 대중사회는 '조직화·기구화'와 '비조직화·원자화'의 상호 모순되는 양 측면을 두루 포함하는 것이다. 이러한 모순에 따른 정서적 불안정을 극복하기 위해 개인은 강력한 카리스마적 지도자와 일체화하거나, 정서적 색채가 강한 대중문화 속에 자기소비를 행하기도 한다. 그 결과 개인은 매스미디어의 수동적 대상이 되고 미디어가 흘리는 암시와 조작을 무기력하게 받아들이는 집합 안의 존재에 지나지 않게 된다. 그리고 이러한 자연적 동질화 과정이야말로 체제의 파시즘화의 문을 여는 촉매가 된다. 대중사회의 출현은 민주주의 형성의 전제가 되지만 한편으로는 파시즘의 출현에도 하나의 전제가 되는 것이며, 동아시아의 경우 특히 일본에서 그 현상이 두드러졌다.

대중운동의 활성화

동아시아의 대중운동은 산업화가 앞서 진행된 일본에서 먼저 시작되었다. 1905년 러일전쟁 직후의 히비야폭동은 정치적 관심이 높아진 대중의 출현을 알리는 신호탄이었다. 포츠머스조약에 반대하는 대중집회는 경찰의 저지에도 불구하고 사흘간 계속되었고 토오꼬오는 무정부상태에 빠질 정도였다. 대중은 국가에 세금과 목숨을 바치는 만큼 자신들의 목소리가 정치에 반영되어야 한다고 주장하기 시작한 것이다. 이후 1918년의 쌀소동이 발생할 때까지를 '대중폭동의 시대'라고 부르는 데서 보듯이, 당시 정치에 불만을 품은 대중이 대규모 폭동을 일으킨 것은 토오꼬오에서만도 여덟차례에 달한다.

1918년의 쌀소동은 시베리아출병 선언 직후 토야마현 어촌에서 일어난 주부들의 쌀반출반대투쟁이 도화선이 되어, 뒤이어 일반 주부를 중심으로 한 군중들이 미곡상과 지방행정기관을 대상으로 벌인 소동이 전국적으로 확산된 사건이다. 군중은 테라우찌 내각과 결탁한 정치상인 스즈끼상점(鈴木商店)과 우체국 등 30여개의 건물을 불태우고 미곡상은 물론 공장주와 고리대금업자를 공격했으며 공장과 조선소 건물 등을 파괴했다. 히로시마의 쿠레에서는 해군공창의 노동자가 중심이 되어 3만명이 몰려들었으며 출동한 군대와 시가전까지 벌였다.

52일간에 걸친 폭동은 전국의 주요 도시를 비롯해 무려 350여개 지역에서 발생했다. 여기서 검거, 투옥된 자의 수는 8253명이나 되며 7776명이 기소되어 이들 가운데 2명이 사형, 2645명에게 징역형이 선고되었다. 검거자의 직업별 분포를 보면 광업 및 야금업이 17.5%로 가장 많으며 다음으로 농업 및 임업, 상업, 어업 및 제염업, 토건업과 교통업, 그리고 일용직노동자〔日雇勞動者〕 등으로 다양하게 확산되었다는 것을 알수 있다.

쌀소동은 미증유의 대중운동이었으나 사전계획이나 지도자도 없이 자연스럽게 일어난 사건이었기 때문에 봉기한 노동자와 농민의 조직적인 연대는 거의 보이지 않는다. 결국 지속적인 투쟁으로 발전하지 못하고 종식되었지만 그 영향은 결코 과소평가할 수 없다. 쌀소동으로 쌀값을 비롯한 물가가 반 이상 하락했으며 테라우찌 내각이 총사직하면서 일본 최초의 의회주의 정부인 하라 타까시(原敬) 내각이 탄생했다.

대중의 정치적 관심을 배경으로 여성운동·노동운동 등의 사회운동이 확산되어갔다. 1912년 스즈끼 분지(鈴木文治)에 의해 결성된 노동조합 우애회(友愛會)는 창립 당시 회원은 13명에 지나지 않았으나 1915년까지 1만 5000명, 1919년에는 3만명의 회원으로 늘어나면서 '대일본노동총동맹우애회'로 이름을 바꾸고 노동조합임을 공식 선포했다. 그해에 발생한 동맹파업은 497건에 달하며, 파업 직전에 해결된 쟁의는 1891건, 파업과 쟁의에 동참한 노동자 수는 33만 5000명이었다. 일본이 패전하기 전까지 노동조합의 절정기였던 1931년에 노조 가입자 수는 산업노동력의 8%에 해당하는 36만 9000명에 달했다.

한편 대중문화의 발달과 이를 촉진한 근대적 미디어의 확대는 국민의 분열과 동시에 통합을 강화하는 역할을 했다. 예컨대 모던보이와 모던걸에 대한 비판적인 기사나 노동자·농민의 저항에 대한 지속적인 보도는 국민들 사이에 긴장감을 고조했다. 대중문화 현상에 대한 불만과 불안감은 전통회귀적인 주장에 귀를 기울이게 만들었고, 그것은 천황제 이데올로기를 중심으로 국민통합을 강화하는 데 도움이 되었다. 특히 1930년대 사회적·경제적 위기가 심화되고 총력전체제로 확대되면서 대중운동은 일본군국주의의 국가권력과 국가의지를 지탱하는 기반으로 기능하기 시작했다. 이것은 일본의 대중운동이 중국, 조선 등 동아시아 다른 나라의 그것과 크게 다른 점이었다.

일본 대중운동이 중국, 조선의 대중운동과 구별되는 또 하나의 특징은 지배민족과 피지배민족의 차이에서 기인하는 바가 컸다. 지배민족으로서 일본대중은 제국의 이익과 보호하에서 식민지 피지배민족을 차별, 멸시하고 억압하는 입장에 있었으며 억압받는 피식민지 대중의 입장을 이해하지 못했다. 이에 비해 식민지·반식민지 피지배민족의 대중운동은 민족의 독립과 해방이라는 내셔널리즘과 강력하게 결부되어 전개되었다. 예컨대 조선의 3·1운동은 일본제국주의의 식민통치로부터 독립과 자유를 되찾기 위해 일어난 거족적인 항일민족독립운동일 뿐만 아니라 이후의 대중운동의 활성화에도 커다란 분수령이 되었다. 3·1운동은 종교와 학력, 지역과 신분적 계층, 성별의 차이 없이 모두 혼연일체가 되어 민족적인 대중운동으로 확산되었다. 3·1운동 이전에도 노동자의 파업과 농민의 소작쟁의는 발생했지만 여전히 그 세력이 조직화된 단계는 아니었다. 3·1운동 이후 노동자·농민운동은 새로운 단계로 발전하여 대중운동의 활성화를 가져왔다.

특히 3·1운동 이후의 노동운동은 민족해방운동으로서, 학생운동·농민운동·여성운동 등의 대중적인 기반을 배경으로 긴밀한 유대를 형성하면서 조직적으로 일본제국주의에 대한 투쟁역량을 강화해나갔다.

이러한 변화는 1917년의 노동쟁의가 8건에 1148명이 참가한 것에 비해 1919년에는 84건에 9011명으로 급증한 데서도 알 수 있다. 노동쟁의는 이후에도 꾸준히 증가했으나 대부분 경찰의 간섭과 탄압으로 실패했다. 노동자조직의 취약성과 주모자 노출 등에 따른 단결력 약화도 실패의 원인이었다. 전국적인 규모의 총파업으로 발전하지는 못했지만 한 도시의 전노동자가 총파업으로 돌입한 사례는 1921년에 5000여명의 노동자가 참가한 부산 부두노동자파업, 1925년 두차례 발생한 경전철 전차종업원 파업, 1929년 2000여명의 노동자가 참가한 원산총파업, 1930년 부산 조선방직노동자 3000여명의 파업, 1931년 일제하 최후의 평양총파업 등이 있다. 이러한 노동쟁의는 공장주의 자본금의 90% 이상이 일본인 소유였기 때문에 반제국주의 투쟁으로서의 성격을 띠었다고도 평가할 수 있다.

농민운동도 1920년대부터 대중적인 기반을 가지고 조직적인 형태로 전개되기 시작하여 1930년대까지 활발한 움직임을 보였다. 1920~25년까지의 소작쟁의 건수는 200건 이하였지만 건당 참가인원은 100명 전후의 '단체적 쟁의'가 많았다. 1926~33년에는 소규모 소작쟁의가 빈번히 일어났으며 1933년의 소작쟁의는 전국 각지로 확산되어 2000건에 달했다. 특히 1933년 2월 '조선소작쟁의조정령'이 시행된 이후 쟁의 규모가 소규모화하면서 그 건수는 급격하게 증가하여 1937년에는 3만 1798건으로 최고에 달했다. 이 가운데 일본인 지주에 대한 소작쟁의는 1933년 379건에서 1934년 1178건으로 거의 3배 이상 증가했고, 이듬해에는 다시 2.5배 이상 증가했다. 소작쟁의 건수의 증가와 함께 농민단체의 결사 수도 꾸준히 증가했다. 1931년 농민단체 수는 1759개로 최고에 달했으나 이때부터 일제의 탄압이 강화되어 합법적인 존립이 어렵게 되면서 그 수는 감소하지 않을 수 없었다. 이후 1930년대 후반부터 농민운동은 지하투쟁으로 전개되었다. 이처럼 조선의 소작쟁의, 노동운동, 학생운동은 단순히 계급운동으로서만 전개된 것이 아니라 민족독립운동으로 전개되었다는 데 그 의미가 있다. 그러나 1930년대 중반 이후 대륙 침략이 본격화되자 일본은 식민지 조선에서 황민화정책을 강력하게 추진함과 동시에 대중운동에 대해 철저한 탄압을 강화해나갔다.

3·1운동과 마찬가지로 중국에서도 5·4운동이 본격적인 대중운동의 출발점이 되었다. 1919년 5·4운동에서 대중운동의 힘을 체험한 지식인들은 신문화운동의 틀을 타파하고 상인, 노동자, 농민, 청년, 여성 대중과 결합하여 민중 속으로 파고들었다. 민중들도 스스로 각계연합회 등을 조직하여 이후 혁신운동의 기반을 닦았다. 특히 노동자계급이 처음으로 정치무대에 등장하고 자각적인 노동운동이 시작된 것은 혁명운동의 질적 전환에도 중요한 계기가 되었다.

중국과 조선의 대중운동에서 나타나는 하나의 커다란 특징은 대중운동이 민족의 독립과 해방이라는 내셔널리즘과 강하게 결부되어 전개되었다는 점이다. 대중이 정치세력으로서 등장하여 민족적 해방과 독립의 달성이라는 정치과정을 촉진하는 힘이 된 것이다. 그것은 제국주의의 침략과 식민지 지배의 형성이 아시아 대중의 생활에 미친 경제적·사회적 변동을 배경으로 성장한 것이기도 하다.

1921년 모스끄바 코민테른
제3차대회의 뜨로쯔끼와 호찌민

1944년 6월 미쯔비시중공업 나고야 항공기 제작소 기숙사에 도착한 광주전남지역 근로정신대 대원들
ⓒ나고야 미쯔비시 조선여자근로정신대 소송 지원회

제6장

총력전의 충격과
대중동원의 체계화

일본은 1920년 전후공황, 1923년 관동대지진, 1927년 금융공황, 1930년 쇼오와 공황을 차례로 겪는 와중에 재벌과 정치인들의 부정사건이 속출했다. 정경유착에 대한 환멸은 국수주의 단체와 젊은 군인들을 자극했고 이는 곧 테러와 쿠데타로 이어졌다. 일본의 군부는 테러를 진압한다는 명분으로 자신의 영향력을 더욱 확대했고 군사동원에 필요한 경제개편을 단행했다. 바야흐로 일본파시즘이 대두한 것이다. 한편 중일전쟁이 교착상태에 빠지면서 일본군은 남진정책에 매진하게 되고 이는 아시아태평양전쟁이라는 확전으로 치달으면서 일본과 일본 외부 식민지의 총동원체제를 불러왔다.

파시즘의 침략과
총동원 체제

대공황과 일본파시즘의 대두

1차대전 중 일본이 누리던 호경기는 전쟁이 끝나면서 거품처럼 사라졌다. 전쟁이 끝난 후 열강의 생산력이 회복되면서 수출이 급감하여 1919년부터 무역수지가 수입초과로 돌아섰다. 전쟁 중에 치솟은 일본제품의 생산가격은 전쟁이 끝난 뒤에도 하락하지 않고 있었기 때문에 세계시장에서 경쟁력이 떨어졌고, 그것은 불경기의 장기화에도 중요한 영향을 미쳤다. 1920년에는 주가가 전반적으로 폭락하고 생사와 면사의 과잉생산으로 그 시세가 대폭 하락하여 방적업·제사업이 심각한 불황에 빠졌다. 1922~23년 사이에 제조업의 생산고가 늘어나면서 경기가 회복 기미를 보였지만 1923년 9월 1일 수도권 일대를 강타한 관동대지진으로 또다시 커다란 타격을 입고 불황으로 돌아섰다.

관동대지진으로 수도권에 있는 대부분의 기업과 공장이 조업정지 상태에 빠지면서 어음결제가 어렵게 되었으며, 그 여파는 은행의 경영악화로 이어져 1927년의 금융공황을 초래했다. 이는 당시 일본의 은행들이 규모가 작고 외부의 충격에 약했다는 것을 말해준다. 1929~30년 세계대공황*이 일본을 압박하기 전부터 이미 휘청거리고 있었던 것이다.

1929년 10월 미국 월가의 주가 대폭락으로 시작된 세계대공황의 혼돈 속에서 1930년 하마구찌 오사찌(浜口雄幸) 내각은 장기적인 만성불황을 타개하기 위해 긴축재정을 실시했고, 금본위제로 복귀하기 위해 1917년 이래 금지해왔던 금 수출의 해금(解禁)을 단행했다. 그러나 금 해금으로 일본 엔과 금의 교환이 가능해져 엔화의 가치가 올라가면서 해외수출에 의존하는 기업의 대부분은 악영향을 받고 파탄할 위험성이 커지게 되었다. 당시 대장대신(재무장관) 이노우에 준노스께(井上準之助)는 그것을 알면서도 재벌의 요청을 배경으로 수출이 부진한 불량기업을 도태시키거나 중소기업의 합병을 촉진하는 등 일종의 쇼크요법으로 일본 기업의 국제경쟁력을 높이기 위해 이를 단행했다.

그러나 세계적으로 공황이 확산되는 가운데 단행한 금 해금은 일본의 수출 부진을 불러왔을 뿐만 아니라 양질의 유럽 상품을 싼값으로 일본으로 들여와 국산품까지도 일대 타격을 입게 만들었다. 결국 불량기업뿐만 아니라 우량기업까지도 도미노처럼 도산하여 실업자가 폭발적으로 증대한 미증유의 대공황, 쇼오와공황이 발생했다. 1930년에 도산한 기업 수는 823개사에 달하고 모든 기업이 조업을 단축하여 수출고는

1929~30년 세계대공황 1929년 10월 24일 뉴욕 주식시장의 주가가 폭락하면서 전세계로 그 여파가 확산된 경제공황. 기업들의 도산, 대량실업, 디플레이션 등을 초래했고, 이로써 당대 자본주의는 1920년대의 황금기에 종언을 고하였다.

전년 대비 31.6%, 수입고는 30.2%나 감소했다. 또한 1930년 한해 동안 300만명 이상의 실업자가 발생했으며 실질임금도 10% 이상 내려갔다. 이처럼 세계대공황이 확산되는 가운데 금 해금을 단행한 것은 마치 "태풍이 불어닥치는데 창문을 여는 것" 같은 조치였다.

세계대공황의 타격은 농촌에도 심각한 영향을 미쳤다. 가계를 돕기 위해 농촌에서 도시로 돈벌이에 나선 농촌 출신 노동자들은 일자리를 잃고 귀촌하지 않을 수 없게 되었지만 쌀값을 비롯한 농산물 가격의 폭락으로 농가경제는 더욱 악화되어갔다. 특히 미국으로의 생사 수출이 급감하면서 누에가격이 폭락함으로써 농촌의 중요한 부업이었던 양잠업은 괴멸적인 타격을 입었다. 곤궁한 농가에서는 결식아동과 부녀자의 매춘이 속출하는 등 심각한 사회문제가 발생했다. 도시에서도 노동자의 대량해고, 임금 인하, 공장 폐쇄 등으로 젊은이들은 취업난에 허덕였고 일가족 자살이라는 비극이 끊이지 않았다. 1927년 작가 아꾸따가와 류우노스께(芥川龍之介)가 자신의 미래에 대한 불안감으로 죽음을 택한다는 유서를 남기고 자살한 것은 당시의 시대상황을 상징적으로 말해준다.

한편 1920년 전후공황, 1923년 관동대지진, 1927년 금융공황, 그리고 1930년 쇼오와공황으로 이어지는 만성적인 불황 속에서 기업의 독점·집중 경향이 급속하게 심화되었고, 이는 미쯔이, 미쯔비시, 야스다(安田), 스미또모(住友) 등의 4대 재벌이 경제계를 지배하고 수많은 중소기업을 통제하는 계기가 되었다. 또한 미쯔이는 정우회(政友會), 미쯔비시는 헌정회(憲政會)와 결탁을 강화하는 등 정경유착이 더욱 노골화되었다. 공황은 정당정치의 부패에도 영향을 미쳐 1929~30년에 걸쳐서 정부 고관, 국회의원, 고위군인 등이 연루된 부정사건이 속출했다. 이렇게 재벌과 정당 등 지배층이 국민들의 곤궁을 돌보지 않고 사리사욕을 채우는 모습은 민간의 우익 국수주의 단체와 가난한 농촌 출신 청년장교들을 격분하게 만들었고, 이윽고 직접행동에 의한 정치테러와 쿠데타가 빈발하면서 일본파시즘*의 대두를 예고했다.

당시 일본사회의 계급구성에서 다수를 차지하던 중간층의 불안감과 위기의식도 일본파시즘의 대두를 촉진했다. 자본가와 지주는 물론이고 자작농과 소상인 같은 중간층은 빈발하는 노동쟁의와 소작쟁의에 불안감을 품고 있던 계층이었다. 농가호수의 74%를 차지하던 자작농과 자소작농은 소작농으로 전락할지도 모른다는 불안감으로 동요했으며 도시에서 다수를 차지하던 자영 상공업자는 공황의 타격으로 심각한 위기의식을 품고 있었다. 1920~30년을 전후한 시기에 텐리교, 오오모또교 같은 신흥종교가 유행하면서 수십만명의 신자들을 확보한 것도 이러한 중간층의 심리적 불안감을 반영한 것이었다. 과거 지역사회의 지도층이 베풀던 온정주의는 이미 사라졌으며 경제적 기회와 생활의 불안정성은 과거에 비해 훨씬 커졌다. 여기에 노동쟁의와 소작쟁의에 대한 지속적인 보도는 중간층의 긴장감을 고조했고, 과거의 촌락공동체에 대한 상실감과 회귀적인 욕구는 이윽고 1930년대 국수주의의 대두를 촉진하고 일본파시즘의 지지기반을 만드는 중요한 요인이 되었다.

이러한 사정을 배경으로 1932년부터 애국단체, 국가사회주의 정당, 국수주의적 집단, 갖가지 우익 연구회가 우후죽순처럼 생겨났다. 그들

파시즘(fascism) 이딸리아 무솔리니(B. Mussolini)가 주창한 국수주의·권위주의·반공산주의적 사상 및 운동. 본래 묶음(束)을 뜻하는 이딸리아어 파시오(fascio)에서 나온 말로서 이후 '결속·단결'의 뜻으로 쓰였다.

은 군부와 연계하여 '군측의 간'(君側の奸, 천황의 측근에서 정치를 그르치는 간신이라는 의미)인 원로, 중신과 정당 지도자, 재벌을 제거하고 천황을 중심으로 한 '일군만민(一君萬民)'의 정치체제를 수립해야 한다고 주장했다. 그들은 천황에 대한 충성을 절대적 가치로 삼고 쇼오와유신을 외치면서 정치가와 재벌에 대한 테러를 서슴지 않았다. 또한 '지배층에 만연한 이기적인 개인주의, 물질만능주의, 자유주의' 같은 서구적인 가치를 배척하자고 주장하고 일본정신의 우월성과 '국체'의 절대성을 믿어 의심치 않았다.

우익에 의한 본격적인 정치테러는 1930년 11월 우익 청년이 런던군축조약에 항의하여 하마구찌 총리를 저격한 데서 비롯되었다. 1931년 3월에는 중견장교들의 정부전복 음모로 확대된 '3월사건'이 발생했다. 1932년에는 민간 우익단체 혈맹단(血盟團)에 가담한 해군의 청년장교들이 이누까이 쯔요시(犬養毅) 총리를 암살한 5·15사건이 발생했다. 이 사건은 급진적 청년장교들의 과격사상에 불길을 당겼다. 우익 사상가 키따 잇끼(北一輝)로부터 사상적 영향을 받은 청년장교들은 1936년 2월 26일 쇼오와유신을 외치면서 2·26쿠데타를 일으켜, '군측의 간'을 제거하고 국가를 개조하여 나라를 구하겠다고 선언했다.

반란은 실패로 돌아가고 주모자들은 키따 잇끼와 함께 처형되었지만 이들의 테러는 이후 일본정치에서 군부의 영향력을 강화하는 데 중요한 영향을 미쳤다. 군부는 2·26쿠데타를 계기로 숙군을 단행하고 군기를 강화하였으며 전면적인 군사동원에 필요한 경제개편을 단행했다. 동시에 군부는 천황의 신격화를 통해 국민통합을 강화하고 전쟁에 대한 국민들의 절대적 지지를 유도했다. 군부가 천황의 절대적 권위를 이용해 군부의 힘과 국민통합을 강화한 상징적인 사건은 1935년 헌법학

자 미노베 타쯔끼찌(美濃部達吉)의 '천황기관설'을 배격한 '국체명징운동'이었다. 그들은 천황을 국가의 하위에 위치하는 하나의 기관이라고 보는 천황기관설에 대하여 천황은 신이 인간의 모습으로 나타난 현인신(現人神)이므로 그릇된 판단을 할 리 없으며 따라서 책임을 지울 수도 없는 절대적 존재라는 논리로 이를 배격했다. 이밖에도 같은 해 민간종교 오오모또교는 그 교의가 국체에 반한다는 이유로 탄압을 받았으며, 이듬해에는 히또노미찌(ひとのみち) 교단의 교주가 불경죄로 기소당하고 교단도 결사를 금지당했다. 이러한 사례는 신성한 천황을 정점으로 한 국가체제에 반대하는 자나 세력에 대해서는 사회주의자가 아니더라도 누구에게나 가차없이 폭력적인 탄압과 억압이 자행되었다는 것을 말해준다. 소수파에 대한 탄압은 나머지 다수의 묵인을 파시즘세력에 결집하는 데에도 이용되었다.

이윽고 군부와 일본 자본주의의 결합은 팽창주의적인 침략전쟁으로 이어졌다. 일본은 전국민을 전쟁에 동원하기 위해 1938년 '국가총동원법'을 제정했으며 나치와 같은 전체주의적인 국민조직을 만들기 위한 신체제운동을 활발하게 전개했다. 1940년에는 대정익찬회(大政翼贊會)와 일본산업보국회가 결성되었으며 같은 해 독일, 이딸리아와 삼국동맹의 체결을 강행했다. 대정익찬회의 결성에 대해 기성 정당들은 당을 해체하여 이에 호응했으며 노동조합운동과 기타 사회주의운동도 폐색상황에 빠지면서 1941년 아시아태평양전쟁이 발발하기 직전에는 토오조오 히데끼(東條英機) 내각에 의한 전체주의적인 파시즘체제가 완성되었다.

이와 같이 일본파시즘은 신성불가침한 천황을 정점으로 한 강권적 통치기구를 축으로 이른바 위로부터의 군국주의적인 전체주의체제를

군복 입은 쇼오와천황(위) 군사훈련
중인 일본 승려(아래)
천황은 군복을 입은 채로 군부회
의를 주재했고 여성은 물론 승려
들까지 군사훈련에 동원되었다.

완성했다는 점에서, 아래로부터의 운동에 의해 국가권력을 장악한 이 딸리아의 파시즘운동이나 독일의 나치즘*운동과 크게 다르다. 물론 이 딸리아 파시즘과 독일의 나치즘 그리고 일본파시즘은 그 이데올로기적인 내용과 역사적 배경을 달리하면서도 대중들의 지지를 폭넓게 이끌어낸 기능적인 측면에서는 그 유사함을 무시할 수 없다. 그러나 무엇보다도 결정적인 차이가 있다. 이딸리아와 독일의 경우 무솔리니와 히틀러처럼 살아 있는 영웅의 신화에 의존했다면 일본파시즘은 천황제 이데올로기의 신화나 국가신도(國家神道)같이 전통의 이름으로 창출된 종교적 신화에 의존했다는 점이다. 흔히 일본파시즘을 천황제 파시즘이라 부르는 것은 이딸리아나 독일과 달리 파시즘을 추진하는 군부를 비롯한 우익세력이 자신들 운동의 정당성을 천황제 이데올로기의 절대적 권위에 의지하여 추구했기 때문이다.

이후 전쟁의 확대에 따라 일본은 천황제 이데올로기에 근거한 '팔굉일우(八紘一宇)' '신국일본(神國日本)' '신주불멸(神州不滅)' '성전완수(聖戰完遂)' 등의 표어를 남발하면서 침략전쟁을 정당화하고, 일본민족의 우월성을 강조하면서 근린 아시아의 타민족에 대한 폭력적 지배와 가혹한 수탈을 서슴지 않았다. 또한 미국과 영국을 '귀축미영(鬼畜米英)'이라 하여 국민들의 적개심을 부채질하고 국민들에게 전쟁에 대한 자발적인 헌신을 강요했다. 천황제 파시즘은 결국 군부를 비롯한 전쟁 추진세력에 의해 국가이성을 초월한 전쟁을 수행함으로써 전국민을 전쟁

나치즘 독일 히틀러(A. Hitler)가 주창한 민족사회주의 독일노동자당의 공식 이념. 나치즘은 '민족사회주의'(Nationalsozialismus)를 줄인 표현이며, 특히 1933년 이후 들어선 나치독일의 제3제국(Dritte Reich)체제 운영의 한 축을 담당했다.

의 도가니 속으로 몰아갔을 뿐만 아니라 수천만 아시아 민중의 희생을
초래하여 오늘날까지도 지워지지 않는 깊은 상흔을 남겼다.

일본의 남진정책과 '대동아공영권'의 허구

일본의 남진정책은 메이지유신 이후 국가적 대외 진출을 남방지역
에서 구하려는 침략정책을 말하며 만주, 몽골, 시베리아로의 진출을 기
도하는 북진론과 병행해서 일찍부터 논의되어왔다. 그러나 남진정책이
본격적으로 구체화되는 것은 중일전쟁 이후부터였다. 당초부터 중국을
단숨에 굴복시킬 수 있다고 생각한 일본의 예측과는 달리 중국이 제2차
국공합작으로 항일통일전선을 형성하고 격렬하게 항전하면서 전쟁은
교착상태에 빠졌다. 난징 함락 후 충칭으로 이동한 국민정부가 항전을
계속할 수 있었던 것은 이른바 '원장(援蔣)루트' 덕분이었다. 이는 미얀
마루트, 홍콩루트, 불인(佛印, 프랑스령 인도차이나)루트, 서북루트 등을 가
리키는 말로 장 제스의 국민정부를 지원하기 위해 미·영·프 등이 충칭
으로 물자를 수송하는 보급선이었다.

일본 육군은 주로 남방에 집중된 원장루트를 차단하기 위해 본격적
으로 남진정책을 주장하기 시작했다. 더구나 미국이 1939년 7월 일본의
중국 침략을 비난하여 미일통상항해조약의 파기를 통고한 상태에서 미
국의 천연자원에 의존하던 일본으로서는 동남아시아라는 또다른 선택
지가 필요했다. 석유와 고무 등의 천연자원이 풍부한 동남아시아는 전
면전쟁 국면에서 자원부족에 시달리던 일본으로서는 매력적인 지역이
었던 것이다.

2차대전 발발 당시 일본에서는 "버스를 놓치지 말라"라는 말이 유행했다. 그것은 곧 유럽전선에서 연전연승을 거듭하면서 기세를 올리고 있는 독일과 군사동맹을 맺고 미·영과 전쟁을 벌여서라도 남방으로 진출해야 한다는 말이었다. 특히 1940년 6월 독일이 프랑스 빠리를 점령하자 일반 국민들도 독일과의 동맹에 기대를 걸고 남진론을 지지하게 되었다. 이러한 국민적 지지를 배경으로 1940년 7월에 성립한 제2차 코노에 후미마로(近衛文麿) 내각은 이제까지의 대전 불개입 방침을 전환하여 남방지역으로 적극 진출할 것을 결정하고 1940년 9월 독일, 이딸리아와 삼국동맹을 맺었다. 이로써 유럽의 독일과 이딸리아, 그리고 동아시아의 일본이 서로 각자의 지도적 지위를 인정하고 미국을 가상의 적국으로 삼아 정치적·군사적으로 상호 원조한다는 공수동맹으로 추축(樞軸)체제가 강화되었다. 일본은 삼국동맹 직후 원장루트 차단과 남방 진출의 발판 마련을 위해 북부 인도차이나로 진주하기 시작했고, 이듬해 7월에는 남부 인도차이나까지 진공했다.

이에 대해 미국은 석유수출 금지와 재미일본인의 자산동결로 대응한 후 대일 경제봉쇄를 강화하고 영국과 함께 '대서양헌장'을 발표하면서 2차대전을 파시즘에 대한 민주주의의 전쟁이라고 선언했다. 한편 일본은 9월 6일의 어전회의에서 10월 상순까지 미일교섭이 해결되지 않으면 미·영 양국과의 개전을 결의한다는 방침을 결정하였다. 미일교섭에서 일본의 요구사항은 중일전쟁에 미·영이 개입하지 않을 것, 미·영은 극동에서 일본 국방에 위협이 되는 행동을 하지 말 것, 미·영은 일본의 물자획득에 협력할 것 등이었다. 이에 대해 미국은 중국과 인도차이나에서의 일본군 철병과 삼국동맹의 파기를 강하게 주장하여 교섭은 전혀 진전되지 않았다. 코노에가 개전을 주저하자 육군대신 토오조오 히데끼는 교섭 단절을 주장하면서 코노에 내각을 해산하고 자신이 육군 대신을 겸임하면서 새로운 내각을 조직했다. 그 결과 12월 1일까지 교섭이 채결되지 않으면 개전한다는 것을 11월 5일의 어전회의에서 결정하였다. 한편 미국도 일본이 남방 진출을 계속하는 한 전쟁은 불가피하다고 판단하고 11월 26일 종래의 주장을 재확인하는 내용의 '헐 노트'(the Hull note, 헐C. Hull은 당시 미국의 국무장관)를 일본에 제시했다. 이를 미국의 최후통첩으로 간주한 일본은 12월 1일 어전회의에서 최종적으로 개전을 결정하여, 1941년 12월 8일 새벽 영국령 말레이반도와 하와이 진주만을 기습공격하고 동아시아 각지에서 군사행동을 개시하면서 아시아태평양전쟁이 발발하였다.

아시아태평양전쟁 개전 이래 점령지를 확대해간 일본군은 1942년 5월 1일 미얀마 북부의 중심도시 만달레이를 점령하면서 남방진공작전을 일단락 지었다. 이로써 일본군은 서쪽으로는 미얀마, 인도의 안다만제도, 남으로는 인도네시아, 뉴기니 북부에서 솔로몬제도, 동쪽으로는 길버트제도, 북으로는 알류샨열도에 이르는 광대한 지역을 점령하에 두게 되었다. 일본군은 점령지에서 군정을 펼쳤으며 군정에 관해서는 대본영정부연락회의가 기본방침을 정했다.

토오조오 수상은 1942년 2월 의회 연설에서 "대동아전쟁이 목표로 하는 바는 우리 조국(肇國)의 이상에 연원하여 대동아 각 국가, 각 민족으로 하여금 각기 맡은 일을 다하고 황국을 핵심으로 하여 도의에 의거한 공존공영의 신질서를 확립하고자 하는 데 있다"고 소신을 밝혔다. 즉 '대동아전쟁'(아시아태평양전쟁)에서 일본이 내세운 슬로건은 일본을 중심으로 '대동아민족'의 협력에 의해 공존공영의 '대동아공영권'을 형성한다는 것이었다. 이를 위해 1942년 10월에는 대동아 지역에 관

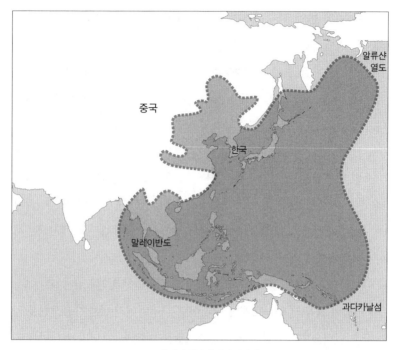

1942년 당시 일본의 최대 세력권

한 제반 정책을 총괄하는 기구로서 '대동아성'이 설치되었으며, 1943년 11월에는 일본과 중국의 왕징웨이정권, 만주국, 타이, 필리핀, 미얀마의 6개국 및 인도 임시정부의 대표가 토오꾜오에 모여 대동아회의를 개최하고 '대동아공동선언'을 발표했다.

그러나 대동아공동선언에서 표방한 대동아의 공존공영과 독립은 어디까지나 일본의 침략을 정당화하기 위한 대의명분에 지나지 않았으며 실제로는 대동아공영권이라는 미명하에 일본군이 모든 실권을 장악하고 점령지에서 갖가지 가혹한 잔학행위를 자행하고 있었다. 그 대표적인 것이 인적·물적 약탈과 이에 저항하는 자들에 대한 학살이었다. 특히 동남아 지역의 화교들은 일본의 만주 침략과 중국 침략에 항의하여 일찍부터 항일구국운동의 일환으로 헌금운동 등을 전개하고 있었는데, 일본군은 이들을 항일분자로 간주하여 무참하게 학살했다. 그 최초의 잔학행위는 싱가포르 화교에 대한 학살사건(1942)이었다. 당시 일본군은 이 학살을 약 5000명의 '엄중처분'으로 보고했지만 싱가포르에서는 4만~5만명이 학살되었다고 주장하고 있다. 이밖에도 필리핀 각지에서 노약자를 포함한 주민학살이 자행되어 그 희생자 수가 수십만명에 달했다. 심지어 사이판에서는 일본인 주민까지도 2만명이 희생되었는데, 그 대부분은 오끼나와 출신 일본인이었다. 그들은 자결을 강요당하거나 수류탄, 총검 등으로 학살당했다. 오끼나와전투의 비극은 동남아 각지에서 이미 자행되고 있었던 것이다.

또한 일본군이 점령한 동남아 지역 전체에서 거의 400만명에 가까운 노무자가 동원되었으며 특히 자바에서는 30만명의 노무자가 공출되어 7만명이 희생당했다. 인도네시아에서는 오늘날까지도 노무자를 의미하는 일본어 '로오무샤'라는 용어가 그대로 사용되고 있다. 영화「콰이강의 다리」(데이비드 린 감독, 1957)로 유명한 타이-미얀마 간 철도[泰緬鐵道] 건설에는 6만여명의 연합군 포로뿐만 아니라 민간인 노무자 20만명이 동원되어 그중 7만 4000명이 희생당했다(연합군 포로 희생자는 1만 2000명). 정글에서의 가혹한 노동과 식량부족으로 인한 영양실조, 의약품 결핍 등이 겹쳐 더 많은 희생을 불러온 것이다. 이밖에 비행장이나 진지 구축에 동원된 노무자들이 연합군의 폭격으로 희생당하는 경우도 많았으며 심지어는 연합군의 스파이라는 누명으로 처형당하는 경우도 적지 않았다.

동남아 지역에서 다수의 젊은 여성들은 위안부로 연행되어 일본군의 성폭력에 노출되었다. 1942년 6월의 육군회의는 중국을 포함한 대동아공영권 내 전지역에 400개의 위안소가 설치되어 있다고 보고했다. 위안부 여성으로는 일본인, 조선인, 타이완인, 중국인 외에도 동남아 각국인, 네덜란드인, 기타 태평양 제도의 여성들이 있었으나 조선인이 가장 많았다. 위안부의 모집과 위안소의 설치 및 운영에는 일본 육군성이 직접 관여했다. 1938년 3월 4일 「군위안소 종업부 등 모집에 관한 건」은 이 사실을 입증하는 문서로서, 육군대신의 위임을 받아 병무국 병무과가 입안하고 우메즈(梅律美治郎) 육군차관이 결재한 것이다.

실로 아시아태평양전쟁에서 일본군만큼 아시아 각지의 민중에 대해 대규모의 학살과 폭행을 자행한 군대는 어디에도 없었다. 이처럼 일본군의 아시아 민중에 대한 학살과 폭력이 가능했던 배경에는 청일·러일전쟁을 거치면서 배양된 아시아에 대한 멸시관이 있었다. 일본군은 아시아 멸시관을 배경으로 점령지 주민을 의심하고 적대시하였으며 학살을 일삼는 경우에는 이를 '치안숙청'이라는 명분으로 정당화했다. 또한 일본군의 현지조달주의도 현지 주민에 대한 가혹행위를 부채질했다. 일본은 대동아공영권의 광대한 지역을 세력권에 넣으면서 보급을 경시하고 식량을 자체 조달에 맡겼다. 그것은 결국 점령지에서의 식량 공출과 약탈로 이어졌고 현지 주민들은 심각한 식량부족에 시달려야 했다. 북부 베트남에서는 일본군의 강제적인 식량징발로 1944년 말부터 1945년 사이에 100만명 이상이 굶어죽었다. 물론 이에 저항하는 주민에 대해서는 학살과 방화, 특히 여성에게는 성폭행이 가해졌다. 한편 동남아 정글에 투입된 일본군들은 약탈할 것조차 없는 상태에서 굶어죽는 경우도 태반이었다.

일본군의 가혹한 군정에 저항하여 점령지 각지에서는 항일운동이 전개되었다. 말레이에서는 말레이공산당이 말레이인민항일군을 조직했으며, 베트남독립동맹은 북부 산악지대에 해방구를 두고 활발한 항일투쟁을 전개했다. 타이에서도 '자유타이'라는 항일조직이 창설되었다. 인도네시아에서는 1944년 2월 서부 자바에서 가혹한 점령에 저항하여 농민봉기가 일어나기도 했다. 이러한 조직과 운동은 2차대전의 종결과 동시에 각 민족의 독립을 쟁취하는 데 큰 힘이 되었다. 다시 말해 동남아시아 각국의 독립은 일본 우파들이 주장하는 것처럼 일본의 의도나 도움으로 성취된 것이 아니라 오히려 각국민들이 일본군의 가혹한 지배에 저항하면서 주체적으로 독립의 길을 열어갔기 때문에 가능했던 것이다. 그들은 2차대전 종결 후 식민지 지배의 부활을 꾀하는 구 종주국에 대해서도 투쟁을 계속해서 독립을 실현했다. 동남아 각국 민중의 주체적 성장과 투쟁이야말로 독립을 실현한 원동력이었다.

한편 일본에서는 패전 후부터 오늘날까지도 '대동아전쟁'이 '아시아 해방'을 위한 '성전'이었다는 주장이 끊이지 않고 고개를 내밀고 있다. 대동아공영권은 일본의 패전으로 붕괴되었지만 그 망령은 아직도 일본 우파들의 뇌리 속에 뿌리 깊이 각인되어 떠나지 않고 있는 것이다.

동아시아 총동원체제의 연쇄

중일전쟁의 교착상태를 타개하기 위해 일본이 감행한 남진정책은 결국 미국을 비롯한 연합국과의 아시아태평양전쟁으로 확대되어 국가의 총력을 결집하는 총동원체제로 돌입하게 만들었다. 일찍이 군부가 주장해오던 총력전에 대응할 수 있는 국가총동원체제는 1937년 설립된 기획원을 중심으로 입안되어 1938년 4월에 '국가총동원법'으로 공포되었다. 국가총동원법은 전쟁에 전력을 집중하기 위해 인적·물적 자원을 통제, 운영하는 것을 목적으로 성립되었고 정부는 그 광범위한 권한을 부여받았다. 이에 따라 정부는 노무·물자·자금·시설·사업·물가·출판 등을 통제하고 평상시에도 직업능력 조사와 기술자 양성, 물자의 보유 등을 명령할 수 있게 되었으며 1941년 개정으로 통제권한은 한층 강화되어 전시동원이 강행되었다.

이에 앞서 중일전쟁 직후 코노에 내각은 국민을 전쟁협력에 사상적으로 동원하기 위한 교화운동을 목표로 1937년 9월 '거국일치(擧國一致)·진충보국(盡忠報國)·견인지구(堅忍持久)'의 3대 슬로건 아래 '국민정신총동원운동'을 개시했다. 이후 10월부터 내각의 외곽단체로서 국민정신총동원운동 중앙연맹을 발족하고 행정지역 단위로 지방 실행위원회를 만들어 사상교화를 위한 정신운동을 전개했다. 이 운동은 이후 점차 전시경제에 대한 협력운동으로 변질되어 신체제운동에 따른 대정익찬회의 활동으로 흡수되어갔다.

또한 코노에 내각은 중일전쟁의 장기화와 유럽에서의 2차대전 발발을 배경으로 1940년 7월부터 나치독일 같은 전체주의적 국민조직을 만들고자 파쇼적인 정치체제 재편운동으로서 신체제운동을 전개했다. 이에 따라 기성 정당과 제반 단체가 솔선하여 해당, 해산하고 1940년 10월에는 수상 코노에를 총재로 하고 관료·군부·정당·우익 등에서 임원을 선출하는 대정익찬회가 발족했다. 대정익찬회는 당초 목표로 삼았던 나치독일 같은 일국일당적인 정치조직이 되지 못하고 국민생활 통제를 중심으로 하는 정부의 외곽단체 지위에 머물러 강력한 정치지도력은 발휘하지 못했다. 그러나 이후 산업보국회, 대일본부인회, 정내회(町內

402

會), 인조(隣組, 농촌에서는 부락회部落會) 등을 포함한 제반 단체를 산하에 두고 국민통제기관으로서의 성격을 강화함으로써 파쇼체제의 재편성에 큰 역할을 했다.

총동원체제가 강화되면서 1920,30년대 전반에 걸쳐 유행했던 까페, 바, 댄스홀과 재즈, 유행곡 모두가 단속의 대상이 되었으며 통제의 감시망은 일상생활 구석구석까지 파고들었다. 또한 국민의 소비생활에 대한 정부의 통제가 강화되어 '사치는 적!'이라는 슬로건하에서 모든 생필품에 대한 배급제가 실시되었다. 농촌에서는 쌀의 공출제가 실시되었으며 정부의 식량증산 장려에도 불구하고 노동력, 비료, 생산재료 등의 부족으로 인해 1939년을 경계로 생산량이 감소하여 식량난이 시작되었다.

전쟁이 장기화하면서 전쟁에 대한 국민들의 불만을 억누르고 반전·반정부운동을 탄압하기 위해 1940년에는 내각정보국을 설치하여 언론기관, 출판물, 영화, 연극 등에 대한 통제를 강화했다. 역사학에서는 맑스주의 역사학자들이 탄압받는 가운데 국수주의자들에 의한 황국사관이 기승을 부리면서 천황 중심의 역사교육이 강화되었다. 국체사상(천황제 이데올로기)에 위배되는 것으로 간주되는 사상은 맑스주의 사상이 아니더라도 희생을 감수해야 했다. 『고사기』와 『일본서기』의 내용에 날조된 부분이 있다고 지적한 역사학자 쯔다 소오끼찌(津田左右吉)가 그의 저서 『신대사 연구』(神代史の硏究, 1924)의 발매금지 처분을 비롯해 금고 3개월의 판결을 받고 와세다대학에서 추방당한 것은 그 단적인 사례다. 또한 치안유지법이 개악되었으며 전향하지 않는 사상범은 형기가 지나도 계속 구금할 수 있는 '예방구금제도'가 창설되었다.

일본의 총동원체제 강화는 동아시아와 동남아시아, 태평양 지역 각지에 연쇄적으로 파급되어 갖가지 수탈과 약탈이 자행되었고 수천만

민중이 침략전쟁의 제물이 되었다. 특히 1939년 미국이 미일통상항해
조약을 폐기하면서 군수물자 확보가 더욱 어려워지자 동원과 수탈은
더욱 격심해졌다.

식민지 조선의 경우 1930년대부터 중국 침략이 본격화되면서 대륙
침략의 병참기지로서의 역할이 가중되었으며 총동원체제가 확립되
면서 물자동원계획과 생산력확충계획이 구체화되었다. 1936년 7대 조
선총독으로 취임한 미나미 지로오(南次郎)는 이듬해 국체명징(國體明
徵)·선만일여(鮮滿一如)·교학진작(敎學振作)·농공촉진(農工促進)·서정
쇄신(庶政刷新)이라는 5대 강령을 내세우고 산업진흥책에 의한 경제수
탈과 함께 조선의 인적자원을 침략전쟁에 동원했다. 동시에 조선인들
의 저항을 막기 위해 일시동인(一視同仁)·내선일체(內鮮一體)라는 이데
올로기를 이용한 황민화정책을 적극적으로 전개했다.

이에 따라 조선총독부는 1개 면 단위로 1개 신사와 1개 소학교를 설
립하여 신사참배와 궁성요배(宮城遙拜)*를 강요했으며 1938년에는 조선
교육령을 개정하고 천황에 대한 충성을 맹세하는 내용으로 구성된 '황
국신민의 서사(誓詞)'*를 매일같이 학생들에게 제창시켰다. 학교와 관

궁성요배 조선을 기준으로 천황의 궁성이 있는 동쪽을 향해 90도 각도로 허리를 숙여
약 1분가 경례하는 행동, 이는 키미가요 제창, 히노마루 게양 등과 함께 천황에 대한 충
성을 끌어내고 전쟁에 동원하기 위한 운동의 일환이었고, 특히 1930년대 중반부터 전
개되는 황민화정책기에 정점에 달했다.

황국신민의 서사 1937년 조선총독부가 각 학교 조례와 모든 집회에서 제창하고 조선
인들에게 암기를 강요했던 문안. 성인용과 청소년용으로 나뉘었으며 성인용의 내용은
다음과 같다. '1. 우리는 황국신민이다. 충성으로서 군국(君國)에 보답한다. 2. 우리 황
국신민은 신애협력(信愛協力)하여 단결을 굳게 한다. 3. 우리 황국신민은 인고단련(忍
苦鍛鍊)하여 힘을 길러 황도를 선양한다.'

공서에서는 조선어 사용이 금지되었으며 조선의 고유한 역사를 부정하고 일선동조론에 의거한 연구와 교육을 강요했다. 이밖에도 히노마루 게양, 정오의 묵도(黙禱)*, 국민복과 전투모 착용 등이 법령의 힘을 등에 업고 강요되었다. 또한 1940년 2월 11일 기원절*을 기하여 '창씨개명'을 공포하고 일본인의 성씨를 강제하여 천황가를 종가로 하는 일본의 가족주의제도 속에 조선인을 편입시키려 했다. 그해 8월 10일을 기한으로 창씨개명이 강제되면서 이에 80%의 조선인이 신고하였다.

이러한 황민화정책을 배경으로 1939년부터 조선인의 인적동원이 본격화되었다. 1939년 7월의 '국민징용령'을 조선에서도 적용하여 모집·징용·보국대·근로동원·정신대 등의 이름으로 노동력을 수탈했으며 1942년부터는 '관 알선'이라는 명분으로 조선총독부의 행정당국이 징집을 행하였다. 강제동원된 조선인은 일본 국내와 사할린, 동남아시아, 남양군도의 탄광·광산·군수공장·토목공사 현장 등에 투입되어 가혹한 노동조건에서 일해야 했다. 더구나 비행장이나 군사요새 등의 건설에 징용된 경우에는 군사기밀을 유지하기 위해 공사 종료 후 집단으로 살해된 경우도 있었다. 1990년 일본정부가 공식으로 발표한 강제징용 조선인의 총수는 66만 7648명이었다. 그러나 재일사학자 고(故) 박

정오의 묵도 조선총독부가 황민화정책기에 시행한 조치로, 매일 정오 싸이렌에 맞춰 각자 선 위치에서 '황국무운(皇國武運)의 장구(長久)'를 소원하고 전몰장병의 영령을 비는 묵도를 강요했다. 이때 전차 등은 정차해야 했고 승무원들은 이를 승객들에게 미리 알려야 했다.

기원절 일본 건국기념일로 일본제국주의 시대 4대 명절 가운데 하나. 『일본서기』에 '진무(神武)천황 즉위의 날'로 기록되어 있는 2월 11일을 축일로 삼았다. 2차대전 후 폐지되었지만 1966년 '건국기념일'이라는 명칭으로 부활하여 그다음 해부터 재실시되었다.

경식(朴慶植)의 조사에 의하면 강제연행된 재일조선인 수는 1939년 5만 3120명이던 것이 매년 증가하여 패전에 이르기까지 그 연행자 수가 총 72만 4787명이었다고 한다. 나가노현 마쯔시로오 대본영(최고전쟁지도회의)의 지하방공호 공사는 강제징용 조선인이 동원된 대표적 사례다. 이 공사는 전쟁 막바지에 일본이 본토 내에서 미국과의 지상전에 대비하여 1944년 11월부터 1945년 8월까지 2억엔의 예산으로 연인원 300만명의 노동력을 투입하여 총연장 10km의 거대한 지하방공호를 만드는 것이었다. 여기에 투입된 조선인들은 하루 14시간 이상의 중노동에 혹사당했다. 또한 조선총독부는 1944년 8월 '여자정신대근무령'을 공포하여 12~40세의 조선인 여성을 매매, 사기, 협박 등의 갖은 수단으로 징용했다. 일본군 위안부 여성은 총 8만명, 혹은 20만명이라고도 하는데 그 대부분은 조선인 여성이었다.

이밖에도 병력의 부족을 메우기 위해 1938년 2월 '육군특별지원병제도'를 도입하여 조선인도 일본군의 병역에 종사하도록 만들었다. 1942년까지 3만 6000명의 조선인이 지원하였는데 여기에는 일본인과의 차별로부터 벗어나기 위해 자진해서 일본군에 지원하는 자도 적지 않았다. 이후 계속된 병력 소모로 인해 1944년부터 조선에서도 징병령을 적용하여 36만 4000여명이 군인, 군무원으로 소집되었다.

일본의 강제동원에는 친일파들의 협력도 중요한 역할을 했다. 이광수는 중일전쟁 이후 친일 대열에 적극적으로 가담하여 1939년 중국에 출정한 일본군위문단 결성식의 사회를 맡은 것을 시작으로 이듬해 2월 창씨개명에 솔선해서 카야마 미쯔로오(香山光郎)로 개명하고 일반인들의 동참을 호소했다. 최남선은 1938년 만주의 친일지『만몽일보』의 고문으로 취임했으며 이듬해에는 만주국의 엘리트 양성기관인 건국대학의 교수로 부임했다. 1942년 귀국한 최남선은 이듬해 총독부의 부탁으로 이광수와 함께 일본으로 건너가 조선인 유학생을 대상으로 학도병지원을 찬양하는 연설을 하기도 했다. 『동아일보』 창업주 김성수(金性洙)도 중일전쟁 발발 이후 시국강연의 연사로 참여하면서 노골적인 친일 대열에 합류했다. 이밖에도 많은 친일파 인사들이 괴뢰국 만주국과 일본 본토로 건너가 군부나 권력기관의 수족으로 활동했다.

중일전쟁 발발 후 일본은 식민지 타이완에서도 전쟁의 후방기지로 활용하기 위한 황민화정책과 경제개발을 추진했다. 철저한 일본어 교육과 사용을 지시하고 궁성요배, 히노마루 게양, 키미가요 제창과 신사참배를 강요했으며, 이로써 현지 주민의 민족성은 부정되었다. 오늘날 일본의 역사인식 문제와 관련해 논란이 되고 있는 야스꾸니신사에는 이때 동원되어 전사한 4만 8000여 명의 조선인과 타이완인이 합사되어 있다. 그들의 영혼은 전쟁 후 60여 년이 지난 오늘날까지도 식민지 지배로부터 해방되지 못하고 있는 것이다. 또한 패전 후 연합군 포로에 대한 감시와 학대 등의 죄목으로 B급·C급 전범으로 재판에 회부되어 사형 및 처벌을 받은 조선인은 148명, 타이완인은 173명이었다.

731부대의 만행에서도 알 수 있듯이, 중국에서는 그 정책이 식민지 조선과 타이완 이상으로 가혹했다. 특히 일본군은 중국 화북 일대의 해방구에서 삼광작전(三光作戰)을 전개하여 인력과 물자를 철저하게(光은 '남김없이'라는 뜻) 살해, 파괴, 소멸하는 작전을 펼쳤다. 삼광작전, 즉 소광(燒光)·살광(殺光)·약광(掠光) 가운데 약광은 군수물자와 노동력의 약탈이었다. 노동력 약탈은 1942년 토오조오 내각이 '화인 노무자 내지이입에 관한 건'을 의결하면서 본격화되었다. 이로 인해 중국인 성년 남자에 대해서도 강제연행이 이루어져 일본 각지의 광산과 탄광, 토목작업장, 항만, 조선소, 군수공장 등에 투입되었으며 그중 다수가 기아와 질병, 영양실조, 과로 등으로 사망했다. 1942~45년 5월까지 약 4만명의 중국인이 일본에 강제연행되었고 그중 이름이 판명된 사망자만 해도 약 6000명이었다. 거의 같은 시기에 중국 국민정부도 국가총동원법을 공포하여 장 제스의 일당독재체제를 한층 강화하고 강제징용·징병 등을 통해 국민생활의 통제를 꾀하여 민중들에게 큰 부담을 안겨주었다.

총동원체제하에서 침략전쟁은 아시아태평양 지역으로 광범위하게 확대 전개되었으며, 이로 인해 희생된 동아시아, 동남아시아, 태평양 지역 민중의 수는 대략 2천만명을 넘는다고 추산된다. 그러나 죽은 이들보다 더 많은 생존자들이 기억의 트라우마 속에서 고통스러운 나날을 보내고 있다는 사실을 잊어서는 안된다. 큐우슈우와 홋까이도오 탄광의 노예적인 노동의 실정, 동남아와 오끼나와, 태평양 각지에서의 강제노동과 민간인 학살, 히로시마와 나가사끼 원폭피해자, 사할린 억류 조선인, 일본군 위안부 등의 실태와 진상은 아직도 밝혀지지 않은 채 은폐되어 있는 부분이 적지 않다. 일본정부가 진상규명에 진지하고 성의 있는 자세를 보이지 않는 한 희생자들의 한과 고통은 영원히 지워지지 않을 것이다.

반파쇼 민족전선의
대항동원

항일민족통일전선의 형성과 전개

1931년 9월 만주사변 이후 일본의 아시아 침략이 확대되면서 아시아 각지에서 항일민족통일전선이 결성되어 일본의 침략에 저항하는 투쟁이 전개되었다. 1935년 7월 열린 코민테른 제7차 대회의 결의가 통일전선의 형성을 촉진하였다.

장 제스의 국민정부는 1927~37년까지 10년간 우선 국내를 안정시킨 후 외적을 물리친다는 '안내양외(安內攘外)'의 슬로건을 내세우고 공산당 소탕에 열중했으며 일본의 무력침략에 대해서는 전면대결을 피하고 있었다. 그사이 경제건설에도 적극 나섰다. 불평등조약을 개정하여 관세자주권을 회복하고 외채의 상당 부분을 상환했다. 위안(元)을 단위로 하는 새로운 지폐를 발행하여 화폐를 통일하고 도량형도 통일했으며 상품통행세인 이금(釐金)을 폐지했다. 국가재정을 근대적 예산편성에 의거해 운용했으며 각종 법률을 정비했다. 이는 전국적 시장과 상공업의 발달을 떠받치는 기초가 되었다. 아울러 과학교육과 상공업에 투자하여 과학기술과 중화학공업의 기초 인프라를 갖추었다. 특히 중화학공업은 국방경제 건설의 차원에서 중시되었다. 이러한 경제건설 정책은 투입된 자본의 대부분을 외채에 의거했고 농업 부문의 개혁을 결여했으며 관료자본에 의해 주도되었기에 부정적인 평가를 받아왔다. 실제로 근대공업 비중은 1936년에도 전체 산업의 7.5%에 그쳤고 근대산업 투자액의 73.8%가 외국자본이었다. 전차, 수도, 도시가스는 영국과 프랑스 기업에 의해 독점공급되었고 석유의 수입과 각종 수출입화물 운송의 70% 이상이 미국·영국 기업에 독점되었다. 정부 세입의 25%를 공채 발행으로 충당했고 그 과정에서 국가의 비호를 받는 거대한 투기자본가 집단이 형성되었다. 그럼에도 경제성장률은 연평균 6~8.5%로 추산될 정도여서 공황기의 세계경제 조건을 감안하면 상당한 수준이었다. 1930년대에는 고용의 70%, 총생산의 2/3가 중국인 기업에서 이루어져서 이는 그후 중국의 항전력을 뒷받침하는 동력의 하나가 되었다.

이러한 국민정부에 대해 일본의 히로따 코오끼(廣田弘毅) 외상은 '일화친선'을 제창하여 일·중 상호 공사관을 대사관으로 승격시키는 등 친선무드가 고조되었다. 그러나 1935년 5월 일본의 지나주둔군과 관동군이 탕구(塘沽)정전협정* 이래 준비해온 화북 침략과 화북분리공작을 실행에 옮기면서 중일관계는 급속하게 냉각되어갔다.

탕구정전협정 1933년 5월 만주 주둔 일본군이 베이징에 접근하여 양국의 정면충돌이 불가피해지자 이에 양국군이 톈진의 외항인 탕구에서 정전협정 5개항을 체결했다. 이 협정은 일본군의 화북 침략의 첫걸음이 되었다.

일본이 화북공작에 착수한 목적은 먼저 만주국 서측에서 침투해오는 반만(反滿)항일투쟁을 방지하고 화북지역을 제압함으로써 대소전에 대비하며 소련, 외몽골 및 중국공산당의 연대를 분쇄한다는 '방공' '적화방지'에 있었다. 또한 화북의 철·석탄·면화 등의 풍부한 자원과 시장을 독점하려는 것도 중요한 목적이었다.

일본의 화북공작은 중국의 민족적 위기감을 자극했다. 1935년 8월 중국공산당은 「항일구국을 위해 전동포에게 고하는 글」이라는 이른바 '8·1선언'을 발표하고 항일구국을 위해 내전의 정지와 일치항일을 호소했다. 8·1선언은 종래의 국민정부 타도를 제일 목적으로 하는 쏘비에뜨혁명노선에서 항일민족통일전선의 형성으로 전환하는 획기적인 의미를 지닌다. 그 전환의 계기는 1935년 7월 코민테른 제7차 대회가 (반)식민지의 각국 공산당에게 부르주아계급과 손잡고 민족통일전선을 형성할 것을 촉구한 데서 마련되었다. 이에 따라 중국공산당은 토지 몰수를 중지하고 지주·상공업자도 노동자·농민과 함께 파시스트 일본에 대해 공동 분투할 것을 요청했다. 각계구국연합회는 이를 전폭적으로 지지하면서 국공 양당의 내전 정지와 공동항일을 촉구하는 대중운동을 일으켰고, 이는 마침내 1936년 12월의 시안사건(西安事件)을 낳았다.

당시 산시성 북부의 공산군 토벌에 나선 장 쉐량(張學良)의 동북군과 양 후청(楊虎城)의 서북군 사이에서도 내전 정지·일치항일의 기운이 확산되어 공산군 토벌이 진척을 보이지 않았다. 장 쉐량과 양 후청은 장 제스가 공산군 토벌을 독촉하기 위해 시안을 방문했을 때 내전 정지를 주장했으나 이를 거절당하자 장 제스를 구금하였다. 이것이 시안사건이다. 일촉즉발의 상황에서 중국공산당은 저우 언라이를 시안으로 파견하여 장 쉐량과 함께 장 제스를 설득하고 내전 정지·일치항일에 대한 원칙적인 양해를 성립시켰다. 이렇게 해서 시안사건은 국민당과 공산당이 1927년 이래의 내전을 정지하고 제2차 국공합작으로 향하는 역사적인 전환점이 되었다.

일본은 중일전쟁 초반에 난징, 한커우, 우창, 한양 등을 점령하여 1938년 10월에는 중국의 주요 도시와 철도 간선을 거의 장악하게 되었다. 그러나 30만의 대병력을 동원한 우한작전과 원장루트를 차단하기 위한 광둥작전에서 일본군은 동원의 한계에 봉착했다. 당시 일본 육군은 중국대륙에 24개 사단, 조선에 9개 사단을 배치하고 있었으며 일본 본토에는 근위사단 1개를 남기고 있을 뿐이었다.

이러한 상황에서 장 제스는 1938년 10월 25일 「국민에게 고하는 글」을 발표하여 "적은 진흙탕에 깊이 빠져 점차 증대하는 곤란에 조우하고 끝내 파멸할 것"이라고 했다. 또한 중국의 광대한 농촌과 산간에서는 중국공산당의 지도하에 항일근거지인 해방구가 형성되었고, 팔로군(八路軍)이 게릴라전을 전개하여 도시와 철도를 유지하는 데 전전긍긍하는 일본군을 교란했다. 발족 당시 3만명의 팔로군과 1만명의 신사군(新四軍)*은 1940년에 이르러 각각 40만명과 10만명으로 증가했으며 중국공산당 당원도 4만명에서 8만명으로 증가했다.

그러나 국공합작도 처음부터 내적 모순과 대립을 안고 있었다. 특히 장 제스는 각 당파를 국민당 지도하에 집중시키는 국민당 일당독재를 합작의 조건으로 생각하고 있었으며 공산세력의 급속한 성장에 커다

팔로군과 신사군 제2차 국공합작의 성립에 따라 공산당의 홍군이 장 제스가 지휘하는 국민혁명군의 일부로 편제되면서 그 '제8로군' '신편제4군' 등으로 붙여진 이름의 약칭이다.

란 불안과 위협을 느끼고 있었다. 이에 따라 1939년부터 국민당군이 팔로군과 신사군 부대를 습격하는 사건이 빈발했으며 심지어는 공산당의 본거지인 산간닝(陝甘寧, 산시·간쑤·닝샤 3성의 경계지역) 주변을 포위, 봉쇄하는 사태까지 발생했다. 당시엔 통일전선을 유지하기 위해 양측의 활동구역을 나누어 해결을 꾀했지만 양당의 균열은 이미 돌이킬 수 없는 지경에 이르렀다. 특히 1940년 8월부터 5개월에 걸친 '백단대전(百團大戰)'에서 팔로군이 일본군의 화북 거점에 커다란 손해를 입히자 공산당에 대한 국민당의 경계심은 한층 고조되어, 산간닝 주변의 포위군을 강화하고 황허 이남의 모든 공산군에게 황허 이북으로 이동하도록 명령했다. 이에 1941년 1월 안후이성 남부에서 북쪽으로 이동하던 9000여명의 신사군이 국민당군의 기습공격으로 괴멸당하는 환난사건(皖南事件)이 발생했다.

이 사건으로 국공합작은 사실상 붕괴되었지만 그것이 곧 통일전선의 붕괴를 의미하는 것은 아니었다. 이 사건에 대해 홍콩에 있던 쑹 칭링(宋慶齡), 류 야쯔(柳亞子) 등이 국민당에 항의했으며 여론은 '내전 반대'를 주창하면서 공산당에 지지와 동정을 보냈다. 이때 마오 쩌둥이 「신민주주의론」을 발표하여 중국의 혁명은 부르주아독재도 프롤레타리아독재도 아닌 혁명적 제계급의 연합독재에 의한 민족해방, 정치의 민주화를 추구하는 새로운 형태의 '신민주주의혁명'이라고 선언한 것은, 항일통일전선이 일시적이 아니라 장기적으로 중국혁명을 전망한 것이라는 점을 분명히 한 것이었다. 이를 위해 중국공산당은 자신의 근거지에서 지주들의 토지를 몰수하지 않고 소작료와 이자를 인하하고 경작권과 소유권을 동시에 보장하는 온건한 정책을 시행했다.

국민정부는 1939년 3월 국민정신총동원강령과 1942년 3월 국가총동원법을 공포하여 국민에 대한 정신적·물적 통제를 강화하고 동원을 극대화하고자 했다. 그에 앞서 국민정부는 수도를 충칭으로 옮긴 후, 서북 오지에 군수산업을 중심으로 한 중화학공업을 건설하여 전전 대비 10배 이상의 생산량 증가를 이룩했다. 물론 거기에는 전전에 건설된 동남 연해지구의 공장을 이전해온 것도 포함되었다. 이것은 비록 민간인의 일상용품 수요에 부응하지는 못했지만 항전력 강화에 기여한 바는 적지 않은 것으로 평가된다.

조선에서는 1931년 신간회 해체 이후 일본의 대륙침략이 본격화되고 황민화정책이 강화되면서 국내의 민족독립운동이 침체했다. 민족유일당운동에 참가했던 우익세력은 그후 조직적인 민족운동을 전개하지 못하고 있었으며 일부 타협적인 우익세력은 일본의 아시아태평양전쟁에 적극 협조하였다. 이러한 상황에서 식민지 조선 내부에서의 민족해방운동은 사회주의자들에 의해 주도되었다.

코민테른 제7차 대회의 통일전선 방침은 조선의 독립운동에도 영향을 미쳐 반제민족통일전선의 움직임이 다시 나타났다. 먼저 그 기반으로 된 것은 만주사변 이후 민족독립운동 전선을 재결집하려는 노력이다. 1932년 한국독립당, 한국혁명당, 조선혁명당, 한국동지회, 의열단의 5당 대표가 상하이에서 모여 한국대일전선통일동맹을 결성하고, 1935년 7월에는 이를 민족혁명당으로 확대개편하였다. 그러나 민족혁명당의 통일전선은 이념과 주도권 문제로 조소앙을 비롯한 한국독립당계 인사들이 탈당하면서 곧 와해되었다. 이후 중일전쟁을 계기로 1937년 8월 김구, 조소앙, 이청천(李靑天) 등의 민족주의 진영에서 통일전선의 필요성을 다시 제기했다. 좌파와 우파가 각각 연합전선을 추진하다가 실패하고, 결국은 대한민국임시정부의 위상과 역할을 강화하는 방향으로 독립운동 진영의 정비가 이루어졌다.

임시정부는 1940년 5월 여당으로서 한국독립당을 재창당하고 중국 국민당의 지원과 연대 속에 세력을 확대했다. 김구 주석의 지도하에 1941년에는 삼균주의 강령을 공유해온 좌파 계열의 민족혁명당이 이에 합류했다. 이로써 임시정부는 화남지역의 통일전선 성격을 갖추게 되었다. 중국공산당 관할구역인 옌안에서는 1942년 조선독립동맹이 20만 명의 조선인이 거주하던 화북지역의 통일전선으로 결성되었다. 김두봉, 최창익(崔昌益)의 지도하에 공산당원까지 참여한 조선독립동맹은 세력과 조직을 확대하고 조선의용군을 조직해 항일전쟁에 참여했다. 만주지역에서는 현지 거주 조선인의 반일민족통일전선인 재만한인조국광복회가 오성륜(吳成崙), 이상준(李相俊) 등의 지도하에 1936년 성립되었다.

한편 국내에서도 통일전선을 형성하기 위한 노력이 우여곡절 속에 진전되었다. 1937,38년 원산을 중심으로 혁명적 노동조합운동을 전개한 이주하(李舟河), 김태범(金泰範) 등의 '원산그룹'은 민족해방전선의 결성을 목표로 했지만 1938년 10월 관련자들이 검거되면서 실패로 돌아갔다. 경성의 이재유는 코민테른으로부터 벗어난 독자적 공산주의운동을 추진했지만 실패했고, 그 흐름은 박헌영을 중심으로 한 경성콤그룹으로 연결되어 1945년 일본 패망 이후 조선공산당 재건의 중심축이되었다. 그러나 좌익세력의 공산당 재건운동은 관헌의 철저한 탄압으로 성공을 거두지 못했다. 또한 국내에서는 여운형을 중심으로 일본의 패망을 예상하고 이에 대비하기 위해 1944년 8월 건국동맹을 결성했다. 건국동맹은 전국의 반일세력을 결집하고 대중을 조직하는 데에도 노력하여 식량공출, 군수물자 수송, 징용, 징병 등을 방해하는 활동을 벌이

제2차 국공합작을 위한 회담을 축하하는 깃발(1937년 초 옌안, 위) 베트남독립동맹의 군대(1945, 아래)
좌우 이념을 망라한 항일통일전선이 형성되어 중국에서는 국공합작이 이루어지고 베트남
에서는 베트남독립동맹이 탄생했다.

기도 했다. 이들의 활동은 해방 후 건국준비위원회로 이어졌다.

이와 같이 1940년대의 독립운동은 중국 관내의 임시정부, 옌안의 조선독립동맹, 그리고 국내의 건국동맹 등의 3대 세력을 중심으로 전개되면서 상호연계와 통일전선을 추진했다. 이러한 노력과 시도는 일본이 패전하면서 구체적인 성과를 거두지 못하고 끝나고 말았다. 그러나 1945년 8월 15일 해방을 맞이할 때까지 좌우세력이 연합한 통일전선정부가 유지되면서 각자의 이념과 노선의 차이를 극복하려는 노력과 시도가 있었던 것은 한국독립운동사에서 중요한 역사적 유산으로 평가할 수 있을 것이다.

한편 베트남에서도 1941년 일본이 베트남을 점령함에 따라 변화된 정세에 대응해 민족통일전선이 결성되었다. 베트남독립동맹이 그것이다. 중국, 타이, 모스끄바 등지를 전전하던 호찌민은 그해 5월 30년 만에 귀국하여 베트남 북부에서 인도차이나공산당 제8차 중앙위원회를 개최했다. 여기서는 베트남의 정세를 "일본과 프랑스에 의해 베트남 전민중이 억압받고 있으며 민족의 운명은 그 어느 때보다도 위급한 상황에 있다"고 평가하고, 당면 투쟁목표를 "부분과 계급의 이익을 민족문제에 종속시켜 베트남의 완전한 독립과 자유를 회복"하는 것으로 규정했다. 거기에 상공업자는 물론 지주도 참가시키기 위해 토지 몰수와 분배 요구를 강령에서 빼고 소작료 인하를 당면의 목표로 제시했다. 이로써 1941년 5월 19일 민족해방을 위한 대중적인 세력을 결집한 베트남독립동맹(越盟, 비엣민Vietminh, 베트민)이라는 통일전선 조직이 정식으로 설립되었다. 이는 1936~38년 프랑스의 인민전선 내각이 공산당을 합법화한 가운데 인도차이나공산당이 반파시즘 연합전선을 결성한 경험을 바탕으로 한 것이었다. 물론 중국의 통일전선 형성의 영향도 받고 있었다.

한편 1941년 12월 일본의 진주만 기습을 계기로 미국이 참전함에 따라 중국은 세계 반파시즘 연합국의 일원이 되어 미·영·소와 함께 일본에 맞서는 항일전쟁을 수행하였다. 미국은 중국의 항전력을 강화하기 위해 국민당과 공산당의 대립을 적극 조정하여 통일전선이 유지될 수 있도록 노력하였다. 1943년 미·영이 아편전쟁 이래 중국의 주권을 훼손해온 불평등조약을 폐기하고 중화민국을 4대국의 하나로 인정한 것도 중국의 대일항전력을 극대화하기 위한 조치라고 할 수 있다. 이는 아시아태평양전쟁에서 중국이 담당하는 역할이 그만큼 컸음을 반영하는 국제정치상의 중대한 변화가 아닐 수 없다.

약소민족의 국제연대

만주사변 이후 반식민지 중국과 식민지 조선 및 타이완의 항일투쟁이 격화되었고 일본 사회주의자들까지 포함하는 갖가지 형태의 국제연대가 모색되었다. 특히 중국인과 조선인의 공동항일에 대한 인식과 실천이 더욱 고조되었다.

그 중대한 계기는 1932년 4월 29일 조선인 윤봉길(尹奉吉)의 상하이 홍커우공원 의거였다. 일본 각계 인사들이 상하이 점령 전승기념행사를 겸하여 천황의 생일을 축하하는 행사장에 윤봉길이 폭탄을 투척하여 다수를 살상한 것이다. 이는 김구의 지도하에 결행된 한인애국단의 항일투쟁으로, 그때 사용된 폭탄은 북벌전쟁 참전 후 상하이병기창 주임으로 있던 김홍일이 중국인 기술자 창 츠다오(尚次導)의 도움을 받아 제조한 것이었다. 윤봉길의 의거를 전해들은 장 제스는 "중국의 100만

대군도 하지 못한 일을 조선의 한 청년이 했다니 정말 대단하다"고 감탄했으며 이는 이후 장 제스가 대한민국임시정부를 지원해주는 계기가 되었다. 1932년 10월 난징에서 김원봉이 설립한 조선혁명군사정치간부학교, 1934년 중국중앙육군군관학교 뤄양분교에 설치된 한인특별반 등은 장제스정부의 지원하에 이루어진 것으로 한중연대의 진전을 보여준다. 이런 분위기는 만주지역에도 미쳐, 만보산(萬寶山)사건*으로 생긴 감정대립을 해소하고 조선인과 중국인이 공동으로 항일투쟁에 나서게 만들었다. 이에 따라 1933년 중국공산당 만주성위원회의 지시로 사회주의 계열의 항일유격대가 동북인민혁명군을 조직했으며, 조선인은 여기서 중요한 역할을 했다. 황푸군관학교 교관 출신으로 당시 만주성위원회 서기로 활약한 양림(楊林)이 그 대표적인 예다.

이에 대해 일본은 만주에서 조선인과 중국인의 연대를 저지하기 위해 서로 적대시하도록 부추겨 피압박민족을 이간하였다. 특히 조선인 유격대의 저항을 저지하기 위해 민생단(民生團)이라는 친일스파이 조직을 만들면서 중국공산당 내부의 조선인 대부분이 민생단원이라는 소문을 퍼뜨려 내부분열을 꾀했다. 이에 중국공산당 내부에서 중국인 당원이 조선인 당원을 배척하는 민족 간 대립인 소위 '민생단사건'*이 발생하여 항일운동에 커다란 타격을 주었다. 이 사건은 중국공산당 내 조선

만보산사건 1931년 7월 지린성 창춘현 만보산지역에서 일본 영사관의 술책으로 관개수로 공사를 둘러싸고 조선인과 중국인 사이에 벌어진 유혈투쟁.

민생단사건 민생단은 1932년 일본 영사관이 만주의 항일단체를 분열시키기 위한 목적으로 세운 친일반공 단체. 당시 중국공산당 간부 한명이 조선인 당원에게 살해되자 일본 당국은 '조선인 당원은 대부분 민생단원'이라는 소문을 퍼뜨렸고 그 결과 양국 인민들 간의 충돌이 일어나 430여명의 조선인이 희생되었다.

인 공산주의자들에게 큰 위기가 되었다.

1935년 일본이 3만의 병력으로 항일유격대에 대한 대토벌을 감행할 때 코민테른 제7차 대회에서는 반파시즘 인민전선과 식민지 민족통일전선에 대한 방침을 내렸다. 이에 따라 중국공산당은 1935년 12월 만주에서 반제 단일전선을 발표하여 동북인민혁명군 제2군을 중심으로 동북항일연군을 편성하고, 조선 독립을 목표로 하는 항일민족통일전선당으로서 조선항일혁명당을 만든다는 방침을 제시했다. 간도지방의 유격대를 기반으로 조직된 동북항일연군 제2군 2000여명은 그 절반이 조선인이었고, 조선과 중국의 국경지대와 백두산으로 진출하여 국내 진공작전을 펼치기도 하였다. 그러나 만주에서의 군대활동이 어려워지자 1940년 소련 영내로 이동한 후 그 수가 줄어들어 조선인은 200명이 채 못 되었다. 그 지도자 중에 최용건(崔庸健), 김일성이 있었다.

한편 만리장성 이남의 중국에서는 1937년 중일전쟁 발발 후 12월 좌파 정당과 단체가 연합하여 조선민족전선연맹을 결성했으며 1938년 10월 우한에서는 김원봉이 국민당의 원조로 조선의용대를 만들었다. 조선의용대는 중국 국민정부 군사위원회의 지도를 받도록 되었으나, 국민당이 반공적인 태도를 드러내고 항일전쟁을 기피함에 따라 적극적인 항일투쟁을 전개하기 위해 1941년 화북의 중국공산당 지구로 이동하였다. 김두봉은 공산당의 지원하에 이를 조선의용군으로 발전시켜 팔로군과 함께 항일전쟁에 참전했다. 그 과정에서 윤세주, 진광화(陳光華) 등이 전사해 태항산(太行山) 자락에 묻혔다. 조선의용군의 수는 1945년 1000명에 달했다.

중국에 있던 임시정부는 1940년 9월 중국국민당이 수도를 충칭으로 옮기자 이곳으로 근거지를 옮겨 이청천을 사령관으로 하는 한국광복군

한국광복군 창립(1940) 중국과 조선의 공동항일에 대한 인식이 고조되면서 국민당의 지원을 받아 한국광복군이 창설되었다. 광복군은 중국군사위원회의 지휘를 받았다.

을 조직했다. 이에 참가한 자들은 만주 독립군 출신과 중국의 군사학교를 졸업한 간부들이었다. 한국광복군은 화북으로 이동하지 않고 잔류한 조선의용대를 흡수하고 국민당의 군사원조를 받아 1945년경에는 대원 수가 총 800명으로 늘어났다.

장 제스의 국민정부는 1941년 말부터 임시정부에 대하여 군사원조를 했다. 그러나 1941년 11월 중국국민당과 맺은 '한국광복군 행동 9개 준승' 탓에 임시정부는 더이상 광복군에 대한 통수권을 가질 수 없었다. 광복군의 활동지역, 작전, 조직, 훈련 등은 모두 중국군사위원회의 지휘를 받도록 되었다. 이에 임시정부는 '9개 준승' 폐지운동을 적극 전개하여 1945년 5월 광복군에 대한 지휘권이 임시정부로 넘어왔다. 그후 광복군은 장제스정부와 미국 전략첩보부(OSS)의 도움 속에 미얀마전선의 대일전에 참가하는 등 공동항일을 위해 노력했다. 그러나 임시정부가 국제법상 교전단체로서 참전하는 것은 허용되지 않았다. 장제스정부는 임시정부의 독립운동을 지원하면서도 임시정부의 간곡한 요청에도 불구하고 끝내 그에 대한 외교적 승인을 하지 않았다. 미주에서는 임시정부의 구미대표위원회가 조직되어 외교활동을 전개했으나 미국도 독립운동세력의 분열을 이유로 임시정부를 승인하지 않았다.

중일전쟁이 아시아태평양전쟁으로 확대되어 중국의 항전이 연합국의 지원을 받게 되자, 일본의 패전은 갈수록 분명해졌다. 그에 따라 중국공산당과 국민당은 각각 전국대회를 열고 전후구상을 구체화하기 시작했다. 1945년 5월 마오 쩌둥과 중국공산당은 '독립, 자유, 민주, 통일, 부강'의 신중국을, 특정 정당의 일당정부가 아닌 항일과 민주를 위해 분투해온 각 계급의 '연합정부' 형태로 건립하자고 제안하였다. 이는 국민당 일당독재에 고통받던 각계각층 인민의 지지를 받았다. 미국과 국민당 안의 민주파도 이를 지지했으나 당권파는 국민당의 독점적 지위를 유지한 채 형식상 '헌정'으로 이행하려는 준비를 하였다.

일본공산당도 항일투쟁에서 어느정도 제 역할을 하고 있었다. 당시 중국전선에서는 일본에서 관헌의 감시와 탄압을 피해 중국으로 건너간 일본인 공산주의자와 일본군 포로를 중심으로 '일본인민반전동맹'이 결성되었다. 그리하여 충칭에서는 좌익 작가 카지 와따루(鹿地亘)가, 옌안에서는 노사까 산조오(野坂參三) 등이 각각 일본군 병사와 포로에 대한 반전활동을 펼쳤다. 이후 일본의 패배가 명확해진 1944년 반전동맹 화북연합회는 전후 일본의 민주적 건설을 목적으로 하는 일본인해방연맹으로 탈바꿈했다.

일본에서의 재일조선인운동도 민족독립투쟁의 중요한 일환이었다. 특히 재일조선인 노동자의 파업투쟁은 일본 노동시장의 중층적인 구조 속에서 일본인 노동자계층의 성장과 투쟁에 큰 영향을 미쳤다. 그러나 코민테른의 이른바 일국일당 원칙에 의거하여 1929년 말 '재일본조선노동총동맹'이 '일본노동조합전국협의회'로 흡수된 이래 청년동맹, 학우회 등도 모두 일본인 단체에 해소되어버렸다. 그것은 결국 조선인들의 중요한 투쟁목표인 민족독립투쟁을 경시한 오류였다. 일본공산당은 재일조선인의 민족독립을 향한 염원을 반영하지 못했고, 그 역량을 조직화하지도 못했다. 그뿐만 아니라 일본공산당은 노동자계층에 대한 영향력을 회복하기 위한 노력은 하지 않고 재일조선인의 혁명역량을 흡수함으로써 자신들의 재건과 대중화를 도모하려 했다. 결국 그것은 한일 양국 노동자의 국제적 연대를 개척한 것이 아니라 민족적 허무주의를 초래하여 허울뿐인 국제연대가 되어버렸다.

타이완에서의 항일운동은 중국대륙과 연대하려 했으나 총독부의 분열정책과 탄압으로 여의치 않았다. 중국 본토에서도 1930년 10월 타이완에서 발생한 고산족(高山族) 봉기*를 계기로 식민지 타이완에 대한 관심이 고조되었지만, 한편으로는 일본의 타이완 지배가 장기화되면서 중국과 타이완 사이의 연대를 가로막는 간극이 점차 커지고 있었다. 특히 중국인의 타이완에 대한 몰이해와 멸시가 심했던 현실은 식민지 타이완과 반식민지 중국이 연대하여 일본제국주의와 투쟁하자는 전략에 커다란 장해가 되었다.

그러나 1937년 중일전쟁의 전면 개시, 항일민족통일전선의 성립, 그

타이완 고산족 봉기 타이완 난터우(南投)현 우서(霧社)에서 일어난 고산족의 반일무장 봉기. 그들은 경찰서와 주재소를 습격, 소총과 탄약을 탈취하고 일본인 130여명을 살해했다. 당시 타이완총독부는 이 봉기가 민족운동으로 번질 것을 우려하여 군대와 경찰관을 동원, 대규모 토벌작전으로 이를 진압했다.

리고 중국민족해방전쟁의 전면적 발동이라는 역사적 전개는 일본제국주의 지배하에 있던 타이완인의 해방을 위한 객관적 조건을 크게 진전시켰다. 국민당의 태도도 변하고 본토에서 타이완인의 항일활동도 진전을 보았다. 1937년 8월에는 샤먼에서 항일복토총연맹이, 상하이에서는 중화타이완혁명당, 중화타이완혁명대동맹 등의 조직이 탄생하고 1938년에는 리 유방(李有邦)에 의해 타이완의용대가 조직되었으며 1940년 3월 충칭에서는 이들 단체에 의해 타이완혁명대동맹이 결성되었다.

베트남은 1941년 일본군이 원장루트를 차단하고 동남아시아의 지하자원과 군사적 전초기지를 확보하기 위해 진주하면서 프랑스 식민지 통치하에서 이중의 억압을 받아야 했다. 당시 독일에 항복한 프랑스는 독일에 협력하고 있던 비시(Vichy)정권하에서 일본군에 베트남에서 군사상의 특수한 편의를 제공하고 있었다. 1941년 5월 6일 베트남 남부에 진주한 일본군은 쌀, 고무, 석탄과 기타 지하자원을 공급받고 동시에 베트남 은행으로부터 전비를 제공받았다. 전쟁이 절정에 달하면서 일본의 수탈은 더욱 강화되어 1943년 13만 205톤의 쌀이 징발되었고 1944년에는 128만 6180톤이 징발되었다. 일본은 베트남에서도 점령을 강화하기 위해 친일적인 정치조직과 종교집단을 후원하여 민족분열을 꾀했다.

이러한 사태의 전개는 베트남과 중국의 항일연대를 촉진했다. 1942년 10월 중국 류저우에서 베트남국민당의 잔여세력을 중심으로 베트남혁명동맹회가 성립되었고, 이는 충칭의 장제스정부와 광시·광둥지구 총사령관 장 파쿠이(張發奎)의 후원을 받았다. 그 직전 호찌민은 장제스정부에 도움을 청하기 위해 중국으로 갔으며 우여곡절 끝에

1944년 11월 비엣민과 장제스정부 간의 공동항일 방침이 발표되었다. 비엣민은 미국의 도움을 받아 대일전쟁에 참전하겠다는 의사를 미국에 전했으나 받아들여지지 않았다. 루스벨트 대통령이 전후 한반도에 대해서처럼 인도차이나반도에 대해서도 신탁통치 구상을 갖고 있었기 때문이다. 미국 전략첩보부는 한국광복군에 대해서 그랬던 것처럼 단지 비엣민의 활동을 지원하는 정도에 머물렀다. 그에 앞서 인도차이나공산당은 1940년 8월 중국공산당과 비밀협정을 맺어 베·중 양국 인민의 공동항일을 위해 노력하고 중국에서 활동하는 인도차이나공산당 당원에게 매월 일정액의 자금을 제공하기로 했다.

일본과 프랑스의 식민지 당국은 상호 협력하여 비엣민의 게릴라 근거지를 습격하고 도시와 농촌의 각종 비밀기관을 탄압했다. 1945년 3월, 일본은 곳곳에서 전황이 불리하게 전개되자 무력으로 프랑스 총독을 비롯한 식민지 관료들을 체포하여 식민지 통치를 종식시키고 베트남에 군정을 실시하였다. 동시에 일본은 베트남을 전략적으로 이용하기 위해 유명무실하던 응우옌조의 마지막 황제 바오다이(Bao Đai, 保大)를 옹립하여 베트남제국의 독립을 선언케 했다. '또 하나의 만주국' 전략을 구사한 것이다. 베트남 전역을 점령하게 된 일본은 경제적 착취를 더욱 강화하고 수십만 톤의 쌀을 강제 수탈함으로써 100만여명의 베트남인들이 기아로 숨지는 참사를 낳기도 했다.

이러한 상황에서 인도차이나공산당 중앙위원회는 1945년 3월 일본군과 베트남 민중 사이에 모순이 심화되어 심각한 정치적 위기를 초래하고 있다고 보고 무장봉기에 유리한 조건으로 첫째, 극심한 정치적 위기로 인한 적의 고립화, 둘째, 100만여 인민의 아사로 인한 대중의 적개심 폭발, 셋째, 일본의 패망을 암시하는 전황의 추이 등을 지적했다. 이러한 인식을 바탕으로 비엣민은 자신들의 적은 프랑스가 아닌 파시스트 일본이라고 규정하고 투쟁목표를 이제까지의 일본과 프랑스 타도에서 '파시스트 일본 타도'로 바꾸어 친일정권에 대한 적극적인 정치공세를 펼쳤다. 이는 그해 8월 일본의 패망을 계기로 비엣민이 단행한 일제봉기인 8월혁명으로 이어졌다.

전후질서의 청사진

1941년 일본의 진주만 기습공격 이후 전쟁은 동아시아에서 동남아시아와 태평양 전역으로 확대되었다. 초기의 선전으로 일본은 동남아시아와 태평양의 광대한 지역을 점령했지만, 승리에의 도취는 그다지 오래가지 못했다. 즉시 반격을 시작한 미국은 1942년 6월의 미드웨이(Midway)해전에서 일본의 연합함대에 치명적인 타격을 입혔으며 이후 일본은 단 한차례도 미국에 대해 우세를 차지하지 못하고 태평양 지역에서 주도권을 상실해가기 시작했다.

같은 시기 유럽의 동부전선에서는 스탈린그라드전투에서 소련이 독일에 승리를 장식했으며 북아프리카전선에서도 연합군이 독일군과 이딸리아군을 수세에 빠뜨리며 전황을 주도해나갔다. 추축국의 패색이 짙어지면서 1943년 7월 이딸리아의 무솔리니 정권이 무너지고 무조건 항복을 선언했다. 연합국은 이때부터 전후처리 문제를 본격적으로 검토하기 시작하여 1943년 10월 미·영·소 3상회의에서 국제연합(UN) 창설을 원칙적으로 결정했으며, 소련의 스탈린은 독일 항복 후 대일전에 나설 것을 선언했다.

이어서 11월 27일 미·영·중 3국 수뇌에 의한 카이로회담에서는 일본이 무조건 항복할 때까지 철저하게 싸울 것, 1차대전 이후에 일본이 탈취, 점령한 태평양의 섬들을 포기할 것, 일본이 탈취한 만주·타이완·펑후제도를 중국에 반환할 것, 그리고 조선을 적절한 절차를 밟아 독립시킬 것 등을 결정했다. 이어서 12월의 제2차 카이로회담에서는 소련군의 대일참전을 전제로 독일 항복 후의 일본 본토 공략을 태평양에서부터 감행한다는 전략이 확정되었다. 카이로회담에서 제시된 일본 영토에 대한 결정사항은 기본적으로 포츠담선언으로 계승되었다. 이에 따라 미국은 1944년 필리핀 레이테(Leyte)전투에서 승리를 거두면서 B29 중폭격기의 전진기지를 사이판으로 옮기고 필리핀 루손섬에서 오가사와라제도, 오끼나와로 진격코스를 결정했다. 이로써 일본이 1943년 9월 어전회의에서 '본토 방위상 확보 및 전쟁 계속을 위해 필요불가결한 영토와 지역'을 확정한 절대국방권 구상은 차례로 무너지고 중국전선에서도 국민당군과 팔로군의 항전으로 일본의 패색이 짙어지고 있었다.

　연합국은 독일과 일본의 패배가 명백해지자 전후구상의 청사진을 구체적으로 그리기 시작했다. 당초 미국이 구상한 전쟁 종결 후의 대아시아 전략은 중국과 조선에서 주도권을 장악하고 나아가 베트남과 홍콩에서 프랑스와 영국 세력을 배제하여 경제적 패권을 확립하는 데 있었다. 동시에 영국과 프랑스의 약체화로 발생한 아시아의 공백에 소련을 이용하고자 했다. 이에 따라 1945년 2월 미·영·소의 얄따회담에서는 전후 독일과 동구권 국가에 대한 문제와 함께 소련의 대일참전과 전후 아시아 구상이 구체화되었다. 소련은 외몽골의 현상유지, 러일전쟁으로 박탈당한 구 러시아 권익의 회복, 치시마열도의 영유 등을 조건으로 대일전에 참전한다는 내용의 비밀협정을 미국과 맺었고, 이는 오늘날까지 이어지는 북방영토* 문제의 단서가 되었다. 동시에 미국은 한반도에 대해서는 미국·영국·중국·소련의 4자에 의한 신탁통치 구상을 제시하여 조선에 대한 권리를 획득하려 했다.

이러한 과정에서 미국의 일본 점령에 대한 청사진도 국제관계와의 상호관련 속에서 동시에 그려지고 있었다. 미국은 1939년 9월 유럽에서 2차대전이 발발하자 곧바로 국무성 내에 대외관계자문위원회 제1차 위원회를 설치하여 전후 세계질서에 관한 연구를 시작했으며, 1941년 12월 아시아태평양전쟁이 발발한 직후에는 제2차 위원회를 설치하고 그 위원회 안에 '극동반'을 꾸려 일본항복 후의 점령정책을 구체적으로 입안하기 시작했다. 대외관계자문위원회는 1944년에는 전후계획위원회(PWC)로 발전하여 이미 포츠담선언에 가까운 내용이 다듬어지고 있었다. 그 내용들은 1945년 6월 '3성조정위원회* 150' 문서로 미국정부가 결정하고 이윽고 포츠담선언으로 연결되었다. 1945년 7월 26일의 포츠담선언에서는 일본군에 대한 무조건항복 권고와 동시에 군국주의 기반의 제거, 영토의 점령과 삭감, 민주화 촉진, 군대의 해산, 군수산업 이외 평화산업의 유지, 장래 무역관계로의 참가 허용 등의 13개 항목으로

북방영토 2차대전 말기인 1945년 8월 9일 소련이 점령한 일본의 쿠나시리·에또로후·시꼬딴·하보마이제도 등의 4개 섬. 전쟁 후 일본정부는 이 섬들을 '북방영토'라 부르며 수련(러시아)에 반환을 요구해왔다. 조사에 따르면 1945년 8월 15일 당시 이 섬들에는 일본인 3124세대, 1만 7921명이 살고 있었다. 총면적은 5036km²로 후꾸오까현보다 조금 크다.

3성조정위원회(The State-War-Navy Coordinating Committee) 미국에서 1944년 11월 독일의 항복과 점령의 과업을 수행하고 그에 따른 정치·군사 문제의 처리를 조정하기 위해 국무성, 육군성, 해군성의 3성 장관으로 구성된 기구. 당시 미국의 대외정책을 입안하고 조정을 담당했던 핵심조직의 하나로, 일본 점령과 한반도에 관한 다수의 주요 정책들이 주로 논의되었다. 1948년 국가안보회의(NSC)로 개편된다.

이루어진 일본의 전후처리 방침이 제시되었다.

한편 일본은 1944년부터 이미 패색이 명백함에도 불구하고 '신주불멸' '황군불패' '성전' 같은 환상적인 관념에 사로잡혀 결사항전을 부르짖으면서 전쟁을 계속할 것을 고집했다. 1945년 2월의 시점에서 이미 패전은 불가피하다고 판단한 코노에 후미마로는 전쟁을 계속할 경우 군 내부의 불만분자와 공산주의자의 결합에 의한 공산혁명으로 국체호지(國體護持), 즉 천황제 유지까지도 장담할 수 없다는 입장에서 조기화평을 주장했다. 그러나 쇼오와천황은 전황이 유리한 상황에서 협상테이블로 나가야 한다는 입장을 견지하여 코노에의 상주를 물리쳤다.

일본이 전쟁을 이어가자 일본과 아시아의 민중은 더욱 큰 희생을 감내해야 했다. 병참선이 붕괴된 상황에서 현지조달주의를 원칙으로 한 일본군의 무모한 저항은 아시아전선 각지에서의 약탈과 학살을 부채질했다. 1945년 3월부터 B29 중폭격기에 의해 본격적으로 시작된 토오꾜오·오오사까 등의 대도시 공습에서는 수십만명의 민간인이 희생되었다. 특히 3월 10일의 토오꾜오대공습에서는 300여대 중폭격기의 폭격으로 단 하루 만에 8만여명의 민간인이 사망하고 4만여명이 부상을 입었다. 또한 3월 26일부터 개시된 미군의 오끼나와상륙작전에서는 오끼나와 수비군이 전멸했을 뿐만 아니라 10만명에 가까운 오끼나와 주민을 포함하여 18만여명이 사망했다. 다수의 주민들은 일본군의 병기 수송과 식량 조달에 동원되었으며, 심지어 일본군에 관한 정보를 미군에 제공할 수도 있다는 이유로 집단자결을 강요당하기도 했다. 6월 23일 오끼나와가 함락된 이후 일본은 비로소 전쟁 종결 방안을 모색하기 시작했다. 그러나 민중의 희생은 안중에 없이 오로지 국체호지만을 절대적인 조건으로 생각하고 있었고, 그것은 결국 히로시마와 나가사끼의 원폭투하라는 인류의 비극을 불러왔다. 오끼나와는 전후 미국의 군사기지로 제공되면서 또다른 희생을 강요받았고 지금도 여전히 미국의 동아시아 전략에서 최대 요충지로서 이용되고 있다.

한편 당초 소련을 대일전쟁에 이용하려 했던 미국은 전쟁 막바지에 가능하면 소련이 참전하기 전에 전쟁을 종결하여 동아시아에서 주도권을 독점하고자 했다. 특히 7월에 원자폭탄 실험에 성공하면서 더이상 소련의 협조 없이 일본을 항복시킬 수 있다고 판단했고, 루스벨트 사망 후 트루먼(H. S. Truman)이 대통령으로 취임하면서 미소관계는 협조에서 대립으로 바뀌고 있었다.

이윽고 1945년 7월 26일의 포츠담선언을 일본이 묵살한 것을 구실로 미국은 8월 6일 히로시마에 원폭을 투하하고, 이어서 9일에 나가사끼에도 원폭을 투하했다. 순식간에 시가지는 잿더미로 변했고 20만명이 폭사하였다. 그사이에 소련은 8월 8일 대일 선전포고를 하고 이튿날에는 만주국경을 돌파했다. 원폭투하와 소련의 참전은 결사항전을 고집하던 일본 수뇌부로서도 더이상 방도가 없게 만들었다. 더구나 소련의 참전으로 국체호지가 불가능하게 될지도 모른다는 위기감에 사로잡힌 일본 수뇌부는 8월 10일 국체호지를 조건으로 천황의 '성단'(聖斷, 성스러운 결단)을 빌려 포츠담선언 수락을 최종적으로 결정하고, 이를 8월 14일 확인하고 다음날 발표하였다. 천황의 '종전조서(終戰詔書)'는 일본제국이 일으킨 전쟁을 정의로운 해방전쟁으로 정당화하면서 일본인과 일본이라는 국가 자체를 전쟁과 잔학한 폭탄의 피해자인 것처럼 묘사했다.

일본의 항복이 미국이 예상했던 1945년 12월(11월 1일 본토 상륙작전이 예정돼 있었다)보다 빨리 이루어진 원인에는 미국의 원폭투하와 소련 참전이라는 외적인 요인만이 아니라, 패전 후에도 천황제를 계속해서 유지하려는 '본토결전' 반대세력의 연합에 의한 종전공작이 있었다는 점에도 유의할 필요가 있다. 이에 따라 천황 측근의 궁중그룹과 중신그룹은 천황의 성단이라는 형태로 전쟁을 종결하고 패전 후에도 계속해서 천황을 비롯한 보수지배세력의 온존을 꾀했다. 이는 2차대전 말기 일본과 함께 파시스트 추축국을 형성한 독일과 이딸리아에서 국가원수인 히틀러와 무솔리니가 각각 자살하거나 유격대에 붙잡혀 처형된 것과 대조를 이룬다. 결국 지배집단의 온존과 천황의 성단이라는 신화의 창출은 오늘날까지도 일본이 침략전쟁을 인정하지 않는 역사인식의 중요한 근원이 되었다.

2차대전이 종결하면서 인도네시아, 베트남, 미얀마, 인도, 스리랑카 등 아시아 각지의 종속국, 식민지가 독립을 달성했다. 그러나 한국은 미국의 동아시아 전략에 의해 일본을 대신해서 한반도 남북이 분단되는 결과를 맞았다. 유럽에서 파시스트 독일이 분단된 것처럼 동아시아에서는 일본이 분단되었어야 마땅함에도 이렇게 뒤틀려버린 사정은 특별히 주목되어야 한다. 한반도는 일본제국주의의 희생에서 벗어남과 동시에 동서냉전의 또다른 희생물이 되는 운명을 맞이한 것이다.

한편 일본은 패전과 동시에 시작된 냉전체제의 최대 수혜자였다. 특히 미국은 1948년 중국 내전에서 공산당이 승리를 거두고 한반도에 남북 단독정부가 수립되자 동아시아에서 공산세력이 확산되는 것을 저지하기 위해 일본에 대한 점령정책을 '응징'에서 '관용'으로 바꾸어 공산주의자들을 공직에서 추방(레드퍼지Red Purge)하는 '역코스(reverse course) 정책'을 단행했다. 동시에 1948년 11월 토오꾜오재판(정식 명칭은 '극동국제군사재판')을 종결하고 12월에는 키시 노부스께(岸信介)를 비롯한 A급 전범들을 모두 석방하여 더이상 전쟁책임을 추궁하지 않는다는 뜻을 밝혔다.

일본의 전쟁책임 문제에서 가장 핵심은 천황의 책임이었다. 그러나 점령 초기부터 점령군 사령관 매카서(D. MacArthur)는 효율적인 점령 통치를 위해 천황을 이용할 생각으로 토오꾜오재판의 대상에서 천황을 제외시켰다. 천황의 전쟁책임을 면책하기 위해 점령군과 일본정부 사이에 은밀한 막후교섭과 정치공작이 이루어지고 있었다. 이와 함께 일본 일반 국민의 전쟁관과 천황관도 주목되어야 한다. 1945년 8월 15일 "견딜 수 없는 것을 견디고 참을 수 없는 것을 참아야 한다"는 천황의 '종전조서'가 발표되자 수많은 토오꾜오 시민들이 황궁 앞에 몰려가 무릎 꿇고 '신민'으로서의 도리를 다하지 못했다며 통곡하였다. 그들은 전쟁에 동원된 피해자이기도 했지만, 동양평화를 위해 싸우는 '황군'의 연전연승 소식을 전하는 보도만 접해왔기에 패전·종전을 도저히 있을 수 없는 일로 여겼던 것이다. 1945년 11월 일본방송협회의 여론조사에 따르면 95%가 천황제를 지지하였다.

이윽고 천황은 전쟁책임을 면책받고 1947년부터 시행된 신헌법 제1조의 '천황은 일본국 및 일본국민의 상징'이라는 규정에 근거하여 '상징천황제'라는 또다른 형태로 온존할 수 있었다. 천황의 전쟁책임 면책은 일본의 보수지배층이 창출한 천황의 성단 신화와 함께 전후 일본인의 역사인식에 중요한 영향을 미치는 결과를 가져왔다.

3

식민, 민족동화, 민족이산

식민의 논리와 기구

19세기는 서구열강의 식민지 획득경쟁이 세계적인 규모로 전개된 시기였다. 식민지는 원칙적으로 본국 정부의 헌법이나 제반 법령이 시행되지 않고 본국과는 다른 법적 지위에서 본국에 종속되어왔으며, 선주민은 본국인과는 구별되는 별개의 법적 신분에 편입되어 권리·의무에 대한 차별적인 취급이 이루어졌다. 제국주의 열강은 식민지를 획득하는 과정에서 현지 주민의 저항에 압도적으로 우세한 군사력을 동원하여 살육을 수반하는 것이 일반적이었으며 식민지를 원료공장, 상품시장으로 개발함과 동시에 현지 주민을 정치적으로 탄압하고 지배해왔다.

일본의 근대화는 이러한 서구열강에 의한 식민지화의 위기에 대응하면서 주변지역을 지배하는 양의성을 가지고 출발했다. 서구열강이 주로 원거리의 식민지를 획득한 것에 비해 일본은 지리적으로 가까운 근린 약소국들을 하나씩하나씩 지배해나간 것이다. 메이지유신 이후 갖가지 시행착오를 겪으면서도 급격한 체제변혁을 성취한 일본은 먼저 오끼나와와 홋까이도오를 내부식민지로 만들면서 식민지 분할경쟁에 뛰어들었다. 이후 청일전쟁에서 승리한 일본은 시모노세끼조약을 통해서 타이완을 식민지로 획득했으며, 러일전쟁 후에는 남부사할린을 할양받고 만주지역의 관동주에 대한 조차권을 획득했다. 동시에 조선에 대한 우위를 확보한 일본은 1910년 조선을 식민지로 삼았으며 1차대전 후에는 남양군도를 위임통치하게 되었다.

일본이 식민지 지배를 정당화하기 위해 내세운 논리는 '문명화'를 근거로 한 동화주의였다. 일본은 서구열강의 오리엔탈리즘에 근거한 식민지주의적인 가치원리를 내면화하고 서구열강이 아시아에 대해 우월성의 근거로 제시한 문명과 야만의 분할구도를 그대로 적용하여 지배를 정당화했다. 근대국가 형성과정에서 일본인이라는 자각이 없는 오끼나와와 홋까이도오의 원주민들을 일본인으로 자각하게 만드는 개조작업의 경험은 이후 타이완과 조선의 식민지 지배에서도 그대로 적용되었다. 이렇게 일본이 식민지 지배에서 동화정책을 기본방침으로 삼은 것은 문화적·지리적 근접성을 근거로 타이완과 조선을 영구적으로 지배하고 타이완인과 조선인을 일본인으로 개조하려 했기 때문이다. 당시 서구열강은 식민지의 저항과 반대운동에 직면하여 자치주의로 전환하고 있었으며 1차대전 이후 민족자결주의가 등장하였으나, 일본은 국제적인 조류와는 반대로 동화주의를 지배정책으로 채택한 것이다. 그러나 동화주의는 현실적으로 식민지 지배를 통해서 조선인과 타이완인을 '일본인이면서 일본인이 아닌 존재'로 머물게 하는 불완전한 상태를 유지할 수밖에 없었고, 일본은 그 불완전한 상황에 대한 불만을 막기 위해 물리적 강제력을 더욱 강화해갔던 것이다.

타이완은 조선보다 15년 먼저 식민지가 되었으나 식민지 지배의 형태는 기본적으로 유사했다. 예컨대 타이완의 식민지 지배를 시기적으로 구분해보면 1895~1919년까지의 전기는 무력항일운동을 탄압하기 위한 무단통치, 1919~36년까지의 중기는 내지연장주의(內地延長主義)를 바탕으로 한 문관통치, 1936~45년의 패전까지는 다시 무관총독에 의한 황민화정책기로 나누어진다. 이는 조선에서의 무단통치기, 문화통치기, 그리고 황민화정책기와 시대를 같이한다.

그러나 일본이 타이완과 조선에 대해 획일적으로 똑같은 통치를 벌인 것은 아니었다. 타이완에서는 8대 총독부터 16대 총독까지 문관총독이 통치했지만 조선에서는 1919년 이후 총독무관제가 폐지되었음에도 불구하고 1대 총독에서 마지막 10대 총독까지 모두 무관이 총독을 역임했다. 타이완총독과 조선총독 모두 막강한 권력을 장악했지만 타이완총독은 내각 총리대신과 내무대신의 지휘감독을 받았으며, 천황 직속의 조선총독보다는 지위가 낮았다. 타이완총독은 내각의 감독을 받는 지위에 있었기 때문에 1920년대 후반부터 1930년대 초 입헌정우회와 입헌민정당의 2대 정당기에는 정권이 바뀔 때마다 빈번하게 경질되었다.

타이완총독부의 관료에는 타이완인 직원도 다수 채용되었으나 철저한 차별로 고위관료로 승진할 기회는 차단되어 있었다. 주지사, 청장, 시장은 모두 일본인이고 총독부에 속하는 고등관 1444명 가운데 타이완인은 30명에 지나지 않으며 타이완인 경찰은 모두 순사 이하였다. 또한 공립중학교 교장으로 임명된 타이완인은 없으며 국민학교도 분교장을 포함하여 4명에 지나지 않았다. 조선총독부의 경우에도 구 대한제국의 정부조직을 개조, 통합함으로써 다수의 조선인 관료를 포함했지만 중추부의 요직은 대부분 일본인이 장악했다. 1940년 일본이 남진정책을 펼치면서 남진기지로서 타이완의 중요성이 증대됨에 따라 타이완인을 전쟁에 동원하는 최대의 목적은 "타이완인이 중국인으로서의 민족의식을 버리고 다가오는 남방작전의 요원, 총알받이가 되도록 기형적 일본인"을 창출하는 데 있었다.

조선에서 문화통치가 시작되던 1919년부터 타이완에도 문관총독이 부임하면서 내지연장주의에 의거한 문화통치가 시작되었다. 구체적으로는 교육의 확충, 행정조치에 의한 내지인과의 혼인의 합법화, 일본어 상용자에 한해 내지인과 타이완인의 소학교 공학, 타이완인의 주식회사 설립 허가, 타이완인의 총독부 평의회원 및 고등관으로의 등용 등을 통해 타이완인을 동화하고 그 지위를 내지인의 지위에 근접시키려는 정책을 펼쳤다. 그러나 내지연장주의는 어디까지나 식민지 지배를 용이하게 하기 위한 것이었지 내지인과 외지인 간 차별의 실질적 철폐는 결코 아니었다.

중일전쟁이 시작되면서 일본은 황민화운동, 황민봉공회운동, 신문의 한자란 폐지, 일본어상용운동, 타이완 전통연극의 금지, 우상과 묘의 철폐, 신사참배 강제, 내지식개성명(內地式改姓名)의 강요 등을 통해 타이완인에게서 한족적인 제반 요소를 강제로 제거하고자 했다. 일본과 중국의 전쟁이 한창일 때 타이완인들이 한민족이라는 자각을 품는 것은 타이완 통치에 불리하다고 판단했기 때문이다.

한편 이러한 과정에서 타이완의 지식인 가운데서는 조선의 친일파같이 '일본인화'가 진행되고, 일본제국의 지배를 긍정하는 징후가 나타나기도 했다. 특히 1930년대 중반부터 본격화되는 황민화정책에 편승하여 적극적으로 제국을 위해 몸과 마음을 바치고 안신입명을 위해 광분하는 자들이 나타났다. 그러나 대부분의 타이완인이 황민화운동에 동조한 것은 아니었다. 특히 교육수준이 낮은 농민층은 토착성, 보수성이 강했으며 타이완인이라는 자의식을 지니고 있었다. 이들 개개인의 사회적 영향력은 아주 미미한 것에 지나지 않았지만 한편으로는 타이완인이라는 자의식을 품은 자들이 있었기에 황민화운동의 커다란 저지력이 형성될 수 있었다.

조선총독부의 초기 정책인 무단통치는 기본적으로 총독무관제와 헌병경찰제도에 의거했다. 조선총독은 천황 직속으로서 조선군에 대한 통수권을 장악하고 '소천황'으로 군림했다. 헌병경찰제도는 헌병대 사령관이 경무총감을, 각 도의 헌병대장이 도 경찰부장을 각각 겸임하고 있었다. 합병 당시 헌병은 2019명이었으며 여기에 1012명의 조선인 헌병보조원이 포함되어 있었다. 헌병은 의병 진압의 명목으로 법적인 수속 없이 조선인을 체포, 처벌할 수 있었을 뿐만 아니라 조선인의 일상생활에도 관여하여 일본어 보급과 징세, 농사 개량 등의 업무를 맡고, 소유자가 없는 농지를 접수하기도 했다. 또한 조선총독부는 토지조사사업을 실시하여 전체 경작지의 3.26%의 무소유 토지를 접수해 동양척식회사에 팔아넘기고 조선으로 건너온 일본인과 현지 유력자에게 분배했다. 이로 인해 토지를 수탈당한 농민들은 만주와 일본 국내, 러시아 연해주 등으로 이주하기 시작했다.

총독무관제와 헌병경찰제도는 3·1운동 이후 문화통치로의 전환과 동시에 폐지되었다. 이에 따라 총독의 조선군 통솔규정이 철폐되었으며 헌병경찰은 보통경찰로 이행했다. 그러나 이후에도 문관 출신의 총독은 한명도 나오지 않았고 사이또오 마꼬또 해군대장을 제외하면 모두 육군대장이었다. 또한 경찰은 그후에도 일본 본토의 경찰에게는 없

는 기관총과 야포 등의 중장비를 보유하여 준군사적 성격을 띠었다. 그
뿐만 아니라 보통경찰제도로 개편한 후에는 일본 내지에서 다수의 경
찰관이 파견되어 1919년 6387명에서 1920년에는 2만 134명으로 그 수
가 급증하였으며, 경찰서 수도 1919년 736개에서 1920년에는 2746개로
증가하여 독립운동에 대한 감시망이 더욱 강화되었다.

문화통치기의 또 하나의 특징은 친일파를 양성하여 독립운동을 약화
시키고 민족분열을 조장하기 위해 민족운동의 열기를 문화운동으로 돌
리는 일이었다. 종교운동, 수양운동, 생활개선운동, 농촌계몽운동 등이
그것이다. 이러한 운동에 참여한 우파 민족주의자들은 대부분 친일노
선으로 기울지 않을 수 없었다. 이들은 대부분 민족성 개량, 실력 양성,
자치주의를 부르짖으면서 일본의 지배에 협조하는 노선을 선택했다.
1922년 「민족개조론」을 쓴 이광수가 그 대표적인 예다. 이광수는 교육
의 진흥, 산업의 발전, 민중의 진작 등을 민족개조운동의 방법으로 내세
우고 식민통치를 인정하는 범위 안에서 자치론을 주장했다.

1930년대 중반의 황민화정책기부터 동화주의는 '내선일체'라는 미
명하에 극도로 강압적으로 전개되었다. 조선인에게 황국신민의 서사,
신사참배, 궁성요배, 창씨개명 등을 강요하고 조선어 교육을 폐지했다.
일본의 중국침략전쟁은 식민지민족에게 커다란 분열과 고통을 강요했
다. 이른바 황민화정책의 미명하에 대다수의 식민지민족은 가중되는
억압과 수탈에 허덕이면서 전쟁에 동원되어야 했다. 황민화정책은 일
본제국주의가 식민지 지배에서 기본방침으로 삼았던 동화주의의 극단
적인 귀결이었다.

식민정책의 효과적인 집행을 위해서는 현지인의 협조와 동화가 필요
했을 뿐 아니라 현지에 이주해온 식민 본국민의 협조도 중요했다. 이것

이야말로 자국민을 새로 점령한 외지에 심는다는 한자어 '식민(植民)'의 의미이다. 1945년 8월 당시 일본의 '식민자'는 600만~700만명에 달했다. 이들은 조선·대만·만주·중국 본토·동남아 등지에서 식민정책 수행의 손과 발이 되었다.

최근의 식민지 연구에서는 식민지주의를 단순하게 본국 이외의 영토를 침략하고 피식민지 민족을 억압하거나 지배한다는 의미로 이해하는 데 그치지 않고, 식민지와 본국의 접촉과 관계를 통해 받은 직간접적인 영향이 식민지 지배가 종결된 이후에도 오랫동안 식민자와 피식민자의 의식 속에 지속적으로 남아 있다는 점에도 주목하고 있다. 오늘날 일본의 침략전쟁과 식민지 지배를 정당화하는 일본 우파들의 역사인식은 식민지주의가 여전히 그들이 의식 속에 뿌리 깊이 남아 있다는 것을 단적으로 말해준다. 그런 점에서 볼 때 동아시아에서 식민지제국으로 군림했던 일본의 식민지 지배를 구체적으로 해명하지 않고서는 일본과 동아시아의 미래지향적인 관계를 전망하기 어려울 뿐만 아니라 현대 일본의 자기인식조차도 제대로 이루지 못할 것이다.

동화론과 자치론의 갈등

일본제국주의의 식민지 통치방침의 기조는 동화주의였다. 그러나 식민지 지배기를 통해 시종일관 타이완인과 조선인은 포섭과 배제가 절충된 '일본인이면서 일본인이 아닌' 애매한 위치에 머물러 있었다. 식민지 통치를 통해 표면적으로 동화를 표방하면서도 실질적으로는 제도적 차별을 그대로 두고 차별의 중층구조를 재생산했다. 그러다보니 식민지 피지배민족의 저항과 갈등은 피할 수 없는 귀결이었다. 3·1운동 이후 일본은 이를 은폐하고 호도하기 위해 동화주의를 기저로 하는 '내지연장주의'를 내세웠다. 하라 타까시가 구상한 내지연장주의는 조선인의 풍속과 습관을 동일화하기보다는 제도적 평등을 먼저 실현하려는 것이었지만 그 이념은 부분적으로밖에 실현되지 못했고 그 연장선상에서 황민화정책은 모순을 더욱 심화시키면서 제국의 붕괴로 끝날 수밖에 없었다.

그러나 일본의 식민지 동화정책을 비판하는 조류가 일본에서 전혀 존재하지 않았던 것은 아니다. 특히 타이쇼오 데모크라시의 시대적 분위기와 조선의 3·1운동을 계기로 동화주의를 비판하고 자치주의를 주장하는 언설이 대거 등장하였다. 이때 동화주의를 비판하는 논거로 도입된 것이 프랑스 사회학의 동화주의 비판에서 일본의 식민정책학으로 유입된 인종사상이었다.

프랑스의 동화주의 비판에 일찍이 영향을 받은 일본인은 타께꼬시 요사부로오(竹越與三郎)였다. 그는 1905년 2월 의회에서 '63법'* 찬성 연설을 하고 타이완인을 법제적으로 일본인에서 배제할 것을 주장했다. 그것은 곧 원주민에 대한 인종차별적인 관점에서 동화주의를 부정하는 것이었다. 그러나 이러한 주장은 당시 일본에서 주류가 아니었다. 대개 동화주의를 법제적 평등화를 포함하는 것으로 이해하지 않았기 때문이다. 대부분의 논자들은 교육과 문화 측면에서의 동화와 법제와 권리 측면에서의 배제를 구분해서 인식했던 것이다.

63법 1896년 타이완인에게 내지의 '일본인'과 같은 법적 권리를 인정하지 않는다는 것을 규정한 법령으로, 정식 명칭은 '메이지 29년 법률 제63호'다.

동화주의 비판은 한국병합 이듬해 일본의 논단에 다시 등장하고 타이완총독부 관료에게도 유입되었다. 1911년 타이완총독부 고급관료 토오고오 미노루(東鄕實)는 총독부 기관지 『타이완시보』에 「비동화론」이라는 평론을 기고했다. 여기서 그는 "식민지 토인의 유전적 신앙관습 및 본능을 무시한 동화정책이 대부분은 실패했다"고 경고하고 "토인의 사회조직을 존중하고 특종(特種)의 제도를 제정하는 이른바 비동화주의"를 제창했다. 그것은 프랑스 사회학자 르봉(G. Le Bon)이 주장한바 혼혈의 기피, 유전에 따른 민족심리의 불가변성, 인류평등설의 오류, 식민지에서의 고등교육 유해론 등에 의거하여 동화주의를 비판하고 원주자의 관습을 존중해야 한다는 내용이었다. 이처럼 동화주의를 비판하면서 식민지의 민족자결성을 강조하고 식민지 자치를 제창한 것은 인종주의에 의거해 원주민을 일본인에서 배제할 것을 의도했다는 점에 커다란 한계가 있었다. 이는 이후의 자치론자의 경우에도 크게 다르지 않았다.

일본 식민지정책학의 선구자로 알려진 니또베 이나조오(新渡戶稻造)의 식민정책에 관한 주된 논고는 대부분 1916년 토오꾜오제국대학의 식민지정책학 강의를 정리한 『식민정책 강의 및 논문집』에 실려 있다. 여기서 그가 인종 간 우열이 존재한다는 르봉의 학설을 소개하면서 동화주의는 "800년이라는 장기간을 필요로 하는" 정책이라고 한 것은 그것이 거의 불가능한 일이라는 것과 같은 의미였다. 그는 토오고오와 마찬가지로 개인의 능력을 신장하는 근대교육보다도 구래의 관습과 집단적 문화에 맞는 민족교육을 중시하는 입장이었다. 물론 이처럼 식민지의 자치를 주장한 것은 오늘날 우리가 일반적으로 생각하는 평등의 이념과 결코 같은 것이 아니었다.

이후 조선에서 3·1운동이 발생하자 자치주의를 서구 최신의 문명적 통치정책으로 이해하고 조선과 타이완에도 자치를 부여해야 한다는 논의가 대두했다. 타이쇼오 데모크라시의 이론적 지도자 요시노 사꾸조오는 1919년 6월에 집필한 「조선통치 개혁에 관한 최소한의 요구」에서 교육제도 미비를 비롯한 차별대우 철폐와 공학 추진, 무단통치의 철폐, 조선역사를 망각시키는 동화정책 철폐, 언론의 자유 등 4개 항목을 주장했다.

니또베에게서 배우고 그의 후임으로 토오꾜오제국대학의 식민정책학 담당으로 부임한 야나이하라 타다오(矢內原忠雄)는 1926년 「조선통치의 방침」이라는 논문에서 프랑스 동화정책의 실패를 설명하면서 "양복을 입고 양식을 먹으며 영어를 말하고 영문학을 배운다고 해서 인도인은 영국인이 되지 않았다. 그들은 영어로 영국을 공격해 마지않는다. 또한 미국의 흑인은 (…) 여전히 미국에 동화된 것으로 인정할 수 없다. 환경의 영향은 이상형의 변화에 그치고 원인형의 변화에는 미치지 않는다고 유전학자는 말한다"며 인종주의 논리에 의거해 동화주의를 비판했다. 그는 이러한 입장에서 조선의 정치적 자주성을 인정하면 "조선은 일본에 반항해야 할 심리적 이유를 상실할 것"이며 나아가 정치적·군사적 이해관계에 기반을 둔 '협동'이 가능해진다고 주장했다. 자치의 부여가 반드시 일본의 국익에 위배되지 않는다는 것이다. 이처럼 요시노와 야나이하라의 조선의회설치론은 일본제국주의의 군사적·관료적 지배에 대한 비판이기는 해도 제국주의 지배 그 자체를 비판한 것은 아니었다. 그들은 오히려 일본제국의 국익을 우선해서 식민정책을 좀더 효율적으로 적용하기 위한 방책을 제시한 것이었다.

그러나 식민정책자들의 동화주의 비판은 실제 정책에 커다란 영향을 미치지 못했다. 그들의 주장이 현실적으로 충성심의 육성을 목표로 하는 일본의 동화정책과 동떨어졌기 때문이다. 더구나 동화주의 비판이 논단에서 성행한 것은 주로 1905~20년대 중반까지이며 그것은 타이쇼오 데모크라시라는 국내 분위기와 구미협조 노선이라는 대외정책과도 맞물려 있는 시기였다. 이후 1930년대에 들어와 황민화정책이 강행되고 언론 탄압과 감시가 심해지면서 동화주의 비판은 효과적인 힘을 발휘하지 못하고 사라져갔다. 야나이하라는 이미 1927년에 타이완을 현지조사한 후 교육 등에서는 동화가 철저히 강행되면서 오직 정치 면에서만 불평등이 유지되고 있다며 통치정책을 비판하여 타이완총독부 당국으로부터 출판물 발매금지 처분을 받았다. 그리고 1937년 12월에는 일본의 대륙정책 비판으로 우익의 공격을 받고 토오꾜오제국대학 교수직을 사직하게 된다.

현실적으로 당초부터 차이를 인정하면서 평등을 추구하는 것은 실현하기 어려운 일이었다. 일본인으로의 동화를 비판하면서 일본인으로부터 배제하는 차별에 빠지지 않고 평등을 추구하는 것은, 천황제 이데올로기를 배경으로 식민지민족을 '충량한 신민'으로 양성한다는 일본제국주의의 동화주의 방침에 대하여 당초에 상대가 되지 못하고 탁상공론에 그칠 수밖에 없는 것이었다.

한편 1차대전 이후 국제정치에서의 민족자결 원칙과 3·1운동 등을 계기로 총독부체제 내에서도 참정권 문제의 수준에서 조선의회 설치가 불가피하다는 주장이 제기되었던 점은 주목할 만하다. 식민지 기술관료 출신인 모찌지 로꾸사부로오가 1920년 집필한「조선통치론」에서 조선의회 설치를 주장한 것이 대표적이다.

모찌지는 3·1운동이 '민족자결주의에 자극을 받은 일시적인 현상'

이 아니라 그 뿌리가 깊으며, 이에 일본제국의 안위를 위해서도 적절한 방침을 세워야 한다고 하면서 동화정책을 비판하고 조선의회 설치를 주장했다. 모찌지는 동화정책이라는 명분으로 조선인의 민족적·문화적 주체성을 완전히 배제하려 한 결과 사상과 감정의 융화 달성은커녕 오히려 조선인의 반감을 부추길 수밖에 없었다고 본 것이다. 그는 또한 동화정책은 세계의 대세에 역행하여 일본을 고립시킬 것이라는 이유로도 동화정책을 비판했다. 그의 조선의회설치론은 내지연장주의의 방향이 아니라 자치주의 방향으로 구상한 것이었다. 그것은 일본과 동일한 선거법을 적용하면 조선인이 일본 본국 의회에 진출하여 여러가지 폐해를 초래할 수 있다고 보았기 때문이다.

모찌지의 이와 같은 주장은 1920년대 중반까지도 고립된 것이었다. 그러나 1920년대 후반에 가면서 총독부 차원에서 '민심 완화'를 명분으로 제한적 자치를 인정하는 조선 지방의회 설치와 제국의회 의원 선출이라는 문제가 검토되기 시작했다. 1927년 사이또오 총독이 귀국하기 직전에 만들어진 문건에서는 조선인 의원의 제국의회 진출과 조선 지방의회 설치의 두가지를 인정하는 안이 제시되었다. 전자에 대해서는 반대론을 의식하면서 "조선인 의원을 국회에 출석시킴으로써 점차 일본인과 조선인의 국민의식을 가깝게 만들 수 있다"는 이유로 그 인원수를 제한하는 안이 제시되었다. 조선 지방의회 설치에 관해서는 조선을 일본의 부현 같은 지방단위로 보고 좁은 범위에서 자치를 인정하면 "일본제국에 반항하는 움직임을 억제하는 효과"를 기대할 수 있다고 보았다. 1929년 사이또오가 다시 총독으로 부임했을 때 참정권 문제가 재차 부상했으며 사이또오는 이 안건을 가지고 토오꾜오로 가서 비밀리에 정부 고위급과 접촉했지만 결국은 그 어느 것도 빛을 보지 못했다. 다만

1930년 12월 종래의 지방자문기관을 의결기관으로 하는 개혁만이 실시되었을 뿐이다.

일본정부가 조선의 자치권과 참정권을 인정하지 않은 것에 대하여 코마고메 타께시(駒込武)는 '팽창의 역류' 현상에 대한 '방파제 만들기'로 설명한다. 즉 일본정부는 식민지 통치의 모순이 전반적으로 역류 현상을 일으키면서 도미노처럼 본국의 통치구조와 교화이념에 의문을 제기하게 만들고 그로 인해 위기상황이 발생하는 것을 우려했을 것이라는 설명이다. 1920년대 후반부터 30년대에 걸쳐 조선인의 유입이 급증하자 내각회의를 통해 '조선인 이주대책의 건'을 결정하고 조선인의 도항을 엄격하게 제한한 것도 이러한 우려와 전혀 무관하지 않을 것이다. 식민지 통치의 모순을 식민지에만 봉쇄하고 본국으로 파급시키지 않는다는 입장은 기본적으로 일관해서 견지되었던 셈이다.

1920년대 이후에는 총독부의 제도적 개혁과 친일파 육성을 통한 민족분열 정책이 어느정도 성과를 거두면서 지주와 산업자본가를 대상으로 한 '협력체제'가 그럭저럭 작동하기 시작했다. 그럼에도 조선의 자치를 인정하지 않으려 했다는 것은 그만큼 조선인의 저항이 여전히 강했으며 총독부 통치의 모순이 심화되고 있었다는 것을 말해준다. 그것은 곧 어떤 형태로든 일본제국주의의 식민지 통치에 수정을 가할 필요가 있었다는 것을 의미하지만, 동화주의와 자치주의의 선택지 사이에서 일본제국주의는 동화주의의 연장선상에서 황민화정책이라는 극단적인 길을 선택하면서 파멸을 맞이하게 되었다.

민족이산

　민족이산을 뜻하는 디아스포라(diaspora)는 그리스어로 '흩어진 자'라는 의미로 원래는 팔레스티나(Palestina) 밖에 흩어져 사는 유대인을 지칭하는 말이었다. 그러나 오늘날 디아스포라라는 용어는 비단 모국을 잃고 세계 각지를 유랑하는 유대인의 역사에 한정하지 않고 아프리카, 카리브해, 아메리카, 유럽, 아시아에 걸쳐 강제적으로 이동당한 자들, 동유럽의 집시, 혹은 세계 각지에 흩어져 살고 있는 중국계 이민과 재일조선인, 그밖에 갖가지 이유로 유랑과 망명의 경우에 처한 다양한 인간의 역사와 문화, 그리고 사회성에 관한 개념으로 쓰인다.

　현대적 의미의 민족이산은 산업혁명의 진전에 따라 강제성에 의한 노동력 조달이라는 형태로 인간의 이동이 대규모로 전개되면서 비롯되었다고 할 수 있다. 특히 16~19세기에 걸쳐서는 약 1천만명에 달하는 아프리카인들이 아메리카와 카리브해의 섬들로 끌려가 노예로 살았다. 그러나 19세기 중엽 이후 제국주의 시대가 도래하면서 인간의 이동은 이전보다 훨씬 광범위하고도 대규모로 전개되었다. 19세기 후반부터 1차대전까지의 반세기 동안 유럽에서 미주대륙으로 건너간 사람들의 수는 5천만명에 달한다. 이밖에도 유럽에서 호주와 뉴질랜드 등 해외로 건너간 사람들은 1901~20년 사이에 2천만명 이상에 달한다. 물론 이 경우 새로운 이주지를 개척하기 위해 자발적으로 건너가는 경우가 대부분이었다. 그러나 19세기 중엽부터는 제국주의의 파도가 아시아로 미치면서 먼저 인도인과 중국인을 중심으로 노동력의 대이동이 전개되기 시작했다. 그들은 서구에서 노예제도가 폐지된 이후 이를 대신하는 노동력으로서 고무·사탕 플랜테이션(재식농업)이나 광산·철도 건설, 항만 하역 등에 투입되었으며 엄격한 계약노동에 묶여 노동을 강요당하는 자유 없는 노예 같은 존재였다. '쿠리'로 불린 이들 하층 노동자들은 제국주의의 지배를 지탱하는 중요한 요인이 되었다.

19세기 중반부터 아시아에서 대량의 노동력이 유출된 것은 아시아 각지의 식민지화 또는 반식민지화에 따라 세계시장을 연결하는 상품경제가 침투하면서 빈번한 기근을 포함한 경기변동과 전통사회의 해체를 유발했기 때문이다. 특히 식민지, 반식민지의 하층민중은 이러한 변화에 대응하여 최소한의 생계를 위해 국내를 유랑하거나 국외로 유출되면서 민족이산의 희생자가 되었다.

인도의 노동자들은 대부분 대영제국의 판도에서 노동력으로 투입되었으며 그 수는 19세기 중엽부터 1차대전까지 약 100만명에 달했다. 그밖에도 말레이시아 등 동남아 각지로 이동한 수를 더하면 450만명에 달한다. 중국의 경우 아편전쟁 이후 반식민지화가 진행되면서 과중한 세금과 전란으로 농촌을 버린 중국 남부의 유민들은 대부분 쿠리가 되어, 광둥, 홍콩, 마카오, 상하이 등지에서 말라야(Malaya, 말레이반도)와 네덜란드령 동인도(인도네시아)의 플랜테이션 농장으로 송출되었다. 1860년대까지 청나라는 중국인의 해외도항을 금지했기 때문에 이러한 송출은 대부분 유괴나 사기 같은 비합법적인 수단으로 이루어졌다. 저자무역(猪仔貿易)이란 말은 문자 그대로 쿠리를 돼지새끼같이 취급한다는 것을 의미한다. 한 연구에 의하면 1874년부터 7년 사이에 중국에서 송출된 쿠리는 약 50만명에 달했다. 특히 19세기 후반부터 아메리카로 송출된 대규모의 쿠리는 1869년 완성된 최초의 대륙횡단철도와 1885년에 완공된 파나마철도 건설에 투입되었다. 그러나 미국에서 중국인 쿠리에 대한 차별과 배척이 심해지고 1882년에는 중국인 이민금지법이 제정되면서 중국인의 이주가 급감하자 이를 대신해서 일본인 이민이 증가하기 시작했다.

일본인의 하와이 이주는 1885년부터 본격적으로 시작되었다. 중국인의 하와이 송출이 감소하면서 노동력이 부족했기 때문이다. 1875년 20개였던 하와이 사탕수수농장이 1888년에 67개로 증가한 것은 그만큼 많은 노동력이 필요해졌다는 것을 말해준다. 여기에 충당된 대부분의 노동력은 메이지유신 이후 지조개정으로 인해 혹세를 견디지 못하고 체납으로 토지를 상실한 37만여명의 일본 농민들이었다. 1937년 당시 하와이의 총인구 39만 3000여명 가운데 일본인의 비율은 약 38%를 차지하는 14만 9000여명에 달했다.

조선인 노동자의 해외송출에 따른 민족이산은 식민지 지배 이전부터 일본제국주의의 침략이 본격화되면서 시작되었다. 조선인 노동자들의 하와이 이주는 1902년부터 시작되어 1905년까지 65척의 배로 7226명이 이주하여 사탕수수농장의 노동자로 충당되었다. 하와이 이민자 가운데는 미국으로 건너가 독립운동에 종사한 자도 적지 않았다. 장인환(張仁煥)은 하와이에서 미국으로 건너가 대동보국회에 가입하고 1908년에는 일제 통감부시기 한국정부의 외교고문이던 스티븐스(D. W. Stevens)를 저격 살해한 인물이다.

일본의 식민지 지배가 시작되면서 토지수탈과 가혹한 세금에 시달린 농민들이 일본과 만주로 새로운 살길을 찾기 위해 이주하였다. 특히 황민화정책이 본격화되는 1930년대 중반부터 패전에 이르기까지는 수백만명의 조선인이 일본제국주의의 침략전쟁에 동원되어 아시아·태평양 각지로 이산을 강요당했다. 물론 이들 가운데는 자발적으로 경제적 성공을 꿈꾸고 만주나 일본으로 건너간 자도 적지 않았다. 1938년 통계에 의하면 만주로 건너간 조선인은 약 105만명에 달하며 패전 당시에는 300만명에 달했다고도 한다. 당시 만주에는 일본인이 약 50만명, 한족과 만주족이 약 3670만명 거주하고 있었다.

이밖에도 현재 4만여명의 한인이 거주하고 있는 사할린도 제국주의 시대의 유산으로 민족이산의 아픔이 여전히 치유되지 않고 있는 상징적인 지역이다. 일본은 중일전쟁 이후 침략전쟁의 확대에 따른 노동력 부족을 메우기 위해 1939년부터 국민징용령을 통해 조선인을 동원했으며, 1944년부터는 강제징용으로 조선인들을 동원하여 탄광·비행장·군수공장 등에 투입했다. 사할린에 강제징용된 조선인의 수는 대략 15만명으로 추정되며 일본이 패전할 당시 사할린에 잔류한 조선인은 4만 3000여명으로 기록되어 있다.

일본은 1956년 소련과의 국교 회복 이후 소련에 억류된 일본인의 귀환사업에 착수했지만, 조선인은 이미 일본인이 아니라는 이유로 교섭대상에서 배제되었다. 당시 반공을 국시로 하고 있던 한국정부도 소련과 국교가 단절된 상황에서 이들의 귀향사업은 불가능한 상태에 있었다.

사할린 동포의 귀환 문제는 1980년대 말부터 한일 양국의 합의로 양국 적십자사를 통해서 모국 방문이 진행되어 1990년대 초부터 영주귀국이 실현되는 단계로 발전했다. 그 배경에는 1970년대부터 사할린 잔류 조선인 문제를 일본의 '전후책임 문제'로 인식하고 일본정부에 이들에 대한 보상과 귀국협력을 꾸준하게 요청해온 양심적인 일본인들의 노력이 있었다. 2010년 당시 사할린에서 영주귀국한 동포는 2200여명인데, 아직도 영주귀국을 희망하는 3000여명이 사할린에 남아 있으며 이들에 대한 구체적인 지원대책은 마련되지 않고 있다.

식민지시대를 통해 자발적이든 강제에 의해서든 조선인이 가장 많이 이동한 곳은 만주와 쌍벽을 이루는 일본이었다. 식민지시대 일본으로 건너간 재일조선인의 인구 추이를 보면, 1910년에는 불과 2246명에 지나지 않던 것이 1920년에는 3만 149명으로 증가했으며 1930년에는 약 30만명에 달했다. 이후 황민화정책하에서 1939년 9월부터 일본정부가 노무동원계획을 세우고 조선인 노동자를 일본으로 강제 송출하면서 급증하기 시작하여 1940년에는 그 수가 약 120만명에 달했으며 1945년 일본이 패전한 시점에는 거의 200만명에 육박했다. 동원된 노동자들은 대부분 전시 일본의 부족한 노동력을 메우기 위해 탄광·토목공사 현장·군수공장·항만 등에 배치되어 중노동을 강요당했다. 나가사끼 인근의 하시마(端島, 군함도)에서 해저 700m까지 내려가 석탄 캐는 중노동에 시달리던 800여명의 조선인 징용자들은 나가사끼에 원폭이 투하되자 피폭현장의 사후처리반으로 투입되었다. 인간로봇이기를 강요당한 것이다. 그에 앞서 나가사끼와 히로시마에 거주하던 조선인 중 7만여명이 원폭을 맞고 그중 4만명(피폭 사망자 총 수의 1/6)이 사망하였다.

재일조선인이 겪은 민족이산의 고통은 일본이 패전한 후에도 해소되지 않았다. 일본이 패전하자 재일조선인의 대부분은 하루속히 귀국하기를 희망했지만, 패전의 혼란 속에서 귀국선을 타는 것이 용이하지 않았다. 때로는 자력으로 작은 어선을 조달하여 귀국을 서두르다가 대한해협에서 난파당해 사망하는 사람들도 적지 않았다. 또한 귀국한 후 국내 정세의 악화와 유행병 등으로 또다시 일본으로 밀항하는 사례도 속출했다. 1950년까지 재일조선인은 100만여명이 귀국했지만 연합군 최고사령부(GHQ, General Headquarter of Supreme Commander of the Allied Power)가 재일조선인들이 귀국할 때 소유할 수 있는 재산의 한도액을 1000엔으로 제한했고 한반도 정세가 불안해지자 점차 귀국을 단념하는 자들이 늘어났다. 심지어 점령군은 연료 확보를 위해 탄광에서 일하던 재일조선인들의 귀국을 고의로 지연시키기도 했다. 점령기 GHQ는 재일조선인을 관리와 감시, 통제의 대상으로밖에 보지 않았으며 특히 1948년을 경계로 역코스 정책이 시작되면서 재일조선인을 공산주의자로 간주하는 경향이 두드러지게 되었다.

이때부터 조국으로 귀국하지 않고 일본에 정착하여 살게 된 재일조선인들은 민족이산의 상징적인 존재라고 할 수 있다. 현재 재일조선인은 총 60만명가량으로 고정화되었지만 그중 일본 국적을 취득하는 조선인 수는 점차 증가하여 20만명에 가깝다. 재일조선인이 일본으로 귀화하는 가장 큰 이유는 민족차별에서 벗어나기 위해서다. 일본사회의 재일조선인에 대한 뿌리 깊은 차별과 멸시는 단순히 식민지 지배를 통해서 배양되어온 사회적 편견에 그치지 않고 제도적으로 보강되고 지속되어왔다.

패전 직후 일본은 재일외국인 가운데 가장 다수를 차지하는 재일조선인을 주된 치안대상으로 간주하고 조선인을 인권 보장에서 교묘하게 배제했다. 1947년 외국인등록령이 공포된 데 이어 1952년 외국인등록법과 쌘프란시스코강화조약의 발효로 인해 재일조선인은 일본 국적을 일방적으로 박탈당하고 무국적 외국인으로서 인권의 사각지대에서 그야말로 디아스포라의 처지에 놓이게 되었다.

이후 재일조선인에 대한 차별과 억압은 제도적으로도 사회적으로도 더욱 심화되어갔다. 전시보상법령에 의거해 보상받을 수 있는 군인은 급(恩級), 유족연금, 장애연금, 조위금 등의 적용을 비롯하여 국민연금, 국민보건보험, 공무원 채용, 일본육영회 등의 장학금, 공공주택 입주 등에서 모두 배제되고 민족교육의 억압, 취업 차별, 지문 날인 등으로 재

징용 조선인의 명부와 사진(위) 사할린 한인 김병롱 씨(1927년생, 사진 중앙의 안경 쓴 이) 가족(아래)
강제징용된 조선인들은 일본 각지에서 가혹한 노동에 시달렸다. 그중 다수가 해방 후 돌아
오지 못하고 현지의 디아스포라로 남아 있다. ©이또오 타까시/눈빛출판사

일조선인의 인권은 무참하게 유린당하고 억압받았다. '조센징'이라는 차별어는 사회적으로 도둑놈이나 거짓말쟁이같이 어둡고 부정적인 이미지와 동의어로 사용되었다.

외국인등록증의 상시휴대와 지문 날인은 재일조선인에 대한 또다른 제도적 억압과 차별이었다. 1990년대에 들어와 그것이 개정되기까지 재일조선인들의 투쟁은 끊이지 않고 지속되었다. 그러나 제도적 개선에도 불구하고 재일조선인에 대한 차별과 편견은 좀처럼 사라지지 않고 있다. 더구나 2000년대에 들어와서는 북한의 일본인 납치 문제와 핵개발 문제 등으로 대북감정이 악화되면서 조총련 계통의 재일조선인에 대한 제도적 압박과 사회적 차별은 더욱 두드러지게 되었다. 그런 점에서 재일조선인은 한반도 분단의 또다른 희생자이기도 하다. 한국은 장기간 군사독재가 지속되면서 재일조선인을 대부분 북한의 스파이로 오해하는 경향이 강했으며, 한국정부는 재일조선인의 인권문제에 거의 관심을 두지 않았다. 일본사회에서의 차별과 억압, 그리고 한반도의 분단이 계속되는 한 디아스포라로서 재일조선인의 고통은 치유되기 어려울 것이다.

한편 만주로 건너간 조선인들은 해방 후 다수 귀국하였지만 100만여명이 중국에 남았고, 현재 약 200만명이 중국에 거주하고 있는 것으로 추산된다. 이들은 1949년 중화인민공화국의 수립 이후 1952년 중화인민공화국이 소수민족이 거주하는 행정구역 단위로 자치를 허용하는 '구역자치'제도를 시행함에 따라, 재만조선인은 중국 내 소수민족의 하나인 '조선족'으로 규정되었다. 당시 그들 대다수는 지린성 동북의 옌벤조선족자치주(1955년 성省급 자치주는 자치구로 격하되었다)에 밀집하여 거주했다. 자치구역 내에는 재만조선인을 위한 조선말 신문과 방송국, 출판사가 있고 초·중·고교와 대학이 있어 그 문화적 독자성과 그에 의거한 일체감이 강했다. 문화대혁명* 당시 조직된 노동혁명위원회라는 홍위병 단체가 민족주의 성향을 가진 조선족을 탄압하여 수천명의 인명피해가 났던 역사도 있다.

개혁개방 이후에는 중국의 경제발전과 도시화에 따라 한족과의 교류가 확대되면서 중국어를 사용하는 사람들이 증가하는 등 민족적 아이덴티티가 점차 희박해지고 있다. 더구나 중국정부가 중화민족, 중국인으로서의 정체성을 강조함에 따라 점차 한족에 동화되는 추세에 있다. 1992년 한중수교 이후 재중동포들은 한중경제협력의 매개자, 중국 진출 한국 기업의 통역자, 노동자로 활약하였다. 한편 일자리를 찾아 한국에 오는 사람들도 늘어났다. 그들은 기대를 갖고 찾아오나 우여곡절 끝에 대체로 이른바 3D업종에 종사하면서 한국인의 냉대를 받고 실망하는 예가 많다. 이같은 생활조건의 변화로 인해 베이징·칭다오·서울 등지로의 이주자가 늘어 옌볜자치구 거주인구는 급속히 감소하고 있다.

문화대혁명 1966~76년까지 10년간 중국의 당대 최고지도자 마오 쩌둥이 '자본주의의 길을 걷는 실권파'에 대한 투쟁의 일환으로 전개한 운동. 1976년 저우 언라이 사후 톈안먼사건이 발생한 뒤, 마오 쩌둥의 죽음과 이른바 '4인방'의 실각이 겹치면서 종결되었다.

만주국 신징 기차역의 모습

1966년 5월 14일 베트남전쟁 당시 캄보디아 부근에서 전사한 낙하산 대원을 끌어올리는 미군 헬기 ⓒAP/Henri Huet

제7장

냉전체제의 형성과
탈식민의 지연

2차대전이 끝난 뒤 이를 처리하는 방식은 유럽과 아시아가 사뭇 달랐다. 전후 유럽이 미국과 소련에 의해 분할되었다면, 아시아는 일본 대 미국의 구도로 전쟁이 치러진데다 전후처리의 한 축이었던 중국이 국공내전에 휘말리면서 미국이 이를 도맡는 식이었다. 결국 냉전체제하에서 전개된 미국의 대아시아정책은 아시아에 그대로 주입되었다. 전후처리에서의 이와 같은 문제는 한국, 베트남, 필리핀 등 식민지에서 갓 벗어난 국가들의 탈식민 근대화를 더디게 만들었다. 이와 더불어 중국의 공산화와 한국과 베트남의 분단은 전후 아시아의 새로운 전쟁을 예고하고 있었다.

두 진영의 대립,
중국혁명과 미일동맹

어그러진 종전처리

1945년 5월과 8월 각각 유럽과 아시아에서 인류 역사상 가장 처참했던 전쟁이 막을 내렸다. 유라시아 대륙과 아프리카의 일부를 무대로 진행된 2차대전은, 가장 이성적인 시대라는 근대가 개막했음에도 불구하고 단지 전쟁터에서의 죽음뿐만 아니라 홀로코스트*와 난징대학살* 등

홀로코스트(Holocaust) 2차대전 중 나치독일에 의해 자행된 유대인 대학살. 당시 500만명에 이르는 유대인이 '인종청소'라는 명목 아래 학살되었다. 20세기 인류 최악의 사건으로 꼽히며, 현재까지 그 정확한 진상에서부터 '인간 본연의 광기'라는 주제에 이르기까지 다양한 연구가 이어지고 있다.

난징대학살 1937년 12월 중일전쟁 당시 중국의 수도 난징에서 일본군이 중국인 포로와 시민들을 대상으로 벌인 대학살사건. 약 30여만명(이는 중국 측의 주장이며, 일본 측은 이보다 적게 추산한다)에 이르는 중국인이 목숨을 잃었으며 당시 일본군의 비인도적 행위의 대표적 사례로 꼽힌다.

민간인 학살로 대표되는 가장 비이성적인 전쟁이었다. 전쟁이 끝났다는 사실 자체는 인류에게 새로운 시대로의 희망을 주었지만 이는 곧 또 다른 전쟁, 즉 냉전의 시작이기도 했다.

아시아에서 2차대전은 유럽과는 다르게 진행되었다. 유럽의 경우 독일의 폴란드 침공에 이은 소련과의 전쟁으로 2차대전이 시작되어 프랑스와 영국으로 전선이 확대되자 미국이 참전하였다. 따라서 유럽에서의 2차대전은 미국과 소련이 독일과 그 동맹국을 압박하는 방식으로 전개되었다. 그 결과 2차대전 종전 이후 유럽대륙은 미국과 소련에 의해 동서로 분할되었다.

아시아의 경우 일본이 식민지 조선과 타이완, 그리고 만주국으로 이미 구축해놓았던 제국을 유럽의 식민지였던 여타 아시아 지역으로 확대하는 과정에서 미국이 참전하였다. 한편 유럽과 달리 아시아에서는 소일중립조약(일명 소일불가침조약, 1941. 4. 13.)하에서 소련이 처음부터 참전하지 않았기 때문에 미국이 자신의 전후구상을 실시한다고 해도 그것이 문제가 될 소지는 없었다.

그러나 루스벨트 대통령은 전후 세계체제를 소련과 함께 재편하면서 전쟁 추축국이었던 독일과 일본을 무장해제시킨다는 방안을 갖고 있었다. 소련이 아시아태평양전쟁에 참여할 경우 미국이 일본군 중 가장 강력하다는 평가를 받고 있던 관동군과의 전투를 피할 수 있다고 판단했기 때문이다. 소련으로서도 전쟁 막바지에 참전함으로써 동북아시아에서 자신의 영향력을 확대할 수 있었기 때문에 이 방안은 불감청 고소원이었던 셈이다.

그러나 루스벨트가 사망한 후 대통령직을 계승한 트루먼 대통령은 동북아시아에서 소련과 패권을 양분할 의사가 없었다. 오히려 소련의 영향력을 견제하는 것이 더 중요하다고 판단했다. 때마침 미국은 원자탄을 개발했고, 이를 통해 소련군의 참전 그 자체를 막을 수는 없었지만 한반도의 38도선 이남 및 일본으로의 남진은 막을 수 있었다. 트루먼행정부는 소련에 한반도의 38도선에서 동북아시아를 분할하는 방안을 제안하였고, 스딸린은 이를 받아들였다(연합군 최고사령부 일반명령 제1호 General Order No. 1). 한반도 전체가 소련에 의해 점령되지 않는다면 일본을 점령할 때 소련의 역할을 최소화할 수 있기 때문이었다. 소련으로서는 전쟁 막바지에 참전했기 때문에 미국의 제안을 받아들일 수밖에 없었으며, 자국의 기본적 이해관계가 만주와 일본의 북부 섬들에 있었기 때문에 한반도 전체를 점령할 필요는 없다고 여겼다.

결과는 복잡했다. 먼저 전쟁의 추축국이 아니었던 한국이 미군과 소련군에 의해 분할점령되었다. 유럽에서는 전쟁에 대한 책임이 있는 독일과 오스트리아가 미국, 소련, 영국, 프랑스에 의해 분할점령되었지만 동북아시아에서 분할된 나라는 일본이 아니라 한국이었다. 소련군은 일본 영토였던 사할린섬의 남단과 사할린 남쪽의 일부 섬들을 점령하였지만 홋까이도오와 혼슈우에는 진주하지 못했다. 미 점령군 사령관 매카서는 소련이 점령정책에 참여하는 것을 강력하게 반대했고, 결국 이들을 점령국위원회로부터 쫓아냈다. 이로써 패전국 일본은 분할점령을 피할 수 있게 된 것이다.

중국에서도 상황은 복잡했다. 소련이 만주를 점령하긴 했지만, 만주에서는 중국공산당도 영향력을 행사하고 있었기 때문에 만주에 대한 소련 단독의 영향력 행사는 쉽지 않았다. 그뿐만 아니라 종전 직후 상황에서 공산당보다는 국민당의 세가 더 강했고 국민당이 지도하는 중화민국 국민정부 즉 장제스정부가 국제사회에서 중국을 대표하는 정부로 승인받고 있었기 때문에, 소련은 미·소 간의 얄따회담(1945. 2.)에서 합의된 만주에서의 영향력 확대를 위해 국민당과 협상을 진행할 수밖에 없었다. 속으로는 공산당의 혁명을 도왔지만 공식적으로는 장제스정부와 협력했던 것이다. 결국 이러한 문제는 훗날 중국과 소련 사이에서 벌어진 분쟁에 하나의 중요한 배경이 되었다.

동북아시아 점령지역의 문제보다 더 복잡하고 큰 이슈는 종전처리 문제였다. 소련은 일본의 군인과 관료, 그리고 일본의 침략전쟁에 적극적으로 동조했던 일본인과 한국인, 중국인에 대해 가혹한 처벌을 내렸지만, 미국은 이에 대해 소련과는 다른 방식으로 접근하였다. 이것은 무엇보다도 전쟁에 책임이 있는 세력이 대부분 보수적인 인사들이어서 이들을 철저히 처벌할 경우 미국보다는 소련과 가까웠던 좌파 계열 정치인들이 정치적 주도권을 잡을 가능성이 있었기 때문이다. 따라서 일본뿐만 아니라 한반도의 38도선 이남에서도 미국은 전범문제를 철저하게 처리할 수 없었다. 결국 일본의 침략전쟁을 주도하거나 그에 적극적으로 동조했던 사람들이 오히려 주도권을 장악하는 현상이 나타나게 되었다. 이는 1945년 이후 미국의 철저한 '반공정책'의 소산이었다.

또 하나의 문제는 원자탄의 사용이었다. 그것은 미군의 피해를 줄이고 소련의 점령지역을 더이상 확대하지 않기 위한 목적이었지만 피해는 인류 역사상 전무후무하게 심각했다. 폭탄 하나로 도시 전체가 폐허가 되었다. 그 피해는 그 도시에 살고 있던 민간인들에게 고스란히 돌아갔을 뿐만 아니라 그들의 2세와 3세에게도 지속되었다.

이러한 원자탄의 사용은 미국에 원죄로 작용하였다. 즉, 이로 인해 일본은 전쟁의 가해자가 아니라 피해자가 된 것이다. 원자탄으로 인한 일본인들의 피해의식은 일본이 더이상 무장하지 않고 평화헌법을 유지하는 데 중요한 역할을 하기도 했다. 그러나 근본적으로 일본이 피해자라는 의식이 사회적으로 확대되면서 아시아태평양전쟁 시기 일본은 가해자가 아니라 피해자였다는 사회적 담론이 형성되었다. A급 전범이었던 키시 노부스께가 1950년대 중반에 일본 수상 자리에 올랐으며, 1960년대 이후 일본의 역사교과서에서 전쟁책임 문제를 삭제하려는 움직임이 계속된 것 역시 원자탄 사용으로 인한 미국의 원죄에서 비롯된 것이기도 했다. 미국은 인류 역사상 처음이자 마지막으로 핵무기를 사용하고 일본의 전쟁범죄자들에게 면죄부를 준 것이다.

일본에서의 종전처리가 제대로 되지 못한 데에는 중국의 책임 역시 적지 않았다. 장제스정부는 미국의 요청으로 전쟁 중에 진행된 회담에 4대국의 하나로 참여하였다. 이는 아시아에서 미국의 우방으로서 장제스정부의 입지와 권위를 높이기 위한 것이었지만, 다른 한편으로 장제스정부에 전후처리 의무를 부여하는 것이기도 했다. 미·영·소가 유럽의 전후처리를 책임져야 했다면, 아시아에서의 종전처리는 일본과 직접 전쟁을 치른 미국과 중국의 몫이었다. 미국으로서도 전후 아시아의 모든 지역에서 전후처리를 혼자 맡을 수는 없었다. 그래서 미·영·프·소·중 5국으로 일본의 전후처리를 주도할 연합국 극동위원회와 일본관제위원회를 구성하였다. 영·프는 독일문제를 우선했기에 일반명령 제1호를 발표하여 미·소·중 각각이 일본의 전후처리를 분담할 것을 규정했던 것이다.

실제로 종전 직후 장 제스는 1945년 9월 베트남의 16도선 이북에서 일본군의 무장해제를 위해 18만명의 대군을 북베트남에 파병했으며(남부에는 영국군이 진주함), 타이완에도 일본군의 무장해제를 위해 군대를 파견했다. 그리고 미국의 대일파병 요청에 따라 1만 5000여명의 파병계획을 수립하였다. 그러나 국민당은 중국 이외의 지역에 대해서는

중국 주둔 일본군 사령관 오까무라 야스지(오른쪽)로부터 항복문서를 받는 중화민국 육군총사령관 허
잉친(왼쪽) 중국은 연합국의 일원으로서 일본의 전쟁책임을 철저히 따질 권한과 책임이 있
었으나 이를 미국에 맡겨버렸다.

관심이 없었다. 장 제스에게는 공산당을 토벌하고 중국 전체에서 국민
당의 주도권을 확실하게 하는 것이 더 우선적인 문제였다. 따라서 장 제
스는 프랑스와의 협상하에 베트남에서 군대를 철수했으며, 일본에의
파병계획을 취소함으로써 중국의 책임과 역할을 포기하였다. 이는 결
국 일본 내에서 전후처리가 미국의 전후 대아시아정책에 의해 일방적
으로 시행되는 데 중요한 빌미를 제공하였다. 이때 중국이 제대로 역할
을 수행했다면 이후 미국이 독자적으로 주도한 전후처리는 다른 방식
으로 되었을 가능성도 있다.

전후처리에 있어서 이러한 중국의 책임 문제는 중화민국 국민정부에
만 있는 것은 아니다. 중화인민공화국 역시 후에 일본과의 국교 수립과
정에서 일본에 대해 전후배상 포기를 선언했던 점을 고려해야 한다. 중
국공산당의 전후배상 포기는 스스로의 위상을 과시하면서 일본의 책임
있는 자세를 촉구하기 위한 것이었지만, 이러한 대일정책이 일본정부
의 과거사 문제에 대한 태도를 변화시켰는가에 대해서는 재고해볼 필
요가 있다.

464

냉전, 분단, 그리고 중국혁명

2차대전 이후 '냉전'이라는 또다른 전운이 세계를 뒤덮었다. 2차대전으로 치명적인 상처를 입은 유럽의 제국들을 대신하여 미국과 소련이 양극이 되는 새로운 세계체제가 정립된 것이다. 세계는 이데올로기를 중심으로 동의 공산주의와 서의 자본주의로 나뉘었고, 미국과 소련을 중심으로 한 동맹체제로 재편되었다.

아시아의 냉전은 유럽에 비해 늦게 진행되었다. 그러나 미국과 소련이 점령지역에서 맞닥뜨린 유럽의 냉전이 1947년의 트루먼독트린(Truman Doctrine)*과 마셜플랜(Marshall Plan)*, 그리고 1948년의 베를린봉쇄*를 통해 긴장 속에서도 군사적 충돌 없이 진행된 데 반해, 동아시아의 냉전은 혁명과 전쟁을 동반한 피의 과정을 거쳤다. 이는 유럽과 달리 동아시아 국가들이 식민지를 경험했고, 종전 이후 냉전 이데올로기와 민족주의 이데올로기가 서로 복잡하게 얽힐 수밖에 없었기 때

트루먼독트린 1947년 미국 트루먼 대통령이 의회에서 그리스·터키 양국에 대한 원조를 요청하며 선언한 대외정책의 새로운 원칙. '공산주의세력의 확대를 저지하기 위해 노력하며 이를 위해 군사적·경제적 원조를 제공한다'는 내용으로, 공산주의에 대한 봉쇄정책의 시작을 알리는 신호탄이었다.

마셜플랜 전후 1947~51년까지 미국이 서유럽 16개국에 행한 대외원조계획. 정식 명칭은 유럽부흥계획(European Recovery Program, ERP)이다. '유럽부흥계획을 수립하는 문제는 유럽인의 일이어야 한다' 등의 원칙이 세워졌고 이후 실질적으로 동서유럽을 나눈 주요한 계기로 평가받는다.

베를린봉쇄 1948년 6월 서독 통화개혁이 실시된 후 소련이 서독과 베를린을 잇는 육상 교통로를 전면 봉쇄한 사건. 다음해 5월 봉쇄가 해제될 때까지 미국, 영국, 프랑스 등 서방 측 3국은 서베를린에 보내는 식량을 비행기로 공수해야만 했다. 냉전이 본격적으로 개시된 상징적 사건으로 일컬어진다.

문이었다.

　냉전의 진행과정에서 가장 많은 피해를 입은 나라는 한국, 베트남, 중국이다. 한국은 1945년 8월 15일 일본의 패전과 함께 식민지로부터 해방되었지만, 해방과 함께 38도선을 중심으로 남과 북으로 분단되었다. 일반명령 제1호를 통해 한국의 38도선 이남과 이북에는 각각 미군과 소련군이 진주하였고, 남과 북 각각에 미군정과 소련군 민사처가 수립되었다. 미군정과 소련군 민사처는 각기 38도선 이남과 이북 지역에서 자신에게 유리한 정치·사회 상황을 조성하기 위한 정책을 실시했다.

　미군정은 공산주의세력은 물론이고 민족주의자들에 대해서도 강경한 정책을 실시했다. 이는 식민지 말기까지도 일본과 타협하지 않은 민족주의자들과 공산주의자들이 대중들로부터 많은 지지를 받고 있었기 때문이다. 따라서 미군정은 일본에 협력했다는 오명을 쓰고 있었지만 미군정과 자본주의체제를 지지하는 보수세력이 중심이 된 한국민주당을 지원하면서 이들을 중심으로 정치세력 재편을 시도하였다. 이에 따라 조선공산당(1946년 이후 남조선로동당으로 개편)이 불법화된 반면, 한국민주당과 해외망명 지도자였던 이승만(李承晩)과 김구의 세력은 강화되었다.

　38도선 이북지역에서는 김일성을 비롯하여 만주에서 활동했던 공산주의자들과 국내에서 활동했던 공산주의자들이 소련군 민사처의 지원하에 권력을 강화하였다. 공산주의자들은 1945년 10월 13일 조선공산당 북조선 분국을 설치하고 소련군의 지원하에 5도 행정국을 조직하여 북한지역에 대해 직접통치를 실시하였다. 평양을 중심으로 한 보수적 인사들과 기독교 계통 인사들이 조선민주당을 결성하여 활동했지만, 이들은 1946년 반탁운동 이후 모든 정치활동이 금지되었다. 북한의 공산주의자들은 1946년 2월 토지개혁을 비롯한 소위 '민주개혁'이라는 사회주의적 개혁을 실시하여 자신들이 정치권력을 장악할 수 있는 물적 토대를 만들었다. 이들은 소련의 지원과 민주개혁을 통해 마련한 대중적 지지를 바탕으로 38도선 이남과 중국에서 온 온건 사회주의자들과 연합세력을 형성하였다.

물론 미국과 소련이 처음부터 한반도를 분단할 생각이 있었던 것은 아니다. 1945년 12월 모스끄바 3상회의의 결정서를 보면 미국과 소련은 각 점령군의 대표로 구성한 공동위원회를 만들고 이 위원회에 한국인 대표를 참석시켜 한국의 미래를 결정하도록 한다고 씌어 있다. 결정서 제3항에 최고 5년을 기한으로 하는 신탁통치에 대한 규정이 있지만, 가장 핵심적인 내용은 미국과 소련, 그리고 한국인들의 합의하에 미래의 모든 정치적 가능성을 논의한다는 것이었다. 또한 미군정은 모스끄바 3상회의 결정서를 찬성하는 정치인들을 중심으로 좌우합작위원회를 만들어 소련과 합의를 통해 한국문제를 해결하려는 노력도 기울였다.

그러나 한국인들은 미국과 소련의 개입에 강하게 반발하였다. 보수세력은 공산주의자들에 대한 대중적 지지가 높은 상황에서 미국과 소련의 정책은 공산주의자들에게 정권을 넘겨주는 것이라고 반발하면서 모스끄바 3상회의 결정서 3항의 '신탁통치'에 대한 반대운동을 전개했다. 공산주의자들은 자신들이 3상회의 결정서를 지지함에도 불구하고 미군정이 자신들을 탄압하는 상황에 반발하여 1946년 9월 총파업과 10월의 추수폭동을 일으켰다. 미군정은 조선총독부하에서 경찰로 일했던 자들을 다시 기용해 공산주의자들의 반발을 강력하게 탄압했다.

미국은 한국의 보수세력을 미소공동위원회에 참석시키려고 노력했지만, 이들은 반탁운동을 고수하면서 미소공동위원회에 참석하지 않았다. 미국으로서는 자신들이 지원할 수 있는 정치세력이 없는 상황에서 더이상 미소공동위원회를 추진할 수 없었다. 1946년 5월부터 약 1년간 미소공동위원회가 진행되지 못했음에도 불구하고 결국 미국은 보수세력을 설득하는 데 실패하고 말았다.

이에 따라 미국과 소련은 한국문제에 대해 합의에 도달하지 못했고, 미국은 일방적으로 한반도 문제를 유엔에 이관하였다. 유엔에서는 한반도에 임시위원단을 파견하고 유엔 주도하에 한반도 전체에서 총선거를 실시할 것을 결의하였다. 유엔의 결정에 대해 소련과 공산주의자들이 반대하면서 선거는 38도선 이남에서만 실시되었으며, 1948년 8월 15일 결국 38도선 이남에서 미국의 지지를 받는 대한민국 정부가 수립되었다. 약 한달 후인 1948년 9월 9일 북한에서는 소련의 지지를 받는 조선민주주의인민공화국 정부가 수립되었다. 그사이 김구와 김규식 등은 좌우합작에 의한 통일정부를 구성하기 위해 마지막 남북협상을 시도했으나 미·소와 그에 의지해 권력을 장악하려는 세력에 의해 무산되었다. 이로써 한국에서는 남과 북에 각기 다른 체제의 정부가 세워졌다. 분단체제가 시작된 것이다.

해방된 베트남의 분단과 전쟁은 한반도와 다른 복잡한 과정을 거쳤다. 우선 독립운동세력이 결집해 1945년 9월 2일 하노이에서 베트남민주공화국에 독립을 선포한 상황에서, 북위 16도선을 경계로 북에 중화민국군이, 남에 영국군이 진주했다. 일본군의 무장해제가 명목이었으나 곧 영국을 대신해 들어온 프랑스가 남부의 사이공을 거점으로 베트남의 독립을 부인하고 재식민화를 기도함으로써 분단의 씨앗이 뿌려지기 시작했다. 이에 대해서는 뒤에서 상술한다.

중국 역시 일본 제국주의자들이 패망하면서 만주국이 몰락하고 반식민지 상태에서 벗어났으나, 1945년 이전부터 있어온 국민당과 공산당 간의 갈등은 해결되지 않았다. 아시아태평양전쟁 시기에는 제2차 국공 합작을 통해 공동전선을 형성할 수 있었지만, 전쟁이 끝나자 두 세력 간의 내전이 본격화하기 시작한 것이다.

국민당은 이미 2차대전 중 미·소 주도의 국제회의를 통해 전체 중국의 대표로 인정받았고, 일본이 패망하면서 영향력이 더욱 강해졌다. 국민당과 공산당은 미국의 중재로 1945년 10월 10일 충칭교섭을 통해 10개항의 협정을 발표하고, 이듬해 1월 국공 양당도 포함하는 전국의 각계 및 각 당파 대표가 정치협상회의를 개최하고 공동으로 연합정부를 구성하기로 결의하였다. 그러나 1946년 6월 국민당이 이 결의를 무시하고 중국 전체의 무력통일을 위해 공산당에 대한 공격을 재개하면서 내전이 발발했으며, 이듬해 9월 공산당은 총반격을 선언하였다.

초기에는 병력과 장비에서 우세한 국민정부의 승리가 예상되었다. 국민정부군은 중국공산당 군대를 중부평원과 창강 하류지역에서 몰아내고 1947년 3월에는 공산당의 본부가 있던 옌안지역까지 점령했다. 그러나 1947년 말 공산당이 기동전과 유격전 중심으로 전술을 재편하면서 점차 전세가 역전되기 시작했다. 아울러 국민정부의 부패한 정치와 달리 공산당은 점령지에서 토지개혁을 실시하면서 농민대중은 물론 여론 주도층인 중간파 지식인들로부터 광범위한 지지를 얻을 수 있었다. 특히 장기간의 항일전쟁에 이은 내전으로 살인적인 인플레이션이 지속되자 학생·시민·지식인·노동자가 내전반대운동을 벌임에 따라 국민정부에 대한 민심의 이반은 가속화되었다.

중국공산당은 랴오션, 화이하이, 핑진 전투 등에서 잇따라 승리를 거두면서 1948년 12월에는 창강 연안까지 진출했다. 이에 국민정부는

1949년 1월 연두성명을 통해 공산당과의 교섭을 제안했지만, 공산당은 이를 받아들이지 않았고 동년 2월과 4월에는 베이징과 난징을 점령하였다. 마침내 1949년 10월 1일 공산당은 베이징에서 중화인민공화국의 수립을 선포하였다. 패배한 국민정부는 1949년 12월 타이완으로 정부를 옮기면서 중국은 한국과 마찬가지로 자본주의체제와 사회주의체제로 분단되었다.

한편, 국민정부가 타이완으로 옮기는 과정 역시 피의 역사를 동반했다. 타이완으로 중화민국 정부를 옮기기 2년 전인 1947년에 벌어진 2·28사건이 그 대표적 예다. 일본의 뒤를 이어 타이완을 점령한 국민정부의 횡포에 항거하는 타이완 사람들을 국민당은 군대를 동원하여 탄압했고, 이 과정에서 3만여명의 타이완 사람들이 학살당했다. 국민정부는 타이완으로 정부를 옮긴 직후 계엄령을 선포하였고, 1987년 해제될 때까지 타이완은 38년간 계엄령하에 있을 수밖에 없었다.

이상과 같은 국공내전은 지주 토지의 몰수와 무상분배라는 혁명을 수반했고, 이렇게 고조된 중국혁명은 1950년 6월 한국전쟁에 중대한 영향을 미쳤다. 첫째, 김일성-스딸린-마오 쩌둥의 반미삼각동맹을 고무하여 김일성의 남침 결행을 뒷받침했다. 둘째, 중국에서 오랫동안 활동한 독립운동세력이 이념의 좌우를 기준으로 대치하게 만들었다. 특히 중국공산당과 연대하여 활동해온 조선독립동맹과 조선의용군이 내전 과정에서 급속히 세력을 확대했는데, 6만명에 달하는 이들은 만주의 국공내전에서 공산당을 지원한 후 북한으로 돌아가 북한 군사력의 주력이 되었다. 마오 쩌둥이 중국인민지원군을 보내 북한을 지원한 것은 자국 방위의 울타리를 지킨다는 목적과 함께 내전과정에서 피를 함께 나눈 조선의용군에의 보답이라는 의미도 갖고 있었다.

거꾸로 가는 정책, 그리고 제국의 부활

한반도의 분단과 1949년 전후의 중국혁명은 동아시아 지역에 거대한 변화를 가져왔다. 북한과 중국에서 공산당 중심의 정부가 수립된 것이 변화의 핵심이었다. 그것은 아직 여러 정치세력의 연합정부였고 토지·자본의 공산화를 단행하기 전이었지만(1953~57년 사이 공산화 단행. 이에 관해서는 제9장에서 서술), 이미 형성되고 있던 냉전체제 속에서 그와 대립하던 자본주의진영은 그것을 곧 '공산화'로 간주하였다. 이러한 상황의 변화는 19세기 이래로 계속된 동북아시아의 국제질서를 바꾸어놓았다. 즉, 19세기 이래 동북아시아에서 중국과 일본이 벌인 패권다툼은 동일한 자본주의체제 내에서 이루어진 것이었지만, 중국이 공산주의혁명에 성공한 이후 중국과 일본의 패권다툼은 이제 이데올로기와 체제 갈등을 동반하게 되었다.

중국과 일본 간 패권경쟁의 성격이 변화하면서 한반도의 위상도 변하게 되었다. 1945년까지 한반도는 전략적으로 그다지 큰 주목을 받지 못했다. 중국과 국경을 접했고 일본과 가까이 있었기 때문에 두 나라의 안보적 관점에서는 중요하였지만 경제적 가치는 높지 않았다. 이로 인해 중국은 한반도를 직접 점령하기보다는 중국에 우호적인 정권이라면 한반도 내에서 독립적인 정부가 유지되는 것을 인정한다는 입장이었다. 일본의 경우 안보를 명분으로 한반도를 점령하였지만, 한반도는 그 자체로서가 아니라 대륙 진출의 발판으로서 일본제국의 아시아정책에서 의미를 지니는 것이었다.

그러나 중국혁명으로 냉전이 본격화되면서 이제 한반도는 아시아 공산권을 대표하는 중국과 자본주의를 대표하는 일본 사이에서 완충지대

(buffer zone)의 역할을 맡게 되었다. 게다가 한반도 자체가 남북으로 분단되고 서로 다른 체제를 지향하는 정부가 수립되었기 때문에 한반도 내부에서의 이데올로기적 전쟁도 뒤따랐다. 역사상 그 어느 때보다 한반도는 동아시아뿐만 아니라 세계적으로 주목받는 지역이 된 것이다.

일본의 경우 중국혁명이 더 큰 변화를 불러왔다. 이로 인해 특히 미국의 대일정책이 바뀌었기 때문이다. 이미 1947년부터 중국의 국공내전에서 국민정부가 어려워지면서 미국은 전반적인 아시아정책을 수정해야만 했다. 1947년 중국을 방문했던 미국의 특사 웨더마이어(A. C. Wedemyer)의 보고서는 미국의 정책 수정에 중요한 역할을 했다.

원래 미국은 2차대전 이후 중국의 국민정부를 전략적 파트너로 하여 아시아의 지역질서를 재편하려고 했다. 이를 통해 소련을 봉쇄하고, 일본이 더이상 전쟁을 일으키지 못하도록 하려는 것이었다. 미국은 중국 국민정부로 하여금 군대를 파견해 일본 점령에 함께 참여하게 하는 방안을 고려하기도 했다. 미국이 한반도의 38도선 이남을 점령한 초기에 발표한 대한정책(3성조정위원회 문서번호 166호)에서 한국이 일본으로부터 정치·경제·사회 등 모든 면에서 자유로울 수 있도록 하는 것을 궁극적인 목표로 설정했던 것도 이러한 미국의 초기 대일정책의 한 단면을 보여주는 것이다.

일본에 있던 GHQ는 일본이 더이상 '말썽쟁이'가 되지 못하도록 전반적인 사회개혁을 실시하였다. 1946년 11월 3일에는 국민주권, 전쟁 포기와 평화주의, 기본적 인권의 존중을 3대 원칙으로 하는 평화헌법이 공포되었다. 이를 통해 일왕의 권력이 무력화되었으며, 평화헌법 9조를 통해 일본이 "전쟁 및 무력에 의한 위협 또는 무력의 행사는 국제분쟁을 해결하는 수단으로서는 영구히 포기"하며, "육해공군 및 그 이외의 어떠한 전력도 보유하지 않는다"고 선언하였다.

또한 1945년 11월 6일에는 전쟁의 가장 중요한 동맹자였던 재벌들이 해체되었다. 미쯔이, 미쯔비시, 스미또모, 야스다 등 주요 재벌이 해체되고 1947년 4월 14일과 12월 18일에 독점금지법과 과도경제력 집중배제법이 각각 공포되었다. 노동조합을 장려하기 위한 법령이 제정되었으며, 농지개혁을 통해 1950년까지 농가의 90% 이상이 자작농이나 자소작농이 되어 과거의 지주제가 소멸하였다.

그러나 중국의 국공내전에서 1947년 하반기부터 공산군의 반격이 거세지고 점차 우위를 점하게 되자 미국은 일본에 대한 정책을 전면적으로 수정하였다. 중국이 공산화되면서 미국은 중국 주위에 강력한 미국의 지지자를 심어 중국을 '봉쇄'해야 할 필요성이 생긴 것이다. 케넌(G. F. Kennan)에 의해 구체화된 봉쇄정책은 중국의 공산주의가 아시아에서 확대되는 것을 막기 위해 인도와 일본을 강화해야 할 필요성을 강조했다. 전후 사회개혁에 따라 일본을 무력화할 경우 미국은 장차 아시아에서 근거지를 잃게 된다는 판단 때문이었다. 특히 인도에서 간디가 암살되고 종교전쟁으로 인한 내분이 심화되었을 뿐만 아니라 미국과 소련 어느 쪽도 찬성하지 않는 제3세계 형성의 움직임이 나타나면서 미국은 아시아에서 일본 위주의 정책을 더욱 강화하게 되었다. 1948년 1월 6일 미국 육군부 장관 로열(K. C. Royall)은 연설을 통해 일본의 경제자립을 명분으로 대일본 점령정책의 수정을 선언하였다. 이를 '역코스 정책'이라고 부른다.

역코스 정책은 원래 『요미우리신문』이 훈장, 군함행진곡, 야스꾸니신사, 천황의 신격화 등 전후 일본의 문화적 복고 현상을 가리켜 썼던 용어인데, 이 정책과도 어울리면서 이후 미국의 정책을 역코스 정책이라고 부르게 된 것이다. 당초의 민주화 방침을 거슬러 시행한 정책의 주요 내용은 다음과 같다. 첫째, 구속되거나 추방되었던 전범과 전시 공직자를 복귀시키고 그 대신 공산당원을 추방해 정치주도세력을 재편했다. 둘째, 재벌기업의 해체계획을 축소하고 공공부문 노동자의 파업을 불법화했다. 셋째, 경찰청을 창설하고 강화해 재무장을 추진했다. 이러한 역코스 정책은 당시 중국의 지식인들에게 미국의 도움으로 일본이 부활해 재침략해올지 모른다는 위기감을 조성하여 1948년 봄 이 정책에 반대하는 운동〔反美扶日運動〕을 불러일으켰다.

미국의 이러한 정책은 1949년 국가안보회의(NSC) 문서 13/2호(13번째 정책문서 초안의 두번째 수정본)로 구체화되었다. 이 문서는 일본의 재군비를 통한 안전보장과 경제부흥에 초점을 맞추고 있다. 중국이 공산화되었기 때문에 미국은 아시아에서 일본 및 인도와 우호적인 관계를 유지하면서 중국공산당에 의한 공산주의의 확산을 막아야 한다는 것이었다. 특히 미국은 식민지에서는 벗어났지만 사회적으로 불안정했던 인도보다는 미국의 영향하에 있던 일본의 부흥을 통해 아시아를 재편한다는 계획이 있었다. 이를 위해 무엇보다도 중요한 것은 일본사회에서 공산주의에 반대하면서 미국과의 동맹을 중시하는 보수세력들이 다시 정치적 주도권을 확보하고 일본경제를 안정시키는 것이었다.

그리고 이러한 동맹은 곧 1945년 이전 '제국'의 질서를 복원하는 것을 의미했다. 물론 1945년 이전 동아시아의 제국은 일본을 정점으로 하는 것이었지만, 이제 일본의 위에 미국이 있었다. 단, 중국의 공산주의 혁명으로 인해 만주는 더이상 일본의 배후지가 될 수 없었다. 따라서 새로운 변화가 필요했다.

그러나 미국이 일본 내의 상황을 쉽게 통제할 수는 없었다. 1951년 쌘

중화인민공화국 수립 선포(1949. 10, 위) 일본 경찰예비대 창설(1950. 8, 아래)
중화인민공화국의 지원을 받은 김일성이 한국전쟁을 일으키자 미·일은 그에 대응해 반공을
명분으로 자위대의 전신인 경찰예비대를 창설하였다.

프란시스코강화회의 이전까지 미군정이 설치되어 일본을 통치했지만, 일본의 침략전쟁에 반대하고 사회개혁을 주장했던 일본 내 좌파의 목소리와 힘을 무시할 수는 없었다. 따라서 GHQ는 일본 내의 공산당·사회당 세력을 사회혼란세력으로 규정하고 이들의 힘을 약화시키고자 노력하였다. 특히 1949년 시모야마(下山)사건*, 미따까(三鷹)사건*, 마쯔까와(松川)사건* 등은 사건의 전모가 제대로 밝혀지지 않은 채 그 책임을 공산주의자들에게 돌림으로써 그들을 탄압할 수 있는 조건을 마련한 사건들이었다. 이를 배경으로 하여, 1950년 한국전쟁이 발발하자 모든 공직에서 공산주의자를 몰아내는 본격적인 레드퍼지가 시작되었다.

한국전쟁 직전인 1950년 5월 3일 매카서는 공산당의 비합법화를 시사하고, 6월 초 공산당 중앙위원 24명과 기관지 『적기(赤旗)』의 간부를 공직에서 추방했으며 『적기』에 대해서는 정간 처분을 내렸다. 한국전쟁 발발 직후에는 본격적인 좌익 소탕에 나서 모든 대중매체와 관공서, 기업 등에서 공산주의자들을 추방했다. 이로 인해 오히려 아시아태평양전쟁에 복무했던 관료들이 다시 등장할 수 있는 공간이 마련되었다. 또한 한국전쟁을 계기로 GHQ는 경찰예비대를 창설하였다. 이는 일본의 재무장을 위한 신호탄이었고, 경찰예비대는 1955년 자위대로 개편하면

시모야마사건 1949년 7월 5일 일본 국유철도 총재 시모야마 사다노리(下山定則)가 줄근 도중 실종되었다가 이튿날 아침 변사체로 발견된 사건. 당시 노동조합 측의 소행이라는 풍설이 돌았으나 경찰은 결정적 단서를 발견하지 못하고 사건 조사를 중단했다. 미따까사건, 마쯔까와사건과 함께 '국철 3대 미스터리사건'이라 불린다.
미따까사건 1949년 7월 15일 국철 미따까역에서 무인전차가 폭주하여 탈선한 끝에 십수명의 사상자를 낸 사건.
마쯔까와사건 1949년 8월 17일 국철 마쯔까와역 부근에서 일어난 열차 전복사건.

서 일본의 본격적 재군비가 시작되었다.

이제 동아시아는 본격적으로 냉전의 중요한 마당이 되었다. 본래 냉전의 기원은 유럽이었다. 미국은 1947년 터키와 그리스의 빨치산에 대한 소련의 지원을 봉쇄한다는 명분하에 트루먼독트린을 발표하고 이를 통해 이 지역에 대한 군사원조를 실시하였다. 이에 대한 대응으로 소련은 자신의 영향권하에 있던 동유럽이 미국의 유럽부흥계획인 마셜플랜에 참여하지 못하도록 강권했고 1948년에는 베를린봉쇄를 일으켰다. 누가 먼저라고 할 것도 없이 안보딜레마의 위기상승작용은 계속되었고, 결국 1949년에는 미국을 중심으로 한 북대서양조약기구(NATO)와 소련을 중심으로 한 바르샤바조약기구(WTO)가 출범하면서 양대 진영은 군사적으로 대립하게 되었다.

동아시아의 냉전은 유럽보다 큰 뉴스거리가 되지 못했지만 그 정도는 더 심각한 것이었다. 미국의 냉전전략가들은 중국의 공산화 역시 미국의 소련에 대한 냉전정책에 유리하게 이용할 수 있는 가능성이 있다고도 보았지만, 대체로는 아시아 전역으로 공산주의가 확대될 위험성을 안고 있다고 보았다. 왜냐하면 당시 아시아 국가들 내에서는 공산주의세력이 보수세력에 비해 좀더 큰 대중적·정치적 힘을 미치고 있었기 때문이다. 냉전시대 미국과 소련의 주요 관심은 그들이 맞닥뜨리고 있던 베를린을 포함한 유럽에 있었지만, 이제 아시아 역시 관심을 기울여야 하는 지역이 되었다. 냉전 속에서 열전이 일어난 곳은 유럽이 아니라 동아시아였기 때문이다.

2

타율적 전후처리와
탈식민의 지연

토오꾜오재판과 정치세력들의 우향우

2차대전이 끝난 후 세계적으로 가장 큰 이슈는 전범처리 문제였다. 2차대전은 이전의 다른 전쟁에 비해 '민간인'의 대량학살이라는 중대한 문제를 남겼다. 특히 그 대량학살이 전투지역에서 일어난 것이 아니라 비전투지역이나 수용소에서 일어났다는 점에서 문제는 더 심각했다.

전쟁이 끝난 후 독일과 일본이 전쟁을 더이상 일으키지 못하도록 하는 것을 근본적인 목표로 했던 미국과 소련 및 연합국들은 양국의 전쟁 주도자들 및 민간인 학살자, 그리고 전쟁포로 학대자들에 대한 처벌을 추진하였다. 이에 유럽에서는 독일의 전범들을 대상으로 한 뉘른베르크(Nürnberg)재판*이 열렸고, 아시아에서는 토오꾜오재판이 열렸다.

매카서를 최고사령관으로 하는 GHQ는 일본에서 1946년 1월 4일 군국주의자의 공직 추방을 먼저 실행하였다. 이를 통해 전범 3422명,

직업군인 12만 2235명, 대정익찬회 관계자 3064명, 해외개발기관 3만 4396명, 점령지 행정장관 488명, 대신·관리, 고등경찰, 언론 관계자, 재향군인회 등의 군국주의자·국가주의자 4만 6276명 등 합계 20만 9000여명을 공직으로부터 추방하였다. 그리고 1946년 5월부터 1948년 11월까지 토오꾜오재판을 개최했다.

그러나 토오꾜오재판은 뉘른베르크재판과는 달리 미국의 절대적 영향하에서 진행되었다. 중국이 대일점령에 직접 참여할 기회를 스스로 포기함에 따라 미군이 통치권을 행사하고 있던 토오꾜오에서 재판이 진행된 것이다. 이에 따라 일반명령 제1호를 통해 일본의 식민지 통치 또는 점령 기간 동안 독립운동을 전개했던 기관들의 참여가 불허되었고, 이는 곧 미국과의 전쟁 이외의 지역에서 일어난 피해상황에 대한 책임을 물을 기회가 봉쇄된 것을 의미했다.

또한 뉘른베르크재판에서는 '평화를 침해하는 범죄행위'가 여러 죄목들 중 하나에 불과했던 데 비해 토오꾜오재판에서는 '평화를 침해하는 범죄행위' 즉 침략전쟁이나 조약에 반하는 위법전쟁을 계획, 준비하고 개시, 수행하며 공모한 행위를 포함한 죄목만으로 전범들을 기소하였다. 이로 인해 뉘른베르크재판에서는 파시스트에 대한 저항운동을 탄압하는 데 주도적 역할을 했던 비밀경찰이 피고의 범주에 포함되었지만, 토오꾜오재판에서는 일본의 특수기관들이 기소대상에서 제외되었고 전쟁을 뒤에서 지원했던 기업가들에 대한 기소도 이루어지지 않았다.

뉘른베르크재판 1945년 11월부터 46년 12월까지 독일 뉘른베르크에서 열린 나치에 대한 군사재판. 22명의 피고 중 12명에게 교수형, 3명에게 종신형, 4명에게 금고형을 내렸고, 나머지 3명에게는 무죄를 선고했다.

토오꾜오재판의 수석검사로는 뉴딜정책의 기획자이자 루스벨트 대통령의 고문이었던 조지프 키넌(Joseph B. Keenan)이, 재판장에는 호주의 윌리엄 웨브(William Webb)가 임명되었고, 나머지 검사와 판사는 일본의 침략으로 식민지 지역에서 피해를 입은 연합국 출신들이었다. 식민지나 아시아태평양전쟁으로 피해를 입은 아시아 지역 출신 검사는 중국에서 파견된 샹 저쥔(向哲濬), 판사는 필리핀의 델핀 자라닐라(Delfin J. Jaranilla)와 인도의 라다비노드 팔(Radha-Binod Pal) 등 3인만이 참여했다.

A급 전범 피고는 모두 28명이었으나 재판 중 2명이 사망했고 1명은 정신적인 문제로 재판을 받을 수 없었다. 28명 중 4명이 수상을 역임한 인물이었고, 4명은 외무장관, 5명은 육군부와 해군부 장관, 2명은 해군 장성, 4명은 대사였다. 그밖에 14명이 육군 고위장성이었고 나머지 3명은 해군 고위장성이었다.

그러나 최종책임의 유력한 혐의자가 기소되지 않았다. 다수의 요구에도 불구하고 전쟁시기 국가원수 히로히또(裕仁)가 심판대에 오르지 않은 것이다. 대외적으로 표명된 이유는 그가 군부에 의해 조종되는 상징적 인물에 불과했다는 것이었지만, 사실은 미국의 아시아정책의 핵심이었던 일본의 안정을 위해 '일왕(日王)'을 중심으로 한 정치체제를 유지할 필요가 있었기 때문이다.

2년 반이나 지속된 이 재판은 연 2만명의 방청객이 지켜보았고, 공판이 818차례 진행되는 동안 이등병에서부터 중국의 마지막 황제 푸이(溥儀)까지 419명의 증인이 나섰으며 779개의 진술서가 증거로 제출되었다. 4336개의 문서가 증거서류로 제출되었고 공판조서가 4만 9858쪽에 달했다.

토오조오 히데끼 수상과 외무장관 히로따 코오끼를 비롯해서 도이하라 켄지(土肥原賢二), 이따가끼 세이시로오(板垣征四郎), 키무라 헤이따로오(木村兵太郎), 마쯔이 이와네(松井石根), 무또오 아끼라(武藤章) 등 5명의 군장성이 사형을 선고받았고, 16명이 종신형, 한때 외무장관을 지낸 토오고오 시게노리(東鄕茂德)와 시게미쯔 마모루(重光葵) 등 2명이 금고형이었다. 토오고오는 구금생활 중 사망했고 시게미쯔는 잿더미에서 날아오른 불새처럼 다시 일본의 외무장관을 지냈다.

유죄를 더 확실하게 한 것은 일본이 전쟁에 관한 국제법을 수없이 위반했다는 사실이다. 독일과 이딸리아에 억류되었던 영국군·미군 포로 중 4%가 전쟁 중에 사망한 데 비해 일본군에 억류되었던 포로들은 경악스럽게도 27%나 사망했다. 사망의 원인은 대부분 질병과 학대, 그리고 영양실조였다.

A급 전범을 제외한 나머지 B·C급 전범들에 대한 재판은 1951년까지 계속되었다. 실제로 행위를 저지른 피고와 그렇게 하도록 명령한 피고들은 강간, 살인, 학대 등 보통의 형사법으로 처벌받았다. 특히 미국은 필리핀 및 중국의 장제스정부와의 협조를 통해 필리핀과 중국에서 직접재판이 이루어질 수 있도록 했다.

이와 같이 토오꾜오재판은 뉘른베르크재판보다 기소율이 높았고, 종신형에 처해진 사람의 숫자 역시 상대적으로 많았다. 그러나 다음과 같은 몇가지 점에서 중대한 결함이 있었다. 첫째, 미국과 연합국의 군인 및 민간인에 대한 범죄에 초점을 맞추었다는 점이다. 따라서 포로수용소를 관리했던 군인들에게 유독 가혹한 처벌이 이루어졌다. 영국의 재판에서 포로관리자 30여명에게 사형이 선고되었고, 호주에서는 93명이 기소되었으며, 중국에서는 500여명이 기소되어 149명이 사형선고를 받

토오꾜오전범재판정의 **토오조오 히데끼**
(가운데) 토오꾜오재판의 미흡한 전
쟁범죄 처벌에는 미국의 의도가 크
게 작용했다.

왔다. 이에 비해 몇년간의 점령기간보다 훨씬 더 오랜 기간을 식민지로
점령했던 한국 같은 지역에서 이루어진 불법행위——예컨대 군 당국을
포함한 국가권력의 위안부 연행과 강제징용——에 대한 재판은 전혀 이
루어지지 않았다.

둘째, A급 전범 이외의 B·C급 전범에는 포로수용소를 관리하던 군
인과 민간인 군속들이 많았는데, 이들 중 상당수가 조선인이었다는 점
이다. 이들 중 일부는 지원자로서 범죄행위가 명백했기 때문에 처벌을
받았지만, 다른 일부는 강제로 동원되었고 일본인 군인들에 의해 또다
른 차별을 받던 조선인이었다. 따라서 이들에 대한 재판은 좀더 신중을
기할 필요가 있었지만, 한국어 통역도 제대로 이루어지지 않는 가운데
에서 재판이 진행되었다. 이때 처벌된 148명 중 83명을 최근 한국정부
가 피해자로 인정하면서 그에 대한 보상이 가능해졌는데, 한편으로는

당시 처벌된 조선인 148명은 전체 피소자 중 5%밖에 되지 않고 수용소 수감자들이 직접 지명한 사람들이었기 때문에 재판이 공정했다는 주장도 있다. 그럼에도 불구하고 조선인 B·C급 전범이 일본인 A급 전범에 비해 더 많이 처형되었다는 사실은 공정한 기준이 적용되었는가에 대한 의문이 끊이지 않으리라는 것을 보여준다. 한국인으로 일본군 내 가장 높은 지위에 있었던 홍사익(洪思翊, 코오 시요꾸) 중장은 포로관리 책임자로서 1946년 9월 필리핀에서 처형당했는데, 한국 내에서는 이에 대한 논란이 아직도 진행 중이다.

셋째, 전범에 대한 철저한 처벌이 이루어지지 못했다는 점이다. 1948년 1차재판이 끝났을 때 스가모형무소에는 키시 노부스께 등 17명의 A급 전범 용의자들이 있었기 때문에 제2의 토오꾜오재판이 예상되었지만, GHQ는 1차재판에서 사형선고를 받은 전범들에 대한 사형 집행이 끝난 직후인 1948년 12월 24일 17명 전원을 불기소 석방하고 앞으로 더이상 재판이 없을 것이라고 선언했다. 이때 석방된 키시 노부스께는 정계에 복귀하여 1958년 수상에 취임하였다.

넷째, 일본에 대한 원자탄 사용이 전범재판을 어렵게 하였다. 전범재판 기간 동안 인도의 재판관과 변호인 들이 주장했던 바와 같이, 전범은 기본적으로 일본에서 전쟁을 일으키고 이에 동조한 사람들이었지만, 원자탄을 사용한 미국 역시 전범의 책임으로부터 자유로울 수 없었다. 대다수 일본인들이 스스로를 전쟁에 적극 참여하고 전범들을 공직에 선출한 가해자로 인식하기보다는 원자탄의 피해자로 인식하게 됨에 따라 일본사회는 전범재판의 필요성을 적극적으로 제기하지 않았던 것이다. 이는 전후 독일사회가 보여준 모습과는 다른 것이며, 최근까지도 일본 내 일부 세력이 아시아태평양전쟁을 합리화하는 주장을 제기하는 중요한 원인이 되었다.

한편, 이렇게 전쟁범죄에 대한 처벌이 제대로 이루어지지 않은 데에는 냉전체제하에서 일본을 아시아정책의 중요한 동맹국으로 부활시키고자 했던 미국의 역할이 크게 작용했다. 전범으로 지목된 대부분의 인사는 일본의 보수정치를 뒷받침하던 사람들이었고 그들이 전쟁책임으로부터 자유롭지 못했던 터라, 종전 직후 일본에서는 사회주의자·공산주의자 세력이 강했다. 이들의 힘은 1947년 4월 25일 선거에서 여실히 드러난다. 일본사회당(143석, 30.7% 득표)이 보수계인 일본자유당(131석, 28.1% 득표)과 민주당(121석, 26.0% 득표)을 제치고 제1당이 된 사실이 이를 뒷받침한다. 사회당은 민주당, 국민협동당 등 중도파 3당과 연립하여 카따야마 테쯔(片山哲) 내각을 발족했다. 그러나 사회당 내각은 1948년 2월 사회당 내 좌우파 대립으로 사퇴할 수밖에 없었고, 이후 보수 내각이 들어섰지만 일본의 상황은 계속 불안했다. 따라서 이러한 상황을 역전시키기 위해서는 보수세력을 도울 수 있는 전범들 중 일부가 정계에 복귀할 필요가 있었다.

아울러 이들 보수파는 강한 반공주의자들이었기 때문에 미국의 동아시아정책에 가장 부합하는 인물들이었다. 중국과 북한이 공산화된 상황에서 미국으로서는 일본이 반공의 보루로서 활약해주어야 할 필요가 있었다. 만약 일본에서도 공산주의나 사회주의가 득세할 경우 더이상 동아시아에서 미국의 요구가 관철될 수 없었기 때문이다. 따라서 일본을 자유세계 내에서 지키는 것이 1차적 과제였다면, 밖으로 한반도를 일종의 완충지대로 만들고 안으로는 일본 내에서 보수주의자들이 정권을 잡도록 하는 작업이 필요했다. 그리고 이러한 필요는 전범재판에도 그대로 관철되었던 것이다.

또한 전쟁에 적극 협력했던 재벌들을 기소하지 않음으로써 전후 경제부흥을 이룩할 내적 기반을 만들었다. GHQ가 재벌을 해체하였지만 해체된 재벌들은 다시 대기업으로 분해되었고, 일본 대기업들은 한국전쟁의 특수를 타고 급속히 성장하여 일본 보수정치세력의 경제적 후원자가 되었다.

쌘프란시스코체제의 형성과 미일안전보장조약

19세기 말 동아시아의 패권은 중국과 일본이 경합하는 양상을 띠었다. 1894년까지는 중국이 일방적으로 독주하고 있었지만, 청일전쟁과 러일전쟁에서 일본이 승리하면서 일본은 타이완과 한반도를 식민지화했을 뿐만 아니라 중국 동북지역에 만주국을 수립함으로써 동아시아에서 패권을 확보할 수 있었다.

1945년 이후 아시아태평양전쟁의 패배로 일본이 더이상 패권을 장악할 수 없게 되자 중국은 또다시 패권자로 등장할 수 있었다. 그러나 중국의 사회주의혁명은 동아시아에서 중국의 부상을 어렵게 하였다. 중국공산당은 공식적으로 제국주의와 패권주의에 반대하는 민족해방운동의 명분을 내세우고 있었기 때문에 공개적으로 자신의 세력을 주변지역으로 확대할 수 없었다. 게다가 식민지로부터 해방된 동아시아 지역에서 공산주의가 상대적으로 대중적 지지를 받고 있었지만, 중국 이외에 공산주의자들이 정권을 장악한 곳은 북한, 북베트남, 몽골 정도였다.

중국은 혁명 이후 국내외 정세로 인해 주변국에 영향력을 확대하기 쉽지 않았다. 한국전쟁을 통해 1945년 이후 미국에 맞서 싸운 유일한 국가라는 힘을 전세계에 보여줄 수 있었지만, 북한과 북베트남을 제외하고는 중국이 영향권을 확대하기에 어려움이 많았다. 또한 혁명을 공고히 하기 위한 내부의 사회개혁과 경제성장에 대한 자국민들의 요구로 인해 외부로 눈을 돌리는 것이 쉽지 않았다. 미국은 중화인민공화국 정부를 합법정부로 인정하지 않고 유엔에서 타이완중화민국 정부의 대표권을 인정하는 등 1970년대 초까지 중국대륙에 대한 봉쇄를 계속 추진하였다.

이렇게 일본과 중국이 모두 동아시아에서 패권을 확보하기 어려운 상황에서 새로운 패권자로 등장한 것은 미국이었다. 유럽의 상황에 집중하고 있던 소련으로서는 동아시아에 대한 미국의 패권에 눈을 돌릴 수 없었다. 미국은 서유럽과 함께 동아시아를 미국의 세계전략에 또다른 축으로 삼고자 했고, 이를 위해 일본의 부흥을 서둘렀다.

일본 부흥의 가장 기본적인 요소 세가지는 경제적 안정과 부흥, 국내정치의 안정, 그리고 국제사회의 승인이었다. 일본은 토오꾜오재판과 사회주의세력에 대한 탄압을 거치면서 보수정치세력을 중심으로 한 정치적 안정을 어느정도 이룩했고, 미국은 이미 1940년대 말부터 일본의 경제적 안정과 국제사회에서의 승인을 위한 조치들을 시행했다. 이를 위한 첫번째 조치는 경제안정화였다.

전후 일본의 물가는 걷잡을 수 없이 급등했다. 1945~49년 사이에 물가는 150배 가까이 증가하고, 전쟁의 피해로 인해 경제적으로 더이상 희망이 없는 것처럼 보였다. 이를 극복하기 위해 석탄과 수입연료들을 일차적으로 철강회사에 할당함으로써 철강생산을 늘리고, 이를 통해 석탄산업의 기반을 구축하는 경사생산(傾斜生産) 방식을 실시하였다. 하지만 1948년에 이르러서도 일본경제는 침체상태를 벗어나지 못했고 물가는 계속 상승했다.

이에 미국은 극단적인 처방을 시행했다. 생산을 늘려 경제성장을 추진하기 이전에 인플레이션을 잡아 경제를 안정시킨다는 것이었다. 미국의 은행가 조지프 다지(Joseph M. Dodge)가 특별재정고문으로 임명되었고, GHQ는 그의 권고를 받아들여 균형예산 실시, 산업부흥에 대한 정부융자의 중지, 그리고 모든 정부보조금 폐지 등의 정책을 실시했다. 인플레이션을 유발할 수 있는 통화팽창의 모든 요소를 제거함으로써 경제적 안정을 먼저 추구한다는 정책이었다. 여기에 더해 부족한 생필품과 자본재를 수입하면서 물가가 상승하는 것을 막기 위해 엔화의 환율을 1달러당 360엔으로 고정시켰다.

경제안정화 정책은 시중 통화량을 감소시킴으로써 소비욕구를 떨어뜨리고 일시적으로 경제를 더욱 어렵게 했지만 1950년 6월에 시작된 한국전쟁으로 인해 일본은 전시특수를 누리게 되었고, 물가가 안정되면서 경제부흥을 위한 기반을 마련할 수 있었다. 미국은 전쟁기간 동안 일본으로부터 군수품을 조달하였고 그 액수는 약 20억 달러에 달했다. 이는 당시 일본 총수출액의 60%에 해당하는 규모였다.

그러나 이것만으로 일본의 경제부흥을 달성할 수는 없었다. 전쟁특수는 일시적으로 나타난 현상이었기 때문에 일본이 지속적으로 이용할 수 있는 다른 경제적 배후지가 필요했다. 원자재가 많지 않고 내수시장이 크지 않은 일본은 특히 전쟁 전의 중요한 경제적 배후지였던 만주와 중국을 잃었기 때문에 새로운 배후지가 필요했다. 지리적으로 볼 때 가장 적합한 곳은 한국이었다. 그러나 한국은 일본의 식민지를 경험했기 때문에 관계 정상화가 쉽지 않았고, 특히 한국인들은 경제관계를 통해 일본에 다시 종속되는 것에 매우 민감하게 반응하고 있었다.

또다른 배후지가 될 수 있는 지역은 타이완과 동남아시아였다. 타이완의 경우 1949년 중국혁명과 함께 보수적인 국민당정부가 수립되었고, 타이완사람들은 일본의 식민지 통치에 대해 한국인들에 비해 긍정적인 기억을 갖고 있었기 때문에 관계를 정상화하는 것이 상대적으로 쉬웠다. 하지만 타이완의 경제규모만으로는 일본의 배후지가 되기 어려웠다. 결국 일본이 선택할 수 있는 지역은 동남아시아였다.

문제는 동남아시아와 경제관계를 맺기 위해서는 일본이 아시아태평양전쟁의 책임 문제로부터 자유로워져야 한다는 것이었다. 미국은 이 문제를 해결하기 위해 강화조약 체결을 서두를 필요가 있었다. 특히 일본이 전쟁특수에 힘입어 경제적으로 성장하고 있다는 점, 한국전쟁으로 인해 중국과 소련이 일본과의 강화조약에 개입하기 어렵다는 점 등을 고려하면 한국전쟁 직후가 강화조약을 맺기에 적기였다.

전쟁으로 피해를 입은 미국을 제외한 다른 국가들이 미국과 동일한 생각을 품고 있었던 것은 아니다. 특히 영국과 동남아시아 각국 정부는 일본이 군사적으로 부활하는 것을 막아야 한다고 보았을 뿐만 아니라 거액의 보상금을 원하고 있었다. 그러나 당시 일본은 거액의 보상금을 지불할 수 없는 상황이었다. 미국으로서는 냉전상황에서 일본의 조기 부흥이 필요했지만, 동아시아에 그다지 큰 이해관계가 없었던 영국이나 식민지에서 해방된 직후 경제성장을 위한 돈이 필요했던 동남아시아 국가들의 생각은 미국과 달랐다.

이에 미국은 강화조약 체결을 서두르기 위해 다양한 조치를 취했다. 먼저 영국과 협상을 통해 자신의 입장을 설득하면서 한편으로 일본에는 평화헌법을 통해 군사적 확대를 불가능하도록 했다. 이러한 조치들이 이루어진 직후 미국은 일본의 전쟁책임 문제를 해결하기 위한 강화조약 체결을 추진하였다. 또한 1949년 중국혁명, 1950년 2월 14일 중소 우호동맹조약, 그해 6월 한국전쟁의 발발로 인해 동아시아에서 일본을 중심으로 한 세력재편의 필요성이 더욱 다급해진 미국은 1951년 9월 쌘프란시스코강화회의를 서둘러 개최하였다.

1951년 9월 8일 조인된 쌘프란시스코강화조약은 국무부 고문 덜레스(J. Dulles)가 1950년 9월 19일 유엔총회에 제출한 '대일강화 7원칙'을 기초로 하였다. 이 회의에 중화인민공화국은 분단상황하에서 그 정부의 대표권에 대해 미국과 영국 간의 입장차가 있어 초청되지 않았고, 그밖에 인도, 미얀마, 유고슬라비아는 초청했으나 불참했다. 연합국 55개국 가운데 회의에 참가한 51개국 중에서 소련, 폴란드, 체코슬로바키아는 중화인민공화국의 불참을 이유로 회의 무효를 주장하면서 서명하지 않았고, 결국 48개국이 일본과 조인했다. 조약의 주요 내용은 평화상태의 회복(제1조), 일본 패망 이후의 영토 문제(제2~4조), 안전과 평화 문제(제5~6조), 정치 및 경제 문제(제7~13조), 청구권 및 재산 문제(제14조~21조), 분쟁해결의 문제(제22조), 최종 조항(제23~27조) 등으로 총 7장 27조로 구성되었다.

쌘프란시스코강화조약은 미국의 주도하에서 급하게 이루어짐으로써 한국의 독도 같은 영토문제, 배상금 문제, 소련·중국 등 전쟁 당사자들의 불참 문제 등 이후 갈등의 소지를 많이 남겼다. 그러나 가장 중요한 문제는 이 조약을 통해 미국과 일본이 안보와 군사동맹 관계로 나아갈 수 있는 기초를 마련했다는 사실이다. 이 조약과 동시에 미일안전보장조약이 조인되었는데, 여기에는 일본 내 미군의 주둔을 인정하고 일본에서 대규모 소요가 발생하거나 일본이 외부로부터 공격을 받을 경우 미군이 개입하도록 규정되어 있다.

이 쌘프란시스코강화조약을 통해 일본은 전전의 지위를 회복하였다. 평화헌법으로 인해 재무장은 어려웠지만, 미국의 안전보장을 통해 동아시아 내에서 미국의 '대리인'으로서의 입지를 굳힌 것이다. 이후 미국의 아시아정책은 일본을 축으로 하여 전개되었다. 이 조약을 통해 미국은 1972년 오끼나와가 일본에 반환될 때까지 아시아에서 안정적으로 군사기지를 유지할 수 있었다. 아울러 미일안보조약은 미국이 일본을 경제적으로뿐만 아니라 군사적으로도 동아시아에서 미국을 대신할 수 있는 파트너로 고려하고 있었음을 보여준다.

동아시아에서 미국의 군사·안보 정책은 다른 지역과 비교할 때 특수한 성격을 지녔다. 서유럽과 동남아시아와는 각각 북대서양조약기구와 동남아시아조약기구* 식으로 지역적인 안보동맹을 형성했다면, 동아시아에서 미국은 일본, 한국, 타이완, 필리핀과 각기 일대일 안보조약을 맺어야 했다. 이는 1945년 이전 일본의 군국주의적 팽창정책으로 인한 여타 동아시아 국가들의 경계심 때문이었다. 일례로 쌘프란시스코강화회의 이후 미국은 한국과 일본 사이에 국교 정상화를 서둘렀지만 반일 성향이 강했던 한국의 이승만정부와 진보 성향이 강했던 일본 시민사회의 반대는 이를 어렵게 만들었고, 결국 한일 간 국교 정상화는 1965년에 가서야 이루어졌다. 그럼에도 불구하고 현재까지 한국과 일본을 축으로 하는 동아시아의 지역적 안보동맹은 형성되지 않고 있다.

동남아시아조약기구(SEATO, Southeast Asia Treaty Organization) 1954년 프랑스가 베트남에 패한 뒤 미국의 제창으로 태국, 필리핀 등의 8개국이 지역적 안전보장을 목적으로 결성하여 1977년까지 존속한 국제기구. 유엔헌장 제52조의 '지역적 집단안전보장 규정'을 근거로 한 기구였지만, 실질적으로는 미국 지도하의 반공군사블록이었다.

탈식민의 지연과 식민잔재의 존속

1945년 이전 아시아의 대부분 지역들은 식민지를 경험하였다. 그중에서도 동아시아는 식민지 경험이 특수했다. 아프리카, 중동, 그리고 남아시아는 대부분의 지역이 영국, 프랑스, 독일에 의해 분할되었지만 동아시아는 서유럽과 함께 미국과 일본이 개입하고 있었다. 베트남을 중심으로 한 인도차이나 지역은 프랑스, 필리핀은 미국, 그리고 한국과 타이완은 일본의 식민지였다. 중국의 경우 식민지는 아니었지만 1931년 이후 동북3성지역에 일본의 괴뢰국인 만주국이 건립되었고, 1937년 중일전쟁 이후 약 8년여에 걸쳐 일본에 의해 주요 도시가 점령되는 반식민지 상태가 1945년까지 지속되었다.

카이로회담에 근거하여 일본의 식민지와 점령지역은 1945년 8월 15일 대부분 해방되었다. 이를 통해 한국, 타이완, 사할린섬 남부, 남양군도 등이 일본의 식민지 또는 점령 상태에서 벗어났다. 필리핀의 경우에도 종전과 함께 미국으로부터 해방되어 독립국가가 수립되었다. 그러나 일본이 19세기 후반에 식민지화했던 홋까이도오와 오끼나와 지역은 일본 영토로 그대로 남았다.

동남아시아 지역의 정치지형은 복잡하게 돌아갔다. 이 지역은 아시아태평양전쟁 시기 일본이 점령했던 지역이기 때문에 종전과 함께 당연히 독립국가가 수립되어야 했는데, 베트남, 말레이시아, 인도네시아 등 대부분의 지역에서 일본이 점령했던 기간은 5년 정도였고 오히려 일본의 점령 이전의 제국주의 국가와의 관계를 청산하는 문제가 남아 있었다. 특히 문제가 된 것은 16세기 이래 이들 지역을 식민지화했던 프랑스, 영국, 네덜란드가 패전국이 아니라 승전국이거나 독일로부터 피해를 받은 서유럽 국가들이었다는 사실이다.

프랑스, 영국, 네덜란드는 전쟁으로 인한 피해가 심했기 때문에 더이상 식민지를 유지하기 어려운 상황이었음에도 불구하고 이들 지역에 대한 영향력을 계속 행사하고자 하였다. 특히 프랑스와 네덜란드는 식민지 유지에 강한 의욕을 보였다. 당시 미국과 소련이 베를린을 경계로 하여 유럽을 동서로 분할한 상태였기 때문에 미국은 서유럽지역 국가들의 의사를 고려하지 않을 수 없었다. 또한 냉전상황에서 이들 국가의 경제적 부흥이 필요하다는 데 인식을 같이했다.

이러한 이유로 인해 전후 식민으로부터 벗어나고자 했던 동남아시아의 노력은 제대로 이루어질 수 없었다. 인도네시아의 경우 1945년 8월 17일 공화국의 독립을 선언했지만, 네덜란드는 경찰활동이라는 명목으로 1947년 인도네시아를 전면 공격했다. 네덜란드의 개입은 유엔의 조정으로 1948년 1월 렌빌(Renville)협정에 의해 수습되었으나 동년 12월 네덜란드의 2차개입으로 또다시 분쟁이 시작되었다. 1949년 12월 27일 헤이그에서 열린 회의에서는 인도네시아연방공화국의 수립을 허가하되 네덜란드의 내정간섭도 허가하는 식의 절충안이 통과되었다. 1956년 2월 이 안이 폐기됨으로써 인도네시아는 완전한 독립국이 되었다. 그러나 네덜란드의 경제적 권익이 그대로 유지됨으로써 상당기간 동안 식민잔재에서 벗어날 수 없었다.

베트남은 인도네시아보다도 더 힘든 과정을 거쳐야 했다. 승전국의 위치에서 독일과 오스트리아 분할에 참여한 프랑스는 마찬가지로 베트남을 포기하려 하지 않았다. 그러나 오랜 기간 프랑스의 통치를 받아온 베트남사람들은 독립을 원했고, 베트남공산당의 지도자였던 호찌민은 아시아태평양전쟁 종전과 함께 독립을 선포하였다. 결국 이는 프랑스의 반대에 부딪혔고 곧 서로 간의 갈등이 벌어졌다. 이 과정에서 미국은 프랑스를 지원했고, 1954년 프랑스가 베트남을 떠나고 베트남이 남과 북으로 분할된 이후부터 1975년 남북 베트남이 통일될 때까지 베트남은 미국과 30년간의 전쟁을 치러야만 했다. 그사이에 북베트남은 중국 모델의 토지혁명을 실시해 지주제를 철폐하였으나 남베트남은 정국의 불안 속에 식민지 시기에 더욱 확대된 지주제를 개혁하지 못했다.

필리핀과 한국은 동남아시아에 비해 상대적으로 쉽게 식민지로부터 벗어났다. 그러나 그 잔재로부터 벗어나는 것은 쉽지 않았다. 필리핀의 경우 미국의 식민지 시기부터 일본 점령기에 걸쳐 농민들의 투쟁이 끊이지 않았다. 이들은 1898년 스페인 식민지 시기 이후부터 지속되어온 불평등한 토지소유관계의 개혁을 주장하였다. 콜로룸스(Colorums), 탕굴란(Tangulan), 사크달(Sakdal) 운동 등으로 불렸던 농민들의 운동은 일본 점령기간 동안 항일인민군 후크발라합(Hukbalahap)으로 발전했다. 이들은 이전의 농민운동과 마찬가지로 농업 분야의 개혁을 통해 식민질서를 해체하고 새로운 사회질서를 형성하고자 했다.

문제는 미국이 필리핀을 식민지로 운영했던 구질서의 청산을 목표로 필리핀에 돌아온 것이 아니었다는 점이다. 게다가 농민운동이 민족주의와 사회주의 성향을 강하게 보이면서 일본에 저항했던 농민들이 미국의 동반자가 되기보다는 오히려 냉전체제하에서 '봉쇄'되어야 할 대상이 된 것 또한 골칫거리였다. 오히려 일본 점령기에 협력했던 인사들은 이전 미국의 식민지 시기에도 미국에 협력했던 인사들이었기 때문에 미국으로서는 이들을 모두 처벌하는 것은 불가능했다. 특히 지정학적으로 아시아대륙을 향한 공군기지의 운용이 가능했던 필리핀에 미국에 호의적인 정부가 들어서게 하는 것은 미국의 아시아정책에서 매우 중요한 목표 중 하나였다.

따라서 일본에 저항했던 농민들은 오히려 탄압의 대상이 되었고 일본에 협력했던 보수적 정치인·기업인 들은 오히려 미국의 지원대상이 되었다. 미군의 지원을 받으며 필리핀 독립 후 초대 대통령을 역임했던 마누엘 로하스(Manuel Roxas)는 일본 점령하에서 경제계획청장, 무임소(無任所) 장관, 공화국 창립기념행사 준비위원회 부회장 등 요직을 거친 인물이었다. 로하스 주위에는 식민지 시기를 거치며 부와 권력을 행사했던 사람들이 모여들었고, 이들은 해방된 필리핀에 수립된 독립국가의 주요 인사들이 되었다. 그리고 일본이 물러간 이후 지방행정을 담당하고 있던 농민운동 계열의 인사들은 모두 해당 부서와 직위에서 쫓겨났다.

결국 미국의 이러한 정책은 필리핀에 두가지 큰 숙제를 남겼다. 첫째는 식민잔재가 청산되지 못한 것이다. 1950년 미국은 필리핀정부와 협의하여 유상매수 유상분배에 근거한 지주제 폐지 방향의 농지개혁을 실시하고자 했지만, 지주세력에 기반을 두고 있던 필리핀정부는 이를 거부하였다. 그리고 소작제도 폐지 관련 조항을 없애고 지주제를 그대로 용인하는 내용의 농지개혁이 실시되었다.

둘째로 이로 인해 사회불안요소가 광범위하게 퍼지면서 새로운 산업화사회로 나아갈 수 없었다는 점이다. 식민잔재 청산을 위한 사회개혁이 실패로 돌아가자 농민들은 인민해방군을 조직했고, 이는 끊임없는 사회불안요소로 남게 되었다. 아울러 지주들이 정치권력을 뒷받침하면서 근대적 산업구조로의 재편이 어려워졌다.

한편, 한반도의 남쪽에서도 식민잔재의 척결은 쉽게 이루어지지 못했다. 38도선 이북의 경우 1946년부터 소련의 지원하에 토지혁명을 실시하여 식민잔재를 척결하기 위한 움직임이 본격화되었다. 1948년 38도선 이북에서 조선민주주의인민공화국이 수립될 때 북한의 공산주의자들은 자신들이 식민잔재를 척결했다고 주장했지만, 실제로 북한정권에는 식민지체제에 협력했던 인사들이 적지 않게 참여하였다.

대한민국의 경우 식민잔재를 척결하기 위한 노력이 1945~48년까지 남한을 통치했던 미군정하에서부터 시작되었다. 미군정하에서 수립된 과도입법의원은 일본제국주의에 협력했던 인사들에 대한 처벌 법규를 만들고자 했다. 그리고 1948년 대한민국 정부가 수립된 직후에는 '반민족행위자 처벌을 위한 특별법'이 제정되었다.

그러나 이러한 노력들은 모두 물거품이 되었다. 미군정의 경우 식민잔재의 척결보다 냉전체제하에서 38도선 이남지역을 미국의 영향하에 두는 것이 더 급선무였다. 특히 당시 한반도는 필리핀보다도 더 혁명적인 상황이었다. 즉, 식민지 시기를 통해 독립운동을 전개했던 공산주의자들이 대중적으로 더 많은 지지를 받고 있었던 것이다. 따라서 미군정으로서는 일본의 군국주의에 협력했다고 할지라도 공산주의에 반대하는 보수 성향의 사람들이 필요했다. 결국 미군정은 여론의 비판에도 불구하고 조선총독부와 경찰, 군대에 복무했던 사람들을 다시 등용할 수밖에 없었다.

1948년 38도선 이남에서 대한민국이 수립된 이후에도 상황은 크게 달라지지 않았다. 친일잔재 척결을 위해 제정된 '반민족행위자 처벌을 위한 특별법'을 기반으로 한 특별위원회는 경찰의 습격을 받아 활동을 못하게 되었고, 이후 일본의 식민지 지배와 아시아태평양전쟁에 복무했던 부일협력자에 대한 처벌은 더이상 진행되지 못했다.

그럼에도 불구하고 필리핀과 한반도 사이에는 큰 차이가 있었다. 그것은 바로 농업구조의 개혁이 이루어진 것이었다. 1946년 북한에서 이루어진 토지혁명이 사회주의적 성격을 띠었다면, 1950년 남한에서 이루어진 농지개혁은 자본주의 발전을 앞당기기 위한 자유주의적 성격을 띠었다. 지주계급을 철폐하기 위해 토지소유의 상한선을 설정하고 국가가 지주들에게서 유상으로 땅을 매입하여 유상으로 농민들에게 분배하는 방식을 택했던 것이다. 이를 통해 농업의 식민지적 구조를 벗어나는 동시에, 지주들이 농지개혁으로 얻은 자본을 산업자본화하고 소작인들이 농지로부터 벗어나 산업노동자가 될 수 있는 길이 열리게 되었다. 물론 한국전쟁으로 인해 심각한 인플레이션이 발생하면서 농지 판매대금으로 받은 지가증권의 가치가 떨어져 농지개혁으로 생긴 자본이 산업자본으로 전환하는 것은 쉽지 않았지만, 농업구조의 개편은 한국전쟁 이후 남한사회가 자본주의화의 길로 빠르게 진입하는 데 중요한 기반이 되었다.

이 시기에 농지개혁이 실시된 또다른 구 식민지는 바로 타이완이었다. 타이완에서는 1949년 대륙의 중화민국 정부가 옮겨온 후 농지개혁을 실시하였다. 1952년까지 완료된 이 개혁은 타이완이 1950년대 중반 이후 구 식민지국가 중 가장 먼저 경제성장을 시작할 수 있는 기반을 만들었다. 그러나 타이완의 문제는 탈식민 과정에 국민당이 개입하면서 사회 내부에 서로 다른 두개의 정체성을 만들어냈다는 점에 있었다.

타이완의 지식인들은 일본의 식민지 지배가 끝날 경우 자신들이 전면에 나서서 통치를 할 수 있을 것으로 생각했다. 그러나 타이완은 한국이나 필리핀과 달리 중화민국군에 의해 일본군의 무장해제가 이루어졌다. 매카서 사령부의 일반명령 제1호에 의해 일본으로부터 항복을 받을 권한을 가졌던 중화민국 정부의 생각은 달랐다. 오히려 타이완사람들에 대한 차별정책을 시행함으로써 사회적인 저항을 불러왔고, 탈식민 역시 이루어질 수 없었다.

요컨대 식민잔재의 청산은 인적·제도적 측면에서 추진되어야 할 시대적 과제였으나, 그 실행 정도는 각국의 사정에 따라 달랐다. 흥미로운 점은, 냉전체제 이념의 대립구도가 자본주의 진영에서는 탈식민지 과제를 억압해 지연시키는 결과를 초래했으나 반대 진영에서는 그렇지 않았다는 사실이다. 그 까닭은 집권세력의 성격과 관련해 이해할 필요가 있을 것이다.

3

냉전 속의 열전과
갈등의 내면화

한국에서 일어난 냉전하의 열전

1950년 6월, 한국에서 전쟁이 시작되었다. 전쟁은 북한의 전면적인 남침에 의해 시작되었다. 북한은 전쟁을 통해 한반도를 통일하겠다는 계획을 1949년 봄부터 세우고 있었으며, 1950년 3월 김일성이 모스끄바를 방문, 스딸린으로부터 동의를 받은 이후 전쟁계획을 구체적으로 마련하여 6월 25일 전격적으로 남침을 감행하였다.

그러나 전쟁은 이미 그전부터 시작되었다. 즉, 한국전쟁은 이전에 시작된 '시민전쟁'의 연장선상에서 바라보아야 한다. 1945년 한반도가 남과 북으로 분단된 이후 남북 각지에서는 주둔군과 주민 사이에 심각한 갈등이 있었다. 남한만의 단독선거에 반대해서 일어난 1948년 제주도 4·3항쟁과 여순사건은 그 대표적인 예다. 전쟁 발발 1년 전인 1949년에는 한반도의 38도선에서 남북 간 분쟁이 자주 일어났다.

한국전쟁의 직접적 배경이 된 대외적 사건을 꼽으라면, 1949년에 일어난 두가지 중요한 사건을 들 수 있다. 하나는 소련의 핵개발로, 미국만 독점해오던 핵무기를 이제 소련도 보유하게 되었다. 이로써 사회주의 국가들은 안보문제에 어느정도 자신감을 갖게 되었고, 서유럽에서는 소련에 대한 위기감이 증폭되었다. 다른 하나는 중국혁명의 성공이었다. 이는 식민지에서 해방된 지역의 사회주의자들을 고무하였고, 특히 북한이 전쟁을 통해 한반도를 통일하려고 했던 가장 중요한 외적 배경이 된다.

아울러 중국혁명과 소련의 핵개발은 미국의 트루먼행정부 내에서 국가안보회의 문서 68호(NSC 68)를 입안하는 중요한 배경이 된다. NSC 68은 1950년 초에 입안된 문서로 1949년 소련의 핵무기 개발과 중국의 사회주의화에 대한 대응의 의미를 지니는, 미국 냉전정책의 일단을 보여주는 매우 상징적인 문서다.

이 문서에서 미국은 전략무기(핵무기)뿐만 아니라 재래무기(핵무기가 아닌 전통적인 모든 무기)의 전력 증강을 강조하였다. 소련의 핵개발로 인해 미국의 핵독점이 무너진 이상 재래무기를 증강하지 않는다면 소련과의 경쟁에서 질 수도 있다는 것이었다. 재래무기 증강을 위한 예산안 증액 내용이 너무 컸기 때문에 처음에 트루먼 대통령은 이를 승인하지 않았고, 이후 한국전쟁이 발발한 직후에야 이 문서를 승인했다.

이 문서는 두가지 측면에서 중요한 의미를 지닌다. 첫째는 미국의 봉쇄정책의 변화다. 1946년 처음 봉쇄정책을 입안하고 실시할 때는 미국이 세계의 모든 지역을 방어할 수 없기 때문에 몇개의 거점지역만 방어하면 된다는 입장이었다. 그러나 NSC 68은 중국과 소련을 둘러싼 모든 지역을 지켜야 할 필요성을 강조하였고, 이것이 한국전쟁이 발발한 직후 핵심적인 이해관계가 없는 한반도에 미국이 곧바로 개입하게 된 주요 이유였다.

둘째, 이 문서는 군비증강을 통한 경제회복을 명시하고 있다. 미국은 1949년 경제위기에 봉착했다. 2차대전을 승리로 이끌었지만 냉전으로 인해 공산주의세력을 봉쇄할 필요성 때문에 어떠한 패전국가로부터도 배상금을 받지 못했고, 오히려 패전국을 비롯한 다른 나라들에 원조를 해주어야 했다. 아울러 제대군인들로 인한 실업문제와 함께 전쟁이 끝난 이후 나타난 불황으로 미국경제는 위기에 직면한 상태였다. NSC 68은 2차대전 시기 전비증강을 통한 미국의 재정지출 확대가 미국경제에 붐을 불러왔던 것을 상기시키면서 미국의 적극적인 군비확장을 주문하였다.

한국전쟁은 북한의 남침으로 인한 한반도 내부의 국지전으로 시작되었다. 하지만 앞서 본 것과 같은 이유로 전쟁이 발발하자마자 미국이 개입하였고, 곧이어 10월 중순 중국군이 개입하면서 국지에서 발생한 국제전이 되었다. 다시 말해 전쟁 초기에 한국전쟁은 내전이었지만, 미국과 중국이 참전하면서 '냉전체제하 한 지역에서 일어난 대리전'으로서의 국제전이 되었다.

국제으로서의 한국전쟁은 몇가지 특징이 있었다. 첫째, 전쟁에 직간접으로 개입했던 미국, 소련, 중국 등 냉전의 열강들이 확전을 꺼렸기 때문에 전쟁이 '제한전'으로 치러졌다는 사실이다. 어느 나라도 전선을 중국이나 소련으로 확대하려 하지 않았다. 둘째, 한국전쟁은 역사상 처음으로 유엔의 깃발하에 군대가 조직되었다. 당시 유엔 주재 소련대표의 안보리 불참은 남한을 돕기 위해 유엔군이 조직되는 데 결정적인 역할을 하는데, 유엔군이 남한을 도운 것은 소련과 북한에 결정적으로 불리한 것이었기 때문에 소련대표의 불참은 지금까지도 의문의 대상이 되고 있다.

전쟁 초기에는 북한이 주도권을 잡았다. 북한은 전쟁이 발발하자마자 3일 만에 서울을 점령하였고, 전쟁 발발 4일 만에 주일미군이 한국에 파견되었음에도 불구하고 일사천리로 남하하여 낙동강 이남의 일부 영남지역을 제외한 모든 지역을 점령하였다. 이 시기 북한은 점령지역에서 토지개혁을 실시했지만, 이미 이승만정부가 전쟁 직전인 1950년 초에 농지개혁 실시를 선포한데다 북한군의 점령기간이 3개월도 되지 않은 짧은 기간이었기 때문에 남한의 농민들로부터 많은 지지를 얻어낼 수는 없었다.

북한의 초기 공세는 1950년 9월 15일 유엔군의 인천상륙작전이 시작되면서 역전되었다. 미국이 주도하던 유엔군은 맥아서 사령관의 명령 하에 38도선 이북으로 진격하였다. 이는 유엔군이 조직될 당시 유엔의 결정사항을 넘어서는 것이었음에도 불구하고, 북한군이 급격하게 무너지면서 38도선 이북으로의 진격을 어느 누구도 반대하지 않았다.

그러나 미국이 주도한 유엔군의 38도선 이북으로의 진격은 미국과 남한이 이 전쟁에서 승리하지 못하는 결정적 원인을 제공하였다. 즉, 중국의 경고를 무시하고 38도선 이북으로 진격함으로써 중국이 한국전쟁에 참전하도록 했고, 유엔군은 결국 1950년 겨울 다시 38도선 이남으로 후퇴할 수밖에 없었다. 1949년 이전의 국공내전을 통해 게릴라전술과 추운 기후에 적응하고 있었던 중국군에게 유엔군은 속수무책으로 밀릴 수밖에 없었다.

1951년 봄 전열을 정비한 유엔군은 총공세를 통해 중국·북한 연합군을 38도선 부근으로 다시 밀어붙였다. 그리고 동년 7월 정전회담이 시작되었다. 전쟁에서 완전한 승리를 거두기 어렵다고 판단한 미국의 트루먼행정부와 건국 직후의 내부사정으로 인해 전쟁을 빨리 끝내고자 했던 중화인민공화국의 이해관계가 일치했기 때문이다. 당시 개성에서 시작된 정전회담은 이후 판문점으로 장소를 옮겨 계속되었다.

그러나 정전회담은 2년이 넘어서야 끝났다. 회담장에 마주 앉은 유엔군과 중국·북한 연합군은 서로의 주장에 대해 한치의 양보도 하지 않았으며, 회담기간 동안 38도선 부근에서 전투를 계속했다. 가장 중요한 논쟁이 된 것은 포로 송환을 위한 협상이었다. 북한군이 남한을 점령했을 때 강제로 동원된 남한의 젊은이들과 중국군의 일부로 편입되었던 과거 국민당 군대 출신의 군인들이 북한과 중국으로 강제송환되는 것을 거부했기 때문이다. 1949년에 체결된 제네바협정은 전쟁이 종료되는 즉시 모든 포로의 즉각 송환을 명시하고 있었지만, 한국전쟁의 특수성으로 인해 송환을 거부하는 포로들이 생긴 것이었다. 또한 미국의 입장에서는 많은 포로들이 송환을 거부할 경우 냉전의 선전물이 될 수 있기 때문에 심리전 차원에서 반공포로 문제를 이용하고자 했다.

결국 포로문제는 몇차례의 정회를 거듭하면서 1년 6개월의 논의과정을 거쳐 중립국 인도의 포로심사를 통한 자의에 의한 송환으로 결정되었다. 이러한 합의는 1953년 초 스딸린의 죽음, 미국에서 한국전쟁의 종전을 공약으로 내건 아이젠하워(D. Eisenhower)의 대통령 당선, 그리고 더이상 전쟁을 계속할 수 없었던 중국과 북한의 사정에 의한 것이었다. 남한의 이승만 대통령은 유엔군의 지시를 어기고 반공포로 석방을 단행하는 등 정전협상에 반대했지만, 유엔군과 중국·북한 연합군은 1953년 7월 27일 정전에 합의하고 정전협정을 체결하였다.

그러나 정전협정이 체결되었다고 해서 한반도에서 전쟁이 완전히 끝

502

한국전 참전 중국군의 철수협정(1958) 중국군은 휴전 이후에도 남아 북한정권의 재건을 뒷받침하다가 1958년 철수하였다.

난 것은 아니었다. '정전(停戰)'은 전쟁의 일시적 정지일 뿐 그 종결을 뜻하는 '종전(終戰)'과 다르다. 전쟁을 완전히 끝내기 위해서는 군사적 성격의 정전협정을 넘어서는 정치회담이 필요했다. 정전협정도 전쟁을 정치적으로 완전히 끝내기 위해 정치회담을 열 것을 규정하였다. 이에 따라 1954년 제네바에서 한반도문제 해결을 위한 정치회담이 개최되었다. 그러나 유엔군과 공산군 양측이 합의에 이를 수 없었기 때문에 정치회담은 무위로 끝났고, 이후 더이상의 정치회담은 열리지 않았다. 정전체제하의 한반도는 이후 계속해서 안보위기에 시달리게 되었다. 종전체제로의 전환이 필요한 까닭이다.

한국전쟁은 동북아시아뿐만 아니라 세계적으로 많은 유산을 남겼다. 전쟁 중 진행된 쌘프란시스코협약과 미일안보조약으로 인해 미국은 한국과 한미상호조약을 일대일로 체결하게 되었다. 이는 NATO 등의 다자간 조약과는 다른 것이었다. 또한 전쟁으로 인해 동북아시아 지역에서 군사비용이 엄청나게 증가하여, 동북아 지역은 전세계에서 군사비 지출이 가장 높은 지역의 하나가 되었다. 아울러 포로에 관해 제네바협정에서 명시한 전후 모든 포로의 무조건 송환이라는 원칙과는 달리, 한국전쟁에서는 자의에 의한 송환이라는 새로운 원칙이 적용됨으로써 이후 다른 지역의 전쟁에서도 유사하게 적용될 수 있는 선례를 남겼다.

베트남에서 일어난 미국의 전쟁

1945년 9월 하노이에서 베트남민주공화국이 수립되었으나 프랑스는 베트남에 대한 지배를 포기하지 않으려고 했다. 1차대전 이후 베르사유 체제가 승전국의 식민지는 건드리지 않았던 것처럼 2차대전 직후에도 패전국의 식민지를 제외한 다른 지역들은 식민지 통치가 그대로 유지되었던 것이다. 영국군을 대신해 베트남 남부를 재점령한 프랑스군은 전국을 재식민지화하기 위해 북진하였다. 북부에 진주했던 중화민국군은 국공내전에 대비하기 위해 철수한 상태였다. 1946년 12월 19일 호찌민은 프랑스 식민세력에 대한 전면항전을 선언하였다.

프랑스는 미국과 영국으로부터 지원을 받았지만, 식민지 지배로부터 독립하고자 하는 베트남사람들의 열망을 막을 수는 없었다. 여기에 더해 중국공산당은 호찌민을 적극적으로 지원하였다. 중국 국공내전 동안 호찌민의 도움을 받았던 중국공산당은 1949년 10월 건국 이후 한국에서 북한을 도와준 것처럼 호찌민세력에도 적극적인 도움을 주었다. 특히 1953년 한국에서 정전협정이 체결된 이후 베트남민주공화국에

504

대한 군사지원은 더욱 늘었다. 중국의 원조에 힘입어 호찌민의 군대는 1954년 프랑스와의 디엔비엔푸(Điên Biên Phu)전투에서 결정적인 승리를 거두었다.

그러나 프랑스는 그냥 철수하지 않았다. 베트남에서의 식민권력(마지막 황제 바오다이를 수반으로 프랑스에 의해 1949년 수립된 꼭두각시 정권)을 미국에 이양하고자 했으며, 이에 베트남문제를 해결하기 위한 회담이 1954년 제네바에서 개최되었다. 이 회담은 한국전쟁을 정치적으로 종결하기 위한 공산군과 유엔군 양측의 회담과 동시에 열렸다. 당시 제네바회담의 본 의제였던 한국전쟁 문제는 전혀 해결되지 않았지만, 베트남문제는 17도선을 군사분계선으로 하여 남과 북으로 양측 군대를 철수하고 2년 이내에 총선거를 실시하여 베트남을 통일하는 것으로 결정되었다.

물론 총선거는 남부의 거부로 인해 실시되지 않았고, 1955년 남부가 단독선거를 거쳐 베트남공화국을 수립하였기에 이로써 분단은 공식화되었다. 북베트남은 호찌민의 지도하에 소련 방식의 사회주의 건설에 들어갔다. 토지분배를 실시하고 부족한 자본과 기술로 인해 농민들의 노동력을 쥐어짜는 방식의 건설이 시작된 것이다. 남베트남에서 미국의 지원을 받던 응오딘지엠(Ngô Đinh Diêm) 대통령은 남부의 단독선거와 분단정부 수립에 반대하는 통일운동세력을 공산당으로 몰아세우며 이들에 대한 대대적인 탄압에 들어갔다. 그러나 북베트남의 호찌민정부는 제네바협정에 의거해서 통일정부 수립을 위한 비폭력 투쟁을 진행할 것을 지시하였다.

한편 남부 농촌에서는 북베트남공산당의 지시를 받지 않는 남베트남민족해방전선(越共, 남민전, 비엣꽁Vietcong)이 1960년 결성되어 게릴라전쟁을 전개하였다. 게릴라의 활동이 점점 더 확대되는 가운데 1961년 미

사이공 부근 구찌터널에서 학습 중인 남베트남민족해방전선(1969) 남민전의 구정공세는 미국의 거짓선전을 확인시키면서 세계적인 반전 여론을 불러일으켰다.

국 케네디(J. F. Kennedy) 대통령은 베트남에 처음으로 파병을 결정하였다. 케네디 재임 당시 1만 8000여 명이었던 베트남 파병 미군은 케네디 사후 존슨(L. Johnson)이 대통령에 취임한 후 50만 명 이상으로 늘어났다. 여기에 더해 미국정부는 1964년 '더 많은 깃발'(more flags)이라는 구호 아래 한국과 호주, 타이 등에 파병을 요청했고, 한국은 1966년 이후 2개 사단의 전투부대를 파병하여 다낭 근처의 중부전선에서 전투를 수행하였다.

존슨행정부는 1964년 통킹만에서 북베트남 군대가 미군을 공격한 것처럼 사건을 조작하고, 이를 빌미로 이후 북베트남에 대한 무차별 폭격을 개시했다. 이제 미국은 베트남에 본격적으로 개입하며 전쟁을 베트남 전체로 확대하였다. 남민전은 북베트남공산당의 지원을 받았지만 엄연히 서로 다른 조직이었음에도 불구하고, 미국은 북베트남의 지원을

506

끊으면 남민전을 모두 소탕할 수 있다고 판단했던 것이다. 그러나 내외적 상황으로 인해 베트남전쟁은 점차 남민전에 유리하게 진행되었다.

먼저 남베트남의 정치상황이 점점 더 악화되었다. 케네디행정부와 존슨행정부는 남베트남에서 쿠데타를 조종함으로써 북베트남과의 협상을 추진했던 가톨릭교도인 지엠 대통령을 제거하였고, 이후 두차례의 쿠데타를 통해 불교세력과 가까웠던 민(D. V. Minh) 장군과 연립정부를 추진했던 응우옌칸(Nguyên Khánh) 장군을 제거하였다. 이후 미국의 전쟁정책에 순응했던 응우옌반티에우(Nguyên Văn Thiêu) 장군을 대통령으로 세웠지만, 이들의 부패로 인해 전황은 미국에 불리하게 전개되었다.

또한 전쟁이 계속되자 미국 내에서 전쟁에 반대하는 여론이 제기되기 시작했다. 1967년 전쟁에 반대하는 최초의 시위가 있었으며, 1968년의 구정공세(Têt Offensive) 이후에는 반전시위가 더 확산되었다. 구정공세는 남민전이 음력설을 이용해서 사이공을 비롯한 미군기지가 있는 15개 도시를 전면적으로 공격한 사건이다. 그 결과 남민전은 군사적으로는 치명적인 손상을 입었으나 정치적으로는 상당한 성과를 거두었으니, 구정공세 현장을 지켜본 미국과 세계는 미국이 선전했던 '자유를 위한 전쟁'이 거짓이었음을 느끼게 되었고 거대한 반전운동이 전개되기 시작했다. 미국의 반전운동은 이미 1965년부터 시작된 흑인인권운동과 결합하여 더 큰 위력을 발휘하였고, 미국 전역뿐만 아니라 유럽으로까지 확대되었다.

내외적으로 상황이 어려워지는 가운데 한반도에서 일어난 푸에블로호사건은 존슨행정부에 또다른 치명타를 날렸다. 북한 해안경비대는 1968년 1월 23일 동해상에서 정보활동을 전개하던 미국의 정보함 푸에블로호를 북한 영해를 침범한 혐의로 나포하였다. 그 이틀 전에는 청와대 기습을 노린 북한 게릴라('무장공비')가 광화문까지 침투했다. 이 두 사건은 한국군을 추가로 베트남에 파병하지 못하도록 한반도에서 남북 간 긴장을 고조시켜온 북한의 전략이 정점에 이르렀음을 보여준다. 푸에블로호 나포과정에서 미군 1명이 죽었고, 나머지 23명은 북한에 생포되었다. 미국은 푸에블로호에 있던 정보 관련 기밀들뿐만 아니라 나포된 미군의 석방을 위해 북한과 협상을 벌일 수밖에 없었다. 후일 미국의 존슨 대통령은 1968년에 일어난 사건 중 구정공세보다도 더 큰 '소동'(turmoil)은 푸에블로호사건이었다고 회고했다. 푸에블로호사건과 구정공세 직후 존슨은 대통령 재출마를 포기하였고, 결국 1968년 11월 새 대통령으로 공화당의 닉슨(R. M. Nixon)이 당선되었다.

이듬해 1월 취임한 닉슨은 전쟁을 끝내겠다는 공약을 내걸었지만, 전쟁을 끝내지 못하고 더 확대했다. 취임 직후 그는 닉슨독트린(Nixon Doctrine)*을 통해 '아시아는 아시아사람들이 지켜야 한다'는 대외정책의 원칙을 천명하면서 베트남뿐만 아니라 다른 지역에 주둔하고 있는 미군까지도 철수 또는 축소할 수 있음을 시사하였다. 그러나 실제로는 주한미군의 일부를 감축했을 뿐이고 전쟁은 더욱 확대되었다.

미국 내 반전운동이 더 치열해지고 구정공세에 대한 반격작전 도중에 밀라이사건(My Lai Massacre)* 같은 민간인 학살사건이 일어난 가운데 미국은 1970년 캄보디아에 대한 공습과 침공을 시작했다. 북베트

닉슨독트린 1969년 닉슨 대통령이 괌에서 발표한 대외정책 선언. '베트남전쟁의 베트남화'를 주요 골자로 하여 아시아의 문제는 아시아인들이 스스로 해결해야 한다는 내용을 담고 있다. 후에 미국이 베트남으로부터 철수하고 대외적 개입을 줄이게 되는 중요한 정책적 근거가 되었다.

남이 남베트남의 남민전을 지원하는 소위 '호찌민루트'를 파괴함으로써 남민전을 고립시키겠다는 전략이었다. 그러나 이미 남베트남의 민심은 미국과 미국의 지원을 받는 남베트남정부로부터 떠나 있었기 때문에 호찌민루트가 통과하는 캄보디아에 대한 공격은 거의 효과를 거두지 못했다. 이로 인해 닉슨행정부는 1970년 말부터 미군을 철수하기 시작했고, 곧이어 북베트남과 빠리에서 전쟁을 끝내기 위한 협상에 들어갔다.

베트남에서 전쟁을 끝내고 철수하기 위해 미국이 취한 또다른 조치는 중국에 접근하는 것이었다. 당시 미국은 대규모 미군의 투입과 엄청난 물량공세에도 불구하고 북베트남 사회주의정권과 남베트남의 남민전이 계속 유지되는 것은 중국의 지원 때문이라고 판단했다. 실제로 중국은 1965~73년 연인원 32만명의 군대를 북베트남에 파병하였다. 이들은 북베트남 정규군이 남하작전을 펼 수 있도록 후방을 책임졌다. 이와 별도로 100억 달러 상당의 무기와 군수물자를 지원하였다. 이런 상황에서 미국의 베트남에 대한 개입은 1964년 중국의 핵무기 개발 이후 공산주의세력이 동남아시아로 확대되는 것을 막기 위한 조치였다. 중국과의 관계 정상화는 중국과 소련을 분리한다는 전세계적 차원의 냉전정책이면서 동시에 베트남에 대한 중국의 지원을 끊으면서 아시아에서 사회주의의 확산을 막을 수 있는 길이라고 보았던 것이다.

중국도 닉슨의 당선에 호응하면서 1968년 11월 철군을 시작했는데, 이는 중소대립이 그 무렵 절정에 달했기 때문이다. 이듬해 3월 우수리

밀라이사건 베트남전이 한창이던 1968년 3월 16일 미군이 베트남 남부의 밀라이마을 주민 500여명을 학살한 사건으로, 피해자 대부분이 비무장 노약자와 여성으로 밝혀져 국제적 비난을 받았다.

강변에서 양국 수비대가 무력충돌하는 사태가 일어나자 중국은 소련을 제1의 적으로 간주하고, 베트남전쟁에서 손을 떼겠다는 미국과의 관계 개선으로 선회하였다.

이처럼 중소대립 속에 미중접근이 급진전되어 이루어진 1972년 닉슨의 중국 방문은 냉전체제에 중요한 분수령이 되었다. 소위 데땅뜨(détente)의 시대가 열린 것이다. 닉슨의 중국 방문이 곧바로 미중관계의 정상화를 가져온 것은 아니었지만, 이후 중국과 소련 사이의 분열을 통해 사회주의 진영의 분열이 본격화되었고, 결국 1973년 1월 미국과 북베트남 사이의 빠리협정 조인을 이끌어낼 수 있었다. 빠리협정을 통해 미국은 베트남에서의 미군 철수와 50억 달러의 보상금 지급을 약속하였고, 같은 해 베트남 주둔 미군은 모두 철수하였다.

미군 철수 이후에도 일부 한국군은 남아 있었지만 1973년 초 모두 철수하였다. 미군이 없는 상황에서 한국군 단독으로 할 수 있는 역할에는 명백한 한계가 있었기 때문이다. 북베트남을 지원한 중국군도 1973년 모두 철수하였다. 미군과 한국군이 철수한 상황에서 남베트남정부는 더이상 저항할 수 있는 힘이 남아 있지 않았다. 1975년에 들어 또다른 쿠데타를 통해 티에우정부가 무너지고 새로운 군사정부가 들어섰지만, 이미 전세는 기울어진 후였다. 동년 4월 30일 남베트남정부는 남민전과 북베트남군대에 의해 무너졌고, 이로써 10여년에 가까운 '베트남에서 일어난 미국의 전쟁'은 마침표를 찍었다. 1954년에 끝났어야 하는 전쟁이 동아시아 전체를 연루시킬 정도로 참혹하게 연장되다가 마침내 종전에 이른 것이다. 19세기 초 프랑스의 베트남 점령 이후 시작된 베트남 사람들의 해방을 위한 오랜 염원이 이루어지는 순간이었다. 그러나 그것은 완전한 해방이 아닌 또다른 질곡의 시작이기도 했다.

510

50년간의 전쟁이 남긴 갈등과 상흔

동아시아는 1930년대 일본제국에 의해 전쟁이 시작된 이래 1970년대 말까지 50여년간 전쟁을 경험했다. 초기 15년간은 일본 제국주의자들에 의해 전면전과 학살이 벌어졌다면 이후 35년간은 냉전체제하에서 열강들의 동아시아에 대한 이권 개입으로 국지전이 계속되었다.

특히 1945년 이후 계속된 긴장과 갈등, 그리고 전쟁은 동아시아 전체를 광분의 상태로 몰아갔다. 냉전체제의 주축이 미국과 소련이었음에도 불구하고 갈등을 통한 '열전'이 일어난 곳은 동아시아였다. 미국과 소련뿐만 아니라 냉전의 양극을 뒷받침하고 있던 서유럽과 동유럽에서는 더이상 전쟁이 일어나지 않았다. 베를린에서 몇차례 위기가 발생하긴 했지만 그것은 단지 '위기'였고, 전형적인 '얼어붙은 전쟁', 즉 '냉전'의 양상을 띠었다. 자본주의체제와 사회주의체제를 각각 옹호하는 유럽 각국끼리의 전쟁은 핵 사용의 가능성이 높았고 이는 결국 유럽대륙 전체의 공멸을 의미했기 때문에, 그 힘의 대결은 '주변부'에서 '대리전'의 양상을 띨 수밖에 없었다.

전후 35년간 진행된 동아시아에서의 전쟁은 공통점이 있었다. 즉, 1945년 이전의 전쟁이 제국주의와 식민지 간의 갈등이라는 단순한 구도였던 데 반해, 1945년 이후의 전쟁은 제국과 식민지에서 갓 해방된 신생국들 사이의 갈등과 신생국 내부의 사회적·계급적 갈등이 동시에 폭발했다는 점이다. 공산주의자들은 동아시아의 전쟁이 제국주의에 반대하는 전쟁이라고 주장했지만, 전쟁은 해당 지역의 해묵은 계급적·사회적 갈등의 폭발과 함께 진행되었다. 따라서 내외부의 갈등이 점철된 동아시아의 전쟁은 해당 지역에서 세계대전보다도 더 심각한 후유증을 남겼다.

첫번째 갈등은 중국에서 시작되었다. 쑨 원 사후부터 시작된 국민당과 공산당의 갈등이 일본제국주의의 패망 이후 본격화된 것이었다. 이를 통해 중국은 본토의 공산당정권과 타이완의 국민당정권으로 분열되었다. 중국 본토에서는 대약진(大躍進)운동*과 문화대혁명을 통해 내부의 해묵은 계급갈등을 해결하고자 했으며, 한편 미국의 지원을 받던 타이완의 국민당정권은 타이완 원주민에 대한 탄압을 통해 강력한 독재정부를 유지하였다. 이 과정에서 수많은 학살과 인권탄압이 지속되었으며, 대약진운동으로 2천여만명이 굶어죽었다. 또한 1950년대를 통해 소위 포모사*위기(타이완위기)라고 불리는 타이완해협에서의 크고 작은 갈등이 계속되었다.

두번째 갈등은 한반도에서 일어났다. 1950년부터 3년간 벌어진 한국전쟁이 바로 그것이다. 그러나 이 전쟁은 이미 1945년 시작되었다. 패전국이 분단된 유럽과 달리 동아시아에서는 추축국이 아니었던 한반도가 미군과 소련군에 의해 분할점령되었다. 분할점령 기간 동안 각각의 점령지역에서는 다수의 민간인 봉기가 발생했다. 그것은 점령군을 향한 봉기이기도 했지만 전통시대와 식민지시대를 통해 형성된 지주와 소작인, 그리고 자본가와 노동자 사이의 갈등이 함께 폭발한 것이었다. 특히 1946년 대구지역에서의 봉기(10월항쟁*)와 1948년 제주도지역에서의 봉

대약진운동 1958~60년에 걸쳐 중국공산당이 추진한 급속한 공업화·사회주의화 정책. 인민공사(人民公社)를 주축으로 하여 '자력갱생'을 외치면서 중국형 사회주의 건설을 추진했다.

포모사 포모사는 타이완의 별칭으로, 뽀르뚜갈의 한 선원이 항해 도중 타이완을 발견하고 "Ila Formosa!"(아름답다!)라고 외친 데에서 비롯되었다.

기(4·3항쟁*)는 이러한 복합적인 갈등의 양상을 잘 보여준다.

이러한 내부의 갈등은 한국전쟁 중에도 계속되었다. 한국전쟁 초기 북한군이 38도선 이남의 대부분을 점령했을 때 각 지역에서는 인민위원회가 조직되었다. 인민위원회는 각 지역에 있던 소작인과 빈농 들에 의해 조직되었는데, 이들은 이전부터 자신들을 핍박해온 지주와 부농 들을 '인민재판'이라는 형식으로 처벌하였다. 그리고 곧이어 유엔군의 공세로 북한인민군이 철수한 이후 인민위원회에 참여했던 사람들이 '부역죄'로 처벌되는 사회적 갈등이 반복되었다. 이러한 보복·처벌은 이념과는 무관하게 집안 간의 갈등으로 확대되기도 했으며, 전쟁이 끝난 이후에도 그 감정의 골은 지금까지 계속되고 있다.

또다른 갈등은 민간인 학살을 통해 일어났다. 민간인 학살은 몇가지 서로 다른 원인을 통해 자행되었다. 전쟁 발발 직후 남한의 경찰은 보도연맹 가입자들을 학살하였다. 보도연맹은 과거 공산주의운동을 했던 사람들을 대상으로 1949년 조직된 단체다. 남한정부는 북한군이 진입할 경우 보도연맹 가입자들이 이들을 돕거나 남한에 반대하는 폭동을 일으킬 수 있다고 판단했던 것이다.

10월항쟁 1946년 10월 2일 대구에서 발생한 경찰과 시민들 간의 유혈충돌사건. 10월 1일 파업에 대한 군경의 폭행에 항의하는 군중집회가 있었고, 이에 경찰이 발포하여 사망자가 발생하자, 다음날 시민들이 경찰관서를 습격함으로써 시작되었다. 미군정의 추곡수매, 친일경찰의 재등용이 주요한 이슈가 되었으며, 애초 대구에서 시작된 항쟁은 이후 경상북도 전역으로 확산되었다.

4·3항쟁 1948년 남한만의 단독정부 수립에 반대하여 제주도에서 일어난 무장봉기. 1947년 3·1절 기념행사에서 일어난 충돌이 직접적인 원인으로, 이는 이듬해 4월 3일 공산주의자들이 주도한 전면항쟁으로 확대되었다. 진압과정에서 약 3만여명의 민간인 희생자가 발생한 것으로 추정된다.

또다른 민간인 학살은 1950년 9월 15일의 인천상륙작전 직후 일어났다. 북으로 후퇴하는 북한군들은 정치범으로 구금했던 남한 인사들을 처형했으며, 대전형무소사건이 그 대표적인 예다. 또다른 문제는 인천상륙작전으로 인해 한반도의 허리가 끊기면서 북한군 일부가 북으로 후퇴하지 못하고 산에 올라가 게릴라전쟁을 벌이면서 일어났다. 한국정부는 게릴라를 소탕한다는 명분하에 게릴라들이 활동하는 주변지역에 대한 소개작전에 들어갔다. 이 과정에서 많은 민간인들이 게릴라의 활동을 도왔다는 혐의로 재판 없이 처형되는 사건이 일어났다. 한국의 남부지역인 거창과 함양에서 1951년 초에 일어난 학살사건이 대표적이며, 이외에도 많은 지역에서 비슷한 학살사건이 일어났다.

북한지역에 대한 폭격은 말할 것도 없고 게릴라소탕작전이라는 명분하에 진행된 미군의 남한 폭격은 또다른 민간인 학살의 원인이었다. 경상북도 예천군 보문면 산성리의 산간지역에 대한 폭격은 그 대표적인 예다. 당시 미군 측은 일부 폭격이 오폭이었고 이로 인해 민간인들이 학살되었음을 확인했음에도 불구하고 같은 지역에 또다시 폭격을 진행하여 많은 민간인이 학살되었다. 한편 북한은 중국군이 개입한 직후 유엔군이 철수하는 과정에서 미군이 많은 학살을 자행했다고 주장하면서 황해도 신천에서의 사건을 그 예로 제시하기도 한다.

세번째 갈등은 베트남에서 발생했다. 베트남전쟁 과정을 통해 프랑스 식민지 시기의 해묵은 갈등이 폭발하였다. 1945년 이전에 결성된 베트남 내부의 자생적 조직은 프랑스와 일본 통치하에서 발생한 지주와 소작인 또는 빈농 사이의 갈등을 토대로 조직되었으며, 양측의 갈등을 심화시켰던 제국주의자들을 주요 척결대상으로 삼았다. 1950년대 중반 이후 남베트남정권과 대치한 세력은 남베트남사람들로, 이 경우에도 역시 내부 모순에 의해 자생적으로 생겨난 조직이었다.

미군과 미국의 요청으로 참전한 한국군은 남민전과 민간인을 구별하는 것이 쉽지 않았고, 이 과정에서 많은 학살사건이 일어났다. 1968년의 밀라이사건은 그 대표적인 예이며, 미군과 한국군에 의해 일어난 학살사건들은 지금도 진상규명을 위한 조사가 진행 중이다. 학살당한 피해자뿐만 아니라 학살의 가해자들 역시 국가에 의해 동원된 군인들로서, 전쟁 이후 정신적 장애를 겪고 있다는 보고가 끊이지 않는다.

1945년 이후 동아시아에서 일어난 이 세차례의 전쟁은 심각한 후유증을 남겼다. 이 전쟁들은 모두 동아시아에서 공산주의의 확산을 막고 정치적·경제적 주도권을 잡고자 했던 미국과 동아시아 국가들의 민족주의 또는 공산주의 조직 간의 전쟁이었다. 또한 각 조직들은 그 과정을 통해 1945년 이전부터 심화되어온 사회 내부의 갈등을 해결하고자 했기 때문에 수많은 민간인 학살이 뒤따랐다. 이러한 학살은 전쟁이 끝난 이후에도 심각한 문제들을 불러왔다.

먼저 상호간의 보복이 끊이지 않았다. 특히 한국에서 이 문제는 심각했다. 한국정부는 전쟁 중 '부역자 처벌법'을 만들어 북한군에 도움을 준 사람들을 처벌하였다. 그리고 공산주의자거나 이들에게 협력한 사람들에 대해서는 연좌제를 통해 그 후손들까지도 차별적으로 대우했다.

또다른 한편에서는 보복폭행도 발생했다. 민간인 학살지역 중 하나인 거창에서 일어난 사건이 대표적이다. 마을 주민들 중 피해를 입은 일부가 전쟁이 끝난 지 7년이나 흐른 뒤 그 마을의 대표를 살해한 것이다. 살해된 마을 대표는 1951년 민간인 학살 당시 게릴라를 도운 사람들을 지목했던 인물 중 하나로, 그때 지목된 사람들은 대부분 한국군에 의해 재판 없이 처형되었다.

베트남전의 후유증은 먼저 고엽제 피해로 나타났다. 미국은 전쟁과 정에서 남민전의 주 활동무대였던 밀림을 제거하기 위해 고엽제를 사용했다. 고엽제는 나무의 잎을 말리는 약품으로, 남민전의 은신처를 모두 없애기 위한 것이었다. 그러나 고엽제는 베트남전쟁에 참전한 군인들과 해당 지역 민간인들 모두에게 씻을 수 없는 상처를 남겼다. 고엽제에 직접 노출된 이들은 말할 것도 없고 그 후손들에게까지도 치명적인 장애가 계속되고 있다. 미군의 고엽제 피해자들은 재판을 통해 고엽제 생산회사로부터 일부 보상 판결을 받았지만 한국과 베트남의 고엽제 피해자들에 대한 보상은 아직까지도 제대로 이루어지지 않고 있다.

전쟁의 또다른 후유증은 단지 한 국가 내부가 아닌 다른 지역으로 확대되었다. 중국의 내전과 중국공산당의 승리가 한반도에서 3년간의 전쟁을 불러왔다면, 한국전쟁은 미국과 일본에서 공산주의자·사회주의자에 대한 숙청으로 이어졌다. 이는 일본에서 레드퍼지로, 미국에서는 유사한 의미의 매카시즘(McCarthyism) 선풍으로 나타났다.

베트남전쟁은 1975년 종지부를 찍었지만 전후 인근 국가로 그 재앙이 확대되었고, 캄보디아는 그 대표적인 예다. 1973년 미군은 베트남에서 대부분 철수했지만 캄보디아에 대한 폭격은 계속되었다. 1973년 미국은 2차대전 중 일본에 사용한 전체 폭탄의 1.5배에 달하는 폭탄을 캄보디아에 쏟아부었고, 이로 인해 수십만명이 목숨을 잃었다.

베트남전쟁은 또한 한반도에서 안보위기를 초래하였다. 북한은 한반도에서 안보위기를 조성함으로써 남한군이 더이상 베트남에 파병되지 못하게 하고자 했다. 남한은 미국의 요청으로 군대를 파견하고 미국으로부터 더 많은 보상을 받기 위해 북한의 공격적 전술에 대해 적극적인 보복전술을 실행하였다. 이로 인해 한반도에서는 1967년 군사분계선 부근에서 1년간 400건이 넘는 남북 간 충돌이 발생하였고, 1968년에는 북한의 게릴라가 남한에 침투하고 미국의 정보함인 푸에블로호가 북한에 나포되었으며, 이듬해에는 미국의 정찰기 EC121기가 북한에 의해 격추되는 사건이 연이어 발생했다. 당시의 안보위기는 1970년대 이후 남북한에서 각각 권위주의체제가 강화되는 중요한 배경이 되었다.

1975년 베트남전쟁이 끝나자 사회주의조직인 크메르루즈(Khmer Rouge, '붉은 캄보디아인'이라는 뜻)가 정권을 잡으면서 캄보디아에서는 대학살이 일어났다. 그들은 캄보디아의 모든 재앙이 미국에 협조한 도시 사람들에게 있다고 보고 모든 도시 거주민을 농촌으로 내모는 정책을 실행했다. 이 과정에서 과거 미국의 폭격을 도왔던 캄보디아정권의 관료들은 모두 사살되었고, 수많은 도시민들이 농촌에서 기아와 질병에 시달리다 죽었다. 도시로부터 농촌으로 이주한 이주민의 50%가량이 사망하는 사태가 발생했다.

이런 상황에서 크메르루즈는 내부 갈등을 베트남과의 갈등으로 치환하려고 했고, 1977년 4월에는 '베트남인은 물론이고 베트남어를 사용하거나 베트남인 친구가 있는 캄보디아인 전부'를 체포하라는 명령을 내렸다. 결국 1978년 12월 베트남은 캄보디아를 침공했으며, 전쟁 발발 이후 일주일도 되지 않아 베트남군은 캄보디아의 수도 프놈펜을 점령했다. 그리고 이러한 베트남의 캄보디아 침공은 크메르루즈를 지원하던 중국과 베트남 사이의 갈등으로 비화되었다. 이 과정에서 다시 캄보디아와 베트남에서 5만명 이상의 군인과 민간인이 살해되었다.

베트남전쟁은 인도네시아에도 중요한 영향을 미쳤다. 많은 학자들이 미국의 베트남전쟁 개입은 실패한 전략이라고 주장하는 데 반해, 일부 학자들은 미국의 베트남전쟁이 결코 '손해 보는 장사'가 아니었다고 주장하기도 한다. 그 근거는 인도네시아의 사회주의화 또는 민족주의화를 막은 데에서 기인한다. 인도네시아는 아시아뿐만 아니라 세계에서 가장 많은 이슬람 인구를 가진 국가다. 또한 산유국이기도 하다. 그런데 인도네시아는 1945년 이후에도 네덜란드로부터 완전한 해방을 얻지 못하고 있었고, 이에 따라 농민 중심의 게릴라들이 광범위하고 적극적으로 게릴라전쟁을 수행하고 있었다.

그러나 베트남전쟁을 계기로 인도네시아에서는 농민게릴라들에 의한 혁명을 막을 수 있었다. 미국은 베트남에 대해 강한 의지를 보였고, 이에 미국이 동남아시아를 포기하지 않을 것이라고 인식한 인도네시아 군부는 1965년을 전후해 40만명이 넘는 게릴라들을 사살, 처형하고 결국 강력한 친미보수정부를 세울 수 있었다.

마지막으로 베트남전쟁 과정에서 나타난 '이주'의 문제가 있다. 베트남으로부터 탈출한 보트피플, 북한으로부터 남한으로 내려온 피난민들, 한국전쟁에 참전한 중국군 중 본토로 돌아가지 않겠다고 선언한, 과거 국민당 소속이었거나 국민당을 지지했던 중국군 출신 반공포로들, 캄보디아의 '킬링필드'(Killing Fields)를 피해 타이의 국경지대로 떠난 난민들. 이들은 모두 전쟁이 만들어낸 비극의 주인공들이었다.

동아시아에서 1945년에 시작된 전쟁은 공식적으로는 1975년에 끝이 났다. 그러나 그 유산과 후유증은 지금까지 남았다. 이는 전쟁으로 인한 직접적 피해나 외상만을 이야기하는 것이 아니다. 그 영향으로 인해 지금의 동아시아의 정치적·경제적 지형도가 완성되었던 것이다. 그것은 동아시아의 전쟁에 직접 개입했던 미국과 중국의 의도에 의한 것이기도 했지만, 다른 한편으로 전쟁을 치른 국가 내부의 문제로 인한 후유증이기도 하다.

그럼에도 불구하고 동아시아의 전쟁들은 왜곡된 형태로 기억되고 있다. 한국전쟁은 미국에서 '잊혀진' 전쟁으로 불리며, 일본에서는 '경제부흥'을 이끌어준 전쟁으로, 중국에서는 사회주의 형제국을 수호한 '정의로운' 전쟁으로 기억된다. 베트남전쟁은 미국에서 씻을 수 없는 치욕으로 여겨지지만, 한국에서는 자유세계를 지키기 위한 '성스러운' 전쟁 혹은 경제성장의 디딤돌이라는 '선물'로 기억된다. 이러한 기억들은 일본과 한국에서 이라크전쟁 참전의 동기로 작동하기도 했다. 동아시아에서의 잘못된 전쟁의 기억은 동아시아가 또다른 전쟁의 구렁텅이에 빠질 수 있는 악순환을 만들어내고 있는 것이다.

전쟁의 기억과 관련해 희한한 것은 중국군의 베트남 파병 문제이다. 전쟁이 끝난 지 40년이 되도록 중국군의 파병에 대해 중국, 베트남, 미국 정부 모두 일절 함구하고 있다. 특히 중국 입장에서는 한국전쟁 파병보다 명분 있는 파병이었음에도 그러는 데는 어떤 속사정이 있는 것일까?

전후 일본의 고도성장을 전세계에 과시한 1964년 토오꾜오올림픽 개막식 장면

제8장

자본주의 진영의
산업화와 민주화

냉전체제 속에서 자본주의 진영에 속하게 된 한국, 일본, 타이완 등 동아시아 국가들은 한국전쟁, 베트남전쟁 등에 병참기지, 참전동맹국 등으로 참여하면서 전에 없는 전쟁특수를 누렸고, 이로써 '동아시아 네마리 용'이라는 신화가 탄생했다. 반면 동아시아 국가들이 끊임없이 전쟁에 관여하게 되는 악순환의 구도 또한 만들어졌다. '계획과 조건'을 동반한 미국의 차관은 각국의 경제제도를 비롯한 사회 전반의 정책을 대미종속화했다. 냉전체제하에서 이를 주도한 각국의 권위주의체제와 시민사회가 충돌하면서 타이완의 2·28사건과 한국의 5·18광주민중항쟁 등이 발생했으며, 이후에도 민주주의 정착을 위한 시민사회의 노력은 계속되고 있다.

1

전쟁특수와
경제재건

1950,60년대 동아시아의 연쇄적 전쟁특수

1945년 이후 연쇄적으로 일어난 동아시아에서의 전쟁은 전쟁 당사국들을 초토화시켰지만, 전쟁에 관여한 다른 아시아 국가들에는 경제성장을 위한 주요한 기초를 제공하였다. 특히 한국과 베트남에서 일어난 전쟁에 미국은 대대적으로 개입했는데, 이 과정에서 미국은 인근 아시아 국가들을 병참기지 또는 참전동맹국으로 전쟁에 개입시킴으로써 이들 국가에 경제적 이익을 가져다주었다. 즉, 전쟁으로 인한 특수한 수요가 발생했고 이 수요에 대한 공급과정에서 이득을 얻는 국가가 나타난 것이다.

먼저 일본이 한국전쟁 덕택에 전쟁특수를 향유할 수 있었다. 2차대전 이후 일본은 패전과 폭격 피해 등으로 인해 사회적으로나 경제적으로나 회복이 어려운 상황이었다. 또한 전쟁기간을 통해 군수산업 중심의 산업구조가 형성되었기 때문에 전후 민간산업을 발전시키는 것이 쉽지 않았다. 식민지 조선과 타이완에 의존하던 식량문제 역시 패전으로 식민지가 해방되면서 큰 사회적·경제적 문제가 되었다.

이러한 상황에서 한국전쟁은 일본의 경제부흥에 기반을 마련해주었다. 미국은 한국과 지리적으로 가까우면서 미군정이 위치해 있던 일본을 군수기지로 이용해 전쟁을 수행하였다. 지리적으로 먼 미국보다는 운송비가 적게 드는 일본에서 전쟁에 소요되는 물자를 생산하기 시작한 것이다. 일본이 전쟁기지가 되면서 전쟁 동안 일본은 16억 달러의 전쟁특수 혜택을 입을 수 있었다.

전쟁특수로 인해 일본의 수출은 눈에 띄게 늘어나기 시작했다. 무기뿐만 아니라 석탄, 마대(麻袋) 등이 한국으로 수출되었고, 자동차 정비와 건축 부문에서도 전쟁특수로 인한 계약이 획기적으로 증가했다. 또한 2차대전을 통해 망하거나 해체되었던 재벌들은 대기업으로 부흥하였다. 예컨대 토요따는 한국전쟁을 계기로 세계적인 대기업으로 성장할 기반을 만들 수 있었다.

그리하여 일본은 1951년 국민총생산과 공업생산 및 개인소비 면에서 전쟁 전의 수준을 회복했고, 1953년에는 일인당 국민총생산과 소비량이 전쟁 전의 수준을 넘어섰다. 게다가 전쟁특수로 수주가 이루어진 산업들이 대체로 철강, 비철금속, 섬유 부문에 집중됨으로써 국내 기반산업들이 기초를 튼튼히 다질 수 있었다. 아울러 무기의 생산과 공급이 이루어짐으로써 1945년 이후의 비무장화 추진이 백지화되었고, 무기생산과 함께 자위대가 창설됨으로써 전후 새로운 시대를 열 수 있는 기반을 마련하였다.

일본은 한국전쟁뿐만 아니라 베트남전쟁에서도 전쟁특수의 혜택을

베트남 파병 직전의 한국군 병사와 어머니의 마지막 면회(1965) 어머니의 얼굴엔 아들을 잃고 싶지 않은 간절함이 묻어난다. 손만 잡은 채 어머니를 차마 바로 보지 못하는 이 아들은 무사히 돌아왔을까?

일본의 베트남전쟁 반전평화운동 한일 양국이 베트남전쟁 특수를 누리는 가운데 일본의 베평연 (베트남에 평화를! 시민문화단체연합)이 미국의 개입에 반대하는 반전평화운동을 벌였다.

보았다. 한국전쟁 시기와 마찬가지로 미국은 베트남전쟁에 개입하면서 일본을 군수기지로 활용하였다. 그러나 베트남전쟁의 특수는 일본보다도 한국 측에 더 큰 것이었다.

한국정부는 1964년 미국의 요청으로 태권도부대와 의료부대를 베트남에 파견하였다. 이 파병은 케네디 사후 대통령직을 승계한 미국의 존슨 대통령이 '더 많은 깃발' 정책을 시행하면서 더 많은 동맹국들에 베트남 참전을 독려하는 과정에서 이루어졌다. 한국전쟁 시기와는 달리 유엔에서 소련이 거부권을 행사할 것이 확실시되는 상황에서 미국은 더이상 유엔을 통해 베트남에 개입할 수 없게 되어 시행한 정책이었다.

이 과정에서 베트남 전투부대 파병에 가장 적극적으로 나선 나라는 한국이었다. 미국은 원래 한국에 대한 원조를 감축하기 위해 한일 간 관계 정상화를 추진하였고, 한일협정 이후에는 점차 대한국 원조를 감축할 뿐만 아니라 주한미군의 축소를 통해 한국에 대한 비용지출을 줄이려고 했다. 그러나 한국이 전투부대를 파병하면서 미국은 한국에 대해 특별한 원조를 제공하게 되었다.

먼저 1966년 한국정부는 브라운각서(Brown memorandum)를 수령하였다. 브라운각서는 한국의 전투부대 파병의 댓가로 한국에 대한 군사원조뿐만 아니라 1억 5천만 달러에 달하는 특별 경제원조를 제공하는 것을 주요한 내용으로 한다. 그뿐만 아니라 미국은 베트남에 파병되는 한국군의 모든 비용을 제공하며, 한국의 파병으로 불가피해질 전투력의 공백으로 인한 예비사단 창설에 필요한 자금을 제공하였다.

1965~72년까지 베트남전쟁을 통해 한국이 획득한 외화수입은 공식적으로 10억 3600만 달러로 집계된다. 이는 무역을 통한 수입으로 약 2억 3800만 달러, 건설업, 장병 송금, 근로자 송금, 사상자 보상금, 서비

스업, 지급 보험금 등의 무역외 수입으로 7억 5300만 달러를 포함하고 있다. 이 가운데 '장병 송금'과 '근로자 송금'이 각각 전체 외화수입의 19.4%, 16.0%를 차지한 점은 특기할 만하다.

아울러 베트남전쟁을 통한 민간기업의 실적 역시 적지 않았다. 당시 한국의 대표 건설기업이던 현대건설은 베트남 깜라인 만, 투득, 반호이 등에서 각종 수주를 따내면서 1966~72년까지 약 2천만 달러의 수입을 올릴 수 있었다. 현대건설 외에도 한진 등 다른 기업들이 함께 파견된 점을 고려한다면 민간기업들의 전체 실적은 훨씬 더 컸을 것으로 보인다. 현대건설은 베트남에서의 경험을 기반으로 이후 남한에서 경부고속도로 건설에 참여할 수 있었다.

이렇게 베트남전쟁 특수는 한국경제가 1960년대 중반 이후 비약적으로 성장하는 데 가장 중요한 기초가 되었다. 한국정부는 1962년에 처음으로 경제개발계획을 입안, 실시했다. 그러나 종합기계제작소나 제철소, 그리고 사회간접자본 건설 같은 대규모 사업에 대한 미국의 지원 거부로 수정·보완계획을 발표해야 했고, 이로 인해 경제개발계획의 실행에 어려움을 겪고 있었다.

이러한 상황에서 한일협정을 통한 청구권 자금 무상 3억 달러, 산업차관 3억 달러, 유상 2억 달러와 함께 베트남전쟁 특수로 자금이 유입되면서 처음에 보류했던 계획들을 다시 시행할 수 있는 기반이 생겼다. 한일협정이 1965년에 타결된 것 자체가 한국의 베트남 파병을 필요로 하는 미국 측의 막후 조정에 의한 것이었다. 1970년 경부고속도로 완공, 1971년 포항제철의 완공 등은 모두 이러한 자금에 기반한 것이었다.

아울러 베트남전쟁은 한국에 두가지의 또다른 기회를 제공했다. 그 하나는 군수산업의 발전이었다. 미국은 베트남전쟁 기간을 통해 한국

정부에 일부 무기를 직접 생산할 수 있는 기술이전을 실행하였다. 이는 한국의 전투부대 파병에 대한 댓가였지만, 다른 한편으로는 닉슨행정부하에서 주한미군의 감축이 이루어졌기 때문이기도 했다. 한국군을 현대화한다는 명목하에 이루어진 무기 생산기술의 이전을 통해 한국은 자체적으로 무기를 생산, 수출할 수 있게 되었다. 1950년대까지 주력 소총이던 M1을 대신하는 M16을 생산하기 시작한 것이 그 대표적인 예다. 이후 1970년대를 통해 한국은 노동집약적 경공업제품을 중심으로 한 수출에서 중화학공업화로 산업정책을 전환했는데, 무기생산은 이 중화학공업화와 맞물리면서 진행되었다.

다른 하나는 건설업의 해외 진출이었다. 한국의 현대건설은 이미 1960년대 타이에서 고속도로를 시공한 경험이 있었지만, 1970년 서울에서 발생한 와우아파트 붕괴사건이나 경부고속도로의 부실시공에서 드러나는 바와 같이 건설산업을 해외에 수출할 정도의 수준에는 도달해 있지 못했다. 그러나 베트남전쟁을 거쳐 한국 건설회사들이 경험을 축적하면서 1970년대 중반 이후 중동으로의 건설산업 수출이 가능해졌다. 중동 국가들은 1974년과 1979년 두차례에 걸친 급속한 유가 인상(오일쇼크oil shock*)을 통해 많은 오일머니를 축적했고, 이를 바탕으로 한국 건설사들은 중동에 진출할 기회를 얻을 수 있었다.

일본 역시 베트남전쟁으로 인해 전쟁특수의 시혜를 받았다. 오끼나와는 베트남전쟁에 이용되는 미군의 출격기지로 활용되었다. 특히 북

오일쇼크(석유위기)　1970년대 아랍석유수출국기구(OAPEC)와 석유수출국기구(OPEC)의 원유가격 인상과 원유생산 제한으로 인해 각국에서 야기된 경제적 혼란. 제1차 오일쇼크는 1973~74년에, 제2차 오일쇼크는 1978~80년에 일어났다.

부에 대한 폭격이 강화되면서 오끼나와는 B52 전략폭격기의 출격기지가 되었다. 또한 베트남전쟁에 직접 참전한 한국과 타이, 필리핀 등이 베트남에 전쟁물자를 공급하는 데 한계가 있었기 때문에 일본으로부터의 공급이 불가피했다.

일본 통상산업성의 발표에 따르면 일본의 직접적인 전쟁특수는 1965년 3억 2천만 달러, 1966년 4억 7천만 달러, 1967년 5억 달러, 1968년 5억 9천만 달러, 1969년 6억 4천만 달러, 1970년 6억 6천만 달러에 달했다. 이는 산술적으로 보았을 때 한국의 전쟁특수를 훨씬 넘어서는 것이었다. 여기에 더해 베트남전쟁 특수가 있던 파병국에 대한 수출과 전시 호경기로 증대된 소비재 수요 조달을 위한 대미수출도 증가함으로써 이로 인한 이득 역시 적지 않았다. 일본의 대미수출은 1965년에 수출초과로 바뀌었고 이후 1975년까지 연평균 21%씩 급성장하였다.

이러한 베트남전쟁 특수는 한국전쟁 특수에 연이어 발생한 것으로 동아시아의 경제성장에 큰 기여를 했다. 그리고 이러한 선례는 부정적인 유산을 남겼다. 즉 미국의 주도로 다른 지역에서 전개되는 전쟁에 개입함으로써 경제적 이득을 얻을 수 있다는 '신화'가 중요한 유산으로 계승된 것이다. 그러나 다른 나라 민중의 피해 위에서 이룩한 경제성장은 결코 떳떳할 수 없는 것이었다. 그뿐만 아니라 '전쟁을 통해 성장할 수 있다'는 잘못된 기억과 유산을 남김으로써 2003년 일본과 한국이 이라크에 다시 파병을 하게 되는 역사적 악순환을 불러왔다. 한국의 파병 당시 벌어진 논쟁에서 정부가 내세운 가장 중요한 논리는 '국익'이었다. 다시 말해 한미동맹 강화를 통해 안보문제를 보장받고, 이라크전쟁 이후 석유 및 재건과 관련하여 획득할 수 있는 경제적 이익이 가장 중요하게 고려되었던 것이다.

한국·타이완·베트남의 안보위기와 대미·대일종속

미국의 지원하에 국민당군은 저장성, 푸젠성 연안의 다천(大陳)열도, 진먼도(金門島), 마쭈도(馬祖島)를 점령하였다. 이로 인해 1954년부터 타이완위기가 시작되었다. 1차위기는 1954~55년 다천열도에서 전개되었다. 1954년 5월 중국군은 다천열도에 교두보를 쌓고 1955년 1월 이장산도(一江山島)를, 2월 다천도를 점령하였다. 이는 미국이 1954년 2월 타이완과 상호방위조약에 조인했기 때문이었다. 1955년 1월 아이젠하워 대통령은 타이완과 평후제도에 대해 공격의 준비행동으로 인정되는 사태가 있을 때에는 대통령에게 군사력을 사용하는 권한을 부여하는 '타이완결의'를 상하 양원에서 채택하도록 요청했고, 2월 미 상원은 미국과 타이완 사이의 상호방위조약을 비준했다.

1955년 8월 2일부터 중국군은 진먼도의 국민당군을 몰아내기 위해 포화를 퍼부었다. 이것이 제2차 타이완위기다. 국민당군이 불리해지자 미국이 개입했다.

한반도의 경우 내부의 안보위기는 남북 모두의 권위주의체제 유지에 가장 중요한 버팀목이 되었다. 정전협정으로 한반도에서 전투행위는 종식되었지만 남과 북 사이에는 크고 작은 분쟁이 끊이지 않았다. 이는 기본적으로 정치회담을 통해 전쟁을 완전히 종식시키지 못했기 때문이다.

게다가 빠른 시기 내에 전쟁을 끝내야 한다는 아이젠하워행정부의 정책으로 인해 정전협정을 조인하는 시점에 유엔군과 공산군 사이에 합의가 이루어지지 않은 부분이 있었다. 하나는 외부로부터 무기 반입을 금지하고 이를 감시하기 위한 조항을 삽입하면서, 항구에 대한 감시

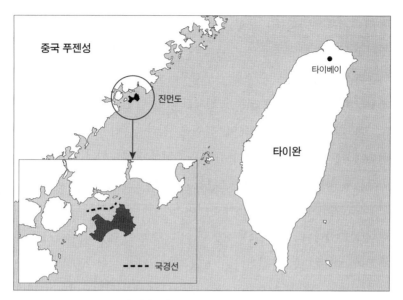

중국과 타이완 간의 영토분쟁이 끊이지 않는 진먼도

는 규정했지만 공항에 대한 감시규정은 삽입하지 않은 점이다. 다른 하나는 육지 위에 남북 간 경계선은 확정했지만 바다에서의 경계선은 합의하지 못했다는 점이다.

전자는 1956년 정전협정 제13조 4항이 폐기되는 데 결정적 역할을 했다. 북한이 소련제 최신 전투기를 도입했다는 귀순자의 증언이 나오자 유엔군 사령관은 정전 이후 외부로부터 성능이 더 좋은 무기의 반입을 금지하는 이 조항의 무효화를 선언했고, 1958년 미국은 주한미군에 핵무기를 배치하였다. 이후 1991년 남과 북이 한반도비핵화선언을 할 때까지 남한에는 핵무기가 배치되어 있었으며, 이는 1993년 이후 북한이 핵무기를 개발하는 중요한 원인의 하나를 제공하였다.

후자는 한반도 서해안의 복잡한 상황이 그 원인이 되었다. 한국전쟁 중 유엔군은 연평도를 비롯한 서해5도지역을 점령, 통제하였고 이에 의거해 1954년 북방한계선(NLL)을 일방적으로 선포했지만, 북한은 이에 합의하지 않았다. 그곳은 북한 영토로부터 10여km 거리였기 때문에 국제법상 영해조항에 따르면 북한 영해와 겹칠 수 있었기 때문이다. 그리고 그로부터 45년이 지난 1999년 북한은 '김정일라인'이라는 또다른 북방한계선을 선언하였다. 바다 위의 경계선이 불분명했기 때문에 남쪽 어선들이 북방한계선을 넘어 조업을 하다가 나포되는 일이 적지 않았고, 이로 인해 귀환한 어부들이 간첩이 되는 소위 '어부간첩단' 사건들이 빈발하였다. 더 큰 문제는 1999년 이후 남과 북 해군 사이에서 무력충돌이 발생했다는 사실이다. 1999년과 2002년에 이어 2009년에 남북 해군 사이에 충돌이 발생하여 양쪽 모두 큰 피해를 입었으며, 2010년에는 남한의 해상 군사훈련을 빌미로 한 북한의 포격으로 해상 군사분계선 근처의 연평도에서 남한의 군인뿐만 아니라 민간인이 사망하는 사건이 발생했다. 전면전으로 비화되지는 않았지만 북방한계선 문제는 한반도에서 여전히 뜨거운 감자다.

한반도 안보위기의 가장 결정적 문제는 1994년 이후 정전협정 자체가 제대로 작동하지 않고 있다는 점이다. 1991년 주한미군 사령관이 군사정전위원회의 유엔군 측 대표로 남한군 장성을 임명하자, 북한은 정전협정에 사인하지 않은 남한의 장성을 유엔군 측 대표로 임명하는 것은 정전협정 위반이라고 주장하면서 군사정전위원회에서 대표를 철수시켰고, 중국 역시 대표를 철수시켰다. 이후 북한은 판문점에 북한군대표부를 설치했고, 이로 인해 1994년 이후 군사정전위원회는 더이상 개최되지 않고 있다. 군사정전위원회는 정전협정을 주관하는 최고기관으로서, 이 회의가 개최되지 않는다는 것은 정전체제가 제대로 작동하지 않고 있다는 것을 의미한다.

타이완과 한반도에서 이렇듯 안보위기가 심해지면서 한국과 타이완은 미국에 군사적·경제적으로 점차 종속되어갔다. 미 행정부 내에서는 1945년부터 현재에 이르기까지 타이완과 한반도를 지원하는 것이 세계적 차원에서의 냉전전략에 얼마나 효율적인가에 대해 논란이 계속되었다. 1950년 애치슨(D. G. Acheson) 국무장관의 미 방위선 선언*에서 한반도와 타이완이 제외된 것, 1949년 주한미군 철수, 1960년대 초의 주한미군 감축계획, 닉슨행정부하에서의 주한미군 2개 사단 감축, 카터(J. Carter)행정부의 주한미군 철수계획, 그리고 최근의 해외주둔 미군 재배치계획(GPR)에 이르기까지 미 행정부는 한반도에서 주한미군을 축소하거나 철수하기 위한 논의를 계속했다. 이는 한편으로 군사비 지출을 줄이기 위한 것이었지만, 다른 한편으로는 동북아 지역의 한국과 일본에 동시에 미군이 주둔하고 있는 비효율적 배치에 기인하는 것이기도 하다.

그러나 타이완과 한반도에서 계속된 안보위기는 냉전체제하에서 내전을 국제화하는 등의 영향을 미쳤고, 미 행정부 내 강경파들은 미군의 주둔이 계속 필요하다는 점을 강조했다. 이로 인해 미국의 주한미군 감축 및 철수 계획은 지속적으로 지연 또는 폐기되었다. 카터행정부의 주한미군 철수계획 폐기는 그 대표적인 예다.

이 과정을 통해 미국은 타이완과 한국에 대해 지속적으로 군사 및 경

미 방위선(애치슨라인) 선언 미 국무장관 애치슨이 발표한 미국의 태평양지역 방위선. 알류산열도-일본-오끼나와-필리핀을 잇는 방위선으로, 결과적으로 한반도와 타이완이 제외되면서 한국전쟁의 빌미가 되었다는 주장이 있다.

제 원조를 제공했다. 1951년 2월 타이완은 미국과 상호방위협정을 체결했다. 군사원조는 1950~74년 약 25억 6600만 달러가 제공되었으며, 상호안전보장법(MSA)에 기반하는 일반 경제원조는 1965년까지 약 15억 달러가 공여되었다. 1952년 4월에 타이완은 일본과 평화조약을 체결하였다.

원조 및 미군과의 공조 속에서 성장한 한국군과 타이완군은 미국산 무기와 군수품을 사용했고, 원조가 끝난 이후에도 이전부터 사용해온 미국산 무기들을 계속 사용해야만 했다. 특히 현지 주둔 미군과 긴밀한 협조를 통해 군사력을 유지하고 있는 한국과 일본의 경우 해군과 공군의 대부분 장비들이 여전히 미국산 위주로 배치되어 있고, 이로 인해 미국 군수기업에 천문학적 액수의 자금을 지불하는 등 미국의 군사전략에 종속되어 있다.

한국은 1953년 상호방위조약을 체결한 이후 1975년까지 미국의 군사·경제원조를 받았다. 1950년대에 전후 재건을 위해 무상원조가 실시되었다면, 1960년대 이후에는 개발차관(development loan)을 중심으로 한 원조가 실시되었다.

그런데 차관은 원조와 달리 계획과 조건을 동반한다. 1960년대 이후의 경제개발 차관은 한편으로 차관을 얻기 위해 특정한 계획을 제출해 원조 당국의 허가를 얻어야 하고, 다른 한편으로 차관을 공여하는 측에서 차관의 사용에 제한을 가한다. 따라서 차관 수혜국은 차관 공여국이 지정하는 분야 외에 다른 부문에 차관을 사용할 수 없다. 이는 차관 공여국이 수혜국의 경제정책에 관여할 수 있는 기본적인 조건이 된다.

그뿐만 아니라 한국의 경우 한미합동경제위원회를 통해 미국이 한국의 정책에 직접 개입하였다. 한미합동경제위원회는 1953년 한미 간의 백-우드조약(한국 국무총리 백두진과 미국 경제조정관 우드C.T.Wood가 맺은 조약)에 의해 설치되었는데, 한국에 공여되는 미국 원조의 사용 여부를 결정하는 막강한 권한이 있었다. 한미합동경제위원회에는 한국의 재무 부장관과 유엔군 사령관의 경제고문이 경제조정관으로 참여하여 주요한 경제정책들을 결정했으며, 특히 유엔군 사령부의 정책이 가장 큰 영향력을 행사하였다. 여기에 더해 1956년 한미원자력협정과 1961년 한미기술행정협정은 한국 과학기술이 미국 일변도로 종속되는 데 중요한 계기가 되었다.

1960년대 이후에도 미국 원조기관의 한국 현지 책임자가 중요한 역할을 했다. 1964년 한국정부는 제1차 경제개발계획을 수정, 보완계획을 발표해야 했는데, 이때 계획을 수정해야 했던 가장 큰 이유는 미국 측 원조책임자의 평가와 권고였다. 그의 부정적 평가는 한국정부가 계획을 제대로 실행할 수 없는 상황을 조성했고, 결국 계획을 수정할 수밖에 없었던 것이다.

다른 한편으로 1960년대 미국의 정책은 동아시아 국가들의 일본에 대한 종속을 더욱 강화하였다. 일찌감치 1950년대부터 미국은 일본이 아시아에서 미국을 대신하는 역할을 하게 함으로써 자국의 부담을 덜고자 했다. 1952년 일본과 타이완의 관계 정상화, 1965년 한국과 일본의 관계 정상화는 미국의 이러한 정책의 일환으로 적극 추진되었다. 이후 일본은 타이완과 한국에 대한 경제적 진출을 가속화했고, 이는 특히 기술 분야에서의 종속을 초래했다. 한국군의 베트남 파병을 계기로 이루어진 한국과학기술소(KIST, 현 한국과학기술연구원)와 국방과학연구소의 설립은 한편으로 과학기술의 급속한 발전을 이룩할 수 있는 계기를 제공했지만, 다른 한편으로는 미국, 일본으로의 기술종속을 가속화하였다. 이로 인해 1970년대 말 이후 한국과 타이완의 전자산업은 기술적 측면에서 일본의 하청구조를 이루게 되었다. 현재까지도 한국과 타이완 전자제품의 핵심부품이 독자적 생산이 어려운 채 일본 부품으로 채워지는 것도 이 때문이다.

또다른 경제적 층위는 1960년대 중반 아시아개발은행(Asian Development Bank)의 창립을 통해 이루어졌다. 미국은 1950년대 후반 저개발 지역의 개발지원에 대한 미국의 부담을 줄이기 위해 세계 여러 지역에서 개발은행의 설립을 추진하였다. 미대륙간개발은행(IADB), 아프리카개발은행(ADB), 그리고 아시아개발은행은 이때 설립되었다.

미국은 아시아에서 개발은행을 설립하면서 일본을 축으로 하는 경제협력구조를 만들고자 했다. 원래 아시아개발은행은 1950년대 이후 유엔 아시아·극동경제위원회(ECAFE)에서 스스로 개발자금을 마련하기 위해 투자은행을 만들자는 견해가 모아지면서 가시화되었지만, 설립 추진과정에서 미국이 개입하여 미국·일본 주도의 개발은행으로 전환되었다. 아시아개발은행의 설립과정에서 드러난 이러한 견해 차이로 인해 초대 총재는 일본인이 선출되었지만 본부는 필리핀의 마닐라에 설치되었다.

아시아개발은행은 애초에 ECAFE의 구성국인 아시아 국가들이 바랐던 것과 달리 아시아의 개발과 부흥에 결정적 역할을 하지는 못했다. 이는 아시아의 개발과 성장과정이 냉전과 맞물리면서 미국과 일본 경제에 종속되는 과정을 상징적으로 보여준다.

일본의 경제대국화와 사회변화

일본은 1951년 9월 8일 쌘프란시스코에서 소련 등 3개국을 제외한 48개국과 평화조약을 체결하고 같은 날 미국과 미일안보조약을 맺어 대미종속적인 군사동맹이 성립되었다. 냉전체제하의 미일안보조약은 일본의 고도성장을 가능하게 한 중요한 외적 요인이었다. 특히 한국전쟁에서 일본은 군수품을 조달하면서 불황에 허덕이던 자국 경제를 호황으로 바꾸어냈고, 1951년이 되자 공업생산이 전쟁 전 수준을 넘어섰다. 섬유를 중심으로 한 소비물자의 생산이 확대되고 기계·금속 부문이 급성장했다. 또한 전력·철강·해운 등의 부문에 대량의 국가자금이 투입되어 고도경제성장의 기초를 만들었다.

한국에 비하면 그 영향이 적었지만 베트남전쟁이 일본의 경제성장에 미친 영향도 결코 무시할 수 없다. 일본에서 미군의 물자 매입과 베트남전쟁 휴가병을 포함한 주일미군의 개인소비에 의한 직접특수는 1억 수천만 달러였으며, 전쟁에 따른 미국의 방위비와 대외원조에서 자극받은 간접특수는 5억 달러 남짓이었다. 이것은 당시 일본 총수출액의 6% 정도로, 한국의 베트남전쟁 특수가 수출 총액의 60%를 차지한 것에 비하면 미미한 것에 지나지 않는다고 할 수 있다. 그러나 좀더 넓은 시야에서 볼 때 일본은 베트남전쟁 특수를 누리는 한국과 타이완 등의 동아시아 각국에 원재료를 조달하면서 경제성장을 계속할 수 있었다. 특히 일본의 대미 무역적자가 흑자로 돌아선 것은 1965년부터인데, 이는 미국 산업이 베트남전을 위해 군수품 생산에 집중된 틈을 타고 일본 가전제품이 미국시장에서 약진한 결과다.

미일안보조약은 1957년 성립한 키시 내각에서 개정교섭이 전개되면서 중대한 고비를 맞이했다. 혁신세력과 학생운동은 '미일안전보장조약 개정저지 국민회의'를 결성하여 대규모의 '안보투쟁'을 전개했다. 국회 주변에는 연일 10만~30만명의 인파가 몰려 '안보 반대' 키시 타도'의 구호를 외쳤다. 키시는 이러한 반대의 목소리를 무시하고 1960년 1월 개정조약에 조인했으며 5월 19~20일에 걸쳐 격렬한 안보투쟁 시위대가 국회를 에워싼 가운데 경찰력으로 저지선을 확보하고 비준안을 강행처리했다. 이를 계기로 안보투쟁은 더욱 격화되어 아이젠하워 대통령의 방일을 중지하게 만들었고, 6월 15일에는 전국에서 580만명이 참가하여 반대투쟁을 전개했다. 그러나 6월 19일 안보조약은 33만명의 데모대가 국회를 에워싼 가운데 참의원의 결의를 거치지 않고 자연승인되었고 6월 23일 비준서가 교환되면서 발효되었다. 키시는 안보조약에 대한 책임을 지고 퇴진하고 뒤를 이어 이께다(池田勇人) 내각이 성립되었다.

키시 내각의 뒤를 이은 이께다 내각은 안보투쟁에서의 정치적 대립을 해소하기 위해 '관용과 인내'를 슬로건으로 내걸며 혁신세력과의 대결을 피하고, 1960년 12월까지 국민소득을 2배로 올리겠다는 '국민소득배증계획'을 발표하여 고도경제성장 정책을 강력하게 추진했다. 이께다의 뒤를 이은 사또오(佐藤榮作) 내각과 타나까(田中角榮) 내각도 이 정책을 계승했다. 그 결과 1955년부터 고도성장을 시작한 일본은 1973년 오일쇼크가 발생할 때까지 18년간 연평균 10%라는 놀라운 수치로 고도성장을 기록했으며 국민총생산은 5.4배 증가했다. 특히 1964년 토오꾜오올림픽 이후 60년대 후반에는 '이자나기(イザナギ)경기'라 불리는 장기호황하에서 5년간 평균 경제성장률이 명목성장률로는 17.6%, 실질성장률로는 11.6%라는 경이적인 수치를 유지했다. 1968년 일본의 국민총

538

생산은 서독을 앞질러 미국에 이어 세계 2위가 되었다. 세계는 일본의 경제성장을 '세계의 기적'이라며 주목하기 시작했다. 고도성장은 소득배증을 당초 목표로 삼았던 10년보다 짧은 7년 만에 실현된 것이다.

일본의 경제사학자 나까무라 마사노리(中村政則)는 이러한 고도성장의 경제적 요인을 기술혁신, 자본, 노동력, 수출의 네가지라고 꼽았다. 먼저 기술혁신 면에서 볼 때, 고도성장기의 60%는 기술진보에 의한 것이며 자본축적이나 노동력 증가에 의한 성장률 기여는 40%에 그쳤다. 특히 철강·조선·자동차·전기·석유화학 등의 신예 중화학공업 분야는 신기술을 도입하면서 역동적인 발전을 이끌었다. 이와 같은 인프라를 구축하기 위해서는 거액의 설비자금이 필요했으며, 여기에는 일본국민들의 높은 저축률이 간접금융으로 기능했다. 1960년대 중반 일본의 저축률은 서독이 18%, 영국과 미국이 10% 전후인 데 비해 20%를 넘고 있었다. 이들의 저축은 민간 금융기관에 집중되었고 이것이 기업의 설비투자자금으로 공급된 것이다. 여기에는 기업에 대한 정부의 저금리 대출정책과 이자과세 감면조치, 오버론(over loan, 시중은행이 일본은행으로부터 예금 이상으로 대출하는 방식) 등이 도움이 되었다. 이러한 재정정책의 도움으로 각 기업의 설비투자가 활발해지면서 전국 각지에는 철강·자동차·석유화학 분야의 대규모 공장이 건설되어 불과 10년 사이에 일본열도는 고도로 조직화된 공업생산지로 변모해갔다.

고도성장기의 노동력은 주로 농촌에서 대도시로 인구가 대규모로 이동하면서 조달되었다. 1960년 2차산업 종사자는 1차산업 종사자 수를 초월했고 1965년에는 제조업 종사자 수가 농림수산업 종사자 수를 상회했다. 1950년대 후반부터 1960년대까지는 고졸자가 급증한 시기였고, 이들은 낮은 임금을 받으면서도 기술혁신에 적응할 수 있는 지적 수준을 지니고 있었다. 여기에 일본식 경영으로 알려진 종신고용, 연공서열, 기업별 노조를 축으로 한 노사관계가 위력을 발휘하며 고도성장을 이끌었다. 물론 협조적 노사관계는 민간의 대기업 부문에 한정되었고 대부분의 중소기업은 이보다 열악한 고용조건에 놓여 있었다.

고도성장을 이끈 또 하나의 견인차는 대미수출이었다. 1958년부터 일본의 대미수출 비율은 대아시아 수출을 초월하여 1973년까지 줄곧 우위를 차지했다. 수출액 전체가 1965년의 85억 달러에서 71년에는 240억 달러로 급증했고, 승용차의 경우 생산량 가운데 수출비율은 65년의 17%에서 71년에는 39%까지 증가했다. 더구나 1960년대 후반까지의 세계적 호경기와 1달러 360엔이라는 고정환율이 수출 확대에 극히 유리하게 작용했다. 1990년대 초까지 이러한 수출구조가 기본적으로 유지되었다는 사실은 미일안보체제가 지속되는 한 경제 면에서 대미수출의 기본구조도 바뀌지 않았다는 것을 말해준다. 일본의 대아시아 수출이 대미수출을 넘어서는 것은 냉전체제가 붕괴되고 아시아시장의 중요성이 부각되기 시작하는 1990년대 이후의 일이다. 그런 의미에서 일본의 고도성장은 미일안보체제하에서 미국의 비호가 없이는 불가능한 것이었다. 일본은 미일안보체제하에서 한국전쟁과 베트남전쟁 같은 동아시아의 '열전'을 회피하면서 경제성장에 전력을 다하여 경제대국이 된 것이다. 결국 일본은 대미종속적인 안보체제에 지나치게 익숙해진 나머지 냉전체제 붕괴 후 급변하는 국제정세에 능동적으로 적응하지 못하고 방황하면서 길고 긴 불황의 늪에 빠져들었다.

일본의 급격한 고도성장은 "구석기시대에서 신석기시대로" 변화한 것에 필적한다고 평가되듯이, 일본사회를 급속하게 바꾸어냈다. 가장 큰 변화는 농촌인구의 대도시로의 이동이었다. 당시 취업인구 중 농업인구의 비율은 1950년대 45.2%, 1960년대 30.3%에서 1970년대에는 17.9%로 급격하게 감소하였다. 이것이 2000년대에 들어와서는 5% 이하로 급감하여 사회문제가 되었다. 한편 도시인구는 1945년 2002만명으로 전체 인구의 28%를 차지하던 것이 1970년에는 7543만명으로 총인구의 72.1%를 차지했다.

도시화의 진전에 따라 도시 중산층이 하나의 계층으로 형성되기 시작했다. 경영자와 종업원 간, 직종 간 경제적 격차가 상대적으로 좁아지면서 사회계층 전체가 전반적으로 상승작용을 일으켜 '중류'의식이 확산되어갔다. 공교육의 기회균등을 배경으로 고학력화가 진행되고 화이트칼라층이 확대되었으며, 대량의 농촌인구가 도시로 유입되면서 핵가족화가 급속하게 진행되어 1960년대에는 핵가족의 비율이 60~70%를 차지하게 되었다. 부부와 자녀로 구성된 핵가족은 주로 아파트나 공공임대주택에서 살면서 남편의 수입만으로 생활하는 쎌러리맨 가족을 형성하고, 이에 따라 가사만을 돌보는 여성을 가리키는 '전업주부'라는 말이 등장했다. 이러한 전업주부들의 생활패턴을 바꾼 것은 세탁기, 냉장고, 텔레비전이라는 '3종의 신기'였다.

고도성장이 계속되면서 사람들의 생활과 의식도 급변했다. 가계가 풍족해지고 내구성 소비재 가격이 하락하면서 일반 가정에 가전과 마이카의 붐이 일어났다. 세대당 텔레비전 수신 계약률은 1960년 34.5%에서 1970년 84.3%로 증가했으며, 소비의 중심은 '3종의 신기'로 불리던 흑백텔레비전, 냉장고, 세탁기에서 3C로 불리는 컬러텔레비전, 쿨러(에어컨), 카(자동차)로 바뀌어갔다. 자동차 보유대수는 1960년 46만대에서 1970년 878만대로 증가하여 거의 5명당 1명이 자동차를 보유하게 되었다. 그리하여 교외의 신흥 주택지에 살면서 응접실에는 컬러텔레비전,

부엌에는 냉장고와 전기밥솥, 토스터가 있고 선반에는 인스턴트커피와 즉석카레를 갖추고 있으며 세탁은 세탁기가, 청소는 청소기가 하는 기계화된 소비생활의 패턴이 확립되어갔다. 생활이 풍족해지는 가운데 사람들의 라이프스타일과 의식도 변해갔다. 자가용을 이용한 드라이브와 가족여행, 개인여행을 포함한 레저활동이 유행하고 신깐센을 비롯한 철도의 고속화와 도로망의 정비는 사람들의 레저욕구를 더욱 충족시켜주었다.

일본의 고도성장의 절정은 1970년 3월 77개국이 참가하고 연인원 6400여만명의 입장자 수를 기록한 오오사까세계박람회였다. 일본 최초의 이 세계박람회는 고도경제성장을 경험한 대다수의 일본인이 '풍요'의 환상 속에서 자기상을 구축해가는 시대의 상징이 되었다. 박람회장에 밀려온 6천만명의 대군중은 대중들에게 50년대의 오끼나와 반기지 투쟁도 60년대의 안보투쟁도 이미 아득히 먼 옛날의 일이 되어버렸다는 것을 말해주었다.

그러나 고도성장에는 모순이 뒤따랐다. 경제성장 일변도의 정책으로 인해 대기오염, 공장폐수와 생활폐수에 의한 하천·호수·지하수의 수질오염을 비롯하여 소음, 진동 등의 공해도 심각해졌다. 1971~73년 쿠마모또와 니이가따의 미나마따병, 토야마의 이따이이따이병, 욧까이찌의 천식 등의 피해가 잇따랐고, 그 피해자들이 기업과 국가를 상대로 손해배상을 청구한 공해재판에서는 피해자 원고 측이 모두 승소했다.

고도성장과 함께 가전제품을 비롯한 생활 관련 상품이 가정에 보급되어 국민생활이 편리해진 반면, 노동력이 태평양 그린벨트 지역에 집중되면서 토오꾜오, 오오사까, 나고야, 코오베, 요꼬하마, 쿄오또 등의 6대 도시를 중심으로 심각한 주택난이 야기되었으며, 통근러시와 자동

542

차에 의한 공해, 고층빌딩의 일조권 침해, 쓰레기와 산업폐기물 처리 등 도시문제도 심각해졌다. 한편 농촌에서는 인구과소화가 진행되어 농가 총수가 1960년의 606만호에서 1974년에는 495만호로 감소했다. 농촌의 노동력 유출에 따른 농업인구의 고령화, 도시 근교 농지의 공업용지·택지 전용, 난개발에 따른 자연림의 훼손, 농약으로 인한 오염과 인체 피해 등이 발생하고 식량자급률도 저하되었다. 또한 회사제일주의와 개인주의가 만연하여 지역공동체가 해체되었으며, 이는 인간관계의 단절을 가져왔다.

2

개발독재,
성장과 분배의 거리

대미종속의 권위주의체제

냉전이 도래하면서 동아시아에서 탈식민의 과정은 순탄하지 못했다. 탈식민의 과정이 제대로 이루어지지 않은 상황에서 식민지 시기의 민족적·사회적 과제의 해결을 요구하는 대중과 미국을 축으로 하는 냉전체제 사이에 충돌이 빚어졌다. 미국은 냉전전략을 동아시아에 구체화하는 과정에서 식민지 시기의 민족적·사회적 과제의 해결을 추구하는 세력보다는 미국의 냉전정책에 충실한 세력들을 지원했고, 이 과정에서 동아시아의 몇몇 국가에서 대미종속적인 권위주의체제가 수립되었다.

국공내전에서 패해 1949년 타이완으로 옮긴 국민당정부가 그 대표적인 예였다. 일제의 패망으로 1945년 8월 지배권을 장악한 국민당은 타이완을 하나의 성으로 재편하고 천 이(陳儀)를 타이완성 행정장관 겸 경비총사령으로 임명하였다. 그런데 당시 국민당은 국공내전으로 인해 타이완에 정예 관료나 군인을 보낼 여유가 없었다. 따라서 국민당의 타이완 통치는 타이완사람들의 희망을 그대로 수용하지도 않았을 뿐만 아니라 탈식민 역시 지연되었다. 여기서 주목되는 것은 이 과정에서 타이완사회가 두개의 정체성을 지니게 되었다는 것이다. 즉, 원래 타이완에 있었던 타이완 본성인(本省人, 토착인을 비롯하여 1945년 이전에 타이완에 정착한 한족 이주민)과 대륙으로부터 온 외성인(外省人, 1949년 전후 국민당과 함께 이주해온 한족) 간에 서로 다른 정체성이 만들어졌다. 정치적으로 외성인이 정치구조의 상부를 독점했다면, 본성인은 우세한 수를 발판으로 지방정치체제에 참여하는 독특한 구조를 형성하였다. 이를 통해 '만년국회'라는 말이 등장하기도 했다. 이는 국민당이 타이완으로 옮기기 이전인 1948년 본토의 선거로 당선된 국회의원격인 국민대회 대표들이 타이완으로 건너와서도 계속 임기를 유지했던 것을 의미한다. 타이완에서의 선거는 끊임없이 연기되었다.

외성인들은 일본의 식민통치자들을 대신해 관공서의 고위직을 독점하였다. 1946년의 한 통계를 보면 3자리의 최고위직은 모두 외성인들이 차지했고, 천임(薦任, 중화민국의 3등 문관) 이상 중상위직의 경우에도 타이완사람들이 임명된 경우는 20%도 되지 않았다. 외성인들은 본성인에 비해 2배에 달하는 월급을 받았기 때문에, 식민지 시기 일본인들이 60%를 더 받았던 것보다도 더 큰 차이를 보였다. 또한 식민지 시기 일본인 가옥들을 외성인이 대부분 차지하면서 외성인과 본성인 사이에 거주지역의 구별도 나타나게 되었다. 이러한 현상은 국민당이 내전에 패하면서 약 60만명의 하층계급 군인들이 타이완으로 오고 이들이 도시 주변에 거주했을 때 이미 시작되었다. 이들은 타이완 국민당의 절대적 지지기반이 되었다. 1949년 미 국무성에서 나온 『중국백서』(*China*

White Paper)에 의하면 '정복자의 지배가 다시 시작되었다'라는 인식이 사회 내부에서 폭넓게 공감대를 형성하고 있었다.

이러한 불만 속에서 터져나온 것이 2·28사건이었다. 1947년 2월 27일 타이베이 시내에서 밀수담배를 팔고 있던 한 여성에게 전매국 적발원이 난폭하게 폭행을 저지른 것이 그 발단이었다. 이를 지켜보던 타이베이 시민들이 격렬하게 항의하는 가운데 시민 중 한 사람이 적발원의 총에 사망하는 사건이 발생하였다. 당시 적발원은 점심에 술을 마신 상태였다. 28일 관공서에 항의하러 간 시민들에게 경비대가 발포하여 다시 사상자가 나왔고, 이로 인해 타이베이시 전체가 폭동상태가 되었다. 이날 오후부터 계엄령이 발동되었고, 더 많은 사상자가 나왔다. 이후 시민들이 방송국을 점거하고 전타이완인의 봉기를 호소하면서 3월 1일에는 소요가 타이완 전체로 확대되었다.

타이완성 참의원들은 행정장관 공서(公署)의 폐지와 성 자치의 실현, 행정·사법·군사 각 방면에서 타이완사람의 등용 등을 요구하였다. 이에 행정장관 천 이는 계엄령을 해제하는 등 표면상으로는 양보했지만, 3월 8일 대륙으로부터 장 제스가 보낸 군대가 도착하면서 다시 처절한 살육전이 일어났다. 4월이 되자 국민당정부는 성 정부를 개조하고 천 이를 해임한 뒤 새로운 행정장관으로 웨이 다오밍(魏道明)을 임명하였다.

문제는 이 과정에서 타이완의 지식인과 사회엘리트 들이 대부분 살해되었다는 점이다. 이로 인해 타이완은 이후 민주화와 탈식민을 위한 운동을 벌여나갈 동력을 잃었다. 1992년 2월 행정원이 공표한 사건연구소조의 보고서를 보면, 자료 부족으로 정확하게 파악할 수는 없지만 이때 대략 1만 8000명에서 2만 8000명이 죽은 것으로 보고되었다.

이렇게 좌우균형을 잃은 정치구조는 이후 수십년간 국민당의 독특한 지배시스템을 만들어냈다. 국민당은 내부의 지지를 통해 정통성을 얻은 것이 아니라 외부적 지지를 통해 정통성을 얻었다. 즉, 양안갈등(중국과 타이완 간 갈등)이 진행되는 과정에서 내부의 불만을 억제하고 미국의 지지를 받으면서 통치의 정당성을 획득했던 것이다. 한국전쟁으로 인해 몰락 직전에 기사회생한 타이완 국민당정부는 이후 한편으로는 미국의 원조를 받고 다른 한편으로는 1971년까지 유엔에서 대표성을 인정받음으로써 자신의 정통성을 계속 유지했다.

국민당 지배시스템의 특징 중 다른 하나는 정보기관을 통한 백색테러였다. 장 제스는 그의 아들인 장 징궈(蔣經國)를 중심으로 하는 반공구국청년단을 조직하여 사회를 강력하게 통제했다. 이후 정치행동위원회가 조직되었고, 이 위원회가 모태가 되어 국가안전국이 설립되었다. 이러한 특무기구의 인원은 1960년경 12만명으로 당시 15세에서 64세 인구의 2.1%에 달하였다. 각 기관과 대규모 사업단위에는 특무기구의 출장지점인 '안전실'이 설치되었고, 이를 통해 직원 등의 말과 행동을 상시적으로 감시했다.

타이완은 당과 국가가 일치하는 당국체제(party state system) 형태를 띠었다. 이러한 형태는 한국의 군부관료형과는 달랐고, 일본과도 달랐다. 한국의 경우 외형적으로 두개 이상의 정당이 존재하는 형태였고, 일본의 경우에도 자민당과 사회당의 보수·진보 정당이 존재하면서 공명당, 공산당 같은 소수정당이 있었다. 그러나 타이완에서는 국민당 외에 다른 정당이 존재할 수 없었다.

타이완은 1949년 5월 19일 계엄령을 선포했다. 이는 1948년 3월 헌법 제정 후에 처음으로 열린 국민대회에서 제정된 '반란진압 동원시기 임시조항'을 기반으로 한다. 이 규정하에서 총통은 무한한 권력을 갖게 되었으며, 1987년까지 이 계엄령을 유지했다. 이와 더불어 장 제스는 타이완사람들의 지지를 얻기 위해 인플레이션을 막기 위한 고금리 정책과 소작료 삭감(소위 '375감조', 수확량의 37.5% 납부)을 단행하였다.

이러한 체제는 공산당의 체제와 유사점이 있었다. 공산당에 공산주의청년단이 있었다면 국민당에는 중국청년반공구국단(구국단)이 있었다. 이 때문에 타이완의 정치체제를 레닌주의적 정치체제와 유사하다고 보는 견해도 있다. 이 구국단은 장 제스의 아들인 장 징궈에 의해 통제되었다. 그리고 이를 통해 우 궈전(吳國楨) 타이완 주석, 쑨 리런(孫立人) 장군 등 또다른 친미 실력자들을 배제할 수 있었다.

타이완은 삼권분립이 보장되지 않는 체제였다. 최고권력기구인 국민대회가 주석을 통해 중앙위원회와 중앙상무위원회를 주관하며, 총통부를 통해 사법원과 행정원, 고시원을 통제하도록 되어 있었다. 중앙상무위원회는 아울러 국민당과 감찰원, 입법원을 모두 통제하도록 구조화되어 있었다. 그러나 실질적으로는 국민당 총재가 군권을 장악하고 총통을 겸하면서 국민대회를 조종할 수 있었다. 이처럼 당·정부·군이 일체화된 시스템이란 점에서 당시 대륙의 체제와 다르지 않았다. 다만 국민대회 대표가 종신직이었다는 점이 다르다. 1인 권력으로서 총통의 임기는 6년인데, 장 제스는 1954년에 재선되었고 헌법상 3선이 가능하도록 개헌을 하여 1960년에 다시 총통이 되었다. 또한 같은 해에 열린 국민대회 제3회 회의에서 임시조항을 만들어 1966년과 1972년에 다시 선출되었고, 1975년 재직 중 사망했다.

타이완에서는 구국단을 통해 학생들을 동원했고, 교육의 통제를 위해 학생군훈설계독도위원회(學生軍訓設計督導委員會)를 조직하였다. 위원회는 국방부가 주재하였다. 대학에는 교관이, 고등학교에는 군훈교관이 배치되었고, 각 학교에는 학교장을 대대장으로 하고 그 아래에는 학생과 생도가 중대·소대·분대 등으로 조직되었다.

노동쟁의와 관련하여 계엄하에서 경영자에 대한 직접적인 쟁의행위는 실질적으로 금지되었다. 현과 시 정부에는 노자평단위원회(勞資評斷委員會)라는 상설기구가 설치되어 그 지역의 쟁의들을 해결하도록 했다. 이 위원회에는 지구의회 대표, 경영자단체 대표, 총공회(總工會) 대표, 지방정부 사회행정책임관 등이 참여했고, 지구주둔군 총정치부, 지구당부, 치안당국에서 위원을 선출하도록 했다.

한국의 권위주의체제는 타이완에 비해 최소한의 민주주의적 제도를 갖추도록 보장했다. 타이완과 마찬가지로 한국의 권위주의체제 역시 외부의 위기, 미국에 대한 종속을 기반으로 두었지만, 그 출발점부터 복수정당제, 자유·평등·보통 선거, 삼권분립 등 최소한의 민주주의적 제도를 보장하는 헌법을 갖추고 출발하였다. 다시 말해, 1948년 헌법이 처음 제정된 이후 1987년 민주화 이전까지 1960년 제2공화국체제하의 1년을 제외하고는 권위주의적 체제가 지속되었지만, 헌법은 그 자체로 민주주의적 형식에 관한 내용을 포함하고 있었다.

헌법상으로 민주주의적 제도가 보장된다고 해서 그것이 곧 정치·사회의 민주주의를 보장하는 것은 아니다. 형식적으로 강력한 대통령중심제, 주요 직제에 대한 대통령의 직접임명, 선거에 대한 관권 개입 등은 헌법이 보장하는 형식을 떠나 실질적으로 민주주의가 관철될 수 없도록 했다.

여기에 더하여 1960년대 이후에는 '반공'과 '성장'을 국가적 어젠다로 설정하면서 내용적 민주주의뿐만 아니라 형식적 측면에서도 최소한의 민주주의가 보장되지 못했다. 보수적인 여당과 야당이 축이 되는 복수정당제가 유지되었지만 관권의 불법적 개입을 통한 부정선거가 끊이지 않았고, 유신체제 이후에는 국회의원 정수의 1/3을 대통령이 직접 임명하도록 하여 국회에서 여당이 자동적으로 과반수 이상을 점유할 수 있는 시스템을 만들었다. 유신체제하에서는 대통령선거 역시 직접선거 제도가 폐지되고, 정당이나 대통령에 대한 지지 여부를 밝히지 않은 채 선출된 선거인단에 의해 체육관에서 대통령을 선출하도록 하였다. 사법부 역시 대통령과 집권여당으로부터 자유로울 수 없었다. 정부가 검찰의 인사권을 장악했을 뿐만 아니라 판사의 판결에까지 개입하였기 때문이다. 이로 인해 1970년대 초에는 '사법파동'이 발생하기도 했다.

한국의 권위주의체제는 타이완과 마찬가지로 정보기관이 중요한 역할을 했다. 1961년 쿠데타 이후 처음 설립된 중앙정보부는 공산주의 측의 정보를 수집하고 스파이활동을 막는다는 명분하에 활동했지만, 실질적으로는 사회통제에 가장 중요한 역할을 했다. 중앙정보부는 사회의 모든 정보를 독점했으며 대부분의 사회기관에 대해 사찰을 벌였다. 중앙정보부의 막강한 권력은 역설적으로 한국의 권위주의적 지도자 박정희(朴正熙)가 중앙정보부장에 의해 살해되는 결과를 가져오기도 했다. 1980년대 이후에 중앙정보부는 국가안전기획부로 이름을 바꾸었다. 정보기관을 통한 사회적 통제는 단지 이들을 통해서만 이루어진 것이 아니었다. 군 기관이던 보안사 역시 군부대 내부뿐만 아니라 사회통제에 중요한 역할을 했다.

이러한 권위주의체제를 지탱해주는 가장 중요한 이데올로기는 '반공'과 '경제성장' 또는 '근대화'였다. 타이완과 한국은 모두 이 두가지 국가적 목표를 위해 '개발독재'가 중심이 된 권위주의체제를 유지했다. 그리고 이 '개발독재'를 유지하기 위해 백색테러, 정보통치를 실행했다. 모든 정보를 국가가 독점하고, 독점된 정보를 통해 사회를 통제하는 것이다. 두 나라에서는 예외 없이 정보의 독점과 이를 통한 사회통제를 위한 억압기관이 존재했다. 그리고 억압기관의 존재 뒤에는 냉전체제 하의 '안보'가 핵심적인 이슈로 자리 잡았고, 이는 냉전체제의 최전선 인 타이완과 한국에서 미국의 지원을 받으며 지속될 수 있었다.

신흥공업국의 탄생

아시아, 아프리카, 라틴아메리카(Asia, Africa and Latin America, AALA) 지역의 국가들은 저마다 식민지 경험이 있으면서, 제국주의로 부터 해방되었지만 빈곤으로부터는 벗어나지 못하고 있었다. 라틴아메 리카의 경우에는 2차대전 이전에 이미 식민지적 지위에서 벗어났고, 브 라질과 아르헨띠나의 경우 세계적으로 중상위권의 경제규모를 자랑했 다. 그러나 1929년 대공황을 거치면서 대체로 심각한 경제적 정체에서 벗어나지 못했다.

아시아와 아프리카의 해방된 국가들의 사정은 더 나빴다. 이 국가들 은 정치적 독립뿐만 아니라 경제적 성장과 안정이 얼마나 중요한가를 식민지 시기를 통해 깨달았다. 아무리 정치적으로 독립되어 있다고 하 더라도 경제적으로 자립적이지 못하면 곧 또다시 식민지로 전락할 수 있는 것이다.

그래서 AALA 지역에서는 2차대전 직후부터 경제성장 또는 경제개 발에 많은 관심을 보였다. 특히 이들이 주목한 것은 사회주의권 등에서 실행되었거나 실행 중이던, 국가의 개입이 전제된 '계획'을 통한 경제성장의 방식이었다. 미국과 유럽의 열강들은 자유시장체제를 기반으로 경제성장을 하는 데 100년 이상의 시간이 걸렸지만, 독일, 일본, 소련의 경우처럼 국가가 개입한 '계획'에 따라 경제성장을 추진한 국가들은 후발국가이면서 단기간 내에 경제성장을 이뤘기 때문이다. 또한, 서구 국가들은 AALA의 독립운동 과정에서 해방전쟁을 벌여야 했던 상대방이지만 소련은 그들의 민족해방운동을 지원했기 때문에 정치적으로도 소련에 좀더 호의적인 태도를 갖고 있었다.

그런데 '계획'의 결과는 기대와 다르게 나타났다. 아시아에서 처음으로 '계획'에 관심을 둔 국가들은 영연방 국가들이었다. 이들은 1949년 이후 유엔 아시아·극동경제위원회와 콜롬보계획(Colombo Plan)을 통해 경제개발계획을 입안하고, 이를 통해 경제성장을 추진했다. 가장 먼저 시작한 국가는 인도와 미얀마, 필리핀이었다. 이중 인도와 필리핀은 상대적으로 규모가 큰 내수시장, 그리고 민주주의적 정치시스템으로 다른 국가들로부터 주목받았다. 사회주의권에서는 북한과 중국이 가장 먼저 '계획'을 시작했으며, 1953년 이후 북한의 빠른 전후복구 과정, 1950년대 말 중국의 대약진운동은 다른 국가의 지식인·관료·정치인 들에게 깊은 인상을 남겼다. 이후 밝혀진 내용에 따르면 중국의 대약진운동은 결코 성공적이지 못했지만, 당시의 폐쇄적 시스템하에서 이루어진 중국정부 차원의 운동은 미국정부에서도 그 실제 내용을 파악하지 못했을 정도로 과장된 선전으로 포장되었고, 이로 인해 미국은 아시아 정책을 다시 수립해야 하는 과정을 거치기도 했다. 예컨대 미국은 중국의 대약진운동을 통한 성장에 위기감을 느꼈고, 이에 대항하기 위해 인도에 대한 지원을 강화했다. 당시 인도는 비동맹국가의 리더로서 미국과 관계가 그다지 좋지 않았다. 그럼에도 불구하고 미국은 중국을 봉쇄하기 위해 인도와 관계를 개선할 필요가 있다고 인식했던 것이다.

1950년대 말 이후 정작 경제성장을 이룬 지역은 경제개발계획을 나중에 시작한 국가들이었다. 그중에서도 특히 동아시아의 한국과 타이완의 경우는 다른 지역과 비교가 안될 정도로 성공적이었다. 타이완은 1950년대 후반부터 경제성장 중심의 정책을 개시했고, 한국의 경우는 1964년부터 본격적인 경제성장기에 돌입했다. 이들 두 국가는 1960년대 초 이후 20여년 가까이 10%를 전후한 경제성장률을 유지했다는 점에서 동아시아 경제성장의 기적으로 평가받았으며, 이후 세계적 차원에서 발전도상국의 효율적 경제성장을 위한 '발전국가' 모델로 자리매김했다.

이들 두 국가의 발전국가 모델은 먼저 일본의 전후 경제부흥에 대한 연구에서 시작되었다. 일본 모델은 경제재건, 부흥정책을 가장 중요한 국가정책으로 설정하는 관료제의 존재, 경제발전에 국가의 역량을 집중할 수 있도록 조정하는 파일럿(pilot)기관의 존재, 시장에 순응하는 방향으로의 국가의 개입 등으로 정의되었다. 이러한 일본 모델은 타이완과 한국에서도 유사한 형태로 나타났으며, 이는 곧 경제성장을 단기간 내에 이룬 발전국가의 원형적 모델로 제시되었다. 아울러 타이완과 한국이 다른 아시아 지역과는 달리 30년 이상의 기간 동안 일본의 식민지를 거쳤기 때문에 식민지 시기 총독부의 정책이 1960년대 이후 발전국가의 경제정책의 전사(前史)가 되었다는 소위 '식민지근대화론' 역시 발전국가 모델의 중요한 역사적 기원으로 설명되기 시작했다.

그러나 일본과 타이완, 한국의 모델을 서로 유사한 발전국가 모델로 설명하기에는 몇가지 중요한 차이를 무시할 수 없다. 동아시아의 세 나라는 냉전의 최전선에 있었다는 공통점이 있지만, 정치적으로 볼 때 한국과 타이완은 분단상황에 근거하여 권위주의체제하에서 국가의 능력을 극대화했던 반면, 일본은 서구식 양당체제하에서 민주주의 시스템을 유지하면서 전후 경제성장을 달성했다. 또한 한국의 경우 아시아태평양전쟁 이전 일본의 기업형태였던 재벌이 중심이 되어 경제성장을 이룩한 반면, 타이완은 그 중심에 중소기업이 있었다.

한편 한국과 타이완은 다음과 같은 면에서 주요한 공통점이 있었다. 첫째는 한국과 타이완이 1945년 이후 농지개혁을 실시했다는 점이다. 타이완의 농지개혁은 소작료 인하로 시작되었다. 1949년 4월에는 소작료를 일률적으로 37.5%로 감면하였고, 1951년 6월에는 해방 후 접수한 일본인 소유지를 농민에게 매각했으며, 1952년 1월에는 정부가 지주 소유의 농지를 구입하여 농민들에게 매각하는 3단계를 거쳤다.

이 과정에서 공유농지는 7만 2000갑(1甲은 약 9700㎡)이 14만호의 농가에 불하되었으며(1호당 평균 0.5갑), 사유농지는 16만 6049호의 지주(지주 총 호수의 59.3%)의 소작지 14만 3564갑(총 소작지의 56.5%)을 매입하여 19만 5823호의 농가(소작농 총 호수의 64.1%)에 매각하였다(1호당 평균 0.7갑). 이러한 개혁의 결과 경영규모가 작은 영세농층이 출현하게 되었다.

지주에게 지급된 농지대금의 30%는 4대 공영기업인 타이완시멘트공사·타이완지업공사·타이완공림공사·타이완공광(工礦)공사의 주식으로 지불되었다. 나머지 중 일부분은 도시 상공업자에게 전이되었고, 식민지 시기의 지주계급은 분화, 해체되었다. 또한 쌀과 비료를 국가가 직접 교환하도록 하는 제도를 만들어 국가가 지주를 통하지 않고 직접 농민들을 통제하여 저미가 정책을 가능하도록 했고, 토지를 얻은 농민의 생산의욕을 높여 농촌의 과잉노동력을 창출함으로써 장차 풍부한 염가의 산업노동력을 제공할 수 있는 기반을 마련하였다.

554

한국의 경우 두차례에 걸쳐 농지개혁이 실시되었다. 일본의 동양척식주식회사를 비롯한 공공기관이 소유했던 토지와 일본인 소유의 토지가 전후 미군정하의 신한공사에 의해 몰수되었는데, 이 토지는 대한민국 정부가 수립되기 이전에 대부분 소작인들에게 불하되었다. 이후 미국은 대한민국 정부에 '반혁명전략'의 일환으로서 농지개혁의 추진이 필요하다는 점을 지속적으로 강조하였다.

1948년 수립된 한국의 국회는 논란 끝에 이듬해 농지개혁법을 제정하고, 1950년 4월 농지개혁을 실시했다. 농지개혁은 유상매수 유상분배로 이루어졌으며, 지주들에게는 몰수된 토지의 댓가로 지가증권이 지급되고 소작인들은 분배받은 농지의 댓가로 5년 동안 총 수확량의 30%를 지급하도록 했다. 지주들은 지가증권을 통해 산업자본가로 진출할 수 있는 기회를 얻었고, 소작인들은 농지를 지급받음으로써 자작농이 될 수 있었다.

한국의 농지개혁에 대해서는 1980년대 초까지 부정적인 평가가 주를 이루었다. 농지개혁 실시 2개월 만에 전쟁이 발발하면서 농지개혁이 전체적으로 실시될 수 없었으며, 전시 인플레이션으로 인해 지가증권의 가치가 하락함으로써 산업자본으로서의 전환이 용이하지 않았기 때문이다. 농민들의 경우에도 전쟁 중 정부재정 확충을 위해 현물세(임시토지수득세)제도가 도입되면서 영세농으로 전락하였다. 게다가 전쟁으로 토지생산성이 낮아지면서 농민들의 삶은 더욱 어려워졌다. 설상가상으로 1950년대를 통해 산업화가 제대로 이루어지지 않으면서 영세농이 공장노동자로 흡수되기보다는 농촌에서 위장실업의 형태로 남거나, 도시로 이주하는 경우에는 도시빈민층을 형성하였다.

1960~70년대 한국의 산업화가 급속히 진전되는 성과를 보임에 따라,

1980년대 중반부터 농지개혁이 그 중요한 배경으로 재평가받기 시작했다. 지가증권을 통한 국내 자본축적은 실패했지만 1960년대 이후 본격화된 외자도입은 새로운 자본축적의 기회를 마련해주었다. 특히 케네디행정부와 존슨행정부의 경제개발계획 원조, 한일협정을 통한 일본으로부터의 청구권 자금, 그리고 베트남 파병으로 인한 미국의 특별원조 등은 외자도입의 주요한 통로가 되었다. 또한 경제개발계획에 따른 급속한 산업화는 농촌의 위장실업 인구가 도시노동자로 흡수될 수 있는 주요한 계기가 되었다.

한국과 타이완은 농지개혁과 함께 인플레이션 극복을 위한 통화개혁을 단행했다는 점에서도 공통점이 있다. 타이완의 국민당은 하이퍼인플레이션을 극복하기 위해 정기예금 금리를 4배로 인상하는 고금리 정책을 단행하였고, 1949년 6월 15일에는 구 타이완원 4만원을 신 타이완원 1원으로 하는 통화개혁을 단행하였다. 한국은 1953년 2월 하이퍼인플레이션을 극복하면서 유엔군이 대여해간 달러를 반환받기 위한 통화개혁을 단행하였다. 아울러 1962년에는 산업자본을 마련하기 위한 통화개혁을 다시 한차례 실시했다. 한국의 두차례에 걸친 통화개혁은 그다지 성공적이지 못했지만, 경제성장 과정에서 인플레이션을 억제하는 안정정책이 함께 추진되었음을 보여주는 사례다.

이와 같은 농지개혁과 통화개혁의 과정은 두 과정이 제대로 이루어지지 않은 필리핀과 남미 국가들에 비해 한국과 타이완이 신흥공업국으로 성장할 수 있었던 배경을 설명하는 주요한 근거가 된다.

둘째, 국가 주도의 과정에서 정부의 관료와 기업, 그리고 정치인 간의 긴밀한 관계가 줄곧 유지되었다는 점이다. 타이완의 경우 이를 '당국(黨國)자본주의' 형태라고 부른다. 즉, 거대한 자원의 정치적 분배를 통해 정당과 국가가 긴밀히 연결되어 있는 당국체제가 기업과 연결되면서 내부요원들의 단결을 보장하는 수단이 되었다. 이는 사회로부터 상대적으로 자율성을 갖는 당국체제를 가능하게 했으며, 기업과 당국이 서로 상대방의 이익을 보장하는 효과를 볼 수 있도록 보장했다.

한국의 경우에도 국가 관료들과 재벌, 그리고 정치인들 간의 긴밀한 관계가 유지되었다. 이는 국가정책에 기업인들이 적극적으로 협조할 수 있는 근거가 되었다. 특히 1961년 5·16쿠데타 직후 군부가 1950년대의 부정축재자였던 재벌들을 사면하는 과정, 그리고 1972년 8·3조치를 통해 재벌들이 사채로 인해 갖고 있던 재정적 부담을 덜어주는 과정 등을 거치며 관료와 재벌, 정치인 사이에 긴밀한 관계가 구축되었다. 이 과정에서 재벌들은 국가의 경제계획에 적극적으로 협조하고 국가는 재벌에 보조금(subsidy)을 지급하는 관계가 형성되었다. 아울러 재벌은 비정상적 회계운영을 통해 여당 정치인들에게 정치자금을 불법적으로 지원하기도 했다.

정부의 경제관료로 일했던 테크노크라트(technocrat, 전문가 집단)들이 정부 직위를 그만둔 후 재벌기업의 고위직으로 옮기면서 관료와 재벌 사이에 연결고리가 형성되기도 했다. 이는 한국정부가 소유하거나 운영하던 금융권을 통해서도 이루어졌다. 이런 구조에서 특정 재벌에 대한 특혜대부가 이루어지고 한편으로 정치자금이 형성되었다.

이러한 관계는 '한국주식회사'라고 부를 수 있을 정도로 한국의 정부, 정치권, 재계가 서로의 정책에 협조하면서 일사불란하게 움직일 수 있는 효율적인 구조를 만들었다는 평가를 받았다. 이는 1950년대 이후 일본사회를 '일본주식회사'로 부르던 것과 동일한 평가였다. 다른 한편으로 이는 '연줄자본주의'(crony capitalism)로도 불리는데, 외형적으로는 불법적인 행위들이 발생하기도 했지만 내재적으로는 기업들을 정책적으로 원활히 동원하기 위한 구조를 만들었다고 평가받기도 했다.

그러나 이러한 관계는 자유시장체제의 근간을 위협했고, 이로 인해 1990년대 후반 아시아 금융위기에서 척결해야 할 문제로 제기되었다. 이러한 일국 내의 시스템은 다른 한편으로 자유무역 규정에 어긋나는 것으로, 미국과 일본 사이에 무역분쟁을 일으키기도 했다. 따라서 신고전주의 경제학에 기초한 경제정책이 시작되면서 국가의 역할을 최소화하고 관료와 기업의 불법적 연결고리를 끊어야 할 필요성이 제기되었다. 이후 한국에서는 제도적인 개혁이 있었지만 재벌 중심의 경제체제와 국가와 재벌 사이의 연결은 유지되고 있다.

이외에도 한국과 타이완은 미국의 원조로 자본축적이 이루어졌다는 점, 1970년대 이후 경공업에서 중공업과 전자산업으로 성공적인 전환을 이룩했다는 점, 그리고 무역의존도가 높다는 점에서도 공통점이 있다. 무역에 의존하는 수출주도형 성장은 같은 시기 또다른 국가주도형 경제성장정책을 취하면서 대외적으로 폐쇄된 경제체제를 유지했던 북한의 성과와 대비할 때 중요한 의미가 있다. 또한 한국과 타이완은 베트남전쟁을 통해 급속한 경제성장의 계기를 마련했다는 공통점이 있다.

이렇게 한국과 타이완을 중심으로 한 단기간의 경제성장은 그에 대한 긍정적·부정적 평가가 엇갈리고 있음에도 불구하고 양국을 세계경제의 중심부로 이동시켰다. 특히 한국의 경우 무역을 중심으로 한 급속한 경제성장을 경험하였다. 1962년 경제개발계획이 처음 시작될 때 1억 달러에도 미치지 못했던 대외수출이 1971년 10억 달러를 넘어섰으며, 1977년에는 100억 달러, 2008년에는 4200억 달러에 이르렀다. 일인당 국민소득도 1961년 82달러에 지나지 않던 것이 1977년 1000달러를 넘어

558

선 후 2007년에는 2만 달러에 달했다. 한국전쟁 직후에는 1차산업이 전체 산업에서 45%를 차지하고 광공업이 12%에 지나지 않았는데, 제4차 경제개발계획이 끝난 직후인 1985년에는 광공업 38%, 1차산업 13%로 전체적인 산업구조가 완전히 바뀌었다.

이와 같은 신흥공업국의 성장은 동아시아 모델이 세계의 개발도상국들에게 주목받을 수 있는 계기를 만들었다. 또한 이들 신흥공업국에서 등장한 테크노크라트에 근거한 효율적인 관료시스템은 2000년대 이후 '거버넌스'(governance)에 중심을 둔 문제제기에 역사적 근거를 마련하기도 했다. 즉, 경제성장의 중요한 요소가 지도자의 능력이나 경제구조가 아니라 효율적인 행정시스템에 있다는 문제의식이 늘어나고 있다. 이는 부패를 해결하는 문제와 맞닿아 있기도 하다. 그러나 다른 한편으로 이러한 성장은 현재의 러시아나 일부 개발도상국들에서 보듯이 정치적으로 독재정권을 합리화하는 부작용으로도 나타난다.

여성교육의 진전과 여성노동의 사회화

냉전시기 자본주의 진영의 산업화가 진전됨에 따라 일본, 한국, 타이완 등지에서는 사회구조와 생활방식의 변화가 일어났고, 이는 특히 여성의 삶과 사회적 지위에 큰 영향을 미쳤다. 교육 및 취업 기회의 증대와 사회활동 공간의 확대를 중심으로 살펴보자.

동아시아에서 산업화가 가장 앞섰던 일본도 1950년대 말까지 인구의 절반이 농업 종사자였고 근대적인 산업도 경공업 위주였다. 일본경제는 1960년대에 급성장하여 국민총생산 기준 세계 2위(1968~2010)로 부상했고, 중화학공업 위주의 산업구조가 정착됨에 따라 사회구조와 생활방식의 큰 변화가 나타났다. 한국과 타이완은 그보다 15~20년 늦게 이런 변화를 겪었다. 그에 따라 경제적으로 안정된 중산층이 형성되었으며, 여성의 생활조건도 크게 변하였다. 이는 취학과 취업 기회의 확대로 나타났다.

먼저 일본의 고교 진학률(중학교까지는 의무교육)은 1950년 여성 36.7%, 남성 48%에 그쳤는데, 교직원조합을 비롯한 노조와 시민단체의 고교전원입학운동(1955~65) 결과 1965년 여성 69.6%, 남성 71.7%로 늘었으며 1975년 남녀 모두 90%를 넘어섰다(통신과정 포함). 한국 여성의 중학교·고교 진학률은 각각 1965년 33%, 20%에서 1975년 67%, 51%로 10년 만에 2배 이상 증가하더니 1985~90년 각각 100%, 90%에 이르렀다. 여기에는 빈농가정 출신 생산직 여공을 위한 산업체 부설학교 학생도 포함되었다.

일본, 한국, 타이완의 대학 진학률과 그중의 여학생 비율은 〈표 1〉과 같다. 초기에는 여학생 진학률이 남학생보다 낮았으나 일본은 1989~99년에, 타이완은 1995년 이후, 한국은 2005년 이후 여성 진학률이 남성 진학률보다 높아졌다. 일본은 2005년에도 51.5%(여성 49.8%, 남성 53.1%)에 그쳤으나 한국과 타이완은 1990년 이후 급증하여 2005년 80%에 도달했다. 2000년대 들어 일본에서는 남학생이 여학생보다 많지만 한국과 타이완에서는 그 반대이다. 일본도 입시경쟁이 치열한 나라지만 한국과 타이완은 그보다 더함을 알 수 있다.

일본 여성의 취업률은 1955년 55.4%(남성 83.7%), 1975년 45%(남성 79.8%), 1995년 48.4%(남성 75.2%), 2005년 46.3%(남성 69.9%)이다. 한국 여성의 취업률은 1986년 고졸자 39%(남성 91%), 대졸자 42%(남성 94%),

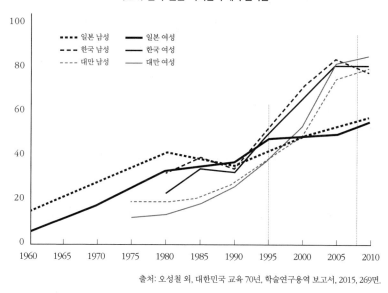

출처: 오성철 외, 대한민국 교육 70년, 학술연구용역 보고서, 2015, 269면.

1994년 고졸자 49%(남성 81%), 대졸자 57%(남성 93%), 2002년 고졸자 51%(남성 78%) 대졸자 59%(남성 88%)이다. 두 나라 모두 취업률이 남녀 공히 지속적으로 줄어들고 있음을 보여주며, 남녀 간 격차가 30%에 가까울 정도로 크다.

일본 여성의 취업률은 감소했다 하더라도 취업자 수는 증가했는데, 이는 그동안 주로 1차산업인 농어업 분야에서 일하던 여성들이 2차, 3차 산업에 고용되었기 때문이다. 메이지시대 이래 여성이 절대다수를 차지해온 섬유업종 외에도 가전제품의 보급으로 인해 급성장한 전기전자 산업에의 진출이 눈에 띄게 늘었다. 가령 1968년 토오시바 트랜지스터 공장과 히따찌제작소 무사시공장의 경우 전종업원의 80%와 74%가 여성이었다. 한국에서도 1980년대 섬유·의류 분야와 전기전자 업종 노동자의 75%와 64%가 여성이었다. 여성의 학력이 높아짐에 따라 사무직·서비스직·전문직 등으로, 그리고 생산직에서도 공장설비의 기계화와 자동화의 진전에 따라 중화학 분야로도 진출하였으며, 정보화가 진전됨에 따라 멀티미디어 콘텐츠 분야에서 약진하였다. 2002년 현재 한국 전체 취업자의 42%가 여성이다.

취업여성 내부에도 학력에 따른 차이가 있고 변화가 수반되었다. 우선 학력에 따른 고용형태의 차이가 두드러져서, 학력이 낮을수록 비정규직이 많고 임금도 적었다. 이는 남성의 경우도 마찬가지다. 남성과 달리 산업화 초기에 취업여성의 대다수는 미혼이었으며 결혼하면 곧 퇴직하는 것을 당연시했으나 일본은 1960년대, 한국은 1980년대를 지나면서 결혼 이후에도 취업을 지속하는 여성이 증가하였다. 이는 부부 중심의 핵가족이 보편화하고 집값이 폭등하면서 남성 가장 한 사람의 수입만으로는 가계를 지탱하기 어렵게 되었고, 여성의 고학력화가 보편화하면서 교육기간이 길어진 때문이다.

고용형태의 변화도 뚜렷하다. 결혼 후에도 계속 일하는 여성이 증가하고, 특히 출산과 육아를 마친 후에 다시 일하는 여성이 증가함으로써 M자형 고용패턴이 일본에서 먼저 정착되었다. M자형 고용이 늘면서 시간제 고용을 비롯한 비정규직 취업자가 급증하였으니, 1970년에 이미 그 비율은 30%를 넘었다. 그리하여 1990년대 초 일본 전체 노동자의 1/3이 여성이고 여성의 1/3이 직업을 갖고 있는 것으로 파악되었다. 이처럼 여성이 노동시장에 대거 진출한 것은 여성 자신의 필요에 따른 선택인 동시에 자본의 이해를 대변한 국가정책의 결과이기도 하다. 일본 정부의 경제자문기관인 경제심의회가 1963년 중장년 여성을 시간제로 고용할 것을 권고하는 안을 제출한 것이 그 중요한 계기였다. 여성의 평균임금은 남성의 1/3 수준이며, 비정규직인 경우 산전·산후 휴가와 생리휴가, 또는 유급휴가가 없고 회사의 사정에 따라 언제든 해고할 수 있어서 기업에는 가장 입맛에 맞는 노동력이다. 중장년여성 자신의 입장에서도 남편의 수입만으로는 자녀 교육비, 자동차 및 가전제품 구입비, 집값 등 늘어난 생활비를 충당하기 어렵기 때문에 이를 보충할 수입이 필요했다. 그리고 이들의 취업에는 자녀를 키운 중년여성에게 찾아오는 '주부 인생'의 허무함에서 벗어나 가정 밖에서 사회적으로 자아를 실현하고 싶다는 원망도 작용하였다.

역설적으로 바로 이러한 점들이 고용시장에서 여성차별을 구조화하는 원인이 되었다. 기업들은 값싸고 유능한 시간제 여성인력을 확보하기 위해 결혼퇴직, 출산퇴직, 조기정년제 등 갖가지 여성차별 규정을 만들었다. 이로 인해 미혼여성들은 어렵게 얻은 직장을 떠나지 않을 수 없었다. 이러한 차별에 대한 문제제기는 1960년대에 여성 자신의 법정투쟁에 의해 사회적 이슈로 등장했다. 예컨대 스미또모시멘트는 1958년부터 신입 여사원에게 결혼할 때와 35세가 되었을 때는 자발적으로 퇴직한다는 각서를 받았다. 이 때문에 해고된 스즈끼 세쯔꼬(鈴木節子)는 토오꾜오지방법원에 제소하였고 1966년 결혼퇴직제는 위헌이라는 판결을 받아냈다. 이를 기화로 동일한 제소가 잇따랐고, 그후 여성 조기정년제와 출산퇴직제에 대해서도 피해여성 자신이 법원에 제소하여 1969년과 1971년 위헌 판결이 나왔다. 이러한 여성노동자들의 지위 향상을 위한 법정투쟁은 노동조합 여성부의 뒷받침을 받아 효과적으로 진행될 수 있었다. 이러한 사회적 추세는 유엔이 1967년 '여성차별철폐선언'을 발표한 이래 지속적으로 각 회원국에 여성차별 철폐를 촉구해온 것과도 상응한다. 그 결과 일본정부는 1985년 비로소 여성차별철폐

조약을 비준하고 남녀고용기회균등법을 시행했다. 그리하여 고용시장의 모집·채용·승진에서 여성차별이 점차 완화되었지만, 채용과 승진은 여전히 남성을 위주로 하거나 기준으로 하였다.

한국의 경우 1997년 외환위기에 따른 구조조정 이후 비정규직이 급증하여 여성의 정규직 비율은 1995년 42.8%에서 2002년 33.6%로, 같은 기간 남성의 그것은 67.6%에서 58.5%로 감소했다. 남녀 간 임금차이는 점차 좁혀져 여성/남성 평균임금은 1975년 41.2%, 1989년 52.4%, 1999년 63.1%로 증가했으나 그후 감소하여 2002년 62.8%로 떨어지기 시작했다.

출산휴가를 마친 여성이 다시 출근하려면 젖먹이 아이를 맡길 보육시설이 있어야 했다. 일본의 '일하는 어머니회'는 이 문제를 해결하기 위해 스스로 공동보육을 시작했고, 노동조합도 이에 관심을 기울여 직장탁아소를 개설하였다. 그러나 이것으로는 충분치 않았기에 육아휴직의 제도화를 요구하는 운동이 벌어졌다. 일본교직원조합이 먼저 나서서 1967년 육아휴직 입법화를 위한 법안을 국회에 제출했고, 우여곡절 끝에 1975년 유급이 아닌 무급 육아휴직이 먼저 여성교사를 대상으로 제도화되었다. 이는 그후 민간의 다른 직종에도 확대되었으며, 1992년에는 모든 직종의 남녀가 청구할 수 있는 새로운 육아휴직법이 시행되었다. 여성농민은 이러한 육아휴직법의 혜택에서 소외되어 있어 그 처지가 앞에서 본 한국의 경우처럼 열악하였다. 그럴수록 청년농민은 신붓감을 구하기 어려워 외국에서 데려와야 했으며 얼마 후에 한국도 그렇게 되었다. 언어를 포함한 문화적 차이와 차별로 인해 그들이 겪는 곤란은 내국인 여성의 그것보다 훨씬 크다.

취업여성 중 여성농민의 처지는 도시의 여성노동자에 비해 훨씬 열악하다. 한국 농림업 취업자의 여성/남성 비율은 1970년 58.4%, 41.6%에서 2000년 48.8%, 51.2%로 바뀌어 남성은 10% 감소한 데 비해 여성은 오히려 10% 증가했다. 이처럼 여성농민의 농업참여 비율이 늘어난 것은 산업화 과정에서 이농이 지속되어 농가의 가족 수가 감소함에 따라 농업구조가 소수의 가족노동력 중심, 상품작물 재배 중심으로 재편된 결과다. 이농으로 인해 부족해진 노동력은 기계화와 여성·노인의 노동 참여로 보충할 수밖에 없고, 비닐하우스 등을 이용한 상품작물 재배는 작업의 특성상 여성의 잔손이 필요하기 때문이다.

산업구조와 취업구조의 변화는 가정의 일상생활 방식도 바꾸어놓았다. 1965년을 전후하여 냉장고, 세탁기, 전기밥솥, 텔레비전 등 주요 가전제품이 일반화되었고. 토오꾜오올림픽이 열린 그해 이후부터는 컬러 텔레비전, 에어콘, 자동차를 갖는 것이 일본 중산층의 동경의 대상이 되어갔다. 의복이 수제나 맞춤에서 기성복으로 바뀐 것도 바로 이 무렵이다. 이런 변화는 여성의 가사노동 부담을 줄여주었다. 한국에서도 여성 노동의 사회화는 핵가족화 추세와 맞물려서 생활방식의 변화를 가져왔다. 1980년대 이후 여성의 가사노동을 줄여줄 수 있는 가전제품이 보편화되어 부족한 일손을 덜어주었는데, 특히 농촌 가정에서는 더욱 그러하였다.

여성의 취업, 특히 기혼여성의 취업이 증가함에 따라 나타난 현상 중 하나는 출산율의 급격한 저하이다. 임신과 출산에 관한 모성보호, 탁아 등 자녀 양육에 관한 사회적 지원이 취업의 증가를 따라가지 못하는 탓이다. 인구의 고령화 추세가 나타나는 원인은 보건위생과 의료기술의 발달 외에 이러한 사회구조와 인프라 방면에도 있음을 알 수 있다. 고용 불안정성을 내포한 노동력의 여성화, 여성노동의 사회화는 자본의 세계화와 노동력의 유연화에 따른 전지구적 자본주의의 수요에 부응하는 현상의 하나라 할 수 있다.

여성노동자는 남성노동자에 비해 저임금 등 더욱 열악한 근로조건에서 일했기에 더욱 강렬한 처우개선 욕구를 갖고 있었다. 1969~70년 한국정부는 수출자유지역을 만들어 외국의 자본과 기술을 끌어들이면서 노동3권을 행사할 수 없도록 규제하였다. 그에 맞서 1970년 청계피복노조를 비롯한 섬유업종에서 시작된 여성노동자의 조직활동은 1975년을 지나면서 급성장했다. 섬유업종의 동일방직노조, 봉제·가발 업종의 YH무역노조, 전자업종의 아남산업노조와 콘트롤데이타노조, 제약업의 삼성제약노조가 모두 이 무렵 결성되어 노조 승인, 임금 인상, 남녀 임금 차별 해소 등을 요구하며 파업투쟁을 벌였다. 특히 삼성제약노조는 여성 특수과제로 성차별 언행 금지, 결혼퇴직제 철폐, 생리휴가, 산전·산후 휴가, 수유시간 확보 등을 요구하였다. 여성농민들은 1983~85년 농산물 가격 폭락에 항의하는 대규모 농민집회와 시위에 참여해, 과거처럼 식사 준비나 설거지를 하는 것이 아니라 투쟁의 선봉에 서서 경찰저지선을 뚫고 조직적 투쟁을 벌이기도 하였다.

일본의 여성사 학자들은 일본이 경제적으로 세계 2위(2010년부터 3위)의 선진국이지만 남녀평등에 있어서는 후진국에 속한다고 말한다. 1988년 미국의 인구위기위원회가 발표한 여성의 지위에 관한 순위에 따르면 일본은 99개국 중 34위로 선진국 중에서 최하위였다. 1991년 유엔의 세계여성에 관한 통계조사는 일본이 선진국 중 남녀 임금격차가 가장 큰 나라(거의 50%)임을 보여주었다. 한국은 경제규모로는 세계 10위권이지만 여성의 사회적 지위는 일본에 못지않게 후진적이다. 세계경제포럼(WEF)이 발간하는 「세계성격차보고서」(The Global Gen-

566

한국의 포항제철(위) YH무역 농성사건(1979, 아래)
포항제철 같은 중공업기업이 급성장하는 동안 경공업 수출기업의 여성노동자들은 저임금
에 시달려야 했다. 아래 사진은 당시 야당인 민주당 당사에서 농성하는 YH무역 노동자들.

der Gap Report) 2014년 통계에 따르면 한국의 성격차지수는 142국 중 117위다. 국가의 경제력이 고속압축성장에 의해 형성된 나라일수록 그것과 사회적 평등지수의 격차는 크게 마련인데, 이 점에서 한국과 일본은 닮은꼴이라 할 수 있다.

3

민주화와
민중운동의 성장

냉전기 한국의 민주화운동과 일본의 사회운동

일본을 제외한 동아시아 국가들에서는 독재체제가 계속되었다. 이는 식민지에서 해방된 신생국들에서 나타나는 공통된 현상이었다. 서구의 제국주의자나 정치학자 들은 신생국 지도자들이 민주주의를 전제로 한 정치적 훈련을 받지 못했기 때문에 신생국에서는 정상적인 민주주의적 정치체제가 불가능하다고 보았다. 전후 한국에서 신탁통치를 실시하고자 했던 것 역시 이러한 주장의 연장선상에서 이해할 수 있다.

그러나 한국과 타이완에서는 1960년대부터 민주화를 위한 움직임이 활발히 나타나기 시작했다. 민주화의 시작은 먼저 한국에서 1960년 4월혁명을 통해 가시화되었다. 4월혁명은 한편으로는 1950년대 한국사회의 가난과 부정부패를 바꾸기 위한 것이었다. 1950년대 한국은 여당인 자유당과 이승만 대통령에게 모든 권력이 집중되었고, 권력의 연장을 위해 선거 때마다 부정이 계속되었던 터라 1950년대 중반부터 시민들은 정권교체를 요구하기 시작했다.

4월혁명은 다른 한편으로는 독재정부에 의해 강화된 교육제도를 배경으로 했다. 한국의 이승만정부는 사회를 통제하고, 시민들에 대한 정신교육을 강화하는 측면에서 전국민의 교육을 강화하고, 한국 역사상 처음으로 의무교육제도를 도입하였다. 이러한 의무교육제도는 한국의 높은 교육열과 결합해 1950년대 이후에 들어서자 고학력자의 수가 전례없이 늘어났다. 이들은 미국식 가치관과 민주주의에 대한 교육을 받았으며, 그와는 다른 한국사회의 현실에 많은 불만을 갖기 시작했다.

한국사회 내에서 민주화를 위한 움직임은 1956년 대통령선거에서부터 시작되었다. 야당의 대통령 후보가 갑자기 사망하면서 그해 대통령선거에서는 이승만이 다시 당선되었지만, 헌법상 대통령의 부재시 대통령직을 계승하도록 되어 있는 부통령에는 야당의 부통령 후보인 장면(張勉)이 당선된 것이다. 당시 이승만 대통령은 이미 80세가 넘은 고령이었기 때문에 부통령선거 결과는 특별히 주목받았다.

또 하나의 움직임은 진보당으로부터 시작되었다. 진보당은 창당도 하기 전에 조봉암을 대통령 후보로 내세웠다. 조봉암은 그해 대선에서 전체 유효표의 20%에 달하는 득표를 했다. 이승만의 득표에 비하면 적었지만 아무도 예상하지 못했던 선전이었다. 조봉암은 과거 공산주의 경력이 있는 정치인으로, 자유로운 정치활동이 어려운 상황이었음에도 불구하고 이처럼 대중적 지지를 확인한 것이었다.

조봉암이 진보적 정책을 내세운 당을 기반으로 활동할 수 있었던 데에는 두가지 중요한 배경이 있었다. 하나는 1955년 인도네시아 반둥에서 비동맹국가들의 연합이 이루어졌다는 점이다. 이를 통해 미국이나 소련 중 어느 하나의 진영이 아닌 민족주의 성향이 강한 제3세계가 형성되었다. 전쟁과 반공이데올로기에 지친 시민들에게 진보당은 제3세계의 등장이라는 세계사적 상황과 맥락을 같이하는 것이었으며, 진보당 관계자들 역시 비동맹노선이 곧 자신들이 등장할 수 있는 중요한 배경이라고 믿었다.

다른 하나는 한국에 있던 유엔한국통일부흥위원회(UNCURK)의 활동이었다. 유엔한국통일부흥위원회는 한국정부 수립과정에 존재했던 유엔한국임시위원회(UNTCOK)와 유엔한국위원회(UNCOK)를 계승하는 조직으로, 한국의 민주주의와 경제적 재건, 그리고 통일문제에 대해 감시하고 유엔총회에 이를 보고하는 기관이었다. 이러한 기관이 있는 상황에서 한국정부가 마음대로 권력을 휘두르는 것은 불가능했다. 또한 주한 미대사관 역시 한국에서 민주주의 시스템의 존재를 중요하게 여겼다. 이는 한반도가 북한과의 이데올로기적 전쟁터였던 만큼 남한의 민주주의는 전세계적으로 남한과 미국에 대해 긍정적 여론을 형성할 수 있었기 때문이다.

그러나 당시 한국사회는 전후 반공이데올로기가 통치이데올로기로 작동하면서 자유로운 정치활동이 어려웠고, 특히 조봉암같이 진보적인 이데올로기와 정책을 내세운 정치인들의 활동은 탄압의 대상이 되었다. 결국 1958년 국회의원 총선거를 앞두고 이승만정부는 동년 1월 조봉암과 진보당의 간부들을 구속했다. 북한의 주장에 동조하고 북한으로부터 돈을 받았다는 혐의였다. 이로 인해 1959년 진보당 당수인 조봉암이 처형되고 진보당은 해체되었다. 4월혁명이 일어난 것은 그로부터 1년이 채 지나지 않아서였다.

자유당은 이승만 대통령의 권력을 연장하기 위해 1960년 3월 15일 유례없는 부정선거를 자행했다. 특히 자유당 내 2인자였던 이기붕(李起鵬)을 부통령에 당선시키기 위해 권력과 돈을 동원하여 부정선거를 저질렀고, 그 결과 이승만이 대통령, 이기붕이 부통령으로 당선되었다. 이에 분노한 시민들은 부정선거에 항의하는 시위를 벌이기 시작했다. 한달 후인 4월 19일에는 시위가 전국 주요 도시로 확산되었다. 이 과정에서 이승만정부는 경찰에 시위 진압을 위한 발포명령을 내려 수많은 사상자가 발생했다.

화가 난 군중들은 연일 시위를 계속했고, 대학교수들까지 부정선거와 시위대에 대한 발포에 책임을 져야 한다며 시위를 전개했다. 주한 미 대사 역시 이승만 대통령을 만나 사태를 안정시키기 위해 대통령직에서 물러날 것을 권고했다. 결국 이승만 대통령은 시위대의 시민대표들을 만난 직후 대통령직에서 물러났고, 곧이어 하와이로 망명하였다. 더불어 자유당의 2인자 이기붕이 그의 가족들과 함께 자살하면서 이승만 정부는 무너졌다.

4월혁명은 아시아에서 처음으로 시민의 힘으로 민주화를 이룬 경우였다. 한국사회는 처음으로 민주적이고 열린 공간을 경험하게 되었다. 한국전쟁 이후 암흑 속에서 살던 사람들에게 자유와 민주주의가 찾아온 것이다. 이에 따라 그동안 억눌렸던 사회적 요구가 모두 터져나왔다. 전쟁 중 벌어진 민간인 학살사건의 억울함을 호소하는 움직임에서부터 노동자, 교사, 학생 들의 다양한 요구가 일거에 표출되었다. 미국과의 불평등한 관계를 비판하는 목소리와 남북 간의 평화적 통일을 요구하는 주장도 있었다.

그러나 당시 출범한 정부는 이러한 사회적 요구를 통제할 수 있는 힘이 없었다. 새로 수립된 민주당정부는 1950년대의 사회문제를 해결하지 못하고 오히려 또다른 부패의 늪에 빠졌다. 또한 새로 채택한 의원 내각제하에서 정당 내의 파벌싸움이 계속되자 시민들은 정부와 여당을 무능력하고 무기력하다고 느끼게 되었다. 결국 1년 남짓한 기간의 민주주의 시스템은 군부의 쿠데타로 인해 무너지고 말았다.

군부가 집권한 한국은 1960,70년대를 통해 사회통제를 강화했다. 특히 1972년 이후의 유신체제는 민주주의와 인권을 위한 제도가 전혀 작동하지 않는 체제였다. 이는 마치 아시아태평양전쟁 기간 일본 식민지하의 총력전체제와 유사한 것이었다. 따라서 이에 반대하는 민주화 요구가 다시 분출하기 시작했다.

1965년 한일협정 반대투쟁은 한국정부가 중대한 외교적 사안을 비공개적으로 밀어붙이는 데 대한 반대였다. 한일협정 반대시위는 한국에서뿐만 아니라 일본에서도 일어났다. 일본의 시위는 한반도가 분단되어 있는 상황에서 남한만을 협정의 대상으로 삼은 것에 대한 반대의 뜻을 보여주었다.

1967년과 1971년에는 대통령선거와 총선거에서의 부정 문제를 규탄하는 시위가 잇따랐고, 1969년에는 삼선개헌 반대시위가 있었다. 삼선개헌은 박정희 대통령이 개헌을 통해 세번째 대통령이 되기 위한 것이었다. 삼선개헌 반대시위에는 외국인들도 동참하여 주한 외국인들이 집단서명으로 한국정부에 항의하는 사태까지 발생했다.

유신체제하에서도 민주주의를 위한 움직임은 확대되어갔다. 긴급조치를 통해 모든 집회와 시위를 금지했음에도 불구하고 학생과 정치인, 지식인 들은 유신체제 반대운동을 전개하였다. 이들의 대부분은 곧 체포되었고, 지식인 중 일부는 유신에 반대했다는 혐의로 처형되기도 했다. 그럼에도 불구하고 민주화를 위한 시위는 계속되어 급기야 1979년에는 한국에서 두번째로 큰 도시인 부산 등지에서 대규모 시위인 부마항쟁이 일어났다. 이에 박정희정부는 계엄을 선포하고 시위에 가담한 학생과 시민 들을 체포하였다.

그러나 이 시위는 곧 한국에서 시민의 힘으로 민주화를 이룬 두번째 경험을 만들어냈다. 박정희정부 내에서 시위 진압에 대한 의견 차이가 계속되는 가운데 온건한 정책을 주장하던 중앙정보부장이 대통령과 강경파 경호실장을 살해하는 사건이 발생한 것이다. '10·26사태'로 알려진 이 사건으로 유신체제는 붕괴했고, 1980년 '서울의 봄'이라는 새로운 열린 공간이 마련되었다.

그러나 1979년 12월과 1980년 5월의 두차례 쿠데타를 통해 새로운 군부가 집권함으로써 한국의 민주화는 다시 미루어졌다. 세계적으로는 냉전체제, 한반도 내에서는 분단체제가 맹위를 떨치는 상황에서 민주화를 이룬다는 것은 쉬운 일이 아니었던 것이다. 모든 시위는 국가의 안보를 위협하는 행위로 치부되었고, 시위에 참여하는 학생과 시민 들은 반공법과 국가보안법 위반혐의로 체포되었다.

특히 1980년 5월 광주에서는 1947년 타이완의 2·28사건, 1948년 한국의 제주 4·3항쟁과 유사한 대규모 민간인 학살이 발생했다. 새로운 군부의 쿠데타 이후 김대중(金大中) 씨가 구속되자 그의 정치적 고향이던 광주에서 시민과 학생 들이 새로운 군부의 집권에 반대하는 대규모 시위를 벌였다. 시위가 10여일간 계속되면서 시민과 학생 들이 경찰과 군대를 몰아내고 시내의 치안을 장악하는 상황까지 발생했다. 이에 새로운 군부는 미국의 동의를 얻어 광주에 군대를 파견하였다. 이 과정에서 200명이 넘는 민간인이 사살되었다. 미국으로서는 바로 1년 전 이란과 니카라과에서 반미혁명을 경험한 직후였기 때문에 광주항쟁에 대해 보수적인 태도를 취할 수밖에 없는 상황이었다. 이후 한국에서는 민주화운동뿐만 아니라 반미운동도 광범위하게 확산되었다.

한국의 민주화운동 과정에서 주목되는 부분은 민주화운동을 학생이 주도했다는 사실과 함께 노동운동이 급속히 성장했다는 점이다. 노동운동에 대한 탄압은 발전국가에서 나타나는 중요한 특징 중 하나로, 한국은 그 대표적인 예였다. 그러나 정부의 강압적인 노동정책은 1970년대 이후 흔들리기 시작했다. 1970년 전태일(全泰壹)이라는 노동자의 분신사건은 노동운동 발전에 큰 기폭제가 되었으며, 1970년대 후반에는 교회가 개입된 노동운동, 그리고 여성들의 노동운동이 중요한 이슈가 되었다. 특히 여성들의 노동운동은 1960년대 경제성장을 이끌었던 노동집약적 경공업 정책의 파산을 의미하는 것으로, 1970년대 후반 그들이 중심이 되었던 동일방직 투쟁과 YH무역 농성사건은 정치적으로도 큰 반향을 일으켰다.

한편 일본의 초기 사회운동은 노동운동을 중심으로 발전했지만, 1960년 이후에는 미국과의 안보조약에 반대하는 운동이 주류를 이루었다. 특히 일본의 학생운동은 미국과의 불평등한 관계, 주일미군의 핵보유 문제, 베트남전쟁 반대, 오끼나와 반환 등을 주요 이슈로 제기하였다. 이들은 1960년 미일안보조약 개정 반대운동을 이끌었고, 1960년대 말 이후 이중 일부가 '적군파(赤軍派)'라는 테러조직을 만들었다.

적군파는 일본 내에서뿐만 아니라 국제적으로 많은 문제를 일으켰다. 일본공산당연맹에서 탈퇴한 시게노부 후사꼬(重信房子)가 1960년대 말에 창설한 JRA(Japanese Red Army)는, 1970년 4월 일본도로 무장한 9명의 테러리스트가 민항기 요도호를 납치하여 북한행을 요구하면서 세상에 그 실체를 드러냈다. 그들은 테러리즘을 통해 맑스-레닌주의식

세계혁명을 달성하고 일본제국주의에 반대한다는 정치적 목표를 내걸고 무차별적 공격을 벌였다.

JRA는 자신들의 활동을 세계혁명을 위한 투쟁의 일부분으로 간주하고 1971년에는 수차례에 걸쳐 폭탄공격과 은행 강탈 등을 자행했다. 그러나 1972년에는 조직 내부의 극심한 분열로 10여명의 요원을 고문하여 사망케 한 사건이 발생했고, 그후 일본 경찰의 포위망이 가까워지자 JRA 요원 대부분이 해외로 도주했다.

JRA는 요도호 납치 후 북한에 남아 있던 요원들을 통해 팔레스타인 테러리스트 단체인 팔레스타인해방인민전선(PFLP)과 연계되었으며, 이후 PFLP를 대신해 '대리 테러리즘'을 자행하기 시작했다. 1972년 이스라엘의 로드공항에서 오까모또 코오조오(岡本公三)를 포함한 3명의 테러리스트는 성지순례자를 포함한 이스라엘 항공기 이용객에 대해 무차별 무장공격을 벌여 민간인 25명이 목숨을 잃었다.

이후 JRA는 해외에서 수차례의 충격적인 테러리즘을 자행하여 악명을 떨쳤다. 1975년에는 쿠알라룸푸르 주재 미국영사관을 점거하고 52명을 인질로 잡아, 일본에 수감 중이던 5명의 동료 테러리스트들을 석방하게 해 리비아로 탈출시켰다. 1977년 9월에는 일본항공 소속 항공기를 봄베이에서 납치해 159명 인질을 석방하는 댓가로 일본정부로부터 600만 달러를 받아내고 5명의 동료 테러리스트를 석방시키기도 했다.

탈냉전을 전후한 시기, 민주화의 급진전

냉전체제하에서 안보위기의 고조는 동아시아에서 독재정권을 강화하는 주요한 요인이 되었다. 한국과 타이완의 독재정권에게 냉전체제하 안보위기는 독재체제의 필요성을 합리화할 수 있는 근거가 되었기 때문이다. 분단국가였던 한국과 타이완뿐만 아니라 미군기지가 있던 필리핀이 그 대표적 예다.

냉전의 이완기인 데땅뜨 시기가 도래하자 안보위기가 감소하고 독재정권이 약화될 수 있는 외적 조건이 만들어졌지만, 권위주의적 체제는 오히려 더 강화되었다. 한국의 유신체제와 장 징궈를 중심으로 한 타이완의 백색테러, 필리핀에서 마르코스(F. E. Marcos)의 계엄령 선포 등은 1970년대 데땅뜨 시기에 강화된 전체주의체제를 잘 보여준다. 일본 역시 1955년 시작된 자민당 중심의 정치체제가 1970년대를 거치면서 더욱 공고화되고 사회 전반적인 보수화가 본격적으로 진행되기 시작했다.

이러한 독재체제의 강화는 미국의 개입이 약화된 데 따른 것이기도 했다. 미국은 1969년 닉슨독트린을 발표하고 중국을 방문하면서 데땅뜨 시대를 열었다. 이는 베트남전쟁에 과도한 전비를 쏟아부으면서 발생한 미국의 달러위기에 기인하는 것으로, 그후 미국은 연이어 베트남에서 철군하고 주한미군을 감축했다. 한반도에서의 긴장완화는 1971년부터 시작된 남북적십자회담과 1972년 남북 간 7·4공동성명으로 이어졌다.

다른 한편으로 이러한 긴장완화는 아시아에 대한 미국의 개입 약화로 인해 동아시아 독재정부에는 스스로의 체제를 강화할 수 있는 새로운 기회를 주었다. 우선 미국이 지원했던 남베트남이 패망하면서 아시아에서 새로운 안보위기가 형성되었고, 이는 동아시아의 독재자들이 반공을 목적으로 스스로의 전체주의체제를 강화할 수 있는 명분을 제공했다. 아울러 미국의 개입 약화는 명목상으로나마 유지되어오던 민주주의체제가 거의 전적으로 무시되는 사태로까지 이어졌다. 동아시아에서 미국은 강력한 반공주의적 성격의 독재자들, 즉 박정희·장 징궈·마르코스 등을 지원하고 있었지만, 동시에 최소한의 민주주의적 제도를 갖추어야 함을 항상 강조하였다. 이는 미국이 한국, 타이완, 필리핀과 각기 방위조약을 맺고 있었기 때문에 독재국가를 지원한다는 세계 여론의 비판을 벗어나기 위한 것이기도 했다. 결과적으로 미국의 개입 약화는 독재국가가 최소한의 민주적 수단을 통해 통치해야 한다는 미국의 정책이 동아시아에서 더이상 효력을 갖지 못하도록 하는 주요 원인이 되었다.

한편으로 한국, 타이완, 필리핀에서 독재정부가 강화되었다면 다른 한편에서는 공산주의 국가들의 전체주의체제 강화가 이어졌다. 북한은 1972년 사회주의 헌법을 개정해 김일성 주석 1인에게 모든 권력을 집중시켰고, 중국은 1966년에 시작된 문화대혁명이 데탕뜨 시기에 걸쳐 계속되었다. 현실주의적 정치노선(Real Politiks)을 표명하면서 '베트남전쟁의 베트남화'를 선언했던 미국의 닉슨 대통령은 문화대혁명의 중심 지도자였던 마오 쩌둥과의 만남을 통해 전체주의 강화를 묵인하였다.

미국의 개입 약화로 인한 독재의 강화는 그리 오래가지 못했다. 1980년대 들어와 레이건(R. W. Reagan)행정부의 등장, 소련의 아프가니스탄 침공 등으로 새로운 냉전이 시작되었지만 미국은 더이상 동아시아에 깊숙이 개입하는 것이 어려워졌다. 이로 인해 한국, 타이완, 필리핀의 독재정권은 외부의 견제를 받지 않고 스스로의 권력을 강화하는 길을 걷게 되었고, 이는 결국 동아시아 민중들의 거대한 반발을 불러일으켰다.

민중들의 거대한 반발은 한국의 광주에서 먼저 시작되었다. 5·18광주민중항쟁은 전국적으로 확산되지 못하고 지역 차원의 저항에 그치고 말았지만 한국 내에서 민주화를 위한 움직임이 점차 확산되는 데 결정적인 배경이 되었다. 한국보다 그 출발이 늦었음에도 불구하고 민주화를 먼저 성취한 것은 필리핀이었다. 필리핀의 민주화는 야당 지도자 아키노(B. N. Aquino)의 피살사건에서 시작되었다. 미국에 망명 중이던 아키노는 1983년 필리핀에 귀국했는데, 마닐라공항에 내리는 순간 괴한에 의해 살해되었다. 아키노의 장례식에서 시작된 민주화운동은 3년 후인 1986년 2월 필리핀에서 그 정점에 이르렀고, 결국 마르코스의 사임과 민주화의 성공을 이끌어냈다.

14년 동안 지속되던 마르코스 독재체제가 '민중의 힘'에 의해 붕괴되면서 필리핀뿐 아니라 아시아 여러 나라에 민주화 바람을 불어넣었다. 한국에도 외신을 타고 들어온 필리핀의 민주화 바람은 1987년 6월항쟁으로 이어지는 불길이 되었다. 그리고 1991년, 미국의 동남아시아 전진기지였던 필리핀의 클라크와 수비크에서 미 공군과 해군이 철수하면서 필리핀은 아시아에서 독보적인 민주화의 상징이 되었다.

필리핀의 민주화운동은 곧바로 한국으로 이어졌다. 한국의 6월항쟁은 1950년대부터 시작된 오랜 민주화운동 전통의 정점에 있었다. 1980년 5·18광주민중항쟁 이후 민주화를 위한 대학생들의 시위가 계속되는 가운데 1985년 2월 총선에서는 야당이 국민의 지지를 통해 급속히 부상하였다. 한국 시민들은 독재를 끝내고 민주적 헌법으로 새로운 시대를 열어가고자 했다. 이러한 시민들의 바람은 1987년 거대한 항쟁으로 표출되었다.

1987년 1월 서울대학교 학생이 고문으로 사망하는 사건이 발생하면서 시위는 점차 확대되었다. 특히 고문치사 사건에 대한 은폐시도가 폭로되면서 독재정권에 대한 시민의 분노는 극에 달했다. 동년 6월 10일부터 시작된 독재 철폐를 위한 운동은 6월 내내 전국적으로 계속되었다. 독재정부는 군을 동원하여 시위의 확산을 차단하고자 했지만, 단지 학생들만이 아니라 시민들이 폭넓게 참여했기 때문에 무력의 사용 또한 불가능했다. 자칫 1980년 광주에서보다 더 큰 참사가 일어날 수도 있었던 것이다.

미국은 국무부 차관보를 특사로 보내 군대의 동원에 반대했다. 미국의 동아시아에 대한 주도권은 약화되어 있었지만 1980년대 초 이후 한국의 신군부와는 돈독한 관계를 유지하고 있었다. 이는 박정희정부 말기 한국의 인권 및 핵개발 문제로 인해 벌어진 양국 간 갈등에서 벗어나 한국이 다시 미국 주도의 체제 내에서 냉전의 최전선에 서게 되었음을 의미했다. 그러나 1987년이라는 시점은 이미 필리핀의 민주화혁명을 겪은 이후이고 1988년 서울올림픽을 앞둔 시점이었기 때문에 군대를 동원한 무력진압이 불가능했다. 결국 한국 시민들은 6월항쟁의 성공을 통해 새롭게 민주적인 헌법으로의 개정을 이루어냈다. 10년이 지난 1997년에는 처음으로 평화적 정권교체를 이룩하였다.

타이완 역시 필리핀과 한국의 영향을 받아 1988년 민주화의 여정에 들어섰다. 타이완의 민주화 여정은 다른 어떤 지역보다도 힘든 것이었다. 1950년대 이후 지식인들을 중심으로 자유화운동이 조금씩 확대되기 시작했다. 일부 지식인들은 중국민주당이라는 야당을 창당하고 언론자유운동을 추진하였다. 그러나 1960년 9월 야당창설운동을 추진하던 사람들이 공산당과 연루되었다는 혐의로 대부분 체포되어 10년 이상 투옥되어야 했다.

1960년대에는 타이완의 민주화 및 독립을 주장하는 조직들이 일본에

1987년 한국의 6월민주항쟁(위) 1989년 중국의 톈안먼 민주화 시위(아래)
각국의 권위주의체제는 민주화를 요구하는 시민들의 저항에 부딪혔다. ⓒ연합뉴스

서 등장하기 시작했다. 타이완청년독립연맹, 독립타이완회 등이 창설되었으며, 1970년대에는 국민당 중심의 지배그룹에서 제외된 사람들을 중심으로 하여 '당외운동'이 시작되었다. '당외운동'은 대륙에서 건너온 사람들(외성인)이 아닌 타이완사람들(본성인)에 의한 타이완독립운동의 의미도 띠었기 때문에 민주화와 함께 민족차별 문제를 극복하자는 문제의식을 동시에 갖고 있었다. 이것이 이른바 '본토화' 요구로 나타났다. 이는 타이완 원주민 출신들이 중앙정치무대에서 소외된 데 근본원인이 있었고, 이는 타이완에서 전개된 민주화운동의 중요한 특징이었다. 1980년대까지 타이완의 국민당, 국민대회, 입법원 등 주요 기관은 대륙 출신 사람들에게 장악되었고 그들은 종신직으로 연임하고 있었다.

'본토화' 요구는 1971년 중화민국이 유엔에서 축출되고 그 자리를 중화인민공화국에 내주게 되는 국제정치상의 격변을 계기로 점차 수용되어 제도화되기 시작했다. 일당지배체제를 뒷받침해온 국제적 승인이 사라졌으므로 민주화와 본토화 요구의 수용은 불가피한 선택으로 받아들여졌던 것이다. 1980년대 중반 이후 타이완사람들이 교육·경제 분야에 적극적으로 진출하기 시작하면서 타이완인의 정치참여 욕구가 더욱 상승하기 시작했다. 이 과정에서 1986년 민주화운동 지도자와 지식인들은 사실상의 정당인 '당외공정회'(국민당 밖의 공정한 정치회의)를 창립하였다. 야당의 등장을 막고 있던 국민당정부도 타이완 내부의 요구뿐만 아니라 같은 시기에 일어난 필리핀, 한국 등의 민주화로 인해 사회적 요구를 외면할 수 없었다. 계엄체제가 유지되고 있었음에도 불구하고 당외공정회는 사회적 지지를 받으며 1986년 11월 10일 타이완 최초의 실질적 야당인 '민주진보당'을 출범시켰다. 민주진보당은 1989년 선거에서 처음으로 원내에 진출하는 데 성공했다.

1987년 7월 14일 국민당정권은 40여년간 계속된 계엄을 해제하였다. 계엄 해제는 1988년 장 징궈 총통의 사망과 맞물리면서 타이완사람들이 타이완사회 중심부로 진출하는 본격적인 계기가 되었다. 이러한 민주화 과정은 탈냉전 이후 더욱 가속화되었다. 냉전의 최전선에 있었던 타이완은 국민당이 제정한 '전쟁시기 임시조례'에 의해 모든 헌법적 권리가 중단되어 있었지만, 탈냉전으로 이 조례가 폐지되고 헌법의 개정 또한 가능해졌다. 그동안 '만년국회'로 비난받아온 종신직 국민대회를 1991년 폐지하고 국민대회 대표 전원을 다당경쟁선거로 선출하게 되었다(보궐선거에서는 1986년부터 시행). 이는 1950년대 이래의 민주화운동이 탈냉전의 국제조건과 호응한 결과인데, 특히 1990년 3월 만년국회 해산과 민주화 일정 제시를 요구한 대규모 혁명운동의 힘이 컸다. 그 결과 대륙 출신 사람들이 종신직으로 임명된 국민대회 대표와 입법위원의 교체가 가능하게 되었다. 이로써 타이완에서는 국민당 일당체제를 벗어난 제2대 국민대회가 개원하였다.

이후 1995년에는 '2·28사건 처리 및 보상조례'가 제정되었으며, 1996년에는 간선제 총통선거가 폐지되고 직접선거에 의한 총통선출제도가 시작되었다. 2000년 2월에는 야당인 민주진보당이 평화적 정권교체를 이루었다. 타이완의 평화적 정권교체는 한국보다 2년 늦은 것이었지만 과거의 백색테러하에서는 꿈도 꿀 수 없었던 엄청난 변화였다.

동아시아의 민주화는 동남아시아의 미얀마, 타이로 점차 확대되었다. 그러나 민주화운동의 이러한 연쇄적 폭발이 민주화의 완성을 의미하는 것은 아니었다. 민주화 이후에도 민주주의 시스템은 지속적으로 발전하지 못했다. 오히려 민주주의적 제도들이 더 후퇴하는 경우도 발생했다. 때로는 민주주의체제하에서 '중앙의 통제'가 부재한 가운데 파벌들 사이의 유혈충돌이 발생하기도 했다. 이는 민주주의적 체제는 도입했지만 이를 뒷받침하기 위한 구조적 개혁이 없었고, 독재체제하의 거버넌스가 급격하게 무너졌음에도 불구하고 민주적 제도에 기반한 새로운 거버넌스를 구축하지 못한 탓이기도 했다.

필리핀의 민주화 과정에서 주목해야 할 점은 1986년 민중의 힘으로 권력이 바뀐 이후에 많은 시민사회단체들의 정치적 수혈이 이어졌다는 것이다. 특히 아키노(C. Aquino)정부 때는 독재권력에 저항했던 인사들의 정치참여가 봇물을 이룬 시기였다. 에스트라다(J. E. Estrada) 대통령 이후에는 이런 정치적 수혈이 각각의 정치적 입장 차이에 따라 나뉘는 흐름을 보였다.

반면 정치권력에 대한 감시와 견제, 그리고 경제개혁을 제안하는 시민사회단체는 광범위한 대중적 지지를 받지 못한 채 일부에서 빈곤퇴치운동 혹은 '혁명을 꿈꾸는 좌파'로 남아 있는 상황이다. 좌파 무장그룹인 신인민군(NPA)은 필리핀 북부 루손섬을 중심으로 활동하는데, 한때는 2만여명 수준의 세력을 유지하다가 1980년대 말 동유럽 사회주의 몰락 이후에 시작된 논쟁으로 이념적 지향을 달리하는 그룹들이 떨어져나가면서 많이 약화되었다.

한국의 경우 1987년의 6월항쟁이 민주주의적 시스템의 발전에 크게 공헌하였고, 이후 국가인권위원회, 진실화해를 위한 과거사정리위원회 등을 통해 구조적 개혁과 새로운 시스템을 만들어내고자 하는 노력이 계속되었다. 그리고 1998년과 2003년, 2008년 세차례에 걸쳐 선거를 통한 평화적 정권교체가 이루어졌다. 그러나 한국에서도 민주주의적 거버넌스가 확고하게 자리 잡지는 못한 상황이다. 과거 군사독재정권에 뿌리를 둔 세력이 집권한 2008년 이후 상황은 급속히 악화되고 있다. 이는 다른 한편으로 세계화 이후 가속화된 양극화 및 경제침체로 인해 사회적 보수화가 강화되었기 때문이기도 하다.

타이완 역시 또다른 민주주의의 위기를 경험하고 있다. 이는 새로 진출한 민주진보당의 정치적 미숙 때문에 나타나는 것이기도 하고, 다른 한편으로 타이완 내에 만연해 있던 부패의 구조적 고리를 끊지 못했기 때문이기도 하다. 최초의 정권교체를 이루었던 민주진보당의 천 수이벤(陳水扁) 총통은 민주화의 열기를 충분히 수용하지 못하고 오히려 부패혐의로 구속되는 수난을 겪어야 했다. 여기에 더해 타이완은 타이완 원주민과 본토 출신 사람들 간의 문제, 타이완과 대륙 중국의 관계 등이 민주주의 시스템에 많은 영향을 미치고 있다. 천 총통에 대한 실망으로 그후 정권은 다시 국민당으로 넘어갔고, 국민당의 경제정책 실패와 대륙과의 통일정책에 대한 실망으로 2016년 1월 선거에서는 타이완 독립을 추구하는 민주진보당의 차이 잉원(蔡英文) 총통 후보가 승리하였다. 이로써 정치학에서 말하는 W자형 정권교체가 실현된 셈이다.

그에 비하면 미얀마의 민주화는 상당히 지체되었다. 1962년 군사쿠데타로 집권한 네윈(Ne Win)이 장기간 일당통치를 이어갔고, 1988년 그가 퇴임하자 동아시아 차원의 민주화 바람을 타고 학생·시민·승려 등에 의한 민주화운동이 일어났다. 그러나 이미 곳곳에 뿌리를 내린 군부가 탄 슈웨(Than Shwe)를 중심으로 군사정권을 이어가자 이에 대한 저항운동이 계속되었다. 아웅산 수치(Aung San Suu Kyi)를 중심으로 하는 민주화 역량이 축적된 결과 2015년 말 총선에서 그녀가 이끄는 민족민주당이 압승을 거두었으니, 이제는 군사독재를 종식시킬 수 있을지 그 귀추가 주목된다.

이상과 같은 동아시아의 민주화 과정에서 한가지 흥미로운 것은 한국산 '운동가요'의 전파이다. 5·18광주민중항쟁 때 희생된 시민군 지도자 윤상원(尹祥源)을 기리기 위해 1981년 5월 만들어진 노래 「임을 위한 행진곡」이 그것이다. 이 노래는 일본과 홍콩, 타이완, 필리핀 등 동아시아 각국의 사회운동가들에 의해 애창되었으며, 심지어 미국에서도 불리고 있다. 빠르게 부르면 힘찬 행진곡이 되고 느리게 부르면 가신 이의 원혼을 달래는 진혼곡이 되는 힘을 이 노래가 갖고 있어서인 듯하다.

노동자, 농민, 도시빈민 운동

동아시아에서 노동자·농민의 운동은 이미 1945년 이전부터 오랜 역사를 지닌다. 특히 한국과 중국, 필리핀, 베트남의 농민운동은 식민지 및 일본 점령하에서 독립운동의 성격을 동시에 띠고 있었다. 전통적인 농업국가로서 농민이 전체 인구의 절대다수를 차지하는 상황에서 농민운동의 활성화는 1945년 이후 이들 국가에서 사회주의운동이 발전하는데 중요한 기반을 형성하였다. 북한의 조선로동당은 1946년에 실시한 토지개혁 이후 농민들이 중심이 된 인민위원회를 주요한 정치적 기반으로 삼았고, 중국혁명 역시 농민들에 의한 혁명이라고 평가될 정도로 농민들을 중요한 기반으로 삼았다.

그러나 1950년대를 통해 일본경제의 재건이 이루어지고 1960년대 이후에는 타이완과 한국으로 산업화가 확대되면서 노동자의 수가 급증하기 시작했다. 아울러 동아시아 국가들의 산업구조 역시 농업 중심에서 2차산업, 즉 제조업 중심으로 급속하게 전환되었다. 이들 산업노동자들은 농촌의 위장실업자들을 흡수한 것으로, 산업화 과정은 농촌 인구의 도시로의 이동을 수반하였고 이로 인해 도시화가 급격히 진행되었다. 그러나 도시화가 진행되면서 동시에 충분한 시설이 갖추어지지 않았기 때문에 빈민지역이 형성되기 시작했다. 주로 산업노동자 및 일용직노동자들로 구성된 도시빈민 지역은 이제 서구의 대도시뿐만 아니라 동아시아의 모든 대도시에서 볼 수 있는 공통적인 현상이 되었다.

일본의 노동조합운동은 전후 개혁에 의해 노동기본법이 공인되면서 고양되기 시작했다. 이때 조합조직이 전시의 산업보국회 지부조직을 사실상 계승한 사업소별·기업별 형태를 취함으로써 종신고용, 연공임금, 기업별 조합이라는 일본적 노사관계의 세가지 특징이 나타나게 되었다. 패망 직후에는 공산당의 지도를 받은 산별회의가 운동의 주도권을 가졌으나, 1950년 7월에 사회당계의 일본노동조합총평의회(총평)가 결성되면서 노동운동을 주도하게 되었다.

1954년에는 좌경화된 총평 주류에 우파가 반발하여 민간산업별 단일조합을 중심으로 한 전일본노동조합회의가 결성되었다. 1955년 이후 총평은 춘계투쟁으로 일본형 임금투쟁의 패턴을 확립하는 한편, 중공업 및 당시 사양산업이던 석탄산업에서 빈발하는 해고와 경영합리화에 대한 격렬한 반대투쟁을 전개했다.

그러나 고도성장에 의한 노동력 부족과 함께 재벌해체 후 일반화된 전문경영인의 합리적 노무정책과 민간노조 지도자의 노사협조 노선이 결합하여 일본적 노사관계는 내실을 다지며 안정화되어갔다. 임금인상률 35%의 성과를 올린 1974년 춘투 이후 노동쟁의 건수가 격감하고 노동운동은 침체기에 접어들었다. 저성장에 의한 고용불안이 계속되면서 임금보다 고용이 노사 쌍방의 주요 관심사가 되었으며, 미국·유럽의 경우와는 대조적으로 노동조합이 산업합리화와 감량경영에 대해 협조하게 되었다.

그러나 노동시간과 고용형태 등의 노동조건은 개선되지 않은 상태다. 일본의 노동시간은 미국, 프랑스에 비해 과중하다. 거기에다 왕복 2~3시간의 통근시간을 더하면 노동자의 여가시간은 거의 없다. 노동형태로는 주부의 시간제, 학생의 아르바이트 같은 저임금노동이 성행한다. 노동자는 노동조합에서 유리되어 노동전선은 더욱 약화되는 추세이다.

한국의 노동운동은 1945년 산별노조에 기초한 조선노동조합전국평의회(전평)가 조직되면서 시작되었지만, 대한민국 정부가 수립되면서 정부의 통제를 받는 대한노총이 조직되었고, 이 조직은 한국전쟁을 거치면서 노동자보다는 국가의 편에서 노동을 통제하는 조직이 되었다. 4·19혁명 직후 교원노조와 은행노조연합회 등을 비롯한 민주적인 노동조합 결성을 위한 움직임이 있었고 그리하여 한국노총이 새롭게 결성되었지만, 5·16쿠데타 이후 다시 자취를 감추었다. 이는 군사정부의 철저한 노동통제 정책에 기인하는 것이었으며, 노동에 대한 통제는 1960년대 중반 이후 저임금에 기초한 노동집약적 경공업제품의 수출정책을 추진하는 과정에서 더욱 강화되었다.

그러나 1970년대 한국정부가 산업전략을 경공업에서 중화학공업으로 전환하면서 노동운동은 새로운 국면을 맞는다. 우선 1970년 11월 노동자 전태일의 분신은 열악한 환경에서 이루어지고 있던 노동집약적 산업정책에 대한 노동자들의 저항을 촉발하는 계기가 되었다. 1970년대 중반 이후에는 중화학공업에 대한 정부의 집중적 지원에 따라 노동집약적 제품을 만들던 회사가 파산하면서 이에 대한 반발로 노동운동이 활발하게 진행되었다.

588

1980년대 신군부하에서도 노동통제는 이루어졌지만, 한국의 노동운동은 새로운 전기를 맞게 되었다. 1970년대 이후 학생운동 출신의 대학생들이 노동운동에 개입하기 시작하면서 좀더 조직적이고 연계가 강한 노동운동이 시작된 것이다. 학생운동 출신의 노동운동가들은 지역별·산업별로 노동운동의 연계를 시도했고, 1985년에 이르자 대우자동차파업과 구로노동자파업 등 큰 규모의 노동운동사건이 발생하는 데 일정한 역할을 했다. 1987년 6월 민주항쟁 직후에는 7, 8, 9월에 걸쳐 노동자 대투쟁이 일어나서 그 석달 사이에 발생한 쟁의가 무려 3337건이었다.

이러한 과정을 통해 1989년 말 당시 노동조합은 7861개로 늘어났고, 조합원 수도 190만명으로 증가하였다. 이는 1987년 이전 3000개에도 미치지 못했던 노동조합 수(조합원 수 100만명)에 비해 2배 이상의 증가율을 보인 획기적인 변화다. 이러한 상황에서 1990년 1월 한국에서 전국노동조합협의회(전노협)가 결성되었다. 전노협은 대부분의 노동조합으로부터 지지를 받으면서 1990년대 이후 정부의 탄압 속에서도 세를 확장해나갔고, 정부의 지원을 받는 한국노총과 대립하였다.

이러한 노동운동의 성장을 바탕으로 1994년에는 전국민주노동조합총연맹(민주노총)이 발족하였다. 전노협이 노동조합들 간의 협의체 수준이었다면 민주노총은 여기에 소속된 노동조합을 조직하고 동원할 수 있는 중앙조직이었다. 민주노총은 15개 산별조직과 861개 노조, 조합원 41만 8000명으로 출범했지만, 출범한 지 7년이 지난 2001년에는 1841개 노조, 조합원 59만 2000명으로 급성장하였다.

이렇게 노동자 인구의 증가, 노동조합 수의 증가, 중앙기관의 조직에도 불구하고 한국의 노동운동은 그 조건이 항상 열악했다. 이는 노동운동이 국가의 경제성장에 방해가 된다는 인식이 예나 지금이나 팽배하

기 때문이다. 이러한 인식은 경제개발계획이 한창 진행 중이던 1970년
대부터 사회적으로 확산되기 시작했고, 그때부터 노동조합운동은 공
산주의운동에 뿌리를 두고 있다는 잘못된 인식이 사회 내부에 강하게
자리 잡았다. 노동조합 조직률은 1963년 9%에서 1981년 15%로 증가한
다음 2005년에는 10% 이하로 감소하였다. 2008년 기준으로도 10.5%에
불과하다. 최근에는 오히려 노동운동이 후퇴하고 있다. 이는 1997년과
2008년 두차례에 걸친 경제위기로 인해 사회가 보수화되고 사회 양극
화로 인해 비정규직이 양산되었기 때문으로, 노동운동의 새로운 전환
이 요구되고 있다.

　한편 산업화와 도시화는 또다른 두가지 문제를 만들었다. 하나는 도
시빈민 문제며, 다른 하나는 농촌문제다. 동북아시아에서 일본, 한국,
타이완의 급격한 도시화는 '농촌으로부터 도시로' 사람들의 급격한 이
주를 이끌었다. 한국의 경우 도시화율은 1955년 23%에서 1960년 30%,
1975년 47%로 높아졌고, 1990년 93%로 정점에 올랐다가 2005년에는
81%에 이르렀다.

　도시화의 급격한 진행과 농촌인구의 유입은 사회적으로 문제를 일으
켰다. 대규모 인구를 흡수할 수 있는 시설을 갖추지 못한 상황에서 도시
로 인구가 유입되면서 의식주가 제대로 영위될 수 없었다. 게다가 일본
과 한국은 모두 전쟁의 상처를 안고 있었다. 일본은 아시아태평양전쟁
시기 공습으로 인해 대도시의 시설이 대부분 파괴되었고, 한국 역시 한
국전쟁으로 인한 도시의 피해가 컸다. 또한 1945년 직후 해외로부터 귀
환한 사람들이 도시에 정착을 시도했고, 한국의 경우 북에서 월남해온
사람들이 도시에 정착하면서 인구가 급속하게 팽창했다. 타이완의 경
우에도 내전 직후 대륙으로부터 많은 사람들이 도시로 유입되었다.

농촌에서 인구가 유입되고 전후의 특수사정까지 겹치면서 도시화 과정은 도시빈민을 양산하였다. 이주민들은 도시에 빈민촌을 형성했는데, 문제는 근대화 과정에서 이루어진 도시개발이 빈민촌의 재개발 문제를 동반한 것이다. 특히 이 문제는 서울 같은 대도시에서 큰 사회문제를 일으켰다. 1966년 조사에 따르면 서울시 인구 380만명 가운데 1/3에 해당하는 127만명이 무허가주택에 거주하고 있었는데, 도시개발 과정에서 이들을 서울시 외곽의 공유지로 이주시키는 정책을 무리하게 실행하면서 충돌이 발생한 것이다. 대표적인 것이 1971년 광주대단지사건*으로, 강제로 이주한 사람들과 공권력 사이에서 유혈충돌이 일어났다.

도시개발 과정에서 도시빈민과 공권력이 충돌하는 장면은 1970년대 이후에도 빈번히 연출되었다. 농촌의 소득이 낮아지면서 더 많은 인구가 계속 도시로 유입되었는데, 이를 차단할 수도 없었을 뿐더러 이들을 위한 대책을 마련하기보다는 도시의 규모 확장에만 매달렸기 때문이다. 이로 인해 대도시들은 점차 그 규모를 늘려갔지만 도시빈민을 위한 정책은 거의 실행되지 않았다. 서울의 경우 시에서 운영하는 아파트 단지를 건설해 도시빈민들을 수용하고자 했지만, 공급은 수요를 따라가지 못했고 새로 건설되는 아파트 단지는 투기의 대상이 되었다.

도시빈민을 위한 사회운동은 한국의 교회를 중심으로 1970년대부터 본격화되었다. 가톨릭과 개신교가 모두 참여하여 도시선교위원회가 조직되었고, 도시선교위원회는 도시빈민들이 거주하는 지역에서 생존권

광주대단지사건 1971년 경기도 광주(현재 성남) 주민 5만여명이 정부의 무계획적인 도시정책과 졸속행정에 반발해 일으킨 폭동사건. 판잣집 정리사업의 일환으로 광주대단지를 조성해 철거민을 집단이주시키면서 제반 시설을 제대로 갖추지 않고 무리하게 추진한 결과였다고 평가받는다.

을 지키기 위한 운동을 조직하기 시작했다. 이들의 활동은 1980년대 이후 철거민과 노점상들의 생존권보장운동으로 발전하였다.

1986년 아시안게임과 1988년 서울올림픽을 앞두고 한국정부는 대대적인 도시정비에 들어갔는데, 이 과정에서 도시빈민들이 거주하는 지역과 이들의 생활터전이던 노점상에 대한 정비가 동시에 이루어졌다. 도시정비는 공권력을 동원하여 철저히 강제적으로 이루어졌으며, 이 과정에서 도시빈민들과 공권력 사이에 유혈충돌이 발생하기도 했다. 도시빈민공동투쟁위원회와 도시노점상연합회 등이 바로 이때 조직되었다. 이러한 조직들은 1989년 상설적인 연대기구로서 전국빈민연합을 결성하는 밑거름이 되었다.

농민운동은 노동운동이나 도시빈민운동에 비해 상대적으로 힘이 약화되어갔다. 원래 농업국가였던 한국과 타이완, 필리핀의 경우 농민운동이 사회운동의 중심에 있었지만, 산업화와 도시화가 급격하게 진행된 한국과 타이완은 농업인구가 감소하고 도시화가 진행되면서 농민운동이 상대적으로 위축되는 현상을 가져왔다. 또한 한국의 새마을운동같이 농촌에서의 개발사업을 통해 정권 관리하에 농민운동을 흡수하고자 하는 정책은 농민운동이 지속되기 어려운 상황을 조성하였다.

그럼에도 불구하고 1980년대부터 조금씩 확대된 농산물의 수입자유화, 1990년대 이후 우루과이라운드(Uruguay Round)*로 대표되는 농산물시장 개방으로 인해 농민운동은 또다른 전환점을 맞이하게 되었다. 한국과 일본 역시 국내총생산에서 농업 부문이 차지하는 비중이 상대

우루과이라운드 관세 및 무역에 관한 일반협정(GATT)의 제8차 다자간 무역협상. 1986년 9월 남미의 우루과이에서 시작되었다.

적으로 축소되고 있지만 농민운동의 사회적 역할을 무시할 수는 없다. 농촌은 정권의 정치적 기반이 되면서 전통적으로 중요한 의미를 지닌 공간이기 때문에 세계화에 맞서는 농업 부문의 목소리는 정부의 세계화 정책을 진행하는 데 중요한 변수가 되고 있다.

2000년 4월 20일 베트남전쟁 종전 25년을 맞은 하노이 시내. 자전거를 탄 시민들 머리 위로 '국가 현대화와 산업화'라고 쓰인 간판이 걸려 있다. ⓒAP/Richard Vogel

제9장

사회주의 진영의
실험과 궤도 수정

북한, 중국, 베트남은 낙후한 농민사회라는 조건이었으므로 장기간의 신민주주의(인민민주주의) 단계를 거쳐 점차 사회주의체제로 이행하려 하였다. 그에 따라 각 당파가 공동으로 참여하는 연합정부, 국유와 사유와 조합 소유를 병행하는 혼합경제를 건립하였으나 냉전과 열전의 교차 속에 세계체제로부터 격리되면서, 일당정부와 집단화된 국유제를 특징으로 하는 국가사회주의로 조기에 전환하였다. 이윽고 그 모순이 드러나자 개혁개방 정책을 취하게 되었는데, 사실상 이는 마땅히 걸었어야 할 신민주주의 단계의 혼합경제를 회복한 것이라 할 수 있다.

신민주주의의
유산

신민주주의 정치, 연합정부

　냉전체제 속에서 북한, 외몽골, 중국, 북베트남은 사회주의 진영에 속하게 되었다. 그런데 이들 국가는 산업사회의 혁명이 아닌 농민사회의 혁명으로 성립되었기에 자본주의의 높은 생산력과 부르주아 민주정치를 결여한 점에서 근본적 한계가 있었다. 그 때문에 당장 사회주의 제도를 수립하는 것은 불가능하고 오랜 기간 동안 신민주주의(인민민주주의) 단계를 거쳐 필요한 조건을 갖춘 다음에야 비로소 사회주의로 이행할 수 있다고 여겨졌다. 이 두 단계를 구분하지 않은 채 이들을 건국 당초부터 사회주의 혹은 공산주의 국가였던 것으로 간주하는 것은 냉전 시기의 이분법일 뿐이다. 두 단계를 구분해서 접근해야 비로소 농민사회주의의 태생적 한계와 좌절을 이해할 수 있다.

　신민주주의는 1940년 이래 마오 쩌둥에 의해 체계화되었지만 사실 중국 내외의 여러 세력들도 거의 동시에 그와 유사한 건국구상을 모색하고 있었다. 그것은 해방 직후 동유럽에서 유래한 인민민주주의와 같은 의미로 받아들여져 한반도에도 유입되었다. 백남운(白南雲)이 1946년 4월 『서울신문』에 신민주주의 건국구상을 연재하고 2년 뒤 월북해서는 이를 인민민주주의로 바꿔 부른 것이 그 예다. 이 사상이 광범하게 공유된 것은 외래 사상의 단순한 전파가 아니라 각국의 민족민주운동 세력이 제국주의에 대한 저항의 필요와 농민사회 현실의 조건을 고려하여 비자본주의적 발전을 전망하면서 수용한 결과였다.

신민주주의 정치는 민족민주운동에 참여해온 여러 세력들이 함께 정부를 구성하는 연합정부로 구체화되었다. 8·15해방 당시 각국의 상황은 무산계급 독재의 사회주의체제와 유산계급 독재의 자본주의체제를 수립하려는 소수의 정치세력을 양 극단으로 하고 그 사이에 위치한 좌우합작의 중도세력이 인민 대다수의 지지를 받는 형국이었다.

한국과 베트남의 민족민주운동 세력은 1945년 8월 일본제국주의 지배에서 벗어나기 전후 각지에서 인민위원회를 건립하여 사실상의 지방정권을 수립했다. 이를 바탕으로 남북한에서는 여운형을 중심으로 한 건국준비위원회가 조선인민공화국 수립을 선포하였다. 이들의 노선은 곧 귀국할 대한민국임시정부의 노선과 대동소이했다. 베트남에서는 호찌민을 중심으로 한 비엣민세력이 8월혁명으로 베트남민주공화국 임시정부 수립을 선포하였다. 이 둘은 식민지에서 외부의 지원 없이 수립된 최초의 독립국가였다. 그것은 외부의 위협을 방어할 자체 군사력을 제대로 갖추지 못한 상태였지만, 각 정파와 사회단체가 인민권력의 주체로서 두루 참여한 사실상의 연합정부였다.

그러나 냉전이 격화되면서 이들 신생국은 미·소와 프랑스에 의해 부인되었다. 그에 대한 양국의 반응은 크게 달랐다. 조선인민공화국이 저항 없이 해체된 데 비해 베트남민주공화국은 자체의 무장부대를 배경으로 저항전쟁을 벌이면서 남북을 대표하는 정통성을 유지하여 끝까지 살아남았다. 왜 이런 차이가 생겼을까?

남한에서 반탁운동이 거세게 일어나자 소련은 1946년 2월 북조선임시인민위원회를 세워 곧바로 토지개혁을 단행하고 이듬해 2월에는 도·시·군 선거를 거쳐 정식 인민위원회를 출범시켰다. 따라서 이 선거에는 토지개혁 직후의 지역 민심이 강하게 반영되었을 터인데, 지방인민위원의 정파별 분포를 보면 조선노동당 31.9%, 조선민주당 10.1%, 천도교 청우당 7.3%, 무소속 50.7%였다. 노동당은 1/3이 채 안되고 무소속이 절반을 차지했다. 그런데 그들에 의해 선출된 북조선 인민위원은 노동당 50%, 민주당 11.8%, 청우당 10.5%, 무소속 27.7%였다. 이는 노동당과 비노동당을 일대일로 구성하려는 소련 측의 요구가 작용한 결과다. 내각 구성에서는 노동당 비중이 더욱 커져 22명 중 민주당, 청우당, 무소속 각 2명을 제외한 16명이 노동당이었다. 이렇듯 중앙의 내각과 의회는 지역 민심과 괴리된 구성이었다. 그러나 바로 그런 연유로 연합정부 성격을 명목상으로나마 유지하지 않을 수 없었다. 그후 1948년 8월 최고인민회의 대의원을 뽑는 총선거에서 노동당은 27.5%에 불과했고 무소속이 다수를 차지했다. 지역 민심이 재확인된 셈이다. 이와 달리 북한의 정식 정부 첫 각료 구성에서는 20명 중 노동당이 13명을 차지했다.

이와 같이 지역 민심과 국가중앙이 괴리된 이중구조하의 연합정부는 남북전쟁을 거쳐 사회주의 개조로 치달으면서 점차 노동당 일색, 김일성 일파 중심으로 단일화되어갔다. 연합정부가 일당정부로 변질된 것이다.

베트남은 남북한과 달리 이윽고 냉전의 대극이 될 미군·소련군이 아니라 같은 자본주의 진영에 속한 영국군·중국군(중화민국군)에 점령되었다. 16도선을 경계로 그 남부에는 영국군의 뒤를 이어 프랑스군이 진주하여 베트남민주공화국 임시정부를 부인하고 재식민화를 기도했다. 임시정부는 그에 맞서 다시 민족해방전쟁을 수행해야 하는 상황에 놓이게 되었다. 이때 북부에 진주한 18만명의 중화민국군은 신생국을 부인하지는 않았지만 연합정부에 비공산계의 친중파 인사들이 다수 포함되도록 압력을 가했다. 1946년 1월 총선거에서 압도적 지지를 받아 정식 출범한 신생 공화국은 국내 기반이 취약해 자력으로 의석을 확보하기 어려웠던 친중파 베트남국민당과 동맹회에 444개 의석 중 70석을 할당하였다. 내각은 비엣민, 베트남국민당, 민주당, 동맹회, 무소속 각각 2명씩으로 구성되었다. 이때 공산당은 남북의 30여만명에 달하는 점령군을 상대해야 하는 민족해방전쟁의 필요에 따라 각계각층과의 연대를 촉진하기 위해 형식상 해산된 상태였다.

정부 주석 호찌민은 1946년 2월 프랑스와의 지루한 협상을 통해 '프랑스연합 안의 자유국가'라는 모호한 국체를 받아들였다. 이 양보와 타협을 통해 프랑스군의 북부 주둔을 허용하고 그 대신 중국군을 철수시킬 수 있었다. 정부 각료 중의 친중국계 우익인 국민당과 동맹회 인사들이 사직함으로써 연합정부는 급속히 좌경화되었다. 그해 11월 국회를 통과한 헌법은 모든 애국세력의 광범한 연합의 필요성을 밝히고 사유재산의 신성함을 보장했을 뿐, 사회주의 실행에 관해서는 일절 언급하지 않았다. 그 직후 호찌민정부는 프랑스와 전면전에 돌입했지만 당시엔 어떤 외국의 지원이나 승인도 받지 못한 고립상태였고, 소련과는 연락선도 없었다.

1949년 프랑스는 남베트남에 자신의 괴뢰정부인 베트남국을 수립하여 간접통치로의 전환을 꾀했다. 이로써 남부에 친프랑스 정부가 성립된 것이니 베트남은 사실상 분단으로 접어든 셈이었다. 그 직후 중국에서 중화민국정부가 타이완으로 패퇴하고 중화인민공화국이 수립되자 호찌민정부는 그로부터 처음으로 외교적 승인과 함께 군사적·재정적 지원을 받게 되었다. 그 대신 마오 쩌둥 노선을 수용하고 그동안 미루었던 토지개혁을 1953년에 단행하였다. 그 시점이 북한과 달리 분단정부의 출범 이후임을 주목하자. 북한은 1946년 2월 서둘러 토지개혁을 단행하여 남북분단의 씨앗을 뿌렸고, 그 직후 토지를 몰수당한 지주들이 남하하여 반북세력을 결집하는 시점에 이승만의 단독정부 수립 발언이 나왔다. 통일에 대한 배려, 반대파에 대한 관용이 베트남에 미치지 못했던 것이다.

그후에야 비로소 중국의 사회주의 개조와 보조를 맞춰 국유화와 집단화가 진행되었고, 그에 따라 비엣민 반대파의 남하가 촉진되면서 연합정부의 운신의 폭은 상당히 좁아졌다. 그럼에도 비엣민이라는 통일전선이 리엔비엣(Liên Việt, 베트남국민연합)으로 더욱 확대되어 민심의 지지를 확고히 받고 있었고 이어서 미국과의 전쟁이 계속되었기 때문에, 연합정부는 이를 기반으로 장기간 유지될 수 있었다. 단기간에 연합정부가 부정되지 않은 것은 저항전쟁이 계속된 국제적 요인에 앞서, 1936년 이래 장기간 반파쇼민주연합전선, 반제민족연합전선 등 연합전선의 경험을 가진 식민지 시기 민족운동의 유산 덕분이라고 할 수 있다. 2차대전 이전 3국의 공산주의자들은 모두 '민주공화국' 수립을 당면한 건국 목표로 잡았었는데, 북한과 중국이 그 지지기반을 좁혀 '인민공화국'으로 바꾼 것과 달리 베트남은 '민주공화국'을 견지한 것이다.

중국에서도 중국민주동맹 같은 중도정치세력이 한국, 베트남과 마찬가지로 대중의 폭넓은 지지를 받고 있었다. 이런 여론이 반영되어 1946년 1월 각 당파와 각계 대표로 구성된 정치협상회의가 국민당 일당정부를 즉시 개조해 각 당 인사를 수용한 임시 연합정부를 구성하고, 그 주도하에 국민대회를 소집해 헌법 제정과 정식 연합정부 수립을 완료하기로 결의했다. 그러나 국민당 완고파는 이를 무시하고 6월 말 전면내전을 발동하였다. 1948년 말 국민당 일당치하의 상하이 대학생들을 대상으로 실시된 여론조사는 공산당 일당정부 지지 3.7%, 국민당 일당정부 지지 16%, 좌우합작의 연합정부 지지 72%로 나타났다. 국민당이든 공산당이든 일당정부에 대한 거부감이 팽배했던 것이다.

공산당이 내전에서 승리하면서 1949년 9월 그 주도하에 중화인민공화국이 성립되었지만 일당정부가 아니라 연합정부 형태로 출범할 수밖에 없었던 것은 그런 여론 때문이었다. 당시 국회 기능을 대신한 인민정치협상회의는 선거가 아니라 각 대표의 협상에 의해 의석을 배분했다. 1949년 9월 성립된 중화인민공화국 정부는 부주석 6명 중 3명, 정부위원 56명 중 29명 등 중앙정부 지도자의 약 50%가 비공산계였다. 1953년 비로소 선거를 거쳐 지방인민대표가 선출되고 그들의 간선으로 전국인민대표가 선출되었는데, 지역 민심을 가장 잘 반영하는 지방선거에서 공산당이 54.5%, 민주동맹 등 각 당파가 45.5%를 차지하였다. 토지개혁이 완료된 직후의 시점임을 고려하면 공산당 지지가 그다지 높은 편은 아니다. 그래도 지방선거에서 공산당 지지가 북한 인민의 노동당 지지도보다 훨씬 높게 나타난 차이는 눈에 띈다.

연합정부란 처음부터 공산당이 여타의 정치세력을 회유하기 위해 내놓은 일시적 책략이라고 보는 견해도 있지만, 앞에서 확인한 것처럼 그것은 대다수 국민이 원하는 바였다. 다만 공산당이 당군이라는 군사력을 독점한 조건에서 '공산당의 지도는 항상 정확하다'는 전제가 작동하는 한, 정권에 참여한 각 당파의 상호견제로 균형이 잡히리라는 기대는 채워지기 어려웠다. 냉전과 열전은 그런 공산당의 독주를 더욱 가속화하였다. 한국전쟁을 계기로 북한과 중국은 신민주주의에서 사회주의로의 이행을 개시했고 그 결과 1957년 전후 비공산계 각료가 모두 퇴출되어 연합정부는 공산당 일당정부로 변질되었다.

이와 같은 상호 연관과 비교를 통해 살펴보면, 베트남이 상대적으로 연합정부 성격을 더 잘 유지했던 것으로 보인다. 이는 자신의 주·객관적 조건을 헤아려 당 안팎에서 대립하는 세력들의 상호연합을 이끈 주역 호찌민의 지혜와 역량 덕분이다. 그는 늘 결정적인 순간에 국내외의 적대세력과 부드러운 타협을 하곤 했는데, 그것은 날카로운 정세 분석에 근거한 것이었다. 그래서 그는 '반은 레닌이고 반은 간디'라고 일컬어지기도 한다. 그에 비해 마오 쩌둥과 김일성은 얼마만큼 '간디'였을까? 그래도 마오 쩌둥에게는 중국의 광대함을 배경으로 부릴 수 있는 여유가 있어서인지 반대파에 대한 관용이 김일성보다 더 많았던 것 같다. 문화대혁명의 회오리 속에서 덩 샤오핑을 비롯한 주자파(走資派, 자본주의 노선을 걷는 일파)를 숙청할 때도 정치적으로만 제거했을 뿐 그 생명줄을 끊지 않아 이윽고 그들이 재기하여 전혀 다른 정책을 펼칠 대안세력이 나올 수 있었으니 말이다. 북한이 주체사상을 만들어 세습을 고집하는 동안 베트남과 중국이 앞서거니 뒤서거니 개혁개방을 시행할 수 있었던 것도 이런 맥락과 무관하지 않을 터이다.

신민주주의 경제, 혼합경제

신민주주의 정치가 연합정부라면 신민주주의 경제는 혼합경제다. 그것은 국가소유, 개인소유, 협동조합 소유의 3종 소유를 병행발전시켜 생산력을 충분히 끌어올리되 다만 부르주아의 주도권을 배제한다. 국유화 대상은 제국주의자와 민족반역자의 기업과 토지, 국가 기간산업에 한정되며, 농민의 토지소유와 개인의 중소상공업은 보호, 육성된다. 상공업 분야에서 사영 상공업이 생산력 증대에 유익하다고 보아 보호된 것과 달리 농업 분야에서 지주제는 생산력 발전을 저해하는 봉건제의 화신으로 간주되었기에 철저히 부정되었다. 그것은 토지개혁으로 나타났다.

소련군정하의 북한에서는 당초 일제 및 친일파에 비해 모호한 정치적 개념인 '반동파' 지주의 토지만 몰수하는 것으로 결정되었다. 미·소 협조가 필요한 상황에서 남북한 간의 보조를 맞추기 위한 배려도 작용하였다. 그런데 1946년 초부터 신탁통치 문제로 좌우대립이 격화되자 모든 토지를 몰수하여 국유화하자는 주장이 급속히 대두했다. 우여곡절 끝에 북조선농민대회와 북조선임시인민위원회는 5정보(町步, 1정보는 약 9900㎡) 이상의 대지주 토지와 그 미만이라도 전부 소작을 주는 토지는 몰수한다는 규정은 추가하고, 신민주주의 단계에 맞게 국유가 아닌 농민 소유를 인정하는 법령을 결의했다. 조선민주당 등 자본가의 이해를 대변하는 정당들 안에도 이에 찬성하는 이들이 있었다. 이렇게 지주제를 해체하고 부농의 존재와 그 생산물의 시장판매를 인정한 개혁법이 그해 3월부터 시행되었다. 따라서 상공업 방면에서도 이런 신민주주의 정책은 당연히 적용되었고 사영 상공업이 인정되었다.

중국과 베트남에서도 혼합경제의 제도화를 위한 개혁이 추진되었다. 사영 상공업이 보호되는 가운데 토지개혁이 진행되었다. 중국공산당은 먼저 1946년 5월 자신의 지배구역에서 온건한 개혁을 시작하여, 중소지주와 부농의 토지를 중농의 2배까지 남겨두고 학전(學田)과 족전(族田)도 몰수대상에서 제외했다. 유상매수 유상분배의 길도 열어놓았다. 그에 맞서 국민당은 6월 전면내전을 발동했고, 다시 공산당은 내전의 형세를 보아 1947년 7월부터 급진적 개혁으로 대응했다. 이때부터 토지개혁은 모든 지주의 토지를 몰수하여 평균분배하는 방식으로 바뀌었고, 이는 내전의 추이를 따라 전국으로 확대 실시되어 1952년 12월에 완료되었다(소수민족지구는 제외). 그 결과 지주제가 해체되고 부농을 포함한 경작농민의 소유권이 확립되었다. 토지개혁 이후 부농은 '신부농'으로 불렸지만 그들과 중농은 새로 토지를 분배받은 노동력이 없는 가정의 토지를 소작할 수 있었다.

북한과 중국의 토지개혁은 남한, 일본, 타이완 등 자본주의 진영의 농지개혁에도 적지 않은 영향을 미쳤다. 우선 중국의 토지개혁은 북베트남에 큰 영향을 미쳤다. 호찌민정부는 프랑스에 맞서 민족해방전쟁을 벌이느라 토지개혁도 미루고 있었다. 그러나 이미 진영 대립구도 속에 편입되어 중·소의 지원을 받고 있던 상황에서 1953년 초 막바지로 치닫던 이 전쟁에 프랑스가 전력을 기울이자, 그에 맞서 인민대중을 동원하려는 의도에서 그동안 미루었던 토지개혁을 전격 시행하였다. 토지개혁의 기준과 방식은 그 직전에 완료된 중국 방식을 따랐다.

동아시아 토지개혁은 유상매수 유상분배 유형(일본·남한·타이완)과 무상몰수 무상분배 유형(북한·중국·북베트남)으로 나눠볼 수 있다. 전자는 지주계급의 물적 기반을 온존시킨 '개혁'(농지개혁)으로서 그 불철저함이 지적되곤 한다. 이에 비해 후자는 지주계급의 물적 기반을 근절한 '혁명'(이는 실제로 '토지혁명'이며 코민테른과 각국 공산당도 원래 그렇게 불렀으나 1945년 전후부터 갑자기 '토지개혁'으로 바꿔 부르기 시작했다)으로서 그 과격함이 불필요한 희생을 초래했으니, 특히 지주·부농·중농 계급을 자의적으로 구분한 상황에서 대중운동 방식의 폭력이 가해짐으로써 갈등이 증폭되었다.

신민주주의 경제구상은 원리상 사영 상공업을 보호하고 부농의 존재를 인정하였다. 그러나 그 이론과 실제 사이에는 커다란 괴리가 있었고 시행과정에서 복잡한 문제들이 나타났다. 부농과 중소상공업자의 자본주의적 발전을 허용하여 생산력을 높인다는 경제적 필요와 부르주아의 주도권을 배제한다는 정치적 필요를 어떻게 양립시킬 것인가가 그 핵심문제였다. 토지개혁과 주요 산업의 국유화 조치로 지주와 부르주아의 정치적·경제적·사회적 영향력은 근절되었지만, 시장경제를 용인하는 순간 이윽고 빈부격차와 새로운 지주·부르주아의 등장은 피할 수 없는 일이었다.

토지는 노동력과 가족 수에 따라 분배되었지만 여러가지 이유로 당장 직접 경작할 수 없는 경우가 생겼고, 가축과 농기구 등에 따라서도 수확량은 달라질 수밖에 없었다. 그 결과 토지의 매매, 소작, 저당을 금지한 북한에서도 토지개혁 후 몇년 만에 부농과 부유한 중농이 증가해 그 비율이 10%에 달하였다. 중국은 농업노동의 고용과 함께 토지매매도 허용했으므로 부농의 재등장 추세가 더욱 두드러지고 빨랐다. 1949~53년 사이 농업 총생산이 50% 가까이 증가한 것도 유통과정을 거쳐 부의 편중을 촉진했을 터였다. 같은 기간 중국의 사영 공업기업은 6배나 늘었고 사영 상업은 그보다 더 많이 늘었다. 중국에서든 북한에

북한 토지개혁 포스터(1946, 위) 중국의 토지개혁법에 환호하는 농민들(1950, 아래)
혁명적 토지개혁은 인민대중의 환호를 받았지만, 새로운 지주, 부농의 등장은 불가피했다.

서든 국유화된 기간산업의 노동자들은 이들 중소상공업 노동자들보다 훨씬 좋은 대우를 받았다. 이들 국영기업의 간부들은 사실상 운영·분배의 권한을 행사하는 새로운 부르주아에 가까웠다.

신민주주의의 본래 취지에 충실하려면 이 과정을 생산력의 증대과정으로 이해하고 그 생산물의 합리적 분배제도를 창안하는 것, 그래서 국가의 경제동맥은 계획과 통제하에 두되 시장과의 조화를 도모함으로써 생산력을 지속적으로 증대하는 것이 급선무일 것이다. 이에 대해 마오 쩌둥은 신민주주의 단계가 장기간 유지될 것이라면서 20~30년은 걸릴 것이라고 말하였다. 또한 이 시기에 생산력을 끌어올리려면 선진국의 기술지원이 필수적으로 뒷받침되어야 했다. 이 기술지원은 말년의 맑스가 후진적 농민사회라는 조건하의 러시아에서도 사회주의혁명이 가능하다면서 '선 정치혁명 후 경제혁명'의 우회로를 제시했을 때 이미 당연시된 것이었다.

그러나 미·소 대립구도 속에서 한국전쟁은 북한뿐만 아니라 중국에 장기간 경제봉쇄를 가하는 결과를 초래했고, 그로 인해 중국은 소련에 의존하거나 자력갱생의 길을 도모할 수밖에 없었다. 더구나 국가지도자들 중에는 시장경제의 활성화와 빈부격차의 발생을 곧 부르주아 경향의 부활로 간주해 뿌리 뽑으려는 이들이 적지 않았다. 그에 따라 과거엔 보호·발전의 대상으로 간주되던 중소상공업이 부르주아 경향의 온상으로 지목되어 조기에 통제, 관리되었다. 중국과 북한에서 1951년 가을 시작된 반탐오·반낭비운동이 그것이다. 중국에서는 당과 국가의 간부를 대상으로 비리와 부패를 색출하는 데서 시작하여 각종 기업의 세금포탈과 자원낭비를 색출하는 것으로 확장되었다. 그들은 국가와 민족의 이익을 배반했다는 잣대를 들이대며 기업가들을 인민재판식으로

608

심판하여 대중 앞에서 욕보이는 조치를 취하였다. 김일성은 마오 쩌둥을 인용해 이 운동을 독려하면서 부당징수와 허위보고 등 간부들의 관료주의 작풍을 '일제시대 사상의 잔재'로 규정해 단죄하였다.

그럼에도 국유화와 집단화가 단행되기 전까지는 우여곡절 속에서도 기본적으로 연합정부와 혼합경제가 유지되었으니 신민주주의 단계의 정책이 취해졌다고 볼 수 있다. 그것은 계획을 중심으로 하되 시장으로 이를 보완하면서 산업화 수준을 끌어올려 생산력을 증대하는 것을 목표로 했다. 이를 위해 경영기법을 가진 상공업자는 물론이고 기술자들도 중용되었다. 심지어 일본인 기술자들까지 적극 활용하여 북한에서는 1948년까지 500여명의 일본인들이 활약했고, 중국에서도 특히 만주의 중공업 기업에서 일하던 더 많은 수의 기술자들이 1960년대 초까지 남아서 이런 필요에 부응하였다.

신민주주의 시기 인구의 대다수인 농민의 생활은 이전에 비해 얼마나 나아졌을까? 이를 가늠할 하나의 기준으로 세금부담을 비교해보자. 북한 농민은 토지개혁 직후 수확량의 25%를 농업세로 납부하고 30%를 자유롭게 시장에 내다팔았다. 그 나머지 45%는 의식주와 재생산비용으로 썼을 것이다. 소작농의 경우 조선 후기와 일제시대에 대략 수확량의 50%를 소작료로 납부한 것에 비하면 자기 몫이 그만큼 커졌다. 반면 토지소유자로서 토지세 10%(일제시기 지가 기준 토지세는 수확량의 10%에 해당. 각종 부가세와 징수금은 별도)만 내면 되었던 자작농의 입장에서는 자기 몫이 크게 줄었다. 중국 농민은 1952~57년 수확량의 평균 10.9%를 농업세로 내고 약간의 부가세(정세의 0.2~15%)를 함께 납부하였다. 모두 합쳐도 13%를 넘지 않았으니, 국민당 지배하의 농민부담에 비하면 당연히 가벼워졌다. 국민당 통치기에는 징세행정이 문란해서 지방정부가 부과하는 토지부가세가 정규세의 몇배에 달했는데, 부가세를 뺀 당시의 정규세만 보면 자작농 기준으로 13%였다(쓰촨성 가오현, 1937~45년. 지주·부농은 3%). 그러니까 인민공화국 초기의 농민들은 종래의 정규세만큼만 납부하면 되는 상황으로 부담이 줄어든 셈이다.

상공업 방면의 세금부담을 보면 혼합경제하의 특징이 잘 드러난다. 중국에서는 상공업세, 화물세, 증권 및 이자소득세, 부동산 임대세 등이 사회주의 개조가 완료되는 1957년까지 징수되었다. 이들 세금항목은 사기업과 사유재산을 인정하고 일종의 불로소득으로 간주될 주식투자와 대출이자까지 인정했음을 말해준다. 북한에서도 혼합경제가 인정되던 잠깐 동안에는 이와 유사한 상공업 세금이 부과되었을 터이나, 예컨대 중국처럼 사영 기업주에게 연이자를 지급할 정도의 신민주주의 경제원리가 작동한 것 같지는 않다. 한국전쟁의 경제적 부담이 너무 컸기에 중국과는 비교도 되지 않을 정도로 경제규모가 작은 북한으로서는 그럴 만한 여유를 갖기 어려웠을 것이다. 토지개혁 이후의 농업세가 25%로 중국의 13%보다 2배 이상 높은 것도 신민주주의 경제 중의 사영 경제 부분이 상대적으로 더 협소했음을 의미한다.

북한과 중국 모두 농민의 부담은 줄었지만 국가의 징세율은 실질적으로 높아졌고 경제잉여에 대한 국가의 지배력도 현저히 커졌다. 북한의 25% 농업세를 조선 후기의 5%나 일제시기 10%와 비교해보라. 이는 기본적으로 농업 생산물을 국가, 지주, 경작농민이 삼분하던 구조가 토지개혁으로 인해 국가와 경작농민의 이분구조로 바뀐 결과다. 이제 국가가 많은 세금을 징수하여 군비확충, 경제건설, 복지정책을 펼치는 적극적인 국민국가체제의 정착기에 접어들었음을 의미한다.

그러나 마땅히 그 시기가 길었어야 할 신민주주의 단계는 1953~57년 조기에 종결되고 급속히 사회주의로 이행하였다. 그 원인은 크게 두가지로 나누어볼 수 있다. 우선 제국주의 시대 농민사회를 조건으로 진행된 민족민주운동 과정에서 자연스럽게 형성된 혁명지도부의 비자본주의적 성향에 주목해야 한다. 그들은 최대의 혁명과업인 토지개혁의 성과가 부농과 지주의 재등장으로 인해 묻혀버릴 위기에 처하자 이를 구하기 위해 다급하게 토지국유화를 추진하였다. 토지개혁 이후에도 여전한 영세소농 경영을 대규모 경영으로 바꾸어 생산력을 증대해보자는 그들의 주관적 의도가 집단화를 더욱 앞당기게 만들었다.

다음으로는 신민주주의 국가를 포위, 봉쇄한 냉전체제의 국제적 조건과 소련 모델을 고려해야 한다. 한국전쟁, 그와 동시에 일어난 미 7함대의 타이완해협 출동, 1946년 이래 지속된 베트남전쟁에서 이들 국가를 압박한 미국의 군사적 위협과 경제봉쇄 등에 대처하기 위해 이들은 소련을 중심으로 하는 진영에 편입되지 않을 수 없었다. 특히 1950년 초 모스끄바를 방문한 마오 쩌둥과 호찌민은 스딸린으로부터 자국에 대한 외교적 승인을 받는 동시에 노선을 분명히 하라는 우회적인 경고도 함께 받았다. 전후복구에 절박했던 김일성에게도 마찬가지 요구가 뒤따랐을 것이다. 이런 상태에서 미국을 상대로 전쟁을 치르거나 전시태세를 견지해야 하는 북한, 중국, 베트남이 소련 모델을 따라 신민주주의를 포기하고 사회주의로 이행하는 것은 시간문제였다.

2

농민사회주의의
실험과 좌절

사회주의 개조, 국유화와 집단화

사회주의적 소유는 생산수단의 '사회화'였으나 그것은 '국유화'와 동일시되었다. 그 결과 사회주의 개조는 생산수단의 국유화와 농업집단화로 나타났다. 중국과 북한은 모두 1950년대에 국유화와 농업집단화를 완료하고 시장 배제의 계획경제로 전환하였다. 베트남에서는 이 이행이 약간 늦어졌다.

우선 상공업 부문에서 주요 기간산업의 국유화는 2차대전 종전과 함께 일제 및 친일파·반동파 재산의 몰수과정에서 자연스럽게 이루어졌다. 일제하에서 북한과 만주는 중공업시설이 집중돼 있었던 만큼 처음부터 공업시설의 국유화 비율이 높았다. 중남부 중국의 경우도 평야지대와 주요 도시지역은 모두 일본군의 점령하에 있었기에 마찬가지였다. 공업생산 중 국영기업이 차지한 비중은 1953년 북한 45.1%, 1952년 중국 56%였다. 베트남도 이와 비슷했다.

이처럼 탈식민화 과정에서 우연히 높아진 국유·국영 비중이 사회주의 개조를 조기에 단행하는 데 있어 공산당원들의 자신감을 자극하는 중요한 바탕이 되었다. 북한의 노동당 중앙이 이를 근거로 사회주의 개조를 단행하려 할 때 김일성대학 경제학부 교수 김광순처럼 "아직 신민주주의 발전의 첫 단계"에 머물러 있다고 냉정하게 현실을 직시한 사람들도 있었다. 이 통계 수치를 뒤집어 읽으면 공업의 절반이 사유·사영에 의해 이루어지고 있었다는 것이다. 따라서 김일성이 1953년 8월 전후복구를 위해 농업집단화와 중공업 우선 정책을 제시했을 때 당내 반발은 만만치 않았다. 소련계는 공업도 없는 폐허 위에서 사회주의 개조를 단행하는 데 반대했고 옌안계는 조국이 통일되지 않았으므로 사회주의 개조를 미루어야 한다고 주장했다. 그럼에도 중국은 1953년, 북한은 1954년, 베트남은 1958년 '신민주주의 단계를 종결하고 사회주의 개조로 나아가는' 과도노선(過渡路線)을 선포하여 생산수단의 국유화를 추진하기 시작했다. 중국은 혁명에 의해 구출된 국가가 새로이 성장하는 부르주아적 관계로부터 위협받는다고 판단하고 혁명성과를 수호한다는 논리로 이 결정을 합리화했다. 북한과 북베트남은 북부의 사회주의 개조야말로 남북통일을 위한 '민주기지 건설'이라는 명분을 만들어 합리화했다. 이제 그들은 중소상공업과 모든 토지의 국유화, 그리고 농업집단화 작업에 매달려야 했다. 중국은 사영기업을 국가와 개인의 공동기업으로 전환해 1956년 사영 공업기업이 소멸하였고, 공업생산의 1/3을 공동기업이, 2/3를 국유기업이 차지하였다. 상업 부문의 도·소매업도 큰 것은 국유화되고 작은 것은 합작사로 바뀌었다.

중소상공업의 국유화를 위해 가장 먼저 해결해야 할 문제는 경영인재의 육성이었는데, 아직 준비가 불충분했기에 상공업자의 경험과 지식을 활용할 수밖에 없었다. 그러려면 그들의 지속적이고 자발적인 협조를 얻어낼 수 있어야 했다. 이에 중국은 지주의 토지를 몰수할 때와 달리 투자자본의 이자(연이자 5%)를 매년 지급하는 유상매수 방식을 취하여 물질적 보상을 해주었다. 이 보상은 문화대혁명이 시작되는 1966년까지 이어졌다. 이에 반해 농업집단화를 위한 경영인재는 어디에도 준비되어 있지 않았기에 이런 방식으로도 해결할 수 없었다. 그러므로 그 결과는 더욱 치명적일 가능성이 높았다. 또 농민의 토지소유권을 국가가 몰수하는 과정에서 소유지의 5%를 텃밭으로 남겨둘 수 있도록 했으나(자류지自留地) 대약진운동과 문화대혁명 등 급진좌경 풍조가 일어날 때마다 다시 몰수되곤 하였다.

북한이 김일성의 주도로 사회주의 개조노선을 확정한 데에는 중국의 영향이 크게 작용하였다. 그는 스스로 제시한 농업집단화 방침이 당내 반발에 부딪힌 직후 1953년 9~10월 소련과 중국을 잇따라 방문하여 경제복구 지원금을 얻어오고, 중국의 농업집단화 추진에 고무되어 이를 국내 정치에서 반대파의 설득과 제압을 위해 활용할 수 있었다. 그리고 반탐오·반낭비운동을 다시 강화하여 중소상공업자를 국가의 통제하에 넣었다. 중국에서처럼 상공업 투자분의 이자 지급은 없었다. 이는 중소상공업의 국유화를 노린 조치일 뿐 아니라 농업집단화를 위해서도 필요한 조치였다. 농민의 토지소유권을 박탈할 경우 부닥칠 저항을 최소화하기 위해 사적 소유욕과 소유관념을 재생산하는 근원을 일소해야 했는데, 개인 상공업을 그 근원으로 지목함으로써 사회 각계에 대한 그들의 영향력을 차단할 수 있다고 보았기 때문이다. 그것은 '전인민적 사상개조운동'으로 확산되었다.

동아시아 농업집단화의 모델은 중국이 제공하였다. 그것은 3단계에 걸쳐 점진적으로 실행되었다. 첫째는 품앗이 전통을 활용해 노동력을 효율적으로 동원하는 호조(互助, 북한의 노력협조반) 단계다. 이는 토지소유권도 그 생산물에 대한 처분권도 종전처럼 개별 농민이 향유하는 것이었다. 새로 토지를 분배받은 농민들 대부분이 영세한 빈농인데다가, 북한의 경우 전쟁으로 가축들이 죽고 농기구가 파괴되고 남성노동력이 줄었기 때문에 협동노동은 더욱 절실한 상황이었다. 둘째는 토지와 가축 및 농기구의 소유권은 유지하되 조합에 출자하는 형태로 공동사용하면서 협동노동을 통해 생산한 다음 각 농가의 출자액과 노동력에 따라 생산물을 배분하는 초급합작사(북한의 토지협동조합) 단계다. 셋째는 토지와 농기구 등 모든 생산수단을 개별 농가 소유에서 집단농장 소유로 전환하여 생산물 분배를 오직 노동력에 따라서만 행하는 고급합작사다. 이 단계에 와서야 비로소 이른바 사회주의적 소유가 확립되며 개조가 완료된다. 그럼에도 약간의 자가용 텃밭과 가축은 개별 농가의 개인 경영에 맡겨두었다.

이에 대해 빈농과 중농·부농은 그들 각자의 능력과 자원이 다르고 이해관계도 달랐기에 서로 다른 반응을 보였다. 2단계까지는 대체로 수용하는 편이었으나 그것도 자발적 가입이라기보다 농촌에 파견된 당의 공작대에 의해 추동된 결과였다. 3단계에서는 극소수 빈농을 제외한 대다수는 소극적으로 저항하거나 마지못해 가입했다. 북한의 일부 지역에서는 가입한 부농들이 한때 탈퇴하는 소동을 벌이기도 했으나 결국 모두 가입할 수밖에 없었던 것은 국가가 영농에 필요한 각종 자금, 농기구, 종자, 비료 등의 지원을 개별 농가가 아닌 조합에 우선적으로 제공하였기 때문이다. 빈농·중농이 먼저 가입하자 고립된 부농도 다른 선택의 길이 없었다.

중국과 북한의 집단화는 각각 1957년과 1958년에 완료되었으나, 베트남에서는 1960년 초급합작사에 농민의 85.8%가 가입했음에도 고급합작사 가입률은 낮아서 1965년에도 50%를 겨우 넘을 정도로 지체되었다. 이는 농민들의 초급합작사와 고급합작사에 대한 태도가 상당히 달랐음을 시사한다. 이에 국가는 합작사에 대한 인민의 헌신을 '항미구국'과 동의어로 간주했으며, 실제로 고급합작사는 미국의 북베트남 폭격과 함께 북베트남사회에 정착되었다. 북한과 중국도 사회주의 개조를 단행하면서 '일제 사상 잔재'의 청산을 명분으로 내세우는 한편, 국공내전과 한국전쟁에서 대결한 미국에의 적대감을 부추겨 '미제 부르주아 사상문화'에 반대한다는 명분을 만들어냈다. 중국에서 1955년 봄 초급합작사 가입률이 겨우 15%였는데 갑자기 이듬해 말 고급합작사 가입률이 90%로 급등한 것은 당의 이와 같은 정치공작의 결과였다. 급진적 집단화를 비판하고 점진적 추진을 요구하는 류 사오치와 덩 샤오핑의 주장은 이내 묻혀버리고 말았다. 류 사오치를 비롯한 온건파는 합작사를 통한 생산 증대로 산업화의 자원을 조달하고자 기대했으나 마오쩌둥을 비롯한 급진파는 불평등의 소멸을 기대하였다.

그러나 농업집단화를 통해서도 기대했던 식량난을 해결할 수는 없었다. 토지개혁 직후 회복된 농업생산은 단지 회복에 그칠 뿐 지속적 성장으로 이어지지 못했다. 중국도 북한도 중공업 우선정책을 펴서 농업생산 증대를 위한 국가재원을 별로 투입하지 않았으니 농공 간의 성장 불균형은 급속히 심화되었다. 게다가 곡물은 시장연계를 통해 유통되는 과정에서 국가가 장악하여 도시주민에게 필요한 만큼 잘 분배, 조달되지 않았다. 농민들이 곡물을 숨기거나 암시장을 통해 거래했기 때문이다.

616

그럼에도 중국은 1958년, 북한은 1959년부터 사회주의 개조가 완료되었음을 선언하는 동시에, 사회주의를 더욱 발전시켜 '필요에 따라 분배한다'는 공산주의로의 도약을 위해 각각 대약진운동과 천리마운동을 전개하기 시작했다. 이때 중국에서 고급합작사를 통합하여 더욱 대규모화하고 농공업을 포괄하는 단위로 인민공사가 출현하였다. 이는 고급합작사 단계에서 개별 농가의 사적 영역으로 남겨두었던 텃밭과 가축까지도 모두 공유로 돌려 완전한 공산화를 이룩하려는 조치였다. 작가 자오 수리(趙樹理)와 국방부장 펑 더화이(彭德懷) 등의 비판이 있었지만 간단히 무시되거나 오히려 이들이 우파분자로 몰려 곤욕을 치러야 했다. 이러한 공산화의 결과가 어떠했는지는 대약진운동으로 2천만명 내외의 아사자가 발생한 사실이 말해준다. 자연재해 등의 요인으로 생산량 자체도 감소했지만 중앙의 잘못된 계획과 분배제도 탓이 컸다.

농민들은 식량을 땅속에 묻거나 감추는 등의 방식으로 소극적 저항을 벌이기도 했다. 이제 그들은 지주나 토호가 아닌 국가를 상대로 생존을 위한 투쟁을 벌이지 않을 수 없게 되었다. 그러나 중국에서는 농민조직이 아예 없어졌고, 북한에서는 그 조직이 당의 결정을 농민대중에게 전달하는 전도벨트라는 기능과 위치를 부여받음으로써 유명무실해졌다. 본래 지주제를 타도하기 위한 조직이었고 이제 그것이 타도되었기 때문이다. 2차대전 종전 직후 폭발적으로 성립된 그밖의 각종 자발적 사회단체들도 이 과정에서 급속히 국가의 행정조직 속에 흡수되고 말았다. 물론 이같은 사회주의화에 저항하면서 신민주주의 정책을 견지하려는 일시적 조정기도 나타났다. 1964년 저우 언라이가 마련한 경제현대화계획은 그 대표적인 예인데, 중국 내외의 조건으로 인해 물밑으로 가라앉고 말았다. 이를 되살리려는 사람은 자본주의의 길을 걷는 주자파로 낙인찍혀 숙청되었다. 류 사오치와 덩 샤오핑이 대표적 예다. 류는 감옥에 갇힌 상태에서 울분 속에 옥사하였고, 덩은 장쑤성의 트랙터 수리공장에 노동자로 보내졌다. 이런 폭압과 함께 결국 3국 모두에서 국유화와 집단화로 요약되는 20세기 사회주의가 제도화되었다.

20세기 '현실사회주의'란 공산당이 산업노동자세력 대신 농민과 농민 가정 출신 지식청년을 주요 당원으로 하여 일당통치를 행하면서 프롤레타리아의 이해를 대변한다고 자처한 농민사회주의다. 그 일당이 국가권력을 독점하여 민간사회 위에 군림함으로써 사회에 대해 국가가 돌출된 점에서 국가사회주의라고도 부른다. 당은 오랜 혁명투쟁 과정에서 형성된 군대를 거느리고 있어 당-정부-군이 일체화된 구조를 갖추었다.

한편 이 사회주의는 '민족해방 사회주의'의 성격도 갖고 있다. 낙후한 농민사회가 민족민주운동의 연장에서 종래의 제국주의 열강이 주도하는 서방 자본주의 국가들을 추월하는 지름길로 그것을 받아들였기 때문이다. 북한, 중국, 베트남의 사회주의가 소련 및 동유럽의 그것처럼 붕괴하지 않고 유지되고 있는 까닭 중의 하나는 공산당이 장기간 반제구국투쟁의 핵심세력으로서 인민의 신뢰를 받아왔기 때문이다.

농민사회주의 속의 정치와 경제생활

이와 같은 특징을 갖는 동아시아 사회주의의 정치적·경제적 실상을 간략히 살펴보자. 정치 면에서는 민의기관에 해당하는 인민대표대회의 기능이 중요한데, 정기적으로 선거를 거쳐 선출되었음에도 선거는 사실상 당에 의해 지명된 후보자를 뽑아주는 절차에 불과했다. 인민대표대회는 당의 결정을 통과하는 거수기에 불과했고, 모든 언론이 당의 통일선전부에 의해 엄격히 검열, 통제되었기에 국가의 정책 실패에 대한 사회의 비판활동은 조직화될 수 없었다.

모든 노동조합과 사회단체가 당의 일원적 통제하에서 관리되었으며 심지어 가정까지 당국의 직접관리에 노출되었다. 중국 인민공사의 공동식당은 개별 가정의 부엌을 무용지물로 만들어버렸다. 인민의 이런 숨 막히는 생활은 당내 민주주의가 실종된 것과 긴밀하게 연관돼 있다. 북한의 경우, 당초 노동당은 사회주의 여러 계열의 연합체였으나 1956~58년 사이 김일성 중심의 권력핵심이 확립됨에 따라 당내 비판세력이 철저히 숙청되었다. 그전에는 현실을 무시한 무모한 정책이 내부 비판을 통해 완화될 수 있었으나 이후로는 불가능해졌다. 이로써 당은 이제 인민대중을 이끄는 '브레이크 없는 기관차'가 되었다. 1967년부터 김일성 유일사상체제가 등장한 것은 이런 경향의 절정을 보여준다. 이처럼 편협한 정치체제가 이때 수립된 데에는 국제적 배경이 크게 작용하였다. 1965년 미국의 북베트남 폭격으로 인한 베트남전쟁의 확전, 그에 맞선 연인원 32만명에 이르는 중국군의 베트남 파병, 이 대외위기를 배경으로 한 문화대혁명의 개시가 그것이다.

이때 중국에서는 『마오 쩌둥 어록』이 모든 인민의 성경으로 받들어지면서 마오 쩌둥의 사상이 미·소의 위협으로부터 중국을 지켜낼 유일한 구세주인 것처럼 믿어졌다. 중소대립*이 격화되자 중국 편에 서서

중소대립 사회주의 건설과 외교정책을 둘러싸고 중·소 양국 공산당 지도부 사이에 빚어진 대립. 1956년 소련공산당 제20차 대회에서 제출된 '평화공존·평화적 이행' 정책에 중국이 반발하면서 시작되었다. 1962년 쿠바위기 이후 격화되어 양국 간 국경분쟁까지 발생했으며, 1989년 고르바초프(M. Gorbachev)의 중국 방문으로 막을 내렸다.

수정주의를 비판한 북한은 북베트남-중국-북한의 북방3각동맹의 일원으로서 미국을 정점으로 하는 남베트남-일본-남한의 남방3각동맹에 대항하였다. 베트남에서의 열전으로 동아시아가 남북으로 이분되어 대립하는 동안, 남과 북은 서로 영향을 주고받으면서 사회의 전영역이 군사화된 병영국가로 치달았다. 북부는 일당통치하에 있었던 만큼 남부보다 더욱 일사불란한 체제를 수립하여 사회의 다원성과 자율성을 밑바닥까지 고갈시켰다. 그래도 중국과 베트남에서는 북한 같은 수령체제-유일체제가 등장하지 않았는데, 이는 중대한 차이가 아닐 수 없다.

이런 체제에서 최고지도자의 지도에 의문을 갖거나 회의하는 사람은 누구든 우파며 반동이고 결국 매국노가 될 터였다. 누가 우파인가는 권력을 장악한 당에 의해 편의적으로 재단되었고 이는 그 정책의 시행과정에서 더욱 임의적으로 증폭되었다. 홍위병(紅衛兵)* 현상은 그것을 보여주는 상징이다. 장 이머우(張藝謀) 감독의 영화 「인생」(1995)과 장 지리(Jiang Ji-li)의 자전적 성장소설 『붉은 스카프』(*Red Scarf Girl*, 1997)는 이런 상황 속에 내던져진 중국 인민의 고단한 일상을 잘 보여준다. 특히 후자에는 문화대혁명의 격류 속에서 존경하는 선생님을 비판하지 않으면 인민의 적으로 낙인찍히고, 거짓증언으로 부모를 배반하지 않으면 자신의 미래를 파멸시킬 수밖에 없는 여중생의 곤경이 잘 드러나 있다.

상하이 푸단대학 역사학 교수 왕 짜오스의 경우는 당시 지식인 일반의 생활이 어떠했는지를 보여준다. 그는 1957년 반우파투쟁에서 '우파

홍위병 중국 문화대혁명기(1966~76)에 학생들로 구성된 정치운동조직. 그들은 '조반유리'(造反有理, 모반에는 이유가 있다)를 주장하며 특권간부 공격 등에서 중요한 역할을 했으나 1968년 이후에는 당 내부에서 탄압, 소외되었다.

분자'로 지목되어 직장도 집도 빼앗기고 그 와중에 부인과 아들까지 잃었다. 그후 이 격류가 진정되자 복직되었으나 1966년 문화대혁명이 시작되면서 '반동학술권위'로 몰려 투옥되었다가 옥사하였다. 그는 항일구국회 지도자로서 전국적 명성을 얻을 정도로 활약한 바 있고 인민정치협상회의 대표로서 정부 정책을 자문하기도 했다. 그가 어떤 기준으로 이런 고난을 당해야 했는지는 아직 알려진 바 없다. 다만 개혁개방의 개시와 더불어 1980년 국가로부터 그의 억울한 죽음에 대한 법률적 신원과 복권 조치가 내려졌을 뿐이다.

정치·사회생활이 이러했을 때 경제생활은 어땠을까? 1950년대 중국과 북한은 소련을 모델로 한 제1차 5개년계획을 추진하여 연평균 두자릿수 성장을 기록했다. 이는 농업집단화를 통해 농업잉여를 수탈하고 이를 중공업 산업시설 확충에 집중투자하는 방식으로 진행되었다. 또한 냉전과 열전이 교차하는 진영대치 상황의 필요에 따라 상당한 재원이 군사비로 투입되었다. 결국 인민의 소비생활을 만족시킬 농업과 경공업은 상대적으로 경시되었다.

이런 조건 속에서 인민대중은 의식주를 해결하기 위해 특히 농업과 경공업 분야에서 기술적 해결보다는 노동력 동원에 의존하지 않을 수 없었다. 삽과 들것에 의지해 농토를 개간하고 저수지를 만드는 '자연개조'라는 노동행군이 그것이다. 노동자와 농민은 물론이고 학생을 비롯한 지식인들도 여기에 동원되었다. 집단화와 식량의 분배라는 조치는 남녀노소를 남김없이 동원할 수 있게 해주었다. 북한의 급속한 전후 복구에서 소련의 무상원조는 투자의 80%를 차지할 정도로 중요한 요인이었고, 한국전쟁 당시 파병된 중국군이 1958년까지 주둔한 것도 군사비 지출을 줄여주었다. 마오 쩌둥의 지도하에 '10년 만에 영국을 따라

잡고 15년 만에 미국을 따라잡자!'는 대약진운동이 개시되자 김일성은 곧바로 최고인민회의에서 이를 모델로 삼아 "당의 부름에 따라 천리마를 타고 사회주의를 향하여 앞으로 달리자"고 외쳤다. 이 구호 속에는 부국강병을 추구하는 후발국의 절박함뿐만 아니라 낙후한 사회주의라는 동아시아의 현실이 고스란히 드러나 있다.

중소대립의 격화로 소련의 물자·기술지원마저 줄거나 끊겨버렸지만 중국도 북한도 그후 제2차 5개년계획·제3차 7개년계획을 추진하여 공업 분야에서는 연평균 두자릿수의 성장을 유지할 수 있었다. 이 과정에서 2차대전 이전에 양성되어 중국대륙에 잔류한, 그리고 한국전쟁 전후 남한에서 북한으로 간 과학자·기술자 들이 큰 몫을 담당하였다. 그러나 그 성장은 시장을 배제하고 기술혁신을 경시한 탓에 지속되기 어려웠다. 1960년대 후반 중국에서는 문화대혁명으로 인해 이런 풍조가 극대화되었고, 북한에서는 '주체사상'이 강조되면서 선진기술의 도입이 기피되었다. 마침 그때 미국이 베트남전쟁을 확대하자 중국은 베트남에 대군을 파병했고 북한은 '국방·경제 병진' 노선으로 선회하여 남북 간 군사적 긴장을 고조시켰다. 그로 인해 군사비 지출이 급증했기에 경제성장은 점차 둔화되었다.

사회주의 경제는 첫 오일쇼크에 직면한 1970년대 중반을 넘기면서 구조적 약점을 드러냈다. 국내소비 위주의 생산구조로 인해 생산재 수입에 필요한 외화를 제때에 획득할 수 없었기에 생산투자는 더욱 감소했고 그 위에 외채 상환부담도 급증했다. 북한은 "쌀은 곧 사회주의다!"라는 구호하에 '속도전'을 내세우거나 주체농법을 개발해 위기를 타개하려 했지만 1980년대 중반부터 식량난에 직면하지 않을 수 없었다. 화학비료의 부족은 이런 곤란을 더욱 증폭시켰다. 비탈밭을 만들어 옥수

마오 쩌둥에 환호하는 홍위병들(위) 북한의 천리마운동 포스터(아래)
천리마운동은 낙후한 동아시아 사회주의의 절박함을, 홍위병은 일당통치의 편의적 사상재
판을 보여주는 상징이다. ⓒ연합뉴스

수를 증산하려는 의욕이 앞선 나머지 홍수로 인한 산사태 방지책이 수반되지 않은 농법 자체의 결함도 컸다. 전문가들로부터 이에 대한 심각한 문제제기가 있었음에도 당 중앙과 최고지도자의 권위를 절대화하는 구조 속에서 간단히 무시되었다.

대규모 국영공업 자체의 문제도 심각하였다. 국영공업은 북한에서든 중국에서든 집단농업의 희생을 바탕으로 특권을 누렸지만 중앙집권적 계획경제 구조로 인해 낭비와 부패, 비효율을 초래했다. 개별 기업에서도 경영과 관련한 의사결정은 당 서기가 내렸고 노동자에 의한 자주관리는 제대로 정착되지 않았다. 생산재료는 각 기업이 비용을 부담하지 않고 중앙계획에 의해 분배되기 때문에 기업 관리자가 노동자와 담합하여 자재를 낭비하거나 빼내서 사적으로 착복하기 일쑤였다. 개혁개방 직전 중국의 공장노동자 임금이 1956년 수준으로 동결되어 있었던 것은 이런 비효율의 구조를 단적으로 보여준다. 사회주의 시기 중국의 상공업세는 13%를 넘지 않았으나 이윤의 70~80%를 국가에 납부토록 했으니 사실상 상공업 경영의 모든 잉여를 국가가 가져간 셈이었다. 기업이 이윤창출을 위해 힘쓸 이유가 없는 구조다. 물론 국가는 그렇게 납부한 이윤의 일부를 각 기업에 돌려주었으나 그 액수는 관할 정부와의 협상에 맡겨두었으므로 각종 부정과 비리가 여기에서 생겨났다.

인민공사로 상징되는 절대평등의 공산풍(共産風) 속에서도 농경지가 많은 지역과 적은 지역, 비옥한 곳과 척박한 곳 사이에 분배액은 차이가 있었다. 노동자의 임금과 각종 대우도 대규모 국영기업, 중소 국영기업, 사영기업 순으로 차등화되어 있었다. 그래도 국영기업 노동자들에게는 무상의료 혜택이 각 직장단위에서 주어졌지만, 집단농업으로 공업 발전의 밑천을 댄 농민에게는 이런 혜택도 없었고 도시로 이주해 노동자가

624

될 자유도 없었다. 도시와 농촌, 노동자와 농민 간에 새로운 신분질서가 조성되어 있었던 셈이다. 도농격차 해소를 필생의 혁명과제로 삼았던 마오 쩌둥의 중국에서도 이러했으니 다른 나라는 따로 더 말할 나위가 있겠는가. 다수민족과 소수민족 간의 갈등도 토지개혁으로 모두 해소될 것으로 기대되었으나, 계급문제가 민족문제를 대신할 수는 없었다.

이제 농민과 노동자의 희생을 바탕으로 한 사회주의는 뭔가 다른 돌파구를 모색하지 않으면 안되는 상황으로 몰리고 있었다. 엄격히 통제된 사회였음에도 '영원한 2인자' 저우 언라이 추도열기를 틈타 1976년 4월 5일 톈안먼광장에 50만명의 노동자가 모여 '정실, 위선, 불평등'에 항의한 것은 이를 암시하는 징조였다. 더구나 자력갱생의 길을 주도한 마오 쩌둥이 1976년 사망하고 냉전체제의 국제적 포위망도 베트남전쟁의 종결로 풀려가고 있었다.

베트남의 경제생활은 30년간의 저항전쟁으로 인해 극도로 왜곡되고 억압되어왔던 만큼, 이제 국가도 인민대중도 이윽고 새로운 활력을 찾아내 분출시키지 않으면 안되는 쪽으로 가고 있었다. 북베트남의 산업은 1961~65년 제1차 5개년계획을 통해 연평균 13.6%씩 성장했으나 미군의 폭격에 파괴되어 1973년 빠리평화협정 당시 상황은 1954년 제네바협정 직후나 마찬가지였다. 1975년 통일 당시 베트남 전역은 폭격과 고엽제 살포로 인해 광대한 농경지가 황무지로 변해 있었다. 자본주의 진영에 편입돼 있던 남베트남의 상공업도 통일 후의 산업화에 별로 도움이 되지 않았다. 자체의 산업생산보다 원조경제에 의존하는 구조였기에 공업에 종사하는 사람은 인구의 7%에 불과했고 70%가 비생산적인 서비스업에 종사했기 때문이다. 남부의 도시는 1천만명의 난민으로 넘쳐났다.

이런 상태에서 1976년 성립된 베트남사회주의공화국은 곧바로 남부에서도 토지개혁과 농업의 집단화를 단행하면서 중공업을 우선하는 소련 모델의 사회주의 공업화계획을 수립하였다. 팜반동(Pham Văn Đông)을 비롯한 온건파를 누르고 보응우옌잡(Vo Nguyên Giap)을 비롯한 급진파가 이 과정을 주도했으나, 농업생산은 농민의 반발로 오히려 저하했다. 가령 남부의 메콩삼각주 지역 대다수 집단농장에서는 농민들이 노동시간의 1/2이나 2/3밖에 일하지 않았으며, 국가의 곡물수매에도 불응하여 수매율이 50% 수준에 불과했다. 집단농장의 농업잉여를 뽑아내 공업화 재원으로 삼으려던 계획은 실패로 돌아갔다. 그후 사정은 더욱 악화되어 소련과 동유럽 국가들의 지원에 의지해 겨우 연명하는 정도였다. 그 소련과 동유럽 국가들이 1980년대 초부터 이른바 사회주의 시장경제 정책으로 방향을 선회하고 그에 앞서 중국이 그러했으니, 통일 베트남의 지도자들도 이런 변화 속에서 살길을 찾을 수밖에 없게 되었다.

여성노동의 사회화와 여성의 지위

사회주의 국가들은 여성 억압의 원인을 사유재산과 생산노동에서의 소외 때문이라고 규정한 맑스의 견해를 따라 여성해방을 위한 조치들을 시행하였다. 그러므로 여성해방은 그 자체가 독립된 사회적 의제로서 다루어졌다기보다 토지개혁과 그후 이어진 생산수단의 국유화 조치에 부수된 문제였다고 보는 편이 나을 것이다. 그렇더라도 그것이 전통적 농민사회의 가부장제로부터 여성을 상당 정도 벗어나게 만드는 효과를 가져다준 것은 분명하다. 북한, 중국, 베트남에서 20세기 초 도시의 교육받은 극소수 '신여성'에게만 국한되었던 결혼과 사회활동의 자유가 인구의 거의 절반을 차지한 농민여성에게까지 확대된 것이 그 핵심내용이다.

'북조선의 남녀평등에 대한 법령'(1946), 중국의 '혼인법'(1950), 베트남의 '혼인 및 가족법'(1959)은 비록 신민주주의 단계의 입법이지만 사회주의 국가가 법제화한 결혼 자유와 사회활동의 자유의 지향을 보여주는 대표적 사례다.

이 법령들은 모두 결혼과 이혼을 두 당사자의 결정에 의해 자유롭게 할 수 있게 규정하였다. 아내가 요구하는 이혼에 남편이 동의하지 않을 때 국가는 으레 여성의 손을 들어주었다. 그 때문에 중국의 많은 남성들이 혼인법을 '부녀법' 또는 '이혼법'이라고 비난하면서 법의 시행에 저항했다. 중국에서 여성이 이혼을 요구했다가 살해되거나 전통적 가부장제의 무게 아래서 자살을 강요받은 사례가 1950~53년에만 무려 7만건에 이른다. 이런 갈등을 조정하기 위해 당이 가정의 사생활에 깊숙이 개입하기 시작했고, 말단의 당 지부는 가정법원 역할까지 떠맡게 되었다. 당 간부가 보수세력을 대신해 혼인법 실시를 방해하는 경우도 있었다. 그럴 경우 공인된 여성단체인 부녀연합회가 나서서 오해를 풀거나 중재했다. 이윽고 북한도 자유로운 이혼풍조가 가정의 안정성을 깨뜨린다고 보아 법정이혼만 허용하고 협의이혼을 금지하는 쪽으로 선회하였다.

여성의 사회활동의 자유도 보장되었다. 그것은 참정권, 교육권, 노동권의 평등으로 구체화되었다. 각국에서 보통선거가 시행됨에 따라 선거권은 성인여성이면 누구나 다 누릴 수 있었고, 민의기관의 대표로 선출되는 수도 적지 않았다. 중국 여성은 1953년 인민대표대회 선거에서 성·시 대표의 16~20%, 전국 대표의 12%를 차지했다. 북한 여성은 최고인민회의와 지방인민회의 대의원을 항시적으로 각각 21%와 12% 정도씩 차지했고, 베트남 여성은 국회의원의 32%, 지방인민위원의 20% 이상을 차지할 정도였다. 또한 무상의무교육의 시행으로 여성의 교육기회가 획기적으로 증대되었다. 북한의 여자아이는 남자아이와 똑같이 11년간의 의무교육을 받을 수 있었다. 이는 초등학생과 중학생의 절반이 여학생이었음을 의미한다. 중국도 거의 비슷해서 1978년 초등학생의 45%, 중학생의 41%가 여학생이었다. 다만 대학생의 경우는 뚝 떨어져서 24%에 그쳤다.

여성이 남성과 대등하게 직업을 가질 권리는 여성노동의 사회화와 짝을 이룬다. 노동능력이 있는 농민여성은 남성과 동등한 몫으로 토지를 분배받고 집단농장에서 남성과 똑같이 일해서 그 댓가로 식량을 분배받았다. 도시여성은 각종 기관, 학교, 공장, 기업에 취업해 출근하였다. 이들을 위해 의무적으로 설치된 탁아·육아시설이 육아의 부담을 덜어줌으로써 이를 뒷받침해주었다. 그런데 초기에는 이같은 여성의 사회활동에 대해 남성의 불만은 물론이고 여성 자신의 반감과 주저가 적지 않게 나타났다. 그것은 특히 북한에서 두드러졌다. '여자가 밖으로 나돌아서는 되는 일이 없다'는 반응이 나타나서, 북한 당국이 나서서 그것은 봉건적 관념일 뿐만 아니라 일제시대 사상의 잔재라고 규정해 비판해야 했을 정도다. 이에 비해 베트남의 여성은 우리의 고려시대처럼 재산 소유와 상속에서 결혼 전이든 결혼 후든 남성과 동등한 권리를 누리고 있었고, 유교의 영향도 북부 통킹지역의 상류층에 한정되어서 이런 관념이 강하지 않았다. '남편이 쟁기질하여 논을 고르면 아내는 모를 심는다'는 성어(成語)가 있을 정도로 모심는 일은 완전히 여자 몫이었다. 특히 프랑스와 미국을 상대로 한 전쟁이 30년간이나 계속된 조건에서 남자가 군대에 나가면서 생긴 빈자리를 여성이 채워야 했기에 더

628

욱 그러했다. 북한에서도 한국전쟁 이후 모든 성인 남성이 10년간이나 군에 복무해야 했으니 '남자는 밖에서 밭을 갈고 여자는 집 안에서 옷을 짠다'는 전통적 남녀분업관을 벗어나 여성이 남성노동의 빈자리를 채워야 했다. 그 결과 여성이 1971년 이래 북한 전체 노동력의 절반을 차지했는데, 이는 노동 가능한 여성의 거의 전부가 동원된 것을 의미한다. 베트남은 1967년 교육, 의료, 경공업 분야 전체 인력의 50~70%를 여성에게 할당했을 정도다. 이와 달리 징병제가 아닌 모병제 조건의 중국에서는 그럴 필요가 없었기 때문에 중국 여성이 짊어져야 할 노동부담은 아무래도 북한과 베트남 여성만큼 크지 않았다.

여성노동의 가치는 남성노동의 약 80% 정도로(북한이 조금 높아서 84%, 중국은 80%) 계산되는 차별이 있었다. 이는 여성이 주로 경공업 부문의 노동자로 일했기 때문에 남성 위주의 중공업 노동자에 대한 우대조치와 겹쳐 있다. 그러나 전통적으로 무임금의 가사노동에 국한돼 있던 여성노동을 임금과 함께 사회적 노동으로 변화시킨 의미는 컸다. 그것이 설사 국가에 의한 노동력 동원이었다 하더라도 가부장제의 약화를 촉진한 것은 물론이다.

여성을 혹사하는 가부장적 가족제도의 하나인 조상 제사의 폐지도 여성의 가정 내 지위에 영향을 미쳤다. 조상 제사는 장남 중심의 부계 혈통을 확인하고 지속시키는 의례로서 재산의 상속과 밀접하게 연관돼 있었다. 사유재산의 폐지와 함께 상속할 재산이 사라지자 혈족의 유대가 자연스레 점차 약화되었고, 국가가 그것을 타파해야 할 낙후한 봉건적 관습으로 규정해 금지했기 때문에 종족 단위의 대규모 제사는 족보와 함께 거의 사라졌다. 특히 문화대혁명 시기 중국에서는 종족의 사당이 홍위병들에 의해 봉건악습의 본영으로 지목되어 파괴되고 훼손되었다.

그래도 돌아가신 부모를 가족 단위로 모여 기억하는 간소한 의례는 은밀하게 지속되었다. 북한의 김일성이 1974년 이후 간소한 제사를 죽은 이에 대한 추모로 간주해 허용한 것은 이런 추세를 반영한다. 이는 또한 그것이 '어버이 수령'의 부자세습체제 확립에 필요한 문화적 분위기 조성에 기여할 것으로 판단한 결과인 듯싶다. 제사의례를 극도로 정교화한 주자학을 그 원조인 중국 이상으로 신봉했던 전통의 영향도 작용했을 것이다. 하지만 조상에 대한 제사 이외의 일상적 가사노동은 또다른 문제였다. 여성노동의 사회화는 일상적 가사노동이 줄어들지 않는 한 이중의 부담으로 나타나기 쉬웠기 때문이다. 기본적으로 사회주의하의 여성은 사회활동에 적극 참여하면서도 어느 나라에서나 가사노동의 부담에서 크게 벗어나지 못하였다. 그것은 기술적으로 부담을 덜어줄 세탁기, 청소기, 냉장고 등 가전제품이 보급되지 못한 탓도 있고 남성이 가사노동을 분담하려 하지 않는 관습이 지속된 탓도 크다. 여성의 사회활동에 대한 반감을 만들어낸 심리적 원천인 현모양처의 여성관은 가사노동의 분담에도 작용했다. 남성이 그것을 부끄럽게 여겨서 기피한 것은 물론이고, 여성 자신도 다르지 않았다. "아니, 요즘 평양 여자들, 이젠 남편들을 장마당에 내보낸다면서요? (…) 세상에 집안 살림을 남자에게 맡기는 여자가 어디 있어." 이는 북한경제가 급속히 붕괴된 1994년 이후 일부 변화한 세태에 대한 어느 북한 여성의 반응인데, 이를 뒤집어보면 국가사회주의체제가 그런대로 작동하던 시기에 남성이 가사노동을 분담하는 일은 거의 없었고 여성 스스로도 반대했음을 알 수 있다.

그런데 가사노동을 남성이 분담하는 정도에서는 남북한과 중국 사이에 큰 차이가 있다. 중국의 도시남성들은 시장바구니를 들고 아내와 함께는 물론이고 혼자서도 장을 보고 집에서 밥 짓고 요리하고 설거지까지 다하는 예가 적지 않았다. 사실 중국 남성의 이런 태도는 타이완에서도 볼 수 있는 만큼 사회주의와는 상관없이 형성된 습관인데, 사회주의 시기의 남녀평등 정책 및 이념과 상호작용하면서 좀더 확산되었을 뿐이다. 혹시 그것이 전족한 여인에 대한 안쓰러움에서 나온 보호본능의 표현인지도 모르지만 그런 풍습이 언제부터 왜 나타났는지는 정확히 알려져 있지 않다. 전통시대에 여성의 지위가 동아시아 4국 중 가장 높았던 베트남에서도 남성은 가사노동의 20% 내외만을 분담한 사정과 비교해볼 만하다.

사회주의 계획경제하에서도 가족적 유대는 공산화로 인해 질식되어 단절되지 않았고, 가족은 여전히 가장 기본적인 경제주체의 하나로 작동하였다. 가령 합작사 시절이나 인민공사 시절 모두 노동점수는 가족 단위로 합산되고 식량과 배당금도 공히 가족 단위로 배분되었다. 그에 앞서 토지개혁 시기 토지분배도 가족 수에 따라 이루어졌다. 극좌적 정책이 행해진 극히 짧은 예외적 시기를 제외하고는 개별 농가마다 소규모 텃밭을 경작하여 그 생산물을 각 가정이 사유할 수 있도록 허용되었다. 다만 개별 가족의 위계적 결합체인 종족 단위의 대규모 제사의식이나 각종 집회가 금지되었을 뿐이다. 이렇듯 가족적 유대에 대한 일반인의 기억이 살아 있고 종족의 족장이나 연장자 들이 생존해 있던 조건에서, 불과 20여년 뒤 개혁개방과 함께 종족 단위의 조직과 활동이 부활하는 것은 시간문제였다. 또 북한처럼 군사화된 사회에서는 남성 위주의 문화가 지배적일 수밖에 없었다.

북한 못지않게 군사화되었던 베트남에서 여성이 담당한 전사의 몫은 따로 주목되어야 한다. 한손에 젖먹이 아이를 안고 다른 한손에 총을 든 여인의 사진이나 포스터가 말해주듯이 30년 전쟁기의 베트남 여성에게는 '3중의 의무'가 지워졌다. 농공업 생산의 유지, 육아와 남성 가족의 입대 권유, 자신의 전투 참여가 그것이다. 여성들은 공습경보가 울리면 하던 일을 멈추고 공장 옥상이나 논밭 어귀에서 대공포를 잡고 미군 폭격기와 싸웠고, 공습이 끝나면 부상자를 치료하고 파괴된 현장을 복구하였다. 디엔비엔푸전투의 승리를 뒷받침한 수송대 인력의 절반이 여성이었고, 라오스와 캄보디아 국경을 넘나들면서 북에서 남으로 이어진 2000km의 호찌민 보급로가 공습으로 파괴될 때마다 복구해낸 청년위국대 인력의 70%가 여성이었다. 이런 보조인력이 아닌 정규군으로 입대한 여성도 6만여명이었다. 이는 전통시대부터 여성 지위가 높은 조건에서 중국과의 오랜 전쟁을 통해 '적이 오면 여자도 나가서 싸운다'는 자세가 자연스레 형성되었고, 실제로 전승을 이끈 수많은 여성영웅이 배출된 역사적 경험과 기억의 연장에서도 이해될 수 있는 일이다.

그렇다면 이와 같은 결혼의 자유와 여성노동의 사회화, 나아가 국방의무의 분담은 국가사회주의체제의 이념이 앞세웠던 것만큼 실제로 여성을 해방하는 효과를 가져왔는가? 각종의 자유와 평등 조치는 당시 서방 선진국 수준을 능가했다는 해석도 있고, 여성 자신의 주체적 요구와 능력에 의해 획득된 것이 아니라 기껏해야 국가의 목적을 위해 동원된 여성에 대한 국가의 시혜일 뿐이라는 해석도 있다. 그 체제가 농민사회의 낙후한 조건에서 성립되었다는 태생적 한계, 그리고 열전과 냉전의 전시상태가 지속되는 가운데 그 한계를 극복할 여유와 기회를 가질 수 없었던 조건을 고려해야 할 것이다. 뒤에서 보게 되듯이, 뒤늦은 산업화에 해당하는 개혁개방 이후에 오히려 여성의 지위와 자유·권리가 더욱 하락하는 추세를 보인 변화까지 시야에 놓고 음미해볼 일이 아닌가 한다.

632

개혁개방과
사회단체의 부활

일당정부하의 개발독재, 다시 혼합경제로

중국공산당은 문화대혁명이 종결되고 그것을 주도한 극좌세력이 제거되자 1978년 12월 '4대 현대화' 노선을 확정하여 이른바 '개혁개방' 정책을 취하기 시작하였다. 외국의 자본과 기술을 적극 도입함으로써 낙후한 농업·공업·국방·과학의 현대화를 도모하겠다는 산업화 프로젝트다. 베트남공산당도 30년전쟁 끝에 민족해방과 남북통일을 이룩함으로써 국가주권이 확립되고 정치가 안정되자 1986년 이와 흡사한 도이머이(Đổi Mới, 쇄신) 정책을 취하였다. 모두 일당정부가 유지되는 속에 당내 강경파에 의해 억압되어온 온건파가 당의 정책방향을 새롭게 바꾼 결과다.

각국 공산당 내 온건파와 강경파의 노선 대립은 오랜 것이지만, 여기서는 2차대전 직후 신민주주의 시기를 조기에 종결할 것인지 여부를 둘러싸고 나타난 대립이 그후 어떻게 조정되어왔는지에 주목하고자 한다. 중국의 예를 보면, 대외위기가 고조될 때마다 사회주의 이념을 강조하는 강경파의 입지가 돌출하여 온건파를 눌렀으나, 그것이 생산력 정체를 초래하여 경제위기, 특히 식량위기로 나타났기에 강경파가 물러나고 온건파가 전면에 나서 조정정책을 실시함으로써 경제난을 극복하는 일종의 시소게임이 반복되었다. 앞서 말한 '4대 현대화' 노선도 실은 대약진운동 실패 직후 1961년부터 류 사오치, 덩 샤오핑 등 온건파의 주도하에 조정정책을 펼치던 중 1964년 저우 언라이가 마련한 프로그램이었는데, 중소대립과 베트남전쟁 확전으로 인해 물밑에 가라앉았다가 다시 떠오른 것이다.

경제개혁은 인민공사로 상징되는 집단농업의 해체로부터 시작되었다. 그로 인해 개별 농가의 생산책임제로 바뀐 것은 사실상 사회주의 개조를 원점으로 돌린 것과 다름없다. 토지소유는 여전히 국유로 지정되어 있었지만 농민에게는 자신이 분배받은 토지의 보유권과 상속, 매매, 양도, 임차의 권리가 부여되었다. 따라서 대규모 임차와 타인 고용이 가능한 자본주의적 부농경영의 길도 열려서 기업가형 농민층(專業戶)이 형성되었고, 그들은 1985년 농가의 13%를 차지했다. 그밖의 개별 농가는 자기 보유지를 경작해 세금을 내고 나머지를 자유롭게 시장에 내다 팔 수 있게 되었다. 가축 사육과 각종 부업도 허용되었다. 이같은 새로운 정책은 농민 자신의 요구를 당이 수용해 인정한 것이어서 농민의 반발 속에 당의 강요로 추진된 집단화 과정과 상반된다.

농업생산과 농민소득의 증대는 공업 방면에 연관 효과를 가져와 각종 소비재공업을 활성화했다. 농촌의 소도시인 향진(鄕鎭, 한국의 읍·면에 해당)에서 집단소유 형태로 성립된 향진기업이 소비재 생산을 주도하고 시장경제에 대한 적응을 선도했다. 이 향진기업은 마오 쩌둥 시대에 지방화와 분권화 정책 덕에 탄생했으나 시장과 연계되지 않은 탓에 유명무실했다가 이제 시장과 연계됨으로써 활성화되어 해외시장을 겨냥한 생산을 할 정도로 성장해갔다. 상공업의 국유화 과정에서 1980년 연 5%의 이자를 지급받은 상공업자가 114만명이고 그중 28만 6000명이 현업에 종사하고 있었다. 이들이 시장경제를 소생시키는 매개자 구실을 하였다. 그로 인해 공업 방면에서도 군사공업과 중공업을 우선하던 스딸린주의 모델에서 점차 벗어나게 되었다.

그러나 이런 소규모 사영기업만으로는 국가경제력을 일신하기 어려웠다. 생산재를 생산하는 대규모 중공업의 기술혁신이 있어야 결국 소비재 경공업의 생산성도 지속적으로 향상시킬 수 있기 때문이다. 이를 위해서 선전, 주장, 샤먼 등 동남 연해의 도시에 경제특구를 설치하고 저렴한 공장부지와 노동력, 세금 감면과 규제 완화 등의 혜택을 주어 외국의 자본과 기술을 유치하였다. 여기에는 세계 각지로 나가 상공업 활동을 벌여온 화교자본이 주도적으로 참여해 외국투자의 80%를 차지했다. 그 결과 외국자본만으로 건설된 외자기업, 중국 자본과 합쳐서 건립된 합영기업이 급증했고, 정부는 이들 기업의 자본과 기업활동을 법률로 보장했다. 도시거주자와 농촌거주자의 호적을 달리하는 제도는 여전히 남아 있어서 농민은 법적으로 여전히 취학과 군입대 이외의 합법적인 도시이주가 금지돼 있었지만, 이제 농촌을 떠나 도시로 가서 이들 기업의 노동자가 될 수 있었다. 정부도 노동력의 원활한 공급을 위해 이들의 이주를 묵인했기 때문이다. '농민공(農民工)'이라 불리는 이들의 수가 1990년대 중반에 1억명을 넘었다. 2000년에 외자기업은 제조업 매출의 31%, 수출액의 50%를 차지했다.

이렇게 농업과 민영기업이 발전해 시장경제가 활성화되기를 기다렸다가 부실한 국영기업을 민영화하는 수순을 밟아나갔다. 옛 소련은 처음부터 이 작업을 추진해 당내 보수파의 반발을 자초하고 실업자를 양산한 데 비해, 중국은 이를 뒤로 미루다 여건이 충분히 조성된 상태에서 개시하였다. 1992년 공산당은 국영기업이 중국경제의 중심축이라는 오랜 믿음을 포기하기로 결정했다. 1992년은 덩 샤오핑의 남순강화(南巡講話, 선전 등 동남부 선진공업지구를 시찰하고 발표한 담화. 톈안먼사건에도 불구하고 개혁개방을 견지할 것을 천명)가 있던 해로, 개혁개방이 심화단계로 진입한 첫해로 꼽힌다. 그후 군사·에너지 등 국가 전략산업을 제외한 소규모 국영기업의 폐쇄와 민영화를 추진했다. 그 결과 국영기업이 공업생산에서 차지한 비중은 1978년 78%에서 1996년 42%로 감소했고 이윽고 30% 이하로 떨어졌다. 이로 인해 국영기업이 집중돼 있던 만주의 동북 공업지구가 가장 큰 타격을 입게 되었다. 이제 공업의 중심은 냉전기의 동북과 내륙으로부터 동남 연해지구로, 국영기업에서 사영기업으로 확실히 옮겨가게 되었다. 2001년 중국은 세계무역기구(WTO, World Trade Organization)에 가입해 그동안 외국자본의 진출을 제한해온 유통업과 소매업까지 개방하였다.

이로써 중국은 여전히 대륙국가이면서 해양국가의 면모도 새롭게 갖추게 되었다. 아편전쟁의 굴욕 속에서 웨이 위안의 『해국도지』가 제기한, 부강한 해국(海國)의 기술을 배워서 외세의 위협에 대처한다는 '사이장기(師夷長技)'의 오랜 꿈이 드디어 실현되고 있는 것이다. 중국의 뒤늦은 산업화는 여전히 현재진행형이며, 인민은 일부만이 우선 부유해졌으나 국가의 부강은 상당히 많이 달성되었다. 2008년 베이징올림픽과 2010년 상하이세계박람회는 그런 성취를 상징하는 예이며, 2010년

ÁN ĐƯỜNG TÂN SƠN NHẤT

REAKING CEREMONY OF TAN SON NH

중국공산당 제11차 대회(1977. 8, 위) 베트남의 개혁개방과 한국 기업(아래)
중국공산당 제11차 대회는 현대화된 사회주의 강국 건설을 당면한 임무로 설정함으로써 이
듬해 개혁개방 선언의 디딤돌을 마련하였다. 아래 사진은 한국 모 건설사의 베트남 현장기
공식.「대장금」으로 한류열풍을 일으킨 이영애(한복 입은 이)가 참석하였다.

부터 중국은 국민총생산 기준으로 일본을 앞질러 미국 다음의 세계 2위가 되었다.

베트남은 1979년부터 비사회주의적 경제제도를 부분적으로 도입하다가 1986년 사회·경제의 '쇄신'이란 의미의 도이머이 정책을 단행하였다. 이는 중국처럼 아래로부터의 요구, 예컨대 긴 전쟁의 상처가 회복되기도 전에 농업집단화가 단행되자 이에 저항하는 남부 농민들이 사회주의의 틀 내에서 자구책으로 도입한 시장요소를 당이 인정하고 수용한 결과였다. 쇄신의 핵심은 중국의 경우와 마찬가지로 국유제를 국유, 협동조합 소유, 사유의 혼합경제로 전환하는 데 있었다. 그리하여 식민지시대 이래 매년 100만 톤 이상의 쌀을 수입하던 식량 수입국에서 1989년부터 쌀 수출국으로 변모하였다. 전체 기업자본의 80% 이상을 차지하면서도 국내총생산의 40%를 생산하는 데 그친 국영기업의 고비용-저효율 구조에 대한 개혁도 진행되었다. 국영기업의 주도적 역할은 견지하되 그것이 양적인 비중이 아니라 질적·기능적 측면에서 나타나야 한다고 보아 핵심 기간산업만을 유지했다.

이를 위해 우선 국영을 유지하면서 관리방식을 혁신하고 분리·합병 등의 구조조정을 단행했다. 국가는 국영기업의 자산을 저당, 리스, 매각할 수 있는 자산운용권을 부여하여 개별 기업 사장이 경영을 책임지도록 했다. 그 대신 전과 달리 부실기업에 대한 국가의 지원을 없애고 부실경영을 극복할 수 없는 경우에는 해체하였다. 기업소득의 분배도 따라서 국가, 기업, 직원의 3자가 이해를 조정하면서 효율을 높이는 방향으로 이루어졌다. 노동자의 복지도 국가가 아니라 기업이 자체적으로 해결해야 했다. 한편으로 민영화도 추진되었으나 이는 아직 제한적·보완적 의미만을 지닐 뿐이다. 국영기업 개혁의 주요 방향은 민영화가 아니라 경쟁적 시장환경 속에서 자율권을 가지고 효율성을 높임으로써 국가경제를 주도할 수 있도록 하는 것이었다.

그 결과 국영기업의 수는 절반으로 감소하였음에도 국민총생산에서 차지하는 비중은 1991년 36.5%에서 2000년 42%로 오히려 증가했고, 수출의 50%, 국가 예산수입의 40%, 외국인 직접투자의 98%를 차지했다. 이런 수치들은 중국의 국영기업 비중이 매우 낮은 것과 대조적이다. 그와 동시에 세금 감면 등의 각종 우대조치로 외국인 투자를 적극 유치하고 사영기업의 설립을 권장함으로써 사영 부문이 국민총생산의 60%를 차지하였다.

그러는 사이 북한도 1984년부터 합영법을 제정하여 외국기업의 투자를 유치하기 시작했다. 우선 재일교포 기업가들이 투자했으나 공장의 당 서기가 경영과 관련한 전권을 행사하고 관료들이 자의적으로 계약을 취소하는 등의 이유 때문에 고전하다가 철수하였다. 1991년부터 일종의 경제특구인 자유경제무역지대를 설치하고 '무역제일주의'라는 말까지 앞세우며 외국자본의 유치를 촉진하려 시도했으나, 미국과의 대치가 지속되는 가운데 당내 보수강경파의 입지가 강화되어 혼합경제를 제도적으로 부활시키는 단계로 진전되지 못하였다. 중국과 베트남도 똑같이 농민사회주의의 태생적 한계를 갖고 출발했지만 안보불안 요인이 해소되었기에 개혁개방을 추진할 수 있었던 것이다.

하지만 2000년대에 접어들어서는 북한이 혼합경제의 부활을 인정할 수밖에 없는 처지로 몰리고 있다. 소련 붕괴의 여파 속에 시작된 경제난으로 '고난의 행군'이 시작된 이래 북한의 분배제도는 점차 제 기능을 상실해갔고, 2002년 7월 1일 가격개혁(7·1조치)에 의해 공식 붕괴되었기 때문이다. 그동안 국가는 일반 상품의 가격을 소비자 위주의 낮은 수준에서 책정하고 그로 인해 생산자에게 발생할 손실을 국가재정으로 보조했다. 분배제도는 그런 가격제도에 의거하여 운용되었다. '7·1조치'에서 국가는 상품의 가격을 수요-공급에 따른 시장가격으로 현실화하고, 국가 보조를 없애는 대신 생산자가 스스로 이윤을 추구하도록 허용했다. 그 결과 수매가의 1/10로 식량을 공급해온 이중곡가제도가 폐지되어 쌀값이 무려 550배 폭등했다. 시내버스비는 20배, 연탄값은 35배로 뛰었다. 이는 연관된 몇가지 개혁을 불가피하게 수반하였다. 첫째, 종래의 분배제도가 폐지되고 봉급체계도 바뀌지 않을 수 없게 되었다. 둘째, 장마당이라 불리던 저잣거리가 점포를 갖춘 상설 종합시장으로 발전하여 공인됨으로써 국영상점과 병존하게 되었다. 셋째, 농업생산을 2~5가구의 소규모 단위로 묶인 가족경영에 맡기는 방식이 시범적으로 운영되고, 국영기업에서도 이윤의 일부를 가지고 임금을 차등 지급하는 인센티브제가 도입되기 시작했다. 그 효과가 확인되어 확대되면 집단농장의 폐지와 개혁개방의 제도화로 이어질 터인데, 그 관건은 농업개혁의 성패다. 2002년 11월 공포된 개성공업지구법에 따라 남북한이 공동으로 개성공단을 건설한 것은 그래서 더욱 주목된다. 2000년 6월의 남북정상회담은 북한의 그런 결정을 촉진하였다.

여기서 다시 역사를 돌이켜보자. 국유화와 농업집단화를 곧 사회주의 제도의 양대 축으로 삼았던 1950년대의 기준에서 보면, 집단농장이 해체되고 공업생산 중 국영기업 비중이 30~40%대로 떨어진 지금의 중국과 베트남 경제는 사회주의 경제라고 보기 어렵다. 그래서 많은 사람들이 이를 자본주의 경제라고 본다. 중국 당국이 말하는 '사회주의 초급단계'(1984)나 '사회주의 시장경제'(1992)란 이미 기정사실이 된 일당정부와 사회주의의 국체를 견지하려는 의도의 표현일 것이다. 그러나 개혁개방하의 경제는 혼합경제임이 분명하고, 중국사회과학원 원장을 역임한 역사학자 후 성(胡繩)은 이를 신민주주의 경제라고 이해하였다. 김일성대학 경제학부 교수였던 김광순의 관점으로 보아도 그럴 것이다. 1987년 중국공산당 제13차 전국대표대회에서 총서기 자오 쯔양(趙紫陽)이 덩 샤오핑의 견해를 따라 사회주의 초급단계가 완성되려면 100년의 기간이 소요될 것이라고 공식 언명한 것을 보면, 물적 토대가 결여된 농민사회주의 태생적 결함을 인정하고 신민주주의라는 역사적 유산 속에서 해결책을 찾아낸 것이라 할 수 있다. 다만 그것을 신민주주의 경제로 볼 수 있으려면 신민주주의 정치에 해당하는 연합정부도 부활해야 짝을 이룰 터인데, 이것이 결여된 문제는 남아 있다.

이에 비해 몽골은 경제개혁과 정치개혁을 동시에 추진해 체제 전환에 성공한 사례로 꼽힌다. 60여년간 일당체제를 이끌어온 몽골인민혁명당은 소련의 경제체제 개혁으로 지원이 줄면서 경제가 어려워지자 1988년 '시네츠렐'(Shinechlel, 쇄신)을 결정하고 시장경제와 복수정당제를 도입하였다. 이듬해 결성된 몽골민주당 등 야당 연합세력은 1993년 이래 두차례의 정권교체를 이룩하였다. 다만 경제성장은 그만 못하여 처음엔 다소 어려웠으나 1994년부터 호전되더니 2002년 이래 4~5% 성장세를 보이고 있다. 이후 2014년에는 10.8%, 2015년에는 3% 예상으로 다소 부침이 있다.

선부론의 명암과 여성

중국과 베트남의 경제개혁이 소련이나 동유럽에 비해 성공적으로 진행된 까닭은 여러가지로 설명할 수 있다. 그중 하나는 사회주의 제도의 실행기간이 짧아서 이전 자본주의나 신민주주의 시기의 경제원리와 경험을 체득한 사람들이 많았다는 것이다. 한국을 비롯한 이웃한 동아시아 '네마리 용(한국·홍콩·싱가포르·타이완)'의 후발산업화 경험은 경제주체들의 학습효과를 극대화해주었다. 그런 만큼 개혁개방의 효과는 급속히 나타났고, 이런 압축성장은 의식·제도의 갈등과 혼란을 촉진하여 여러가지 사회문제를 야기했다.

우선 당 지도부에서 농민에 이르기까지 팽배해 있던 평등주의적 사고가 누구든 먼저 부자가 될 수 있는 자나 지역부터 부자가 되라는 선부론(先富論)과 부딪혀 갈등을 빚었다. 선부론은 전통적 균빈부론(均貧富論)을 대신한 새로운 명분으로 주목된다. 유교정치의 이상은 동아시아 지배엘리트에게 2천년간 '모자람을 걱정하지 말고 고르지 못함을 걱정하라'고 가르쳐왔다. 빈농들은 이 명분에 의거해 초급합작사 시절 중농·부농이 자신의 토지와 가축 및 농기구를 출자하고 그에 대한 이익배당을 받아가자 왜 똑같이 일했는데 그들에게는 노동에 따른 분배 이상의 특별대우를 하느냐고 문제를 제기했다. 이는 평등한 대우를 명분으로 삼아 자기도 그만 한 이득을 똑같이 챙기려는 이중성의 표현이었지만, 당시 급진파 당 간부들은 이를 사회주의화를 향한 밑으로부터의 요구라고 해석하여 고급합작사나 인민공사로 직행하는 구실로 삼았다.

이제 당은 균빈부론을 버리고 '지금 부유한 사람은 단지 먼저 부유해진 것에 불과하니 당신들도 곧 뒤따라 부유해질 것'이라고 인민을 설득하고 권장하였다. 정말로 그들은 개혁개방 정책 속에 부자가 될 기회를 갖게 되었다. 그런데도 그들은 부유한 이웃을 비난하고 부자의 재산을 약탈하며 생산장비를 파괴하는 일까지 벌였다. 시장경제하에서 모두가

부유해질 수는 없었기 때문일까? 국가가 일률적으로 보장하던 주택, 교육, 의료 같은 복지혜택도 사라지는 바람에 그들이 느끼는 생활상의 곤란이 더욱 심각해졌기 때문일까? 그런 이유도 있었겠지만 그보다는 서구 근대의 자본주의가 발흥할 때 자본의 원시적 축적과정이 그러했듯이 중국과 베트남의 개혁개방 과정에서도 그에 해당하는 약탈적 축적이 진행된 때문이 아닌가 한다.

약탈적 축적에 앞장선 이들은 우선 당과 정부의 간부들이었다. 불과 20년 전에 기업가와 부농을 우파·반동으로 몰아 가두고 죽였던 그들이 돌변하여 스스로 기업가와 부농이 되어 누구보다도 더 약탈적인 치부의 선구자가 되었다. 간부들은 마치 선부론을 앞장서 실천하기라도 하듯이 국영기업의 민영화, 민영기업의 설립 허가와 운영을 둘러싸고 각종 자원의 배분을 통해 많은 이득을 취하였다. 대형 국유기업을 제외한 대다수 기업들의 재산권이 지방정부에 주어져 있던 상태에서 민영화가 추진되었으므로 지방정부와 당 간부들이 이 과정을 직접 주도했던 것이다. 그 속에서 지방의 당 및 정부 관계자, 기업가와 기업농이 불법적이고 반시장적인 방법으로 공모하여 사리를 취하는 일이 많았다. 특히 공직을 이용해 사리를 취하는 브로커 행위(官倒)가 비난의 대상이 되었다.

지방정부는 관할 구역의 기업들로부터 소득세를 징수했는데, 그 세율이 소득의 55%(1980년대), 33%(1990년대)나 되었다. 이를 주무르던 간부들이 각종 편법으로 모은 자금을 바탕으로 국영기업을 불하받거나 민영기업을 설립하여 기업가로 변신하기도 했다. 인민의 노동으로 형성된 국유재산을 몇몇 당정 간부들이 권세에 의지해 나눠먹은 것이다. 그런 권력과 유착해 부당한 이득을 취한 기업가나 기업농이 일반 인민들로부터 질시의 대상이 된 것은 오히려 자연스럽다.

기업가나 기업농이 모두 다 그런 간부 출신인 것은 아니지만, 그것이 대세라고 보아 개혁개방의 불공정성을 지적하는 비판적 지식인들의 목소리가 점차 커가고 있다. 그들의 시각에서 보면 집단농장 시절의 경영 책임자나 개혁개방 시기의 브로커형 간부들 사이에는 별 차이가 없다. 그들은 모두 혁명 이전의 지주·신사(紳士)들과 다르지 않은 것으로 보였다. 토지개혁으로 지주·신사의 권세가 타도되었지만 당 간부가 그것을 대신하여 인민을 억압하고 수탈하는 구조는 지속된 셈이다. 당과 정부는 분명히 별개의 기구이면서도 일체화된 채 인민 위에 군림했고 당의 결정을 정부가 집행하는 구조였기에 전국 각지에서 지방 관청을 습격하는 크고 작은 농민폭동이 빈발하였다.

농민폭동은 농업세 인상과 직접적으로 연관돼 있다. 1980년대에는 농업세가 1무(畝, 1무는 약 667m²)당 50근에 불과했으나 그후 점차 인상되어 1987년 100근(16.7%), 1994년 300근(50%, 이상 생산량 600근/무 기준)으로 바뀌었다. 불과 10여년 만에 6배나 오른 것이다. 8.8%는 토지개혁 직전인 1950년 9월 신해방구 농업세의 누진제도에 비추어보면 빈농의 세율에 해당하고 50%는 지주의 세율에 해당한다. 설마 모든 빈농이 불과 10년 만에 지주로 성장했겠는가. 50%의 농업세는 33%의 상공업 소득세에 비해서도 과다하게 높은 수준이었다. 신민주주의 시기 농업세 13%에 비하면 거의 4배나 뛴 셈이다. 이는 전쟁과 분열로 징세행정이 문란했던 중화민국 시기의 가혹한 수탈 상황으로 농민이 다시 내몰렸음을 의미한다. 게다가 농민가족이 농촌을 떠나지 않은 채 농외소득을 올릴 수 있는 좋은 기회이자 직장이었던 향진기업마저 같은 처지에 내몰렸다. 1987년 이전 향진기업은 이윤의 30%만 향진정부에 납부하면 되었으나 그후 세율이 인상되어 92년부터는 모든 이윤을 납부토록 바

644

뛰었다. 90년대 들어 향진기업이 도시의 중대형 기업에 갑자기 뒤지게 된 배경에는 이같은 국가의 수탈도 크게 작용했다.

이제 농민과 농민가족은 국가의 세금정책에 의해 사면초가 상태에 놓이게 된 셈이다. 그러니 전국 각지에서 크고 작은 농민폭동이 잇따라 일어나 각 지방의 정부관서를 공격대상으로 삼은 것은 당연한 일이었다. 다만 그 사실이 언론통제로 보도되지 않았고, 농민들 자신의 단체가 없는 상태에서 그것을 조직하고 연계하는 매개역할을 담당할 지식층이 함께하지 않은 탓에 분산적 소동 수준을 넘지 못하고 곧바로 진압되었다. 농민들 중에는 파산하는 사람이 속출했고, 그리하여 무작정 도시로 이주하는 농민공들이 급증했다. 서울 강남시민 수준의 구매력을 갖춘 중산층이 인구의 7% 내외, 거의 1억명인 현실의 다른 한편에서, 이같은 농민공의 수가 1억명을 넘어섰다. 인민공사체제의 농민수탈을 '농민에 대한 국가의 내부식민화'라고 할 수 있다면 개혁개방은 그것의 또다른 버전인 셈이다. 일당통치하에 진행된 개발독재의 농민수탈은 한국을 비롯한 자본주의국가의 그것 못지않다. 산업화의 진전 앞에 내던져진 농민의 운명이다.

중국 당국은 선부론을 내세운 지 20년 만인 2002년부터 그와 상반된 조화사회론을 내세워 '공동부유'를 주창하기 시작했다. 이는 선부론 기조의 개혁개방 결과 빈부격차, 지역격차, 도농격차, 한족과 소수민족 간의 격차가 커졌음을 정부 당국이 인정하고 염려하고 있음을 보여준다. 바로 그 무렵 상공업 기업주, 곧 자본가의 공산당 입당이 허용되었다. 공산당이 그들의 요구까지 적극 수렴함으로써 그들을 대변할 독자적 정당의 태동을 미연에 방지하겠다는 의도일 터이다. 그에 앞서 1998년 결성되었다가 지도자의 구속으로 끝나고 만 중국민주당은 그들을 포함한 신흥 중산층의 이해를 대변하고자 했다. '공동부유'는 당내·당외의 민주주의가 진전되어야 비로소 실현될 수 있는 과제다.

빈부격차 속에 경쟁이 치열해지고 국가의 사회보장 기능이 사라질수록 인민이 의지할 대상으로 가족이 부각되었다. 우선 농업경영의 주체가 가족이었다. 가족은 국가로부터 토지사용권을 가족 수에 따라 분배받아 경작하고 그 생산물을 자유로이 처분하였다. 그와 동시에 도시의 각종 기업이 발흥하자 농업을 포기하고 도시로 이주해 취업하는 가족이 늘어나고, 이에 따라 임대, 양도되는 토지가 증가했다. 이런저런 토지가 부계 친족을 중심으로 비공식적 방식에 의해 다시 집중되었다. 이는 종족의 부활을 재촉하였다.

공업기업의 경영주체도 개인이 아닌 가족이나 확대가족인 경우가 많았다. 이렇게 가족망이 경제활동의 축으로 부상함에 따라 가족은 이전에 농촌의 집단농장과 도시의 공장·기업 등 '단웨이(單位)'가 담당하던 공동체적 보호기능을 대신하기도 했다. 이런 추세를 타고 종족의 조직과 족보, 사당이 급속히 부활했고, 이는 당연히 여성 지위의 변화를 불러왔다.

개혁개방으로 인한 사회체제의 변화는 여성의 지위에 복합적인 영향을 미쳤다. 산업화와 도시화의 진전은 여성에게 다양한 취업의 기회와 자유로운 활동공간을 제공하였다. 도시의 여유 있는 집에서 태어난 여자아이는 대학은 물론 외국유학까지 자유롭게 갈 수 있게 되었다. 그러나 시장화는 동시에 여성을 매춘, 포르노산업에 노출시켜 상품화했다. 농촌에서 집단농장의 해체는 가족 단위 영농을 주관하는 남성의 가부장적 지위를 회복시킴으로써 여성의 가정 내 지위를 상대적으로 약화시켰다.

무엇보다도 국가부담으로 운영돼오던 의무교육체제가 무너짐으로써 여성의 교육기회가 급속히 축소된 것이 여성의 지위 하락에 가장 크고 깊은 경향을 미쳤다. 중국 여아의 초등학교 취학률은 급속히 감소했고 이는 특히 농촌지역에서 더욱 심했는데, 그 결과 1993년 문맹자의 70%가 여성이었다. 국가가 자녀를 하나만 낳도록 제한한 조건에서 경제적·사회적 경쟁이 치열해짐에 따라 남아선호 관념이 다시 강화되어 여아를 살해하거나 내다버리는 전통시대의 풍습이 부활했다. 그 심각한 정도는 5세 미만의 남아 대 여아 비율 118:100이라는 1995년 통계가 말해준다. 이제 가난한 남성은 배필을 구하기 어려웠고, 여성이 자기 의사와 상관없이 돈에 팔려 결혼하는 매매혼, 부자들의 축첩(蓄妾)도 되살아났다. 중국정부는 1992년 '여성권익보호법'을 제정하여 피해여성의 구제수단을 규정했지만 역부족이었다.

베트남에서도 이와 비슷한 여성 지위의 하락 현상이 일어났다. 산업화의 진전에 따라 각종의 다양한 취업기회가 주어진 것과 동시에 남아선호 관념이 부활하고 남녀차별이 노골화되었다. 1980년 개정된 헌법에서 남아선호를 금지하는 동시에 '국가와 사회는 여성의 사회적 역할을 남녀동등원칙에 의거해 개선할 책임을 진다'고 규정하였지만, 차별은 아동의 교육에서부터 나타나서 1999년 문맹자의 2/3가 여성이었다. 이는 취업과 임금의 차별로 이어졌다. 전쟁 동안 각 분야에서 남성의 빈자리를 채웠던 여성은 이제 다시 돌아온 남성을 위해 자리를 내주어야 했다. 국회의원과 지방인민위원의 32%와 20%를 차지하던 여성 비율이 1990년대에 각각 18%와 12%로 떨어진 것은 이런 사정을 보여주는 하나의 예다. 각종 형태의 참전으로 인해 부상당하거나 결혼 적령기를 넘겨버려 결혼할 수 없게 된 여성과 남편을 잃은 독신여성이 140만명이나 되었지만 정규군으로 참전한 자에게만 국가의 보상이 따랐을 뿐이다.

중국처럼 적극적 의지를 갖고 개혁개방 정책을 취하지 않은 북한에서도 경제난 속에서 여성 지위에 변화가 일어났다. 식량배급제도가 무너지면서 가족 부양의 책임이 각 가정에 맡겨진 상황에서 보따리장사를 하든 국수를 말아서 팔든 가계를 주도적으로 책임지는 여성이 늘어났다. 그들은 이런 사태 변화에도 불구하고 앉아서 밥상만 기다리는 남성을 아무짝에도 쓸모없는 물건이라는 뜻의 '낮 전등'으로 비아냥거렸다. 2004년 11월 월간지 『천리마』가 남편들에게 아내의 가사노동을 적극 도우라고 강력히 권고하고 나선 것도 이런 사정과 관련이 있는 듯하다. 공장 가동률이 20%대로 떨어지자 학교교육을 받은 여성들 중에 군입대를 자원하는 경우가 급증하여 여군이 전체 군인의 15%를 차지할 정도가 되었다. 장사할 형편도 못되고 여군이 될 수도 없는 나이 어린 여성들은 목숨을 걸고 국경을 넘어 만주를 유랑하다가 팔려가거나 유흥가에 몸을 맡기고 살길을 찾는 신세가 되었다. 마치 소련이 붕괴된 후 러시아 여성이 한국에까지 흘러들어와 그리했던 것처럼.

사회단체의 부활과 촌민자치의 실험

혼합경제의 회복으로 빈부격차가 현저해지고 경제적 이해관계가 다양해지자 정치와 사회 영역에서도 그에 상응하는 다원화, 민주화 욕구가 아래로부터 솟아올라왔다. 그 결과 도시지역의 경우 각종 사회단체들이 분출하여 국가와 시장 사이에서 자신의 이해를 대변하는 사회적·정치적 역할을 키워가고 있으며, 농촌지역에서는 주민 직선에 의한 촌민자치가 도입되었다.

1989년의 톈안먼사건*은 개혁개방 10년 동안 급성장한 도시지역 지식인, 학생, 노동자, 일부 상공업자의 민주화 요구를 보여주는 전국적 사건이었다. 이를 '폭력적 난동'으로 규정해 유혈진압한 직후 중국정부는 경제개혁 10년 동안 급성장한 사회단체들을 통제하기 위해 '사회단체 등기조례'를 제정하여 사회단체에 대한 대대적인 정리작업을 실시했다. 동업단체가 가장 많았는데, 각 단체는 분야별로 하나만 설립해 정부에 등록하도록 함으로써 같은 분야에서 복수의 단체가 경쟁할 수 없도록 제한했다. 그 결과 가령 사기업을 시작하는 사람은 당국의 허가를 받는 일 외에 반드시 하나뿐인 사기업주협회에 가입해야 영업을 할 수 있었다. 사실상 강제가입을 제도화한 셈이다. 1996년에는 모든 단체에 법인자격을 요구하여 민사상 책임능력을 보증할 일정 금액 이상의 활동자금을 요구하였다.

등록된 단체는 관변단체로부터 자주적인 민간단체에 이르기까지 다양하다. 각급 행정단위의 공상연합회와 좀더 하위의 세분된 업종별 협회는 물론 민간단체에 속하지만, 회원의 대다수가 국영기업이고 그 임원진도 대부분 국영기업 퇴직자들로 채워져 있어 정부의 영향을 크게 받고 있다. 등록된 단체 수는 1996년과 2005년에 17만~18만개였고 그중의 약 절반이 현급 행정단위에 소속돼 있다. 그와 동시에 신문·방송(라디오·텔레비전)을 비롯한 각종 언론매체가 급증하고(신문과 라디오방송이 1979년 각각 283개, 99개에서 1992년 1666개, 724개로 증가) 인터넷이 급속히 보

톈안먼사건 1989년 6월 베이징 톈안먼광장에서 민주화를 요구하며 단식·연좌시위 중이던 학생과 시민 들에게 중국 계엄군이 발포해 수천명의 사상자를 낸 사건.

급되어 각종 단체의 활력과 상호연대를 촉진했다. 한편 등록되지 않은 단체 수가 등록 단체 수에 거의 육박할 정도라 추산되는데, 특히 1997년 덩 샤오핑 사망 이후 더욱 현저해서 당국의 통제가 그 의지대로 관철될 수 없는 상황에 이르렀음을 말해준다.

유엔세계여성대회가 베이징에서 개최된 1995년은 중국에서 비정부기구(NGO)가 본격적으로 등장한 해다. 등록된 단체든 미등록 단체든 그중의 일부가 비정부·비영리 사회단체인 NGO다. NGO의 숫자와 활동정도는 사회의 다원화와 민주화 정도를 가늠하는 하나의 지표라 할 수 있다. 그들은 국가와 대치하면서 정치개혁을 통해 민주화를 이룩하려는 직접적인 활동을 하기보다 국가와의 대립을 피하면서 국가와 가족의 힘이 미치지 못하는 중간지대에서 자기 역할을 찾아 사회적 영향력을 축적해가고 있다. 환경 및 자원 관리, 장애인 지원, 여성 권익과 아동 및 청소년 복지, 보건위생 관리, 농촌 빈곤 퇴치, 도시빈민과 노인의 복지 향상, 소수민족 문화 보전, 재난 구제, 법률서비스, 각종 자선 같은 사회서비스 분야의 활동이 두드러진 것이 이를 말해준다. 국가가 사회서비스 분야를 전적으로 책임지던 사회주의 분배체제가 붕괴된 상황에서 이들은 국가의 역할을 보완함으로써 사회질서를 유지하는 불가결한 존재가 되었다.

때때로 이들은 국가와 당의 정책 결정과 시행착오를 비판하면서 시정을 요구해 관철하는 역량을 보이기도 했다. 누강(怒江)댐 반대운동은 그 대표적인 사례다. 2003년 윈난성 누강에 싼샤(三狹)댐보다 더 큰 댐을 세우려는 당국의 계획이 『중국환경보』의 보도로 알려졌다. 이에 자연의 벗·녹가원·녹색유역 등을 비롯한 중국의 환경NGO들은 국내 언론의 지원과 국제적 연대 속에 그것이 환경에 미칠 영향을 조사하여 공개하고 여론을 형성해갔다. 특히 그와 유사한 조건에서 댐이 건설된 지역에 현지 주민을 견학시켜 넝마주이로 연명하는 이주민의 참상을 목격하게 함으로써 적극적인 참여를 이끌어냈다.

누강은 티베트에서 발원해 타이와 미얀마로 흐르는 살윈 강의 상류여서 이들 이웃나라의 환경단체와도 자연스레 연계되었다. 또 인근의 진샤 강, 린창 강과 함께 세계자연유산에 등록돼 있어서 유네스코를 통한 국제적 연대도 용이했다. 중앙정부 내 환경부서인 환경총국도 문제의 심각성을 인지하고 상당히 호응했다. 이렇게 자발적인 힘과 여론이 커지자 이듬해 정부는 계획의 전면적인 재검토를 지시하지 않을 수 없었다. 물론 그후 건설업자와 지방정부 및 개발이익을 독점할 소수세력이 이를 뒤집으려 기도했기에 아직 완전히 백지화된 상태는 아니지만 중앙·지방의 정부 당국을 상대로 한 NGO 활동의 대표적인 성공사례로 꼽힌다. (누강댐 건설은 2013년 4월부터 재개되어 미얀마와 태국의 반발을 사고 있다.)

이렇게 비정치 분야에서 자기 역할을 키워가는 사회단체와 NGO들은 청말과 중화민국 시대 민간단체들이 공공단체로서 자처하면서 공공의 이익을 위한 각종 사회활동을 펼치고 그것을 바탕으로 정치적 역할까지 담당하려 했던 경험을 연상시킨다. 실제로 정부도 행정의 공개화와 과학화라는 이름으로 지방의 경제·사회·문화 관련 입법과 시행과정에 관련 사회단체 대표가 출석하여 의견을 개진하고 조율할 수 있는 제도적인 참여기회를 보장해가고 있다. 국가로서는 당의 영향력이 쇠퇴하는 조건에서 이들 사회단체를 적절히 통제하고 포섭하여 국가의 역할을 보완하는 조합주의적 동원전략을 구사한 것이다. 한편으로 절차적 민주화 이전의 조건에 있는 사회단체로서는 타협과 참여를 통해 자기 활동공간을 확장하면서 민중의 이해와 요구를 어느정도 대변해가는 과도기 전략으로 볼 수 있다. 1998년의 중국민주당 결성 시도가 수십명을 구속하는 탄압으로 와해된 예에서 보듯이 정당 결성을 엄격히 금지하는 현실에서는 더욱 그러하다.

그러는 사이 조금 늦게 베트남의 도시지역에서도 중국과 비슷한 현상이 나타났다. 도이머이 초기 남부지역 농민시위와 저항전사회(민족해방전선 출신자들의 모임)의 정부 비판에 직면한 당국은 톈안먼사건과 같은 사태의 도래를 경계하면서, 1990년 공산당 산하의 베트남조국전선이 같은 분야의 다른 모든 자발적 대중조직까지 흡수통합하도록 하는 규정을 만들었다. 아울러 이렇게 통제된 조건에서 노동자, 농민, 기업가 등 각 분야별 이익단체들이 입법과 정책집행 과정에 자기 이해를 표출할 수 있게 하였다. 이런 열악한 조건 때문에 베트남인의 독자적 NGO는 중국에 비해 상대적으로 미약하고 국제 NGO의 활약이 눈에 띈다. 약 200개 가까운 국제 NGO 중에는 한국에 본부를 둔 것도 몇개 있다. 전쟁피해자를 지원하고 지역개발을 돕는 지구촌나눔운동, 청소년 교육을 통해 남아시아 문화의 이해를 돕는 한아봉사회, 선천성 안면기형아 수술 등 개발도상국 보건의료를 지원하는 글로벌케어 등이 그런 예다.

그러나 이 정도의 제한된 포용으로 분출하는 다양한 사회집단의 정치적 욕구를 충족시키기는 어렵다. 각종 기업이 집중된 도시에서는 말할 것도 없고, 과거 집단농장의 획일적 이해관계를 벗어나 완위안후(萬元戶, 백만장자, 벼락부자)나 바이(百)완위안후가 나타난 농촌지역에서는 특히 더 그렇다. 같은 빈부격차라도 좁은 촌락사회에서는 도시지역보다 일상생활 속에서 상대적 박탈감이 더욱 노골화되기 때문이다. 빈곤에 허덕이는 중국 농민들이 마오 쩌둥 사당을 짓고 그를 숭앙하는 의례를 거행하는 것은 이런 사정을 반영한다. 중국에서 촌민자치의 민주화가 점차 제도화된 까닭이다.

촌민자치는 인민공사가 해체되면서 수립된 향(鄕) 인민정부 밑에 촌민위원회가 구성됨으로써 시작되었다. 1982년 개정된 헌법에서 촌민위원회는 주민의 선거로 구성한다고 규정했지만 그것이 자유경선의 직선임을 명시하지는 않았다. 따라서 대부분의 지역에서는 공산당 향 지부 서기에 의해 촌민위원회 간부(주임, 부주임, 위원 약간명)가 임명되었고, 극소수 일부 지역에서만 여러 형태의 선거가 시도되었다. 자유경선의 직선은 인민공사 해체작업이 완료된 1985년 이후부터 일부 지역에서 자연발생적으로 시도된 후, 당국이 이를 인정하고 확대함으로써 제도화되었다. 중요사항의 결정은 18세 이상의 남녀 유권자 전원이 참여하는 촌민회의를 거치도록 했다. 촌민 수가 2000명이 넘는 경우도 많았으므로 촌민위원회(집행기구)와 별도의 촌민대표회(의결기구)를 둘 수 있게 했는데 각각 1987년과 1998년 자유경선의 직선으로 구성하게 되었다. 이는 기본적으로 신민주주의 시기의 향진 인민위원회와 인민대표대회 체제가 촌 수준에서 회복된 것이라 할 수 있다.

3년마다 시행된 실제 선거는 촌락의 여건에 따라 임명제, 간선제, 직선제가 혼용되는 속에 단계적으로 이행하는 추세를 보였다. 직선의 내용도 종전대로 당이 지명한 후보자, 주민 추천 후보자, 자원 입후보자가 경쟁적으로 나서 선거유세를 벌이고 무기명 비밀투표를 실시하는 방식으로 진전되었다. 주민의 자유로운 추천을 보장하기 위해 교황 선출방식과 유사한 '하이쉬안(海選)'이 도입되기도 했다. 이는 넓은 바다에서 물고기를 잡는 것에 비유해 만들어진 용어인데, 모든 유권자가 추천용지에 정해진 간부 수의 후보자 이름을 써서 투표함에 넣는 일종의 예비

선거다. 그 결과 당 간부나 당원도 낙선하고 누차 연임했던 유능한 현직 간부가 탈락하기도 했다. 여성의 몫을 할당하라는 요구도 어느정도 수용되었다.

경쟁선거 과정에서 당연히 빈부격차가 반영되고 매표 현상이 속출했다. 기업이 많이 소재한 부유한 촌락일수록 경쟁은 더욱 치열했다. 그래도 주민의 다수는 직선제가 촌민자치에 긍정적 효과를 가져왔다고 인정했다. 1998년 호주의 한 학자가 저장성 농촌의 주민을 상대로 진행한 설문조사가 이를 보여준다. 최근의 선거가 공정하다고 답한 사람이 53.5%, 불공정하다고 답한 사람이 35.3%인데, 불공정의 내용으로는 매표행위와 동족관계의 작용을 꼽았다. 그래도 직선으로 뽑힌 촌 간부가 주민을 위해 더 잘 복무할 것이라고 답한 사람이 82.7%나 되었다.

중국에서 촌 선거의 민주화가 조심스럽게 진행되던 1980년대 후반은 동아시아 차원의 민주화가 진전된 시기였다. 그 동시성이 우연의 일치가 아닌 이들 상호간의 내적 연관의 소산인지는 밝혀져야 할 우리의 관심거리다.

민주화는 우선 홍콩과 타이완, 그리고 한국에서 연쇄적으로 일어났다. 1984년 중·영 당국이 공동성명을 발표하여 1997년에 홍콩을 기존의 체제 그대로 중국에 반환키로 합의했음에도, 영국 식민당국은 향후 도래할 중국의 영향력을 차단하기 위해 위로부터의 민주화를 급속히 추진했다. 구의회·시정국·입법국의 3급 민의 대표기관에 직선제를 도입해 점차 확대한 것이다. 이로써 처음으로 정당 결성이 허용되었는데, 3년마다 시행된 선거에서 정당과 공인된 사회단체가 동시에 후보자를 내고 선거운동을 펼칠 수 있게 함으로써 정당의 결성과 이익단체들의 정치활동을 촉진했다. 동시에 마카오에서도 똑같은 정치개혁이 진행되었다. 1986~87년 필리핀과 한국의 민주화, 그리고 타이완 당국의 계엄령 해제와 정당 결성의 허용은 자유경선의 직선을 제도화하는 방향으로 나아갔다. 모두 중국의 전국인민대표대회 상무위원회가 홍콩특별법을 준비하고 있는 상황에서 벌어진 일들이다. 따라서 홍콩, 타이완의 민주화와 대륙의 촌민자치는 중국의 통일을 염두에 둔 민주파 인사들 간의 상호작용에 의해 더욱 촉진되었을 가능성이 있다.

직선에 의한 주민자치는 20년 넘도록 촌락 수준에 한정돼 있다. 1998년 쓰촨성 부이현에서 촌보다 상위의 향 수준에서 향장선거를 실시했다가 헌법 위반이라는 이유로 책임자들이 구속된 사례에서 보듯, 당국은 경쟁적 직선제가 그보다 높은 행정단위로 확대되는 것을 금하고 있다. 그래서 촌 단위 선거는 마치 미국 대학의 '기숙사 민주주의'(dormitory democracy)처럼 '해도 그만 안해도 그만'이라고 보는 평가도 있다. 그러나 그것이 기층에서의 신민주주의 정치의 회복이라면 그렇게 실험된 민주경험은 사회 전체의 민주화를 위한 밑거름이 될 것이다. 1998년 중국민주당 결성 시도가 그 지도자들의 구속으로 좌절된 것은 그러한 밑거름이 부족했음을 말해준다.

베트남은 장기전쟁의 여파가 남아 있는데다가 개혁개방이 좀더 늦게 시작된 탓인지 아직 이같은 촌 수준의 직선자치도 제도화되지 못한 듯하다. 다만 각급 정부기관의 간부를 결정하는 과정에서 부하직원의 투표가 1차적 선별기준으로 채택되고 있는 정도다. 그래도 내부로부터의 민주화 요구는 피할 수 없을 것이다. 글로벌화와 지역화의 추세 속에서 갈수록 늘어가는 동아시아 지역 내의 사람, 노동력, 자본, 상품, 문화의 상호교류와 이동이 이를 더욱 자극할 터이기 때문이다.

2015년 9월 28일 중국 정부의 홍콩 직선제 제한에 맞선 '우산혁명' 1주년의 모습 ©AP/Kin Cheung

제10장

탈냉전시대의 갈등과
시민운동

탈냉전기에 접어들었음에도 동아시아에서 중국과 미국이 벌이고 있는 패권경쟁은 오히려 더욱 치열해지는 추세다. 이 경쟁은 단순히 경제적 패권만이 아니라 정치·군사 등 전사회 분야에 걸쳐 있으며, 특히 조어도·북방열도·역사교과서·북핵 등 각국간 갈등과 마찰은 동아시아 평화를 끊임없이 위협하고 있다. 동아시아 시민사회는 각국의 민주화 바람을 타고 활성화되어, 일국 내에서뿐만 아니라 '국경을 넘는' 시민운동으로 번지는 추세다. 이주노동자 문제는 역내 경제불평등 등의 사회적 이슈이기도 하지만 다른 한편으로는 '아시아인'으로서의 정체성이 형성되는 데 중요한 역할을 하고 있다.

1

신자유주의의 확산과
군사대국화

자본주의의 전지구적 확산

탈냉전 이후 자본주의가 전지구적으로 확산되고 있다. 냉전체제하에
서는 자본주의권과 공산주의권이 서로 다른 경제영역으로 나뉘어 있었
다. 하지만 동구 및 소련 공산당정부의 몰락과 중국과 베트남, 몽골의
개혁개방 정책 추진은 자본주의체제하에서 전지구가 하나의 시장을 형
성하는 새로운 시대의 막을 열었다.

자본주의의 전지구적 확산은 일본, 한국, 타이완 등 대외무역 의존도
가 높은 동아시아의 신흥공업국에 새로운 기회를 주었다. 일본은 이미
1972년 중국과의 국교 정상화 이래 중국으로 진출하기 위한 준비를 하
기 시작했고, 한국은 1990년 소련과, 1992년 중국·베트남과 수교하면서
옛 공산권 지역으로 무역대상국을 확대하였다. 타이완은 분단상황이었
음에도 점차 중국시장에 진출하기 시작했으며, 다른 옛 공산권 지역으

로도 무역을 확대하기 시작했다.

1992년의 한중수교는 동북아의 탈냉전을 알리는 상징적 사건이라 할 수 있다. 중국 당국은 개혁개방 정책을 뒷받침하기 위해 한국의 자본과 기술, 그리고 산업화 경험이 필요하다고 보아 1982년 한국과의 수교방침을 결정하였다. 그러나 중국은 북한의 반대를, 남한은 타이완의 반대를 극복해야 했으므로 새로운 조건의 도래를 기다려야 했다. 북한문제는 1991년 남북한 동시 유엔가입으로 '두개의 한국'이 국제적으로 승인됨으로써 풀렸고, 타이완문제는 같은 해 한·중 무역이 한·타이완 무역을 초과했기에 타이완과의 무역 이득을 포기하고 '하나의 중국' 요구를 수용하는 것으로써 해결했다. 수교교섭 당초 중국은 한중수교와 동시에 미·일이 북한과 수교하는 '교차승인'을 추진했으나, 북한이 국제원자력기구 사찰을 거부해 국제여론이 나빠지자 미·일이 발을 뺌으로써 무산되었다. 그 결과 북한을 제외한 동아시아 전체가 자본·기술·상품·노동력의 유입을 허용하는 하나의 거대한 시장으로 연결되었다.

옛 공산권과의 교역을 통해 한국과 타이완은 1990년대 제2의 중흥기를 맞을 수 있었다. 자원이 부족하고 내수시장이 작기 때문에 외자가 많고 무역의존도가 높은 공통점이 있었던 한국과 타이완은 1970년대 이래 세계시장에서 일본과 경쟁하면서 낮은 가격으로 시장을 개척하고 있는 상황이었다. 그런데 소련, 중국, 동유럽 등 경제사정이 좋지 않은 시장이 새로 열리자 가격경쟁에서 비교우위를 가질 수 있는 새로운 상황이 조성되었다. 한국과 타이완은 이를 통해 1980년대 말 이후부터 1990년대 초까지 10% 내외의 높은 성장률을 기록하게 되었다.

이에 반해 일본은 1990년대 내내 경제적으로 위축되었다. '잃어버린 10년'으로 불리는 일본의 1990년대는 부동산 가격과 주가의 거품이 빠지면서 시작되어, 10년간 정체의 늪에 빠졌다. 1990년 10월 1일 일본의 평균주가는 1989년의 3만 8915엔에서 2만엔대로 무려 49%나 하락했다. 1990년 10월 15일 미국『뉴스위크』의 표지가 'The Tokyo Crash'라는 문구로 장식된 것은 일본의 주가 폭락을 실감나게 말해준다. 그후 1992년 8월에는 평균주가가 1만 5000엔대로 곤두박질치면서 연쇄적으로 부동산 가격이 폭락했고, '경제대국' 일본이 구가하던 버블경제는 붕괴되었다. 1998~99년에는 2년 연속 마이너스 성장을 기록하면서 전후 최악의 경기불황을 맞이하였다. 버블붕괴로 건설, 부동산, 금융뿐만 아니라 일본의 대표 유력산업인 자동차산업, 철강업도 치명적인 타격을 입었다. 대부분의 기업은 처절한 재생 처방전 없이는 기사회생이 불가능한 상태에 빠졌다.

예를 들면 1999년 닛산자동차는 그 생산대수가 1991년에 비해 60만 대나 감소하여 거의 재생이 불가능한 상태가 되었다. 닛산은 경영재건을 위해 프랑스 르노자동차와 제휴하고 르노의 까를로스 곤(Carlos Ghosn)을 부사장으로 영입했다. 곤의 경영재건계획은 3년간 원자재 구매가격을 20% 삭감할 것, 철강회사와 부품회사 등의 납품업체 수를 반으로 줄일 것, 부진한 공장을 폐쇄하고 직원들을 정리해고할 것을 골자로 하는 극약처방이었다. 곤의 처방전에 의해 철강업계에서는 연쇄적인 가격경쟁이 일어나 경영이 더욱 악화되었다. 결국 최종적인 방안은 기업 간 통합과 제휴밖에 없었다. 2001년 4월 일본강관과 카와사끼(川崎)제철이 경영통합을 이루면서 세계 2위의 JFE Steel이 탄생했으며(실제 통합은 2003년), 신닛뽄제철·스미또모금속·코오베제강은 주식을 균등하게 분배하는 제휴에 성공하여 일본의 철강메이커가 양대 그룹으로 재편되면서 철강재의 가격하락이 멈추게 되었다. 이후 2004년부터는 중국에 대한 철강 수출이 급증하며 철강업계는 다시 호경기를 맞이했다. 중국의 철강산업은 2003년에는 2.2억 톤, 2004년에는 2.7억 톤으로 매년 증가 추세를 보이고 있고 이에 따라 일본의 철강 수출도 늘어났다. 그러나 2008년 미국 금융위기 이후 각국의 철강 생산량은 감소 추세를 보였고, 철강의 최대 생산국인 중국에서는 정부가 2013년 과잉생산과 환경 파괴를 이유로 감산을 지시하기에 이르렀다.

이렇게 자본주의가 전지구적으로 확산되기 시작하면서 세계경제권을 하나로 묶기 위한 작업이 시작되었다. 기존 세계무역은 '관세 및 무역에 관한 일반협정(GATT)'*에 의해 규정되고 있었는데, 변화된 세계시장에 맞는 협상체제가 요구되었다. 1986년 남미의 우루과이에서 개최된 GATT의 제8차 각료회의 우루과이라운드는 그 출발점이 되었다.

1948년 1월 1일에 발효된 GATT는 세계 무역질서를 규정하면서 많은 예외규정을 두고 있었다. 세계 각국의 경제규모 차이로 인해 예외규정을 두지 않을 경우 경제규모가 작고 경쟁력이 없는 국가가 치명적인 충격을 입을 수 있었기 때문이다. 특히 농업이 주요 산업으로 되어 있는 개발도상국에 농산물의 수입 제한은 필수불가결했다. 또한 국내법과 GATT의 조항 사이에 불일치가 있을 경우 국내법을 우선 적용하도록 규정하고 있었다.

그러나 1970년대 두차례 오일쇼크로 세계경제가 침체하면서 새로운 무역질서의 요구가 뒤따랐다. 특히 미국은 독일과 일본의 성장, 그리고

관세 및 무역에 관한 일반협정 미국을 비롯한 23개국이 국가간 관세장벽과 수출입 제한을 제거하고 국제무역과 물자교류를 증진시키기 위해 1947년 제네바에서 조인한 국제무역협정, 1994년 모로코에서 열린 각료회의를 끝으로 이듬해에 WTO가 발족하면서 해체되었다.

한국, 타이완 등 신흥공업국의 성장으로 인해 세계무역에서 점차 뒤로 밀리게 되었다. 그뿐만 아니라 고부가가치의 기술상품이 늘어나면서 지적재산권과 관련된 분쟁이 자주 일어나게 되었고, 금융, 통신, 수송 등 서비스 부문과 해외투자가 늘어나면서 새로운 무역분쟁이 발생했다.

우루과이라운드는 몇차례의 논의를 통해 WTO의 설립과 함께 분쟁 해결 절차를 도입하였다. 8년에 걸친 교섭을 거쳐 1994년 4월 모로코의 마라케시에서 열린 각료회의에서 결론을 내릴 수 있었고, 이에 따라 1995년 1월 WTO가 발족하였다. WTO는 교역대상국들 간의 차별을 없애고 모든 국가를 동등하게 대우하는 최혜국대우의 원칙을 도입했고, 교역장벽의 철폐, 시장개방에 대한 예측 가능한 공약, 불공정한 관행의 억제 등을 그 내용으로 했다.

이 과정에서 한국과 일본 등의 쌀 수입개방 특례조치인 '우루과이라운드 농산물개방 특례조치'가 채택되기도 했다. 한국과 일본은 미국과의 쌀개방 협상에서 10년간의 관세화 유예기간을 둘 수 있도록 했다. 특히 한국에 쌀시장 개방은 매우 중요한 문제였다. 한국은 전후 미국으로부터 PL480 원조*를 받으면서 농업생산품이 쌀로 단일화되는 과정을 거쳤다. 이는 쌀의 증산을 통해 식량자급을 추진했던 개발독재 시대의 유산이기도 했다. 이러한 상황에서 쌀시장이 개방되고 값싼 미국산 쌀이 유입될 경우 농업의 몰락은 명약관화한 것이었다. 그러나 이를 비롯한 몇가지 유예조치를 제외하고 WTO의 규정은 모든 국가의 무역장벽

PL480(미공법 480호) 원조 자국의 잉여농산물 재고 처리와 이를 통한 미국의 대외 농업수출 진흥 및 원조법에 따른 원조. 미국은 군수물자 판매를 주목적으로 이 법을 제정했다.

을 일거에 낮추는 것을 기본 골자로 하였다.

이렇게 새로이 발족한 WTO는 동아시아 지역에 몇가지 중요한 변화를 일으켰다. 첫째로 시장이 급속하게 개방됨으로써 과거 정부 정책의 보호를 받던 국내 산업이 큰 타격을 입게 되었다. GATT체제는 국가간 발전정도 및 경제력의 차이를 인정했지만, WTO는 국가간 국력 차이에 의한 예외규정들을 최소화했다. 이로 인해 동아시아 국가에 대한 국제 자본의 투자가 빠르게 증가했다. 외국자본들은 1990년대 이전 보호무역정책과 보조금에 의해 일정한 단계까지 국내 기업들을 키울 수 있었던 한국과 타이완뿐만 아니라 개발도상국 단계를 여전히 벗어나지 못하고 있는 필리핀, 베트남 등에도 깊숙이 침투하게 되었다. 특히 필리핀과 베트남은 국내 자본과 기업이 충분히 성장하지 못한 상태에서 거대 외국자본이 침투하면 자칫 세계경제의 흐름에 종속됨으로써 자체 발전의 길을 추구하지 못할 가능성도 있다.

반면 일본, 한국, 타이완 등 이미 어느 단계 이상으로 성장한 국가들에 WTO는 새로운 기회를 제공하였다. 한편으로는 공산품 수출을 위한 새로운 시장 개척을 통해 지속성장이 가능한 길을 열었고, 다른 한편으로는 해외로의 자본 진출을 통해 새로운 방식의 수출전략을 마련할 수 있는 기회를 열었다. 이는 곧 상대적으로 임금이 낮은 지역에 대한 투자를 통해 생산단가를 낮춤으로써 경쟁력을 강화할 수 있다는 것을 뜻했다. 이때부터 일본, 한국, 타이완 등의 생산품에는 OEM(주문자상표 부착 생산) 방식의 제품들이 급증하기 시작했다. 이러한 새로운 방식에 결정적 계기가 된 것은 2001년 11월 중국의 WTO 가입이었다. 2006년에는 베트남도 WTO에 가입하였다.

이로 인해 한국과 타이완, 일본의 중국에 대한 투자가 급증하였다.

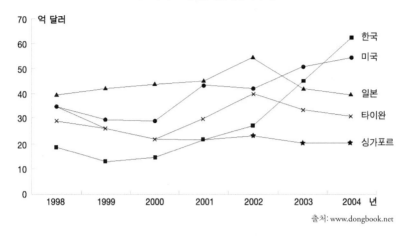

〈표 2〉 주요 국가별 대중국 투자 추이

출처: www.dongbook.net

〈표 2〉에서 보는 것처럼 한국과 일본의 중국에 대한 투자는 특히 2000년 이후 급증했으며, 한국의 경우 2배 이상 증가했다. 한국은 대기업에서 중소기업에 이르기까지 다양한 규모와 종목의 기업들이 중국에 진출하였다. 최근 중국 노동시장이 경색되면서 동남아시아 및 베트남, 그리고 북한의 개성공단으로 진출하는 경우가 늘고 있음에도 불구하고 중국은 여전히 한국의 가장 중요한 투자대상국이다.

　필리핀에 대한 투자 역시 늘고 있다. 전통적으로 필리핀에 대해 관심이 많았던 일본과 미국 외에도 신흥공업국가들의 진출이 활발해졌다. 필리핀에 대한 해외투자에서 한국이 일본과 미국에 이어 세번째로 많은 비중을 차지한 가운데 홍콩을 포함한 중국의 FDI(Foreign Direct Investment, 외국인직접투자)도 늘고 있는 상황이다. 이는 1990년대 이후 중국이 급격한 경제성장을 이루면서 이제 해외로의 자본 진출을 본격적으로 모색하는 단계에 들어섰다는 것을 의미한다. 중국은 이미 해외시장에서 큰손으로 활약하고 있으며, 일례로 2006년에는 중국의 상하이자동차가 한국의 쌍용자동차를 매수하여 주목을 끌기도 했다.

이로 인해 한국과 타이완의 무역대상국이 다양해졌다. 한국의 경우를 보면 1990년대까지 미국과 일본에 집중되어 있던 무역대상국이 크게 바뀌었다. 중국이 대외교역국 중 제1위 국가로 부상했으며(2009년 현재 무역량 867억 달러) 그뒤로 미국(376억 달러), 일본(217억 달러) 순이다. 특히 인도(80억 달러), 베트남(71억 달러), 인도네시아(60억 달러) 등 아시아 국가와 멕시코(71억 달러) 등 남미 국가들이 대외교역에 있어 주요 대상국이 된 것이 특기할 만하다. 이는 WTO 이후 역내무역이 증가하고 있음을 보여주는 것으로, 한국의 경우 아시아 국가들이 주요한 무역대상국이 되고 있다.

한편 중국은 미국발 금융위기 속에서도 7%대의 성장을 지속하여 2010년 일본을 제치고 국내총생산규모 세계 2위의 경제대국으로 부상하였다. 이런 경제력을 배경으로 중국은 2013년부터 미·일이 주도하는 세계은행과 아시아개발은행에 대응하여 새로운 국제금융기구 설립을 주도했다. 2015년 11월 공식 출범한 아시아인프라투자은행(AIIB, Asian Infrastructure Investment Bank)이 그것인데, 창립 회원국 57개국에는 중국·인도·한국·아세안 10개국·호주·러시아 외에 영국·독일·프랑스·이딸리아 등 유럽 주요 국가 대부분이 참여하였다. 중국은 이 기구의 최대 주주로서 그 본부를 베이징에 유치했다. 타이완은 '중화대만'(Chinese Taiwan)의 이름으로 참여를 허락받았으나, 북한은 거부당했다. 미국·일본·캐나다·멕시코 등은 참여하지 않았다.

그러나 이러한 FDI의 확대 및 해외교역의 다변화가 동아시아 각국의 사회·경제에 미치는 영향이 반드시 긍정적이라고만 볼 수는 없다. 문제는 한국과 타이완의 경우 해외로 나가는 자본은 고용 증대에 영향을 미

국가	1차산업		2차산업		3차산업	
	금액	비중	금액	비중	금액	비중
한국	1.3	2.9	40.2	89.3	3.5	7.8
일본	0.5	1.0	41.7	82.4	8.4	16.6
미국	0.8	1.9	29.2	69.5	12.0	28.6
타이완	2.8	3.1	77.1	84.1	11.8	12.8
싱가포르	0.8	3.9	17.8	86.4	2.0	9.7

2003년 기준, 억 달러, %, 출처: www.dongbook.net

치는 2차산업이 대부분이고, 한국과 타이완으로 유입되는 자본은 국내 고용창출 효과를 발생시키지 못하는 투자가 대부분이라는 점이다. 한국에 대한 FDI를 살펴보면 그 투자액은 1997년 금융위기 이후 계속 증가하는 추세지만, 이들 투자는 제조업에 대한 투자라기보다는 서비스산업과 주식시장에 대한 투자이기 때문에 대규모 고용효과를 창출하기 어렵다.

반면 〈표 3〉에서 보듯이 중국에 대한 투자의 대부분은 대규모 고용창출 효과가 있는 2차산업에 집중되어 있다. 이는 상대적으로 일본, 한국, 타이완에서의 고용효과를 상쇄하는 결과를 가져왔고, 이로 인해 일본, 한국, 타이완은 모두 심각한 실업문제에 직면하게 되었다. 경제규모는 커졌지만 고용규모가 성장하지 않음으로 인해 사회적 양극화가 가속화된 것이다.

아울러 세계경제가 하나의 틀로 묶이게 되면서 동아시아 각국의 경제는 세계경제에 민감하게 반응하게 되었다. 1997년의 아시아 금융위기가 그 대표적인 예다. 홍콩의 중국 반환으로 인한 서구 자본의 유출,

이후 인도네시아, 타이에서의 금융위기는 한국으로까지 확장되어 국가 부도 사태 직전에 이르는 경제위기가 발생했다. 2008년 미국의 부동산 금융위기에서 시작된 경제위기 역시 전세계에 영향을 미쳤는데, 동아시아 지역 역시 심각한 위기를 겪었다. 중국의 성장이 2008년 세계경제위기가 한국 및 타이완에 미친 충격을 완화하는 역할을 했을 것으로 판단되지만, 일본은 미국경제와 연동하면서 많은 어려움을 겪고 있다.

아시아 금융위기 이후 자유무역협정(FTA) 체결의 필요성이 제기되고 실제 협상이 급속히 진행된 것도 국제교역상의 여러 어려움과 신자유주의의 확산을 보여주는 예이다. 1999년 아세안+3(한중일)의 동아시아 협력에 관한 공동성명이 발표된 이후, 자유무역협정은 한-아세안(2007), 중-아세안(2010) 간에 체결되었고, 한중 간에는 2014년 체결되었다. 한중일 3국간 FTA를 위한 협상도 진행 중이다. 그러나 관세장벽을 낮추고 상품과 노동력 및 서비스의 자유로운 이동을 촉진하는 것으로 자본주의 경제의 구조적 난제가 해결되기를 기대할 수는 없을 것이다. 갈수록 커지는 실업률과 계급간·국가간 빈부격차가 이를 말해준다.

동아시아 국가들의 군사대국화와 패권경쟁

동아시아는 냉전기 내내 그 최전선에 있었다. 중국과 한국은 분단되었고, 한국과 베트남은 냉전기 동안 열전이 발생한 대표적 예였다. 그런만큼 동아시아 지역은 냉전체제에 민감하게 반응했고, 사회적·경제적 발전과 진화 과정이 냉전과 밀접하게 연결되어 이루어졌다. 이미 살펴본 대로 일본과 한국의 성장은 한국전쟁과 베트남전쟁을 계기로 가능했고, 1970년대 한국의 중화학공업화는 베트남전쟁 이후 미국으로부터 일부 무기 제조기술을 전수받은 것과 깊은 연관을 맺고 있었다.

동아시아가 냉전의 최전선에 있었던 만큼 이 지역의 군비경쟁은 다른 지역보다도 치열했다. 분단국가인 남북한과 중국, 타이완은 물론이고 일본 역시 군비를 확장해나갔다. 일본의 군비확장은 자위대의 확장, 이라크 파병과 맞물리며, 해외에 있는 일본인들을 보호하기 위해서라는 명분이 있긴 하지만 기본적으로는 성장하는 중국에 대응하는 것이기도 하다. 여기에 더해 한국과 일본은 각국에 주둔하는 미군에 대한 주둔비 분담이 늘어나면서 방위 관련 비용이 점차 증대되는 실정이다.

물론 탈냉전을 전후해 동아시아의 안보위기는 현저하게 감소하는 것처럼 보였다. 중국의 개혁개방 전후로 일본, 미국, 한국이 중국과 수교했고 남북한 사이에서는 기본합의서 채택(1991), 정상회담(2000, 2007)이 이루어졌기 때문이다. 북한은 나진·선봉 지역을 특별무역지대로 개방한 데 이어 신의주를 개방하고, 금강산과 개성을 개방하였다. 물론 금강산과 개성을 제외한 다른 지역의 개방은 실패했지만 북한은 탈냉전과 함께 체제 변화의 신호를 대외적으로 표출해왔다.

탈냉전기가 되었다 해도 동아시아의 군비증강이 중지된 것은 아니다. 동아시아의 군비증강은 1990년대 이후에도 계속되었다. 한국의 경우 탈냉전체제가 시작되는 1991년(7조 7000억원)에 비해 2000년에 약 2배(15조원), 2004년에는 약 3배(19조 7000억원)에 이르는 국방비 증가 추이가 나타났다.

〈표 4〉에서 동아시아 주요 국가의 국방비 액수를 보면 그 규모 면에서 여타 지역에 비해 상당히 높은 수준을 유지하고 있음을 알 수 있다. 200개가 넘는 전세계 국가 중에서 한국(131억 달러), 중국(484억 달러), 일

국가	GDP(억 달러)	국방비(억 달러)	국방비/GDP(%)	병력(천명)	국민 일인당 국방비(달러)
한국	4,766	131	2.8	690	266
미국	104,000	3,296	3.3	1,414	1,138
일본	40,000	371	1.0	240	290
중국	13,000	484	4.1	2,270	37
러시아	10,690	480	4.8	988	333
타이완	2,950	74	2.7	370	336
영국	16,000	352	2.4	210	590
독일	22,000	315	1.5	296	383
호주	4,010	75	2.0	51	388

출처: 영국 IISS, *The Military Balance 2003*, 2004. 한국은 정부통계 기준

본(371억 달러)이 국방비 절대액에서 10위권에 속해 있으며, 타이완(75억 달러)과 북한(47억 달러), 그리고 동아시아에 국경을 접하고 있는 러시아(380억 달러)까지 합하면 국방비가 서유럽 수준을 넘어서고 있다. 2002년을 기준으로 할 때 중국, 일본, 한국, 타이완, 북한의 국방비 총액이 1000억원을 상회하는 반면, 서유럽의 경우 영국, 프랑스, 독일, 이딸리아 등 주요 국가의 국방비가 약 1200억원으로 집계된다. 여기에 더해 미국이 일본과 한국에 군사기지를 유지하고 있음을 감안하면 동아시아의 군비는 미국을 제외하고 전세계에서 가장 높은 수준임을 알 수 있다. 미국과 동북아 각국의 국방비 증가 추세는 미국 금융위기 이후에도 지속되었다. 2014년 국방백서에 따르면 미국 6004억 달러(1위), 중국 1122억 달러(2위), 러시아 682억 달러(3위), 일본 510억 달러(7위), 한국 305억 달러(9위)로 늘어났다. 중·미 간 격차는 좁혀지고 중·일 간 격차는 커지고

있다.

동아시아는 병력규모 면에서는 단연 세계 최고다. 중국을 제외하더라도 남북한과 일본, 타이완의 병력을 합친 규모는 총 200만명 이상으로, 다른 지역에 비교가 되지 않을 정도다. 여기에 중국의 220만 병력을 합치면 총병력은 420만에 달한다.

이러한 국방비, 병력 규모는 탈냉전 이후에 감소하기는커녕 지속적으로 증가하고 있다. 이는 동아시아 지역에서 개혁개방에도 불구하고 분단을 비롯한 대결구도가 그 힘을 발휘하고 있기 때문이며, 다른 한편으로 냉전시대부터 끊이지 않았던 위기가 해결되지 않고 새로운 위기와 맞물리면서 상승작용을 하고 있기 때문이다.

그 대표적인 예는 미국과 중국의 관계다. 1979년 미·중 간 국교 수립 및 중국의 개혁개방 이후 두 나라는 파트너 관계를 유지해왔다. 중국은 지속적으로 개방을 확대했고 미국이 중심이 된 세계체제에 협조적인 정책을 취하고 있다. 대테러전을 비롯한 세계적 차원의 갈등 조정과정에서 중국은 미국의 입장에 협조하고 있다.

그러나 항상 좋은 관계만을 유지하는 것은 아니다. 미국의 경제적 상황이 악화되면서 중국의 위안화 절상 및 경제개혁을 요구하는 미국의 압력이 계속되고 있으며, 전면적인 충돌은 아니지만 군사적 갈등 역시 발생하고 있다. 1999년 5월 유고내전 중 미 공군기가 중국대사관에 폭격을 가한 일이 있었고, 2001년 4월에는 중국 군용기가 미 정찰기와 충돌하여 추락하는 사고가 발생하기도 했다.

중국은 경제적 성장에 걸맞은 정치·외교·안보의 성장을 추구하고 있기 때문에 동아시아에서 미국과의 주도권 경쟁이 점차 치열해지는 추세다. 중국은 중국사회과학원을 통해 자국의 연성권력(soft power)

을 만들어내기 위해 노력하면서 동시에 아시아, 아프리카, 남미로 협력관계를 확대하고 있다. 그중 대표적인 것이 상하이협력기구(Shanghai Cooperation Organization)로, 2001년 러시아 및 중앙아시아 4개국(카자흐스탄, 키르기스스탄, 우즈베키스탄, 타지키스탄)과 협력기구를 창설한 것이다. 2005년 8월에는 러시아와 함께 '평화의 사명 2005'라는 훈련을 실시하기도 했다.

미국 역시 동아시아에서 한국, 일본과 양자 안보동맹을 계속 유지하면서 중국의 확장에 대응하는 새로운 안보협력관계를 확대하고 있다. 미국은 중국이 대외적으로 정치적·군사적 협력관계를 확대하는 데 대응하여 2007년 5월 '민주주의국가 4개국연합'(미국, 일본, 호주, 인도)의 결성을 시도하였다. 그리고 동년 9월에는 미국·인도 간 군사훈련인 말라바훈련을 일본, 호주, 싱가포르까지 포함하는 5개국 합동훈련으로 확대 실시하기도 했다.

미국과 중국 사이의 동아시아 패권을 둘러싼 경쟁은 동아시아에서 미국의 파트너 국가인 일본과 중국 사이의 갈등을 심화시키고 있다. 2000년대 들어 민주당으로의 정권교체와 미국으로부터 홀로서기를 위한 시도가 모두 실패하면서 코이즈미(小泉純一郎) 내각에서 아베(安倍晋三) 내각에 이르기까지 미국 일변도의 외교정책이 계속되고 있다. 이로 인해 중·일 간의 긴장관계가 고조되고 있으며, 조어도(釣魚島, 중국은 댜오위다오라고 부르고, 일본은 센까꾸열도라고 부른다)를 둘러싼 영토분쟁 및 일본 역사교과서 왜곡문제가 연이어 터지고 있다. 또한 1956년 구소련과 협약을 맺을 때부터 문제가 되었던 북방영토를 둘러싼 일본과 러시아의 갈등 역시 현재까지 계속되고 있다.

이런 상황에서 2012년 출범한 제2차 아베정부는 중국을 견제한다는

672

미일동맹의 필요에 따라 일본을 전쟁할 수 있는 보통 국가로 만드는 정책을 추진하였다. 이를 위해 우선 국가의 군대 보유와 무력행사 및 교전권을 금지한 헌법 9조의 개정을 시도했다가 국민 다수의 반대에 부딪히자, 2014년 7월 1일 각료회의 결정으로 해당 조문의 '해석'을 변경함으로써(이른바 '해석개헌') 집단자위권을 인정하였다. 그 후속조치로 2015년에는 안보 관련 법률을 개정함으로써 일본을 자국 법률상 전쟁에 제한 없이 참여할 수 있는 국가로 만들었다.

동북아 평화를 위협하는 북핵문제

무엇보다도 동아시아에서 안보적 긴장의 핵심지역은 한반도다. 냉전시대부터 한반도는 열전이 끊이지 않았다. 1953년 정전협정이 체결되었지만, 정전협정은 군사적 임시조치일 뿐 전쟁이 완전히 종결된 것을 의미하지 않았다. 정전협정은 서해상의 군사분계선을 설정하지 않음으로 인해 1999년과 2000년의 서해교전에서부터 2010년 천안함사건에 이르기까지 다양한 군사적 사건들이 발발하는 원인을 제공하였다. 또한 정전협정의 위반사항을 논의하기로 되어 있는 군사정전위원회가 1994년 이후 개최되지 않고 있어 정전체제 자체가 제대로 작동하지 않는 상황이다.

북한은 군사정전위원회의 유엔군 측 대표로 한국군 장성이 임명되었다는 이유로 1994년 군사정전위원회 대표를 철수시켰다. 또한 탈냉전기에 접어들면서 중립국감독위원단의 폴란드와 체코가 더이상 북한에 유리한 활동을 전개하지 않게 되자 중립국감독위원단 대표들까지도 판문점에서 철수시켰다. 군사정전위원회의 중국 측 대표 역시 판문점에서 철수했다. 이후 북한은 판문점에 북한군대표부를 설치하고 군사정전위원회 대신에 미국과의 양자 장성급회담 개최를 주장하고 있다.

남한과 북한, 미국과 북한 사이에 한반도의 긴장완화를 위한 시도가 없었던 것은 아니다. 1971년 이후 남북 간 적십자회담이 계속되고 있고, 미국과 북한 사이에서도 1968년 푸에블로호사건 이후 양자 간 대화가 계속되고 있다. 그러나 이러한 시도가 번번이 실패하는 것은 기본적으로 한국과 미국, 북한 사이에 신뢰가 없기 때문이다. 북한은 한국·미국의 합동훈련을 북한에 대한 침략전쟁 연습으로 규정하고 이를 빌미로 항상 남북관계의 진전을 막고 있으며, 한국과 미국은 북한의 공격적인 전술 및 테러에 대해 항상 우려하고 있다. 제대로 작동하지 않고 있는 정전체제하에서 양측의 서로에 대한 불신과 의구심을 풀 수 있는 방법은 현재로서는 없다.

이러한 상황에서 북한은 1992년 이후 핵개발에 본격적으로 착수했다. 1956년 유엔군 사령관이 정전협정 제13조 4항 무기반입 금지조항의 무효화를 선언하고 1958년 주한미군에 핵무기를 배치하면서 북한의 핵개발이 시작되었지만, 실제로 본격화된 것은 1992년 이후였다. 소련 공산당정권의 붕괴와 중국의 개혁개방으로 더이상 의지할 수 있는 핵우산이 사라졌기 때문이다. 1991년 남북한 사이에 비핵화선언이 맺어진 이후 주한미군에 배치되어 있던 핵무기는 모두 철수하였다. 하지만 북한은 남한이 여전히 미국의 핵우산 아래에 있다는 명분하에 핵개발을 본격화했다.

1994년에는 클린턴(B. Clinton)행정부의 북한 핵시설 폭격계획으로 인해 한반도의 긴장이 최고조에 달했지만, 카터 전 미국 대통령의 방북에 이은 북·미 간의 제네바합의[*]로 어느정도 해결되는 듯했다. 제네바합의 이후 미국은 북한에 경수로를 건설해주고 에너지 자원을 지원하는 댓가로 북한이 더이상 핵개발을 하지 않도록 합의를 이끌어냈다. 그러나 이 합의는 2001년 부시(G. W. Bush)행정부가 들어서면서 무효화되었고, 급기야 북한은 2006년과 2009년 두차례에 걸쳐 전격적으로 핵실험을 감행했다. 유엔과 유럽연합 등 국제사회의 경제·금융제재가 뒤따랐으나 김정은(金正恩)체제의 북한은 이에 아랑곳하지 않고 2013년 2월과 2016년 1월 3차, 4차 핵실험을 이어갔다. 이같은 핵개발은 3대 세습으로 인해 지지기반이 더욱 협소해진 북한정권이 외교적 고립상태에서 선택할 수 있는 저비용 고효율의 방위전략이라 할 수 있으나, 1991년의 한반도비핵화선언을 위반한 것으로서 동북아의 군사적 긴장을 고조시키는 결과를 초래하고 있다.

미국은 북핵문제 해결과 동아시아에서의 평화체제 구축을 위해 1990년대 중반부터 남북한, 미국, 중국의 4자회담을 추진했고, 부시행정부하에서는 남북한, 미국, 중국, 일본, 러시아의 6자회담을 개최하고 있다. 특히 2001년 9·11테러 이후 미국은 북한의 핵개발 움직임에 민감하게 대응했다. 미국에 적대적인 국가에서 개발한 핵무기가 테러세력에게 넘어갈 경우 미국의 안보에 치명적인 위협이 될 것이라는 인식 때문이었다. 물론 이러한 대테러 정책은 미국 내 신보수주의(네오콘)세력의 군사적 확장정책에서 기인하는 것이기도 하다. 이런 정책기조는 오

1994년 제네바합의 1994년 10월 21일 북한의 핵문제를 해결하기 위해 제네바에서 미국과 북한이 체결한 비공개 양해록. 북한이 핵프로그램을 포기하는 댓가로 미국이 중유 제공, 경수로발전소 건립 등을 약속했다.

바마(B. Obama)정부에서도 이어지고 있다.

　동아시아에서의 평화체제 구축을 위한 움직임은 남북 간의 6·15정상회담(2000)과 10·4정상회담(2007)으로 한걸음 더 나아가는 것처럼 보였지만, 부시행정부의 북한에 대한 강경정책으로 인해 제네바회담이 무효화되고 한국의 이명박(李明博)정부 출범 이후 북한과의 화해정책 및 햇볕정책이 무산되면서 긴장은 더욱 고조되고 있다. 중국은 4자회담에서부터 6자회담에 이르기까지 북·미 간의 갈등을 중재하기 위해 노력하고 있지만, 미국의 강경정책과 북한의 비협조 및 핵무기 개발 강행으로 인해 긴장이 완화되기는커녕 갈등이 더 고조되는 추세다.

　특히 미국과 북한 사이에서는 안보딜레마가 강화되고 있다. 안보딜레마는 적대적인 국가 사이에서 상대방이 먼저 약속을 어겼다면서 군비를 강화함으로써 긴장을 고조시키는 것을 의미한다. 북한은 주한미군의 존재와 함께 한미합동군사훈련에 대해 항상 강력하게 비난해왔는데, 한국과 미국은 1969년 주한미군 감축을 앞두고 실시된 포커스레티나 훈련을 시작으로 1971년 프리덤볼트, 1976~93년 팀스피리트 훈련을 벌여왔다. 1994년 제네바합의 이후 중단되었던 한미합동군사훈련은 2008년부터 키리졸브 훈련으로 재개되었다.

　북한은 이러한 한미 간의 합동군사훈련을 북침을 위한 훈련이라고 비난하고 있으며, 한국과 미국은 북한의 공세에 대응하기 위한 방어적 훈련이라고 반박하고 있다. 이는 정전협정하에서 북한이 끊임없이 정전협정을 위반하는 행위를 계속해왔기 때문이다. 북핵문제 해결을 위해 북한과 미국은 궁극적으로 양국의 관계 정상화가 가장 중요한 문제라는 사실을 인정하고 있지만, 북한은 관계 정상화가 이루어질 경우 모든 핵프로그램을 중단하겠다고 주장하고 있는 반면, 미국은 북한이 핵프로그램을 중단할 경우 관계 정상화가 가능할 것이라는 태도를 취하고 있다.

이러한 안보딜레마는 북·미 간에서만 나타나는 것이 아니라 남북관계, 북일관계, 중일관계에서도, 심지어 한일관계 속에서도 나타나고 있다. 이는 동아시아에서 양자 관계가 서로 연동하고 있음을 보여준다. 즉, 각국의 관계는 다른 양자 관계가 어떻게 진행되는가에 따라 영향을 받는 것이다. 남북관계가 안 좋을 경우 북중관계는 가까워지며, 한일관계가 안 좋을 경우 한중관계가 가까워지는 등 서로 연동하면서 국제관계를 복잡하게 만들고 있다.

이러한 상황 속에서 동아시아의 군비는 지속적으로 증강되고 있으며 안보위기는 해결될 조짐이 보이지 않는다. 큰 틀에서 보면 안보위기는 미·중 간의 경쟁 속에서 벌어지고 있지만, 현실적으로 보면 각종 위기 상황이 한반도의 정전체제 속에서 일어나고 있기 때문에 동아시아 안보위기의 해결을 위해서는 현재의 정전협정을 영구적인 평화체제로 대체할 수 있는 새로운 협정의 필요성이 대두하고 있다.

북핵문제는 단지 한반도만의 문제가 아니라 동북아, 더 크게는 전세계 차원에서의 핵확산 문제로 이어지고 있다. 현재의 6자회담 혹은 4자회담이 동북아 지역 안보체제로 확대된다면 동북아시아에 획기적인 평화를 가져올 수도 있을 것이다. 아울러 북핵문제 해결은 한반도에서 분단문제 극복 및 위기 완화에 극적 계기가 될 수 있다.

그러나 북핵문제가 제대로 해결되지 않는다면 동북아에 또다른 핵위기가 올 수도 있다. 핵개발의 연쇄반응이 일어날 가능성이 있기 때문이다. 이는 동아시아를 또 한번의 열전으로 몰아넣을 수 있고, 열전이 아니더라도 냉전시대 미·소 간의 미사일 경쟁위기와 유사한 국면으로 몰아닐 수도 있다. 한국뿐만 아니라 미국, 일본, 중국이 관심을 갖는 것 역시 북핵문제의 국제적 성격 때문이며, 북핵문제의 적극적 해결이 필요한 것도 바로 이 때문이다.

최근 연평도에 대한 북한의 포격(2010)과 이로 인한 남한 민간인의 사망, 한미 양국 정부의 강경대응 역시 북핵문제와 관련이 있다. 연평도사건의 근본 원인은 해상 군사분계선을 규정하지 않은 정전협정의 불완전성에 있다. 그럼에도 불구하고 이명박정부와 오바마정부는 이 사건을 비롯한 북한의 공격적 반응을 북핵문제와 연결시키고 있다. 이는 전 세계적 차원에서 북핵문제 해결을 반테러전쟁의 일환으로 규정하고 있는 미국의 정책 때문이라고 볼 수 있으며, 한국정부는 이에 적극 동조하고 있다. 그리고 이러한 한미 양국 정부의 의도에 대해 중국과 러시아 정부는 오히려 긴장을 격화시키는 정책이라고 비판하고 있다. 결국 이러한 안보적 긴장상황은 1950년 한국전쟁 직전의 남방3각동맹(미국-일본-남한)과 북방3각동맹(소련-중국-북한) 사이의 갈등의 재현이라는 불안정한 상태를 조성하고 있다. 2014년 체결된 '한미일 (군사)정보공유협정'은 이러한 남방3각동맹의 군사협력이 가속화하고 있음을 보여준다.

2

국가주의의 연쇄와
패권경쟁

국가주의의 등장

20세기에 걸쳐 지배적이었던 국민국가의 국가상은 냉전체제 붕괴 이후 세계화의 영향으로 동요하면서 국민통합의 재편을 촉진하게 되었다. 이에 따라 동아시아에서도 국가주의가 연쇄적으로 상호 충돌하는 현상이 한층 두드러졌다. 1980년대에도 일본의 역사교과서와 나까소네 야스히로(中曾根康弘) 수상의 야스꾸니신사 참배가 간헐적으로 외교문제로 비화되기는 했다. 그러나 90년대 이후에 들어서는 그것이 일본과 동아시아, 특히 한국·중국과의 커다란 긴장요인이 되었고, 심지어는 세계 여론이 일본의 전쟁책임 문제에 주목하는 형태로 분출되고 있다.

동아시아의 역사문제가 이와 같이 충돌하게 된 배경에는 냉전체제 붕괴에 따른 국제환경의 변화와 함께 동아시아의 경제발전과 민주화가 중요한 요인으로 작용했다. 전후 반세기에 걸친 냉전체제의 고정화는 오랫동안 일본의 역사청산을 가로막는 장애물로 기능했다. 냉전체제하에서 일본의 침략과 점령지배를 받았던 동아시아와 동남아시아의 개도국들은 모두 군사독재체제와 전제적인 강권체제하에서 일본과 배상·차관의 형태로 강화를 맺었으며, 이로써 개인의 보상은 처음부터 봉인되어왔던 것이다.

그러나 냉전체제의 붕괴와 민주화의 진전에 따라 군사정권하에서 봉인되었던 폭력과 학살, 전쟁범죄 등에 의한 희생자, 피해자 들의 목소리가 분출하기 시작한 것은 이제까지 일본이 '망각'해온 전쟁과 식민지 지배에 대한 책임을 되묻는 중요한 계기가 되었다. 한국에서 민주화의 진전과 함께 위안부를 비롯한 피해자들의 개인보상과 권리 회복의 목소리가 분출하기 시작한 것이 그 전형적인 예다. 이 과정에서 개인의 경험과 고통을 마치 민족 수난의 표상인 것처럼 내세우고 반일감정을 내셔널리즘의 강화에 이용하는 경향이 두드러졌던 것도 사실이다. '항일'을 국가(國歌)의 태마로 하는 중화인민공화국도 문화대혁명 이후 공산당 이데올로기에 대한 국민의 지지가 낮아지고 톈안먼사건이라는 위기에 직면하여 '애국주의운동'에 호소하기 시작했다. 1995년 전후 50주년의 일본비판운동은 국내 이데올로기를 재구축하기 위한 수단으로 이용되었다. 이처럼 한국의 식민지 경험과 중국의 항일전쟁에 대한 기억은 국민통합의 '핵'으로 기능하고 있다.

한국과 중국의 대일비판에 대응하여 일본에서는 전쟁책임과 식민지지배의 책임, 그리고 일본군 위안부 등에 대한 논의가 새로운 수준에서 전개되었다. 주로 진보적인 역사학자들의 노력으로 전쟁의 가해책임에 대한 실증적인 연구성과가 축적되었으며 역사교과서에도 일본의 침략전쟁에 대한 기술이 증가했다. 1992년에는 일본정부가 '코노오(河野)담화'를 통해 위안부 문제에 관한 국가의 책임을 인정하고 '사과'했으며, 1995년에는 무라야마(村山富市) 총리의 담화를 통해 "우리나라는 국책을 그르쳐 식민지 지배와 침략에 의해 많은 나라들, 특히 아시아 각국의 사람들에게 큰 손해와 고통을 주었음"을 인정하고 반성과 사죄의 뜻을 표했다. 물론 일본정부의 자세가 바뀐 배경에는 1990년대 이후 아시아 시장의 중요성이 증대한 상황에서 더이상 아시아의 비판과 반발을 외면할 수 없게 되었다는 측면도 있었다.

'네오내셔널리즘운동'으로도 불리는 일본의 국가주의운동은 이러한 새로운 상황에 반발하여, '새로운 역사교과서를 만드는 모임'('새역모')으로 대표되듯이 침략과 지배의 역사를 정당화하는 대중운동을 전개하면서 대두했다. 침략과 지배의 역사를 정당화하는 주장은 전후 일본에서 끊이지 않고 맥을 이어왔지만, 네오내셔널리즘이 과거의 국가주의와 다른 것은 포퓰리즘을 이용하여 자신들의 주장을 대중 속에 퍼뜨리고 있다는 점이다. 그들이 코바야시 요시노리(小林よしのり)의 만화를 이용해 젊은 층을 대상으로 국가주의적 역사관을 선전하고 있는 것은 그 단적인 예라 하겠다. 1996년 결성된 새역모에서는 전략적으로 각계 저명인사를 회원으로 가담시키고 산께이신문사나 쇼오가꾸깐(小學館) 같은 언론사·출판사를 이용해 국민의 역사관을 바꾸는 캠페인을 전개하면서 '새로운 역사교과서'를 직접 만드는 방향으로 운동을 전개했다.

일본에서 네오내셔널리즘이 대두하고 그것이 대중 속으로 퍼지는 배경에는 일본이 안고 있는 또다른 시대적 위기상황이 있었다. 그들 자신도 지적하고 있듯이 90년대에 들어오면서 일본은 혼란스러운 정치, 황폐해진 교육, 청소년 흉악범죄의 증가, 한신(阪神)대지진과 옴진리교(オウム眞理教)사건에서 드러난 위기관리 시스템의 결여, 장기적인 경

기침체 등으로 인해 전에 없는 위기에 직면했다. 더구나 대외적으로는 1991년 걸프전에서 130억 달러라는 막대한 군비를 지출하고도 군사적 공헌을 못하고 국제사회의 비난을 감수해야 했을 정도로 냉전 후 국제 정세에 능동적으로 대응하지 못했다. 네오내셔널리즘은 이러한 내외 정세의 변화를 '망국의 위기'로 받아들이고, '아름다운 일본의 전통'을 지키고 '국가에 대한 긍지'를 가질 수 있는 '새로운 국가와 국민 만들기'를 주장하면서 국가주의적 역사관의 확립을 전국민적 운동으로 전개하기 시작한 것이다.

1990년대 후반에는 네오내셔널리즘운동에 보조를 맞추어 일본정부의 국가주의적인 행보도 발 빠르게 진행되었다. 1999년에는 '주변사태법'을 비롯한 '신가이드라인관련법'이 제정되어 자위대의 미군에 대한 후방지원이 가능하게 되었다. 같은 해 일본정부는 침략전쟁과 식민지 지배의 기억이 각인되어 있는 히노마루와 키미가요를 국기와 국가로 규정하는 '국기·국가법'을 통과시켜 국민통합과 애국심 강화를 꾀했다. 이러한 우경화 움직임이 정점에 달한 것은 2001년 취임 직후의 여론조사에서 80%라는 경이적인 지지율을 등에 업은 코이즈미 준이찌로오의 등장이었다. 코이즈미정권하에서 2001년 새역모의『새로운 역사 교과서』와『새로운 공민교과서』가 문부과학성의 검정에 합격하여 한국과 중국으로부터 격렬한 항의와 비판을 불러일으켰다. 또한 코이즈미 자신은 2006년까지 해마다 국내외의 반대를 무릅쓰고 야스꾸니신사 참배를 강행하여 한일·중일관계를 극도로 냉각시키는 일도 주저하지 않았다. 아베 총리도 2013년 야스꾸니신사를 참배하였다. 야스꾸니신사는 그 관리규정에 "위령과 현창"의 두 기능이 명시된 만큼 단순한 위령시설이 아니라 전사자들이 수행한 일본제국의 해외팽창, 침략전쟁 의

쿠알라룸푸르 한중일 3국 정상회의(2005, 위)
야스꾸니신사를 참배하는 코이즈미 일본 총리(2006, 아래)
냉전체제가 붕괴된 후 패권경쟁 속에서 동아시아는 국가주의의 충돌이라는 새로운 문제에
직면해 있다. ⓒ연합뉴스

지를 뚜렷이 드러내는 시설이기도 하다. 패전 후 반세기 동안이나 냉전체제의 최대 수혜자로서 경제성장을 이룩해온 일본은 세계화의 급변에 능동적으로 대응하지 못하고 결국 국가주의적인 요소에서 돌파구를 찾게 된 것이다.

한편 탈냉전기에 소련과 동구의 사회주의권이 붕괴하는 것을 지켜본 중국은 국가의 분열을 막고 다민족을 통합하기 위해 '다원일체론'에 대한 논의를 본격화하면서 이를 '중화내셔널리즘'의 국가통합 이데올로기로 승화시켰다. 다원일체론은 한족과 소수민족이 상호 침투하고 융합하여 하나의 통일체로서 중화민족을 이루었다는 이론으로서 다민족의 정체성 형성에 핵심축이 되었다. 그러나 덩 샤오핑의 개혁개방 정책에 따라 자본주의 경제체제를 도입한 이래 도시와 농촌의 경제수준 격차, 농촌인구의 도시 유입과 농촌의 황폐화, 그리고 이에 따른 사회적 약자에 대한 억압이 표면화되었으며 일부 정치권력자와 경제적 부유층이 권세를 떨치고 부패가 횡행하면서 사회적 불평등이 확산되기 시작했다. 덩 샤오핑의 개혁개방 정책을 계승한 후 진타오(胡錦濤)가 '화해사회'(和諧社會, 인민과 국가가 모두 잘사는 조화로운 사회)를 주창한 것은 이러한 분열의 위기에 대응하여 한족과 소수민족이 모두 같은 '중화민족'으로 일치단결해야 함을 강조하기 위한 것이었다. 또한 근래에는 모든 중화민족이 황제(黃帝, 중국 건국신화에서 처음으로 통일왕조를 세운 군주)의 자손이라는 신화를 이용해 단일민족론을 강화하려는 시도마저 나타난다. 이러한 움직임을 이론적으로 뒷받침하고 체제 안정을 유지하기 위해 본격적으로 추진한 것이 동북공정, 서북공정, 서남공정같이 중화내셔널리즘을 강화하는 국가프로젝트였다.

중국의 다원일체론은 중국 내 모든 소수민족의 정체성을 소멸하고

684

우월한 중국문화 속에 동화하려는 의도가 있다. 그러나 중국의 소수민족이 중화민족으로 동화되었다고 해서 중국의 한족과 동등한 권력과 권리를 누리는 것은 아니다. 오히려 소수민족은 자신들의 정치적 기반을 박탈당하고 정체성을 상실하게 될 가능성이 있다. 더구나 중화내셔널리즘은 자국 내 소수민족의 정체성 박탈에 그치지 않고 이웃 국가의 역사와 정체성까지도 훼손하여 동아시아의 역사갈등을 악화시킨다는 점에서 더욱 심각한 문제가 있다.

한국의 경우 해방 후 민족주의와 '반일'은 민족주의적 국민통합에 중요한 기폭제로 작용해왔다. 특히 냉전 후 민주화의 진전과 함께 터져나온 개인보상을 비롯한 직접적인 권리 회복의 요구는 종종 역사문제의 '정치화'로 나타나는 경향이 강했다. 반일은 여전히 국민통합의 핵이요 국민적 정서로 자리하고 있는 것이다. 이러한 국가주의적 역사인식에 대해 1990년대 이후에는 국민국가를 상대화하고자 하는 취지로 근대성과 내셔널리즘에 대한 비판적인 논의가 전개되기 시작했다. 일부 경제사학자들이 주장한 식민지근대화론도 민족주의적인 담론에 대항해 제기된 것이라고 볼 수 있다. 그들은 일군의 역사학자들이 한국 근대사를 수탈과 억압이라는 관점에서만 바라봄으로써 객관적 사실보다 민족적 관점을 우선시하여 역사의 실체를 제대로 보지 못했다고 비판했다. 이러한 주장들은 2000년대에 들어와 더욱 활발해져 '민족주의 그 자체가 반역'이라고 하면서 '국사의 해체'를 공공연히 주장하는 데에까지 이르렀다.

탈민족주의자들의 지적처럼 한국의 경우 민족과 민족주의가 지나치게 강조되어온 것은 사실이다. 그것은 단군 이래의 '반만년 한민족'이 '단일민족'이라는 신화가 마치 역사적 사실이요 상식인 것처럼 인식되는 현실에서도 알 수 있다. 다민족국가인 중국의 경우 사정이 다르지만 단일민족의 신화를 국민의 통합·강화에 이용해온 점에서 한국과 일본은 닮은꼴이다. 한국의 단일민족론의 뿌리에 단군신화가 있다면 일본의 경우 신의 자손으로서 '만세일계(萬世一系)'를 이어내려온 천황이 있다는 점이 다르긴 하지만, 그 둘은 새롭게 '창출된 전통'이라는 공통점이 있다. 한국과 일본의 단일민족론은 은연중에 자민족의 우수성을 전제로 하며, 해당 사회에서 다양한 문화와 정체성을 가지고 살아가는 소수자의 존재를 무시하고 차별과 편견을 조장한다는 점에서도 공통적이다. 일본의 네오내셔널리즘이 배타적인 단일민족의식을 전제로 하며 그것이 재일동포와 오끼나와인, 아이누인들에 대한 모욕과 차별로 이어지고 있다는 사실을 한국은 반면교사로 받아들일 필요가 있다. 현실적으로 한국도 이미 이주노동자 수가 100만을 넘는 다인종 다문화를 이루고 있다. 이러한 현실을 외면하고 단일민족론의 환상 속에서 민족의 통합을 강조하는 한 과거의 역사를 제대로 설명할 수 없으며, 글로벌한 시대상황에서 다민족 다문화가 공존, 공생할 수 있는 가능성도 차단되어버린다. 단일민족이라는 좁은 인식틀에서 벗어나지 않는 한 글로벌한 국제화 시대에 능동적으로 대응하기 어려울 것이다.

한중일 역사인식의 갈등과 국가주의 사관

일본의 패전과 냉전체제의 성립은 20세기 후반의 동아시아 역사에 중대한 영향을 미쳤다. 20세기 막바지에는 냉전체제가 붕괴되면서 이제까지 봉인되어왔던 문제들이 분출되고 상호간의 역사인식을 둘러싸고 새로운 갈등과 마찰이 야기되었다. 일본의 야스꾸니신사 참배와 역사교과서, 일본군 위안부 문제에 대한 한중의 비판과 이에 대한 일본의 반발, 한일·중일 간의 영토분쟁, 중국의 동북공정과 이에 대한 한국의 반발, 북한의 일본인 납치 문제와 핵미사일 문제에 대한 일본의 과잉반응 등은 동아시아의 갈등과 마찰에서 핵심적인 쟁점이 되고 있다.

이와 같이 동아시아의 역사문제를 둘러싼 갖가지 갈등의 근원은 냉전체제에 있다고 해도 과언이 아니다. 냉전체제하에서 미국이 일본과 합작해 일본제국주의의 침략전쟁과 식민지 지배의 책임 문제를 철저하게 청산하지 않고 덮어버린 것이 냉전 후 역사인식 갈등의 화근이 된 것이다. 일본의 식민지 지배를 경험한 타이완과 한국은 서측 진영의 일원으로서, 또한 공산권에 대항하는 최전선으로서 각기 일화(日華)평화조약(1952)과 한일기본조약(1965)을 체결하면서 '전후보상'을 사실상 종결하고 피해자들의 목소리를 봉인해왔다.

그런 점에서 냉전체제가 종결되는 시점에 일본제국주의의 침략과 지배에 대한 역사인식 문제를 둘러싸고 갈등이 시작된 것은 결코 우연이 아니다. 1990년대 전반에 한국의 김학순(金學順) 할머니로 대표되는 위안부 희생자들의 목소리가 분출하기 시작한 것은 바로 냉전체제하에서 봉인된 기억의 트라우마에 의한 이의제기였던 것이다. 위안부 문제는 국제사회의 주목을 받으면서 90년대 중반부터 일본에서 역사인식논쟁에 불을 붙이는 직접적인 계기가 되었다. 일본인으로서의 민족적 긍지와 명예를 강조하면서 국민통합을 강화하고 대국화를 지향하는 네오내셔널리즘 운동가들은 위안부 문제를 비롯해 전쟁책임이나 전쟁범죄와 관련되는 모든 사실을 부정하고, 심지어는 이를 날조라고 강변함으로써 역사인식을 둘러싼 동아시아의 갈등을 증폭시켰고, 한국과 중국의 반발을 불러일으키며 일본 내부에서 역사인식논쟁에 불을 붙였다.

특히 새역모의 교과서에 나타나는 역사수정주의는 전후 장기적인 냉전체제 속에서 식민지 지배와 침략전쟁의 책임을 줄곧 부정해온 일본 보수우파의 본심과, 냉전체제 붕괴 이후의 새로운 국제질서 속에서 '전쟁할 수 있는 국가 만들기'를 지향하는 보수세력의 의향이 결합하여 대두한 것이라 볼 수 있다. 이러한 움직임에 대항하는 시민세력은 새역모의 교과서 내용에 대한 비판에 그치지 않고 그들이 추구하는 자민족 중심적인 국가나 사회와는 다른, 타자와 공존, 공생할 수 있는 국가상과 사회상을 제시하고 그것을 폭넓게 호소해갈 필요가 있다. 그런 점에서 일본의 역사인식논쟁은 한일·중일 간의 역사갈등 문제에 그치지 않고 금후 일본 국가와 사회의 진로를 크게 좌우하는 중요한 문제다.

한편, 냉전체제 붕괴 이후 중국의 노골적인 대국주의 표출은 동아시아의 역사인식 갈등에 또다른 요인을 제공한다. 중국은 냉전 후 재편된 국제질서에 대응하여 동북지역이 차지하는 의미의 중요성을 인식하고 2002년 2월부터 2007년 초까지 5년에 걸쳐 동북공정('동북변강 역사와 현상 계열 연구공정'의 약칭)을 추진해 한국과의 갈등을 야기했다. 『뉴욕타임스』는 이러한 중국의 움직임을 냉전 종결 후 한반도에서 남북이 통일될 경우 현재 동북지역에 거주하는 200만 재중조선인(조선족)이 대한민국을 지지하여 현재의 국경선이 무너질 것을 우려했기 때문으로 보았다. 다시 말하자면 냉전체제 붕괴 이후 국제질서가 재편되는 과정에서 동북지역의 정치적·경제적 위상이 상승함에 따라, 역사적 사안이 국경분쟁을 비롯한 동북지역 변경의 안정에 장해를 초래하는 것을 미연에 막기위해 학술적·이론적 재정리가 필요하다고 판단했기 때문이라는 것이다. 더구나 역사적으로 동북지역이 제국주의세력의 침입에 중요한 경로가 되었던 점을 감안할 때, 또다시 국제질서가 재편되는 지금 그 중요성을 주목하지 않을 수 없게 된 것이다. 이에 따라 중국정부는 동북지역의 역사를 중국사의 일부로 자리매김하고 국가통일, 민족단결, 변경안정이라는 목적을 이루기 위해 국가전략적인 학술프로젝트로서 동북공정을 시작했다.

중국이 동북공정을 통해 제시한 것은 '변경 내지 일체화' 논리였다. 그것은 곧 한국 고대사를 중국이라는 중앙에 대한 지방정권으로 규정하는 논리로서, 중국 변경에 있던 고조선, 부여, 고구려, 발해 등의 역사는 처음부터 중국 내지와 연결되어 있었으며 결과적으로 일체라는 것이다. 이러한 논리는 고대부터 천자의 지배범위를 천하로 상정하고 주변 민족의 역사를 중국의 신속(臣屬)으로 규정해온 전통적인 중화주의 사상을 계승, 발전시켜 재창조하는 작업의 일환이라고 할 수 있다. 물론 그것은 전통적 책봉체제와는 달리 중국이 통제하는 영토의 모든 것에 대해 다원일체론, 다민족통일국가론을 내세워 중국은 하나라는 틀을 만들어냈다. 그런 의미에서 동북공정의 논리는 과거의 중화질서를 현대의 국제질서 속에서 재창조한 새로운 '중화내셔널리즘'이라 할 수 있다.

중국의 동북공정은 한국사회에 커다란 충격을 던져주었다. 한국 고대사에서 동북지역이 차지하는 중요성을 감안할 때 중국의 동북공정은 또다른 역사왜곡으로 비쳤고, 한국의 내셔널리즘을 크게 자극했다. 그것은 동북공정에서 다루는 연구과제가 고조선, 부여, 고구려, 발해 등의 고대사 문제에 그치지 않고 근현대사의 간도(백두산 북쪽의 만주)와 재중 조선인 문제 등을 포함해 남북통일을 염두에 둔 한국의 현실과 미래에도 밀접한 관계에 있기 때문이다. 이에 따라 한국에서는 2004년 3월 '고구려연구재단'을 출범시켜 관련자료를 수집하고 역사왜곡 실태의 홍보를 비롯해 중장기적인 대응방안을 모색하였다. 이후 고구려연구재단을 대신해 2006년 9월 중국과 일본의 역사왜곡에 대응하기 위한 전략적인 정책연구기관으로서 '동북아역사재단'이 발족되어 학술적 연구와 정책적 대응을 모색하고 있다.

한국은 이와 같이 대외적으로는 일본과 중국의 대국주의 움직임에 대응하면서 대내적으로는 남북통일이라는 지난한 과제를 안고 있을 뿐만 아니라 군사독재하에서 일어난 국가폭력과 친일파 청산을 둘러싼 내적 분열을 극복하지 못하고 있다. 특히 '친일파'는 해방 후 대한민국의 국가 형성과 한국전쟁이라는 내전, 그리고 장기간의 군사독재체제하에서 국민적 심판을 받지 않고 복권함으로써 식민잔재 청산이라는 과제가 심각한 모순을 내재한 채 잠복해왔다. 더구나 친일파의 복권으로 형성된 국가에서 지배층은 '반일'을 국민통합의 중요한 기폭제로 이용하면서 또다른 모순을 내재화하여 문제 해결을 더욱 어렵게 만들었다. 그들은 식민지 지배에 이르게 된 역사적 경위가 일방적인 일본의 침략행위에 의한 것이라는 국민의 '집합적 기억'을 만들어내는 한편, 민족운동의 주체적 역량을 지나치게 강조하는 편협한 국가주의적 역사인식을 양산해왔다. 오늘날 일본인들이 북한에 대해 느끼는 고정된 적대적 이미지나 중국위협론이 국민통합에 핵이 되어 올바른 역사인식의 형성을 가로막고 있는 것도 유사한 경우다.

한편 타이완의 경우 탈식민지 문제는 좀 다른 문맥에서 이해할 필요가 있다. 한국이 '친일'의 복권에 의해 형성된 국가에서 '반일'이 국민통합에 중요한 역할을 했던 것과 달리, 타이완에서는 해방 후의 2·28사건으로 상징되듯이 식민지 지배를 경험한 타이완인(본성인)에게는 국민당 지배가 오히려 더욱 가혹한 것으로 인식되는 경향이 있다. 국민당

690

정권은 본성인과의 관계에서 통치의 정통성을 항일전쟁의 기억에서 구했기 때문에 타이완인을 일본 식민지 통치에 의해 '노예화'된 존재로 치부하는 경향이 있었고, 바로 그것이 문화적 마찰을 불러온 것이다. 그 결과 타이완인들의 문화적 토양에는 과거 '적'이었던 일본의 지배에 오히려 향수를 느끼는 경향이 뿌리를 내리게 되었다. 일본의 타이완문학 연구자 마쯔나가 마사요시(松永正義)의 말을 빌리자면 일본이라는 '외부의 내부화' 현상이 점차 형성되어간 것이다.

냉전시대에 봉인되었던 외성인의 '항일전쟁'과 본성인의 '식민지 지배'라는 기억의 차이는 냉전 후 표면화되어 갈등을 불러왔다. 예를 들면 2000년 발매된 코바야시 요시노리의 『타이완론』(일본의 식민지 통치를 찬미하고 일본의 타이완 근대화에 대한 공헌을 강조하는 만화)에 대한 타이완의 반응은 극단으로 양분되었다. 중국과의 통일지향이 강한 정당의 의원들은 2001년 2월 타이베이의 빌딩가에서 타이완판 『타이완론』을 불태우는 시위를 벌였다. 이에 비해 타이완 남부의 독립지향이 강한 지식인단체 난서(南社)는 『타이완론』 구매운동을 전개했으며, 타이베이 등지에서도 타이완 독립을 지향하는 자들이 가두에서 『타이완론』을 무료로 배포하는 활동을 전개했다. 본성인과 외성인의 차별과 대립이 해소되어가는 과정에서 코바야시의 『타이완론』은 그들의 기억을 둘러싼 인식 차이를 다시 불러일으켜 쌍방의 인식의 골을 더욱 심화시키는 결과를 가져온 것이다.

이와 같이 동아시아의 역사인식을 둘러싼 갈등은 각국들 간의 갈등에 그치지 않고 국가 내부의 갈등이 중층적으로 복잡하게 교차하여 해결을 더욱 어렵게 만들고 있다. 더구나 동아시아 각국에서 국가주의를 지향하는 욕구가 강해지면 강해질수록 갈등의 극복은 더욱 곤란해질 수밖에 없다. 중국에서는 다원일체론의 중화내셔널리즘의 강화에도 불구하고 티베트를 비롯한 소수민족 분리독립운동과의 충돌이 끊이지 않고 있다. 또한 타이완에서는 중국과의 통일지향과 독립지향이 첨예하게 대립하고 있다. 한국에서도 남북통일의 과제뿐만 아니라 탈식민지주의 과제를 둘러싼 내부분열이 계속되고 있다. 일본에서는 동아시아연대를 위해 침략과 지배의 역사를 진지하게 반성해야 한다는 진보적지식인과 시민세력의 노력에 대항하여 네오내셔널리즘운동이 노골적인 대립양상을 보이고 있다.

특히 침략전쟁과 식민지 지배에서 가해자였던 일본은 그 실마리를 가장 먼저 풀어야 할 위치에 있음에도 불구하고, 시대 흐름에 역행하는 우파들의 국가주의적인 움직임은 수그러들지 않고 있다. 1995년 8월 15일 사회당정권의 무라야마 총리는 일본이 국가시책을 잘못하여 식민지 지배와 침략으로 아시아 여러 나라에 큰 손해와 고통을 준 데 대해 반성과 사죄의 뜻을 표했다. 2010년 8월 10일에는 민주당정권의 칸 나오또(菅直人) 총리가 일본의 한국강제병합 100년을 맞아 식민지 지배가 조선인의 의사에 반해 단행되었다며 이에 대한 '사죄'를 표명하는 담화를 발표했다. 그러나 다수의 정부 각료와 자민당 국회의원은 총리의 사죄담화를 비웃기라도 하듯이 곧바로 야스꾸니신사를 참배하였다. 새역모 등의 우파세력은 수상의 담화 발표를 저지하기 위한 항의운동을 전개했으며, 발표 후에는 그 내용이 역사적 사실을 무시한 자학적인 표현이라고 주장하면서 '사죄담화'의 철회를 요구하는 성명을 발표했다. 2012년 12월 출범한 자민당의 아베정부에서는 총리 자신이 이전 총리의 사죄담화를 무력화하는 시도와 함께 평화헌법 수정을 기도하고 다시 야스꾸니신사를 참배하였다.

이와 같이 과거사를 청산하기 위한 일본의 '노력'에도 불구하고 이에 반발하여 국가주의를 내세우는 네오내셔널리즘의 주장은 사태의 심각성을 더하고 있다. 이로 인해 국민적 합의는 여전히 도출되지 않고 정부의 입장도 동요하는 것이 현실이다. 2015년 8월 15일 아베 총리의 '전후 70주년 담화'는 이런 사정을 잘 보여준다. 아베 총리는 근대일본의 대외 팽창 과정에서 나타난 식민지 지배와 전쟁을 1931년 만주사변 이전과 이후로 나누어 이후에 대해서만 국제질서에 도전하는 침략이었음을 인정할 뿐, 그 이전에 대해서는 당시의 국제질서에 보조를 맞춘 근대화 과정이었다고 합리화하는 분절적 역사인식을 분명히 했다. 만주사변 이후의 침략에 대해서도 전임 총리의 담화에 의존하여 인정하는 간접화법에 머물렀다. 그의 논법에 따르면 류우뀨우왕국을 병합하고 조선과 타이완을 식민지로 지배한 것은 침략이 아니라 근대 문명화라는 것이다. 일본이 동아시아의 평화와 번영을 위해 주도적인 역할을 하기 위해서는 반동적 역사관에 단호하게 대응하는 국민적 공감대를 형성해야 한다. 이를 위해서는 와다 하루끼의 말처럼 '정신적 비약' '정신적 혁명'에 가까운 그 무엇이 필요할 것이다.

국가주의를 넘어서

일본의 패전으로 2차대전이 종결되었지만 그것이 곧 동아시아에 평화를 가져온 것은 아니었다. 냉전기를 통해서 동아시아에서는 전쟁, 혁명, 쿠데타, 군정지배, 학살이 끊이지 않았다. 중국에서는 항일전쟁에서 승리한 후 1949년까지 국민당과 공산당의 내전이 계속되었다. 1950년에는 한국전쟁이 발발하여 미국과 중국·소련과의 전쟁으로 이어졌다. 1950년 시작된 한국전쟁은 1953년 정전협정을 맺으면서 전면전으로서는 종결되었지만, 불안정한 정전체제하에서 지금까지도 분쟁이 끊이지 않고 있다. 베트남은 1946년 시작된 프랑스에 대한 독립전쟁이 1954년 프랑스군의 철군으로 끝나는 듯했지만, 이후 미국의 개입으로 1975년까지 전쟁이 이어졌다. 패전 이후 일본은 평화헌법과 미일안보조약의 보호하에서 경제적 번영을 누렸지만 동아시아는 공산세력과 미국의 대립구도 속에서 30년 이상 전쟁을 계속해온 것이다. 베트남전쟁이 끝난 이후에도 동아시아의 긴장관계는 계속되었으며, 그것은 일본의 경제적 번영과 동시에 동아시아의 군사독재와 전제적 지배체제를 유지해주는 외적 요인이 되었다. 동아시아에서 '평화국가' 일본과 근린국가들 간의 비대칭적인 구도는 미국의 주도하에 냉전체제가 유지되었기에 가능한 것이었다.

냉전 후 동아시아의 경제성장과 민주화의 진전에도 불구하고 미국의 주도로 형성된 냉전적 질서는 용이하게 해소되지 않은 채 여전히 동아시아의 현실을 규정하는 힘으로 기능하고 있다. 특히 냉전체제하에서 오끼나와는 한국전쟁과 베트남전쟁을 거치면서 일본의 '평화헌법'이 무색할 정도로 미국의 동아시아 군사기지의 요충으로 기능해왔으며, 9·11테러 후에는 기지의 노후화에 대처하여 그 기능이 한층 강화되었다. 미국은 1972년 소련을 견제하기 위해 중화인민공화국을 유엔안보리 상임이사국으로 인정하는 동시에 오끼나와의 주권을 일본에 반환함으로써 중국을 견제할 미일동맹체제를 더욱 강화하였다. 최근 중국의 국력이 급격히 커지면서 미·일과의 갈등도 증대하고 있다. 또한 한반도의 분단과 중국과 타이완의 관계는 전쟁의 가능성을 잠재적으로 내포하면서 동아시아의 평화와 공존에 위협이 되고 있다.

그러나 현실적으로 동아시아에서 전쟁의 발발은 파국 이외에 아무것도 기대하기 어렵다. 만약 한반도에서 전쟁이 발발할 경우 돌이킬 수 없는 커다란 비극을 초래할 것은 불 보듯 명백한 사실이다. 미국은 1993년 5월 합동참모본부 의장이 소집한 작전회의 결과 북·미 간에 전쟁이 발발할 경우 90일 사이 군인·민간인 사상자는 미군 8만~10만명을 포함해 100만명에 달할 것으로 추정했다. 1999년 12월 대북정책조정관 페리(W. Perry)의 보고서도 걸프전에서 전개되었던 '사막의 폭풍' 작전과 달리 인구밀집 지역인 한반도에서 전쟁이 발발할 경우 수십만명이 생명을 잃고 수백만명의 난민이 발생할 것으로 보고, 군사적 충돌은 결국 파국을 불러올 것이라고 결론 내렸다.

타이완의 독립 문제도 동아시아의 긴장을 고조시킬 가능성을 안고 있다. 중국은 타이완 독립을 견제하기 위해 군사력도 불사하겠다는 방침을 견지하면서 동아시아에서 주도권을 놓치지 않으려는 미국과의 사이에 긴장관계를 만들어내고 있다. 이밖에도 중국과 동남아시아 각국들 사이에는 남중국해를 둘러싸고 영토분쟁이 발생할 위험이 존재하고 있으며, 일본과 러시아의 북방영토 문제, 한국과 일본의 독도 문제, 중국·타이완·일본 3국 간의 조어도 문제 등은 군사적 충돌에 앞서 현실적으로 상호간에 국민감정의 충돌을 야기하는 요인이 되고 있다.

이러한 긴장관계를 완화하고 평화와 공존을 정착시키기 위해서는 먼저 동아시아의 20세기 역사에 대한 공통된 인식기반이 마련되어야 한다. 이를 위해서는 단순히 과거 일본이 동아시아에서 일으켰던 침략전쟁과 식민지 지배의 역사에 대한 인식을 공유하는 데 그치지 않고 냉전체제하에서의 모순과 냉전 후에 분출되는 갖가지 모순을 총체적으로 이해하려는 노력이 필요하다. 1990년대 이래 동아시아의 지식인들 사이에 국가와 국경을 초월한 동아시아 담론이 활발하게 제기되고 있는 것도 냉전 후에 분출되는 대립과 균열을 극복하고 초(超)국경적 역사인식을 공유하려는 시도이자 노력이라고 볼 수 있다. 예를 들면 2002년에 구성된 '한일역사공동연구위원회'의 3년간의 활동, 같은 해 3월 중국 난징에서 열린 한중일 3국의 '역사인식과 동아시아 평화포럼'을 출발점으로 하여 3년간의 성과를 바탕으로 간행된『미래를 여는 역사』(2005)와 그 후속작업으로 출간된『한중일이 함께 쓴 동아시아 근현대사』1·2(2012), 1997년부터 2003년에 걸쳐 중·일 지식인을 중심으로 한 '일중, 지(知)의 공동체'의 지적 교류운동, 2004년에 발족한 '한일, 연대21', 2006년 중일외상회담에서 중·일역사 공동연구 실시를 합의하고 발족한 '중일역사공동위원회' 등은 모두가 동아시아에 평화와 공존을 정착시키려는 노력의 일환으로 전개된 것이다.

그러나 이러한 노력에도 불구하고 동아시아의 정체성은 여전히 확립되지 않고 있으며, 역사인식의 공유는커녕 국가주의의 충돌이 되풀이되고 있는 현실이다. 현실적으로도, 자국사 중심의 국사 개념을 해체하고 국민국가의 인식틀을 넘어서야 한다는 주장은 담론으로서는 가능할지 모르지만 동아시아 각국의 기억의 양상이 다르기 때문에 역사인식을 공유하는 것은 그다지 간단한 일이 아니다. 예를 들면 한일 간 역사분쟁을 해소하기 위해 2002년 구성된 한일역사공동위원회는 2005년 3년간의 활동을 정리하여 보고서를 공개했는데, 그 내용을 보면 양국 위원들 간에 한일관계사를 보는 시각이 크게 다르다는 점이 드러난다. 특히 일본 측 위원들 사이에는 한국병합을 합법이라고 주장하고 일본의 식민지 지배에 의한 한국의 근대화를 강조하는 등 일본 우익의 주장에 가까운 입장을 드러낸 이들도 있어, 한일 간의 과거사 문제 해결이 얼마나 어려운가를 새삼 확인할 수 있었다.

중일역사공동연구위원회는 한일역사공동연구위원회(2003년 성립)를 참고하여 중·일 양국 정상의 합의에 따라 2006년 12월 구성되었다. 2005년 후소오샤(扶桑社) 교과서의 역사왜곡과 코이즈미 총리의 야스꾸니신사 참배를 계기로 중국에서 들끓었던 반일감정을 잠재우기 위해 일본 측이 제안하여 출범했고, 각 10명의 양측 위원은 일본 외무성과 중국사회과학원 근대사연구소의 주도하에 선정되었다. 그들은 토오꾜오와 베이징을 오가며 분과회의와 전체회의를 열어 정해진 주제에 관해 토론했으나 결국 대부분 양측의 견해를 병기하는 형태로 2010년 1월 연구결과의 일부를 발표하였다.

예를 들면, 류우뀨우 문제에 대해 일본 측은 17세기 이래 류우뀨우가 사실상 사쯔마번의 지배하에 놓여 있었고 일본에 편입된 것은 그 민중에게도 좋은 일이었다고 썼으나, 중국 측은 류우뀨우가 독립국이었으며 일본으로 병합되는 것을 원치 않았다고 썼다. 중국 측은 청일전쟁·러일전쟁까지 일본의 침략전쟁 범주에 포함시켰으나 일본 측은 다만 만주사변 이래의 중국 침략만 인정했다. 난징대학살에서의 중국인 사망자 수와 중일전쟁 발발 요인 등에 대해서는 여전히 의견 차를 좁히지 못했다. 일본 측 위원 중에는 처음부터 전쟁 당사자 간에 역사인식을 공유하는 것은 불가능하다는 전제를 깔고 공동연구에 임한 사람이 적지 않았다. 그들은 중국 측 위원이 공산당과 정부의 공식견해에서 벗어난 의견을 제시하기 어렵다는 이유를 들어 그들의 의견을 무시했다. 중국에 더 많은 학문의 자유가 필요하다는 지적은 옳지만, 일본 측 위원들 역시 정부의 공식견해를 비판할 수 없었던 전쟁 당시의 황국사관에 머물러 있었다. 자국사에 대한 성찰의 자세가 부족했기 때문이다. 그러나 중·일역사 공동연구는 이제 시작 단계이니 계속 노력한다면 점차 진전이 있을 것이다.

2005년 한중일에서 동시에 간행된 『미래를 여는 역사』에 대해서도 여러가지 문제점이 지적된다. 이 책에서는 특히 일본의 침략전쟁을 둘러싼 역사를 3국이 공유하려는 시도가 엿보이지만, 동아시아 근현대사의 역사상을 일본의 침략전쟁으로 수렴해버리는 것은 지나치게 일면적인 역사를 그려낼 뿐이다. 일본제국의 침략을 중심으로 서술할 경우 피해를 입은, 그리고 일본에 저항한 다른 아시아 지역의 주체적 역할에 관한 서술이 결여되고, 일본의 침략행위에 대한 한·중의 피해와 저항은 일본의 행동에 대한 반작용으로 나타나는 피동적이며 어쩔 수 없는 움직임이라는 인상을 줄 수도 있는 것이다. 그뿐만 아니라 한·중의 주체성을 일본제국에 대한 저항으로 묘사함으로써 한·중의 국가주의적 역사관과 결부되어 자국중심주의적인 역사를 더욱 강화하는 결과를 가져올 수도 있다.

이러한 한계를 극복하기 위해서는 침략과 저항이라는 이항대립적인 역사상이 아니라 동아시아 국민국가의 모순과 민족의 대항이라는 중층적이고 복수적인 역사기억을 총체적으로 파악하는 것이 중요하다. 아울러 동아시아의 역사를 국가간의 교류에 그치지 않고 국경을 넘는 다양한 인간의 이동으로 그려내는 작업이 필요하다. 최근의 사회사와 인류학 연구는 근대 국민국가만큼 국경 개념이 명확하지 않은 시대에 동아시아 각지에서 인적·물적 교류가 활발하게 이루어져왔다는 사실을 밝히고 있다. 이러한 사실에 주목할 때 국민국가의 통합기제로 작용하는 단일민족론의 허구에 대한 논리적인 비판이 가능할 것이다.

특히 남북통일의 과제를 안고 있는 한국의 경우 국가주의를 넘어선 대화와 연대의 틀이 필요하다. 오늘날 한반도를 둘러싸고 민족통일과 국제연대라는 과제가 서로 밀접하게 연결되어 있다는 사실은 동아시아의 정세에서 볼 때 더욱 자명하다. 한반도의 통일은 미국, 중국, 일본, 러시아와의 관계를 무시하고는 불가능할 것이며, 이러한 국제관계에 능동적으로 대응하기 위해서는 국가주의의 협소한 틀에서 벗어날 필요가 있다. 한국은 식민지와 분단의 경험을 자기정당화로 뒤바꾼 역사인식을 극복하고 오히려 그것을 동아시아 연대를 위한 소중한 기억자원으로 삼을 필요가 있다.

일본은 무엇보다도 동아시아 근린국가에 대한 신뢰감의 회복이 절실하다. 냉전기 일본은 동아시아가 겪은 전쟁을 비롯한 국가폭력의 공시적 체험을 공유하지 못했고 식민지 지배의 종주국으로서 주체적으로 탈식민지화에 임할 만한 계기도 없었다. 전후 70년이 넘도록 동아시아 근린국가의 일본에 대한 불신이 불식되지 않고 있는 것은 일본의 과거사 청산이 제대로 이루어지지 않았음을 의미한다.

물론 일본에서도 국가주의적인 움직임에 대항해 국가를 초월한 여성운동, 시민운동, 사회운동이 네트워크를 형성하고 동아시아 연대를 위한 노력을 지속적으로 벌이고 있다. 2000년 12월 일본 국가와 히로히또의 가해책임을 추궁하는 '여성 국제전범 법정'이 토오꾜오에서 열려 천황에게 유죄 판결을 내린 것은 의미있는 연대의 성과였다. 또한 2001년 6월에는 냉전기 주한미군의 전쟁범죄를 추궁하는 '코리아 국제전범법정'이 뉴욕에서 개최되어 역대 미국 대통령과 국무장관, 국방장관 등에게 유죄 판결을 내리기도 했다. 이밖에도 초국경적 시민운동, 사회운동이 연대하여 제주 4·3항쟁, 타이완 2·28사건, 오끼나와 미군기지 문제 등 냉전시대에 봉인되어왔던 문제들을 재검토하는 것은 국민국가의 역사를 해체하고 타자에 응답하는 방향을 모색하는 시도이기도 하다. 이에 따라 중국대륙, 한반도, 제주도, 타이완, 오끼나와, 일본, 홋까이도오 등 동아시아 각지의 역사인식을 둘러싼 논의가 상호 연쇄작용을 이루면서 동아시아 근현대사 자체를 복합적이고 중층적인 시점에서 근원적으로 되묻는 가능성을 열고 있다.

그러나 단순히 자국중심주의적 역사를 해체하고 월경하는 데 만족해서는 안된다. 동아시아에는 일본제국주의의 식민지화, 침략전쟁의 상흔이 깊숙이 각인되어 있으며, 냉전기의 분단과 새로운 억압·폭력이 그러한 상흔의 고통을 더욱 가중시켜왔다. 이러한 상흔의 골을 넘어 동아시아의 초국경적 역사를 그려내기 위해서는 일본의 전쟁책임과 식민지지배의 문제에 그치지 않고 냉전기의 군사독재, 국가폭력의 책임까지도 시야에 넣어 되살펴볼 필요가 있다. 물론 거기에는 동아시아의 식민지제국이었던 일본의 책임에 대한 재검토가 전제되어야 할 것이며, 일본은 이에 대해 답변할 책임을 명확히 인식할 필요가 있다.

동아시아는 아직도 평화와 공존을 위해 극복해야 할 난관들이 적지 않다. 남북관계와 북일관계는 핵개발과 일본인 납치 문제 등으로 인해 그 어떤 진전도 보이지 않고 있다. 또한 과거사를 정당화하는 일본의 역사인식은 여전히 한국과 중국의 내셔널리즘을 자극하고 있으며, 한국과 중국의 비판에 대한 반작용으로 일본의 국가주의가 더욱 기승을 부릴 가능성도 여전하다. 동아시아 각국의 내셔널리즘과 결합한 역사인식이 서로의 국민감정을 자극하고 위기의식을 부추기는 국가주의의 연쇄가 되풀이되는 한 동아시아의 평화와 공존을 위한 길은 더욱더 멀고 험난해질 것이다.

사회 양극화와
시민운동

사회 양극화와 역내 양극화

1990년대 자본주의 질서의 세계적 확산 이후 동아시아 각국에서는 사회 양극화가 큰 문제로 떠오르고 있다. 부자는 더욱 부유해지고 가난한 사람들은 더 가난해지면서 둘 사이의 격차는 점점 커지고 있다. 실업과 홈리스 문제는 이제 모든 국가가 겪고 있으며, 의학의 발달로 인한 출생률 저하와 고령화 역시 중요한 문제로 대두하고 있다.

1970년대 이후 일본과 한국, 타이완은 상대적으로 다른 국가에 비해 소득재분배 상황이 낫다고 알려져 있었다. 물론 이러한 평가는 국민들의 자산을 계산에 넣지 않고 임금만을 계산한 결과이기도 했다. 다시 말해 동아시아의 국가들은 일본을 필두로 하여 1970년대 이후 급격한 부동산 가격 상승으로 자산이 늘어난 세대와 그렇지 못한 세대 사이의 자산격차가 커졌지만, 이는 재분배 상황을 보여주는 지니계수에는 거의 반영되지 않았던 것이다.

1990년대 이후 소득 양극화는 그 격차가 급속히 커졌다. 일례로 일본의 지니계수는 점차 높아지고 있다. 지니계수는 일반적으로 0.4를 넘을 경우 상당히 불균등하다는 의미인데, 일본의 그것은 1990년 0.433에서 2002년 0.498로 크게 상승했다. 참고로 지니계수가 0.5가 되면 국민총소득의 3/4을 고소득층 1/4이 차지하는 상태를 의미한다.

그 결과 일본의 빈곤율은 급상승하였다. 1995년 8%에 그치던 것이 2005년에는 15.3%로 상승했다. 이 빈곤율은 OECD 국가 중 3위에 이를 정도로 매우 높은 수치다. 최저생활비 수급자 역시 1995년 60만 세대에서 2005년 100만 세대로 급증했다. 인구증가가 거의 없는 상황에서 이렇게 빈곤층이 늘어난다는 것은 소득 양극화가 심화되고 있다는 것을 의미한다. 소득 양극화는 비정규직의 양산에 의해 더욱 심해지고 있다. 이는 빈곤층이 증가하는 주요 원인이 되고 있으며, 이로 인해 홈리스는 점점 더 늘어나는 추세다.

이러한 현상은 일본에서만이 아니라 한국과 타이완에서도 일어나고 있다. 2007년 OECD가 발표한 「고용전망 보고서」를 보면 OECD 회원국 가운데 한국은 소득격차가 세번째로 크다. 상용직 임금생활자의 하위 10% 계층과 상위 10%의 소득을 비교하는 방식의 조사에서 한국은 4.51로 헝가리(5.63)와 미국(4.86) 다음으로 높았다. 또한 한국은 헝가리, 폴란드와 함께 1995년부터 10년간 소득격차가 많이 벌어진 국가로 꼽혔다.

중국과 베트남같이 급격하게 경제성장을 이룩하고 있는 경우 사회 양극화 문제는 더 심각하다. 도시와 농촌 사이의 양극화는 물론 농촌 인구가 대거 도시로 유입되면서 양극화는 더 심화되고 있다. 필리핀은

베이징 시내 농민공의 노점 급격한 경제성장 속에서 중국 농민의 도시 유입은 농민공을 양산하고 양극화를 심화했다.

1980년대 중반 민주화가 이루어졌지만, 농장주에게 부가 집중되는 현상이 계속되면서 양극화 문제는 해결되지 않고 오히려 심화되고 있다.

동아시아에서 빈곤층의 증가는 중산층의 와해로 이어졌다. 중산층의 형성 및 확대는 동아시아에서 한국과 타이완 민주화의 직접적인 배경이 되었다. 그러나 중산층이 무너지면서 사회적·경제적으로뿐만 아니라 정치적으로도 민주주의가 위협받고 있다. 중산층의 해체와 빈곤의 확대는 전반적으로 정치에 대한 무관심을 불러왔고, 그 결과 사회 전체의 보수화를 앞당겼다. 사회 전반적으로 정치적 민주화보다는 경제성장을 통해 파이를 키워야 한다는 신자유주의가 확산된 것이다. 이러한 전반적 보수화는 1990년을 전후하여 공산주의의 실험이 실패하면서 균등한 분배를 강조하는 대안적 이데올로기가 후퇴한 상황에서 기인하는 바도 컸다.

사회 양극화는 이처럼 한국과 타이완, 필리핀 등에서 민주주의적 제도의 후퇴를 불러오기도 했다. 또한 비정규직의 양산은 새로운 사회현상을 만들어냈다. 비정규직으로 생계를 꾸리는 사람들이 늘어나면서 가족이 해체되는 등의 문제가 핵심 이슈로 등장한 것이다. 이러한 현상은 낮은 출산율로 연결되고 있다.

한편, 낮은 출산율로 인한 노동인구 감소와 함께 역내 국가간의 양극화는 노동자들의 국가간 이동이라는 새로운 문제를 야기하고 있다. 역내 국가간 노동자 및 인구 이동은 아시아 각국에서 보편적으로 나타나는 현상인데, 특히 일본, 한국, 타이완의 사례가 대표적이다. 역내 노동인구의 이동은 두가지 현상 때문에 나타난다.

첫째, 역내 국가간의 양극화 현상이다. 일본과 한국, 타이완이 경제규모가 점차 커지면서 세계적으로 무역규모 20위 내에 진입하게 된 반면, 이들 국가와 필리핀, 베트남, 북한 등의 경제격차는 점점 더 커지는 추세다. 베트남이 상대적으로 높은 경제성장률을 보이고 있지만 아직 일본, 한국, 타이완에는 크게 미치지 못한다. 북한은 1990년대 중반 이후 마이너스 성장률을 보이며 격차가 더 커지고 있으며, 필리핀은 정치적·사회적 불안정으로 경제성장을 위한 획기적인 계기를 마련하지 못하고 있다. 또한 국가간 소득과 생활수준뿐만 아니라 환율의 차이가 두드러지게 되었다. 이런 연유로 북한의 경우 탈북민들이 증가하고 있으며, 베트남과 필리핀에서 일본과 한국으로 이주하는 노동자들의 숫자가 늘어나는 추세다.

둘째, 일본, 한국, 타이완 사회의 저출산과 함께 3D(difficult, dirty, dangerous 또는 demeaning)업종에서 일하고자 하는 사람들의 수가 감소하는 형상이다. 이로 인해 저임금 노동력을 필요로 하는 중소기업의 경우 노동력 부족에 시달리게 되었으며, 이에 임금이 싼 아시아 지역 이주노동자들의 노동력을 필요로 하게 되었다. 이들 국가는 체계적으로 이주노동자들을 유입하기 위해 훈련 및 고용 시스템을 마련해 이주노동자들을 흡수하고 있다. 참고로 2010년 현재 일본은 이주노동자 수가 200만명을 넘어섰고, 한국은 100만명이 넘는 것으로 추산된다.

동아시아 국가간 양극화 현상이 그치지 않는 한 이주노동자의 수는 더 늘어날 전망이다. 그러나 이들의 노동 및 생활 조건은 매우 열악하여 새로운 사회문제가 되었다. 사회 내부적으로는 사회진화론 및 오리엔탈리즘으로 인해 역내 아시아에서 온 노동자들에 대한 차별의식이 여전하며, 법규의 미비로 인해 많은 이주노동자들이 불법체류자로 어려운 생활을 영위하고 있다. 이들 불법체류자는 사회복지의 혜택을 받지 못할 뿐만 아니라 단속의 대상이 되어, 이로 인해 열악한 노동환경에서 일해야 하는 악순환이 되풀이되고 있다.

이주노동자들은 일본, 한국, 타이완에서 새로운 문화를 만들어내고 있다. 역내 아시아 국가에서 이주한 노동자들과 일본인, 한국인 사이의 결혼이 늘어나면서 사회다원화 현상이 나타나는 것이다. 이주노동자와 토착인의 결혼에 의해 꾸려진 가정을 흔히 '다문화가정'이라고 부르며, 이들은 단일민족이라는 정서가 강한 일본과 한국에서 새로운 문화와 사회적 현상을 만들어내고 있다. 한국의 경우 이들 대부분이 중소기업이 집중된 수도권 지역에 거주하고 있으며, 이들 사이에서 태어난 자녀들을 가리키는 '코시안'(Kosian, 한국인Korean과 아시아인Asian의 합성어)이라는 새로운 용어까지 만들어졌다.

다문화가정은 일본, 한국의 남성들이 역내 아시아 국가의 여성들과 결혼하면서 형성되기도 한다. 일본에서는 1970년대부터 이러한 다문화가정이 생겨나기 시작했으며, 한국의 경우 2000년대에 들어 중국, 베트남, 필리핀 여성들과의 결혼이 점차 증가하고 있다. 일부는 오랜 연애를 거쳐 결혼하기도 하지만, 대부분의 경우 중개업소의 소개에 의해 결혼하면서 많은 부작용이 뒤따르기도 한다. 다문화가정의 문화가 가시화되면서 국제적으로는 결혼이 아니라 인신매매의 일환이라는 비난마저 일고 있으며, 이에 따라 이러한 문제들을 극복하기 위한 사회적 노력이 계속되고 있다.

시민운동의 확산

1990년대 이후 동아시아 사회에서는 시민운동이 빠르게 확산되고 있다. 1980년대에 민주화의 계기를 마련한 동아시아 사회에서 민주화 이후의 민주주의 발전과 확산을 위해 시민운동이 활성화되었다. 이들은 민주화를 통해 마련된 공간을 발판으로 하여 시민의 권리를 지키고 이를 통해 민주주의를 더욱 발전시킨다는 목적이 있다. 대부분의 시민운동은 NGO를 조직하여 활동한다. 동아시의 시민운동은 국가와 지역에 따라 서로 다른 특징이 있다.

시민운동이 가장 빠르게 성장한 나라는 한국이다. 『시민의 신문』이 발행한 『한국민간단체 총람 2000』에 따르면 한국의 NGO는 총 4023개이며, 그 지부까지 합하면 2만개가 넘는다. 이들 단체의 활동영역별 분포는 시민사회 분야(1103개, 전체 NGO 중 25%), 사회서비스(743개, 18.5%), 문화예술(634개, 15.8%) 순으로 이 세가지 영역에 전체의 59.5%가 집중되었음을 알 수 있다. 그밖에는 환경생태(287개, 7.1%), 교육학술(235개,

5.8%), 지역자치(222개, 5.5%) 순이다.

한국의 시민운동은 특히 사회 양극화가 심화되고 이주노동자 수가 늘면서 더욱 활성화되었다. 한국의 시민운동은 주로 지방자치, 환경운동(환경운동연합, 경제정의실천시민연합, YMCA, YWCA, 한국교회환경연구소, 생활협동조합 한살림, 녹색연합, 정농생협), **교육개혁**(경제정의실천시민연합, 기독교윤리실천운동, 인간교육실현 학부모연대, YMCA, 흥사단, 참여연대) 등 사회적으로 중요한 이슈를 중심으로 발전해왔으며, 최근에는 이주노동자를 위한 조직들이 증가하는 추세다.

한국 시민운동의 특징은 첫째, 과거 민주화운동에 참여했던 세력들이 대거 참여했다는 점이다. 1987년 민주화 이후 당시 민주화운동을 주도한 세력들은 활동의 방향을 전환하여 사회적 이슈에 적극 관여하기 시작했다. 둘째, 단독조직도 많지만 연합체와 협의기구가 월등히 많다. 단독조직은 별도의 지부나 하위조직이 없는 조직으로 참여연대, 크리스찬아카데미 등이 대표적이며, 연합체로는 경제정의실천시민연합, YMCA, YWCA, 흥사단, 천주교정의구현전국연합, 참교육을 위한 전국학부모회 등이 대표적이다. 협의기구로는 한국여성단체협의회, 5·18광주전남공동대책위원회 등이 대표적이다.

셋째, 한국의 NGO는 정치적인 성향이 강하다. 초기 NGO가 민주화운동에 참여한 세력들이 대거 참여하면서 개혁정부라 불린 김대중정부, 노무현정부 등과 관계를 맺으면서 성장했다면, 이에 반대하는 보수진영의 NGO 역시 2000년 이후 증가했다. 이들 중에는 한국자유총연맹처럼 민주화 이전부터 어용단체로 존재했던 조직도 있지만, 상대적으로 진보적인 정부하에서 보수적 가치관을 지키기 위해 만들어진 NGO가 압도적으로 많다. NGO 사이에 진보와 보수 이념을 둘러싼 대립이 나타나는 이유가 바로 여기에 있다.

이러한 한국 NGO의 정치화는 한국사회의 특수성에 기인한다. 민주화 이전부터 '민주 대 독재'로 구도가 나뉘어 있었던 한국사회에서 민주화운동세력이 NGO를 먼저 조직하고 이들 중 일부가 진보 성향의 정부에 참여하게 되면서, 과거 독재정부에 참여했던 세력들과 이들을 지지하는 보수 성향 인사들이 권력으로부터 소외되었다. 이들은 진보 성향의 정부에 비판적인 NGO를 조직했고, 이로 인해 보수 성향의 NGO가 과거에 비해 많아지면서 NGO들 사이에 정치적 갈등이 나타나게 된 것이다. 그리하여 어떤 사회적 이슈가 생기면 그 이슈를 둘러싸고 NGO들 간에 서로 정반대의 주장을 하는 시민집회가 등장하곤 한다.

일본의 시민단체는 임의공익단체로 활동하는 경우가 많기 때문에 그 규모를 정확히 파악하기는 어렵다. 현재 8000여개의 다양한 시민단체가 있는 것으로 알려져 있는데, 법인으로 등록하지 않은 한 정부의 감독이나 규제를 받지 않으며 따라서 단체의 자율적 활동이 보장된다. 현재 일본에는 정부나 기업에 관계없는 순수 비영리조직이 약 60만개에 이른다.

일본 NGO의 특징은 다른 나라에 비해 교육 및 연구 분야가 많다는 점이다. 시민운동이 다루는 이슈는 1980년대에 들어와서 크게 바뀌어, 과거의 공해와 재개발 문제 같은 쟁점들의 중요성이 감소하는 대신 재활용운동, 정보공개운동, 자치권확대운동, 여성·장애자·노인·소수민족 반차별운동 등이 새로운 쟁점으로 부각되고 있다. 운동의 방식 또한 과거의 저항에서 참가로 바뀌고 있다.

일본의 시민단체들은 재정이 충분하지 못한 것으로 알려져 있다. 임의공익단체이기 때문에 미국처럼 정부로부터 재정지원을 받기 어려울

뿐만 아니라 기부문화 또한 상대적으로 기반이 취약한 것으로 보인다. 따라서 그들은 대부분 대외자금을 받지 못하고 회비나 팸플릿 판매 등을 통해 기금을 마련한다.

한편 그들은 다른 나라에 비해 지역에 깊이 뿌리내리고 있다는 특징이 있다. 풀뿌리 민주주의(grass-roots democracy)의 전형을 보여주는 셈이다. 한국의 시민운동이 지역에 뿌리를 내리기보다는 중앙에서의 활동이 많은 데 비해 이색적인데, 이에 따라 한국과 일본 시민단체가 주로 다루는 이슈도 큰 차이가 있다. 한국 NGO는 주로 중앙정부의 정책이 주요한 이슈가 되는 반면, 일본 NGO는 지역에 따라 이슈가 서로 다르게 나타난다.

타이완 시민운동의 경우 한국, 일본과는 다른 독특한 성격이 나타난다. 타이완의 시민운동은 1980년대 말 이후 비정부조직을 포함하는 비영리 부문이 양적인 측면에서 매우 급속히 증가했을 뿐만 아니라 질적인 면에서도 중대한 변화가 나타났다. 비영리 부문은 민주화 이후 사회적·정치적 변화를 반영하여 다양한 형태로 조직되었다. 대부분의 시민운동기구들은 정치성이 배제된 시민성, 공공성, 인권 및 참여 같은 가치를 표방하고 있다. 타이완의 시민운동은 정치적 이슈보다는 환경 및 생태 보호, 소비자 보호, 건강의료, 사회복지 등을 포함하는 거의 모든 공공정책의 수립에 관여하며, 아울러 자발적으로 공공정책의 재정을 위한 정치과정에 참여함으로써 제3부문의 영향력을 지속적으로 발휘하고 있다.

이러한 변화와 함께 타이완의 시민운동에서 볼 수 있는 또다른 특색은 기금회(基金會, foundation)가 존재한다는 사실이다. 기금회는 각종 사회적 수요에 따른 공적 지원활동을 위해 설립, 운영되는 비영리기구로서 흔히 재단법인 형태를 취한다. 이는 전통적 자선단체의 맥을 계승하면서도 지연, 혈연, 종교 등의 한정된 범위를 넘어 일반 대중에게로 지원대상을 확대하고, 민주적 운영체제를 갖추고 있다. 냉전시기에는 극히 예외적 소수만 있었으나 1987년 계엄 해제로 설립요건이 완화됨에 따라 그 수와 기금규모가 모두 급증하였다. 1992~2002년 기금규모는 106억 위안(元, 1위안은 대략 한국의 40원)에서 636억 위안으로 늘어났다. 기금의 출처는 기업이나 종교교단 출연, 모금, 개인 기부 등 다양하다. 2001년 50대 기금회의 활동영역은 문화교육 58%, 사회자선 22%, 기타 각 부문(보건위생, 환경보호, 교통안전, 대륙 관련 사무, 예술 등) 20%이며, 기금규모는 사회자선 영역에서 가장 급속히 증가하고 있다.

필리핀의 시민사회운동 역시 민주화 이후 폭발적으로 증가했다. 필리핀의 시민운동은 수많은 NGO와 PO(People's Organization, 민중조직)들을 바탕으로 한다. 필리핀의 시민운동에서 나타나는 특징은 그 조직과 활동이 법적으로도 보장되어 있다는 점이다. 1987년 헌법은 비정부 시민단체가 국가적 이슈와 지방 차원의 이슈뿐만 아니라 정책 결정과정에서 시민들의 이해관계를 대변할 수 있도록 하였다. 1991년에는 지방정부법에 의해서 시민사회의 참여를 보장했을 뿐만 아니라 지방정부가 시민기구의 창설과 활동을 지원하도록 규정했다. 이후 시민단체 대표들은 보건위원회나 학교위원회 등에도 참여할 수 있게 되었으며, 활동가들은 정치적 영역에 적극적으로 참여하게 되었다.

이렇게 법적으로 보장받는 시민단체들은 50만개에 이르는 것으로 추정되고 있다(2004년 통계). 법적으로 시민단체는 크게 비주식회사, 비영리기관, 독립적 민중조직, 그리고 비정부·지역별·부문별 기구 등 네가지로 나뉜다.

이중에서 PO와 이를 지원하는 NGO가 가장 중요한 역할을 수행하고 있다. PO는 지역사회에 근거를 둔 풀뿌리조직이나 부문별 연계를 따라 조직된 기구들이다. 원주민, 도시빈민, 노동자, 농민 등의 조직이 이에 해당하며 이들은 곧 시민사회의 저변을 형성하고 있다. PO 중에서도 자발적인 민중조직을 GUAPOs(genuine, autonomous POs)라고 하고, 정부가 조종하는 조직은 GRIPO(government-run and initiated PO)라고 한다.

필리핀의 시민운동 중 PO와 NGO는 다음과 같이 구분된다. ① 개발, 정의, 민중옹호를 내세우는 DJANGOs(development, justice and advocacy NGOs) ② 자선, 복지, 구호단체들이 대부분인 TANGOs (traditional NGOs) ③ 민중조직에 대한 재정지원을 중심으로 하는 FUNDANGO(funding agency NGOs) ④ 전문적·학술적 시민단체인 PACOs(professional, academic, civic organizations).

필리핀 시민운동의 또다른 특징은 이념적인 정치·사회운동이 지속적으로 펼쳐지고 있다는 사실이다. 이는 탈냉전 이후 다른 사회에서 나타났던 탈이념적 현상과는 차별적인 것으로, 주로 공산주의·사회민주주의 세력들이 많으며, 그중 BAYAN이 가장 대표적이다.

BAYAN(Bagong Alyansang Makabayan)은 '새로운 애국동맹'이라는 의미로, 사회운동 중 가장 좌파적인 민족주의 계열 단체다. 1960년대 태동하였으며, 1983년 아키노 의원 암살 이후 저항운동에서 핵심세력이 되었다. 여기에는 1000개 이상의 기층조직들과 여러 부문운동이 참여하고 있는 것으로 알려져 있다. 원로 정치인 타나다크(L. Tanadark)가 초대 의장을 맡았고, 창설 직후부터 반마르코스 대중시위를 주도했다.

Akbayan Citizen's Action Party는 마르코스독재 타도 이후 민주화의

결실이 대지주와 소수 부유층에게 돌아가는 상황에서 진보적 민주정당을 창설하기 위한 운동으로 시작되었다. 민주사회주의 및 사회민주주의 분파들이 핵심을 차지한다. BAYAN은 여기에 참여하지 않는다.

그외 필리핀에는 AsiaDHRRA(Asian Partnership for Development of Human Resources in Rural Asia)라는 오랜 전통이 있는 국제연대 시민단체도 있다. 이 단체는 1970년대 아시아 각국이 공통적으로 겪었던 불안정한 정치상황에서 시민사회운동의 경험을 공유하기 위해 1974년에 창립된 아시아 지역운동단체다. 아시아 농촌의 연대를 증진하고, 아시아 농민들을 대상으로 방문·교환프로그램을 정기적으로 진행한다. AsiaDHRRA는 회원 대다수가 아시아 농촌에서 활동하고 있으며 풀뿌리조직을 지원하여 회원들 간의 연대를 강화하고 있다, 베트남, 캄보디아, 한국, 인도, 일본, 타이, 네팔, 타이완, 필리핀 등 10개국에 회원단체가 있다.

이렇게 시민단체들이 동아시아 각국에서 활발하게 활동하고 있지만, 그 숫자와 활동경험에 비해 사회적 영향력은 크지 않다. 한국의 경우 정치의 영향으로부터 자유롭지 못하고 시민운동단체들 간의 이념적 갈등이 존재한다는 점, 일본의 경우 시민단체의 활동이 지역에 국한되어 있다는 점이 한계로 작용한다.

무엇보다 큰 문제는 필리핀이다. 필리핀정부가 지방에 있는 토호세력들을 통제하지 못하기 때문에 정당정치가 제대로 작동하지 않으며, 이로 인해 시민사회의 활동이 정당 정책으로 실현되지 못하고 있기 때문이다. 필리핀 시민사회는 활기찬 활동을 하면서 정치적 의제를 상정하는 능력을 보여주긴 하지만, 실제로 정책화하는 힘을 갖지 못한 것이다. 또한 법으로 시민운동과 시민단체를 보장했지만 지방 정부나 기구에 시민운동 활동가들이 참여할 수 있는 구체적 규정은 아직도 마련되지 않고 있다.

필리핀 시민사회가 몇차례에 걸쳐 부패한 대통령을 축출하는 데 성공했으면서도 그 힘을 사회적 개혁으로 연결시키지 못하는 이유가 여기에 있다. 1998년에 당선된 에스트라다 대통령은 의적(義賊)의 이미지가 있던 배우 출신인데, 대통령 당선 이후 측근들의 부정부패로 인해 2001년 축출되었다. 에스트라다의 뒤를 이은 아로요(G. Arroyo) 대통령 역시 가족들의 부정부패와 지역 유력세력을 견제하지 못하면서 시민사회의 반대에 직면했다. (아로요 대통령은 2011년 선거부정 혐의로 체포되었다.)

국경을 넘어선 연대

시민사회의 활동은 점차 국경을 넘어서게 되었다. 이는 동아시아 내부에서 나타나는 문제들을 정부 차원이 아닌 시민사회 차원에서 해결하고자 하는 움직임이라고 할 수 있다. 특히 정치·경제 문제 외에 역사·문화·사회 이슈는 정부가 나설 경우 외교적 문제가 발생할 수 있기 때문에 시민사회의 역할이 중요하게 부각되고 있다.

1990년대 이후 시민사회 차원의 연대가 국경을 넘어 활발해지고 있는데, 그 첫걸음을 뗀 것은 위안부 문제에서였다. 위안부 및 징용같이 1945년 이전 일본군국주의에 의해 피해를 본 개인의 문제는 한 국가만의 문제가 아니었다. 일본의 침략 및 팽창의 무대였던 한국, 중국, 동남아시아뿐만 아니라 일본 내에서도 이러한 문제가 거론되었다.

한국인 일본군 위안부들의 시위에 참가한 일본인들 국가간·도농간 경제격차가 사회문제로 떠오
르는 가운데, 시민사회단체들 간의 국제연대는 그 싹을 틔우고 있다. ©연합뉴스

    문제는 1965년 이후 한국과 일본 간의 협정에서 일본이 지불한 청구
권 자금에는 개인의 피해에 대한 배상이 포함되어 있었고, 중국과 일본
간의 협정에는 중국이 일본에 대해 배상을 청구하지 않도록 합의되었다
는 사실이다. 이로 인해 1990년대 이후 새롭게 밝혀지고 있는 위안부 및
징용과 관련된 피해를 어떻게 배상해야 하는가의 문제가 대두했다.

    이를 위해 1990년 11월 한국정신대문제대책협의회(정대협)이 조직되
었다. 1988년 한국교회여성연합회의에서 주최한 '여성과 관광문화'라
는 세미나에서 일본군 위안부 문제가 처음으로 공론화된 것이 계기가
되었다. 정대협은 1992년 8월 제1회 아시아연대회의를 개최했다. 여기
에는 한국, 타이완, 타이, 필리핀, 홍콩, 일본 6개국이 참여했는데, 일본
에서는 '일본군 위안부문제 행동 네트워크'와 '매매춘문제와 싸우는
모임' 구성원들이 참여하였다.

이후 2회(1993년 일본), 3회(1995년 서울), 4회(1996년 마닐라), 5회(1998년 서울)가 잇따라 개최되었으며, 이를 바탕으로 2000년에는 토오꾜오에서 국제전범재판이 열렸다. 베트남전쟁을 재판했던 버트런드 러셀(Bertrand Russell) 법정*을 모델로 삼은 이 재판은 히로히또를 포함한 피고인 8명 전원에게 유죄를 선언하기도 했다.

2001년 7월에는 '전쟁과 여성 인권센터'가 정대협 병설기구로 조직되었고, 동년 10월에 제1회 '한일여성공동역사교재' 편찬을 위한 공개 심포지엄이 개최되었다. 2002년에는 2회 심포지엄이 토오꾜오에서 개최되었고, 같은 해 서울에서 3회 심포지엄이, 2003년에는 서울과 토오꾜오에서 각각 4회, 5회 심포지엄이 열렸다.

정대협과 아시아연대회의가 여성문제에 초점을 맞추었다면, '동아시아 평화와 인권 국제심포지엄'은 학술대회의 형식을 취하면서 아시아 각국의 인권문제를 폭넓게 다루었다. 이 회의는 한국에서 17년간 복역했던 재일교포 서승(徐勝)과 타이완에서 34년을 복역한 린 수양(林書陽)의 주도로 시작되었다. 냉전과 개발독재로 인해 인권을 침해당한 사례들을 복원하고 그 실체를 밝히면서 동시에 향후 동아시아에서 인권 및 평화를 옹호하기 위한 목적으로 진행되었다.

1997~2002년까지 6회에 걸쳐 회의가 개최되었는데, 타이완의 2·28사건을 비롯해 제주 4·3항쟁, 오끼나와의 인권문제, 그리고 5·18광주민중항쟁 등을 주요 주제로 했다. 이러한 일련의 회의는 동아시아 민중 교류

버트런드 러셀 법정 영국 철학자 러셀이 베트남에서 미국이 저지른 전쟁범죄를 국제법에 따라 심판하자고 제창하며 발족한 법정. 그후 각국의 법학자, 평화운동가 등이 모여 평화와 인권에 대한 침해행위를 규탄하는 공간이 되었다.

및 연대에 기여했고, 동북아시아 평화의 과정에서 한반도의 중요성을 부각하면서 향후 동아시아에서 평화의 소중함과 그 필요성을 제기했다는 의의를 지닌다.

한편, 1980년대부터 일본 극우세력에 의해 왜곡, 축소된 역사교과서가 편찬되면서, 동아시아의 올바른 역사인식 및 역사교육을 위한 시민사회의 연대가 시작되었다. 이 과정에서 조직된 것이 '아시아 평화와 역사교육연대'이다. 이 운동은 한국의 '교과서운동본부'가 2003년 3월 개최한 '역사인식과 동아시아 평화포럼 제1차 대회'(중국 난징)에서 한중일 3국을 아우를 수 있는 교과서를 편찬하기로 합의하면서 본격화되었다.

이 대회는 2002~04년까지 지속적으로 개최되었으며, 2005년 1월 토오꾜오에서 제10회 국제대회가 열려 원고를 최종 수정한 후 2005년 5월 한국, 중국, 일본에서 동아시아 역사교과서를 공동으로 발간했다. 한국에서는 『미래를 여는 역사』라는 이름으로 발간되었다. 또한 이 사업을 주관했던 한국의 '교과서운동본부'는 청소년을 대상으로 한중일 청소년 역사캠프도 개최하고 있다. 이 캠프는 2002년 한국, 2003년 히로시마와 토오꾜오·나라, 2005년에는 베이징에서 개최되었다. 2011년 제10회 캠프는 인천에서 열려 세 나라 청소년 200명이 참가해 동아시아 평화를 주제로 토론하였다. 참가자들은 강화도의 역사유적을 답사하며 13세기 몽골의 침략, 19세기 일본의 침략과 관련된 유적을 둘러보았다.

아울러 역사문제 못지않게 동아시아에서 '환경'이 주요 이슈로 떠오르면서 시민사회의 환경운동 연대를 위한 움직임이 활발해졌다. 이를 위해 '한중일 동아시아 환경시민회의'가 2002년 토오꾜오에서 '한국, 일본, 중국, 지속가능한 동아시아로'라는 제하에 개최되었다. 제2회 회의는 2004년 서울에서 개최되었는데, 생태공동체 문제를 주요 이슈로 다루었다.

여성의 관점에서 환경문제에 접근하고자 한 '여성환경연대'의 활동도 주목된다. 여성환경연대는 1995년 베이징에서 열린 제4회 세계여성대회에서 '여성과 환경 분과'로 출발하여 1999년 정식으로 '여성환경연대'를 창설했다. 이후 2001년부터 매년 한차례 '동북아 여성환경회의'를 열고 있다.

이와 같은 활동이 주로 지식인들이 중심이 된 시민운동의 연대활동이라면, 이주노동자와 관련한 시민운동의 연대는 참여자뿐만 아니라 문제의 내용 역시 연대를 통해 풀어나가야 할 필요성이 있는 문제라고 할 수 있다. 또한 동아시아 이주노동자들이 동남아시아와 남아시아, 그리고 서아시아 지역에서 '공급'되고 있는 만큼 이주노동자 문제를 둘러싼 시민사회의 연대는 노동자들이 이주한 지역과 그들의 원 소속 국가의 문제를 함께 고민할 수 있는 중요한 사업이라고 할 수 있다.

이주노동자는 일본에서 처음 사회문제로 떠오르기 시작했고, 이후 한국에서도 주요한 이슈가 되었기 때문에 주로 한국과 일본의 시민사회에서 관심을 갖고 접근하기 시작했다. 이주노동자들이 많은 지역을 중심으로 지역운동 차원의 시민운동이 이루어졌고, 종교단체에 의해 이루어지기도 했다. 종교단체의 경우 선교활동의 일환으로 이주노동자 문제가 다루어지기도 하며, 특정 종교인이 다수를 차지하는 국가 출신의 이주노동자들을 대상으로 한 시민운동도 활발하게 진행 중이다. 천주교를 중심으로 전개되는 필리핀 노동자를 대상으로 한 시민활동이 후자의 대표적 예라고 할 수 있다.

이주노동자를 대상으로 한 시민운동 중 특히 주목되는 것은 한국이주노동자인권센터(인권센터)의 활동이다. 인권센터는 2001년 인천에서 개소한 이래로 이주노동자들에게 한국어를 가르치고, 이주노동자들에 대한 단속 및 추방에 항의하는 활동을 지속적으로 전개해왔다. 그리고 이주노동자들의 생활개선 사업에서부터 법적인 문제의 처리, 그리고 이주민활동가를 양성하는 사업까지 다양한 활동을 전개하고 있다.

인권센터는 홍콩의 AMC(Asia Migrant Center), 필리핀의 MFA(Migrant Forum in Asia), 전일본네트워크 등의 단체와 연대를 모색하고 있는데, 실제로 몇차례 회합이 개최되었지만 아직까지는 활발한 연대활동이 이루어지지 않았다. 그러나 한국과 일본, 홍콩 등 동아시아에서 이주민들을 필요로 하는 지역이 계속 있는 한, 그리고 이들 지역으로 와서 일하면서 더 많은 소득을 얻고자 하는 이주노동자들이 있는 한, 이주노동자들을 위한 동아시아 시민운동의 연대는 곧 활성화될 수밖에 없는 조건을 갖추고 있다.

이와 같이 동아시아에서 공통적으로 나타나고 있는 이슈들을 중심으로 시민운동의 연대활동이 점차 증가하고 있다. 이 이슈들은 역사적인 문제도 있지만, 대개 현실적 사안에 대한 적극적인 움직임과 관련되어 있다. 특히 정부 차원에서 해결하기 어려운 문제들을 다루기 때문에 앞으로 동아시아인들의 상호이해를 위해 중요한 역할을 할 것이며, 또 그래야만 한다. 현재는 아직 국경을 넘어선 시민연대의 힘이 약한 상황이다. 이는 각국의 경제성장 정도가 다르고 사회적 특수성과 개성이 강해서 무조건 연대하기에는 상이한 조건에 있기 때문이며, 동시에 동아시아에서 나타나는 강한 민족주의·국가주의 성향 때문이기도 하다.

1920년대 여성국제평화자유연맹

2014년 2월 3일 경기도 광주 '나눔의 집' 역사관에 전시된 일본군 위안부 피해 여성들의 사진 ©AP/Ahn Young-joon

평화와
민주주의 연대를
향하여

21세기의 새로운 동아시아는 '평화로운 지역질서'를 요구한다. 그것을 모색하는 여러 갈래의 노력들 중 여기서는 제국주의 시기 약육강식의 정글에서도 평화를 꿈꾸었던 반전평화 사상의 유산을 점검하여 현재적 의미를 탐색하였다. 한국 신채호, 중국 바 진, 일본 코바야시 타끼지의 민족과 국가의 경계를 넘는 연대를 통해 자유롭고 평등한 사회를 이룩하려 한 열망에 주목하였다. 그 유산은 냉전과 열전이 교차하는 속에서도 계승되어 평화공존의 지역질서를 형성하려는 노력과 동아시아 역사화해를 위한 대화로 이어졌다.

반전평화 사상의 유산

오늘날 한중일과 베트남의 지식인들은 갖가지 형태로 국가와 국경을 초월한 연구·교류를 모색하고 있다. 이것은 갈등과 긴장이 끊이지 않는 동아시아의 현실에 대응하여 초국경적 역사인식을 공유하려는 시도이며, 또한 동아시아에 평화적인 지역질서를 정착시키려는 노력의 일환이기도 하다. 이런 노력은 동아시아 근현대사 속의 반전평화 사상의 유산을 발굴하여 재음미하면서 그 의미와 한계를 되돌아보는 작업과 병행할 때 더욱 탄력을 받을 수 있다고 믿는다. 더구나 19세기 서구열강의 자본주의체제에 편입되어가는 과정에서 20세기 냉전기에 이르기까지 복잡하게 뒤얽힌 대립과 갈등의 역사 속에서 경쟁하고 투쟁해온 동아시아 국가들의 역사적 경험에서 볼 때, 반전운동과 반전사상이 지니는 의미는 더욱 크다. 여기서는 일본의 프롤레타리아문학 작가 코바야시 타끼지(小林多喜二, 1903~33)와 아나키즘 사상을 수용한 한국의 신채호(申采浩, 1880~1936)와 중국의 바 진(巴金, 1904~2005)을 통해 반전사상의 궤적을 살펴보기로 하자.

동아시아 근현대사에서 반전사상이 가장 먼저 대두한 곳은 서구자본주의를 앞서 수용한 일본이었다. 그러나 러일전쟁을 전후하여 초기 일본 사회주의자 코오또꾸 슈우스이나 기독교도 우찌무라 칸조오의 반전운동은 관헌의 탄압과 여론의 지탄으로 대중적인 힘을 얻지 못하고 좌절되었다. 이후 일본제국주의가 본격적으로 전개되는 시대에 치안유지법을 비롯한 극심한 언론통제하에서 탄압을 각오하고 반전투쟁을 전개한 일본의 지식인은 거의 없었다. 기독교나 불교도 침묵으로 일관하거나 궁극적으로는 무비판적으로 일본의 전쟁에 협력했다. 이러한 가운데 일본의 반전운동은 주로 사회주의자들에 의해 반제국주의적·반국가적·계급적 혁명운동의 형태를 띠면서 주도되었다. 근대 일본의 프롤레타리아문학운동의 대표적인 인물로 손꼽히는 코바야시 타끼지도 그 가운데 한 사람이다.

코오또꾸와 우찌무라보다 아래 세대인 코바야시가 사회주의와 반전운동에 관심을 가지기 시작한 것은 프랑스의 국제적 반전조직 '끌라르떼'(Clarté, 빛·광명의 의미)의 지도자인 앙리 바르뷔스(Henri Barbusse)의 소설 『끌라르떼』(1918)의 영향을 받으면서였다. 소설은 1차대전 이후 전쟁의 비참한 경험으로부터 광명을 찾아가는 주인공을 통해 제국주의를 고발하고, 착취계급 타도와 전쟁으로 내몰린 대중의 노예근성을 근절할 것을 주장하는 내용이다. 코바야시는 바르뷔스의 작품을 통해 인간해방과 반전평화에 사상적 감화를 받고, 전쟁은 단순히 국가나 민족 간의 이익을 다투는 분쟁이 아니라 자본가와 노동자, 권력자와 민중의 지

코바야시 타끼지(위 왼쪽) 신채호(위 오른쪽)
바 진(아래)
대립과 갈등의 동아시아 근현대사에서 이들
이 보여준 반전평화 사상의 의미는 더욱 각
별하다.

배와 피지배관계 속에서 구조적으로 파악되어야 하는 집단적 살인행위라는 것을 깨달았다. 이후 그는 작품활동을 통해 반전사상을 표현하는데, 그 가운데 1929년 발표한『카니꼬오센(蟹工船)』(한국에는『게 가공선』으로 소개됨)은 일본 프롤레타리아문학을 대표하는 걸작으로 평가되고 있다.

『카니꼬오센』은 북극해의 원양어업에서 막대한 이익을 올리는 게잡이 어선을 무대로 자본주의가 확장, 침투되어가는 와중에 자본가와 그 앞잡이가 얼마나 야만적인 방법으로 노동자를 착취했는지를 보여주는데, 서술의 초점은 착취 그 자체에 있는 것이 아니라 이에 대해 노동자들이 어떻게 반응했는지를 통해 국가폭력에 대한 반항을 이야기하는데 있다. 그것은 곧 가혹한 노동과 생명에 대한 위협이라는 일상적인 전쟁에 대한 고발이자 문제제기였던 것이다.

이러한 코바야시의 반전사상은 전쟁에 대한 비폭력 저항이 아니었다. 그는 전쟁은 계급간 이해관계의 충돌로 보아야만 하며, 전쟁의 본질이 진보적인지 반동적인지는 오직 노동자의 관점에서만 판별할 수 있다고 보았다. 따라서 "만약 어떤 전쟁이 노동자의 계급적 이해에 진보적인 것이라면 우리는 그 전쟁의 선두에 서야 한다"고 주장했다. 그에게 반전(反戰)은 노동자계급과 같은 사회적 약자들이 전쟁 상황이나 가혹한 노동조건 속에서 자신들의 생명을 유지하기 위해 벌이는 최소한의 노력이었던 것이다. 그는 1931년 일본공산당에 입당해 지하활동을 하다 1933년 검거되어 조사를 받던 중 특별고등경찰의 가혹한 고문으로 사망했다.

한편 식민지와 반식민지 상황에서 한국의 신채호와 중국의 바 진은 제국주의 침략에 맞서 민족주의를 고양하면서 아나키즘에 경도되었던

726

대표적 지식인이다. 신채호는 중국에 망명하여 애국계몽운동을 전개하다가 러시아혁명 이후 대동사상과 결합된 사회개조·세계개조론을 제창, 3·1운동 이후 그 이론들을 토대로 민중해방 사상으로 알려진 아나키즘을 수용하였다. 그는 약육강식론을 부정하는 상호부조론과 반강권(反强權)의 논리를 기반으로 약소민족의 국제연대를 이룩함으로써 민족해방과 민중해방을 성취한다는 세계개조론을 가다듬어갔다.

신채호는 1926년 동아시아 국가들의 국체를 변혁하여 모든 사람이 자유롭게 잘사는 사회의 건설을 목적으로 하는 '무정부주의 동방연맹'(동방연맹)의 준비모임에 조선대표의 한 사람으로 참가했다. 동방연맹은 1927년 9월 조선, 중국, 일본, 타이완, 베트남, 인도 등 6개국 대표 120명이 참가한 가운데 결성되었다. 그들은 베이징 교외에서 독일인 기술자의 도움으로 폭탄과 총기를 제조하여 각국의 국체를 변혁하는 동시다발적인 혁명을 뒷받침하기로 했다. 이듬해 4월 신채호는 동방연맹의 결의를 실행하기 위해 톈진에서 조선인 무정부주의자들의 회의를 개최하고, 선전기관과 일제 관공서를 폭파하기 위한 폭탄제조사 설립을 결의했다. 그 직후 자금을 확보하기 위해 타이완에 가서 활동하던 중 체포되어 다롄지방법원에서 10년 징역형을 선고받고, 뤼순감옥에서 복역하다가 1936년 옥사했다.

이와 같이 신채호는 아나키즘의 폭력혁명 수단에 의지해 민족과 민중의 해방을 꿈꾸었지만, 그의 목적은 사실 동양의 평화를 위협하는 교란자를 제거하는 것이었다. 베이징 망명 시절 발간된 한문잡지 『천고(天鼓)』에 게재한 「조선독립과 동양평화」(1921)에서 그는 조선의 독립이 동아시아의 평화에 미치는 영향과 의미에 대해 논하였다. 그는 "오늘날 동양의 평화를 말하고자 한다면 조선의 독립을 능가할 것이 없다"고 하면서 그 이유에 대해, 조선이 독립하면 일본이 탐욕을 그치고 그 힘을 수습하여 자신의 영토를 보존할 것이며, 러시아의 과격파 역시 가난한 약소민족을 돕는다는 명분을 잃게 될 것이요, 중국 또한 한가한 틈을 타서 혁명으로 혼란스러워진 국면을 정돈할 기회를 얻을 수 있기 때문이라는 독특한 논리를 전개한 바 있다. 신채호는 동양의 평화를 이룩할 수 있는 방도는 한국의 독립밖에 없다고 하면서 일본의 시베리아 점령과 러시아의 동진을 경계하고 있었던 것이다. 이는 안중근의 동양평화론(1910)을 이어받은 것이라 할 수 있다.

5·4운동을 전후해서 아나키즘을 접하기 시작한 중국의 바 진은 신채호의 직접행동론과 달리 이론의 천착과 선전에 몰두했다. 그는 끄로뽀뜨낀의 『상호부조론』과 『청년에게 고함』을 접한 뒤, 인류를 사랑하고 세계를 사랑하는 이상을 얻고 그러한 세계의 실현을 갈망하는 '아나키' 야말로 진정한 자유며 진정한 평등의 본보기임을 깨닫고 아나키즘에 대한 사상적 신념을 쌓게 된다. 중일전쟁 발발 직후 그는 "어떤 사람은 아나키스트가 전쟁에 반대하고 무력에 반대한다지만 이것은 반드시 옳은 것은 아니다. 강권에 반대하고 침략에 반항해 일어난 것이라면, 민중의 옹호를 받고 민중의 이익을 지키기 위한 전쟁이라면, 아나키스트는 이에 반대하지 않는다"라는 인식을 바탕으로 항일전쟁에 뛰어들었다. 그는 항전의 목적을 세계의 제국주의자를 멸망시키고 모든 인간이 자유롭고 평등하며 능력에 따라 일하고 필요에 따라 취하는 이상적 사회의 건설이라고 여겼다. 즉 전쟁을 위한 전쟁을 반대하며 혁명적 전쟁으로써 전세계의 평화와 인류의 행복을 보장하고자 한 것이다.

신채호가 조선 민중과 일본 프롤레타리아계급이 연대해야 한다는 주장을 단호히 거부한 것과 달리, 바 진은 중일전쟁기에 한중일의 진보적

728

지식인과 민중이 연대하여 일제에 저항할 것을 호소했다. 국가라는 인위적 제도의 장벽을 넘어서 인류의 의사소통과 보편적 이상을 추구했던 것이다. 그는 일본이 전쟁을 계속하는 한 멸망할 수밖에 없으며, 각 민족이 화목하게 공존할 수 있는 길은 무분별하게 자신의 국가 이익만을 극대화할 것이 아니라 각 국가와 민족이 자유롭고 독립적인 삶을 영위하는 데 있다고 보았다. 신채호와 바 진은 제국주의자들의 전쟁에 불참을 선언한 유럽 아나키스트와 달리, 식민지와 반식민지의 시대상황에서 제국주의적 전쟁에 철저하게 저항하는 것이야말로 정의를 위한 전쟁이며 자신의 생존을 지키기 위한 것으로 보았다. 이 점에서 그 둘은 공통적으로 절박한 시대적 과제를 안고 있었던 것이다.

이제까지에서 보듯이 제국주의 시대 동아시아의 반전사상은 제각기 주어진 조건으로 인해 서로 차이점이 있으면서도 공통적으로 노동자계급과 민중의 해방이라는 절실한 과제를 안고 민족과 국가의 경계를 넘어 연대함으로써 모든 사람이 자유롭고 평등한 사회를 추구하였다. 이런 사상과 운동은 냉전시대에 국지적 열전에도 불구하고 이어졌다. 국공내전이 발생하자 중국의 각계 사회단체들은 '내전반대 화평통일'을 구호로 내걸고 정치협상회의 결의에 따라 통일정부를 구성하라는 평화통일운동을 벌였다. 한반도에서도 내전을 초래할 분단정부 수립에 반대하고 남북협상으로 통일정부를 구성하려는 평화통일운동이 일어났다. 그러나 냉전에 기댄 무력통일 노선이 득세함에 따라 중국과 남북한 모두 참혹한 분단과 내전을 겪게 되었고, 이로써 이념에 대한 맹목적 추종이 얼마나 쉽게 평화를 파괴하는 바이러스가 될 수 있는지 절감했다. 하지만 그후 장제스정부도 김일성정부도, 그리고 이승만정부도 여전히 무력에 의한 통일론을 견지하였다. 그런 상황에서 1956년 한국의 조봉암과 진보당이 무력통일론에 맞서 '유엔보장하의 민주방식에 의한 평화통일'을 제창한 것은 그래서 더욱 돋보인다. 이 평화통일안은 인도를 비롯한 아시아 각국이 공산주의와 상반되는 사회민주주의 노선을 걷고 있다고 보고 반둥회의(Bandung Conference)에서 구체화된 평화사상을 적용한 것이었다. 그러나 그는 간첩과 내통했다는 혐의를 받고 1959년 처형되었다.

그후 베트남전쟁이 30년간 지속되고 한국과 중국을 비롯한 동아시아 각국이 직간접으로 참전했음에도, 한국에서는 파병반대론이 미약하게 제기되었을 뿐 반전평화론은 제기될 수 없었다. '자유중국'으로 불리던 타이완에서도 그러했다. 자유민주주의를 수호한다는 이념에 대한 맹목이 다시 한번 평화의 가치에 눈감게 만든 결과였다.

베트남전쟁기 반전평화운동은 냉전의 대결선에서 한발 비켜나 있던 일본에서만 일어났다. 패전의 고통 속에서 마련된 평화헌법을 바탕으로 1965년 4월 일본에서는 '베트남에 평화를! 시민문화단체연합'('베평연')이 미국의 베트남전쟁 개입을 반대하면서 미국 시민사회의 반전운동과 연대했다. 오끼나와의 미군기지에서 베트남전선을 향해 미군 전투기가 발진하고 베트남전선의 미 군함들이 사세보항에 기항하는 데 대한 반대여론이 이를 뒷받침하였다. 최근에는 중국의 군사력 증강을 배경으로 평화헌법을 수정해 군대를 보유하고자 하는 우익세력에 맞서 평화헌법을 수호하는 시민운동이 이어지고 있다.

한국에서의 반전평화운동은 베트남전쟁이 종결된 후에 비로소 등장할 수 있었다. 1980년대 학생들의 반전반핵운동이 그것인데, 이는 냉전의 전초기지에서 일어난 것이어서 남다른 의미를 지닌다. 그후 정부 차원에서도 '남북 사이의 화해와 불가침 및 교류·협력에 관한 합의서'

(1991), 남북 정상의 6·15공동선언(2000), 제2차 남북정상회담(2007) 등이 모두 남북화해와 평화통일을 강조함으로써 한국사회에 반전평화의식을 정착시켰다. 그러나 안타깝게도 북한의 세습체제를 뒷받침하기 위한 '선군정치(先軍政治)'와 미군에 의해 일방적으로 설정된 북방한계선 문제는 한반도 평화를 위협하는 주된 요인이 되고 있다. 탈냉전을 배경으로 중국과 타이완 사이에서도 평화통일 방안이 모색되었으나 타이완에서는 통일 자체를 반대하는 여론이 만만치 않다.

그렇기 때문에 이와 같은 동아시아 역사 속의 평화사상은 더욱 소중한 유산으로 다가온다. 물론 그 안에는 극복되어야 할 한계도 눈에 띈다. 분단국가의 평화통일론에서 평화는 통일의 수단으로서 강조되었을 뿐 평화 자체를 보편적 가치로 존중하는 평화사상과 평화운동은 취약했다. 일본의 반전평화운동은 그 역량 면에서는 이웃나라에 비해 앞서 있지만, 자국의 침략전쟁에 대한 반성과 결합되지 못한 채 원폭을 맞은 피해의식에 의거한 측면이 강하다는 점에서 동아시아적 소통의 의미를 지니기에는 여전히 불충분하다.

평화를 위한 지역질서의 모색

근현대 동아시아의 반전평화 사상이 동아시아의 새로운 지역질서 모색에 계승되었다면 어떤 모습으로 나타났을까? 동아시아 각국은 중국 중심의 해금시기에도, 일본 중심의 제국주의 시기에도 대등한 주체로서 외교무대에서 서로를 인정하고 협의한 적이 없다. 1955년 인도네시아 반둥에서 개최된 반둥회의는 오랜 관행을 청산하고 각국이 대등하고 독립된 주권국가로서 국제회의를 스스로 주도하고 참여한 첫 사례였다는 점에서 주목된다. 비록 냉전시기의 제약으로부터 자유로울 수는 없었지만 동아시아 공동체 논의가 활발히 이루어지고 있는 오늘날, 당시 반둥회의에서 냉전체제를 극복할 대안적 가치로서 채택한 '평화 10원칙'의 정신과 원리를 계승, 발전시킬 필요는 절실하다. 앞서도 말했지만 1956년 조봉암이 인도를 비롯한 아시아 각국의 사회민주주의를 주목하고 평화통일론을 제창한 것은 바로 그런 조류를 반영한 것으로 보인다.

반둥회의의 기본정신은 비동맹중립주의다. 이 반둥그룹의 탄생에 직접적인 계기를 준 것은 한국전쟁이다. 인도의 수상 네루는 한국전쟁에 다수의 신생약소국이 끌려들어가는 것을 지켜보면서 인도와 이들 국가가 미·소 두 진영의 어느 쪽에도 예속되지 않도록 하기 위해 1954년 비동맹중립주의 노선을 제창하였다. 더구나 그해는 2차대전 후 프랑스와 네덜란드 등 옛 식민지 종주국들이 아시아·아프리카의 재식민지화를 꾀한 결과 프랑스와 베트남 간에 발생한 전쟁이 베트남의 승리로 끝난 해였다. 신생 중국은 한국전쟁과 이 베트남전쟁에 모두 직간접적으로 개입한 당사자 중의 하나였다.

'평화 10원칙'은 인도의 네루가 중국 저우 언라이와 양국의 현안을 해결하기 위해 맺은 '평화 5원칙'을 토대로 더욱 발전시킨 것이었다. 거기에는 한국전쟁 도중 일어난 중국의 티베트 점령에 따른 국경문제가 중요한 의제로 포함되었는데, 인도는 중국의 티베트 주권을 인정하는 대신 티베트의 자율성을 존중하라고 요구했다. 1954년 회담에서 두 사람은 ① 상호주권 존중 ② 영토 존중 ③ 상호불가침 ④ 평등과 호혜 ⑤ 평화공존이라는 '평화 5원칙'을 마련하였다. 그후 스리랑카의 콜롬보에서 개최된 콜롬보회의에 참석한 인도네시아, 인도, 파키스탄, 스리랑카, 미얀마 5개국의 콜롬보그룹을 중심으로 아시아·아프리카회의를 개최하자는 구상이 탄생했다. 이후 준비과정을 거쳐 콜롬보그룹 5개국 외에 이집트, 중국, 일본 등을 포함한 29개국이 참가한 가운데 1955년 4월 반둥에서 아시아·아프리카회의가 개최된 것이 반둥회의다.

물론 반둥회의가 처음부터 순조로운 것은 아니었다. 참가국 29개국 가운데 22개국은 중국과 외교관계가 없고 대부분 그와 적대관계에 있던 타이완의 중화민국과 수교하고 있었다. 중화민국의 장제스정부는 중화인민공화국의 반둥회의 참여를 원천봉쇄하기 위해 홍콩과 인도네시아에 암살대를 파견하였다. 그들은 홍콩에서 출발하는 비행기에 폭발물을 설치했고, 이로 인해 중국대표 8명과 기자 3명이 사망했다. 이는 타이완이 반둥회의 참가를 거부당하는 주된 이유가 되었다. 또한 중국은 공산주의의 팽창을 우려하는 주변 참여국들로부터 집중적인 비판과 공격의 대상이 되었다. 일본의 참가에 대한 거부감도 적지 않았다.

그럼에도 불구하고 당시 네루 수상이 중국과 일본의 참가를 강력하게 요구한 것은 양국이 명백히 아시아의 대국이기 때문이며, 그들을 중립주의 노선으로 끌어들임으로써 각각 소련과 미국의 영향권에서 벗어나기를 바라는 의도에서였다. 그리하여 네루는 인도, 일본, 중국이 함께 중립적 아시아를 실현하는 중심 역할을 떠맡기를 바랐던 것이다. 초강대국 미·소를 너무 의식한 나머지 티베트문제와 전쟁책임 문제를 비롯한 동아시아 내 대국과 소국 간의 문제를 소홀히 본 한계가 있지만, 반둥회의에서는 유엔헌장의 원칙과 평화 5원칙을 통합한 '세계평화와 국제협력 증진에 관한 선언'(반둥 10원칙)이 만장일치로 채택되고 중립주의의 '반둥정신'이 정립되었다. 그 10개항의 요지를 묶어서 간추리면 ① 기본적 인권과 국제연합헌장을 존중한다 ② 모든 국가의 평등한 주권과 영토 보전을 존중하며 타국의 내정에 간섭하지 않는다 ③ 유엔헌장에 의한 단독 또는 집단적 자국방위권을 존중하되 대국의 이익을 위한 집단적 군사동맹에 가담하지 않는다 ④ 타국의 영토를 침략하거나 침략위협 또는 무력행사에 의해 타국의 정치적 독립을 침범하지 않는다 ⑤ 국제분쟁은 평화적 수단으로 해결하고 상호 이익과 협력을 촉진하며 정의와 국제의무를 존중한다 등으로 요약될 수 있다. 이는 이념과 체제를 달리하는 국가들이 서로 단결하고 연대하여 식민지주의와 새로운 대국주의를 거부하고 평화적으로 공존한다는 커다란 목표를 천명한 것이다.

반둥회의는 또한 2차대전 후 미국과 소련이 주도하던 국제무대에서 인도의 네루, 중국의 저우 언라이, 이집트의 나세르(G. A. Nasser), 인도네시아의 수카르노(A. Sukarno) 같은 탁월한 정치지도자들을 국제적인 인물로 탄생시키는 계기가 되기도 했다. 중국의 저우 언라이는 공산주의의 팽창에 대한 각국의 우려와 비난에도 불구하고 외교적 수완을 발휘하여 화합을 이끌어내는 데 성공했으며, 인도네시아의 수카르노 대통령은 당시 '다양성 속에서의 통일'과 "반서구가 아니라 아시아·아프리카 제국의 긍지 위에서의 국제협력이야말로 이 회의의 목적이다"라는 격조 높은 개회 연설로 전세계의 이목을 끌었다.

반둥회의 이후 1964년 개최될 예정이었던 아시아·아프리카회의는 중국과 인도의 국경분쟁과 나세르의 아랍연방 형성의 실패, 인도네시아와 가나에서 발생한 쿠데타 등으로 인해 개최되지 않았다. 그러나 그 정신은 1961년 6월 25개국이 참가해 유고슬라비아 베오그라드에서 개최된 제1회 비동맹국회의(Conference of Non-Aligned Nations)에 계승되어 이후 3년마다 개최되면서 오늘에 이르고 있다. 비동맹이란 어떤

734

군사블록, 군사동맹에도 참가하지 않고 자주적으로 외교정책을 결정하는 정치사상으로서, 2차대전 이후 신흥 독립국가의 대부분이 취한 외교정책의 총칙을 말하며 그 기원은 인도 네루 수상의 외교자세에서 비롯되었다. 현재 비동맹운동의 전체 회원국은 118개국으로 유엔 회원국의 2/3에 달하며, 회원국 인구는 전세계 인구의 55%를 차지하면서 국제정치의 한 축을 담당하고 있다. 여기에 중국, 브라질, 멕시코 등 15개국의 옵서버를 더하면 합계 133개국으로 세계 인구의 80%를 차지한다. 냉전 종결 이후 한때 '비동맹운동의 존재 의의는 사라졌다'는 주장도 제기되었다. 하지만 반핵운동을 비롯한 국제평화운동, 미국의 기준에 의해 주도되는 전지구화에 대한 저항, 나아가 민족자결운동의 옹호와 발전도상국의 반전운동 등에서 비동맹회의가 맡을 새로운 역할이 기대된다.

1985년 4월에는 인도네시아 반둥에서 열린 아시아·아프리카회의 30주년을 기념하기 위해 같은 장소에서 회의를 열고 '신반둥선언'을 채택했다. 이 선언에서는 '평화 10원칙'을 재확인하고 핵실험과 핵무기의 제조 및 사용 금지를 보유국에 요구했으며, 민족자결권과 내정불간섭을 강조하고 신(新)국제질서 확립과 아시아·아프리카의 연대를 강조했다. 이 회의에는 아시아·아프리카 지역 83개국과 팔레스타인해방기구(PLO)가 참석했다.

또한 2005년 4월에는 반둥회의 50주년 기념식이 반둥에서 열렸다. 아시아·아프리카와 라틴아메리카 각국의 수뇌 40여명과 100개국에 가까운 대표들이 참석해 개최되었으며, 민족자결과 평화공존을 내세우는 '반둥정신'에 의거한 연대의 강화를 맹세했다. 여기서는 미국의 독단주의와 빈곤의 확산 등 현재의 국제정세를 바탕으로 다국간주의(multilateralism)와 경제협력의 중요성을 논의하고, '신아시아·아프리카 전략적 파트너십' 선언과 '쯔나미, 지진과 기타 자연재해에 관한 공동성명'을 채택하고 폐막했다. 이 성명에서는 4년마다 수뇌회담을 정례적으로 개최하고 경제·문화 교류, 재해대책 등에서 양 지역의 협력을 강화할 것을 명시했다. 제1회 반둥회의 참가국 대표들이 선인들의 발자취를 재확인하기 위해 당시 숙소였던 호텔 앞에서 회의장인 독립회관까지 어깨를 나란히 맞대고 걸은 일도 특기할 만하다.

돌이켜보면 반둥회의는 동아시아 국가들이 근대적 국가간체제로 전환하여 대등한 주권국가로 대면한 첫 사례인데, 이는 동아시아의 전통적인 대국-소국관계를 재조정하는 첫 시험대이기도 했다. 중화질서의 중심이던 중국의 참가는 그런 점에서 특기할 일이다. 그러나 반둥정신은 주로 거기에 참여한 대국들과의 관계에 의해 무시되기 일쑤였다. 가령 중국이 티베트의 독립열망을 억누른 채, 그리고 일본이 전쟁책임을 짊어지지 않은 채 반둥회의에 참가한 것은 냉전구도 속에서 미·소를 견제하려는 비동맹의 물결로 자신의 국가폭력을 감추는 결과가 되어버렸다.

소련 붕괴 이후 일본의 군국주의 부활 움직임이 가시화되는 한편, 급속히 부상하고 있는 중국은 이른바 '대국외교'를 공식 표방하고 나섰다. 이러한 최근의 상황에 동아시아 각국은 제국의식의 부활에 대한 경계를 촉구하고 있다. 나아가 '아세안＋3'(동남아시아국가연합ASEAN 10개국 말레이시아, 태국, 싱가포르, 인도네시아, 필리핀, 베트남, 브루나이, 캄보디아, 라오스, 미얀마와 한중일)이 새로운 동아시아 공동체를 모색하고 있는 가운데 인도와 또다른 두 대국 미국과 러시아도 가세하여 '동아시아정상회의' ('아세안＋3'＋인도·러시아·미국·호주·뉴질랜드)가 출범함으로써 동아시아 지역화 추세 속에서 대국들의 주도권 경쟁이 가속화하고 있다. 반둥정신

736

은 1967년 성립된 아세안의 동남아시아 중립화 선언에 계승되었으나 이와 같은 대국경쟁의 추세 속에서 점차 약화되고 있는 듯 보인다. 그럴수록 반둥정신은 우리가 새롭게 기억하고 되살릴 중요한 유산이자 교훈이 아닐 수 없다. 그러기 위해서는 참가국의 민간 시민단체들이 민간 차원의 '아세안'과 '아세안+3'을 구성하여 기존 정부 차원의 그것에 작동하는 대국주의와 국가주의를 감시, 견제하고 비판해야 한다.

민주주의, 리더십, 역사화해

동아시아의 평화적인 지역질서, 나아가 동아시아인의 정체성을 만들어내는 일은 역사화해 없이는 불가능할 것이라고 흔히 말한다. 근현대사의 경험 속에서 국가폭력으로 인해 생긴 가해와 피해, 그리고 그 양쪽에 걸쳐 있는 구체적 삶의 복잡성이 잘못을 인정하고 화해에 이르는 것을 어렵게 만들고 있음을 직시한 때문이다.

역사문제가 현실에 여전히 영향을 미치는 조건에서, 역사화해는 현실정치의 민주주의 원리와 규칙에 의거해서만 진전될 수 있다. 타국에 대한 가해사실을 스스로 인정하고 자기를 성찰하는 것은 국가권력의 속성상 어느 국가도 자발적으로 실행하기 어려운 일이다. 그러나 그 국가 안에는 자국이 범한 침략과 가해의 역사를 성찰하고 평화와 공존을 추구하는 사람들이 있다. 이들의 노력 여하에 따라 국가의 리더십은 평화지향으로 바뀔 수 있다. 평화를 추구하는 민간사회의 힘과 국가지도자의 리더십이 결합하면 역사화해는 급진전된다.

이는 독일·프랑스, 독일·폴란드 간의 역사대화와 역사화해의 선례에서도 확인된다. 독일의 아데나워(K. Adenauer) 수상과 브란트(W. Brandt) 수상의 리더십이 양국의 화해를 촉진했고, 그에 앞서 역사교사를 비롯한 민간사회의 자기성찰자(self seer)들이 역사대화의 문을 열어 그 발판을 만들었다. 그들은 모두 역사교과서 문제를 대화의 의제로 삼았다. 독일은 나치즘 청산의 연장선에서 가해자로서 성찰의 자세를 보였고, 이로써 피해국 사람들은 닫힌 마음의 문을 열 수 있었다. 이렇게 조성된 대화의 분위기를 타고 관련국의 유네스코위원회가 중립적 매개자 위치에서 대화의 진전을 이끌었다. 그들의 역사대화는 1980년대 이후 중대한 결실을 맺었고, 유럽연합 출범에 발맞춰 12개국 필자에 의해 편찬된 『유럽의 역사』(1992)라는 공동교재에서 절정을 이루었다. 이는 성찰하는 민간사회와 리더십, 그리고 국제기구 3자가 공동 노력을 기울인 결과다.

동아시아 역사대화는 2000년대에 들어와서 비로소 시작되었다. 핵심 의제는 일본의 이웃나라에 대한 침략전쟁과 식민지 지배이지만, 한국의 베트남전쟁 참전, 중국의 티베트 점령과 한국전쟁 참전, 베트남의 캄보디아 침공 등도 함께 다루어야 비로소 동아시아 차원의 진정한 대화의 룰이 형성될 수 있을 것이다. 어느 나라도 피해자인 동시에 가해자일 수 있기 때문이다. 남북한, 중국, 베트남은 제국주의 열강의 침략을 받은 피해자이지만 동시에 이웃한 다른 나라에 대해서는 가해자이기도 했다. 일본은 이들 이웃나라에 대해서는 가해자이지만 동시에 미국에 대해서는 강렬한 피해의식을 품고 있으며, 원폭에 한정해서 보면 일본의 민간인은 분명히 피해자다. 어느 경우에도 가해의 주체는 군대를 앞세운 국가권력이었다.

따라서 이렇게 뒤엉킨 국가폭력에 대한 성찰을 바탕으로 해서만 비로

738

소 국가간 역사화해를 향한 대화의 문이 열릴 수 있다. 그것은 결국 자국 내의 싸움, 곧 자국의 국가권력 및 그에 참여·동원된 민간인 협력자들과의 대화, 토론, 양보, 조정의 과정이 아닐 수 없다. 그러므로 민주주의와 리더십이 바로 역사화해의 관건이 된다. 이제 일천하지만 동아시아의 그런 경험들을 점검하여 앞으로의 디딤돌로 삼을 필요가 있다.

먼저 일본에서 역사교육자협의회가 '평화와 민주주의'를 교육의 목표로 삼고 전개한 실천활동이 주목된다. 협의회는 미 군정에 의해 공직에서 추방되었던 군국주의세력이 공직에 복귀하는 역류에 저항하는 역사학자와 교사 들에 의해 1949년 7월 결성되었다. 그들은 민주주의 가치를 밑바탕으로 삼는 이른바 '전후역사학'에 의거해 편찬된 역사교과서의 논조가 1955년 자민당정권의 출범 이후 다시 군국주의적 황국사관으로 역행하는 데 맞서, 자기성찰을 통한 역사 연구와 교육에 매진했다. 예컨대 1958년 개정된 '학습지도요령'이 전쟁의 원인과 피해에 대해 언급하지 않음으로써 전쟁에 대한 반성과 평화의식을 약화하는 역사인식을 유도하고, 특히 임진년의 조선 침략을 '일본인의 해외발전'으로 표기한 데 대해 비판하며 시정을 요구하는 운동을 전개했다. 그들은 전국 각지에 지부를 두고 매년 연차대회를 개최하면서 지방의 민중사를 발굴함으로써 평화와 민주주의의 풀뿌리를 키우는 운동으로 성장하였다.

한편 이를 억압하는 국가제도는 더욱 강화되어갔다. 중등학교 역사교육에서 그동안 평화와 민주주의의 가치에 의거한 역사인식을 제도적으로 떠받쳐온 미국식 '사회과'체제가 1989년 폐지됨으로써 황국사관의 논리가 더욱 적극적으로 제도권 내에 진입할 수 있게 된 것이다. 일본의 경제침체, 소련 붕괴, 중국의 급부상 등으로 인해 우익세력의 목소리가 커진 결과였다. 이렇게 국가 리더십의 우경화가 가속되는 것과 동시에 역사교육에서도 평화와 민주주의의 '전후역사학'을 대체하려는 황국사관의 '수정주의 역사학'이 등장하였다. 2001년 후소오샤 교과서가 대표적 예다. 물론 각계 지도층의 지원을 받고 탄생한 이 교과서의 채택률을 0.5% 이내로 묶어둔 것은 역사교육자협의회와 같은 시민사회의 노력이 있었기에 가능한 일이었다. 그러나 2005년에는 채택율이 현저히 높아졌다. 성찰적 리더십이 결여된 조건에서 민간단체의 활동만으로는 한계를 지닐 수밖에 없었던 결과다. 우익세력의 지속적인 활동 속에 일본 우익 역사교과서 채택률은 2011년의 4%대에서 2015년 6%대로 높아졌다.

후소오샤 교과서로 상징되는 황국사관의 재등장 움직임에 대응하여 역사교육자협의회는 자국 내의 실천을 넘어 동아시아 차원의 역사대화를 시도하며 동아시아 공동의 역사인식을 모색하기 시작했다. 역사교육자협의회가 2001년 한국의 전국역사교사모임에 제안하여 시작된 두 단체 간의 역사대화는 『마주 보는 한일사』 I·II (2006)의 양국 동시 출간으로 나타났다. 후소오샤 교과서 파동을 계기로 성립된 한일역사공동연구위원회 활동도 실은 이런 민간사회의 축적된 노력이 있었기에 어느정도 성과를 낼 수 있었다. 그러나 정작 중요한 교과서 문제는 의제로 상정조차 되지 못했으니, 이는 우경화 추세 속에서 역사문제를 외교문제로 간주하는 일본 측 국가 리더십의 한계를 보여준다.

한국에서는 주간지 『한겨레21』과 '베트남전 민간인학살 진실위원회'가 베트남전쟁 인식을 둘러싼 역사화해를 위해 노력한 활동이 주목된다. 한국군이 참전한 이 전쟁에 대한 한국의 인식은 공산세력으로부터 자유세계를 지키기 위한 반공성전이라는 참전 당시의 공식 견해에 여전히 머물러 있었다. 극소수 진보적 학자들만이 베트남인의 민족해방전쟁임을 인정했을 뿐이다. 1999년 5월부터 『한겨레21』은 베트남전쟁 참전 한국군의 민간인 학살 의혹을 보도하여 사회적 논의를 불러일으켰다. 참전전우회와 보수언론은 반공성전론의 시각에서 그런 의혹 제기가 참전군인을 모욕하는 짓이라고 비난했다. 2000년 1월에는 진실을 밝히려는 여러 시민단체들이 연대하여 '베트남전 진실위원회'(진실위)를 결성했다. 그들은 전쟁 당시 한국군 주둔지역을 답사하면서 피해자 유족들을 만나 그들의 아픈 이야기를 듣고, 진실규명과 사죄의 필요성을 느끼면서 화해를 향한 공감대를 형성하기 시작했다. 진실위는 그 직후 기밀이 해제된 미군 측 관련 문서를 근거로 정부 차원의 사실 확인을 요구했지만 정부는 '과거를 닫고 미래를 보자'는 베트남정부의 방침을 내세우면서 조사에 응하지 않은 채 의혹을 부인하였다. 그래도 진실위는 미군 측 문서로 보건대 최소한 몇몇 사례에서 의혹이 사실로 드러났다고 보고 사죄운동을 벌였다. 시민을 대상으로 평화기금을 모금하여 푸옌성에 평화공원을 건립하고, 한국 내에서 평화박물관건립운동을 전개했다.

그 와중에 2001년 8월 김대중 대통령이 쩐득르엉(Trân Ðức Lương) 베트남 국가주석에게 "우리가 불행한 전쟁에 참여하여 본의 아니게 베트남 국민들에게 고통을 준 점을 미안하게 생각하고 위로의 말을 전한다"고 사과하였다. 그리고 한국정부는 인도적 차원에서 한국군이 주둔했던 중부 5개성의 민간인 학살 의혹이 제기된 마을에 학교와 병원을 건립했다. 전쟁의 성격에 대해서도, 정부의 공식 견해는 아니지만 외교부 관리와 국방부 산하 연구소 연구원의 저작을 통해 한국인에겐 반공성전이지만 베트남인에겐 민족해방전쟁임을 인정하는 견해가 나타났다.

2003~04년 전국역사교사모임은 '베트남 프로젝트', 곧 베트남전쟁을 통해 한국 현대사를 비춰보고 화해와 평화의 길로 나아가도록 하는 역사교육을 실행하였다. 이런 화해의 노력은 노무현정부에도 이어져 2005년 양국의 참전전우회가 한국 측의 초청으로 서울에서 만나 대화의 물꼬를 텄다. 이러한 변화는 민간 시민단체의 노력과 한국사회 민주화과정에서 성립된 김대중·노무현 정부의 리더십이라는 두 트랙의 성찰이 결합한 결과라 할 수 있다. 2005년 12월 정부기구로 '대한민국 진실·화해를 위한 과거사정리위원회'가 성립되어 한국전쟁 기간 민간인 학살사건의 진실 등을 규명하는 노력을 기울인 것도 그런 리더십의 소산이다.

한국 시민단체의 진실규명과 사죄운동, 그리고 정부의 인도적 지원과 사과는 아직 미흡하지만, 베트남 측이 요구하지 않은 상황에서 스스로의 성찰로부터 나온 것이어서 베트남인들에게 인상적으로 받아들여졌다. 특히 베트남인이 그동안 승리감에 젖어 소홀히 해온 전쟁의 피해와 상실의 의미에 대해 어떻게 인식해야 하는지 돌아볼 수 있는 계기가 되었다고 알려져 있다. 심지어 일본의 일부 지식인들에게도 식민지 지배와 침략전쟁을 둘러싼 역사화해를 이룩하지 못하고 있는 일본 자신의 존재방식에 대해 자성하는 계기로 받아들여졌다. 물론 여기에는 그에 앞서 역사교육자협의회 같은 일본의 민간단체가 스스로 한국에 대한 제국일본의 국가폭력을 성찰하는 노력을 보여 한국인의 자기성찰을 촉진한 면도 있을 것이다.

중국과 베트남에서는 아직 자국의 국가폭력을 성찰하는 역사대화나 역사화해를 위한 시민단체의 자발적 활동이 조직되지 못하고 있다. 일당지배체제하에서 공산당의 승리사관이 애국주의와 결합하여 성찰을

742

제약할 뿐만 아니라 결사와 언론의 자유가 억눌려 있기 때문이다. 중국은 한국전쟁과 베트남전쟁에 공히 군대를 파병했으며 똑같이 미국의 침략에 대한 북한과 베트남의 정의로운 저항전쟁을 지원했다는 입장을 견지하고 있다. 이는 2010년 한국전쟁 참전 50주년 기념식에서 행한 시진핑(習近平) 부주석의 발언에서도 확인되었다. 소련 붕괴 후 모스끄바의 관련 문서가 공개됨으로써 한국전쟁은 김일성이 스딸린의 지원하에 일으킨 침략전쟁이라는 사실이 밝혀졌음에도 이를 외면하고 있는 것이다. 베트남전쟁은 베트남인의 민족해방전쟁이었기에 그것을 지원한 중국군의 명분이 인정되지만, 한국전쟁은 남북한 두 정부의 내전이므로 베트남전과 명백히 구별되어야 한다. 또한 베트남전쟁 기간 베트남인은 캄보디아와 라오스의 국경지대를 자신의 전장으로 삼았고, 전쟁이 끝난 후 캄보디아를 침공하여 친베트남 정권을 수립하였다. 군사적 대응은 침략전쟁에 대한 저항전쟁의 경우에만 명분을 지닐 수 있다. 베트남인들도 이를 구분할 줄 알기 때문에 재향군인회 회원을 저항전쟁 참전군인으로 제한하고 있다. 결국 중국과 베트남의 국가폭력을 성찰하는 역사화해의 노력은 자율적 민간단체의 성장을 기반으로 해서만 개시될 수 있을 것이다. 그것이 축적되면 점차 국가 리더십에도 변화가 올 수 있을 터이다.

보편적 가치기준에 의거해 활동하는 유네스코위원회가 역사대화를 촉진하는 매개구실을 담당할 수 있지만, 일본과 중국의 위원회는 모두 외교부 산하기구로 돼 있어서 자율성이 취약하다. 자율성을 가진 한국 위원회가 2007년부터 '동아시아 역사화해 국제포럼'을 매년 개최하고 있으며, 2010년 8월에는 하노이에서 베트남전쟁 인식을 포함한 동아시아 역사화해의 문제를 폭넓게 다루었다. 이제 시작이니 점차 관련국들의 유네스코 기구도 역사화해의 방향으로 나아갈 수 있을 것으로 기대한다.

한중일 3국의 학자·교사 들이 공동으로 펴낸 동아시아 근현대사인 『미래를 여는 역사』(2005년 3국 동시출간)는 동아시아 역사화해를 위한 3국 간 대화의 이정표다. 이 책은 후소오샤 교과서 문제를 계기로 2001년 8월 한중일 3국 민간단체들의 '역사인식과 동아시아 평화포럼'이 성립되어 활동한 결과물이기도 하며, 따라서 주로 일본 우익의 역사왜곡에 대응해 일본의 침략과 지배를 구체적으로 서술하는 데 중점을 두었다. 각각이 이 책을 보는 의미는 서로 달라서, 가해국인 일본에는 자기를 비판하는 성찰의 의미가 담겨 있지만 피해국인 한국과 중국에는 그런 의미가 별로 없다. 특히 평화포럼의 중국 측 참가자는 중국에 한국과 일본의 민간단체에 상응하는 주체가 없었기에 국책연구기관인 중국사회과학원 항일전쟁연구 편집부가 대신했을 정도다. 그런 조건에서도 3국의 학자·교사 들은 역사대화를 계속하여 『한중일이 함께 쓴 동아시아 근현대사』1·2(2012년 3국 동시출간)를 펴냈다. 1권은 국제관계를, 2권은 민중의 생활과 교류를 다루었다. 1권은 앞서 말한 2005년판의 한계를 상당 정도 극복한 면이 있지만, 8개 장 중 4개 장과 3개 장의 제목에 각각 '열전'과 '냉전'이 등장하는 등 전쟁을 중심으로 구성되었음에도, 그 속에서 특히 1931년 이전의 제국화 과정과 전쟁의 성격, 침략과 지배의 책임소재는 오히려 모호하게 처리되어 있다.

타국의 국가폭력을 비판하기는 쉬우나 동시에 그와 동일한 기준으로 자국의 그것을 성찰하기는 쉽지 않다. 역사화해에 도달하려면 자국은 피해자이고 타국은 가해자라는 이분법, 타국의 국가폭력을 비판하되 자국의 그것에 대해서는 눈감는 이중기준을 직시하고 극복하려는 노력

744

이 필요하다. 역사화해는 무엇보다도 자국 내부의 평화를 증진하는 자신과의 싸움, 자국 근현대사에 대한 성찰이기 때문이다.

성찰이 빠진 승리사관의 역사인식과 역사교육은 평화를 위협하는 씨앗이 되기 쉽다. 최근 한국에서 성찰적 리더십이 급격히 퇴조함에 따라 한국 근현대사에 대한 비판적 성찰을 자학사관이라 매도하는 역사인식이 고개를 드는 것은 동아시아의 평화를 위해서도 우려할 만한 일이 아닐 수 없다. "한 사회에서 최대의 적은 판단의 기준을 과거로부터 단절시키는 사람이며, 학생들의 사고를 과거의 생각과 주의 깊게 연결시켜주지 않는 대학은 사회적 파괴의 도구일 뿐이다"라는 우드로 윌슨(T. Woodrow Wilson)의 경고를 되새겨야 하는 까닭이다.

| 참고문헌 |

서장 동아시아 지역사를 위하여

고야스 노부쿠니『동아, 대동아, 동아시아』, 역사비평사 2005.

문정인『동북아 지역공동체의 모색: 현실과 대안』, 한국학술정보 2007.

민두기「동아시아의 실체와 그 전망」,『시간과의 경쟁』, 연세대학교출판부 2001.

백영서『동아시아의 귀환』, 창비 2000.

백영서「자국사와 지역사의 소통: 동아시아인의 역사서술의 성찰」,『歷史學報』196집, 2007. 12.

유용태「동아시아사의 의미: 연관과 비교의 지역사」, 동북아역사재단 역사아카데미 교재 2009.

유용태「한국의 동아시아사 인식과 구성; 동양사 연구 60년을 통해 본 동아시아사」, 아시아평화와역사연구소 엮음『한중일 동아시아사 교육의 현황과 과제』, 선인 2008.

유용태『환호 속의 경종: 동아시아 역사인식과 역사교육의 성찰』, 휴머니스트 2006.

윤세철「세계사와 아시아사」,『歷史敎育』32집, 1982.

장인성「자기로서의 아시아, 타자로서의 아시아: 근대 조선지식인에게 보이는

'아시아'와 '동양'」, 『新亞細亞』 1998년 겨울호.

정문길 외 엮음『주변에서 본 동아시아』, 문학과지성사 2004.

최원식 외 엮음『동아시아, 문제와 시각』, 문학과지성사 1995.

최원식 외 엮음『제국의 교차로에서 탈제국을 꿈꾸다』, 창비 2008.

한국동북아지식인연대 엮음『동북아공동체를 향하여』, 동아일보사 2004.

貴志俊彦 外 編『東アジアの時代性』, 廣島: 溪水社 2005.

窪寺紘一『東洋學事始-那珂通世とその時代』, 東京: 平凡社 2009.

陳峰君·祁建華 編『新地域主義與東亞合作』, 北京: 中國經濟出版社 2007.

T. Hasegawa and K. Togo, eds., *East Asia's Haunted Present: History Memories*, West-pore: PSI 2008.

T. J. Pempel, ed., *Remapping East Asia: The Construction of a Region*, New York: Cornell University Press 2005.

Gilbert Rozman ed., *U.S. Leadership, History, and Bilateral Relations in Northeast Asia*, New York: Cambridge University Press 2010.

제1장 해금시기의 국가와 사회

고승제 외『전통시대의 민중운동』(상·하), 풀빛 1981.

김용섭『한국근대농업사연구』 Ⅲ, 지식산업사 2001.

리보중『중국경제사 연구의 새로운 모색』, 이화승 옮김, 책세상 2006.

미야지마 히로시「동아시아 소농사회의 형성」, 진상원 옮김『인문과학연구』 5호 1999.

박충석·와타나베 히로시 엮음『국가이념과 대외인식: 17~19세기』, 아연출판부 2002.

박훈「18세기 말~19세기 초 일본에서의 戰國的 세계관과 해외팽창론」, 『東洋史學研究』 104집, 2008.

백영서 엮음『동아시아의 지역질서』, 창비 2005.

역사학회 엮음『전쟁과 동북아의 국제질서』, 일조각 2006.

왕가(王柯)『민족과 국가: 중국 다민족 통일국가 사상의 계보』, 김정희 옮김, 고구려연구재단 2005.

유인선『베트남과 그 이웃 중국』, 창비 2012.

윤내현 외『중국의 천하사상』, 민음사 1988.

이윤석「明淸時代 江南都市 寺廟의 사회사적 연구」, 서울대 동양사학과 박사학위
논문 2003.

이태진「16세기 동아시아의 문화와 역사적 상황」,『변태섭 박사 화갑기념 사학논
총』, 삼영사 1985.

인하대학교 한국학연구소『중국 없는 중화』, 인하대학교출판부 2009.

정옥자『조선중화사상 연구』, 일지사 1998.

줄리오 알레니『직방외기』, 천기철 옮김, 일조각 2005.

친후이·쑤원『전원시와 광시곡』, 유용태 옮김, 이산 2000.

하우봉『조선과 유구』, 아르케 1999.

東アジア地域研究會 編『東アジア近現代史』4, 東京: 青木書店 2002.

剛本隆司『屬國と自主のあいだ: 近代淸韓關係と東アジアの命運』, 名古屋大學出
版會 2004.

三正夫 外『明淸時代史の基本問題』, 東京: 汲古書院 1997.

西里喜行『淸末琉日關係史の研究』, 京都大學學術出版會 2005.

濱下武志 編『東アジア 世界の地域ネットワーク』, 東京: 山川出版社 1999.

巫仁恕「節慶, 信仰與抗爭－明淸城隍信仰與城市群衆的集體抗議行爲」,『中央研究
院近代史研究所集刊』34期, 2000. 12.

安丸良夫 外『民衆運動の思想』(日本思想史大系), 東京: 岩波書店 1985.

松浦章『淸代海外貿易史の研究』, 京都: 朋友書房 2002.

郝秉鍵「中國紳士與日本武士比較研究」,『淸史研究』4期, 1999.

R. H. Tawney, *Land and Labor in China*, London: George Allen and Unwin 1931.

Immanuel C. Y. Hsu, *The Rise of Modern China*, London: Oxford University Press
2000.

Alexander B. Woodside, *Vietnam and the Chinese Model*, Cambridge, MA: Harvard
University. Press 1988.

제2장 세계시장의 확대와 지역질서의 변화

강진아「廣東네트워크와 朝鮮華商 同順泰」,『史學研究』88집 2007.

권석봉『淸末對朝鮮政策史研究』, 일조각 1986.

김상현『재일한국인: 교포팔십년사』, 어문각 1969.

김옥근『조선왕조재정사 연구』, 일조각 1984.

김용덕 외 엮음『근대교류사와 상호인식』, 아연출판부 2007.

김형종「청대 국가권력의 이해: 재정사적 관점에서의 이해」, 『동아문화』 45집, 2007.

나가하라 게이지 엮음『일본경제사』, 박현채 옮김, 지식산업사 1990.

나애자『한국근대해운업사 연구』, 국학자료원 1998.

로이드 이스트만『중국사회의 지속과 변화』, 이승휘 옮김, 돌베개 1999.

리보중『중국경제사 연구의 새로운 모색』, 이화승 옮김, 책세상 2006.

마틴 부스『아편 그 황홀한 죽음의 기록』, 오희섭 옮김, 수막새 2004.

미야모토 마타오 외『일본경영사』, 정진성 옮김, 한울아카데미 2001.

민두기『시간과의 경쟁』, 연세대학교출판부 2001.

박훈「德川時代 幕府와 藩 재정의 특색: 전매제 실시를 중심으로」, 『漢城史學』 20집, 2005.

백영서 엮음『동아시아의 지역질서』, 창비 2005.

서영희「韓淸通商條約 이후 한중외교의 실제와 상호인식」, 『東北亞歷史論叢』 13호, 2006. 11.

야마구치 게이지『일본근세의 쇄국과 개국』, 김현영 옮김, 혜안 2001.

윌리엄 T. 드배리『다섯 단계의 대화로 본 동아시아 문명』, 한평수 옮김, 실천문학사 2001.

유인선『새로 쓴 베트남의 역사』, 이산 2002.

윤대영『마주보는 두 역사: 인천과 하이퐁』, 인천문화재단 2010.

이태진「19세기 한국의 국제법 수용과 중국과의 전통적 관계 청산을 위한 투쟁」, 『歷史學報』 191집, 2004. 3.

이헌창 엮음『조선후기 재정과 시장: 경제체제론의 접근』, 서울대학교출판부 2010.

이현종『한국개항장 연구』, 일조각 1975.

인천광역시역사자료관『인천: 개항장 풍경』, 인천광역시 2006.

장하준『사다리 걷어차기』, 형성백 옮김, 부키 2002.

존 K. 페어뱅크 외『캠브리지 중국사: 청제국 말 (10·11)』, 새물결 2007.

존 M. 홉슨『서구 문명은 동양에서 시작되었다』, 정경옥 옮김, 에코리브르 2004.

피터 두으스『일본근대사』, 김용덕 옮김, 지식산업사 1992.

필립 리처드슨『쟁점으로 읽는 중국 근대경제사』, 강진아 외 옮김, 푸른역사 2007.

하원호『한국근대경제사 연구』, 신서원 1999.

하정식『태평천국과 조선왕조』, 지식산업사 2008.

한국근현대사학회『한국근대사 강의』, 한울아카데미 2002.

加藤祐三 外『橫濱と上海』, 橫濱開港資料館 1995.

孫科志『上海韓人社會史, 1910~1945』, 한울아카데미 2001.

蘇智良 編『上海近代新文明的形態』, 上海書辭出版社 2004.

茅海建『天朝的崩壞』, 北京: 三聯書店 1995.

歷史學硏究會·日本史硏究會 編『講座日本史』5, 東京大學出版會 1979.

坂野潤治 外 編『日本近現代史』(1~4), 東京: 岩波書店 1993.

西里喜行『淸末琉日關係史の硏究』, 京都大學學術出版會 2005.

辛太甲「洋務運動시기의 電信事業經營」,『釜山史學』23集, 1992. 12.

彭澤益「阿片戰爭後十年間銀貴錢賤波動下的中國經題與階級關係」,『歷史硏究』
　　6期, 1961.

虞和平「1860~1894年 中國開埠和外貿格局的變化」,『中國史硏究』44集 2006. 10.

제3장 국민국가를 향한 개혁과 혁명

강진아『문명제국에서 국민국가로』, 창비 2009.

국사편찬위원회『배움과 가르침의 끝없는 열정』, 두산동아 2005.

김동노『근대와 식민의 서곡』, 창비 2009.

김동노「한말의 국가개혁운동과 자원동원」,『동방학지』124권, 2004.

김봉열「구한말 군제변화의 추이」,『경희사학』20집, 1996.

김용구『만국공법』, 소화 2008.

김용덕『명치유신 토지세제개혁』, 일조각 1989.

김용일『한국교육사상사』, 삼광출판사 1978.

김유리『서원에서 학당으로』, 한국학술정보(주) 2007.

김태웅『뿌리깊은 한국사 샘이 깊은 이야기』, 솔 2003.

민두기『중국근대개혁운동의 연구』, 일조각 1985.

민현식『한글본 이언 연구』, 서울대학교출판부 2008.

방광석『이토 히로부미의 국가체제 구상』, 혜안 2008.

서영희「개화파의 근대국가 구상과 그 실천」, 한국사연구회 엮음『근대 국민국가
　　와 민족문제』, 지식산업사 1994.

신승하『근대중국: 개혁과 혁명』, 대명출판사 2004.

신용하『독립협회연구』(상·하), 일조각 2006.

아사히신문『동아시아를 만든 열가지 사건』, 백영서 외 옮김, 창비 2008.

양상현「대한제국의 군제개편과 군사예산 운영」,『역사와 경계』61집, 2006.

앤드루 고든『현대일본의 역사』, 김우영 옮김, 이산 2005.

윤건차『한국근대교육의 사상과 운동』, 심성보 옮김, 청사 1987.

윤종혁『한국과 일본의 학제변천과정 비교연구』, 한국학술정보(주) 2008.

이광린『한국개화사 연구』, 일조각 1969(1999).

이지원『한국근대 문화사상사 연구』, 혜안 2007.

정재정『일제침략과 한국철도, 1892~1945』, 서울대학교출판부 1999.

조재곤『보부상: 근대변혁기의 상인』, 서울대학교출판부 2003.

중국사학회 엮음『중국의 개항장과 동아시아 문물교류』, 중국사학회 2006.

천성림『근대중국 사상계의 한 흐름』, 신서원 2002.

존 K. 페어뱅크 외『캠브리지 중국사: 청제국 말 (11)』, 새물결 2007.

함동주『천황제 근대국가의 탄생』, 창비 2009.

휘튼『萬國公法』, 아세아문화사 영인본 1981.

魏原『海國圖志』, 長沙: 岳麓書社 1998.

周積明 外『震蕩與衝突: 中國早期現代化進程中的思潮和社會』, 北京: 商務印書館
　　2003.

郭廷以『近代中國史綱』(上·下), 臺北: 曉園出版社 1994.

孫燕京『晚淸社會風尙硏究』, 北京: 中國人民大學出版社 2002.

井上淸『日本帝國主義の形成』, 東京: 岩波書店 1968.

遠藤泰生「黑船騷動下のアメリカ學: 1854年"海國圖志"翻刻をめぐつて-」,
　　『比較文學硏究』51號 1987.

源了圓「東アジア三國における"海國圖志"と橫井小楠」,『季刊日本思想史』60號
　　2002.

제4장 제국주의의 침략과 반제 민족운동

김경태『근대한국의 민족운동과 그 사상』, 이화여자대학교출판부 1994.

김영수 외『동북아시아의 갈등과 대립: 청일전쟁에서 한국전쟁까지』, 동북아역사
　　재단 2008.

김현재「베트남 華人사회의 형성과정, 그 역할과 특징에 관한 고찰」,『인문논총』
　　(경남대) 25집 2010.

마리우스 젠슨『현대일본을 찾아서 2』, 김우영 외 옮김, 이산 2006.

미야자키 이치사다『중국사』, 조병한 편역, 역민사 1983.

미타니 히로시 외 엮음『다시 보는 동아시아 근대사』, 강진아 옮김, 까치 2011.

박진우『근대일본 형성기의 국가와 민중』, 제이엔씨 2003.

사카모토 히로코 외 엮음『역사: 아시아 만들기와 그 방식』, 박진우 옮김, 한울아
　　카데미 2007.

송정남『베트남의 역사』, 부산대학교출판부 2000.

아사오 나오히로 외 엮음『새로 쓴 일본사』, 이계황 외 옮김, 창비 2003.

앤드루 고든『현대일본의 역사』, 김우영 옮김, 이산 2005.

역사학연구소『강좌 한국근현대사』, 풀빛 2000.

역사학연구소『함께 보는 한국근현대사』, 서해문집 2004.

유용태『직업대표제, 근대중국의 민주유산』, 서울대학교출판문화원 2011.

유인선『새로 쓴 베트남의 역사』, 이산 2002.

유지열『베트남 민족해방 운동사』, 이성과현실 1986.

윤대영「19세기 후반~20세기 초 한국의 배트남 재인식과정과 그 성격」,『동양사
　　학연구』112집 2010.

일본역사교육자협의회『동아시아 역사와 일본』, 동아시아 2005.

정혜선『일본공산주의 운동과 천황제』, 국학자료원 2001.

존 K. 페어뱅크 외『캠브리지 중국사 (10·11)』, 새물결 2007.

정근식 외 엮음『경계의 섬, 오키나와: 기억과 정체성』, 논형 2008.

최기영「국역 '월남망국사'에 관한 일고찰」,『동아연구』6권, 서강대 동아연구소
　　1985. 1.

최박광「월남망국사와 동아시아 지식인들」,『인문과학』36집(성균관대), 2005. 8.

최병욱「동남아시아 국가형성과 이주」,『동양사학연구』103집 2008.

테사 모리스-스즈키『변경에서 바라본 근대』, 임성모 옮김, 산처럼 2006.

피터 두으스『일본근대사』, 김용덕 옮김, 지식산업사 1983.

한국근대사학회 엮음『한국근대사 강의』, 한울아카데미 2007.

한일관계사학회 엮음『한일관계 2천년 보이는 역사, 보이지 않는 역사 근현대』, 경인문화사 2007.

竹內好 編『現代日本思想體系 9 アジア主義』, 筑摩書房 1963.

山邊健太郎『日本の韓國併合』, 太平出版 1966.

中塚明『日淸戰爭の硏究』, 靑木書店 1968.

黃昭堂『臺灣民主國の硏究—台灣獨立運動史の一斷章』, 東京大學出版會 1970.

河原宏·藤井昇三 編『日中關係史の基礎知識』, 有斐閣 1974.

旗田巍『朝鮮と日本人』, 勁草書房 1983.

歷史學硏究會·日本史硏究會 編『講座日本歷史 8·近代 2』, 東京大學出版會 1985.

姜東鎭『韓國から見た日本近代史』(上·下), 高崎宗司 譯, 靑木書店 1987.

坂野順治『大系日本の歷史 13·近代日本の出發』, 小學館 1989.

古屋哲夫『近代日本のアジア認識』, 錄陰書房 1994.

小熊英二『日本人の境界』, 新曜社 1998.

海野福壽『韓國併合史の硏究』, 岩波書店 2000.

佐々木隆『日本歷史 21·明治人の力量』, 講談社 2002.

高崎宗司『植民地朝鮮の日本人』, 岩波新書 2002.

梅棹忠夫 外 編『世界民族問題事典』, 平凡社 2002.

菊地秀明『ラストエンペラーと近代中國』, 講談社 2005.

又吉盛淸『日露戰爭百年』, 同時代社 2005.

原田敬一『日淸·日露戰爭』, 岩波新書 2007.

姜德相『錦繪の中の朝鮮と中國』, 岩波書店 2007.

刈部直·片岡龍 編『日本思想史ハンドブック』, 新書館 2008.

浪川健治『アイヌ民族の軌跡』, 山川出版社 2004.

海保嶺夫『エゾの歷史』, 講談社 1996.

川本芳昭『中國史のなかの諸民族』, 山川出版社 2004.

제5장 사회주의와 민중운동

강만길『조선민족혁명당과 통일전선』, 한길사 1991.

강만길『한국현대사』, 창비 1984.

강명희『근현대중국의 국가건설과 제3의 길: 비자본주의의 이론과 실천』, 서울대
　　학교출판부 2003.

강준만『한국근대사 산책』7, 인물과사상사 2008.

고준석『조선공산당과 코민테른』, 김영철 옮김, 공동체 1989.

김대환·백영서 엮음『중국사회성격 논쟁』, 창비 1988.

김흥수『일제하 한국기독교와 사회주의』, 한국기독교역사연구소 1992.

나가오 다케시『일본사상 이야기 40』, 박규태 옮김, 예문서원 2002.

님 웨일즈『아리랑』, 조우화 옮김, 동녘 1984.

던컨 헬러스『우리가 알아야 할 코민테른 역사』, 오현수 옮김, 책갈피 1994.

동양사학회 엮음『개관 동양사』, 지식산업사 1983.

로이드 이스트만『중국사회의 지속과 변화, 1550~1949』, 이승휘 옮김, 돌베개
　　1999.

마리우스 젠슨『현대일본을 찾아서 2』, 김우영 외 옮김, 이산 2006.

미야자키 이치사다『중국사』, 조병한 편역, 역민사 1983.

배경한 엮음『20세기 초 상해인의 생활과 근대성』, 지식산업사 2006.

사카모토 히로코 외 엮음『역사: 아시아 만들기와 그 방식』, 박진우 옮김, 한울아
　　카데미 2007.

서진영『중국혁명사』, 한울아카데미 1992.

송규진 외『동아시아 ‘네이션’ 개념의 수용과 변용』, 고구려연구재단 2005.

송정남『베트남의 역사』, 부산대학교출판부 2000.

앤드루 고든『현대일본의 역사』, 김우영 옮김, 이산 2005.

역사학연구소『강좌 한국근현대사』, 풀빛 2000.

역사학연구소『함께 보는 한국근현대사』, 서해문집 2004.

우에하라 카즈요시 외『동아시아 근현대사』, 한철호·이규수 옮김, 옛오늘 2000.

원희복『사랑할 때와 죽을 때: 한·중 혁명가 부부 김찬·도개손 평전』, 공명 2015.

유용태『지식청년과 농민사회의 혁명: 1920년대 중국 중남부 3성의 비교연구』, 문
　　학과지성사 2004.

유용태『직업대표제, 근대중국의 문주유산』, 서울대학교출판문화원 2011.

유용태『환호 속의 경종: 동아시아 역사인식과 역사교육의 성찰』, 휴머니스트 2006.

유인선『새로 쓴 베트남의 역사』, 이산 2002.

유지열『베트남 민족해방 운동사』, 이성과현실 1986.

이케다 마코토『중국공업화의 역사』, 김태승 옮김, 신서원 1996.

일본역사교육자협의회『동아시아 역사와 일본』, 동아시아 2005.

임경석『한국 사회주의의 기원』, 역사비평사 2003.

전상숙『일제시기 한국사회주의 지식인 연구』, 지식산업사 2004.

정혜선『일본공산주의 운동과 천황제』, 국학자료원 2001.

중화전국부녀연합회 편『중국여성운동사』상, 박지훈 외 옮김, 한국여성개발원 1991.

캐빈 맥더모트·제레미 애그뉴『코민테른: 레닌에서 스탈린까지, 국제 공산주의 운동의 역사』, 황동하 옮김, 서해문집 2009.

피터 두으스『일본근대사』, 김용덕 옮김, 지식산업사 1983.

한국근현대사학회 엮음『한국독립운동사 강의』, 한울아카데미 2007.

황인우『거시중국사』, 황광훈·홍순도 옮김, 까치 1997.

후루타 모토오『베트남의 세계사』, 박홍영 옮김, 개신 2008.

陳振江·江沛『晚清民國史』, 台北: 五南圖書出版公司 2002

高桑末秀『日本學生社會運動史』, 靑木書店 1955.

福武直外 編『社會學事典』, 有斐閣 1958.

河原宏·藤井昇三 編『日中關係史の基礎知識』, 有斐閣 1974.

中村新太郎『日本學生運動の歷史』, 白石書店 1976.

小島晋治『アジアからみた近代日本』, 亞紀書房 1978.

歷史學硏究會 編『アジア現代史』第1卷, 靑木書店 1979.

高峻石監修·文國柱 編著『朝鮮社會運動史事典』, 社會評論社 1981.

田中浩·田村秀夫 編『社會思想事典』, 中央大學出版部 1982.

姜東鎭『韓國から見た日本近代史』(上·下), 高崎宗司 譯, 靑木書店 1987.

古田元夫『アジアのナショナリズム』, 山川出版社 1996.

子安宣邦『日本思想史事典』, ぺりかん社 2001.

刈部直·片岡龍 編『日本思想史ハンドブック』, 新書館 2008.

女性史総合研究會 編『日本女性史』第5卷 現代, 東京大學出版會 1983.

제6장 총력전의 충격과 대중동원의 체계화

강만길『고쳐 쓴 한국현대사』, 창작과비평사 1994.

고마코미 다케시『식민지제국 일본의 문화통합』, 오명철 외 옮김, 역사비평사
    2008.

김동명『지배와 저항, 그리고 협력』, 경인문화사 2005.

마리우스 젠슨『현대일본을 찾아서 2』, 김우영 외 옮김, 이산 2006.

사카모토 히로코 외 엮음『역사: 아시아 만들기와 그 방식』, 박진우 옮김, 한울
    2007.

송정남『베트남의 역사』, 부산대학교출판부 2000.

아사오 나오히로 외 엮음『새로 쓴 일본사』, 이계황 외 옮김, 창비 2003.

앤드루 고든『현대 일본의 역사』, 김우영 옮김, 이산 2005.

역사학 연구소『강좌 한국 근현대사』, 풀빛 2000.

역사학연구소『함께 보는 한국근현대사』, 서해문집 2004.

요시미 요시아키『일본군 군대위안부』, 이규태 옮김, 소화 1998.

우에하라 카즈요시 외『동아시아 근현대사』, 한철호·이규수 옮김, 옛오늘 2000.

유지열『베트남 민족해방 운동사』, 이성과현실 1986.

일본역사교육자협의회『동아시아 역사와 일본』, 동아시아 2005.

최영호 외『부관연락선과 부산: 식민지 부산과 민족이동』, 논형 2007.

피터 두으스『일본근대사』, 김용덕 옮김, 지식산업사 1983.

한국근현대사학회 엮음『한국독립운동사강의』, 한울 2007.

한일관계사학회 엮음『한일관계 2천년 보이는 역사, 보이지 않는 역사 근현대』,
    경인문화사 2007.

野澤豊·田中正俊『講座中國近現代史 6 抗日戰爭』, 東京大學出版部 1979.

衛藤瀋吉 編『日本をめぐる文化摩擦』, 弘文堂 1980.

藤原彰『太平洋戰爭史論』, 靑木書店 1982.

黃昭堂『台灣總督府』, 敎育社 1983.

大江志乃夫『靖國神社』, 岩波新書 1984.

江口圭一『一五年戰爭小史(新版)』, 青木書店 1991.

姜在彦『日本による朝鮮支配40年』, 朝日文庫 1992.

大江志乃夫 外 編『岩波講座·近代日本と植民地』(第1~8卷), 岩波書店 1992~93.

朝尾直弘 外 編『岩波講座·日本通史』第17卷(近代 2), 岩波書店 1994.

小熊英二『日本人の境界』, 新曜社 1998.

中村哲 編『講座東アジア近現代史 1 現代から見た東アジア近現代史』, 青木書店
   2001.

倉澤愛子 外 編『岩波講座 アジア·太平洋戰爭』(第1~8卷), 岩波書店 2006.

吉田裕『アジア·太平洋戰爭』, 岩波書店 2007.

刈部直·片岡龍 編『日本思想史ハンドブック』, 新書館 2008.

雨宮昭一『占領と改革』, 岩波書店 2008.

岩波新書編集部 編『日本の近現代史をどう見るか』, 岩波書店 2010.

石田雄「『同化』政策と創られた觀念としての『日本』」(上·下), 『思想』1998年
   10月·11月號.

小熊英二「差別卽平等」, 『歷史學研究』1994年 9月號.

제7장 냉전체제의 형성과 탈식민의 지연·제8장 자본주의 진영의 산업화와 민주화

류철규 엮음『박정희 모델과 신자유주의 사이에서』, 함께읽는책 2004.

류철규 엮음『한국자본주의 발전모델의 역사와 위기』, 함께읽는책 2003.

박찬승『마을로 간 한국전쟁』, 돌베개 2010.

박태균『우방과 제국, 한미관계의 두 신화』, 창비 2006.

박태균『원형과 변용: 한국경제개발계획의 기원』, 서울대학교출판부 2007.

박태균『한국전쟁: 끝나지 않은 전쟁, 끝나야 할 전쟁』, 책과함께 2005.

백영서 엮음『동아시아의 지역질서: 제국을 넘어 공동체로』, 창비 2005.

서중석『한국현대민족운동연구 2』, 역사비평사 1996.

신광영『동아시아의 산업화와 민주화』, 문학과지성사 1999.

아사오 나오히로 엮음『새로 쓴 일본사』, 이계황 외 옮김, 창비 2003.

아사히신문 취재반『동아시아를 만든 열가지 사건』, 백영서·김항 옮김, 창비
   2008.

야마구치 지로, 이시카와 마쓰미『일본전후정치사』, 박정진 옮김, 후마니타스

2006.

앤드루 고든『현대 일본의 역사』, 김우영 옮김, 이산 2005.

역사문제연구소·일본교과서바로잡기운동본부 엮음『화해와 반성을 위한 동아시아 역사인식』, 역사비평사 2002.

역사비평 편집위원회 엮음『역사용어 바로쓰기』, 역사비평사 2006.

염인호『또 하나의 한국전쟁: 만주 조선인의 '조국'과 전쟁』, 역사비평사 2010.

오성철 외『대한민국 교육 70년』, 대한민국역사박물관 학술연구용역 보고서 2015.

유용태『환호 속의 경종』, 휴머니스트 2006.

윤건차『교착된 사상의 현대사』, 박진우 외 옮김, 창비 2009.

이영희『베트남전쟁』, 두레 1985.

일본교과서바로잡기운동본부 엮음『한중일 역사인식과 일본교과서』, 역사비평사 2002.

정진성·안진 외『한국현대여성사』, 한울 2004.

종합여성사연구회『일본 여성의 어제와 오늘』, 최석완·임명수 옮김, 어문학사 2006.

한영혜『일본의 지역사회와 시민운동』, 한울 2004.

후루타 모토오『역사 속의 베트남 전쟁』, 박홍영 옮김, 일조각 2007.

日本近現代史辭典編輯委員會『日本近現代史辭典』, 東洋經濟新聞社 1978.

李鍾元「韓日國交正常化の成立とアメリカ: 一九六〇~六五年」, 近代日本研究會『近代日本研究: 16: 戰後外交の形成』, 山川出版社 1994.

若林正丈『台灣, 分裂國家と民主化』, 東京大學出版會 1992.

韓文寧·馮春龍『日本戰犯審判』, 南京出版社 2005.

Bruce Cumings, *The Origins of the Korean War*, 역사비평사 2003.

John L. Gaddis, *Strategies of Containment*, Oxford: Oxford University Press 1982.

Charmers Johnson, *MITI and the Japanese Miracle: The Growth of Industrial policy, 1925-1975*, Stanford: Stanford University Press 1982.

Nicola Anne Jones, *Gender and the Political Opportunities of Democratization in South Korea*, New York: Palgrave MacMillan 2006.

Diane B. Kunz, ed., *The Diplomacy of the Crucial Decade—American Foreign Re-*

lations *During the 1960s*, New York: Columbia University Press 1994.

Charles P. Oman and Ganeshan Wignaraja, *The Postwar Evolution of Development Thinking*, MacMillan Academic and Professional LTD., OECD Development Centre 1991.

Tae Gyun Park, "Beyond the Myth," *Pacific Affairs*, 2009.

Walt W. Rostow, *A Proposal: Key to on Effective Foreign Policy*, New York: Harper & Brothers 1957.

World Bank, *The East Asian Miracle: Economic Growth and Public Policy*, Oxford: Oxford University Press 1993.

http://www.e-stat.go.jp/SG1/estat/List.do?bid=000001015843&cycode=0

제9장 사회주의 진영의 실험과 궤도 수정

권율 「베트남 국영기업의 개혁과정에 관한 연구」, 『베트남연구』 1권, 2000.

금희영 「몽골의 체제전환과 민주화 과정에 관한 연구」, 『통일전략』 9권 2호, 2009.

김성보 『남북한 경제구조의 기원과 전개: 북한 농업체제의 형성을 중심으로』, 역사비평사 2000.

김영진 외 『탈사회주의 체제전환과 문화』, 아카넷 2006.

김홍진 「몽골의 경제개혁과 재정구조 변화」, 『국제지역연구』 1권 2호, 1997.

마리 클레르 베르제르 『중국현대사』, 박상수 옮김, 심산 2009.

마크 블레처 『반조류의 중국』, 전병곤 외 옮김, 돌베개 2001.

마틴 하트-렌즈버그 외 『중국과 사회주의』, 임영일 옮김, 한울 2005.

박희진 『북한과 중국: 개혁개방의 정치경제학』, 선인 2009.

방기중 『한국 근현대사상사 연구』, 역사비평사 1992.

백승욱 『세계화의 경계에 선 중국』, 창비 2008.

백영서 「중국에 시민사회가 형성되었나?: 역사적 관점에서 본 민간사회의 궤적」, 『동아시아의 귀환』, 창비 2000.

북한연구회 엮음 『북한의 여성과 가족』, 경인문화사 2006.

서동만 『북조선 사회주의체제성립사, 1945-1961』, 선인 2005.

서석홍 엮음 『중국 사회주의 개혁의 진로』, 풀빛 1990.

심상준 「베트남 여성의 지위와 한-베 대문화가족」, 『베트남연구』 9권, 2009.

야프 반 히네겐『인도차이나 현대사』, 김정태 옮김, 여래 1983.

와다 하루키『북조선』, 서동만 외 옮김, 돌베개 2002.

유용태「20세기 중국혁명의 이해: 신민주주의론을 재음미하며」,『환호 속의 경종』, 휴머니스트 2004.

유용태 엮음『동아시아의 농지개혁과 토지혁명』, 서울대학교출판문화원 2014.

윌리엄 듀이커『호치민 평전』, 정영목 옮김, 푸른숲 2003.

이강우「도이머이시대의 베트남 국영기업 개혁과정」,『베트남연구』4권, 2003.

이강우「시장 사회주의 베트남의 시민사회와 엔지오」,『한국국제지역학회보』5권, 2005.

이남주『중국 시민사회의 형성과 특징』, 폴리테이아 2007.

이효선「시베리아에 있어서 몽골·한국의 경제협력의 과제」,『한국시베리아연구』6권 2호, 2006.

이희옥『중국 사회주의의 새로운 탐색』, 창비 2004.

임수호『계획과 시장의 공존: 북한의 경제개혁과 체제변화 전망』, 삼성경제연구소 2008.

정연식「사회주의 시장경제와 조합주의: 중국과 베트남 시민사회에 대한 비교연구」,『한국정치학회보』33권, 1999.

정연식·황영주「사회주의 혁명과 여성지위의 변화: 베트남의 사례」,『21세기 정치학회보』14-2권, 2004.

정재호 엮음『중국 개혁-개방의 정치경제: 1980~2000』, 까치 2002.

존 킹 페어뱅크 외『신중국사』, 김형종 외 옮김, 까치 2005.

친후이·쑤원『전원시와 광시곡』, 유용태 옮김, 이산 2000.

劉佐『中國稅制五十年 1949-1999』, 北京: 中國稅務出版社 2000.

宋新中『當代中國財政史』, 北京: 中國財政經濟出版社 1997.

王振耀 外『中國村民自治前沿』, 北京: 中國社會科學出版社 2000.

白益華 外『中國大陸基層的民主改革: 制度篇』, 臺北: 桂冠圖書公司 1998.

周平『香港政治發展, 1980-2004』, 北京: 中國社會科學出版社 2006.

何包鋼「鄉村選擧調査隨筆」,『二十一世紀』58期 2000.

제10장 탈냉전시대의 갈등과 시민운동

국사편찬위원회 엮음『우리역사 길라잡이 1·2』, 교학사 2008.

니시카와 나가오『국경을 넘는 방법: 문화·문명·국민국가』, 한경구·이목 옮김, 일조각 2006.

다카하시 데츠야『일본의 전후책임을 묻는다』, 이규수 옮김, 역사비평사 2000.

박유하『화해를 위해서』, 뿌리와이파리 2005.

송건호 외『해방전후사의 인식』, 한길사 1979.

신용하 외『식민지근대화론에 대한 비판적 성찰』, 나남 2009.

와다 하루키『동북아시아 공동의 집』, 이원덕 옮김, 일조각 2004.

유용태 엮음『한중관계의 역사와 현실: 근대외교, 상호인식』, 한울 2013.

윤건차『교착된 사상의 현대사』, 박진우 외 옮김, 창비 2009.

정재정「兩論 倂記의 역사를 쌍방의 입장에서 썼다」,『월간조선』2010년 3월호.

최원식『제국 이후의 동아시아』, 창비 2009.

최원식 외 엮음『동아시아의 오늘과 내일』, 논형 2009.

최원식·백영서 엮음『동아시아인의 '동양'인식: 19~20세기』, 문학과지성사 1997.

타나카 히로시 외『기억과 망각』, 이규수 옮김, 삼인 2000.

한중일삼국공동역사교재위원회『미래를 여는 역사』, 한겨레 2005.

范麗珠 主 編『全球化下的社會變遷與非政府組織』, 上海人民出版社 2003.

家永三郎『戰爭責任』, 岩波書店 1985.

粟屋憲太郎『東京裁判論』, 大月書店 1989.

小熊英二『單一民族神話の起源』, 新曜社 1995.

船橋洋一 編『いま, 歷史問題にどう取り組むか』, 岩波書店 2001.

高橋哲哉 編『歷史認識論爭』, 作品社 2002.

C. グラック 外『日本の歷史25 日本はどこへ行くのか』, 講談社 2003.

中村政則『戰後史』, 岩波新書 2005.

道場親信『占領と平和』, 靑土社 2005.

吉田裕『日本人の戰爭觀』, 岩波現代文庫 2005.

佐々木隆爾『占領·復興期の日米關係』, 山川出版社 2008.

岩波新書編集部 編『日本の近現代史をどう見るか』, 岩波書店 2010.

世界編集部『世界特集－韓國倂合百年 現代への問い』, 岩波書店 2010.

Francis Calpotura, "Bi-National Research Project on Social Change Initiatives in the Philippines and the United States," A study funded by Ford Foundation, 2003.

종장 평화와 민주주의 연대를 향하여

구경남「일본의 민간 역사교육 운동의 과거, 현재, 그리고 미래—역사교육자협의회 활동을 중심으로」, 『역사교육연구』6집, 2007.

김성보「진보당 50주년에 부치는 평화의 소망」, 『역사비평』77호, 2006.

김성용『제삼세계와 비동맹운동』, 고려서적주식회사, 1978.

김정인「동아시아 공동 역사교재 개발, 그 경험의 공유와 도약을 위한 모색」, 『歷史敎育』101집, 2007.

노경채「조봉암, 진보당, 사회민주주의」, 『한국민족운동사연구』64집, 2010.

동아시아평화인권 한국위원회 엮음『동아시아와 근대의 폭력』1·2, 삼인 2001.

박진수·정문상 외『반전으로 본 동아시아』, 혜안 2008.

사카모토 히로코 외 엮음『역사: 아시아 만들기와 그 방식』, 박진우 옮김, 한울 2007.

서중석「조봉암·진보당의 진보성과 정치적 기반」, 『역사비평』20호, 1992.

신주백「'동아시아형 교과서 대화'의 본격적인 모색과 협력모델 찾기, 1993–2006」, 『歷史敎育』101집, 2007.

아라이 신이치『역사화해는 가능한가』, 김태웅 옮김, 미래M&B 2006.

역사교과서연구회(한국)·역사교육연구회(일본)『한일 교류의 역사—선사부터 현대까지』, 혜안 2007.

역사문제연구소, 일본교과서바로잡기운동본부 엮음『화해와 반성을 위한 동아시아 역사인식』, 역사비평사 2002.

유용태「한국의 베트남전쟁 인식과 역사화해의 길」(제4회 동아시아 역사화해 국제포럼 발표문), 유네스코한국위원회·유네스코베트남위원회 공동주최, 하노이 2010.8.

이병한「'두 개의 중국'과 화교정책의 분기—반둥회의 전후를 중심으로」, 『중국근현대사연구』45집, 2010.

이우진「비동맹으로서의 아세안」, 『국제정치논총』22집, 1982.

이원덕 엮음『일본은 한국에게 무엇인가』, 한울 2006.

762

전국역사교사모임 엮음 『베트남프로젝트: 베트남답사자료집』, 전국역사교사모임
2004.
전국역사교사모임(한)·역사교육자협의회(일) 『마주 보는 한일사』 I·II, 사계절
2006.
한중일삼국공동역사편찬위원회 『미래를 여는 역사』, 한겨레신문사 2005.
한중일삼국공동역사편찬위원회 『한중일이 함께 쓴 동아시아 근현대사』 1·2, 휴머
니스트 2012.

연도	

| 연표 |

연도	동아시아	세계
16세기 이전	조선 최조 세계지도 혼일강리역대국도 지도 간행(1402) 중국 정 허의 남해원정(1405~33) 조선 류우규우인 통해 이모작 벼 종자 전래(1530) 일본 토요또미 히데요시에 의해 전국 통일(1587) 조선 임진조일전쟁(1592~1598)	콜럼버스 아메리카대륙 발견(1492) 뽀르뚜갈 수마트라와 자바 섬 발견 (1511) 러시아 이반 4세 즉위, 짜르(Tzar) 칭함 (1533) 뽀르뚜갈 마카오 점령(1557) 에스빠냐 필리핀 루손섬 점령(1577) 러시아 우랄산맥 넘어 시베리아 진출 (1578) 마떼오 리치, 난징 입성(1587) 셰익스피어, 『로미오와 줄리엣』 지음 (1594) 영국 동인도회사 설립(1600)
17세기 이전	중국 『서유기』 등 소설 발간(1619) 조선 벨테브레 등 네덜란드인 표류해 옴(1628) 중국 리 쯔청의 봉기(1628~45) 일본 외국 선박의 입항을 나가사끼로 제한(1635) 조선 병자조청전쟁(1636~37) 일본 시마바라의 난(1637) 중국 명의 연호 폐지하고 청의 연호 사 용(1637) 조선 소현세자, 독일인 신부 아담 샬 로부터 각종 서학 관련 물건을 들여옴 (1645) 조선 예송논쟁(1659~74) 중국 청, 윈난 평정(1662) 중국 청, 해금(海禁)정책 해제(1685) 중국 청, 러시아와 네르친스끄조약 체 결(1689) 중국 청, 영국에 광둥 무역 허가(1699)	영국 일군의 청교도 아메리카 상륙 (1620) 프랑스 데까르뜨 『방법서설』 발표(1637) 영국 아일랜드 구교도 반란(1641) 러시아 하바로프(Khabarov), 아무르 (흑룡)강 탐험(1649) 영국 홉스, 『리바이어던』 발표(1651) 러시아 네르친스끄에 축성(1658) 영국 뉴턴, 만유인력의 법칙 발표(1687) 영국 로크, 『인간오성론』 발표(1690) 러시아 깜차까반도 점령(1697)
18세기	중국 청, 티베트 정복(1720) 일본 쌀값 폭등으로 에도에서 폭동(1732) 조선 균역법 실시(1750) 중국 구이저우 묘족 반란(1795) 중국 백련교도 봉기(1796)	프랑스 케네(Quesnay), 『경제표』 발표 (1758) 미국 독립선언(1776) 프랑스 대혁명(1789) 프랑스 미터법 제정(1791)

1801	조선 신유박해(천주교도 처형) 중국 백련교도의 봉기 평정	러시아 알렉산드리아 1세 즉위
1802	조선 필리핀 루손섬 선원 5명 제주도 표류	
1803		미국 프랑스로부터 루이지애나 매입
1804	일본, 러시아 사절단이 나가사끼에 내항하여 무역 요구	프랑스 나뽈레옹, 황제 즉위하면서 제1제정 시작
1805		영국 트라팔가(Trafalgar)해전에서 프랑스 함대 격파
1806	베트남 응우옌왕조, 베트남 북·중·남부 통일	
1807	조선 류우뀨우인 99명 제주도 표류	
1808	일본 마미야 린조오(間宮林藏), 카라후또(사할린) 탐험	영국 마카오 포대를 일시적으로 점령했다가 철수
1809	중국 광둥의 호시장정(互市章程) 제정	
1810	조선 일본과 통신사 파견에 관한 '통신사절목' 제정 일본 영국 선박이 내항하자 이후 외국 선박에 대한 경계를 명함	
1811	조선 홍경래의 난(~1812) 발발 중국 서양인의 국내 거류와 포교 금지	
1813	중국 아편의 개인 판매를 금함	영국 동인도회사의 무역독점권 폐지
1814	중국 기존의 호시장정을 서양 상인에게까지 적용	영국 스티븐슨 증기기관차 발명 프랑스 나뽈레옹 엘바섬 유배
1815	중국 아편 수입 금지	독일 독일연방 성립
1816	일본 전국의 인구조사 실시	네덜란드 자바섬을 자국 식민지로 삼음
1818	조선 정약용『목민심서』완성	
1821	일본 연해여지전도(沿海輿地全圖) 완성	나뽈레옹 사망
1823	조선 전국의 유생들이 만인소(萬人疏) 올려 서얼의 임용 요구	미국 먼로주의 선언
1825	일본 외국 선박 격퇴령 내림	영국 세계 최초 철도 개통
1828	조선 한양·개성·의주 상인에게 사신의 무역에 참여하는 것을 허용	
1831	중국 영국 상인의 광둥 무역을 단속하고 아편수입 엄금	이딸리아 로마교황청, 조선교구 창설 독일 괴테『파우스트』완성
1832	조선 영국 상선 로드 아마스트호, 황해도 몽금포 앞바다에서 통상 요청	

1833	조선 한양 쌀값 폭등, 빈민 폭동 일어남	영국 의회에서 영 제국 내의 노예폐지 법안 통과
1834	조선 김정호『지구전후도』『청구도』간행	
1835	조선 문과에서 역서의 법을 폐함	미국 남부 노예폐지 반대운동 일어남
1837	일본 미국 선박 우라가항 내항, 통상 요구	영국 빅토리아 여왕 즉위
1838	조선 베이징에 왕래하는 사신 일행의 잡품 수입을 금지	영국 차티스트운동 전개
1839	중국 린 쩌쉬를 흠차대신으로 임명하여 광둥에 파견 조선 기해박해(천주교도 처형) 중국 린 쩌쉬, 영국 상선의 아편 2만여 상자 불태움. 영국 군함과의 첫 교전	
1840	중국 제1차 아편전쟁 발발	
1841	조선 경주의 농민들, 환곡 포탈사건에 항의하여 대궐 안에서 상소	
1842	조선 전국 호구조사: 157만 473호, 670만 1629명 　청에 압록강 월경자들의 토지 개 간을 금하도록 요청	
1844	중국 영국과 난징조약 체결	
1845	조선 김대건 우리나라 최초의 신부가 되어 국내에 밀입국 일본 네덜란드 국왕의 개국 권고 거부	러시아 끼르기스(Kirgiz) 지역 점령 영국 패러데이, 자기광학에 관한 '패러 데이 효과' 발표 인도 제1차 시크(Sikh)전쟁 발발
1846	조선 김대건 순교 일본 해금정책 재언명	미국 멕시코와 전쟁
1847	조선 프랑스 쎄실(Ce'cille)의 서한에 대한 답신을 청을 거쳐 전달: 서양과의 첫 외교문서	
1848	조선 서양 선박이 전국적으로 나타남	독일 맑스『공산당선언』발표 인도 제2차 시크전쟁 발발
1849	일본 네덜란드인으로부터 종두법 전수	
1850	중국 홍 슈취안, 태평천국운동 개시	
1853	일본 미국 페리 내항	터키와 러시아 간의 크림전쟁 발발
1854	조선 외국 선박과의 교역에서 백성들 의 살상이 자주 발생하자 함경도 도민 의 외국과의 교역을 금지 일본 미일화친조약, 영일협약, 러일화 친조약 등 체결	

1855	조선 영국 군함 호네트호, 독도 측량 　　프랑스 군함 비르지니호, 동해 연 　　안 측량	
1856	중국 애로우호사건 발생	독일 네안데르탈인 발굴
1857	제2차 아편전쟁 발발 중국 조선 최한기 『지구전요』 지음	인도 세포이항쟁 발발
1858	중국 영국·프랑스와 톈진조약 체결 일본 미국·네덜란드·러시아·영국·프 랑스와 차례로 수호통상조약 체결	인도 영국에 의해 세포이항쟁 진압 　　무굴제국 멸하고 인도 직접 통치 　　시작
1859	일본 나가사끼·하꼬다떼 등 개항 베트남 프랑스에 의해 사이공 점령	영국 다윈, 『종의 기원』 발표 이집트 수에즈운하 기공
1860	조선 최제우, 동학 창설 중국 영국·프랑스와 베이징조약 체결	미국 링컨 대통령 당선
1861	조선 김정호 「대동여지도」 간행 중국 서태후 정권 장악 　　양무운동 개시	미국 남북전쟁(~1865) 발발 러시아 농노해방령 발표 프랑스 빠스뙤르(Pasteur) 미생물 발견
1862	조선 진주민란 등 전국 각지 민란 발생 삼정의 문란을 시정하기 위한 각 　　종 조치 시행	독일 프로이센 비스마르크 수상 취임 프랑스 위고(Hugo) 『레 미제라블』 발표
1863	조선 고종 즉위	미국 링컨 게티스버그 연설
1864	조선 비변사로 하여금 외교·국방·치안 을 담당하게 함 　동학교주 최제우 처형 중국 태평천국운동 진압 　『만국공법』 출간	스위스 국제적십자사 창설
1865		오스트리아 멘델, 유전법칙 발견
1867	조선 병인박해(천주교도 처형) 　병인양요(프랑스, 강화도 점령) 　민치록의 딸을 왕비로 정함: 명성황후 　제너럴셔먼호 사건 발생 일본 막번체제 끝나고 왕정복고 선포 　요꼬하마에 영어·프랑스어 학습 　소 설립	스웨덴 노벨, 다이너마이트 발명
1868	조선 독일 오페르트(Oppert), 흥선대원 군의 아버지 묘를 도굴하다 발각 일본 메이지유신 선포 　후꾸자와 유끼찌, 게이오의숙 설립	
1869	중국 러시아와 통상조약 체결 일본 토오꾜오·요꼬하마 간 전선 개통	미국 대륙횡단철도 완성 이집트 수에즈운하 개통

1870	중국 텐진에서 프랑스 영사 살해하고 교회 파괴하는 소요 발생	이딸리아 통일 완성
1871	조선 신미양요(미국, 강화도 점령) 사액서원 47개만 남기고 전국의 서원 철폐	프랑스 빠리꼬뮌 체제 독일제국 성립
1872	중국 최초의 미국 유학생 미국으로 출발 일본 최초의 전국적 인구조사: 3311만명	
1873	조선 대원군 실각, 명성황후 민씨 일파의 세도정치 시작 중국 윈난 이슬람교도 반란 진압 일본 사이고오 타까모리, 정한론 주장했다 사직	
1874	중국 일본과의 텐진조약 체결 일본 타이완 침공 『요미우리신문』창간 베트남 2차 사이공조약으로 프랑스의 보호국이 됨	러시아 브나로드운동 시작
1875	조선 운요오호사건 일본 러시아와의 치시마·카라후또 교환조약 체결	프랑스 빠리에서 미터법 조약 조인 미국 타자기 발명
1876	조선 일본과의 강화도조약(조일수호조규)을 체결하며 개국	미국 벨, 전화기 발명
1877	중국 청, 영국에 최초의 재외공관을 설치 일본 세이난전쟁 발발	미국 에디슨, 축음기 발명
1878	조선 일본 대리공사 하나부사, 동래부사에게 세관 철폐 요구하며 무력시위	
1879	조선 지석영, 종두 실시 중국 러시아와 이리(伊犁)조약 체결 류우뀨우 일본에 의해 병합되어 오끼나와현에 편입	독일 지멘스, 전차 발명
1880	조선 삼군부 폐지, 통리기무아문 설치 김홍집, 청이『조선책략』을 고종에 보고 중국 청의 리 홍장, 조선에 서양과 통상하여 러시아·일본의 침략 막을 것을 권고 일본『한불자전』편찬	미국 흑인이 배심원 될 수 없다는 법률에 위헌 판결
1881	조선 별기군 설치, 일본군으로부터 신식 훈련 받음 일본인의 울릉도 도벌에 항의하고 그 금지를 일본에 요구	

1882	조선 임오군란 발발 미국·영국·독일과 차례로 수호통상조약 체결 일본과 제물포조약 체결 독일 묄렌도르프 초빙, 외교 및 재정 고문 맡게 함	독일·오스트리아·이딸리아 삼국동맹 체결
1883	조선 최초의 근대 병기공장 기기창 설립 지석영, 공주에 우두국 설치하고 종두법 교습 『한성순보』 발간 중국 청, 베트남에 대한 종주권을 주장하며 프랑스군의 철수 요구	
1884	조선 갑신정변, 3일 만에 실패로 돌아감 청국과 일본군 충돌 이딸리아·러시아와 차례로 수호통상조약 체결 중국 프랑스와 베트남 종주권 문제로 전쟁(청프전쟁) 일본 화족령(華族令) 공포	
1885	조선 영국 함대의 거문도 불법 점령: 거문도사건 최초의 서양식 병원 광혜원(제중원) 설립 미국 선교사 아펜젤러 배재학당 설립 중국 청, 영국과 아편협정 체결 청, 일본과 톈진조약 체결 일본 제1차 이또오내각 성립. 후꾸자와 유끼찌 『탈아론』 발표	독일 벤츠, 가솔린 자동차 발명
1886	조선 노비세습제 폐지 이화학당 설립 중국 청 주재 러시아공사, 청의 리 홍장에게 조선 영토 침략하지 말라고 요구 일본 제국대학령 공포: 토오꾜오대학을 제국대학으로 개칭	미국 8시간노동제를 요구하며 파업 벌임 영국 미얀마전쟁에서 승리. 미얀마를 인도제국에 편입하여 식민지로 함.
1887	조선 영국군, 거문도에서 철수 중국 뽀르뚜갈과 수호통상조약 체결: 마카오 할양	프랑스 베트남과 캄보디아 합쳐 인도차이나연방 설립
1888	조선 러시아와의 육로통상장정 조인 중국 캉 유웨이, 변법자강운동 일으킴 일본 멕시코와 통상조약 체결	호주 중국인의 이민 금지 결의: 백호주의(白濠主義) 시작

1889	조선 유길준『서유견문』지음 일본 대일본제국헌법 공포: 천황의 절 대권 인정	프랑스 에펠탑 완공
1890	조선 일본과 월미도 기지 조차조약 체결 일본 제국의회 개회	미국 메이데이행진
1891	일본을 방문한 러시아 황태자, 시가현 오오쯔에서 경비순사의 습격으로 부상	러시아 시베리아철도 착공 인도 간디 귀국하여 반영운동 전개
1892		프랑스 꾸베르땡, 올림픽의 부활 주창
1893		독일 디젤, 디젤기관 발명 노르웨이 난센, 북극 탐험
1894	조선 동학농민운동 발발, 일본군과 관 군에 패배 　청일전쟁 발발, 일본군 승리. 　중국 청일전쟁에서 패해 뤼순 할양	프랑스 드레퓌스사건(~1899)
1895	조선 일본 군인이 명성황후 시해 　중국 일본과 시모노세끼조약 체결: 삼 국간섭, 일본에 타이완 할양	독일 뢴트겐, X선 발견 이딸리아 마르꼬니, 무선통신법 발명 프랑스 뤼미에르 형제, 최초의 영화 상영
1896	조선 아관파천 　미국인 모스에게 경인선 철도 부 설권 허가. 　서재필『독립신문』창간, 독립협회 창설 　일본 야마가따·로바노프협정 체결	그리스 아테네에서 제1회 근대올림픽 개최 영국 제2인터내셔널대회 런던에서 개 최: 아나키스트 제명, 민족자결 지지 등
1897	조선 연호를 광무(光武)로 개칭하고 대 한제국 선포 　중국 영국과 미얀마협정 체결 　일본 화폐법 공포: 금본위제 실시	
1898	조선 독립협회, 종로 만민공동회 개최. 　중국 영국에 주룽반도와 홍콩을 99년 간 조차 　러시아에 뤼순·다롄의 조차권과 남만주 철도부설권 할양 　서태후 등이 주도한 무술정변 발발	미국 에스빠냐와 빠리조약 체결: 미국 은 필리핀·괌·뿌에르또리꼬 얻고 쿠바 의 독립을 승인. 하와이 병합
1899	조선 경인선(인천~노량진) 개통 　중국 의화단운동 개시 　돈황석굴에서 경전 수천권 발견	
1900	조선 한강철교 준공 　한청통상조약 체결 　중국 의화단사건으로 텐진이 열강에 점령	오스트리아 프로이트『꿈의 해석』출간

1901	조선 제주도 이재수의 난 경부선 철도 부설공사 기공식 중국 의화단사건 후 베이징의정서 체결	미국 파나마운하 건설 및 관리권 획득 이딸리아 마르꼬니, 대서양 횡단 무선 통신 성공 영국 빅토리아여왕 사망 스웨덴, 제1회 노벨상 시상
1902	조선 1차 하와이 이민 121명 출발 중국 영국·독일로부터 톈진을 반환받음 만주족과 한족과의 통혼을 허가 하고 전족금지령 내림	영국, 보통교육령 반포: 의무교육 실시
1903	중국 동청철도 개통	미국 캐나다와 알래스카 국경 확정 라이트형제 비행기 발명
1904	조선 러일전쟁 발발. 일본의 승리 제1차 한일협약 송병준 등 친일단체 일진회 조직 베트남 판보이쩌우, 동유운동 시작	네덜란드 인도네시아에 동인도회사 설립
1905	조선 경의선 철도 개통 고종 밀사 이승만 등, 미국 루스벨 트 대통령에게 독립청원서 전달 손병희, 동학을 천도교로 개칭 일본 카쯔라·태프트밀약 체결 2차 영일동맹 체결	러시아 '피의 일요일'사건 발생 스위스 아인슈타인 「특수상대성원리」 발표
1906	조선 일본에 의해 통감부 설치. 초대 통 감으로 이또오 부임 최익현·신돌석 등 전국 각지에서 의병 발발 중국 영국과의 협정으로 티베트 영토 와 내정에 불간섭 보장받음 일본 러시아로부터 북위 50도 이남의 카라후또(사할린) 할양받음	인도 스와데시, 스와라지 운동 개시
1907	조선 일본과 제3차 한일협약 헤이그만국평화회의에 이준 등을 밀사로 파견 중국 쑨 원의 혁명동맹회, 광둥성 등지 에서 봉기했으나 실패	
1908	조선 원각사에서 「은세계」 공연 최남선, 월간지 『소년』 창간 중국 서태후 사망	
1909	조선 안중근 하얼빈에서 이또오 총격 일진회, 합방요구성명서 발표	
1910	조선 한일병합	

1911	중국 신해혁명 발발 몽골과 티베트 독립 선언	
1912	중국 쑨 원, 중화민국 세움 일본 타이쇼오 천황 즉위	러시아 『쁘라브다』 창간 영국 타이타닉호 침몰
1913	티베트 몽골과 동맹조약 체결	
1914	조선 경원선 철도 완공 일본 1차대전 대독일전에 참전키로 결정	사라예보사건(오스트리아 황태자 피살) 1차대전 발발
1916		독일, 런던 공습
1917	조선 이광수 장편소설 『무정』 연재 시작	러시아혁명 발발
1918	조선 이동휘 러시아에서 한인사회당 조직	1차대전 종전
1919	조선 고종 승하, 2·8 독립선언, 3·1운 동 등 일어남 중국 5·4운동	러시아 코민테른 결성, 세계혁명 추진 파리강화회의 개최, 국제연맹 창설, 까 라한선언 발표
1920	중국 천 두슈, 상하이에서 중국사회주 의청년단 결성 　　마오 쩌둥, 이에 참여하여 활동 시작	인도 간디, 비폭력 불복종운동 전개
1921	중국 상하이에서 중국공산당 창당	소련 신경제정책 NEP 채택 독일 히틀러, 나치당 당수 취임
1922		러시아 스딸린, 공산당 서기장 취임 　　소련(쏘비에뜨연방) 성립 이딸리아, 파시스트정권 수립
1923	조선 신채호 「조선혁명선언서」 작성 　　방정환, 잡지 『어린이』 창간 일본 관동대지진 발생	
1924	중국 제1차 국공합작 성립 몽골 몽골인민공화국 건국	
1925	조선 조선공산당 창당 일본 치안유지법 제정	
1926	조선 순종 승하. 6·10만세운동 일어남	
1927	조선 경성방송국, 정동에서 방송 시작 중국 장 제스, 난징정부 수립	인도네시아 수카르노 독립운동 주도
1928	일본 공산당원 일제 검거	
1929	조선 원산노동자 총파업 　　광주학생운동 일어남	세계대공황 시작
1930	조선 미쯔꼬시백화점 준공 중국 국민정부, 쏘비에뜨지구 토벌 시작 베트남 호찌민, 인도차이나공산당 결성	

1931	조선 신간회 해체 　　만주에서 중국 농민과 충돌: 만보 　　산사건 　　중국 만주사변 발발 　　일본 3월사건 발생	에스빠냐 혁명으로 제2공화국 수립
1932	조선 이봉창 토오꾜오에서 일본 히로 히또 천황 암살 기도 　　이광수 『흙』 연재 시작 　　윤봉길 상하이에서 폭탄 투척 　　민생단사건(~1936) 　　일본 만주국 건국, 푸이 옹립 　　육·해군 장교들 이누까이 수상 암 　　살: 5·15사건	독일 나치, 총선 승리 태국 군사쿠데타로 입헌군주국 성립 미국 루스벨트 대통령 당선
1933	조선 조선어학회 '한글맞춤법 통일안' 발표 　　중국 일본과 탕구정전협정 체결 　　일본 국제연맹의 만주철퇴안 권고받고 　　연맹에서 탈퇴	미국 루스벨트, 뉴딜정책 실시 독일 히틀러, 수상으로 취임. 바이마르 헌법 폐기. 제네바군축회의와 국제연맹 에서 탈퇴.
1934	중국 공산당 대장정 시작 　　일본 육군 청년장교 쿠데타계획 적발	독일 폴란드와 불가침조약 체결, 이딸 리아(무솔리니)와 제휴 　　히틀러, 국민투표를 통해 총통으 　　로 선출 필리핀 미국으로부터 자치를 인정받음
1935	조선 총독부, 각급 학교에 신사참배 강요 　　중국 만주에서 조선과 반제 단일전선 을 발표 　　일본 국체명징운동, 만주에서 화북분리 공작 실시, 중일관계 급랭	필리핀 필리핀연방공화국 성립 페르시아 이란으로 국명 개칭 독일 베르사유군비제한조약 폐기, 재무 장선언, 반유대인법인 뉘른베르크법 공 포 이딸리아 에티오피아 침공
1936	조선 신채호, 뤼순감옥에서 순국 　　안익태 〈애국가〉 작곡 　　손기정 베를린올림픽에서 마라톤 우승 　　중국 국민당 장 쉐량, 장 제스 감금: 시 안사건 　　루 쉰 사망 　　일본 2·26쿠데타, 키따 잇끼 등 사형 　　런던군축회의에서 탈퇴 선언	소련 쏘비에뜨사회주의공화국 헌법 채 택 에스빠냐 프랑코 쿠데타로 내전 시작, 영국과 프랑스 불간섭 선언 미국 루스벨트 대통령 재선

1937	조선 동북항일연합군의 보천주재소 습격: 보천보사건 　　　총독부, 황국신민서사 제정 및 강제 시행 중국 중국군·일본군 루거우차오에서 충돌: 중일전쟁 　　　난징대학살, 제2차 국공합작 일본 국민정신총동원운동 개시	독일-이딸리아-일본 추축동맹 결성
1938	조선 이광수 등 28명 사상전향서 제출 　　　총독부, 한글교육 금지 중국 장 제스「전국 민중에게 고하는 글」발표 일본 국가총동원법 공포	영국 아일랜드 독립 승인
1939	조선 총독부, 조선징발령 세칙 공포 시행 　　　라디오 보급대수 16만 7049대로 집계 　　　국민징용령 시작 일본 일본군, 만주·몽골 간 국경 노몬한 Nomonhan에서 소련군과 충돌: 노몬한사건 　　　국민징용령 공포	독일 폴란드 침공, 이에 영국과 프랑스 독일에 선전: 2차대전 발발
1940	조선 총독부, 창씨개명 시행 등 황국신민화운동 강제 시행 　　　박헌영 등, 경성콤그룹 결성 　　　임시정부 중국 충칭에 한국광복군 총사령부 설립, 국군 창설 중국 팔로군, 유격전 시작	독일 빠리 점령, 비시정부 수립 인도 국민회의파, 불복종운동 결의
1941	조선 수풍발전소에서 만주에 송전 시작 중국 환난사건 발생, 신사군 전멸 일본 진주만 공습, 아시아태평양전쟁 발발 베트남 베트남독립동맹(비엣민) 결성	독일 소련 침공 소련 스딸린, 수상에 취임
1942	일본 토오조오 수상 '대동아전쟁' 선포. 이윽고 필리핀 마닐라, 싱가포르, 말레이시아 점령 　　　싱가포르 화교들에 대한 대학살 벌임.	미국 페르미(이딸리아), 우라늄 핵분열에 성공 미드웨이해전에서 일본군 격파 프랑스 까뮈, 『이방인』 발표
1943	조선 총독부, 징병제와 학병제 실시 일본 토오꾜오에서 식민지 6개국과 인도 임시정부의 대표가 모여 '대동아공동선언' 발표	폴란드 유대인의 반나치무장봉기 발생 이딸리아 연합군에 항복

1944	조선 총독부, 여자정신대근무령 공포.	독일 아우슈비츠 강제수용소로의 이송
	여운형, 건국동맹 조직	시작
	일본 토오조오 내각 총사직, 일본군 사	영국 노르망디 상륙작전 성공
	이판섬에서 전멸	미국 미국 주도로 브레튼우즈협정 체결
	미국 B29기에 본토 공습당함	
	인도네시아 일본군의 혹정에 항의하는	
	농민봉기 일어남	
1945	조선 8·15해방, 독립선언	미·영·소 얄따회담 개최
	매카서, 북위 38도선 경계로 미·소	국제연합(UN), 정식 발족
	양국의 한반도 분할점령책 발표	미국 오끼나와 상륙, 오끼나와전투
	박헌영, 조선공산당 재건 발표	독일, 일본의 항복선언으로 2차대전
	모스끄바 3상회의를 통해 한국에	종전
	대한 5년간의 신탁통치 합의	종전 뒤의 방침을 밝힌 포츠담선
	일본 오끼나와전투로 주민 10만명 사망	언 발표
	히로시마, 나가사키에 미 공군 원	독일 뉘른베르크 전범재판 개시
	폭투하, 항복	인도네시아 네덜란드로부터 독립
	베트남 독립선언 및 남북분단, 베트남	
	민주공화국	
1946	조선 9월총파업 발생	영국 런던에서 제1차 유엔총회 개최,
	남한, 38도선 이북으로의 통행을 금함	처칠 '철의 장막' 발언
	중국 국공내전 발발(~1949)	이딸리아 인민투표를 거쳐 왕제 폐지
	외몽골 독립 첫 승인	미국 비키니섬에서 원자폭탄 실험
	일본 토오꾜오전범재판(~1948)	아르헨띠나 페론, 쿠데타(1943) 일으
	필리핀 미국으로부터 독립	켜 집권
1947	조선 미소공동위 결렬, 여운형 암살	세계 23개국 GATT협정 조인
	한반도 이북, 화폐개혁 발표	미국 트루먼독트린, 마셜플랜 발표
	중국 미국 특사 웨더마이어 방문	인도와 파키스탄 분리독립 선언
	일본 신헌법 실시	소련 소련이 주도하는 코민포름 결성
	타이완 2·28사건	미얀마 영국으로부터 독립을 승인받음
1948	조선 4·3항쟁, 여순사건 발발	독일 베를린 봉쇄, 위기
	한반도 이남과 이북, 각각 대한민	인도 간디 암살
	국(ROK)과 조선민주주의인민공	미국 벨연구소, 트랜지스터 발명
	화국(DPRK) 수립	이스라엘 아랍연맹과의 제1차 중동전쟁
		유엔 세계인권선언 채택
1949	한국 반민족행위특별조사위원회(반민특	소련 핵실험 실시
	위) 발족, 수개월 만에 조사위원 총사직	인도네시아 인도네시아연방공화국 수립
	남로당 국회프락치사건	북대서양조약기구(NATO) 성립
	주한미군 철수	프랑스 라오스와 독립협정 조인
	북한 조선로동당 설립	프랑스 괴뢰국 베트남국 수립
	중국 중화인민공화국 수립	독일 동서 각각 독일연방공화국(서독),
	타이완 중화민국, 타이완섬으로 패퇴.	독일인민공화국(동독) 수립
	전국에 계엄령, 통화개혁 실시	

1950	한국 6·25한국전쟁 발발 유엔 안보리, 한국전쟁을 북한의 남침으로 규정, 한국 파병 결의와 16개국 유엔군 편성 인천상륙작전 중국 중화인민공화국 한국전 개입 결정, 중소우호동맹조약 체결, 베트남민주공화국 승인·지원	미국 타이완과 관계 개선, 베트남국 승인·지원 인도 인도공화국 성립(수상: 네루)
1951	한국 한국전쟁 중 거창양민학살사건 등 다수의 집단학살사건 발생, 판문점에서 정전협상 개시 일본과 국교 정상화 예비회담 개최(쿠보따九保田 발언으로 결렬) 일본 쌘프란시스코강화조약 조인	미국 주도하여 쌘프란시스코강화회의 개최 영국 총선 통해 처칠 내각 발족 콜롬보계획(동남아 영연방제국 개발계획) 수립 이란 석유국유화 선언
1952	한국 한국전쟁 중 거제도포로수용소 폭동 발생, 부산정치파동. 국회 근로기준법 의결 유엔군 평양 폭격 아이젠하워 내한 중국 민족구역자치실시요강 발표, 대다수 조선족이 지린성 옌볜으로 이동 일본 미일안전보장조약 발효, 한국과 제1차 한일회담 시작 타이완 토지개혁 완료, 일본과 관계 정상화	프랑스, 서독 등 6개국 유럽석탄·철강 공동체(ESCS) 구성
1953	한국 정전협정 조인, 한미상호방위조약 체결 북한 이승엽의 간첩사건 공판 개시 중국 사회주의과도기총노선 선포, 신민주주의 단계 종결 선언	소련 스딸린 사망, 제1서기에 흐루쇼프 선임 구 유고연방 초대 대통령에 티토 선출 영국 세계 최초로 초모랑마(에베레스트) 등정
1954	한국 사사오입 개헌, 북한 중국군 철수 환송대회 개최 북한 신민주주의 단계 종결 및 사회주의 과노노선 표녕 중국 헌법 공포 일본 미국 아이젠하워 대통령, 오끼나와 무기한 보유 표명, 자위대 발족, 제5후꾸류마루호 피폭사건 베트남 디엔비엔푸전투에서 승리했지만 곧 분단 타이완 제1차 타이완위기 SEATO(동남아시아조약기구) 결성	이집트 나세르 집권 알제리 알제리민족해방전선 봉기

1955	한국 중·고등학교 분리 결정 　　　민주당 창당: 대표 신익희 북한 박헌영, 사형 판결 일본 자민당 중심의 정치체제 '55년체제' 성립, 경찰예비대를 자위대로 개편 타이완 제2차 타이완위기 베트남 제네바협정 파기하고 남부 단독선거로 베트남공화국 수립	소련 소련 주도하에 바르샤바조약기구 성립 인도네시아 반둥에서 반둥회의(아시아·아프리카회의) 개최 오스트리아 중립국 선언
1956	한국 민주당 대통령 후보 신익희 유세 중 사망, 베트남공화국 승인 북한 8월 종파사건 중국 영국·프랑스와 텐진조약 체결 일본 미국·네덜란드·러시아·영국·프랑스와 차례로 수호통상조약 체결 인도네시아 완전 독립국 선언	소련 흐루쇼프, 제20차 당대회에서 스딸린 비판 　　　헝가리 반소항쟁에 개입 프랑스 베트남에서 철수 이집트 수에즈운하 국유화 선언
1957	한국 주한미군 핵무기 공개 배치 　　　조봉암, 진보당 창당 중국 정풍운동 일본 키시 내각 수립 베트남 호찌민 북한 방문 필리핀 막사이사이 대통령, 비행기 사고로 사망	소련 인공위성 스뿌뜨니끄 1호 발사 성공, 대륙간 탄도탄 완성
1958	한국 조봉암 등 국가보안법 위반으로 구속: 진보당사건 북한 김일성, 중국과 베트남 방문 　　　주북중국군 철수 완료 중국 사회주의 개조 완료 선언, 대약진운동, 진먼도 포격 베트남 신민주주의 단계 종결	미국 인공위성 익스플로러 1호 발사 성공 이라크 군부 쿠데타로 공화국 성립 프랑스 드골, 대통령 당선
1959	한국 조봉암 사형 집행, 사라호 태풍 내습 북한 사회주의 개조 완료 선언 　　　일본 적십자사와 재일동포의 귀국 협정 조인 중국 인도와 국경 분쟁. 류 사오치 국가주석으로 선출 티베트 달라이라마, 인도로 망명	쿠바 쿠바혁명. 카스트로 수상 취임 미국 워싱턴에서 남극조약 체결
1960	한국 4·19혁명 북한 김일성, 남한에 남북연방제 제의 중국 중소관계 악화 일본 안보투쟁, 키시 내각 총사직, 이께다 내각 발족 베트남 남베트남 민족해방전선 결성	미국 케네디 당선 소련 자국 영공 침범한 미국정찰기 U-2 격추

1961	한국 5·16쿠데타	미국 피그만 침공 사건 케네디, 베트남 파병 결정 독일 동·서독 간 베를린장벽 설치
1962	한국 공용 연호를 단기에서 서기로 변경 김종필·오히라 비밀회담. 대일청 구권 문제 합의 타이완 통화개혁 실시	알제리 프랑스로부터 독립 영국 왓슨·크릭, DNA구조 해명 미국 쿠바에 대한 해상봉쇄 선언
1963	중국 파키스탄과 국경조약 조인 베트남 쿠데타로 고딘 디엠 실각	미국 케네디 대통령 암살 아프리카 단결기구(OAU) 발족 미·영·소, 모스끄바에서 핵실험금지협 정 조인
1964	한국 미터법 실시 6·3사태 등 한일회담 반대시위 격 화, 제1차 인민혁명당사건, 태권도 부대와 의료부대를 베트남에 파병 중국 핵실험 성공, 『마오 쩌둥 어록』 출 판, 경제현대화 계획 발표 일본 사또오 내각 발족, 토오꾜오올림 픽 개최 베트남 통킹만사건	소련 브레즈네프 서기장 취임 팔레스타인 해방기구(PLO) 결성
1965	한국 한일협정 조인, 이승만 사망, 베트 남 파병(~1973) 중국 베트남 파병(~1973) 베트남 미국이 북베트남에 본격적으로 폭격을 개시하며 베트남전쟁 발발	서독 이스라엘과 수교, 아랍 10개국, 서 독과 단교 소련 첫 우주 유영 성공 인도 파키스탄과 교전
1966	한국 브라운각서를 통한 미국의 특별 원조 실시, 전국 인구조사 총 2919만 4379명 북한 2차 조선로동당 대표자 대회 개최 중국 문화대혁명(~1976), 홍위병 선풍 필리핀 아시아개발은행 설립	소련 무인우주선 각각 달과 금성 표면 에 도달 터키 대지진으로 3000여명 사망
1967	한국 동백림사건 북한 김일성 유일사상세세 등명 인도네시아 수하르토, 수카르노 대통령 축출하고 정권 장악	제3차 중동전쟁 발발 유럽공동체(EC) 결성 동남아국가연합(ASEAN) 설립 합의 미국 탄도탄 방위조직망 건설 발표
1968	베트남 구정공세 시작 한국 1·21사태(무장공비, 청와대 습격 위해 서울행), 울진·삼척에 무장공비 100여명 출현, 푸에블로호사건 경인고속도로 완공 일본 GNP, 미국에 이어 2위로 등극	전세계적인 봉기: 68혁명 발발 체코 프라하의 봄 미국 닉슨 대통령 당선, 반전운동 격화, 마틴 루서 킹 암살 아랍석유수출국기구 출범

778

1969	한국 포커스 레티너 한미합동군사훈련 실시 북한 동해상에서 미국정찰기 격추: 43명 사망 중국 국경에서 소련과 무력충돌 일본 토오꾜오대 전공투사건 베트남 호찌민 사망	미국 아폴로 11호 달 착륙. 닉슨독트린 발표
1970	한국 새마을운동 시작, 경부고속도로 완공 　전태일 분신, 와우아파트 붕괴 중국 유엔 가입 일본 오오사까세계박람회 개최 적군파, 요도호여객기 납치 후 평양행	동독과 서독 정상회담 개최
1971	한국 실미도 특수대원 서울 잠입 후 사살 　사법파동 　주한미군 1개 사단 철수 중국 미국 탁구팀과 시합: 핑퐁외교, 유엔 가입(타이완 유엔 탈퇴)	방글라데시(구 동파키스탄) 독립, 인도의 승인
1972	한국 7·4 남북 공동성명, 유신(10월유신)체제 북한 새 헌법 공포하며 주석제 등 유일체제 공포 중국 미중 정상회담(닉슨 방중) 　중일 국교 수립(타나까 수상 방중) 　8·3조치 실시 일본 연합적군파의 아사마산장사건	미소 간 핵무기 감축조약 체결 미국 워터게이트사건 독일 검은 9월단, 뮌헨올림픽에서 선수 11명 살해
1973	일본 토오꾜오에서 한국의 야당지도자 김대중 납치사건 발생 베트남 베트남전 종결, 베트남평화협정 조인 캄보디아 미국의 대공습으로 수십만명 사망	제4차 중동전쟁 발발
1974	한국 육영수 피격사건 중국 베트남과 파라셀군도 영유권 분쟁	미국 닉슨 사임 인도 핵실험 실시 제1차 오일쇼크 콩고내전 격화
1975	한국 김지하 옥중양심선언, 장준하 의문의 실족사, 긴급조치 9호 발동 　국회의사당 준공, 미국으로부터의 공식적인 원조 마감 일본 2차대전 참전병 나까무라 테루오, 인도네시아에서 발견돼 항복 타이완 장 제스 사망 베트남 남북통일 캄보디아 크메르루즈, 프놈펜 점령. 대량학살 자행	유엔 세계 여성의 날 선언

1976	한국 판문점 도끼 사건, 함평 고구마 사건 중국 저우 언라이, 마오 쩌둥 사망. 4인방 체포 일본 타나까수상의 록히드사 수뢰스캔들 베트남 사회주의공화국 선포	미국 지미 카터, 대통령 당선 애플사 창립 폴란드 노동자파업 시작 에스빠냐 서부 사하라에서 철군
1977	한국 이리(익산)역 폭발사고, 고리원자력발전소 1호 점화 베트남 캄보디아 침공	
1978	한국 총선에서 야당, 득표율에서 여당에 승리 북한 평양-원산 간 고속도로 개통 중국 베트남에 원조 중단 선언, 중일평화우호조약 조인 타이완 장 징꿔 총통 취임 베트남 캄보디아 침공, 중국과 갈등	제2차 오일쇼크 시험관 아기 탄생
1979	중국 개혁개방 정책 실시, 소련과의 우호동맹 파기, 베트남 침공 한국 YH무역 파업, 부마항쟁, 10월 박정희 피살, 유신체제 붕괴 타이완 메이리다오(美麗島) 사건 베트남 캄보디아 프놈펜 점령: 폴 포트 정권 붕괴	이란 호메이니 주도의 혁명 발발 영국 매거릿 새처 수상 취임 소련 아프가니스탄 침공 니카라과 싼디니스타혁명
1980	한국 5·18광주민중항쟁, 제5공화국 헌법 공포 중국 선전, 샤먼 등 경제특구 개방	미국 레이건 대통령 당선 폴란드 자유노조 파업 이란-이라크 전면전
1981	한국 86아시안게임·88올림픽 등 서울 개최 결정	북아일랜드 신·구교 간 종교분쟁 재연 미국 IBM, 개인용 컴퓨터(PC) 개발
1982	한국 부산 미문화원 방화사건 일본의 역사교과서 왜곡기술 시정을 일본정부에 요구 북한 주체사상탑 건립 중국 헌법 개정, 촌민위원회주민직선거 허용 일본 나까소네 내각 발족	미국 영구 인공심장 이식 성공
1983	한국 KAL기, 사할린 부근서 소련전투기에 격추, 아웅산폭탄테러 일본 미국과 사세보항을 대소련 전략기지로 삼기로 합의 필리핀 야당 지도자 아키노(B. Aquino), 귀국 중 마닐라공항에서 피살	미국 좌경화 방지를 명목으로 그레나다 점령

1984	북한 합영법 제정, 외국인 투자 유치 시작 중국 다롄, 칭다오 등 10개 항구도시에 외국인 투자 허용	미국 레이건 대통령 재선
1985	한국 남북이산가족 서울과 평양 상호 방문 　서울 미문화원 점거농성, 서노련 　결성 중국 인도네시아와 국교 재개에 합의 일본 나까소네 수상 야스꾸니신사 공 식참배	소련 뻬레스뜨로이까 선언 멕시코 멕시코시티에 강진 발생: 2만여 명 사망
1986	한국 5·3사태, '평화의댐' 건설 발표 일본 사회당 도이 타까꼬(土井多賀子) 당선: 첫 여성당수 타이완 최초의 야당 민주진보당 출범 필리핀 마르코스 대통령 사임: 아키노 (C. Aquino) 당선 베트남 도이머이 정책 단행	소련 체르노빌 원전 사고 우루과이 GATT 제8차 각료회의 개최
1987	한국 6월항쟁, 오대양사건, KAL858기 폭파사건, 최초의 직접선거 중국 뽀르뚜갈과 1999년 마카오 중국 반환 합의 티베트 승려들, 독립요구 시위 베트남 미국과 관계 정상화 합의 타이완 38년 2개월 만에 계엄령 해제	세계 인구 50억명 돌파 소련 아프가니스탄에서 완전 철수키로 합의
1988	한국 서울올림픽 개최 　『한겨레신문』창간 티베트 유혈폭동 타이완 장 징꿔 총통 사망, 리 떵후이가 승계	팔레스타인 PLO의장 아라파트, 팔레 스타인 독립선언 파키스탄 부토, 여성으로서 총리에 취임 소련 아르메니아 등 지진: 5만~7만명 사망
1989	몽골 시네츠렐(쇄신) 개시 한국 전교조 결성 중국 톈안먼사건 일본 히로히또 천황 사망, 아끼히또 즉위	독일 베를린 장벽 개방 미소 정상회담에서 냉전종식 선언 아시아태평양경제협력체(APEC) 발족 체코 하벨 대통령 취임
1990	한국 전노협 창립 중국 베이징 계엄령 해제 일본 주가 대폭락, '잃어버린 10년'의 시작 타이완 다당경쟁선거 시행 몽골 다당경쟁선거 시행	남아공 만델라 석방 독일 동서독 통일 페루 대선에서 일본인 2세 후지모리 당선 이라크 쿠웨이트 점령 폴란드 첫 직선 대선: 바웬사 당선

1991	남북한 동시 유엔 가입, 남북기본합의서 채택 필리핀 미 공군과 해군, 클라크와 수비크에서 철수 한국 북한과 한반도 비핵지대화 선언	걸프전 발발, 미군 바그다드 공습 소련·바르샤바조약기구 해체, EU 결성
1992	한국 중국과 국교 수립 우리별 1호 발사 필리핀 수비크만 해군기지, 미국으로부터 돌려받음	유엔 환경회의 개최 유고 보스니아·헤르체고비나에서 내전 미국 LA 폭동, 클린턴 당선
1993	한국 김영삼 문민정부 출범 서해페리호 침몰, 고속철도 TGV로 확정 북한 NPT 탈퇴 및 핵사찰 거부 제1차 북핵위기, 제네바합의 일본 55년체제 붕괴	우루과이라운드 최종 합의 유럽공동체(EC), 단일시장 합의: 유럽연합(EU) 성립
1994	북한 김일성 사망 일본 40년 만에 사회당 총리(무라야마) 탄생	남아공 만델라 대통령 취임 르완다내전 시작 아일랜드 전면휴전 선언 러시아 체첸공화국 침공 모로코 GATT 각료회의 개최
1995	한국 한반도에너지개발기구(KEDO) 발족 대구지하철 도시가스폭발사고 삼풍백화점 붕괴사고 북한 선군정치 표방 일본 한신(코오베)대지진, 옴진리교사건	WTO 출범 미국 오클라호마 연방정부청사 폭탄테러 MS 윈도우95 발표 프랑스 남태평양상에서 핵실험 실시
1996	한국 국민학교 명칭을 초등학교로 변경, 조선총독부 건물 철거 노동법·안기부법 날치기 통과 중국 창강 대홍수 일본 하시모토 내각 발족 몽골 총선에서 비공산세력 승리 75년 만에 최초 필리핀 이슬람반군세력과 평화협정: 24년간의 분쟁 종식 다이인 최고의 피럽선거로 피 멍후이 당선	EU 15개국, 광우병 근절 위해 40개월 넘은 영국산 소 도살에 합의 유엔인권위원회 위안부 문제에 대한 일본정부 책임과 배성 촉구하는 결의문 채택
1997	한국 IMF 외환위기, 김대중대통령 당선, 황장엽 망명 중국 덩 샤오핑 사망, 홍콩 반환 중국의 지식인들, 일본의 지식인들과 '일중,지의 공동체' 결성(~2003) 타이완 핵폐기물을 북한에 이전한 사실 밝혀짐 ASEAN+3 성립	영국 복제양 돌리 탄생, 다이애나 왕세자비 사망 파키스탄 핵무기 제조능력 보유 선언

1998	한국 정주영, 소떼방북 북한 김정일, 국방위원장으로 추대됨 중국 중국민주당 결성 시도, 당국의 방해로 와해	비아그라 판매 개시 러시아 IMF와 100억달러 구제금융에 합의 인도네시아 뽀르뚜갈과 동티모르 자치협정에 합의, 수하르토 사임, 하비비에게 권한 위임
1999	한국 서해해전: 한국전쟁 이후 최대 무력충돌 　노근리 양민학살사건 재조명 타이완 중부대지진 중국 뽀르뚜갈로부터 마카오 반환받음 일본 신가이드라인관련법 제정	EU, 단일통화(유로화) 도입 베네수엘라 차베스 대통령 취임 대인지뢰전면금지조약(오타와조약) 발효 러시아 옐찐 사임, 직무대행으로 뿌띤 총리 미국 유고내전 중 중국대사관 오폭
2000	한국 북한과 6·15남북정상회담, 남북이산가족 상봉, 비전향장기수 송환 　베트남전 민간인학살 진실위원회 성립 일본 모리 총리, 일본을 '신의 나라'라고 발언하여 물의 타이완 최초의 정권교체: 천 수이볜 당선	인간 게놈지도 발표 네덜란드 세계 최초로 안락사 허용 법안 통과 미국 조지 W. 부시, 대통령 당선 확정판결, 대통령 취임
2001	한국 김대중 대통령, 베트남전쟁 사과 중국 WTO 가입, 러시아 및 중앙아시아 4개국과 협력기구 창설 일본 '새역모'의 역사교과서 검정 통과, 코이즈미 총리 야스꾸니신사 참배, 아시아 국가들의 비난 속출 타이완 『타이완론』(코바야시 요시노리 저) 찬반논란 격화	미국 미 정찰기, 중국의 군용기와 충돌 9·11테러 발발
2002	한국 한일월드컵 공동개최 한중일 '역사인식과 동아시아의 평화포럼' 개최 한일 한일역사공동연구위원회 성립 북한 일본과 수뇌회담 개최 '북일평양선언' 발표, 가격개혁(7·1 조치) 실시 중국 자본가의 공산당 입당 허용, 동북공정 추진(~2007)	미국 엔론사 스캔들
2003	한국 노무현 대통령 취임 중국 후 진타오 주석, 원 자바오 수상 취임 　누강댐 반대운동 일본 이라크특별조치법을 기반으로 자위대 해외파병 시작	이라크 전쟁 발발

2004	한국 '한일, 연대21' 발족 북한 일본과 수뇌 재회담 개성공단 시범단지 첫 제품 생산	미국 조지 W. 부시 대통령에 재선
2005	한국 진실화해를 위한 과거사위원회 성립 한중일 공동교재『미래를 여는 역사』동시 출간 중국 러시아와 함께 '평화의 사명 2005'라는 군사훈련 실시 일본 시마네현의 '독도의 날' 제정으로 한일 간 독도 문제 점화 동아시아 정상회의(EAS) 제1회 회의 개최	영국 런던 연쇄폭발테러
2006	한국 쌍용자동차, 중국의 상하이자동차에 인수 동북아역사재단 창립 한일『마주 보는 한일사』간행 북한 1차 핵실험 중일 중일역사공동연구위원회 성립	러시아 우크라이나행 가스공급 중단으로 서유럽 가스 공급에 일대 차질
2007	남북한 10·4정상회담 개최 한일『한일 교류의 역사』간행	미국·일본·호주·인도 '민주주의국가 4개국연합'의 결성 시도
2008	한국 1994년부터 중단했던 합동군사훈련 '키리졸브' 훈련 재개	미국 오바마 대통령 당선 인도 뭄바이테러 발발 중국 쓰촨성 지진 발생
2009	북한 2차 핵실험 일본 민주당으로 정권 교체	
2010	한국 천안함사건, 연평도사건 발생 중국 일본을 제치고 'G2' 국가로 부상 상하이엑스포 개최 일본 칸 나오또 총리 식민지 지배에 관한 '사죄' 표명	미국 위키리크스가 외교문서 공개
2012	일본 자민당의 아베 내각 출범 사죄범화 무력화와 평화헌법 개정 시도 『한중일이 함께 쓴 동아시아 근현대사』 1·2 동시 출간	
2013	북한 3차 핵실험	
2014	일본 아베정부, 각의 결정으로 헌법 9조의 '해석'을 바꿈으로써 집단자위권 인정 한미일 군사정보공유협정 체결	

| 2015 | 일본 아베정부, 안보관련법 통과 선제공격으로 전쟁할 수 있게 됨 아베 총리 '전후 70주년 담화', 일본의 침략을 만주사변 이후로 한정하는 분절적 역사인식 재확인 중국 아시아 인프라 투자은행 설립 | 미국, 일본의 안보법 통과 지지 |